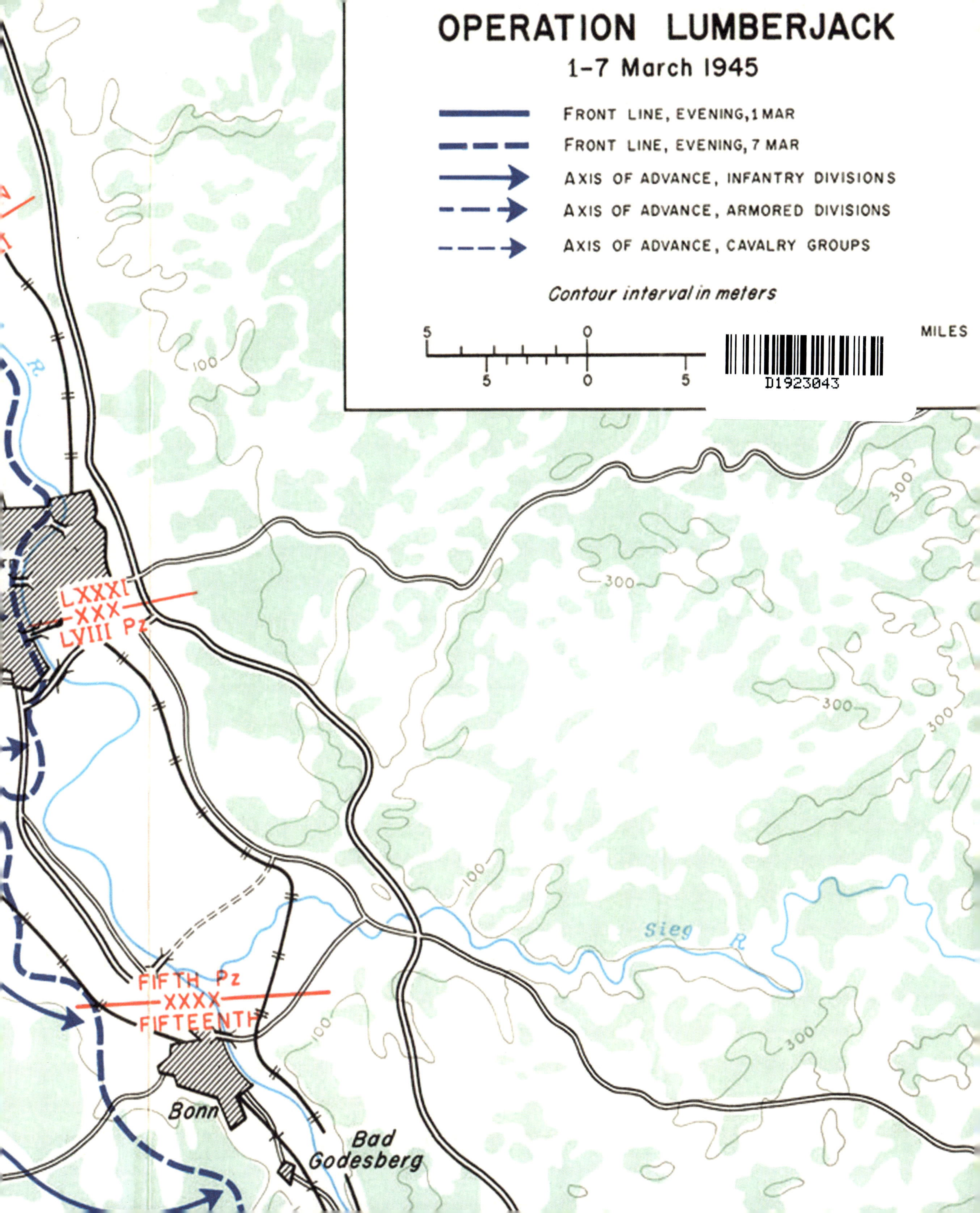
OPERATION LUMBERJACK
1-7 March 1945
FRONT LINE, EVENING, 1 MAR
FRONT LINE, EVENING, 7 MAR
AXIS OF ADVANCE, INFANTRY DIVISIONS
AXIS OF ADVANCE, ARMORED DIVISIONS
AXIS OF ADVANCE, CAVALRY GROUPS
Contour interval in meters
5 0 MILES
5 0 5
LXXXI
XXX
LVIII Pz
FIFTH Pz
XXXX
FIFTEENTH
Bonn
Bad Godesberg
Sieg R
100
300

LIEGE EDITION

THE STARS AND STRIPES

Daily News paper of U.S. Armed Forces in the European Theater of Operations

Vol. I—No. 45 Monday, March 5, 1945

Today's German Lesson

Haben Sie Nahrungsmittel?
Hahben Zee Nahroongsmittel?
Have you any food?

Ici On Parle Français

Cela coûte trois francs le mètre.
Sia koot trwa fron luh metr.
It costs three francs a meter.

1st Army at Rhine, 2 Mi. From Cologne

Red Army On Baltic, Stalin Says

Powerful twin offensives in Pomerania by the Soviet Armies of Marshals Gregory K. Zhukov and Konstantin Rokossovsky have carried to the Baltic Sea, isolating large German forces, Marshal Stalin announced last night in two Orders of the Day.

One of Stalin's orders gave the first news of Zhukov's offensive, which had been in progress for four days. Zhukov's troops, breaking through strong German fortifications and advancing as much as 62 miles, reached the Baltic in the area of Kolberg, 65 miles northeast of Stettin.

Stalin's second order announced that Marshal Rokossovsky's forces had driven to the Baltic after capturing the city of Koeslin, about 25 miles east of Kolberg on the road that runs from Danzig to Stettin.

Trap 300,000 Nazis

These Red Army advances cut off the German forces in eastern Pomerahia from those in western Pomerania, and blasted any hopes the enemy may have held for the escape over land routes of the German forces in Danzig and the Polish Corridor—estimated to number between 200,000 and 300,000 men.

Marshal Zhukov, keeping other powerful forces poised on the Oder River line east of Berlin, made his northward break-through in Pomerania in the area east of Stargard, which is 20 miles southeast of Stettin.

Zhukov's men rapidly overran 10 important communications centers and defense points—Baerwalde, Tempelburg, Falkenburg, Dramburg, Wangerin, Labes, Freienwalde, Schievelbein, Regenwalde and Koerlin. Of these Koerlin, about 14 miles inland, is closest to the Baltic.

600 Towns Taken

Altogether, more than 600 Pomeranian towns and villages were captured in Zhukov's new offensive, the Soviet communique said. Marshal Rokossovsky added more than 50 towns and villages to the list of those taken by his Second White Russian Army.

One of the places taken by Zhukov's First White Russian Army is only three miles east of Stargard, which is a strongpoint in the German defenses guarding Stettin. South and southwest of Stargard, Soviet troops captured Pyritz, about 23 miles from Stettin, and more than 50 other places.

In East Prussia, Soviet troops continued to gain in their battle of annihilation against the Germans trapped in the Kœnigsberg area. Northwest of Graudenz, in Poland about 60 miles below Danzig, Russian troops also advanced.

Neither Stalin nor the Soviet communique mentioned Marshal Ivan Koniev's forces which are gathering strength on the southeastern approaches to Berlin.

Red Guerrillas Near Berlin

MOSCOW, Mar. 4 (AP)—During a recent RAF attack on Dresden, more than 1,000 Russian labor slaves revolted and organized a guerrilla band which has been carrying on sabotage within 50 miles of Berlin, Pravda reported today.

Finland Enters War

HELSINKI, Mar. 4 (Reuter).—The Finnish government formally declared last night that a state of war existed between Finland and Germany. The declaration was effective retroactive from Sept. 15, when German naval forces attempted to occupy Hogland Island, the announcement said.

War Comes Home to Germany

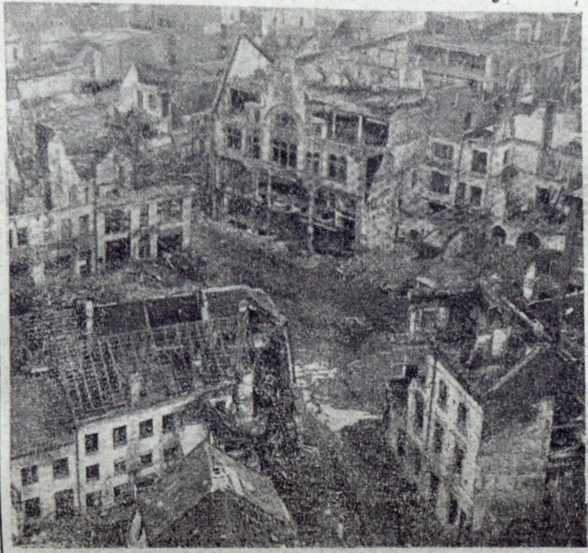

Stars and Stripes Photo by Riordan

After U.S. planes and artillery had finished their work, here is what remained of a section of Neuss, on the west bank of the Rhine, when 83rd Inf. Division doughs captured the suburb of Dusseldorf.

600 Heavies Fight Weather To Bomb Southwest Reich

Approximately 600 heavy bombers of the Eighth AF yesterday bucked through adverse weather to empty bomb bays on industrial and rail targets at Ulm and other targets in southwest Germany. More than 400 Forts and Liberators turned back to their bases because of weather.

Operations were also limited along the Western Front, but approximately 175 Marauders, Havocs and Invaders of the Ninth AF bombed railyards northwest of Dortmund in the Ruhr Valley. Another target of the Ninth was at Winterswyx in Holland.

The tactical air commands were limited to ten sorties, six of them on weather reconnaissance. Two P47s of Ninth TAC bombed Ransbach, nine miles east of Coblenz, causing rail cuts and damaging buildings.

Average 400 Sorties

Restricted yesterday to two sorties, 29th TAC revealed that its fighter-bombers had averaged over 400 sorties daily in blasting enemy installations ahead of the Ninth Army's thrust to the Rhine.

Rails were cut 604 times and destruction or damage was registered to more than 4,100 rail cars and 381 locomotives.

First TAC flew 271 sorties on the Sixth Army Gp. front, one successful attack by Thunderbolts setting afire a German train loaded with tanks northeast of Karlsruhe.

Swiss Towns Are Bombed By Liberators in Error

Eight B24s, flying through heavy cloud, yesterday dropped their bombs by error in the vicinity of Basle and Zurich, Switzerland, the Eighth AF announced.

Swiss authorities said that several fires were started in Basle, and bombs fell in the vicinity of Strickhof Agricultural College at Zurich. Several persons were reported injured.

U-Boat Drive By Nazis Seen

LONDON, Mar. 4 (AP)—Packs of swift new long-range U-boats are being concentrated in Norwegian waters for a last desperate campaign against Allied shipping, Norwegian officials reported today. They said more than 300 German submarines and a considerable number of light cruisers, destroyers and smaller warships were based in Norway's fjords.

This fleet—practically the last of Germany's once powerful navy—is protected by concrete shelters, 25 feet thick, built into cliffs along the whole coastline.

Nazis Flee to East Bank of River As U.S. Troops Close In

BULLETIN

An unconfirmed Radio Berlin broadcast, reported by United Press, said last night that U.S. tank forces had crossed the Rhine at Dusseldorf over one of the city's southern bridges. It previously had been reported that all three Dusseldorf bridges were demolished by the Germans.

Patrols of the First U.S. Army's Third Armored Div. reached the Rhine River north of Cologne yesterday while 104th and Eighth Inf. Divs. were approximately two miles from the fourth largest city in the Reich.

On the Ninth U.S. Army front, the Yanks were steadily compressing the German "bridgehead" on the west bank of the Rhine and the 84th Inf. Div. broke through to the Rhine at Duisberg.

Tactical air support for the Americans facing the Rhine was almost completely eliminated yesterday by bad weather, including snow in some areas. The three big bridges between Homberg and Duisberg were jammed all day with German vehicles fleeing to the eastern bank of the Rhine. As the confusion of defeat spread through the German ranks over the northern Cologne plain, Supreme Allied Headquarters announced the destruction of the 15th German Army and the elite First Parachute Army, while the German Fifth Army—already battered from the Ardennes battle—was badly mangled.

On the Third U.S. Army front, the 76th Inf Div. crossed the Kyll River, last major water barrier before the Rhine, eight miles north of Trier. The 76th crossed over footbridges and cleared Hosten, on the east bank. A freak snowstorm and biting wind swept the doughs as they consolidated their bridgehead.

In the Saar, the Seventh U.S. Army resumed the attack after a week's lull and made gains in the southwest and north central sections of Forbach against fierce resistance. Late in the day the U.S. attacks were reported dwindling.

3rd Armored Div. Drives to Rhine

By Dan Regan
Stars and Stripes Staff Writer

WITH FIRST U.S. ARMY, Mar. 4—Patrols of the Third Armd. Div. today reached the Rhine River north of Cologne while Maj. Gen. Terry Allen's 104th Div. doughboys reached a point only two miles from Cologne at Widdersdorf.

Patrols crossed the main river road between Dusseldorf and Cologne along the west bank of the Rhine and reached the river. However the road has not yet been cut and is the main escape route to Cologne for German army units trapped in the pincers formed by the Ninth and First armies.

Eighth Div. troops were having a tough fight tonight in Frechen, two and one half miles from Cologne.

First Army infantrymen were fighting tonight in the towns of Ramrath, Widdeshoven, Ikhoven, Evinghoven, Anstel, Frixhem, Nettersheim and Butzheim.

The First Div. cleared out the town of Weilerswist and advanced more than a half mile to the town of Liblar.

The Ninth Armored Div. advanced more than a mile, taking the towns of Kleinvernich and Horchheim.

The Ninth Inf. Div. took the towns of Derkum and Frauenburg in an advance of nearly two miles.

Nazi Defense Rolled Back To Point North of Krefeld

By Ernest Leiser
Stars and Stripes Staff Writer

WITH NINTH U.S. ARMY, Mar. 4—The Germans were rolling up what was left of their defense line west of the Rhine today, pulling it north of Krefeld, as new American elements swung eastward and punched their way near the river's edge.

Official reports, which a week ago were describing U.S. bridgeheads east of the Roer, now spoke of the dwindling Nazi "bridgeheads" west of the Rhine and told of Germans fleeing across the river in an effort to form new lines on its east bank.

The last major German "bridgehead" on the northern plain had been squeezed to a 20-mile strip about eight to ten miles deep, running from Duisburg to Wesel. Ninth Army and Canadian First Army Forces, newly linked, were jointly pushing the enemy back toward the Rhine.

84th Beyond Moers

The 84th Inf. Div., which had been slashing north, veered toward the Rhine. On the heels of yesterday's capture of

(Continued on Page 8)

Point Those Guns Other Way

WITH 35th INF. DIV., Mar. 4—The 35th Inf. Div. was heading hell-bent to the north. Already they had cut through more than 30 miles of the Rhineland since the Hilfarth bridgehead, and they were all set to keep going straight to the North Sea.

As they raced ahead yesterday, they spotted some troops in front of them, north of the town of Geldern. The doughs of the 35th were all set to mow them down and continue the march, when—"Point those bloody guns the other way," yelled out a very British voice.

It was a British Voice—.

Contact had been established between the Ninth U.S. and First Canadian Armies.

About the same time, a little farther west, the 17th Cav. Squadron of the 15th Cav. Group had met other Canadian units and the linkup was complete.

In Geldern the Englishman who had yelled out, Lt. Andrew Burnaby-Atkins, of the Canadian Army's troops, walked out ahead of his troops and said hello.

A Yank—Lt. William P. Clark, of Wheaton, Ill.,—walked out to meet him, shook his hand and the northward rush of the 35th was over.

Nothing to Fear, Editor Said

MUNCHEN-GLADBACH, Mar. 4—On Feb. 27, two days before the 29th Div. captured this town, Rheinische Landeszeitung, local Nazi daily, announced cheerfully that the citizens has nothing to fear as the Allies were being driven back across the Roer.

Build Rail Bridge Over Rhine

21st Army Gp. Hq., Apr. 8—A railway

kölnprogramm

1945 Kriegsende in Köln

Die komplette Fotoedition von Hermann Rheindorf

REGIONALIA VERLAG

Abb. vor S. 1: The Stars and Stripes, Army-Newspaper *vom 5. März 1945.*
»Erste Armee am Rhein, 2 Meilen vor Köln – Nazis flüchten auf das Ostufer, als US-Truppen näherkommen.«

Hermann Rheindorf, 1945 – Kriegsende in Köln. Die komplette Fotoedition

Lektorat, Korrektorat und Satz: Handverlesen GbR, Bonn
Layout, Cover- und Einbandgestaltung: Kölnprogramm GmbH & Co. KG, Köln

Abbildungen Bezug und Schutzumschlag: siehe S. 7, 12, 16, 39, 139, 172, 190, 235, 323, NARA/Koepro (2 x)
Abbildung nach S. 386: Koepro

Printed in Italy 2014

ISBN 978-3-95540-157-3

www.regionalia-verlag.de

Inhalt

Abschnitt 2: Der Kampf um die Innenstadt 104

Geschichtsbewusstsein

Spätestens seit dem Roman *Ulysses* von James Joyce wissen wir, dass die Beschreibung auch nur eines Tages in einer Stadt – im Buch in Dublin – eine ebenso überwältigende wie unerfüllbare Aufgabe ist. Vorgelesen als Hörbuch auf 22 CDs nimmt die ausschweifende Dichtung des Iren mehr als 24 Stunden von seinem Zuhörer in Anspruch. Hermann Rheindorfs Ziel beim Aufspüren von Personen, Fotografien und weiteren Quellen entspricht für die Tage des Kriegsendes in Köln dem Wunsch von Joyce für dessen eigenes Schreiben: »Ich möchte ein Abbild von Dublin erschaffen, so vollständig, dass, wenn die Stadt plötzlich vom Erdboden verschwände, sie nach meinem Buch wieder aufgebaut werden könnte.«

Natürlich ist Hermann Rheindorf nicht Dublin, sondern Köln auf der Spur, und es handelt sich um eine längere Zeitspanne, der er sich in den letzten beiden Jahrzehnten immer wieder aufs Neue zu nähern versucht hat. Im Gegensatz zu Joyce will er auch keine Vorlage für einen Wiederaufbau – soweit man eine Trümmerwüste überhaupt wiederaufbauen konnte oder wollte – unserer Stadt nach den Tagen der Besetzung durch amerikanische Truppen erstellen. Er trägt hingegen Erinnerungen, Bilder und Texte zusammen, die das Kriegsende in Köln auf beiden Seiten des Rheins beschreiben, das auf der linken Flussseite wenige Tausend Bewohner der Stadt, verstreut und teils versteckt in den Trümmern, erlebt haben. Sie waren jedenfalls erleichtert, dass der Krieg nun ein Ende fand, nachdem ein letzter gewaltiger Bombenangriff am 2. März 1945 die Trümmer Kölns noch einmal durchwühlt und zu einem vollendeten Meer aus Steinen gemacht hatte.

Hermann Rheindorf hat in mühevoller, aber letzten Endes erfolgreicher Recherchearbeit amerikanische Soldaten und Kriegsberichterstatter, für die Köln als erste Großstadt ein Höhepunkt auf dem Marsch ins untergehende Dritte Reich war, aufgespürt. Deren Berichte, Bilder und Filmmaterial sind uns in dieser Fülle erst durch ihn erschlossen worden. Ebenso ist er Kölnern und Kölnerinnen als Zeitzeugen begegnet und hat mit den deutschen Soldaten der letzten Kriegstage in Köln gesprochen, deren Berichte er in den Archiven gefunden hatte. All dies führte ihn mitten in einen Wirbel oft widersprüchlicher persönlicher Erinnerungen und zu auf den ersten Blick häufig überzeugend von den Amerikanern nachgestellten Fotografien, die damals stolz den Zeitgenossen vorgeführt wurden.

Ein gutes Beispiel für die ungeklärten Aspekte dieser Zeit mag die folgende Äußerung darstellen: »Der Trümmerhaufen Köln wurde dem Feind überlassen.« Ob und von wem dieser immer wieder zitierte Satz offiziell ausgesprochen wurde, das hat auch Hermann Rheindorf nicht klären können, denn es gibt keinen Beleg dafür, dass diese Worte Anfang März 1945 gesendet oder geschrieben wurden. Trotzdem – der Satz hat sich uns in Köln in unser Geschichtsbewusstsein eingebrannt und fasst im Rückblick das Geschehen tatsächlich gut zusammen.

Hermann Rheindorf gibt uns etwas Wertvolles; er vermittelt uns kein einseitiges Bild aus nur einer Perspektive. Bereits seine Filme setzten, sich aus den verschiedensten Quellen speisend, ein Bild des Kriegsendes in Köln wie ein Mosaik zusammen. Der einzelne Mosaikstein lässt noch keine Gestaltung erahnen; erst im Zusammenspiel der bewusst gesetzten Mosaikteilchen entwickelt sich aus gehörigem Abstand ein Ganzes – das Bild, das Hermann Rheindorf von diesen Tagen der Kölner Geschichte ans Licht gebracht hat.

In diesem Band und in seinen neu herausgegebenen Filmen hat Hermann Rheindorf unseren Blick auf neue Details gelenkt, die das Gesamtbild klarer und deutlicher hervortreten lassen. Die reiche Ernte langjähriger Recherchen hat er vor uns ausgebreitet. Wie bei James Joyce ergibt sich ein großes Ganzes, das Bild einer Stadt, gespeist aus Details und den Einzelnen nicht aus dem Auge verlierend. Ich bin Hermann Rheindorf dafür dankbar.

Werner Schäfke
Langjähriger Direktor des Kölnischen Stadtmuseums
September 2014

Worte schaffen Bilder im Kopf

Eine pulsierende, lebendige Stadt so zerstört zu sehen, tut weh.
Und an all die Menschen zu denken, die in ihr lebten, liebten und arbeiteten.

Meine Familie, das heißt Mutter, Vater und zunächst neun Kinder, wohnte in der Innenstadt in der Straße Alte Mauer am Bach, wurde dort ausgebombt und bekam eine Notunterkunft in Köln-Riehl, bis man sie nach neuerlichem Bombenschaden in den Westerwald evakuierte.

»Dä Kreech es us!« Alles zerstört! Da, wo einst das Zuhause der Familie gewesen war, fanden sich nur noch Schutthaufen, kein Dach mehr gab es über dem Kopf. Wo sind die Angehörigen, die Freunde und Bekannten, leben sie noch – diese Ungewissheit! Für die Amerikaner war der Krieg noch nicht zu Ende, noch ging es bis nach Berlin, nach über 1 000 Kilometern von der Normandie bis nach Köln und ungezählten GIs, die ihr Leben gegeben hatten.

1946 bekamen meine Eltern eine Wohnung in Sülz in der Lotharstraße 30 zugewiesen; dieses Mehrfamilienhaus hatte mehrere Bombentreffer bekommen und musste erst einmal bewohnbar gemacht werden.

Kann man einer zerstörten Stadt wieder Leben einhauchen? Man kann, dies haben unsere Eltern bewiesen. Ich bin 1949 in der Lotharstraße zur Welt gekommen, bin in Sülz aufgewachsen und habe noch in zahlreichen Trümmern gespielt, die von großer Zerstörung zeugten, wenngleich mir dies als kleinem Jungen nicht bewusst war: Für uns waren das alles Abenteuerspielplätze. Obwohl noch immer alles kaputt war, gehörte die Kriegszeit für uns Kinder in den Fünfzigerjahren der Vergangenheit an, auch wenn kaum zehn Jahre seit dem Kriegsende vergangen waren. Die Menschen in der Stadt mussten sich zusammenreißen, um nach zwölf Jahren Nazidiktatur wieder halbwegs normal zusammenleben zu können. Also blendeten sie heikle Themen am liebsten aus, auch wenn man sich diesen später, so auch ich, zu stellen hatte.

Thomas Liessem, zum Beispiel, war vor und nach dem Krieg einer der bekanntesten Kölner Bürger. Getränkehändler, Präsident der Kölner Prinzengarde und des Festausschusses Kölner Karneval. 1949 wurde er mein Patenonkel. Er sagte zu meinem Vater auf der Bühne: „Wenn dat zehnte Kind ene Jung weed, dann weede ich Patühm!" Einen Widerspruch akzeptierte er nicht, auch nicht von einem Mitglied der Gruppe Vier Botze – zu dieser Zeit über den Karneval hinaus sehr bekannt –, wie mein Vater es war. Von Hermann Rheindorf erfuhr ich erstmals, während wir an der Veranstaltung »Zwangsweise Kölsch« arbeiteten, das Thomas Liessem NSDAP-Mitglied und vor allem dafür verantwortlich gewesen war, dass sich die Kölner Rosenmontagszüge voller hässlicher Nazi-Propaganda und antijüdischer Hassmotive präsentierten.

Dieses Buch hilft, vieles zu verstehen, was in den Köpfen der Menschen auf beiden Seiten zur Stunde Null vorgegangen sein mag. Dazu kommen viele Fakten, Augenzeugenberichte über die Einnahme der Stadt, aber auch über das (Über-)Leben in einer Trümmerwüste. Denn das war es, unser Köln: ein Haufen Steine, in dem ein normales Leben kaum möglich war.

Nach der jahrelangen Suche nach Bildern, Filmen, Dokumenten und Zeitzeugen, nach Telefonaten und Reisen in die USA und zwei ersten Filmdokumentationen zum Thema liegt nun ein Buch von Hermann Rheindorf vor, das alles übertrifft, was ich in der Vergangenheit über unsere Heimatstadt gelesen und gesehen habe. So viele Schicksale, so viele Geschichten: Wir können immer noch viel erfahren und lernen.

Beim Durchblättern des Buches wird mir noch einmal klar, aus welcher Situation uns die Amerikaner damals befreiten. Aus eigener Kraft hätten wir nicht geschafft, uns aus den Ketten des Nazi-Regimes zu lösen.

Es ist ein gutes Geschichtsbuch; nicht nur für Menschen, die diese Zeit noch miterlebt haben, sondern auch und gerade für jüngere Leute zum besseren Verständnis: Wie war das eigentlich damals zur Stunde Null in Köln?

Tommy Engel
Musiker
September 2014

Vorwort

Vor rund 15 Jahren arbeitete ich zum ersten Mal mit den Farbaufnahmen, die Köln am Ende des Krieges zeigten. Über einen Rechercheur war es mir gelungen, die Aufnahmen aus den Nationalarchiven in Washington nach Deutschland zu holen. Der Zeitzeuge und frühere Kölner Stadtführer Heinz Meichsner, der mich bereits bei früheren Arbeiten zum Thema »Köln in der NS-Zeit« unterstützt hatte, erklärte sich bereit, den Kommentar zu schreiben und zu sprechen. Damit wurde Senior Meichsner Teil einer jungen Bewegung: Der Film mit ihm als Kommentator wurde im Sommer 2001 auf dem damals ersten lokalen Internet-TV Deutschlands auf koeln1.tv veröffentlicht und erzielte ein unerwartet großes Echo. Unter den mehr als 500 Filmberichten, die dort als Pionierleistung im Netz gezeigt wurden, war das Interesse für die Themen Stadt- und Rheinlandgeschichte auch in den Folgejahren immer herausragend.

Die Bilder vom Kriegsende in Köln aber ließen mich fortan nicht los. Ich beschloss, die Bestände in den US-Archiven über Köln systematisch zu erschließen und zu durchsuchen. Ein erstes Ergebnis veröffentlichte ich dann im Jahr 2005, eine vielbeachtete 45-minütige Neuedition des amerikanischen Originalmaterials, versehen mit den wichtigsten Hintergrundinformationen.

Angeregt durch zahlreiche Zuschriften und Ratschläge nahm ich die Recherche bereits wenige Monate nach der Veröffentlichung auf DVD wieder auf und dehnte die Suche nach Filmmaterial auf die Archive aller früheren Alliierten und nach Osteuropa aus.

Die publizierten Bilder waren seinerzeit weltweit in den Kinowochenschauen zu sehen und seitdem über Jahrzehnte auch in historischen Rückblicken präsent. Wer aber die Menschen auf diesen Abbildungen waren, war bis dahin weitgehend unbekannt geblieben. Was passiert, wenn man versucht, die eingeschränkte Perspektive der Kameras zu erweitern? Wer waren die Menschen auf den Bildern und wie haben sie die Ereignisse erlebt? Dies waren nun die Kernfragen, die mich bei den Recherchen zu dem Folgeprojekt *Köln 1945 Nahaufnahmen* angetrieben hatten. Ein Rechercheansatz, der sich bereits nach kurzer Zeit zu einem echten Krimi entwickelte, den ich den Leserinnen und Lesern dieses Bandes nicht vorenthalten möchte und weswegen ich bewusst in einigen Passagen die durchaus ungewöhnliche Ich-Form als Erzählperspektive gewählt habe.

Dass es bis in die jüngste Vergangenheit möglich war, tatsächlich noch Beteiligte von beiden Seiten der damaligen Front und zahlreiche unbekannt gebliebene Hinweise und Schilderungen zu recherchieren, habe ich als großes Glück empfunden. Nur einen Bruchteil der zahlreichen Dokumente, die rasch mehrere Aktenordner füllten, konnte ich in der bisherigen Filmdokumentation verwenden. Auch die aktualisierte Neufassung meines Films, die parallel zu diesem Buch erscheint, kann derart umfangreiche schriftliche Quellen und die enorme Fotosammlung nicht berücksichtigen. Deshalb erfüllt dieses Buch auch den vielfachen Wunsch des Filmpublikums nach einer umfangreichen Quellensammlung und enthält eine Vielzahl an Originalabdrucken von US-Armeedokumenten (Funk- und Verhörprotokolle, Einsatzberichte, Tagesberichte), Akten zur damaligen Verteidigung Kölns, Auszüge aus Kriegstagebüchern, persönlichen Briefen, Karten und Zeitungsberichten.

Ich möchte mich vor allem bei den vielen Zeitzeugen bedanken, die bereit waren, ihre Erinnerungen mit mir zu teilen. Bei Clarence Smoyer, Francis H. Wilber, bei Gustav Schäfer, Gesa Marosi, Kurt Gätzschmann, Günther Müller, Klaus Voss und Engelbert Bockhoff, bei Andy Rooney, Robert Ziller, Ingeborg Rauh, Anna Lettau, Renate Esch, Irene Bader, Nadine Lambert und den vielen Angehörigen der damaligen Soldaten, Kameraleute und Reporter, die bereit waren, für dieses Projekt noch einmal in den Unterlagen ihrer Vorfahren zu suchen und aus der Familiengeschichte zu berichten. Dank und besondere Wertschätzung möchte ich den Mitarbeiterinnen und Mitarbeitern zahlreicher Archive und Ämter in aller Welt zuteilwerden lassen, für ihre unverzichtbare Arbeit im Archivwesen und für die oft zuvorkommende und unbürokratische Hilfe.

Abb. rechte Seite: *Amerikanische Bomber über dem Rhein im April 1945. Im März/April 1945 bildet der Rhein für sechs Wochen die Frontlinie des Krieges und Köln ist für sechs Wochen eine geteilte Stadt.*

Viel spontane Unterstützung habe ich bei Telefonrecherchen in den USA erhalten, vor allem von Reverent Albert Ledoux, einem Cousin von Ferdinand Ledoux, der im März 1945 am Dom eingesetzt war. Zwar gab es in Bezug auf die Ledoux' keine neuen Erkenntnisse, aber der katholische Pastor und Historiker aus Gallitzin/Pennsylvania ist mir seitdem über Jahre ein treuer Unterstützer geblieben und zu einem guten Freund geworden.

Ein besonders herzlicher Dank geht an die vielen Menschen, mit denen ich während der langen Recherche am Telefon sprechen durfte. Hierzu gehören Monica Bates, Edith Rosenmann, Art Gomez, Larry Riordan, Judith Kellner, Doug Gialluca, Kathy Burns, die Familien Jackson, Silk, Levin, Noble und zahlreiche andere. Viele von ihnen haben mir persönliche Erinnerungen, Fotos, Briefe, Dokumente ihrer Väter oder Ehemänner anvertraut. Es gab auch einige Familien, die nicht mehr auf die Kriegsereignisse angesprochen werden wollten, auch das war selbstverständlich zu akzeptieren.

Viel Geduld mussten vor allem meine Frau Simone und meine beiden Söhne Jean und Ben aufbringen, wofür ich ihnen von Herzen danke. Und auch ohne das Daumendrücken vieler Menschen um mich herum wäre diese Arbeit zweifelsohne mühsamer gewesen.

Mit dem nun vorliegenden Band und der dazugehörigen neuen Filmedition möchte ich die Arbeiten an dem dunkelsten Kapitel der Kölner Stadtgeschichte zum Abschluss bringen. Mögen sie dazu beitragen, das Interesse an der Zeitenwende in Köln im Jahre 1945 wachzuhalten oder gar erst zu wecken. Ich würde mich sehr freuen, wenn sie den einen oder anderen dazu ermunterten, die Geschichte vor der eigenen Haustür zu erkunden.

Hermann Rheindorf
September 2014

Einleitung: Das Ende

Köln im März 1945 – das ist das Bild nach zwölf Jahren Herrschaft der Nationalsozialisten am Rhein. 75 % der Gebäude liegen in Schutt und Asche. Wie ein Grabstein thront der scheinbar unzerstörte Dom über dem Trümmerfeld. Von den ehemals 750000 Bewohnern sind mindestens 60000 tot. Von Bomben zerrissen, an der Kriegsfront zu Tode gekommen oder in den Kerkern und Lagern umgebracht. Die Zahl der Verwundeten und Traumatisierten in und aus Köln geht in die Hunderttausende. Ihre Erlebnisse sind heute Erinnerungen, die sich tief in das kollektive Gedächtnis auch der nächsten Generationen eingegraben haben.

Während des Dritten Reichs war die Geschichte Kölns die einer normalen Stadt in Deutschland. Eine Stadt, in der die Mehrheit der Bevölkerung den Weg in die Diktatur als die richtige Antwort auf die Krisen der Weimarer Republik angesehen hatte und über die Brutalität des Regimes hinwegsah, wenn es sie nicht direkt betraf. Eine Bevölkerung, deren kölsche Eigenheiten – wie die vielbeschworene Toleranz – durch die Anpassung an den NS-Alltag kaum mehr zum Vorschein traten.

Wie überall in Deutschland, so hatte man auch in Köln den Krieg zuerst gefürchtet, als man aber zunächst auf der Straße des Sieges war, war die Zustimmung für Hitler wie überall, so auch hier, so groß wie nie zuvor. Am 1. September 1939 begann der Zweite Weltkrieg mit dem Überfall der Wehrmacht auf Polen, es folgten 1940 die Angriffe auf Dänemark, Norwegen, die Niederlande, Belgien, Luxemburg und Frankreich, zudem die rücksichtslose Bombardierung Großbritanniens. 1941 fielen deutsche Soldaten auf dem Balkan, in Nordafrika und in der Sowjetunion ein. Schließlich erklärte Hitler am Ende des Jahres auch den USA den Krieg. Solange die Wehrmacht an allen Fronten siegte, träumten auch die Menschen in Köln gemeinsam den Traum vom Leben als Herrenvolk. Die Stimmung änderte sich erst, als Hitler das Kriegsglück verlassen hatte. In diesem Sinne war auch Köln eine normale Stadt; die Folgen bekam sie freilich mehr als andere zu spüren. Ihre Lage als Frontstadt im Westen kostete sie beinahe das Leben und beraubte sie ihrer alten Pracht.

Dieser Bildband zeigt, wie die NS-Diktatur im März 1945 im linksrheinischen Köln und sechs Wochen später auch auf der rechten Rheinseite der Stadt mit der militärischen Einnahme durch US-amerikanische Streitkräfte zu Ende ging und wie die Menschen in der Stadt das Kriegsende erlebten: amerikanische Soldaten, Angehörige von Wehrmacht und Volkssturm, Fotografen, Kriegsreporter und Zivilisten – Frauen, Kinder, Jugendliche und alte Männer, von denen im links-

rheinischen Teil der Stadt noch kaum mehr als 40 000 in den Trümmern lebten, unter ihnen viele ehemalige Zwangsarbeiter. Sie hatten den Räumungsbefehlen der Nazi-Führung getrotzt und bis zum Eintreffen der US-Armee ausgeharrt. Nun werden sie per Lautsprecherwagen auf den großen Plätzen der Stadt zusammengerufen. Der frühere Kölner Stadtführer Heinz Meichsner berichtet:

> **Heinz Meichsner:** *Wir sind hier am Rudolfplatz, der Krieg ist für uns Kölner zu Ende. Insgesamt waren es 268 Angriffe gewesen, die Alarmstunden aneinandergerechnet ergeben einen Zeitraum von 80 Tagen, Tag und Nacht. Nun war wieder Ruhe und schlafen konnte man. Monatelang waren wir durch Stromausfall von aller Welt abgeschnitten, kein Radio, keine Zeitung und so waren es dann die amerikanischen Truppen, die uns dann zunächst einmal mit ihren Anordnungen, aber darüber hinaus auch mit ihren Nachrichten, versorgten.*

Zwölf Jahre lang hatte man in Köln fast nur die Stimme des Nationalsozialismus gehört, war die Gauhauptstadt Köln Mittelpunkt des Regimes im Westen Deutschlands gewesen. Während des Krieges hatte Köln als Zentrum der Rüstungsproduktion mit Zehntausenden Zwangsarbeitern aus ganz Europa und als Verkehrskreuz der Nachschubwege und Transporte an die Front im Westen fungiert. Nun stehen die Kölner vor ihren neuen Herren, um zu erfahren, wie es weitergehen soll: Sie müssen sich registrieren lassen, ihre Waffen abgeben, ihre Wohnungen verlassen, für die neue Militärregierung arbeiten, bei der Entschuttung helfen, die Ausgangssperren beachten und vieles andere mehr. Die neue Militärregierung steht vor der Herausforderung, der toten Stadt am Rhein neues Leben einzuhauchen. Für die Menschen ist dies ein Moment zwischen Befreiung und totaler Niederlage, zwischen Neuanfang und Resignation.

> **Heinz Meichsner:** *Der Krieg ist von den Deutschen, von den Nazis vom Zaune gebrochen worden und wir haben alle Konsequenzen zu tragen gehabt und da kann man jetzt nicht abwägen, war das rechtens oder war das unrechtens gewesen. Das war eben der Krieg gewesen mit all seinen Folgen und den haben wir schlucken müssen. Er ist angefangen worden und er musste ein Ende finden. Wir selbst hatten nicht die Kraft aus diesen Fesseln herauszukommen, weil das System ja zu sehr verankert war. Es war also eine andere Kraft notwendig, in dem Fall die Besatzer, bei uns die Amerikaner.*

Ende Februar 1945 nimmt diese Kraft am Rande der Kölner Bucht in Gestalt von über 40 000 Soldaten und mehr als 500 Panzern Aufstellung.

Heinz Meichsner (1919–2008) ist bei der Luftverteidigung in Osnabrück stationiert, als im Mai 1942 zunächst 1 000 Bomber Köln angreifen, dann am 29. Juni 1943 (»Peter und Paul«) Bomben auf Köln fallen und auch während der Bombenserie im Oktober 1944. In seiner Dienststelle laufen die Meldungen und Nachrichten über Angriffe und Flüge der Alliierten ein. »Da kamen immer wieder laufende BAG, also laufende Bombenangriffe auf Planquadrat Nr. 7 – das war Köln«, erinnert sich Meichsner an »Peter und Paul« 1943. »Ich hatt 'ne Cognac-Flasche nevve mir ston jehat ...« Zweimal wurde im Krieg auch das Haus seiner Eltern völlig zerstört, er bekam »Bombenurlaub«. »Ich hab hier mit dringehangen«, bekräftigt er seine Rolle als Zeitzeuge. »Aus der Nachbarschaft die Toten hab' ich gesehen ... es gibt nichts, was ich nicht gesehen habe.«

Lautsprecherdienst der US-Armee am 25. März 1945 auf dem Rudolfplatz. Kölner Bürger hören die Anordnungen des Nachrichtensprechers, einem Mitarbeiter der Abteilung für psychologische Kriegsführung. Im Dienst der neuen Militärregierung verlesen die GIs Gesetze und Verordnungen, aber auch Nachrichten in deutscher Sprache. Kurz darauf erscheint mit dem Kölnischen Kurier *eine bis zu zweimal wöchentlich im Auftrag der Amerikaner herausgegebene Tageszeitung.*

»Wir kommen als ein siegreiches Heer, jedoch nicht als Unterdrücker«

In der Proklamation Nr. 1 wendet sich der US-Oberbefehlshaber General Dwight D. Eisenhower an das deutsche Volk, in der es u. a. heißt:

»Wir kommen als ein siegreiches Heer, jedoch nicht als Unterdrücker. In dem deutschen Gebiet, das von Streitkräften unter meinem Oberbefehl besetzt ist, werden wir den Nationalsozialismus und den deutschen Militarismus vernichten, die Herrschaft der Nationalsozialistischen Deutschen Arbeiterpartei beseitigen, die NSDAP auflösen sowie die grausamen, harten und ungerechten Rechtsätze und Einrichtungen, die von der NSDAP geschaffen worden sind, aufheben. Führer der Wehrmacht und der NSDAP, Mitglieder der Geheimen Staatspolizei und andere Personen, die verdächtigt sind, Verbrechen und Grausamkeiten begangen zu haben, werden gerichtlich angeklagt und, falls für schuldig befunden, ihrer gerechten Bestrafung zugeführt. Alle Personen in dem besetzten Gebiet haben unverzüglich und widerspruchslos alle Befehle und Veröffentlichungen der Militärregierung zu befolgen. Gerichte der Militärregierung werden eingesetzt, um Rechtsbrecher zu verurteilen. Widerstand gegen die alliierten Streitkräfte wird unnachsichtlich gebrochen. Andere schwere strafbare Handlungen werden schärfstens geahndet.«

Alle anwesenden Arbeiter werden aufgerufen, zu ihren Arbeitsstellen zurückzukehren oder sich beim Arbeitsamt zu melden. Die Beamten sind verpflichtet, bis auf Weiteres auf ihren Posten zu verbleiben und alle Befehle und Anordnungen der Militärregierung oder der alliierten Behörden zu befolgen und auszuführen.

Innerhalb weniger Tage sind bereits 200 Kölner bei der Militärregierung beschäftigt, doch in Wirklichkeit sind die Amerikaner mit der Resonanz in der Kölner Bevölkerung unzufrieden und drohen mit Zwangsmaßnahmen. Im Hintergrund der Menschen, die in Richtung Hahnentor schauen, sieht man einen Flüchtlingswagen, der über die Ringstraße fährt.

Die meisten der rund 40 000 Menschen, die im März 1945 von der US-Armee versorgt werden müssen, sind Senioren, Kinder und Jugendliche. Um unkalkulierbare Versorgungsprobleme und das Einschleppen von Krankheiten abzuwenden, hat die Militärregierung die gesamte Stadt vom Militärring bis zum Rhein für Neuankömmlinge gesperrt.

Kaiser-Wilhelm-

Kaiser Wilhelm-Ring

Kaiser-Wilhelm-Ring. Bereits einen Tag nach Ende der Kampfhandlungen nimmt die amerikanische Militärregierung in einem nur leicht beschädigten Bürogebäude ihre Arbeiten auf, später wird das Allianz-Haus Sitz der amerikanischen Stadtverwaltung.

Wir gehen zum Amerikaner

Wenn die Kölner zur Registrierung oder zu Lautsprecherdurchsagen gerufen werden, dann kommen sie oft in ihrer besten Kleidung. Damals nennt man das »Sonntagsstaat«. Das gilt auch für diese Kölner am Chlodwigplatz, darunter zahlreiche Kinder.

Erziehungsberechtigte werden von den Amerikanern dringend darauf hingewiesen, dass sie für das Verhalten ihrer Kinder verantwortlich seien und dafür sorgen sollten, dass diese nicht mit den Gesetzen der Militärregierung und der Militärpolizei in Konflikt gerieten.

DEUTSCHE

DEUTSCH

Die Zivilbevölkerung nutzt die Anwesenheit der deutschsprachigen GIs, um Fragen zu stellen. Oft geht es um den Zuzug von Angehörigen, um Lebensmittelkarten, Wohnmöglichkeiten, medizinische Versorgung oder um Jobs bei der Militärverwaltung. Die Aufnahmen am Chlodwigplatz werden zu Propagandazwecken hergestellt und sollen auch dokumentieren, dass das Verhältnis zwischen Siegern und Besiegten gut, wenn nicht gar vorbildlich sein kann.

Manche Blicke der Kölner zeugen von einer gewissen Sympathie oder gar Bewunderung. Andererseits gibt es die politischen Vorgaben des Weißen Hauses, nach denen die GIs die Deutschen nicht bemitleiden, sondern als Nazis hassen sollen. Das Fraternisierungsverbot beginnt mit der angeordneten Verweigerung des Handschlags zur Begrüßung. Trotzdem kommt es zu Freundschaften und Liebesbeziehungen. Intern witzeln die Soldaten über die 69 US-Dollar Strafe, die auf einen intimen Annäherungsversuch an eine deutsche Frau stehen.

Dass das Betragen der GIs zumindest anfänglich auch nicht nur tadellos war, belegt ein streng vertraulicher Bericht über die »Conditions in the Cologne Area«, den der französische US-Botschafter Murphy am 29. März 1945 an das US-Außenministerium sendet. In dem Schreiben, das heute im Washingtoner Nationalarchiv liegt, beklagt sich Murphy in scharfer Form über die Moral der Truppe: Es seien Plünderungen, tätliche Angriffe auf die Zivilbevölkerung und Vergewaltigungen vorgekommen, um die sich die 1. U.S. Army offenbar überhaupt nicht kümmere. Wenn man nicht sich selbst, den Alliierten und den Deutschen den Eindruck vermitteln wolle, dass die amerikanische Besatzung nahe an Terrorismus heranreiche, müssten die Offiziere Schritte unternehmen, um diesem Treiben Einhalt zu gebieten.

Die völlig zerstörte südliche Altstadt. Wer am 7. März noch in den Kellern des Severinsviertels lebt, muss diese umgehend verlassen. Die Stadtviertel am Rhein werden zur Sperrzone erklärt und sind für sechs Wochen Schauplatz von Feuergefechten über den Rhein hinweg. Erst am 16. April können die Menschen hier wieder nach ihren Habseligkeiten suchen. Die Bewohner auf diesen beiden Bildern ziehen über die Straße an St. Katharinen von Osten

kommend mit dem Rhein im Rücken in Richtung Severinstraße. Das Bild oben zeigt ein 360°-Panorama dieses Viertels, ebenfalls aufgenommen auf der Straße an St. Katharinen vor den Trümmern der Elendskirche. Der Schwenk zeigt das Severinsviertel mit der angrenzenden Severinstraße und dem völlig zertrümmerten Viertel rund um den Perlengraben.

Der Einmarsch: Die Quellen

Für die US-Armee war Köln die größte Stadt, die sie während des Krieges in Europa einnahm. Die militärische Operation wurde generalstabsmäßig vorbereitet, durchgeführt und umfassend dokumentiert. Bis heute lagern Zehntausende Seiten Papier in den Archiven der früheren Alliierten, verteilt um den halben Globus. Um möglichst exakte Angaben machen zu können, wurden für diese Recherche in den Nationalarchiven in Washington und St. Louis mehrere Tausend Seiten erhaltener Originaldokumente der beteiligten Truppenteile gesichtet, gescannt, ausgewertet und mit anderen Quellen abgeglichen. Als besonders hilfreich haben sich die zahlreichen Funk- und Kommunikationsprotokolle erwiesen, die konkrete Positionsangaben enthalten. Diese Koordinaten sind leicht zu entschlüsseln und oft deutlich präziser als einfache Ortsangaben oder Namen von Stadtvierteln. Mit Hilfe dieser Geodaten lässt sich der Weg, den die verschiedenen Kampfgruppen zurücklegten, oft genau nachzeichnen.

Es sind aber vor allem die Filme und Fotos der Kameramänner der US-Armee, die die Vorstellungen der künftigen Generationen von der Befreiung Kölns prägten. Über zehn Stunden Filmmaterial lagern bis heute in den Filmarchiven der Alliierten, vor allem in den USA. Die meisten US-Divisionen hatten bei der Einnahme Kölns eigene Kameramänner und Fotografen dabei. Einige der Szenen, die diese Armeekameraleute damals drehten, zählen in den USA noch heute zu den bekanntesten Aufnahmen des Zweiten Weltkrieges.

Hinzu kamen Dutzende von Fotografen und Reportern, die als Kriegsberichterstatter mit den Soldaten gemeinsam vorrückten. Im heutigen Sprachgebrauch würde man sagen, sie waren eingebettet in die Geschehnisse – »embedded 1945«. Viele ihrer Bilder und persönlichen Eindrücke erschienen damals in der westlichen Tagespresse und in zahlreichen Magazinen oder fanden später über Zeitungsartikel, Buchbeiträge, Zeitzeugeninterviews oder Erinnerungsliteratur den Weg in die Öffentlichkeit und sind heute wertvolle Ansatzpunkte für weitere Recherchen. Eine große Zahl an Erlebnisberichten wie auch an Fotos blieb aber unveröffentlicht, z. B. auch die zahlreichen Erinnerungsfotos der Soldaten selbst. Über ein halbes Jahrhundert überdauerten sie in der Obhut ihrer Familien, oft mitsamt einer Vielzahl an persönlichen Briefen, Dokumenten und Berichten. In diesem Band erstmals veröffentlicht, vermitteln sie uns nun zusätzliche und oft neue Eindrücke von den damaligen Ereignissen in Köln.

Auch die Perspektive der ehemaligen Wehrmachtssoldaten, die den Befehl hatten, Köln »bis zur letzten Patrone« zu verteidigen, ist zuvor kaum oder nur wenig zusammenhängend erforscht worden. Neben den militärhistorischen Dokumenten aus den Archiven der Alliierten wurden in diese Recherche auch Dokumente, Kriegstagebücher der auf deutscher Seite beteiligten Einheiten und auch Zeitzeugenberichte einbezogen.

Auf der Basis dieser Recherche nach Hintergründen und Zeitzeugen rekonstruiert dieses Buch den Vormarsch US-amerikanischer Streitkräfte nach Köln hinein und zeigt schlaglichtartige Szenen aus dem Stadtkampf vom 5. bis 7. März 1945.

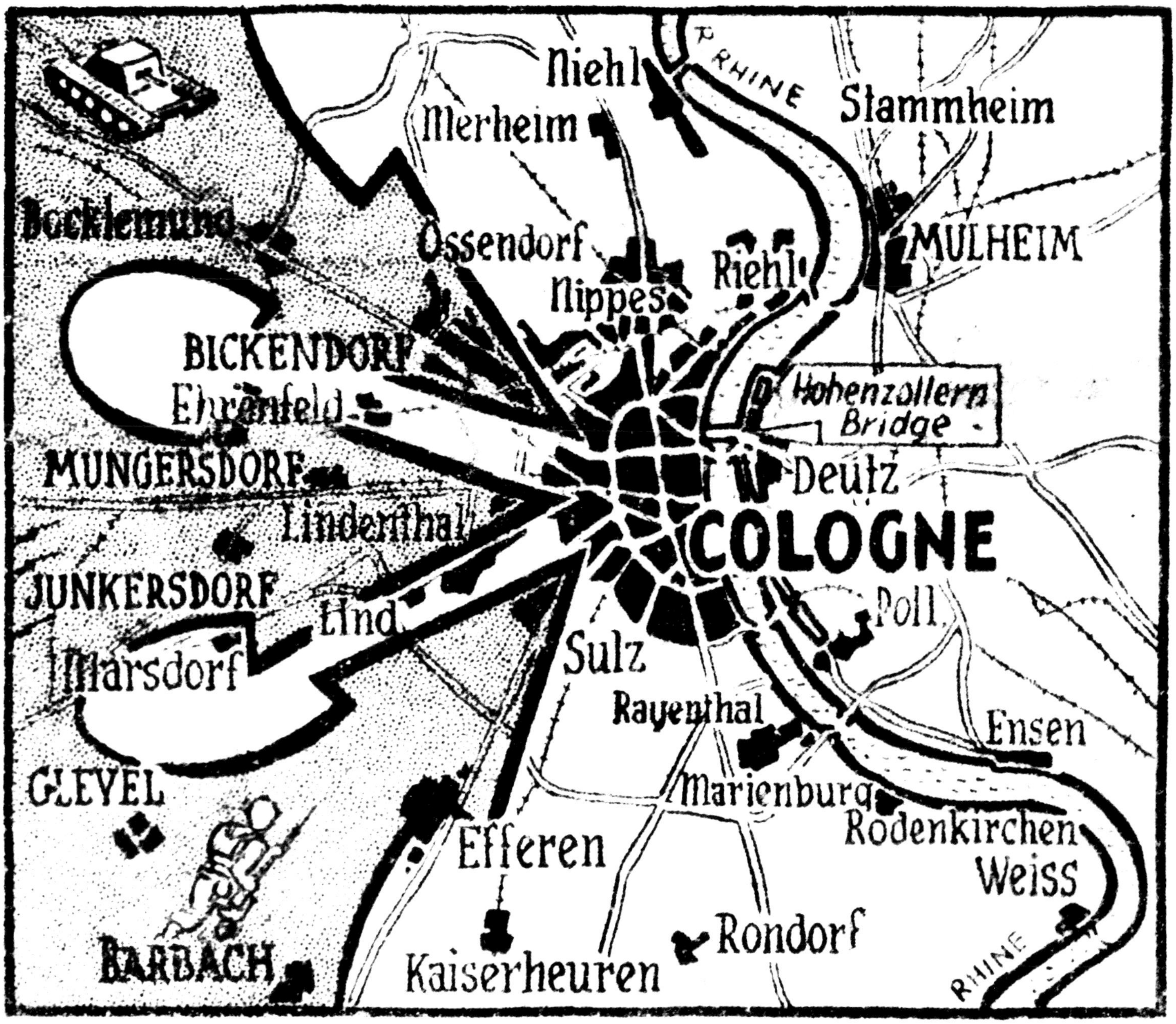

Der Einmarsch in Köln erfolgte im Rahmen der Operation Lumberjack. Auf der Karte erkennt man drei Hauptrichtungen für die maßgeblich an der Eroberung Kölns beteiligten Divisionen: Der gezeichnete Panzer oben steht für die 3. Panzerdivision, der Pfeil in der Mitte für die 104. Infanterie-Division und der gezeichnete Soldat unten links für die Stoßrichtung der 8. Infanterie-Division.

Abb. nächste Seite: *Für die US-Medien ist die Einnahme von Köln ein Großereignis. Auch die dort eingesetzten Soldaten schreiben und fotografieren vielfach.*

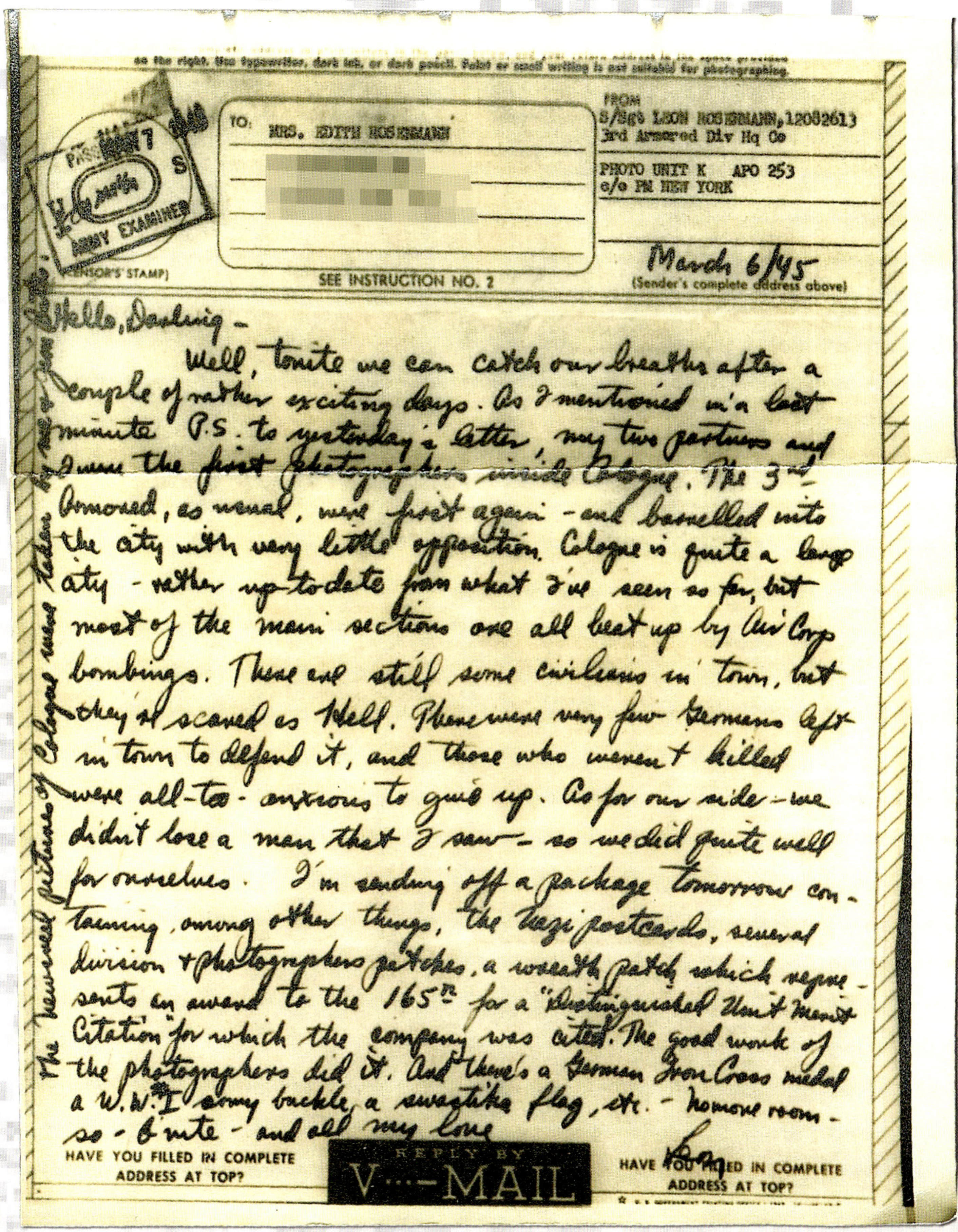
on the right. Use typewriter, dark ink, or dark pencil. Faint or small writing is not suitable for photographing.

CENSOR'S STAMP: PASSED MAR 7 1945 — ARMY EXAMINER — S

TO: MRS. EDITH ROSENMANN
[redacted]

FROM
S/Sgt LEON ROSENMANN, 12082613
3rd Armored Div Hq Co
PHOTO UNIT K APO 253
c/o PM NEW YORK

SEE INSTRUCTION NO. 2

March 6/45
(Sender's complete address above)

Hello, Darling –

Well, tonite we can catch our breaths after a couple of rather exciting days. As I mentioned in a last minute P.S. to yesterday's letter, my two partners and I were the first photographers inside Cologne. The 3rd Armored, as usual, were first again – and barrelled into the city with very little opposition. Cologne is quite a large city – rather up-to-date from what I've seen so far, but most of the main sections are all beat up by Air Corp bombings. There are still some civilians in town, but they're scared as Hell. There were very few Germans left in town to defend it, and those who weren't killed were all-too-anxious to give up. As for our side – we didn't lose a man that I saw – so we did quite well for ourselves. I'm sending off a package tomorrow containing, among other things, the Nazi postcards, several division + photographers patches, a wreath patch which represents an award to the 165th for a "Distinguished Unit Merit Citation" for which the company was cited. The good work of the photographers did it. And there's a German Iron Cross medal a W.W. I army buckle, a swastika flag, etc. – no more room – so – b'nite – and all my love

Leo

(in left margin:) The newsreel pictures of Cologne were taken by me & Jim [illegible]

HAVE YOU FILLED IN COMPLETE ADDRESS AT TOP?

REPLY BY V···–MAIL

HAVE YOU FILLED IN COMPLETE ADDRESS AT TOP?

Abschnitt 1
Der Angriff

Montag, 5. März 1945, 4:00 Uhr, Pulheim

Aufstellung an der Stadtgrenze Kölns

An der Einnahme des linksrheinischen Kölns sind vier Divisionen der 1. U.S. Army mit insgesamt über 40 000 Soldaten beteiligt. Hier an der Stadtgrenze in Pulheim formiert sich die 3. US-Panzerdivision. Innerhalb der 1. Army stellt sie eine Eliteeinheit dar. Stärke: 15 000 Soldaten, 256 Panzer, 4 000 Fahrzeuge, Spitzname »Speerspitze«, auf Englisch: 3rd Armored Division, genannt »Spearheads«.

Hinter den US-Soldaten liegen neun Monate Kampf und ein schwerer Winter in der Eifel. Insgesamt 100 000 Tote sind in den eigenen Reihen seit der Landung in der 600 km entfernten Normandie zu beklagen. Diese hohe Zahl an Todesopfern erscheint noch dramatischer, wenn man sich vergegenwärtigt, dass lediglich etwa die Hälfte der Männer einer Division tatsächlich zur kämpfenden Truppe gehört, die in direktem Feindkontakt steht. Die andere Hälfte zählt zu Transport-, Versorgungs- oder Artillerieeinheiten und befindet sich in der Nähe des jeweiligen Lagezentrums der Divisionsführung, zumeist fünf bis zehn Kilometer hinter der Frontlinie. Obwohl die Lage der gegnerischen Wehrmacht inzwischen längst verzweifelt ist, verbreiten die GIs für die bevorstehende »Schlacht um Köln« keineswegs nur Zuversicht: »Für uns scheint es kein Ende zu nehmen, es ist kein Ende in Sicht«, gibt Corporal Sergeant Peter di Guiseppi aus Pennsylvania in der amerikanischen Kino-Wochenschau vom 5. März 1945 zu bedenken. Ein anderer Armeeangehöriger aber, der junge Gefreite Pat Brady aus Kalifornien, vertraut ganz auf die Kampfkraft der Armee: »Ich soll im führenden Panzer direkt an der Spitze kämpfen: Alles klar, wir kommen! Tatatatata-Bumm-Tatatatata-Bumm! Schaut hin, dann könnt ihr sehen, wie der ganze Mist auseinanderfliegt.«

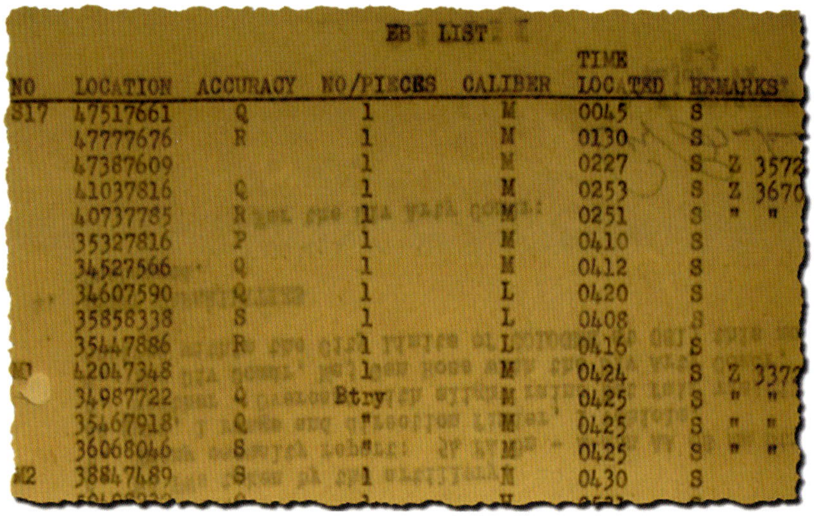

EB LIST

NO	LOCATION	ACCURACY	NO/PIECES	CALIBER	TIME LOCATED	REMARKS
S17	47517661	Q	1	M	0045	S
	47777676	R	1	M	0130	S
	47387609		1	M	0227	S Z 3572
	41037816	Q	1	M	0253	S Z 3670
	40737785	R	1	M	0251	S " "
	35327816	P	1	M	0410	S
	34527566	Q	1	M	0412	S
	34607590	Q	1	L	0420	S
	35858338	S	1	L	0408	S
	35447886	R	1	L	0416	S
	42047348		1	M	0424	S Z 3372
	34987722	Q	Btry	M	0425	S " "
	35467918	Q	"	M	0425	S " "
	36068046	S	"	M	0425	S " "
22	38847489	S	1	N	0430	S

In der 2000-Seelen-Gemeinde Pulheim haben die Spearheads ihr Divisions-Hauptquartier eingerichtet. Von hier aus wird der gesamte Angriff auf den Norden und das Zentrum Kölns koordiniert und überwacht. Zur Vorbereitung der Offensive feuert die Artillerie aus den Gärten Pulheims unablässig und systematisch, Planquadrat für Planquadrat, in die Stadt hinein.

Schon in der Nacht zuvor war es einem Spähtrupp des 83. Aufklärungsbataillons der Spearheads gelungen, in Worringen erstmals bis zum Rheinufer vorzudringen. Mit leichtem Gerät hatten sich die GIs in Roggendorf der Stadtgrenze genähert und waren dort auf starke Stellungen der Wehrmacht gestoßen, die nicht zurückwichen, weil sie den Rückstau aus Soldaten und Flüchtlingen schützen wollten, der sich hinter ihren Stellungen an der Rheinfähre Langel-Hitdorf gebildet hatte. Die amerikanischen Späher gingen der Konfrontation aus dem Wege, schwenkten nach Norden und erreichten um 4:20 Uhr morgens zwischen Dormagen und Worringen erstmals den Rhein.

From Hachhausen Lt Coates, and Lt Tattroe led patrols to the Rhine. Their patrols were the first units from the First United States Army to reach the Rhine.

Knapp 24 Stunden später, am 5. März 1945, 4:00 Uhr Ortszeit sollen die Spearheads laut Befehl die gesamte Nordhälfte der linksrheinischen Stadt an allen Abschnitten gleichzeitig angreifen.

mitted, ... This was ...

Plan of the attack on Cologne. Attack to start at 0400, 5 March, with X on the right flank of the division. 104th Inf to come in from the west, but not to hit Cologne until farther down. X to drive to the river, the main axis of advance being the highway from Pulheim to the town. The 99th to come up from behind and possible take over.

G-3 JOURNAL

IN	OUT	TIME & DATE	TYPE	MSG & ACTION TAKEN
492		050315	"	Fr 4th Cav Gp: No change.
	493	050410	"	To CCB (Col Albro): Has no word on jump-off yet.
494		050412	"	Fr CCA (Maj Adams): Both TFs moved out at 0400.
	495	050420	"	To 83d Rcn: Reports Right Col off on time.
	496	050425	"	To CCB (Gen Boudinot): Reports Lovelady off on time; no other reports.
	497	050427	"	To Col Paul, VII Corps: Maj Fowler reported our TFs off on time.
498		050440	"	Fr 83d Rcn: N Col at PL A halted by AT fire from SE; S Col progressing slowly.

Der Angriffsplan der Army sieht vor, dass sie die Ersten sein werden, die mit massiven Verbänden die Stadtgrenze überschreiten und in der Stadtmitte Dom und Rhein erreichen. Deshalb befinden sich hier gleich zwei Armee-Kameramänner und ein Fotograf bei der Truppe, die den Vormarsch dokumentieren sollen: James Bates aus dem US-Bundesstaat Colorado, daneben Leon Rosenmann und John Himes aus New York.

Abb. linke Seite unten: *Sämtliche Ziele in Köln, die von Pulheim aus mit Granaten beschossen werden, sind in einer Liste genau verzeichnet. Angegeben werden die exakten Positionen, die Genauigkeit des Zielvorgangs, das eingesetzte Kaliber und die Uhrzeit. Bis zum späten Vormittag werden allein von der Divisionsartillerie der 3rd Armored Division 57 Straßen, Orte oder Plätze bombardiert.*

Abb. links oben: *Ausschnitt aus dem Gefechtsbericht des 83. Aufklärungsbataillons vom 4. März 1945 mit der Nachricht über das Erreichen des Rheinufers.*

Abb. links Mitte: *Plan für den Angriff auf Köln. Um 4:00 Uhr morgens sollen alle Einheiten der 3rd Armored Division starten. Im Westen soll die 104. Infanterie-Division nachziehen, aber nicht zu weit vorbrechen. Die 3rd Armored Division soll über die Hauptachse der Venloer Straße von Pulheim aus zum Rhein vorstoßen. Die 99. Infanterie-Division soll von hinten aufrücken und nach Möglichkeit übernehmen.*

Abb. links unten: *Im Funkprotokoll der 3rd Armored Division melden die beteiligten Truppenteile den Beginn ihres Abmarsches gegen 4:00 Uhr morgens am 5. März 1945.*

Leon Rosenmann (1912–1997). Nach 1945 arbeitet Rosenmann weiterhin als Fotograf und ist u. a. Präsident an der Professional Photographers Association in New Jersey.

James Bates (1916–2002). Arbeitet vor und nach dem Krieg als Kameramann und Regisseur für die Alexander Film Company in Colorado Springs, damals führend in der Produktion von Werbefilmen.

Thomas S. Noble (1914–2005). Ist nach dem Krieg bei den amerikanischen Besatzungstruppen in Hessen tätig und wird beim Wiederaufbau der Leitz-Werke für Fotokameras in Wetzlar eingesetzt. Nach seiner Rückkehr in die USA gründet er mehrere Fotostudios und arbeitet zeitlebens als Fotograf.

Der 1996 verstorbene James Bates hatte sich 1994 innerhalb eines ausführlichen biographischen Interviews in seiner Heimatstadt Colorado Springs auch zu seinen Erlebnissen in Köln geäußert. Und Leon Rosenmann hinterließ mehr als ein Dutzend Seiten Soldatenbriefe an seine Frau Edith, in denen er seine Sicht der Ereignisse schildert. Die Aufnahmen, die den beiden in Köln gelingen, werden für sie zum Höhepunkt ihrer Laufbahn als Kameramänner und sorgen in den Wochen nach der Einnahme Kölns international für Furore.

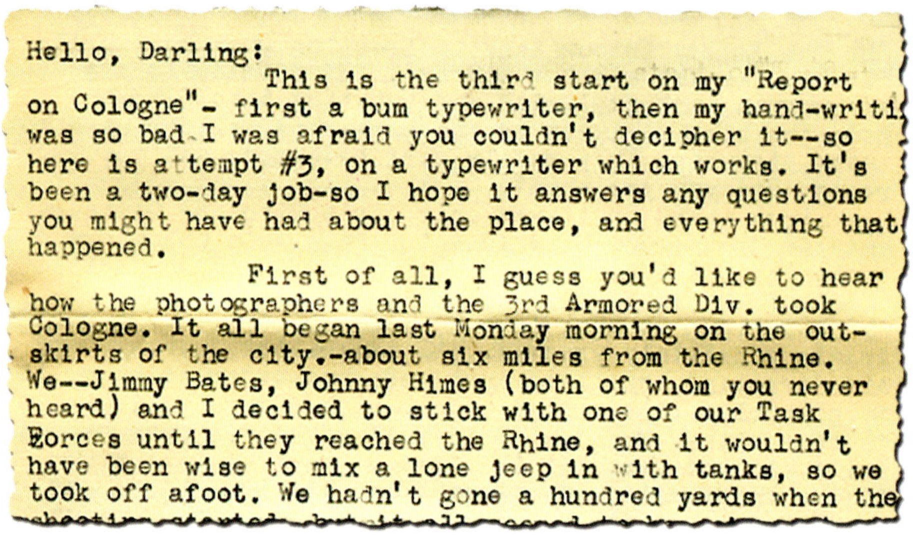

Hello, Darling:

This is the third start on my "Report on Cologne"- first a bum typewriter, then my hand-writi was so bad I was afraid you couldn't decipher it--so here is attempt #3, on a typewriter which works. It's been a two-day job-so I hope it answers any questions you might have had about the place, and everything that happened.

First of all, I guess you'd like to hear how the photographers and the 3rd Armored Div. took Cologne. It all began last Monday morning on the outskirts of the city.-about six miles from the Rhine. We--Jimmy Bates, Johnny Himes (both of whom you never heard) and I decided to stick with one of our Task Eorces until they reached the Rhine, and it wouldn't have been wise to mix a lone jeep in with tanks, so we took off afoot. We hadn't gone a hundred yards when the

Leon Rosenmann: *In London und Paris [Hauptquartiere der US-Armee in Europa, Anm. d. A.] sagten die Leute, das Filmmaterial von Jim Bates und mir sei exzellent. Sie meinten sogar, es gehöre zu den besten Aufnahmen des gesamten Krieges.*

James Bates: *Köln, das waren die größten Momente meines Lebens. Alles, was einem Kameramann passieren konnte, passierte. Vollkommen anders als in den Feldern. Die Deutschen kämpften mit dem Rücken zum Rhein. Das war ein Drängeln und ein Schieben von Haus zu Haus. Es war ein langer, mühsamer Straßenkampf.*

Sie gehören zur 165th Signal Photo Company, Detachment K (Nachrichten- und Fotokompanie, Abt. K) unter dem Kommando von Lieutenant Thomas S. Noble und sind der 3rd Armored Division unterstellt. Seinem Sohn gibt dieser im Jahr 1994 ein ausführliches Videointerview.

Thomas S. Noble: *Wir standen unter einem ungeheuren Druck. Unser General Maurice Rose sagte klipp und klar: »Das hier ist Krieg, los vorwärts, wenn ihr das nicht könnt, geht zurück in die USA.« In meinem Team hatte ich 10–15 Leute. Und die Offiziere im Hauptquartier wollten wissen, was wir den ganzen Tag tun. Ich sagte: »Was schon? Es ist Krieg, was passiert, passiert.« Also fuhren wir dorthin, wo gekämpft wurde und hielten uns zumeist hinter dem zweiten unserer Panzer auf, so hatten wir den Führungspanzer immer im Blick.*

Die 3rd Armored Division auf der Venloer Straße in Pulheim. Neben der zerstörten Barbarakapelle fährt ein Truppentransporter der A-Kompanie. Hinter der Kapelle liegt der von Bomben umgepflügte Friedhof des Ortes. Auch viele Häuser und Bauernhöfe sind zerstört. Der Hauptgrund für die Bombardierung Pulheims ist die benachbarte Bahnlinie in Richtung Köln.

Abb. oben: *Das Signet der 3rd Armored Division besteht aus drei Farben, die die Hauptwaffengattungen einer Armee symbolisieren. Gelb steht für Kavallerie; Rot ist die Farbe der Feldartillerie und Blau steht für die Infanterie. Zudem symbolisiert die Panzerkette Mobilität und Schutz, die Kanone Feuerkraft und der Blitz eine sehr schnelle Aktion.*

Montag, 5. März 1945, 7:00 Uhr, Bocklemünd

Die »Speerspitzen« kommen über Nordwesten

Am 5. März 1945 um 7:00 Uhr erreichen Bates und Rosenmann mit dem 32. Panzerregiment und den Infanteristen des 36th Armored Infantry Regiment der 3rd Armored Division erstmals Kölner Boden. Der Angriff geht zügig vorwärts, wie es heißt, mit nur leichtem Widerstand seitens des Feindes. Allerdings werden die GIs hier nach eigenen Angaben von deutscher Seite mit Granaten attackiert. Nachdem sie nun die Stadtgrenze bei Bocklemünd passiert haben, halten sich James Bates und Leon Rosenmann immer an vorderster Front auf.

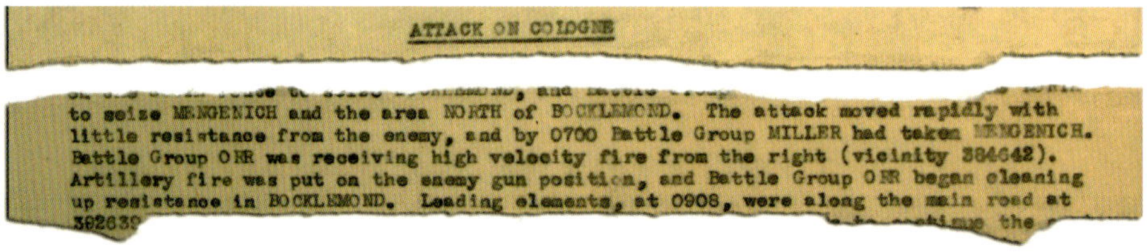
ATTACK ON COLOGNE

to seize MENGENICH and the area NORTH of BOCKLEMOND. The attack moved rapidly with little resistance from the enemy, and by 0700 Battle Group MILLER had taken MENGENICH. Battle Group ORR was receiving high velocity fire from the right (vicinity 384642). Artillery fire was put on the enemy gun position, and Battle Group ORR began cleaning up resistance in BOCKLEMOND. Leading elements, at 0908, were along the main road at 392639

Leon Rosenmann: *Es dauerte keine 300 Meter, als die Schießerei begann. Aber ich hatte den Eindruck, als ginge die Mehrheit der Salven in die Richtung derjenigen, die sich entschieden hatten, für Hitler den Helden zu spielen. Das brachte uns gute Bilder und wir entschieden uns, bei dieser Einheit zu bleiben. Häuserblock für Häuserblock rückte die 3rd Armored Division mit uns drei dummen Kameramännern vor und es sah so aus, als würde niemand aus unseren Reihen verwundet.*

Die Kameraleute haben ein besonderes Interesse an einem neuartigen amerikanischen Panzer und wollen ihn auf seinem Weg quer durch die Stadt im Auge behalten.

Thomas S. Noble: *Am Morgen war ein Mann zu mir gekommen, er stellte sich als Offizier der Ordonanzabteilung aus Washington vor und sagte, er wolle ein paar Bilder von einem neuen Panzer in Aktion haben. Wir hatten neben unseren Sherman-Panzern da was ganz Neues. Und so fuhren wir mit unserem Jeep los. Und die Bilder, die wir aus Köln mitbrachten, waren great stuff.*

Bei dem »ganz Neuen« handelte es sich um einen Prototypen des Modells Pershing T26, zu Testzwecken erst seit zehn Tagen bei der Truppe und die damals stärkste US-Waffe am Boden.

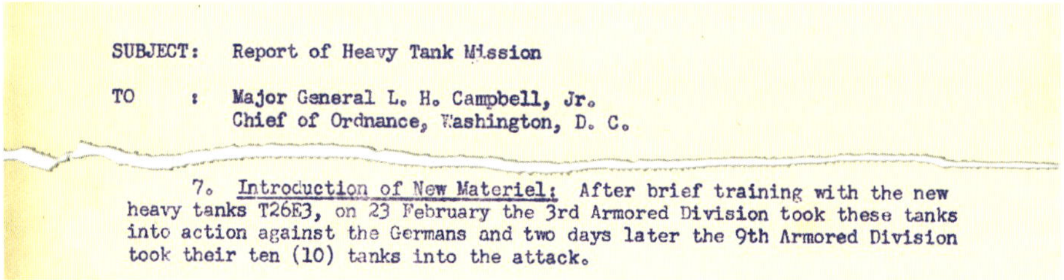
SUBJECT: Report of Heavy Tank Mission

TO : Major General L. H. Campbell, Jr.
Chief of Ordnance, Washington, D. C.

7. Introduction of New Materiel: After brief training with the new heavy tanks T26E3, on 23 February the 3rd Armored Division took these tanks into action against the Germans and two days later the 9th Armored Division took their ten (10) tanks into the attack.

James Bates: *Wir hatten zu dieser Zeit einen neuartigen Panzer. Einen T26. Dieser T26 hatte eine 90-mm-Kanone und war sehr stark gepanzert. Diejenigen Deutschen, die ihn zu Gesicht bekamen, lebten nie lange genug, um über diese fantastische Maschine zu berichten. Dieser Panzer war unseren alten Sherman-Panzern so weit voraus, es war einfach unglaublich.*

In diesem neuen Panzer sitzt ein Neunzehnjähriger aus dem US-Bundesstaat Pennsylvania am Geschützrohr. Sein Name: Clarence Smoyer. Heute ist er 88 Jahre alt. Im Frühjahr 2007 treffe ich ihn zum ersten Mal in Fort Myers/Florida.

> **Clarence Smoyer:** *Es war die Kanone. Die Kanone hat die Arbeit gemacht. Alles, was ich tun musste, war zielen und abdrücken. Mein Captain rief mich zu sich rüber und sagte: »Ich wusste gar nicht, was für ein hervorragender Schütze Sie sind.« Und zu der Sache mit Köln sagte er: »Ich habe Sie für einen hohen Orden, einen Bronze Star, empfohlen.« Der Orden ist bei mir nie angekommen.*

Auch nach so vielen Jahren erinnert sich Smoyer noch genau an seinen Einsatz in Köln, für den er nachträglich eine Ehrenurkunde erhielt. Zwei Tage nimmt sich Smoyer Zeit, um die Filmaufnahmen, die oft aus seiner Perspektive gedreht wurden, zu erklären. Er erläutert Zusammenhänge und erzählt von Begebenheiten während der Kämpfe in der Stadt, über die bisher noch nie berichtet worden ist.

> **Clarence Smoyer:** *Das ist mein Panzer. Ich wusste, dass Köln eine große Stadt in Deutschland ist, aber ich wusste nichts über ihre Geschichte. Ich erinnere mich, dass unser Leutnant sagte: »Meine Herren, ich übergebe euch Köln. Macht ihnen die Hölle heiß.«*

Abb. oben: *Clarence Smoyer, Jahrgang 1926, kommt als Schütze eines Testpanzers 1945 mit dem 32. Panzerregiment der 3rd Armored Division über Stolberg nach Köln. Der Mann aus Pennsylvania arbeitet nach dem Krieg bis zu seiner Pensionierung in der dortigen Zinkindustrie.*

Abb. unten: *Clarence Smoyers Panzerbesatzung in Köln. Obere Reihe: Tank Commander Robert Early, Schütze Clarence Smoyer, Beifahrer Homer Davis. Untere Reihe: MG-Schütze John Deriggi und Fahrer William McVey.*

Montag, 5. März 1945, 5:55 Uhr, Marsdorf – Lövenich – Junkersdorf

Die »Timberwölfe« im Westen

Südlich der 3. US-Panzerdivision, an der Grenze zum Kölner Stadtwald, steht die 104. Infanterie-Division mit mehr als 10 000 Männern und schweren Geschützen. Spitzname »Timberwolves«, zu Deutsch »Timberwölfe«.

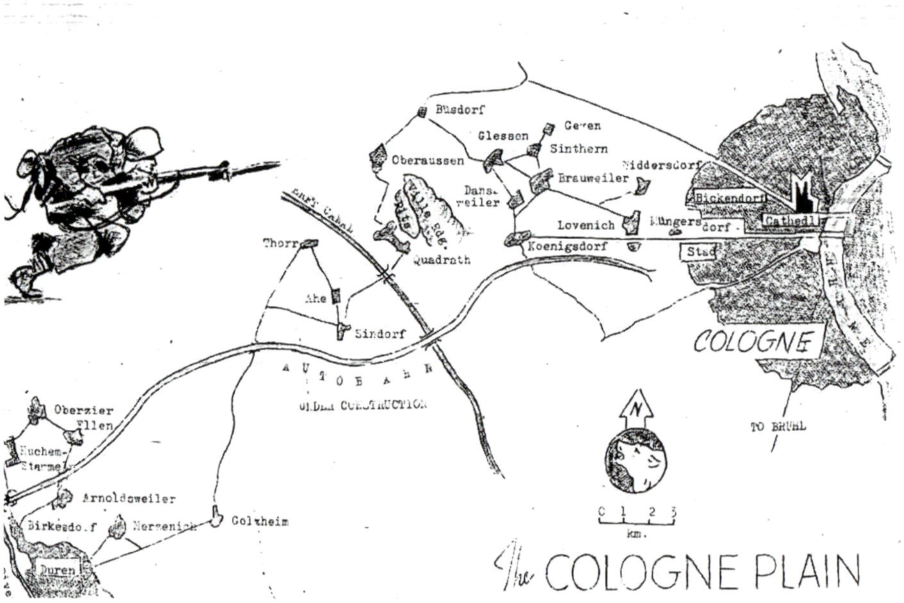

In den Tagen zuvor sind sie aus dem Raum Frechen gekommen und dort in Minenfelder geraten, wonach über 100 Verwundete zu versorgen sind. Ihr Vormarsch liegt deshalb einige Stunden hinter dem der 3rd Armored Division zurück. Beide Divisionsführungen sind per Funk eng verknüpft. Meldungen über Erfolge oder Herausforderungen werden unverzüglich ausgetauscht und erreichen kurz darauf die jeweils andere Division. So erscheint die Meldung über das Vordringen der Patrouille des 83. Aufklärungsregiments bei Worringen bereits eine Stunde später im Nachrichtenprotokoll der Timberwolves, ebenso wie das Auftauchen deutscher Panzerverbände bei Roggendorf.

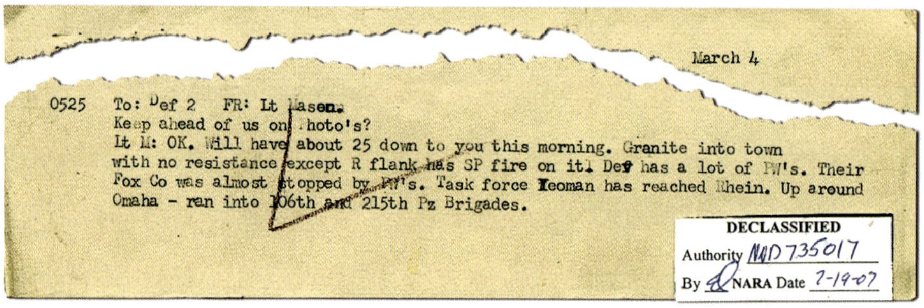

March 4

0525 To: Def 2 FR: Lt Mason.
Keep ahead of us on photo's?
Lt M: OK. Will have about 25 down to you this morning. Granite into town with no resistance except R flank has SP fire on it. Def has a lot of PW's. Their Fox Co was almost stopped by PW's. Task force Yeoman has reached Rhein. Up around Omaha – ran into 106th and 215th Pz Brigades.

DECLASSIFIED
Authority NND735017
By NARA Date 2-19-07

Am 5. März um kurz vor 6:00 Uhr erreichen die Timberwolves die Vororte Marsdorf, Widdersdorf und Lövenich. Bereits seit Mitternacht stehen sie unter Raketen und Artilleriebeschuss. Bei kapitalen Einschlägen in Lövenich und Widdersdorf kommen zwei US-Soldaten ums Leben, 32 werden verwundet.

Nach einem Eintrag im Logbuch der 104th Infantry Division erfolgte die Einnahme von Lövenich jedoch »mit überraschend geringen Verlusten«. Die Aufzeichnungen des direkt von einem Volltreffer betroffenen 415. Infanterie-Regiments aber zeigen eine andere Perspektive, hier spricht man vom »hardly won Lovenich«, von einem bitteren Sieg. Da die gezielten Granateinschläge auf die GIs andauerten, deutete alles darauf hin, dass es in Sichtweite der getroffenen Patrouille einen Beobachtungsposten der Wehrmacht geben musste, der die Artilleriegeschütze im Stadtwald über Funk dirigierte. Die damals 21 Jahre jungen Infanteristen Charles H. Norris und Lee Funk werden losgeschickt, um die nahe gelegenen zweigeschossigen Wohnhäuser zu kontrollieren. Dass nicht noch mehr Opfer zu beklagen waren, ist, den beiden Männern zufolge, dem Verstand einer jungen Kölnerin zu verdanken.

Eine Begegnung während des Krieges in Lövenich. Der Infanterist Charles H. Norris (1923–2003) und die Schauspielerin Lucy Millowitsch (1905–1990).

Charles H. Norris: *In dem zweiten Haus, das wir durchsuchten, trafen wir auf eine Frau, die Englisch sprach. Wir fragten sie, ob es in ihrem Haus Soldaten gebe. Sie fragte uns, was wir tun würden, wenn wir Soldaten in ihrem Haus fänden. Wir antworteten, wir würden die Männer verhaften und in ein Gefangenenlager bringen und dann unseres Weges ziehen, ihr würde nichts passieren. Sie sagte uns: »Ja, da sind zwei Soldaten in meinem Keller, ich gehe hinunter und hole die Männer rauf zu Ihnen.« Dann kamen sie die Treppe hinauf, die Hände über den Köpfen und ergaben sich. Die beiden hatten auch das Funkgerät dabei, mit dem sie das Feuer auf uns gelenkt hatten. […] Die besonnene Frau […] war die Schauspielerin Lucy Milliwitz.*

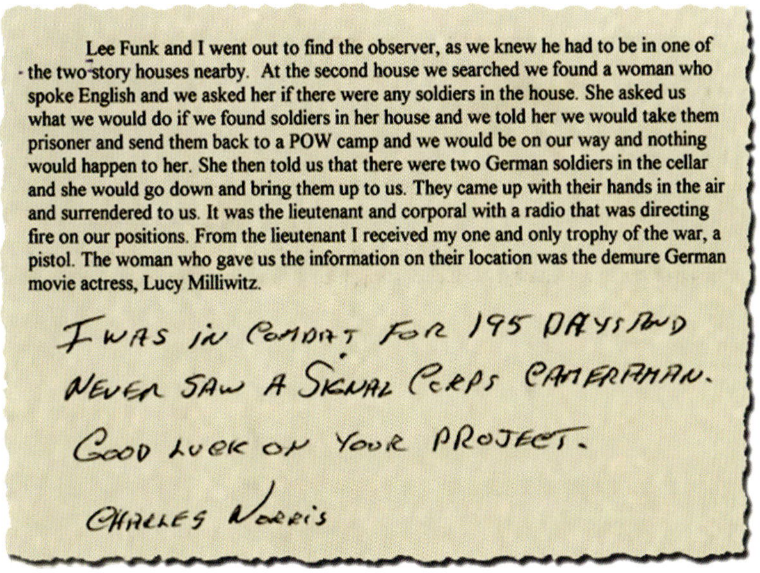

Lee Funk and I went out to find the observer, as we knew he had to be in one of the two-story houses nearby. At the second house we searched we found a woman who spoke English and we asked her if there were any soldiers in the house. She asked us what we would do if we found soldiers in her house and we told her we would take them prisoner and send them back to a POW camp and we would be on our way and nothing would happen to her. She then told us that there were two German soldiers in the cellar and she would go down and bring them up to us. They came up with their hands in the air and surrendered to us. It was the lieutenant and corporal with a radio that was directing fire on our positions. From the lieutenant I received my one and only trophy of the war, a pistol. The woman who gave us the information on their location was the demure German movie actress, Lucy Milliwitz.

I WAS IN COMBAT FOR 195 DAYS AND NEVER SAW A SIGNAL CORPS CAMERAMAN. GOOD LUCK ON YOUR PROJECT.

CHARLES NORRIS

Die 104th Infantry Division hat ihre Basis im US-Bundesstaat Washington. Das Signet zeigt einen Timberwolf als Wappentier und symbolisiert damit die rauhe Natur im Nordwesten der USA.

Trotz des kleinen Schreibfehlers ist eindeutig, wem Charles H. Norris hier im Krieg begegnet war: Es war Lucy Millowitsch, damals 40 Jahre, die ältere Schwester des populären Kölner Volksschauspielers Willy Millowitsch.

Während 80 deutsche Soldaten in amerikanische Gefangenschaft geraten und ins Hinterland transportiert werden, verbreitet das Hauptquartier der Timberwolves die Nachricht, auch der Zugang nach Junkersdorf über die Reichsstraße 55 sei blockiert, und die Aachener Straße, Kölns wichtigste Zufahrtsstraße im Westen, sei mit Minen und Sprengfallen versperrt. Kriegsgefangene hätten zudem ausgesagt, auf dem Gelände des Müngersdorfer Stadions befänden sich starke Wehrmachtsverbände mit großen Munitionsvorräten.

»Das ist der Anfang vom Ende. Der Angriff auf Düren liegt vor uns. Danach folgt Köln.« Der Kameramann Clarence Voight Garrell auf der Dürener Straße Ende Februar 1945.

Die Timberwolves hatten erwartet, hier auf Widerstand zu stoßen. Noch um Mitternacht hatte das Hauptquartier des 415. Infanterie-Regiments einen Bericht für die Truppe verfasst, mit Meldungen über Befestigungen, Bunker, Tunnel, Munitionsdepots, darunter auch Pläne und Informationen über den äußeren Verteidigungsring entlang der alten Forts im Stadtwald. Die Informationen stammten von Spähern, aber auch aus Verhören mit Kriegsgefangenen, Überläufern und Zivilisten. In dem Bericht gehen die Timberwolves davon aus, dass Köln entsprechend der vollmundigen Ankündigung der NS-Propaganda verbissen verteidigt wird. Alle Angaben, sofern sie glaubwürdig sind, werden in den Gefechtsständen auf transparentem Papier akkurat eingezeichnet, die dann als Auflage (Overlays) für Stadtpläne genutzt werden.

Nun werden die Geschützstellungen der Wehrmacht in Marsdorf und im Stadtwald unter Feuer genommen. Am Mittag kommen dort nach einem kapitalen Treffer über 20 deutsche Soldaten zu Tode. Dann hört der Beschuss auf, die Flakstellungen werden aufgegeben, die Timberwolves können vorrücken. Von nun an durchkämmen sie mit Stoßrichtung Innenstadt die Flächen zwischen der Vogelsanger Straße und der Dürener Straße.

Auch die Soldaten der 104. Infanterie-Division werden von mehreren Kameramännern und Fotografen begleitet, darunter Clarence Voight Garrell aus Los Angeles/Kalifornien und Harold Roberts aus Middlesex County/Massachusetts. Vor allem für Garrell werden die nächsten beiden Tage zu den einprägsamsten Erlebnissen während seines Einsatzes als Kriegskameramann zählen. Gegen Mittag filmt er die Timberwolves bei ihrem Einzug nach Junkersdorf.

DECLASSIFIED
Authority NND 735017
By JE NARA Date 8-8-07

SECRET

Hq 415th Inf
[illegible], GERMANY
051200 Mar 45

INTELLIGENCE [illegible]

STUDY OF UNDERGROUND INSTALLATIONS AND DEFENSES OF COLOGNE

This study with attached overlay is a compilation of all available information on COLOGNE defenses and installations. Source of information, PI, PW Reports, MII Reports and "UNDERGROUND INSTALLATIONS IN COLOGNE, A Research Study" published by First US Army 27 Feb 45. (Numbers and letters refer to corresponding equivalents on attached overlay)

(1) General trace of outer defense ring of COLOGNE as taken from a captured map which appears to be of recent origin.

(2) First line of defense of the city as given by a PW. It is believed that only a portion of the line is shown with a continuation to the N likely.

(3) Second line of defense of city as given by PW. Again only the S portion is shown. Part of line confirmed by PI.

(4) Third line of defense of city as given by PW.

(5) Fourth line of defense of city as given by PW.

(9) Civilian air raid shelters which could be used as defenses.

Following forts form a belt around COLOGNE, most of which were built in 1869-1870; the rest shortly before the last war. In 1919 the latter were demolished as part of the German's armament program, but some were reconstructed after Hitler marched his troops into the RHINE district in 1934.

Fort A: This fort which was constructed in 1913, is built into a hill. Entrance and windows are located on S side of fort. Fort is completely covered with soil and bushes and is further camouflaged by its location in a small forest. Originally, the interior consisted of 4 dome type halls which later were converted into dressing rooms for a sport club by inserting several brick walls. These rooms are now to the right and left of the hallway. Ventilation is supplied by an airshaft which is visible from the outside. Dimensions: (It will be noted that aerial interpretation and PW figures differ. This may be explained by the fact that the former gives the overall size of the entire fort area while the latter gives only the dimensions of the fort itself) Length: 100'; length of tunnel formed hallway: 60(. Two additional barrack type buildings are located in fort area. PI reports that the area of fort and its surroundings appear to be very active as of 16 Feb.

Fort B

Fort B: Time of erection and type of construction are similar to those in A. Only S side is visible, as all others are underground. The entrance is tunnel shaped. 4 rooms branch off on each side. In Dec this fort was used by a printshop(named [illegible]). Dimensions: visible S wall: 150'. Acording to PI report the overall length is considerable greater. Much activity was noted in and around fort area as of 16 Feb 45. At that time no bomb damage was visible in the immediate vicinity.

Fort C: PWs could give no details, but according to PI report the fort is of the modified type extending from NE to SW and is completely mounded over. Several near misses were reported as 14 Feb. Dimensions: 150' long; visible wall is 10' high.

Fort D: Fort is underground with the exception of the E side, where the entrance is located. Dimension: Length of visible part of E wall - 50'. Very little activity was noted as of 14 Feb.

Fort E: Fort is of the modified type extending approximately N and S. Buildings appear to be of concrete structure with the central entrance (on E side) appearing to go underground. PWs believe this fort has great depth. Dimensions: length 150'.

Fort F: Fort is semicircular in shape. It has 2 entrances both on E side with a possible third underground entrance on Fort's W wall. Inthe interior are 8 dome shaped rooms. Dimensions: length 500'. According to PI, there are 5 near misses in the fort area and signs of activity hace been observed there.

Fort G: Fort extends from NW to SE with the entrance on the NE side. Dimensions of fort as well as construction and recent usage are similar to those ascribed to fortA. PI reports severe bomb damage throughout fort area with 4 near misses causing possible damage to fort proper.

Fort H: This fort was, according to PWs, severely damaged in a recent bombing attack. Fort has been used as an air raid shelter. Dimensions: see overlay.

Analyse über unterirdische Befestigungen und Verteidigungsanlagen in Köln. Ein Merkblatt listet die Verteidigungsanlagen des Äußeren und Inneren Rings detailliert auf. Das Hauptquartier des 415. Infanterie-Regiments der Timberwolves-Division verbreitet die dreiseitige Studie am 5. März 1945 kurz vor dem Angriff auf die Forts im Kölner Stadtwald. Bei der 3rd Armored Division gibt es ein ähnliches Merkblatt.

Um 13:00 Uhr ist Garrell mit den Timberwolves in Müngersdorf. Nach den morgendlichen Gefechten ist von Widerstand nichts mehr zu spüren. Zwar werden gelegentlich Mündungsfeuer deutscher Panzer gemeldet, doch nach jedem Schuss scheinen die deutschen Soldaten eher zurückzuweichen, als dass sie versuchten, ein Terrain zu verteidigen oder gar zu halten. Den US-Soldaten ist diese »delaying action« (Verzögerungstaktik) spätestens seit dem Überqueren der Erft bekannt. Doch der Glaube, dass Köln entgegen der offiziellen NS-Propaganda doch nicht verteidigt wird »wie Stalingrad«, ist bei den Amerikanern noch nicht gefestigt.

Die US-Soldaten auf der Aachener Straße in Junkersdorf. Clarence Voight Garrell schreibt auf die Rückseite dieses Fotos: »Das 415. Regiment der 104. Infanterie startete um 7:00 Uhr und erreichte die Außenbezirke von Köln. Harold Roberts und ich waren bei ihnen. Wir fotografierten alles, was sie taten.«

Auf dem Overlay der 104. Infanterie-Division vom 5. März 1945 ist die Einteilung der Stadt in Kampfzonen der drei Hauptdivisionen gut zu erkennen. Im Norden oberhalb der grünen Einzeichnungen befindet sich das Gebiet der 3rd Armored Division, auszumachen an dem Kürzel »3A« entlang der oberen grünen Linie in Höhe der Venloer Straße. Gleiches gilt im Süden für die 8. Infanterie-Division mit dem Kürzel »8« unterhalb der südlichen grünen Linie Dürener Straße – Militärring. Dazwischen befindet sich das Kampfgebiet der Timberwolves, unterteilt in die beiden Regimenter 414 und 415. Die einzelnen Felder und gestrichelten Linien markieren den geplanten Geländegewinn in verschiedenen Phasen bis zum Erreichen des Rheins.

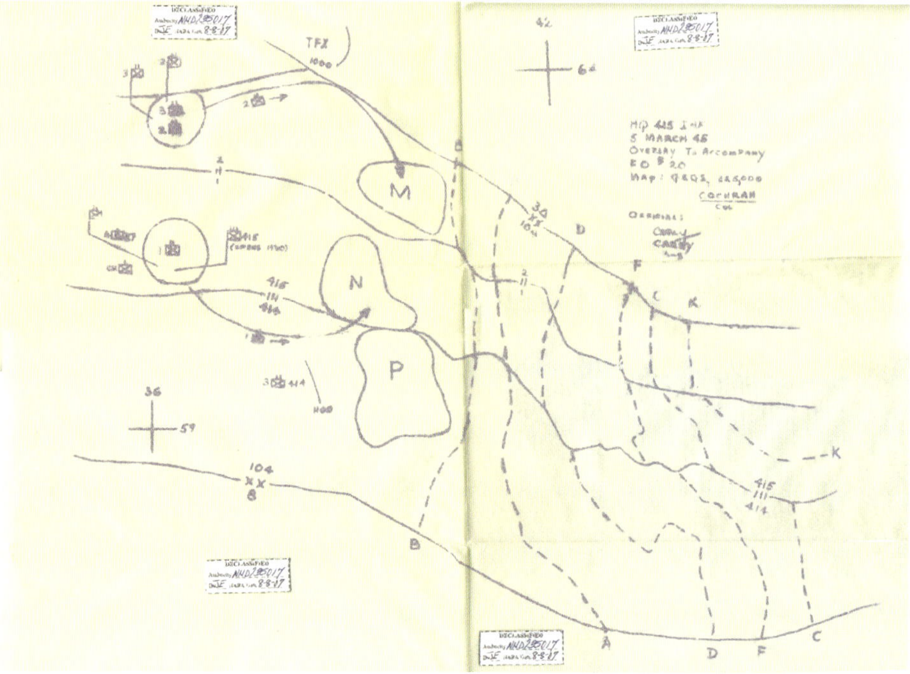

Flughafen
Bickendorf
Ossendorf
Mauenheim
Nippes
Riehl
Ehrenfeld
KÖLN
Deutz
Braunsfeld
Stadtwald
Lindenthal
Zollstock
Klettenberg
Bayenthal
Marienburg
RHEIN
Stammheim
HQ 415 Inf
5 March 45
Overlay To Accompany
FO # 20
Map: GSGS, 1:25000
COCHRAN
CM

Montag, 5. März 1945, 1:20 Uhr, Hürth – Rondorf – Zollstock

»Goldene Pfeile«: der Süden hängt zurück

Südlich der Timberwolves befindet sich das Kampfgebiet einer weiteren amerikanischen Einheit, der 8th Infantry Division, nach ihrem Wappen als »Golden Arrows« (»Goldene Pfeile«) oder als »Pathfinder« (»Pfadfinder«) bezeichnet. Hinter den Männern liegt die verheerende Erfahrung der Hürtgenwald-Schlacht in der Eifel, mit schwersten Verlusten in den eigenen Reihen. In vielen Kampfgruppen überlebte nicht einmal jeder Zweite.

In den Tagen zuvor kamen sie aus Düren, Bergheim und Kerpen. Vor allem wegen des Vorgebirges liegt ihr Vormarsch zeitlich hinter den nördlich operierenden Divisionen zurück. Da sich ihre Einheiten nicht direkt auf die Kölner Innenstadt zubewegen, findet ihr Einsatz bei Reportern und Kameraleuten nur wenig Aufmerksamkeit. Die wenigen existierenden Aufnahmen zeigen sie ausschließlich im Kölner Umland. Bereits in der Nacht vom 4. auf den 5. März rücken die Golden Arrows südlich von Frechen über die Felder nach Hürth vor. Dort werden sie von einer Hundertschaft deutscher Soldaten, die durch Panzer und Haubitzenfeuer unterstützt werden, frontal angegriffen. Nach Angaben der 8. Infanterie-Division aber können die Geschütze rasch abgeschossen werden, es heißt, die deutschen Soldaten seien dann in einem wilden Durcheinander geflohen. Kaum einen Kilometer südlich geraten deutsche Soldaten zur gleichen Zeit zwischen Stotzheim und dem Decksteiner Weiher in amerikanisches Maschinengewehrfeuer. 100 Wehrmachtssoldaten sollen hier zu Tode gekommen sein.

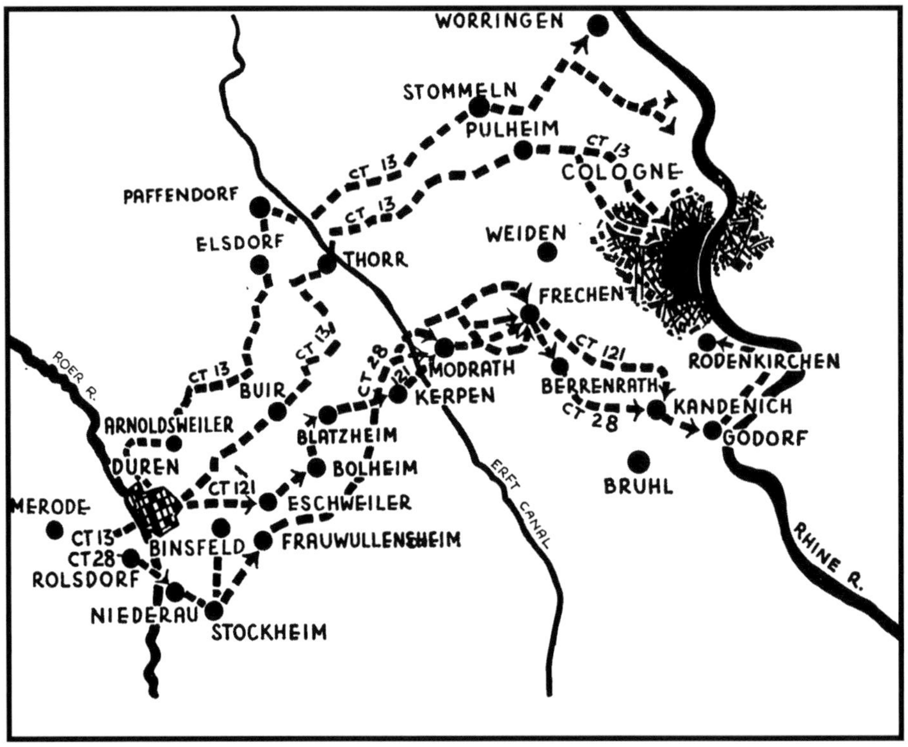

Der Weg der Golden Arrows führt zunächst über Kerpen und Frechen direkt auf Köln zu. Nach Erreichen der Stadtgrenze drehen die GIs nach Osten und umschließen den Südrand der Stadt.

Gegen Mittag erreichen die Pathfinder bei Efferen die Stadtgrenze nach Köln. Die deutschen Panzergrenadiere ziehen sich über die Stadtteile Sülz und Zollstock zurück, wo sie sich gemeinsam mit Kölner Schutzpolizisten entlang der Luxemburger Straße einigeln. Ihren zentralen Gefechtsstand richten sie in einem alten Fort zwischen Marienburg und Rodenkirchen ein.

Aus Rondorf rollen den Amerikanern vier deutsche Panzer entgegen, eröffnen das Feuer, treiben die US-Kampfgruppen auseinander, ziehen sich wieder zurück und feuern aus dem Ort unvermindert weiter auf die Amerikaner, die einige Zeit brauchen, um sich zu reorganisieren. Erst als die GIs mit Panzerfäusten antworten, ziehen sich die deutschen Panzer zurück.

Um einen zerstörerischen Kampf von Haus zu Haus zu vermeiden, verlangt die Rondorfer Zivilbevölkerung von den verbliebenen deutschen Soldaten, entweder abzuziehen oder ihre Waffen abzulegen und sich zu ergeben. Als die amerikanischen Fußtruppen eintreffen, liegen die gesammelten Gewehre und Panzerfäuste bereits auf einem großen Haufen. Rondorf kann so ohne einen weiteren Schuss eingenommen werden.

Südlich des Ortes erreichen weitere US-Einheiten am Nachmittag des 5. März bei Wesseling das Rheinufer. Mit dem Rücken zum Rhein sind die deutschen Verbände in Köln nun eingekesselt.

Die Abbildung zeigt das Wappen der 8. Infanterie-Division und die großen militärischen Operationen, an denen die Einheit beteiligt war.
Die Division ist beheimatet in South Carolina und als Einheit der drei Waffengattungen Infanterie, Artillerie und gepanzerte Motorfahrzeuge aufgestellt.

Die deutsche Verteidigung

Kampf bis zur letzten Patrone?

Auf dem Papier besteht die deutsche Verteidigung zu Beginn des US-Angriffs aus den Überresten von fünf Wehrmachtsdivisionen. Nach den Aufzeichnungen des Kommandierenden Generals Köchling stehen Verbände der 9. Panzerdivision und der 59. Infanterie-Division am Vorabend des Angriffs in der Linie Roggendorf – Esch, während Infanteristen der 363. Volksgrenadier-Division verstärkt durch die Panzerbrigade 106 FHH in der Linie Pulheim – Widdersdorf am äußeren Verteidigungsring kämpfen. Im Süden Kölns sind es wie beschrieben die 3. Panzergrenadier-Division und die 12. Volksgrenadier-Division (Infanterie).

Formell ist das Stadtgebiet Kölns zwei Armeekorps zugeordnet. Unter »Armeekorps« sind, wie auch auf amerikanischer Seite, in der Regel eine Infanterie-Division und eine Division mit schweren Waffen zusammengefasst, je nach Einsatz z. B. um Einheiten mit zusätzlichen Artilleriegeschützen, Panzern oder Spezialkräften wie etwa Nebelwerfer-Brigaden ergänzt. In Köln handelt es sich im Süden um das 58. Armeekorps unter Generalmajor Denkert und im Norden einschließlich des Stadtzentrums um das 81. Armeekorps unter dem Kommando von General Köchling.

Köchling hat sich zur Ausgangslage, zur Taktik, zu den Chancen und zum Verlauf der Kampfhandlungen in Köln kurz nach dem Krieg in amerikanischer Gefangenschaft ausführlich geäußert.

> **Friedrich Köchling:** *Im Laufe des 4.3. wurde die Reste der 363. VGD etwas auf die Linie Pulheim – Lövenich geworfen. Anschluss mit den nördlichen Teilen der 9. Panzerdivision war nicht vorhanden, ebenso nicht mit der linken (südlichen) 3. Pz.-Gren.-Div. Die Aufgabe des Generalkommandos, den Zusammenhang der Front wiederherzustellen, war unmöglich, die Durchführung einer auch nur irgendwie gearteten Verteidigung, die immer noch befohlen war, war gleichbedeutend mit dem Verlust der Truppe. Der tatsächlich bereits seit langem durchgeführte hinhaltende Widerstand war ein kämpfendes Zurückgehen im Tempo des Angreifers [...] Noch am gleichen Abend gab das Generalkommando den Armeebefehl zur Verteidigung [Kölns] an die unterstellten Divisionen ohne Zusatz weiter. In Anbetracht der hoffnungslosen Lage erschien dieser Befehl, der bei genauer Ausführung den Verlust aller auf dem westlichen Rheinufer befindlichen Truppen usw. bedeutet hätte, geradezu eine Vorschubforderung gegenüber dem vorwärts stürmenden Amerikaner.*

Die von Köchling geführten Wehrmachtsverbände verfügen insgesamt über kaum mehr als 5 000 Soldaten inklusive aller Stäbe und Versorgungseinheiten und über circa 50 Panzer. Sie sind zudem auf die Verteidigung einer Ruinenstadt wie Köln nicht vorbereitet. Der Kontakt der ankommenden Feldtruppe mit der Kölner Garnison, also den in Köln stationierten Einheiten, ist am Morgen des 5. März noch nicht hergestellt. Es gibt für eine Großstadt wie Köln offenbar kein einheitliches Kommando und keinen integrierten Verteidigungsplan.

> **Friedrich Köchling:** *Über die Vorgänge in Köln lagen keine Nachrichten vor, mit dessen Verteidigung das Generalkommando bis zur Stunde nichts zu tun hatte. Soweit bekannt, war hierfür ein besonderer Kampfkommandant verantwortlich.*

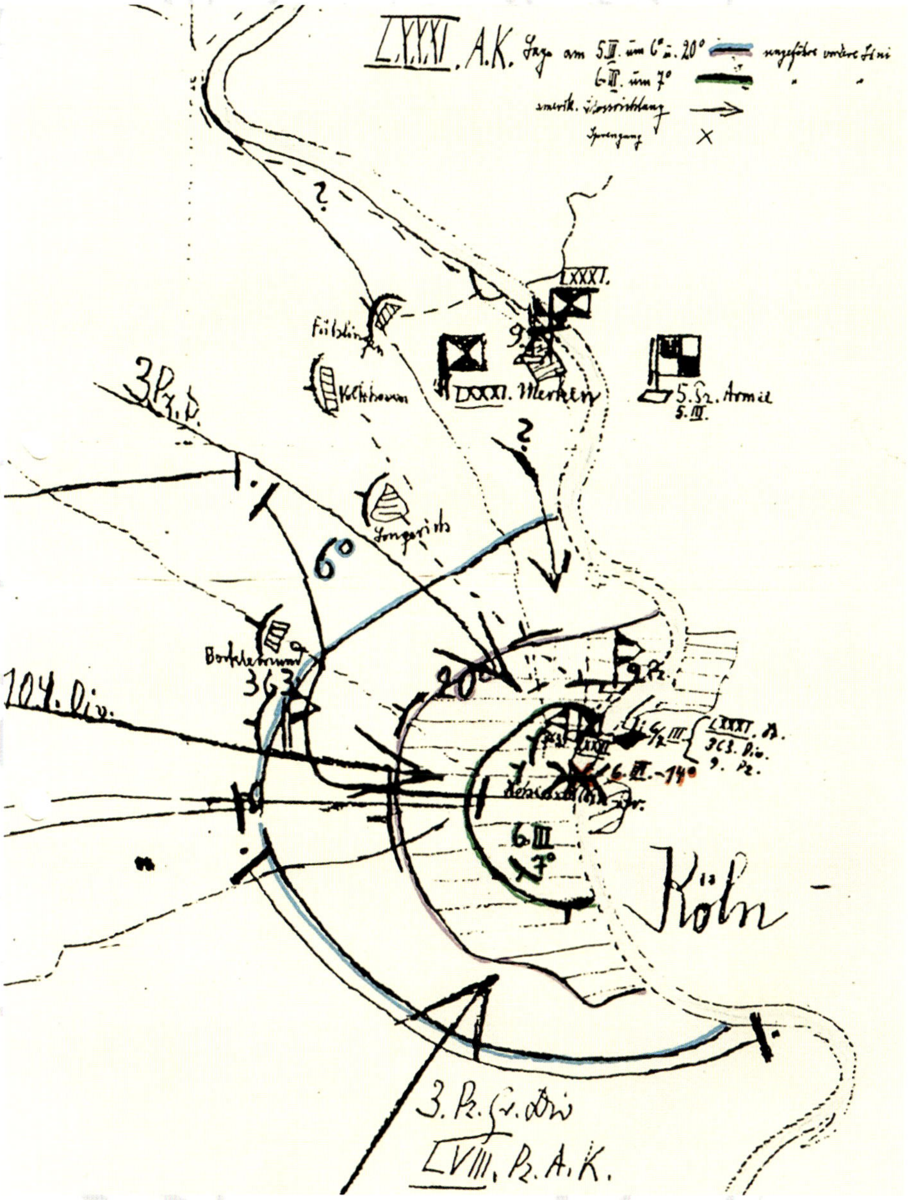

Friedrich Köchling: deutscher Offizier, zuletzt General der Infanterie im Zweiten Weltkrieg. Vom 25. Juni bis 21. September 1944 fungiert er als Kommandierender General des X. Armeekorps und anschließend in gleicher Funktion beim LXXXI. Armeekorps. Am 13. April 1945 gerät Köchling in US-amerikanische Kriegsgefangenschaft, wo er auch die nebenstehende Karte zeichnete.

Reichspropagandaminister Joseph Goebbels: Der geborene Rheinländer ist einer der wenigen der NS-Führung, die sich in den letzten Kriegsmonaten noch in der Öffentlichkeit zeigen. Von seiner rheinischen Heimat erwartet er »eine besondere Opferbereitschaft« und »die Verteidigung bis zum letzten Atemzug«.

Joseph Grohé: Gauleiter der NSDAP in der Region Köln – Aachen. Mit Herannahen der Front ist er als Reichsverteidigungskommissar u. a. zuständig für die Aufstellung von Soldatengruppen aus Kindern und älteren Männern.

Am 5. März hat ein kaum bekannter Oberst namens Schaffraneck die Verantwortung für die Kölner Stadtverteidigung. Erst seit zwei Tagen ist er in diesem Amt. Noch im März 1945 hat Schaffraneck seine Perspektive auf die Kämpfe in Köln in einem dreiseitigen Bericht zusammengefasst. Er befindet sich damals im von der US-Armee noch nicht eroberten rechtsrheinischen Lindlar. Anfang März unterstehen Schaffraneck im linksrheinischen Köln die in den Kasernen der Stadt verbliebenen Soldaten, wahrscheinlich weniger als 2000 Mann, darunter zumeist Truppen der Luftverteidigung des Kölner Flakregiments 14 oder das Kölner Pionierbataillon 677 mit circa 600 Soldaten. Hinzu kommen rund 900 Kölner Polizisten, die in Kampfgruppen eingeteilt sind und wie vollwertige Soldaten eingesetzt werden sollen. Die Hauptaufgabe des Kölner Kampfkommandanten besteht darin, diese lokalen Einheiten in Alarmbereitschaft zu halten und dann an die eintreffende Feldtruppe zu überstellen. Als Offizier ohne Befehlsgewalt bleiben ihm nach eigener Aussage dann nur noch »betreuende Aufgaben«.

Der Partei bzw. dem Gauleiter der NSDAP Josef Grohé untersteht das sogenannte letzte Aufgebot des Volkssturms: Jugendliche und ältere Männer zwischen 16 und 65

Der Endkampf in Köln

Verteidigungsbericht von Oberst Schaffraneck,

~Kampfkommandant von Köln~

zu Protokoll erklärt am 15. März 1945 in Linde b. Lindlar

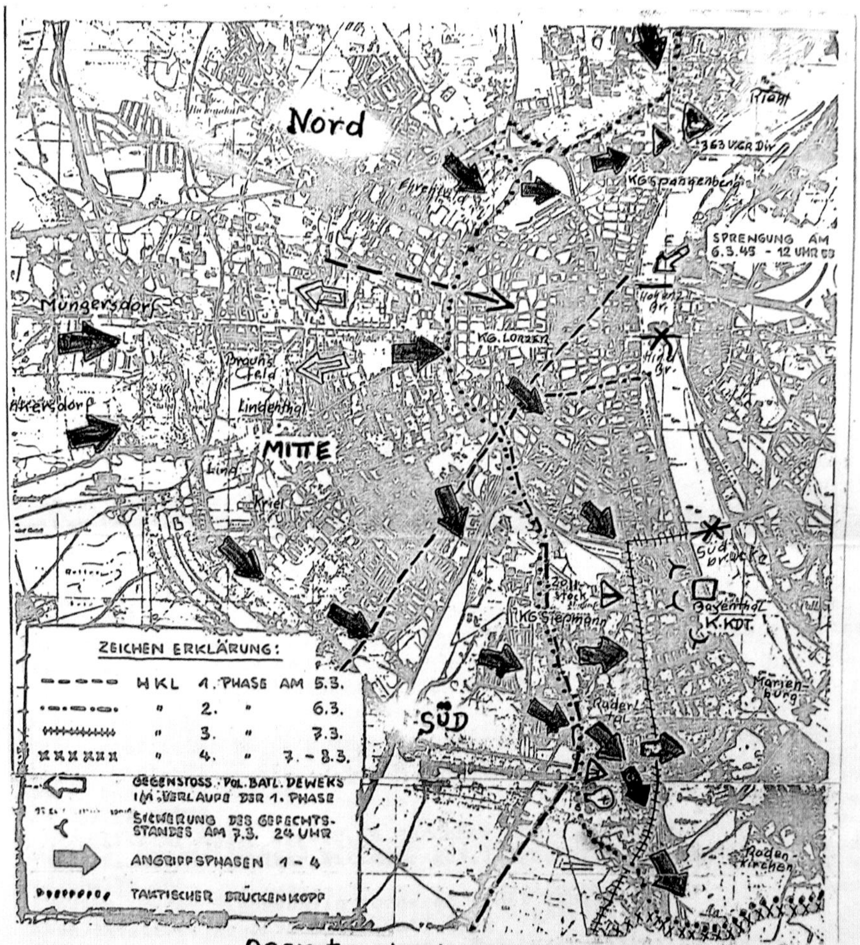

Operationskarte.

Bericht über Kampfhandlungen vom 1.–7. März 1945 für das Oberkommando der dt. Wehrmacht

A AUFTRAG

Verteidigung des taktischen Brückenkopfes und ab 3. März Führung der im operativen Brückenkopf eingesetzten Truppen, bis zur Besetzung des operativen Ringe durch die Feldtruppe

B UNTERSTELLTE TRUPPEN

a) Operativer Brückenkopf. Am rechten Flügel beginnend: V.St.Batl.Rhein.Berg. Kreis LSD bzw. LDS Bau Pi.Batl.677, III.Pol.Sicher.Gr.2, V.St.Batl.Gummersbach, V.St.Batl.Köln Land, Reserve: V.St.Batl (Mot)

b) Taktischer Brückenkopf

b) Taktischer Brückemkopf
Gren.E.u.A.Regt.211, Gren.Batl.
Sich.Batl.1079, I.Pol.Batl.(Wit
kirchen.

c) Vorausmaßnahme und Verlauf der
Laut Befehl Rheinkommandant III (
rativen Ring dem bisherigen Kampf
Aufruf der Alarmstufe 2 war die B
sämtlichen Truppen am 28.2.45 geg
Durch AOK 15 wurde über Rheink
Brückenkopfes befohlen:
Verbindungsaufnahme mit Fe
Besetzung des operativen R
truppe in den taktischen B
Gleichzeitig mit diesem Befehl
A.Batl.211. Dies hatte zur Folge d
1. die Führung des operativen B
Schaffranek überging
2. die Stellungen des Rgt.211
Batl.Köln übernommen wurden.

Nord: V.St.12/I, inzwischen
Rgt.14 (ohne Geschütze
Süd : einschließlich Rodenki
kirchen
Mitte Polizei-Batl.(Wittma

Am 3.3.45 in der Frühe wurde das
Brückenkopf durch die Feldtruppe
kenkopf den Abschnitt des V.St.Ba
selbstständig ab und wurde nach Anku
dem Sich.Batl. 1079 als Reserve
Durch den Kölner Polizeipräsident
Dewers und Wielen und wie folgt
Batl.Wielen an Abschnitt
Es ergab sich bis zum Schluß der
Brückenkopf folgende deutsche Bes

WAS IM BRÜCKENKOPF AN

ABSCHNITT NORD
Führungsoffizier Major Spangenbe
II.Pol.Sich.-Gr. 2 und 3 Alarm
Res.: Pol.Batl. Wielen
ABSCHNITT MITTE
Führ.Offizier Major Lorzer. In vo
Pol.Batl.Lorzer (früher Wittmann
ABSCHNITT SÜD
(Früher Major Siepmann) In vorde
Sich.Batl.1079, Reserve BauPi.Bat
Gefechtsstand des Kampfkommandan
Verbindungen:
Melder und Draht nach Nord, Mitte
Truppenverbandsplätze:
Infolge des Abzugs Res.Laz.Hohen
angewiesen.

Verlauf der Kampfh

V.St.Batl.Rhein.Berg.Kreis wurde
Gummersbach u.Batl.Köln-Land (Gef
vorne kommenden 3.Pz.Gren.Div. un
Nach Durchbrechung der Erftstellu

Der dreiseitige Verteidigungsbericht des lokalen Kampfkommandanten enthält auch eine »Operationskarte« mit den Truppenbewegungen auf deutscher und amerikanischer Seite. Die dunkelen Pfeile markieren den Vormarsch der US-Streitkräfte. Vereinzelt erkennt man in entgegengesetzter Pfeilrichtung auch Einheiten der Wehrmacht bzw. des Kölner Volkssturms.

28 mit 2 Komp.des schw.Batl.211
t.Batl.12/1,12/6,12/7 und Roden-

ilungen.
e die Führung der Truppe im ope-
ten Oberst de la Chaux.Infolge
des operativen Brückenkopfes mit
durchgeführt.
III (köln) der Führung des oper.

und nach erfolgter Einweisung u.
h die Feldtruppe die Aufnahme -
f zurücknehmen.
die Herauslösung des Gren.E.und

fes an Kampfkommandant Köln Oberst

chen Brückenkopf durch d.V.St.
sich nun folg.Gliederung :

roffen 3 Alarm Batl. von Flak-

h.Batl.1079 mit V.St.Batl.Roden-

St.12/6

Pol.Sich.-Tr 2 im operativen
und besetzte im taktischen Brük-
as Bau-Pi-Batl.677 löste sich
ampfkommandant aufgefangen und

noch zugewiesen die Pol.Batl
t:
Dewers an Abschnitt Mitte.
lungen für den Kampf im takt.

TRUPPEN STAND :

erster Linie eingesetzt:
ak-Rgt 14 (ohne Geschütze)

ie eingesetzt:
.Pol.Batl.Dewers

eingesetzt:

sbunker(Köln-Bayenthal)

kirchen und Rondorf.Kein Funk

elbsthilfe und eigene Versorgung

eindeinwirkung versprengt.Batl.
bei Rondorf) wurden der von
.Geh.Div. unterstellt.
er Feind in stetig geschlossenen

Fortsetzung von Vorseite

gegen den Raum Groß-Köln.Schwerpunkt hier der nordwestliche Raum.(Worringen bis Bocklemünd)

Nach hartem Kampf gegen starke Panzerkräfte am Stadtrand erfolgte an der Venloerstr. der erste Einbruch.Gleichzeitig verstärkte sich der Druck auch an der Dürenerstraße,der mit der eingesetzten Truppe nur schwer aufzuhalten war.

Zur Entlastung wurde das Pol.Batl.Dewers mit 3 Komp. zum Gegenstoß beiderseits der Dürener und Aachener Str. angesetzt mit dem Auftrag,das im Stadtwald kämpfende Batl.Sitt zu entlasten und die Militärringstraße zu erreichen.

Da auch von Norden stärkster Panzervorstoß nicht zu halten war-Abschuß 3 Panzer-erfolgte ein Verlegen der HKL in den Verlauf des takt.Ringes. (siehe Skizze I.Phase)

Am 5.3.45 20 Uhr gelang es dem Gegner in die Linie südlich Riehl,südlich Nippes,Westbahnhof,Opernhaus Rudolfplatz,Südbahnhof,Nordrand Klettenberg einzudringen.

Es wurde das Batl.Spangenberg laut Befehl Rheinkommandant III vom 5.3.45 dem LXXXI AK.unterstellt.(Trennungslinie LXXXI und LVIII AK verlief entlang der Verloer Straße durch Köln-Ehrenfeld,Westbahnhof,südlich Hohenzollernbrücke)

- Die Batl.Lorzer mit dem inzwischen dort eingegliederten Batl.Dewers Sich.Batl.1079 und Bau-Pi-Batl.677 wurden der 3.Pz.Gren.Div. unterstellt.

Dem Kampfkommandant Köln verblieben von da ab nur betreuende Aufgaben für die bisher unterstellte Einheiten.

Das Ende der Verteidigung Köln-Lksrh.

Der Feind drückte in den Morgenstunden des 6.3.45 aus Ehrenfeld und Lindenthal in Richtung Hohenzollernbrücke vor und trennte das LXXXI und LVIII AK. Etwa mittags 11.30 Uhr befahl das LXXXI die Sprengung der Hohenzollernbrücke.Das LXXXI AK verblieb im Nordteil des Stadtinnern und wurde in der darauffolgenden Nacht so zusammengedrängt,dass die letzten Teile am alten Bunker der Flak-Div.nach rechtsrheinisch übersetzen mussten.

Die 3.Pz.Gren.Div.(Gen.Major Denkert)richtete mit Restteilen des Pol.Batl.Lorzer,dem Sich.Batl.1079 und ihren eigenen Kräften eine neue Verteidigungslinie:Hafen Köln nördlich Bayenthal,südlich Sülz,Richtungen und Verlauf der Luxenburger Straße auf.Diese aber wurde im Verlauf des Nachmittags sehr stark von Panzerkräften und Infantrie aus Richtung Sülz und Friedhof Melaten angegriffen,zurückgedrängt und sollte sich auf die Linie Südfriedhof,Volkspark,Nordrand Rodenkirchen zurückziehen.

Durch die Verlegung der HKL befand sich der Gefechtsstand des Kampfkommandanten weit ausserhalb der eigenen Linie.Es wurde gegen 22 Uhr versucht,durch aufgefangene Versprengte aus dem Pol.Batl.eingesetzt in der Linie Eisenbahn Bonnerstraße,Südbrücke zur Sicherung nach Nord und Nordwest und nach No Westen, weiteres Vordringen des Gegners zu verhüten.

Gegen 24 Uhr ausgesandte Spähtrupps meldeten Feindberührung unmittelbar vor ihren Stellungen.

Nachdem sich diese Sicherungskräfte bei stärkstem Art.Feuer auf die neue HKL ausserhalb Kölns zurückgezogen hatten,war die Aufgabe des Kampfkommandanten Köln erfüllt.

Trotz der geringen Kampfkraft der zur Verfügung stehenden Truppen mit ihrer weitaus unzureichenden Ausrüstung und Bewaffnung sowei jegliches Fehlen schwerer Waffen,hat die Besatzung des Brückenkopfes die Aufgabe erfüllt,die ihr zugedacht war:
Verhüten,dass die Hohenzollernbrücke im Handstreich genommen wurde,dadurch
Verhindern eines zügigen Vorgehens des Feindes ins rechtsrhein.Reichsgebiet

gez. Schaffraneck

Mit 30 versprengten Soldaten setzte Sch. bei Weiß über den Rhein und nahm in Linde b. Lindlar Quartier.Am 16.3.45 fasste er den obigen Bericht ab. Ein Soldat oder Offizier seines Stabes fand viele Jahre später eine Abschrift u. eine Planpause in einem Aktendeckel zwischen anderen Papieren beim Besuch der früheren Quartiersleute in Linde.

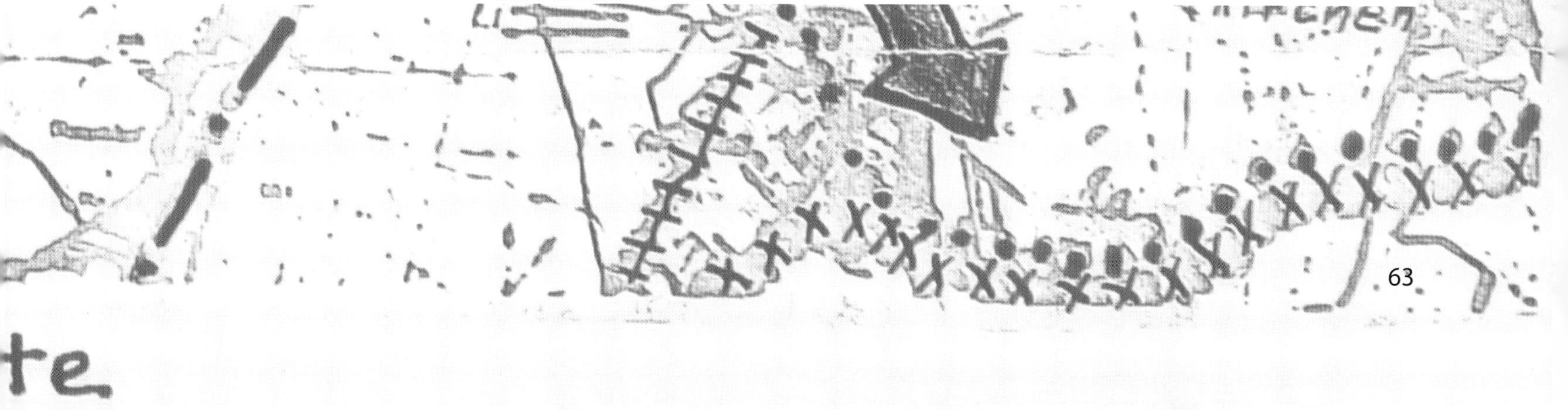

Propagandaaufruf an die durchziehenden Frontsoldaten im März 1945: »Ihr befindet Euch in einem Grenzgau voll gläubiger Menschen, die ***auch*** *Bombenteppiche kennengelernt und tapfer überwunden haben. Verderbt Stimmung und Haltung nicht durch Weitergabe von Gerüchten und übertriebenen Erlebnisschilderungen«.*

Jahren, zusammengewürfelt aus Hitler-Jugend, Bahnbediensteten und städtischen Mitarbeitern, u. a. des städtischen Finanzamts. Die Sollstärke dieser Volkssturmeinheiten beläuft sich nach Schätzungen auf circa 1 200 Personen.

Erst am Nachmittag des 5. März treffen die Offiziere der Feldtruppe mit den lokalen Befehlshabern zum ersten Mal zusammen. Schauplatz dieser Besprechung ist der Gefechtsstand der Kölner Flak, ein Hochbunker am Rheinufer nördlich der Bastei. General Köchling fährt fort:

> **Friedrich Köchling:** *Nach Erreichen des Bunkers traf ein scharf gefasster Befehl ein, in dem der Kommandierende General [also Köchling selbst, Anm. d. A.] mit allen in Köln befindlichen Truppen, Dienststellen usw. für das Halten verantwortlich gemacht wurde.*

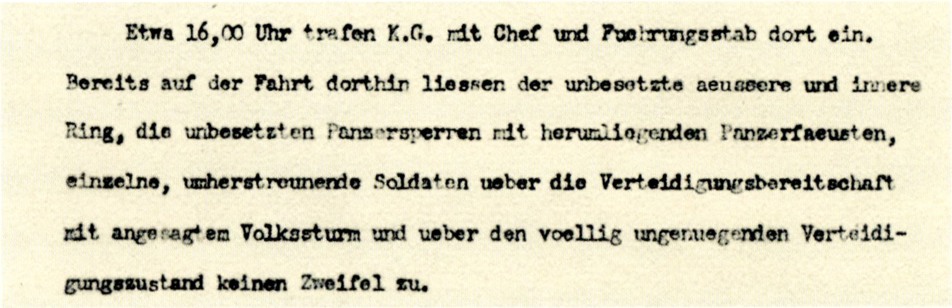

Etwa 16,00 Uhr trafen K.G. mit Chef und Fuehrungsstab dort ein. Bereits auf der Fahrt dorthin liessen der unbesetzte aeussere und innere Ring, die unbesetzten Panzersperren mit herumliegenden Panzerfaeusten, einzelne, umherstreunende Soldaten ueber die Verteidigungsbereitschaft mit angesagtem Volkssturm und ueber den voellig ungenuegenden Verteidigungszustand keinen Zweifel zu.

Zur Umsetzung dieses Befehls stehen den kommandierenden Korpsgenerälen Köchling und Denkert also insgesamt circa 6 000 bis 8 000 schlecht bewaffnete und abgekämpfte Männer als Kampftruppe zur Verfügung, denen mindestens 20 000 voll ausgerüstete US-Soldaten in den kämpfenden Einheiten gegenüberstehen, mit einer hundertfachen Überlegenheit an Panzern und schweren Waffen.

Die 3rd Armored Division ist über die Lage auf der deutschen Seite gut informiert. Ein Bericht der Divisionsführung vom Vorabend des Angriffs enthält nahezu alle Namen der aufgestellten Wehrmachtseinheiten. Deutsche Kriegsgefangene hatten zwar ausgesagt, es gebe keine größere Truppenkonzentration auf Kölner Stadtgebiet, aber die zurückweichenden Einheiten der Feldtruppe würden die Stadt verbissen verteidigen, so wie es in Aachen geschehen war. Zusammenfassend zeichnet der Lagebericht der 3rd Armored Division über die »Verteidigung Kölns« folgendes Bild:

> *Es scheint so, als würde unseren Kräften die gleiche Art von Straßenkämpfen bevorstehen wie in anderen Städten, die von den Deutschen verteidigt wurden, allerdings mit dem Unterschied, das Köln zu einer Stadt ernannt wurde, die bis zum letzten Mann verteidigt werde. An jeder Straßenecke werden Sprengfallen auf uns warten. Viele Häuser sind zu Festungen ausgebaut worden. Es wird berichtet, dass nahezu jede Straßenecke zwischen Neumarkt und Rheinufer vermint worden sei.*

Es ist vor allem der Fanatismus der Deutschen, den die GIs fürchten. Bereits im Oktober 1944 ist Köln offiziell zur »Festung« erklärt worden. Die letzten Wochenschaubilder aus Köln zeigen Soldaten, die die Stadt bevölkern. Gauleiter Grohé will »jedes Haus und jede Ruine mit kalter Verbissenheit verteidigen«. Propagandaminister Joseph Goebbels kommt nach Köln und ruft bei einer Rede in der Rüstungsfabrik Glanzstoff-Courtaulds zum Kampf bis zur letzten Patrone auf:

Joseph Goebbels: *Ich stehe hier, einerseits als Vertreter des Volkes – andererseits als Vertreter dieser meiner rheinischen Heimat, der ich mich auch heute noch zugehörig fühle, um vor der Nation und vor der ganzen Welt zu erklären: dass wir dieses Gebiet niemals aufgeben werden und es verteidigen werden, wie eine Festung bis zum letzten Atemzug!*

Die vollmundige Propaganda gilt als der Hauptgrund, weswegen die alliierte Luftwaffe drei Tage vor der Offensive am Boden einen letzten verheerenden Bombenangriff auf die Kölner Innenstadt fliegt.

DEFENSES OF COLOGNE

The defenses of COLOGNE consist of the primarily military installations which appear on the defense overprints of this region and the information which follows which has been culled from interrogation of civilians who have been in the city recently and our own agents. It would appear that our forces will encounter the same kind of street fighting which they have already met in other defended cities, with the exception that COLOGNE has been designated by the enemy as a city which will be defended to the last. Pillboxes will be met at the street corners, and many of the houses will be turned into strongpoints by the strengthening of the walls and the erection of AT defenses.

IPW REPORT

Identifications:

[illegible]9 Const Engr Bn
159 Repl Bn
KG HANIBAL (9 Pz Div)
115 Repl Bn
465 AA Bn
106 Pz Brigade
KG LANGER
LG SCHLEICHER
116 Repl Bn (9 Pz Div)
KG WITTMANN
1220 Inf Regt (176 ID)
454 Repl Bn
12/92 VS Bn
6 Landes Pi Bn
465 Repl Bn
438 AA Searchlight Bn
253 Repl Bn BONN
110 PGR (11 Pz Div)

7 Flak Division
 551 AA Regt
 583 AA Regt
 581 AA Regt
 456 AA Regt
 211 AA Unit
 127 Luft Nachrichten
 46 Medical Bn, Luftwaffe
 438 AA Searchlight Bn

6 Kitchen Co
6 Signal Co
371 AA Bn
KG SAUER
4 Fortress Regt
5 Transport Flotilla
3 Engr Bridge Regt
58 Repl Bn
408 Alarm Btry
14 Fortress AT
407 Volks Arty Corps
50 Pz Gr Repl Bn
Engr Co, FELDHERRNHALLE
224 AA Bn
VS from COLOGNE, WEILER
66 AA Repl Bn
TORGAU Military Prison
6 Prcht Regt
1/VI Air Raid Protection Bn z.b.v.

651 AA Bn
64 Repl Bn
22 Flieger Regt
593 Bridge Bn
55 Werfer Regt
77 Repl Bn
252 Fus Bn
Flak helpers from COLOGNE

363 Inf Div
 363 Arty Regt
 957 Inf Regt
 958 Inf Regt
 959 Inf Regt
 363 AT Bn
 363 Engr Bn

9 Pz Div
 9 Pz Rcn Bn
 10 Pz Gr Regt
 11 Pz Gr Regt
 Hq, Div
 33 Pz Regt

Auszüge aus Dokumenten der Feindaufklärung der 3rd Armored Division. Köln sei umfassend vermint und werde bis zum letzten Mann verteidigt. Die Information stammen von Kölner Zivilisten, Kriegsgefangenen oder eigenen Agenten. Unter den Gefangenen der GIs befinden sich Soldaten aller Waffengattungen.

Freitag, 2. März 1945, 10:00 Uhr, letzter Bombenangriff auf Köln

Köln sturmreif bomben – der Dom als Zielpunkt?

Die U.S. Paramount News melden: »In der ersten Märzwoche schwärmten die U.S. Luftwaffe und die Royal Air Force aus, um die Stadt des Doms Köln vernichtend zu schlagen. Köln war Hitlers größte Festung im Westen. Nun liegt diese Festung zerschlagen und brennend danieder.«

Mit 800 voll beladenen Flugzeugen soll die Moral der Verteidiger endgültig gebrochen und die ohnehin bereits völlig zerstörte Stadt für die amerikanischen Bodentruppen sturmreif geschossen werden. Für die Wahl der Ziele gibt es offenbar keine Tabus. Nach Recherchen des Luftkriegsexperten Gebhard Aders könnte bei der britischen Luftwaffe sogar die Absicht bestanden haben, bei diesem Angriff auch den Dom direkt zu bombardieren.

Gebhard Aders: *Ja, diesmal wurde der Dom gezielt zu einem Zentrum eines Luftangriffs. Und es gibt britische Belege, hier das Einsatzbuch der ersten Bomber Group, die den Hauptangriff am Morgen geführt hat. Hier steht, dass um 9:59 Uhr rote und grüne Zielmarkierungsbomben geworfen wurden, von denen berichtet wurde, dass sie die Kathedrale, also den Dom, nördlich und südlich eingerahmt hätten, und dass danach in der Nähe dieses Zielpunktes eine hohe Konzentration von schweren Bombeneinschlägen beobachtet wurde.*

Tatsächlich nennt das Operations Record Book der 1st Bomber Group der Royal Air Force die Kathedrale als Hauptzielpunkt des Angriffs. Entsprechend sei der Dom mit Zielgranaten markiert worden, wenn auch etwas ungenau.

Selbst ein Veteran der britischen Luftwaffe wie Peter Hinchliffe ist über die Deutlichkeit der Formulierung erstaunt: »Einen Zielpunkt legt man genau in die Mitte des Gebietes, das zerstört werden soll.« Und das Angriffsprotokoll verzeichnet für den Zielpunkt Kathedrale auch die höchsten Bombenkonzentrationen, wenn auch »mit leichter Tendenz zum Überwerfen in Richtung Fluss«.

Militärisches Ziel des Angriffs ist, den Wehrmachtssoldaten den Rückzug über den Rhein zu erschweren und alle Zugänge zum Rheinufer und zur noch intakten Hohenzollernbrücke zu blockieren. Daraus schließt Gebhard Aders, es könnte die Absicht bestanden haben, den Dom »umzublasen«, damit er als Trümmerhaufen den Weg zur Hohenzollernbrücke versperrte. Peter Hinchliffe, Veteran der Royal Air Force, findet den Fall zwar bemerkenswert, bleibt aber skeptisch:

Peter Hinchliffe: *Hätte die Absicht bestanden, die Kathedrale wegzublasen, dann hätte man einen Präzisionsangriff durchgeführt und 10 Tonnen schwere Bomben vom Typ »Erdbeben« eingesetzt, die ihren Job ohne jeden Zweifel getan hätten.*

Gemessen an der Sprengkraft, die an diesem Tag auf Köln abgeworfen wird, ist es der schwerste Bombenangriff auf eine europäische Stadt während des Zweiten Weltkrieges.

Gebhard Aders: *Der Abwurf dieser schweren Minenbomben von 2000, 4000 und 8000 britischen Pfund hatte eine ungeheure Druck- und Sogwirkung. Aber die Statik einer gotischen Kathedrale, die jeden Tag gewaltig arbeitet, wenn im Süden die Sonne draufscheint und im Norden sich zusammenzieht, Sturm aushält [sic]. Die schüttelte sich, die Fenster wurden* *durchgeblasen, vielleicht auch das Dach runtergeblasen und stand. Eine romanische Kirche mit meterdicken Mauern und kleinen Fenstern bietet dagegen gewaltige Angriffsflächen, die wäre zum Einsturz gebracht worden. Das konnten die britischen Kommandeure nicht wissen, die Fähigkeiten einer gotischen Kathedrale, einen solchen Angriff, ein solches Bombardement zu überstehen.«*

Luftkriegsexperte Gebhard Aders war 1978–2002 Leiter des Historischen Archivs der Stadt Köln rechtsrheinisch.

Die GIs der 104. Infanterie-Division befinden sich am 2. März auf der Straße von Düren nach Köln und können das Inferno sehen. Unter ihnen auch Francis H. Wilber aus Hastings im Bundesstaat Michigan.

Abb. oben: *Francis H. Wilber (*1918) kommt 1945 als Sergeant der 415. Infanterie-Regiments der 104. Infanterie-Division nach Köln.*

Das Bild links zeigt ihn bei einer Gefechtspause nach dem Überschreiten der Rur etwa 70 Kilometer vor den Toren Kölns.

Francis H. Wilber: *Wir konnten die Flugzeuge über Köln sehen, wie sie ihre Bomben abwarfen und wie die Staubwolken emporstiegen, fast bis zu den Flugzeugen hoch. Als die Flugzeuge dann wieder zurückflogen, warfen sie ihre restlichen Bomben genau über uns ab. Ja, so war der Krieg. Das ist das Widerlichste, was sich Menschen nur antun können.*

Deutsche Frontsoldaten werden bei diesem Angriff wahrscheinlich kaum in Mitleidenschaft gezogen. Vor den Toren der Stadt können auch sie sehen, wie sich die Rauchsäulen in den Himmel winden. Kurt Gätzschmann ist damals Hauptfeldwebel und Spieß im Panzerregiment 33 der 9. Panzerdivision. Anfang März steht seine Abteilung ohne Panzer am Stadtrand von Köln, er selbst hat aufgrund von Spritman-

Bomber whose instructions were not clearly r ceived by many crews, delayed the marking
. and no T.Is. were seen until 0959 hrs., whe two salvoes of mixed red and green T.Is.
ed which were reported to have straddled the ATHEDRAL to the North and South. Several
cking in the early stages bombed visually on e Master Bomber's instructions and all
g is reported to have been most concentrated the vicinity of the aiming point with a
dency to overshoot towards the river. In the early stages crews were instructed to
ed and green T.Is., but by 1001 hrs. the marke became obscured by smoke and from this
Master Bomber was instructing crews to aim at e centre of the upwind edge of the smoke,
to undershoot this point. All the bombing wa concentrated within a few hundred yards

gel nur noch ein Fahrrad, bewaffnet ist er mit Handgranaten und einer Maschinenpistole. Eigentliches Ziel ist der nächste Sammelpunkt am Flughafen Butzweiler Hof in Bickendorf.

Kurt Gätzschmann: *Wir wollten nach Köln hinein, sind aber von der Feldgendarmerie kurz vor der Stadt angehalten worden, weil gerade ein Fliegerangriff stattfand. Nachdem die Feldgendarmerie den Weg wieder freigegeben hatte, sind wir zum Flughafen, da musste ich noch einige Leute abstellen zum Infanterieeinsatz. Die haben dort eine leerstehende Kaserne bezogen, halb zerstört ohne Fenster und Türen. Und bin ich mit dem Fahrrad weiter in die Stadt und habe die Verwüstungen auf dem Weg bis zum Dom gesehen. Die Stadt war schwer mitgenommen.*

*Kurt Gätzschmann (*1917) meldet sich 1935 freiwillig zur Wehrmacht. Seit 1941 im Kriegseinsatz auf dem Balkan, in Russland, der Normandie, bei der Ardennenoffensive, im Ruhrkessel und zuletzt bei Berlin. Im März 1945 als Angehöriger der 8. Abt. des Panzerregiments 33 der 9. Panzerdivision in Köln.*

Blind Sky Markers. 3 out of 17 detailed dropped their smoke puffs. They were, however, unnecessary due to the clear conditions.

Success of Attack.

The Master Bomber, seeing that the main force were tending to arrive late, ordered the marking to be delayed by two minutes. Markers were then successfully dropped in the vicinity of the aiming point and the Master directed the bombing on to these. The aiming point itself rapidly became obscured by smoke, so that the Master Bomber was forced to give aiming instructions with reference to Pickwick. The wind near surface was from the north, i.e. across track, so that Pickwick should have implied the centre of the port edge of the smoke. In practice, however, as frequently happens with a cross wind, crews tended to bomb the centre of the smoke and not the upwind edge. The attack, therefor, spread rapidly down-wind. Some of the visual centrers also appear to have been guilty of same error. Photographic evidence indicates that the attack fell in an area reaching from the aiming point in the north, southwards through the main town area for approximately a mile and a half. This area was heavily cratered and reduced to a mass of rubble. The approaches to the vital Hohenzollern Bridge were heavily cratered, but the area just to the north was hardly hit at all.

Erfolgsbilanz des Angriffs auf Köln: Das Operation Record Book der 1. Gruppe der Royal Air Force bezeichnet die Ziele des Angriffs als erreicht – »Die Zugänge zu der intakten Hohenzollernbrücke wurden stark zerstört.«

Dear Herr Aders (or may I call you Gebhardt

An aiming point was chosen in the centre of the area it was wished to destroy and it was calculated that the inaccuracies of the individual bombers would create carpet-like destruction in that area. Had there been any intention of blowing down the Cathedral it would have called for a special raid by, say, No. 617 Squadron with their ten-ton "earthquake" bombs, which would undoubtedly have done the job.

Ausschnitt aus der Korrespondenz von Gebhard Aders mit Peter Hinchliffe, einem ehemaligen Mitglied der Bomber Group der Royal Air Force.

***Abb. rechts:** Die sechs Luftbilder zeigen den letzten Bombenangriff auf Köln am 2. März 1945, aufgenommen aus einem britischen Aufklärungsflugzeug zwischen 9:58 Uhr und 10:03 Uhr.*

16000. 060° 09·58
33

2445 GRIM. 2 3.45//8" 17000' 098° 1000½. COLOGNE R
1HC4000IN 16MC500DT C 7 SEC F/L TRUEMAN R.100

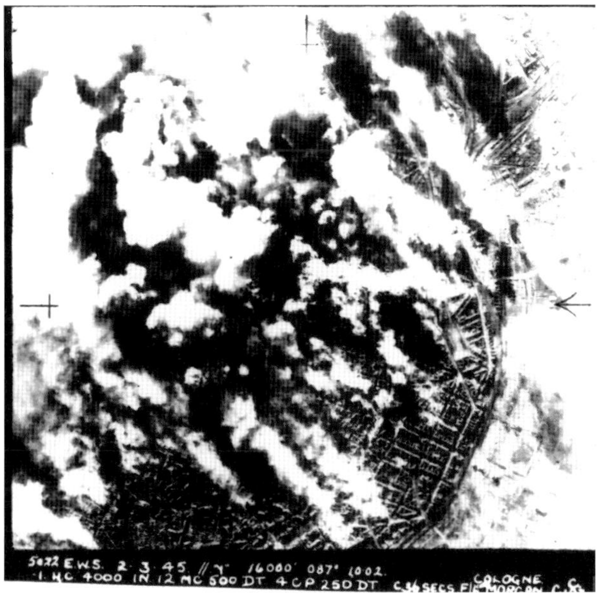
E.W.S. 2 3 45 16000' 087° 10·02.
1. HC 4000 IN 12 MC 500 DT 4 CP 250 DT
COLOGNE

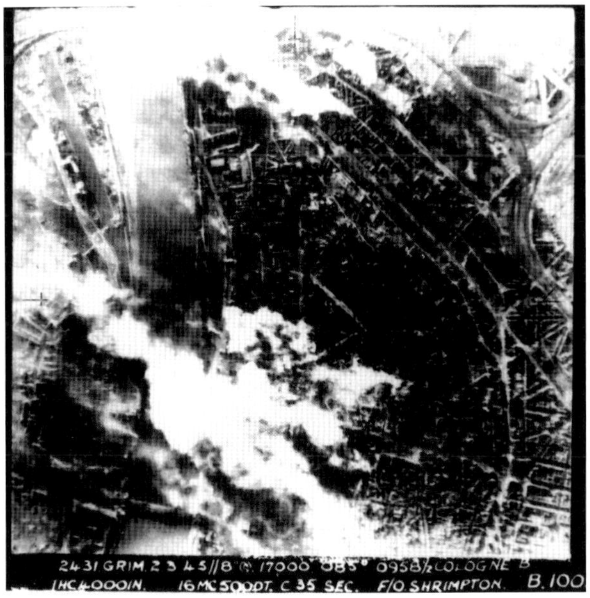
2431 GRIM. 2 3 45//8" 17000'
1HC4000IN. 16MC500DT. C 35 SEC. F/O.SHRIMPTON. B.100

HEM. 2·3·45//7". 16000'. 080°. 10·01.
ROSE

3531 DMT. 2·3·45// 7" 16500' 035° 1003·18 COLOGNE. Q.
1 HC. 4000 IN. 4 MC. 1000 DT. C38SECS. S/LDR. DE WESSELOW. G.635.

THE STARS AND STRIPES

Yesterday—a Bridge; Today—Wreckage

1/Lt. Paul R. Meier, of Concord, Calif., and Ninth TAC, scored two direct hits with 1,000-pound bombs yesterday on Cologne's 1,450-foot Hohenzollern bridge. Maj. Arvis L. Hilpert, of Stanford, Ill., led the P38 attack. Two near misses were believed to have damaged supporting piers. The bridge is in three structures—two double-track rail crossings and a highway-trolley crossing with footpaths on each side.

Goebbels Home Town---

(Continued from Page 1)

Abb. links: *»Der Dom steht.« Dieses Aufklärungsfoto vom Nachmittag nach dem Bombenangriff zeigt, dass die Kathedrale den Druckwellen vom Vormittag standgehalten hat. Die noch sichtbaren Rauchsäulen erstrecken sich links unten beginnend im Friesenviertel bis über den Bereich Glockengasse – Hohe Straße in der Bildmitte zum Rheinufer am Heumarkt. Die Hohenzollernbrücke scheint an der rechten Seite getroffen zu sein (siehe links oben auf der Abbildung). In vielen Meldungen heißt es, die Brücke sei an diesem Tag zerstört worden.*
Die **Abb. oben** *zeigt eine Meldung über den Bombenangriff in der* Stars and Stripes *vom 3. März 1945.*

Nachdem der mehrfach ausgebombte Kölner Erzbischof Josef Frings die Stadt verlassen hatte, ist Domkapitular Robert Grosche der ranghöchste der noch rund 100 katholischen Priester, die mit den Menschen in der Stadt ausharren. Den Angriff am 2. März erlebt er in der Marzellenstraße im Domviertel und notiert in sein Tagebuch:

> **Robert Grosche:** *Am 2. März haben wir wohl den furchtbarsten Angriff auf die Innenstadt erlebt. Das Priesterseminar ist nun völlig hin, der Luftdruck riss uns die Tür zum Notausgang nach dem Bahnhof hin auf, vor dem Haus ein riesiger Trichter, der Kölner Hof an der Bahnhofstraße ist weggerissen, das Deichmannhaus brennt, in der ganzen Innenstadt sind die Verheerungen furchtbar groß. Der Dom hat mehrere Treffer im Mittelschiff des Langhauses und im südlichen Querschiff. Die Gewölbe sind durchgeschlagen und herabgestürzt, der Bunker mit den Domschätzen ist heil. Vor dem Domplatz sieht es aus wie ein entsetzlicher Steinhaufen. Aber gerade in dieser Wehrlosigkeit haben wir beten gelernt.*

Der Kölner Pfarrer und Stadtdechant Dr. Robert Grosche (1888–1967) führt in der letzten Phase des Zweiten Weltkrieges bis zum April 1946 Tagebuch.

Zwei Tage später, am 4. März, haben die Angreifer ein Einsehen. Um 18:00 Uhr erhalten die amerikanischen Bodentruppen vor der Stadt tatsächlich den Befehl, die Kathedrale unter Planquadrat 453606 nicht unter Feuer zu nehmen. Zumindest der Dom scheint gerettet.

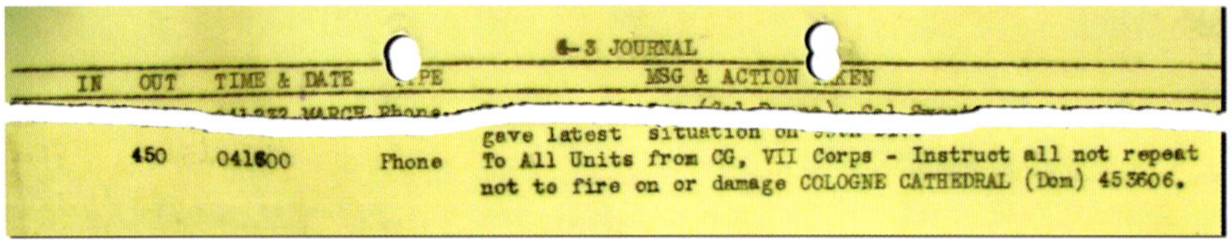

G-3 JOURNAL

IN	OUT	TIME & DATE	PE	MSG & ACTION EN
				gave latest situation on
	450	041800	Phone	To All Units from CG, VII Corps - Instruct all not repeat not to fire on or damage COLOGNE CATHEDRAL (Dom) 453606.

***Rechte Seite:** Am Eingang zur Hohe Straße liegt ein Zivilist tot auf einer Bahre. Er gehört wie eine unbekannte Zahl an weiteren Menschen zu den Opfern des letzten Bombenangriffs auf die Kölner Innenstadt vom 2. März 1945. Das Foto wird am 7. März von dem US-Fotografen James E. Myers aufgenommen und zwei Tage später von der Zensurabteilung freigegeben.*

Montag, 5. März 1945, 9:00 Uhr, Westfriedhof – Flughafen Butzweilerhof

US-Tanks gegen Kölner Flakgeschütze

Als die Panzer der 3rd Armored Division mit Clarence Smoyer die Alleenstraße am Westfriedhof erreichen, fallen sie unter Granatbeschuss der noch insgesamt 16 am Flughafen Butzweilerhof verbliebenen Flugabwehrgeschütze. 150 der gefürchteten Kanonen sollen sich noch in Köln befinden, verstreut über das gesamte Stadtgebiet.

> **Clarence Smoyer:** *Dann wurden wir von den Deutschen schwer beschossen. Überall um uns herum explodierten die Granaten. Ich dachte zuerst, wir werden bombardiert. Ich dachte, das klingt doch wie Bomben, die überall um uns herum losgehen.*

Um kein leichtes Ziel zu bieten, hüllen die Amerikaner das gesamte Flughafengelände in dichte Nebelschwaden und schicken die Infanterie vor, um die deutschen Stellungen aus der Nähe unschädlich zu machen.

Es dauert über eine Stunde, bis der Nebel verflogen ist und auch die Panzer weiterfahren können. Doch viele der deutschen Flaksoldaten am Flughafen Butzweilerhof lassen es auf einen Nahkampf nicht mehr ankommen und kapitulieren. Selbst Kameramann Rosenmann macht bei seinen Dreharbeiten am Westfriedhof sieben Gefangene; »Jerries«, wie er an seine Frau schreibt.

> **Leon Rosenmann:** *Ich musste die Jerries für über zwei Meilen im Auge behalten. Sie hatten sich uns Fotografen ohne Kampf ergeben, insofern bin ich also kein wirklicher Held. Überhaupt haben uns die Jerries bis jetzt keinen großen Kampf geliefert.*

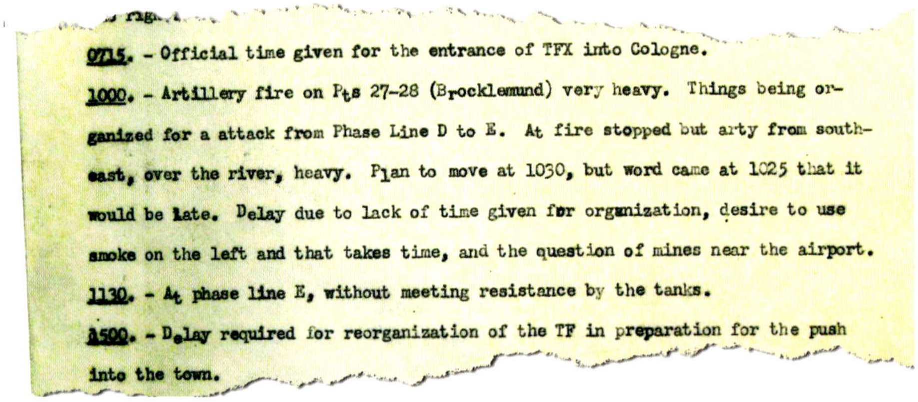

0715. - Official time given for the entrance of TFX into Cologne.

1000. - Artillery fire on Pts 27-28 (Brocklemund) very heavy. Things being organized for a attack from Phase Line D to E. At fire stopped but arty from southeast, over the river, heavy. Plan to move at 1030, but word came at 1025 that it would be late. Delay due to lack of time given for organization, desire to use smoke on the left and that takes time, and the question of mines near the airport.

1130. - At phase line E, without meeting resistance by the tanks.

1500. - Delay required for reorganization of the TF in preparation for the push into the town.

Abb. oben: *Ausschnitt aus dem Nachrichtenprotokoll der 3rd Armored Division zum Erreichen der Stadtgrenze Kölns bei Bocklemünd und dem nachfolgenden Granatbeschuss von deutscher Seite.*
Abb. rechts oben: *Die GIs überschreiten die Militärringstraße. Im Hintergrund der jüdische Friedhof.*
Abb. rechts unten: *Panzer der Einheit Clarence Smoyers auf der Venloer Straße.*
Abb. nächste Seite: *Endhaltestelle der Straßenbahn in Bocklemünd. Die vorrückenden US-Panzer werden von links mit Granaten beschossen und eröffnen ihrerseits das Feuer.*

DALLI
H
DALLI

Soldaten der 9. Panzerdivision sind auch unter den Gefangenen am Flughafen, doch Kurt Gätzschmann hatte bereits am Vortag die Anweisung erhalten, mit seinem Fahrrad auf die rechte Rheinseite nach Bergisch-Gladbach zu wechseln.

Trotz anderslautender Befehle der Heeresgruppe setzen zahlreiche Truppenteile doch über den Rhein und überlassen den Kampf um Köln allenfalls einer kleinen Nachhut. Die Korpsführung rechtfertigt dieses Absetzen als militärisch notwendig, da die Verteidigung am ostwärtigen Rheinufer ja »zwangsläufig kommen« werde.

schreiten dü

Am Abend des 2.3. war das Gen.-Kdo. der Ueberzeugung, dass unter den oben angefuehrten Umstaenden und insbesondere bei den sehr schwachen Kampfgruppen (mit Ausnahme der 11.Pz.Div.) von einer organisierten Abwehr auf der gesamten Korpsfront nicht mehr gesprochen werden konnte, sondern dass lediglich eine leidliche Abwehr an den Hauptstrassen in Richtung Koeln und zum Rhein durchfuehrbar war und ueberall mit Ueberflügelung oder sogar ueberholender Verfolgung zu rechnen war.

Ueber die Staerke der Rheinverteidigung und die Verhaeltnisse ostwaerts des Rheins wurde nichts bekannt. Daher entsandte das Gen.-Kdo. den neuen Ia, Major i.G. B l u m e , auf das ostwaertige Rheinufer zwecks Treffen von Vorbereitungen fuer die trotz Befehls der Heeresgruppe (Verteidigung westlich des Rheins) zwangslaeufig kommende Verteidigung am ostwaertigen Rheinufer. Der Ia richtete in Leichlingen mit einem kleinen Stabe den kuenftigen Korpsgefechtsstand ein.

Abb. oben: *Bereits am 2. März 1945 gilt in der Korpsführung General Köchlings das Übersetzen auf die östliche Rheinseite als ausgemacht, auch wenn die Befehle der Armeeführung dies ausdrücklich ausschließen.*

Abb. rechts: *Ein Zivilist steht mit erhobenen Händen vor einem Unterstand in den Schrebergartenkolonien, die sich rund um den Flughafen Butzweilerhof befinden.*

Montag, 5. März 1945, 10:00 Uhr, Langel – Fühlingen – Merkenich

Wehrmacht im hohen Norden: Panik und fanatischer Widerstand

So müssen die Versuche der verbliebenen Wehrmachteinheiten, die Amerikaner noch auf den Feldern der Vorstadt aufzuhalten, auch an anderer Stelle scheitern. Nachdem in Roggendorf die Menschen nach Ende der Kämpfe aus den Kellern kommen, meldet das 83. Aufklärungsbataillon »fanatischen Widerstand« aus den benachbarten Kölner Vororten Langel, Fühlingen und Merkenich.

DECLASSIFIED
Auth: NND
By – NARS
HEADQUARTERS
83rd Armored Reconnaissance Battalion
APO 253, U. S. Army

DECLASSIFIED
Authority NND 735017
By NARA Date 2/21/07

6 April 1945

AFTER ACTION REPORT

FIFTH

Companies attached at 0400. B team to move south of Warringen to take Langel, A team to move south of Warringen to secure Rheinkassel, and Kasselberg. D team to move east of Raggendorf reducing all opposition in the wooded area east of town, and to move in position just to the rear (West) of A and B teams.

B team moved into Langel against heavy, and fanatical opposition. The unit suffered approximately 32 casualties; knocked out 2 Mk V tanks; many 20mm A.A. guns; 2 88mm dual purpose guns; 15 half-tracks; and much other equipment. They also sank 2 barges on the Rhine; thus, being the first unit of the First United States Army to sink a boat in the Rhine.

A team, and D team succeeded in securing their objectives against moderate opposition, except for direct fire which A team received from across the Rhine. Major R. L. Bradley, Executive Officer, was wounded and evacuated.

SECRET

Bei einem Sturmangriff der Amerikaner auf den Gefechtsstand von General Köchling am Fühlinger See wagt die 9. Panzerdivision einen Gegenangriff und verliert innerhalb weniger Minuten eine ganze Kompanie. Die amerikanischen Spitzenpanzer sind bereits in Sichtweite zum deutschen Korpsgefechtsstand, da verschaffen gezielte Treffer der am Fühlinger See stationierten Flakeinheiten den deutschen Offizieren doch noch eine Gelegenheit zur Flucht nach Merkenich, wo die Führung der 9. Panzerdivision bis zum frühen Abend bleibt.

SECRET

83 Rcn Bn

5 Mar About 1200 hours, 5 March, B company sank two barges in the Rhine River, thus winning the case of champagne promised by the Division Commander, Major General Maurice Rose, in September, 1944, in the vicinity of Eupen, Belgium, for the sinking of the first vessels on the Rhine.

END

6. Two medium tanks were available to the battalion at this time as the FO's rode in the light tanks. In the previous attack on Roggensdorf, TF Lovelady was attached to the 83 Rcn Bn. Its force attacked on the right of the road while D company made a wide sweep around to the south to come in on Roggensdorf from the southeast.

Um 12:00 Uhr meldet das 83. Aufklärungsbataillon aus Langel, die ersten beiden Schiffe auf dem Rhein versenkt zu haben und erhält dafür die zuvor ausgesetzte Prämie: eine Kiste Sekt. Auch die Amerikaner melden hier den Verlust mehrerer Panzer und 32 Verwundete. Bei der Überzahl an schweren Waffen bedeutete dies aber lediglich eine geringe zeitliche Verzögerung.

Über die Neusser Straße ist der Weg nach Longerich nun frei.

Etwa 1,5 Kilometer stadteinwärts, in Nippes, erhalten zur gleichen Zeit etwa 80 Kölner Hitlerjungen den Befehl, den »amerikanischen Eindringlingen« mit Panzerfäusten und Gewehren im Nahkampf entgegenzutreten. Es heißt, nur das beherzte Eingreifen eines Kölner Arztes soll den Abmarsch an die Front in letzter Sekunde verhindert haben. Bereits unter Dauerbeschuss amerikanischer Granaten werden die Jugendlichen über die Hohenzollernbrücke auf die andere Rheinseite gebracht.

Abb. unten: *Weiße Fahnen auf der Neusser Straße zwischen Weidenpesch und Longerich.*
Abb. rechts: *Die Longericher Hauptstraße nach einem Bombenangriff.*

Montag, 5. März 1945, 12:30 Uhr, Bickendorf

An der Front spielen noch Kinder – die erste Begegnung

Bis zum Mittag stoßen die Spearheads mit Clarence Smoyers Panzer an der Spitze etwa zwei Kilometer tief auf Kölner Stadtgebiet vor.

Clarence Smoyer: *Dann kamen wir zu einer Unterführung, die mit Bahnwaggons versperrt war.*

James Bates: *Das war auf der Venloer Straße.*

Leon Rosenmann: *Das war die erste Straßensperre, auf die wir trafen. Sie bestand aus Waggons und anderen Gegenständen und verbarrikadierte die Straße, die unter einer Brücke durchführte.*

Clarence Smoyer: *Die haben wir dann mit unseren Panzern herausgezogen.*

Vier Straßenbahnwaggons, die zusätzlich mit Stahlträgern festgekeilt sind, versperren die Tunneldurchfahrt. Bei der Demontage der Barrikade durch die Soldaten fällt auf: Die GIs lassen sich Zeit und legen mühevoll selbst Hand an.

Leon Rosenmann: *Die Deutschen dachten, es würde unseren Vormarsch verzögern, doch es bedurfte nur 10 Minuten und einen Bulldozer. Sobald die erste Lücke groß genug war, quetschten sich Panzer und Infanterie dort durch und waren nun die ersten Amerikaner im Herzen der Stadt. Jetzt lautete ihre Aufgabe, jedes Haus zu kontrollieren und jede Straße zu durchkämmen. Jedes Gebäude, das verdächtig erscheint, erhält zuerst die bewehrte Behandlung mit Gewehren und Hand-Granaten. Aber es gibt kaum Widerstand. So geht es im gewohnt schnellen Tempo der Spearheads weiter.*

Hinter der Brücke bietet sich den Soldaten das Bild einer verlassenen Stadt, die keinerlei Anzeichen von Leben zeigt. Doch viele der Häuserblocks sind intakt und bewohnt. Auf der Straße spielen sogar Kinder, darunter die damals zehnjährige Ingeborg Rauh.

> **Ingeborg Rauh:** *Ich war noch so klein, als ich mit dem Roller da vorne um die Ecke fuhr und die Straßenbahn, die einzelnen Waggons sah. Die Brücke war verbarrikadiert. Und dann habe ich gesehen: Die Panzer brechen durch. Die haben die Waggons einfach weggedrückt. Dann bin ich schnell wieder zurück, weil ich dachte: Der Krieg ist ja noch gar nicht vorbei.*

Ingeborg fährt mit ihrem Roller zurück, als gegenüber Granaten einschlagen.

> **Ingeborg Rauh:** *Meine Mutter hörte die Schüsse und rief: »Komm sofort rein!« Dann hörte ich noch einen Schuss, es gab einen Knall. Dabei wurde ein Mädchen getötet, sie sah schrecklich aus. Das war ganz schlimm. Die Mutter hat geschrien, aber niemand wollte helfen, weil es zu gefährlich war. Meine Mutter rief nur: »Komm rein! Komm rein in den Keller!«*

Dann rollen die ersten Panzer in den Akazienweg, wo die Rauhs wohnen, und parken direkt vor der elterlichen Wohnung.

> **Ingeborg Rauh:** *Dann schon wieder Schüsse, direkt vor unserer Tür. Meine Mutter ist aus dem Keller nach oben gelaufen. Ich wollte hinterher, aber mein Vater rief: »Nein, du bleibst hier! Das ist zu gefährlich!« Dann kamen die Amerikaner rein. Kurz zuvor hatte mein Vater seine Uniform ausgezogen und verbrannt. Die Soldaten fragten, wozu das Feuer sei, und mein Vater sagte, es sei zu kalt im Keller, deswegen sei der Ofen an. Aber das stimmte ja gar nicht. Ich kann es nicht anders sagen, mein Vater hat seine Uniform weggeworfen.*
>
> *Dann haben die Amerikaner zu meiner Mutter hochgerufen: »Kommen Sie runter!« Aber meine Mutter wollte nicht, auch nicht auf den Balkon. Dann bin ich alleine auf den Balkon gegangen und habe die Panzer gesehen. Einer der Soldaten sprach Deutsch. Er sagte: »Hol mal deine Mama.« Dann habe ich meine Mutter gerufen und sie kam raus, mein Bruder war auch dabei. Sie [die Amerikaner] waren sehr freundlich.*

Kameramann Rosenmann filmte die erste Begegnung der GIs mit Ingeborgs Familie.

Ingeborg (rechts) mit ihrem Bruder und ihrer Mutter.

Ingeborg Rauh heute.

Die GIs parken mit zwei Sherman-Panzern direkt vor Rauhs Balkon, hinter den Panzern steht Leon Rosenmann mit seiner Kamera und hält die entspannt anmutende Unterhaltung im Film fest. Doch der Eindruck von Gelöstheit täuscht. Die GIs beschließen, in Ingeborgs Wohnblock für einige Wochen Quartier zu beziehen und richten genau hier ihr Regimentshauptquartier ein. Die verbliebenen Bewohner müssen ihre Wohnungen sofort verlassen.

Ingeborg Rauh: *Dann mussten wir ausziehen. Wir mussten alle raus. Die Amerikaner wollten oben wohnen. Meine Mutter hat schnell eine Tasche gepackt und ist mit uns raus. »Geh, geh, geh«, haben die Soldaten zu uns gerufen und hielten die Gewehre in unsere Richtung.*

Leon Rosenmann: *Es gab nicht mehr viele Zivilisten in der Stadt. Und die, die sich entschieden hatten, in den Trümmern auszuharren, hatten eine Höllenangst. Als ich ein paar Deutsche fotografieren wollte, hielten sie sich die Hände vors Gesicht. Wahrscheinlich fürchteten sie immer noch Repressalien der Nazis, für sich selbst oder für ihre Angehörigen auf der anderen Rheinseite.*

Erste Anlaufstelle für die Bickendorfer Familien, auch für Ingeborg Rauh und zwei Nachbarinnen ist ein nahe gelegener Bunker. Der Zahnarzt des Viertels nimmt sie dort in Empfang, während auch Clarence Smoyers Pershing-Panzer in das Bickendorfer Wohnviertel rollt. Nach ein paar Tagen findet Ingeborg Rauh mit ihrer Familie in einem verlassenen Haus in der Nachbarschaft eine neue Bleibe. Wie viele Bewohner Bickendorfs können sie erst im April wieder in ihre alten Wohnungen zurück, die sie zumeist völlig verwüstet vorfinden.

Ingeborg Rauh: *Alles war weg. Unsere ganzen Sachen, Papiere, Fotos alles weg. Die hatten im Hinterhof alles verbrannt. Warum, weiß ich nicht. Vielleicht wollten sie grillen.*

Doch die Evakuierung aus den beschlagnahmten Häusern entpuppt sich für die Zivilbevölkerung unerwartet auch als Schutzmaßnahme. Die Bickendorfer Quartiere der 3rd Armored Division sind auch der Wehrmacht bekannt und werden ab jetzt von Artilleriestellungen unter Feuer genommen. Noch Wochen später richten die Einschläge hier schwere Schäden an, wie in der benachbarten Straße Am Haselbusch.

Die Straße Am Haselbusch nach dem Beschuss durch deutsche Artillerie. Vor dem Haus befinden sich ausgebrannte Fahrzeuge der US-Armee.

Abb. vorherige Seite: *Foto vom Kirchturm der Dreikönigsgemeinde in Bickendorf. Der Stadtteil ist vom Bombenkrieg weitgehend unbehelligt geblieben. Lediglich rechts im Hintergrund sind großflächige Verwüstungen erkennbar.*

Abb. rechts: *Blick über die Venloer Straße in Bickendorf.*

Montag, 5. März 1945, 15:00 Uhr, Braunsfeld – Lindenthal

Wehrmacht zurück – Opas nach vorne

Die Timberwolves der 104. Infanterie-Division sind in den schwer getroffenen Stadtteilen Braunsfeld und Lindenthal. Unter ihnen ist auch Larry Riordan, Kriegsreporter und Fotograf der Armeezeitung *The Stars and Stripes* (***Abb. rechts***). Der Dreißigjährige aus Newark/New Jersey trägt zwar Uniform und Stahlhelm, ist aber als Mitglied des Geheimdienstes Office of War Information kein Mitglied der US-Armee, keinem Signal Corps, also keiner Fotoeinheit, zugeordnet und kann sich deshalb frei bewegen. Oft ist er den eigenen Panzerspitzen um einige Hundert Meter voraus.

> **Larry Riordan:** *Ich fühlte mich einfach unwohl mit der Vorstellung, dass unsere Jungs mit ihren Kettenfahrzeugen in meinem Rücken zu dicht auf mich auffahren, also machte ich mich in Köln selbst auf den Weg. Als wir den Süden der Stadt erreichten und unsere Panzer dabei waren, die feindlichen Linien zu durchbrechen, verließen die Deutschen mit ihren MG-Schützen und Scharfschützen Hals über Kopf ihre Stellungen und flohen in einem heillosen Durcheinander.*

Während Riordan sieht, wie die Wehrmachtssoldaten abrücken und die Anwohner bereits mit weißen Flaggen aus den Häusern kommen, werden auf Seiten der deutschen Verteidigung Kampfeinheiten der Kölner Polizei und des Volkssturms darauf vorbereitet, nach vorne geschickt zu werden. In Braunsfeld und Lindenthal sind es etwa 100 Stadtpolizisten, die noch von Stadtkommandant Schaffraneck den abenteuerlich klingenden Befehl erhalten, die Stadtteile zurückzuerobern und dies am Nachmittag des 5. März auch tatsächlich versuchen. Das Protokoll der 104. Infanterie-Division erwähnt vereinzeltes Feuer von Volkssturmleuten, stoppt vorsichtshalber den Vormarsch und sendet Patrouillen aus. Am frühen Abend wird auch die kleine Kompanie des bisherigen Polizeihauptmanns Otto Greve noch in den Kampf um Lindenthal geworfen. Mit einem Alter von 53 Jahren ist er einer der Jüngsten.

> **Otto Greve:** *Junge, wat werden sich unsere Kameraden wundern, wenn sie uns kommen sehen, und erst der Ami! Also ran an den Feind! Singen! 1. Kompanie ein Lied. Damit hat jeder Marsch angefangen, doch heute schleichen wir heimlich still an den Ruinen entlang. Durch die Zülpicher Straße zur Uni, Lindenthalgürtel, Stadtwaldgürtel, zur Fürst-Pückler-Straße.*

In einem Doppelkeller richtet Greve eine Befehlsstelle ein, stellt zwei Wachtposten an den Eingang und entsendet jeweils zwei Späher zur Dürener und Aachener Straße. Als über längere Zeit niemand zurückkehrt, macht Greve sich selbst auf den Weg und trifft tatsächlich auf einen seiner Melder. Der berichtet ihm, ein starker amerikanischer Spähtrupp habe ihn entwaffnet, ihm Schokolade gegeben und mit den Worten »Opa zurück!« nach Hause geschickt.

Noch während Greve überlegt, ob und wie man den amerikanischen Spähtrupp in eine Falle locken könnte, werden die Männer durch Kettenfahrzeuge aus Richtung Ehrenfeld aufgeschreckt, eilen zurück zu ihrem Befehlsstand und stolpern dort über die Leiche eines der beiden Wachtposten. Der zweite Wachmann hatte sich angeschossen in den Keller flüchten können.

Abb. rechte Seite: *Der Fotograf Larry Riordan am Rhein.*

Otto Greve: *Somit stehen wir mitten in der Front des Feindes, vom rechten und linken Flügel in die Zange genommen. [...] Weitere Verluste kann ich nicht auf mich nehmen, die Kompanie einfach so dem Ami überlassen auch nicht. Noch ist ja ein (Rück-)Weg zum Bataillon frei. Also Kompanie im Garten antreten, abrücken in geschlossener Formation, kein Wort darf gesprochen werden.*

Für Otto Greves Polizeikompanie ist der aussichtslose Kampf noch nicht beendet, tatsächlich erreicht er im Schutze der Dunkelheit mit seinen Männern den Gefechtsstand am Ehrenfelder Bahnhof und wird am selben Abend und auch am darauffolgenden Tag noch an zahlreichen Orten der Innenstadt in den Kampf geschickt.

Sofern die Volkssturmmänner nicht als Scharfschützen aufgegriffen werden, werden die zumeist älteren Polizisten, die den Timberwolves in die Hände fallen, nicht einmal festgenommen. Die GIs haben die Order erhalten, die Männer wie Zivilisten zu behandeln und nach Hause zu entlassen.

Wer Widerstand leistet oder erneut aufgegriffen wird, wird mit den gefangenen Angehörigen der regulären Truppe von einer Sammelstelle am Stadtwaldgürtel ins Hinterland transportiert.

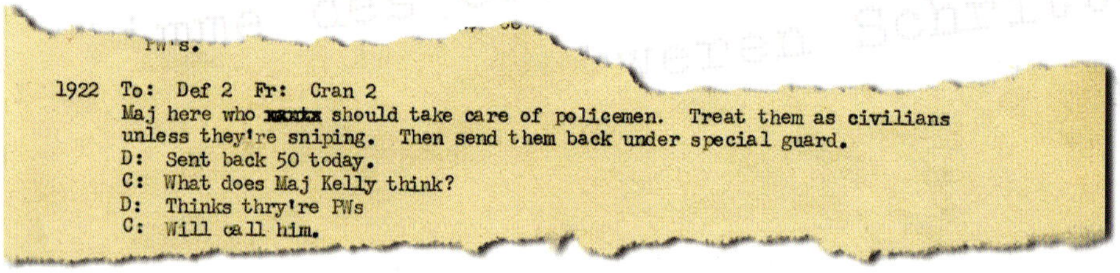

PW's.

1922 To: Def 2 Fr: Cran 2
Maj here who xxxxx should take care of policemen. Treat them as civilians unless they're sniping. Then send them back under special guard.
D: Sent back 50 today.
C: What does Maj Kelly think?
D: Thinks thry're PWs
C: Will call him.

*Die originale Bildbeschreibung durch die US-Armee bezeichnet diese Männer als »Militärpolizisten, die in Köln zurückgelassen wurden, um den Vormarsch der US-Truppen zu behindern, als die Masse der Wehrmacht die Stadt verließ«. Oftmals tragen die älteren Männer ausrangierte Uniformen der Wehrmacht, z. B. mit Abzeichen der Gebirgsjägertruppen (**siehe auch nächste Doppelseite**).*

***Abb. rechts:** Panzer der 104. Infanterie-Division auf der Aachener Straße in Braunsfeld.*

CREUTZ
Cornelius

Montag, 5. März 1945, 15:00 Uhr, Bickendorf – Ossendorf – Ehrenfeld

Weiße Fahnen im Nordwesten

Pech für den Bickendorfer Stadtpolizisten Hans Helpenstell, denn bei der 3rd Armored Division gehen alle festgenommenen Polizisten ohne Ausnahme in Kriegsgefangenschaft. Helpenstell z. B. arbeitet in den USA zwei Jahre lang als Schneider. Neben ihm vor dem Bunker auf dem Sandweg (Subbelrather Straße) wird Servatius Wüst abgeführt, Fahrer eines Wehrmachtpanzers und Fotograf in Köln. Im Gegensatz zu dem Polizisten Helpenstell scheint er über die Gefangennahme erleichtert. Sein Grinsen gilt wahrscheinlich den beiden amerikanischen Kollegen hinter den Kameras.

Abb. oben: *Servatius Wüst (im Bild links) und Hans Helpenstell bei ihrer Festnahme in Bickendorf.*

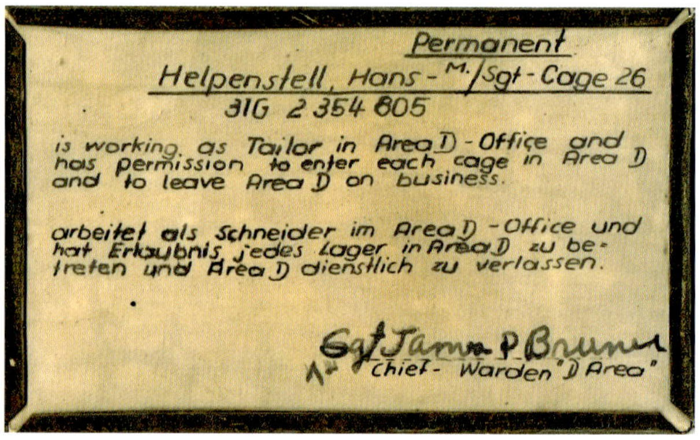

Permanent
Helpenstell, Hans – M./Sgt – Cage 26
31G 2 354 805
is working as Tailor in Area D - Office and has permission to enter each cage in Area D and to leave Area D on business.

arbeitet als Schneider im Area D - Office und hat Erlaubnis jedes Lager in Area D zu betreten und Area D dienstlich zu verlassen.

Sgt James P. Bruner
"Chief - Warden "D Area"

Abb. links: *Helpenstell arbeitet vor dem Krieg, während der Kriegszeit und danach in der Bickendorfer Polizeiwache als Beamter.*

Abb. rechts: *Helpenstells Passierschein aus der amerikanischen Kriegsgefangenschaft.*

Abb. rechte Seite oben: *Hochbunker mit weißer Fahne auf dem Sandweg in Bickendorf.*

Abb. rechte Seite unten: *Amerikanische Soldaten auf dem Ehrenfeldgürtel/Parkgürtel.*

Dom

Es dauert den ganzen Nachmittag, bis die Amerikaner die Stadtteile Bickendorf und Ossendorf gesichert haben. Obwohl überall weiße Fahnen zu sehen sind, befürchten sie Scharfschützen und Späher und durchsuchen jedes Haus. Zudem müssen Minenfelder abgesperrt werden, auf die die GIs, wie an der Rochusstraße, häufig von Anwohnern hingewiesen werden. Aber einzelne Stoßtrupps sickern noch am frühen Abend in den vor ihnen liegenden Stadtteil Ehrenfeld und erreichen sogar noch den Inneren Grüngürtel, eine Parklandschaft an der Grenze zur Innenstadt. Mit Einbruch der Dunkelheit aber fällt die Entscheidung. Der Vormarsch wird gestoppt. Der Endkampf in den Ruinen wird auf den nächsten Tag verschoben.

Das Hauptquartier der 3rd Armored Division in Pulheim notiert den Frontverlauf nach Tag 1 der Schlacht um Köln, die bisher keine war: »Die Frontlinie des Feindes befindet sich entlang der Koordinaten 4360 – 4361 – 4462 – 4464 – 4466 – 4571. Keine flächendeckende Verteidigung bei der Besetzung Kölns. Keine Einheit oberhalb der Kompaniestärke scheint irgendwo organisiert eingesetzt zu werden. Versprengte und Nachzügler beschränken sich auf das Errichten von Straßensperren, auf taktische Manöver und auf die Verteidigung weniger Schwerpunkte. Mehr als 1 000 Wehrmachtssoldaten wurden an diesem Tag im Norden Kölns gefangen genommen.« Zudem berichtet das Hauptquartier von mindestens 20 deutschen Panzern, die an diesem Tag auf der linken Rheinseite gesichtet worden seien.

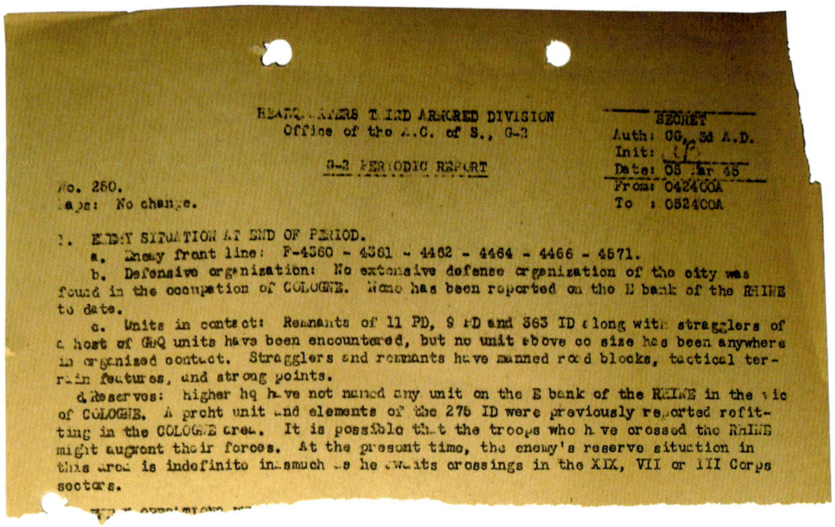
HEADQUARTERS THIRD ARMORED DIVISION
Office of the A.C. of S., G-2

G-2 PERIODIC REPORT

SECRET
Auth: CG, 3d A.D.
Init:
Date: 05 Mar 45
From: 0424COA
To : 0524COA

No. 250.
Maps: No change.

1. ENEMY SITUATION AT END OF PERIOD.

a. Enemy front line: F-4360 - 4361 - 4462 - 4464 - 4466 - 4571.

b. Defensive organization: No extensive defense organization of the city was found in the occupation of COLOGNE. None has been reported on the E bank of the RHINE to date.

c. Units in contact: Remnants of 11 PD, 9 PD and 363 ID along with stragglers of a host of GHQ units have been encountered, but no unit above co size has been anywhere in organized contact. Stragglers and remnants have manned road blocks, tactical terrain features, and strong points.

d. Reserves: higher hq have not named any unit on the E bank of the RHINE in the vic of COLOGNE. A proht unit and elements of the 275 ID were previously reported refitting in the COLOGNE area. It is possible that the troops who have crossed the RHINE might augment their forces. At the present time, the enemy's reserve situation in this area is indefinite inasmuch as he awaits crossings in the XIX, VII or III Corps sectors.

Ausschnitt aus dem Tagesbericht der 3rd Armored Division zur Situation am Abend des 5. März 1945.

Auch für Kameramann Rosenmann hätte dieser Tag nicht besser laufen können. Am Abend liegt er in einem »weichen, weichen, weichen« Bett eines Bickendorfer Wohnhauses und resümiert über seinen ersten Tag in Köln:

> **Leon Rosenmann:** *Meine beiden Partner und ich waren die ersten Fotografen, die nach Köln reinkamen und machten die einzigen Filmaufnahmen von der Einnahme der Stadt. Ich war den ganzen Tag sehr beschäftigt und ich glaube, das werden die besten Bilder, die ich je gemacht habe. Eine Menge guter Szenen, Action usw., obwohl es nie wirklich brenzlig wurde. Die Deutschen haben wohl nicht vor, um Köln groß zu kämpfen. Die gesamte Stadt haben wir noch nicht eingenommen, aber morgen müsste das geklärt sein.*

Bereits am nächsten Morgen erscheinen die Nachrichten und auch die ersten Fotos aus Köln in den westlichen Zeitungen rund um den Globus.

> **Leon Rosenmann:** *Unsere Filmaufnahmen wurden nach London geschickt, aber die Fotos wurden hier entwickelt und bis elf Uhr nachts per Funk bis nach New York geschickt. Mit dem Zeitunterschied von sechs oder sieben Stunden hatten die Zeitungen in Amerika die Bilder von Köln also am selben Tag nachmittags um vier oder fünf Uhr. Gut, was?*

***Abb. rechte Seite:** Die Armeezeitung* Stars and Stripes *berichtet über den ersten Tag der Kampfhandlungen in Köln.*

LIEGE EDITION

THE STARS AND STRIPES

Daily News paper of U.S. Armed Forces in the European Theater of Operations

Vol. I—No. 46 Tuesday, March 6, 1945

Today's Russian Lesson

KAHK ET-a na-zih-VA-yeet-sa?
What do you call this?

Ici On Parle Français

Quelle belle journée !
Kel bel journay!
What a beautiful day!

First Fighting In Cologne

Reds Capture Stargard

Zhukov Now Only 20 Mi. From Stettin

Marshal Gregory Zhukov's First White Russian Army, driving west in Pomerania to wipe out what remained of German resistance along the east bank of the lower Oder River, last night captured Stargard, Naugard and Polzin, important Nazi defense points guarding the approaches to the great Baltic port of Stettin.

The capture of these key towns was announced by Marshal Stalin in an Order of the Day and confirmed earlier German reports that Zhukov's troops were only about 20 miles east of Stettin and 13 miles from the bank of the Oder.

The Germans also reported that Zhukov's big guns were shelling the suburbs of Stettin.

Two Armies Near Juncture

The fall of Polzin, 24 miles west of Neustettin and 32 miles south of Kolberg on the Baltic, indicated that Zhukov was broadening the base of the wedge he drove through to the sea and nearing a link-up with the left flank of Marshal Konstantin Rokossovsky's Second White Russian Army, which also is at the Baltic.

With the suburbs of Stettin under artillery fire the second objective may have been accomplished already.

These gains in the north may be the signal for an all-out drive toward Berlin from Zhukov's Oder front 34 miles due east of Hitler's capital. The left flank already has been secured by Marshal Ivan Koniev's push to the Neisse River southeast of the city.

Along the Baltic, Zhukov's troops were battering at Kolberg. Both Zhukov and Rokossovsky were reported attacking vigorously against the German forces trapped between their two armies to prevent the Nazis from regrouping after the heavy blows of the last few days.

400 Heavies Batter Reich

Despite snow, rain and low clouds, 400 Eighth AF heavies raided railyards 140 miles south of Berlin and an oil refinery near Hamburg yesterday, while Ninth AF mediums and fighter-bombers flew 835 sorties along the Western Front.

Second TAF British mediums attacked rail and road bridges at Wesel, last escape route for enemy forces west of the Rhine above Cologne.

One hundred Ninth AF Marauders carried out an incendiary attack on the Unna ordnance depot, 11 miles east of Dortmund

Ninth and 29th TACs flew 267 sorties. Ninth Thunderbolts dropped leaflet bombs while other fighter-bombers struck seven times at Munstereifel, five times at Rheinbach, and once at Bonn. In addition to raids on Essen and Rees, 29th TAC planes dive-bombed self-propelled guns north of Orsoy, enemy ferrying point on the Rhine.

1/Lt. William J. Noon, of Hollis, L.I., led a 29th raid on railyards at Rechlinghausen, claimed destruction of 25 railcars and cut rails in two places. In the Duisburg area, 37 railcars were damaged, reported Maj. John L. Crouch, of Port Arthur, Tex.

Down in Flames Over Rhine

Bathed in flames after German flak scored a direct hit on one of its engines, a B26 Marauder of the Ninth Bombardment Div. falls into a dive. Returning crewman reported seeing one man parachute from the stricken bomber which was hit by enemy anti-aircraft while attacking a German front line communications center in support of Allied ground troops pushing toward the Rhine.

No Cheering in Cologne But Some Germans Waved

By Ed. Clark
Stars and Stripes Staff Writer

COLOGNE, Mar. 5—Ike Eisenhower's victory west of the Rhine neared its climax today as the First U.S. Army smashed into the western end of Cologne to begin battle for one of the Reich's greatest, most historic and most commercially important cities.

The assault on what was Germany's third largest city prior to Allied air blows began at 0900 hours this morning. The 104th Inf. Div. drove in from the west and simultaneous pressure was applied from the north by the Third Arm. Div. and from the south by the Eighth Inf. Div.

White flags were fluttering from many a home and store as the doughfeet worked their way into Cologne. At one abandoned house the Swiss cross was flying.

Some Waved

Although there was no cheering, many of the enemy civilians waved and smiled as the Americans advanced down the streets. A good many also volunteered the information that they could speak English. In contrast, however, one woman balked at being photographed by newsmen, stating that she feared retaliation in event of a German return.

Despite this almost passive civilian attitude, the German garrison has so far showed no signs of quitting the defense of the city.

The 104th's attack was launched from the vicinity of Welden, two kilometers west of the city limits on the main Aachen-Duren-Cologne highway at exactly 0900, following a preliminary plastering of the initial defenses by time and direct artillery fire.

Supported by medium tanks and TDs Third Bn. doughfeet, commanded by Maj. Henry Ryan, of Damascus, Va., crossed the city line at 0923 hours. Their push down the main highway and side streets through the Junkersdorf and Mungersdorf districts was countered by determined but scattered resistance.

Took Prisoners

Meeting principally SP and ack-ack weapons fire, the 104th had pushed more than two kilometers into the western part of the city this afternoon. They had secured German positions in the area and had bagged several hundred prisoners. Although the enemy garrison here appeared composed of a motley assortment of replacements and grounded Luftwaffe troops, the Third Bn. had so far missed encounters with Volksturmers.

It had been estimated that Cologne's peacetime population of almost 800,000 would by now have been heavily evacuated but the western sections of the city were found quite populated.

Third Armd., 104th Battling in Streets, Face Heavy Fire

Men of the First U.S. Army drove into Cologne from the northwest and west yesterday and were battling in the streets last night, while other First Army soldiers were fighting south of the city.

To the north, the Ninth U.S. Army had squeezed the last major German bridgehead in that area into a pocket west of Wesel only ten miles wide. German Radio continued to broadcast completely unconfirmed reports that the Yanks had crossed the Rhine.

With most of the Rhine bridges believed destroyed, the Germans were fleeing across the river yesterday in ferries.

Meanwhile, a partial news blackout descended on operations in the Third U.S. Army area to the south. It was disclosed, however, that the Third took eight towns yesterday and gained up to three and a half miles on a 30-mile front, running from points nine miles northeast of Prum to nine miles north of Trier.

In the south, Seventh Army forces cleared most of Forbach, but house to house fighting was stiff in the nearby village of Mareinbau.

Ninth Army Cuts Nazi Escape Gap

By Ernest Leiser
Stars and Stripes Staff Writer

WITH NINTH U.S. ARMY, Mar. 5—The German bridgehead west of Wesel shriveled into an escape gap only ten miles wide today as the Ninth Army spread out on the Rhine River along a 30-mile front.

The only other sizable enemy concentration west of the Rhine in this area—pocketed in a bend of the river just northwest of Duisberg, was wiped out late today by elements of the Second Armored Div.

With all bridges from Neuss up to the still-standing railroad and highway spans at Wesel believed blown, the eastward-fleeing Nazis were crossing the Rhine by ferry in desperate efforts to withdraw to the far banks. The Fifth Armored Div., slashing through to the river at Orsoy, pounded at the rear of a bumper-to-bumper German convoy headed from Rheinberg to the Orsoy ferry, and reported considerable destruction.

Just to the north, the 35th Inf. Div. teamed up with the Eighth Armored Div. to push toward Rheinberg, with reconnaissance elements reported in the town after beating off German resistance which was reported heaviest at Kamp, near Lunfort.

The 84th Inf. Div., which entered Homberg last night, completed the capture of the town today. The 334th Regt., pushed into the town, aided by the 333rd

(Continued on Page 4)

84th Doughs Sweep Homberg for PWs

WITH THE 84th INF. DIV., Mar. 5.—Doughfeet of the 84th, who had fought their way into the beaten-up town of Homberg, on the Rhine, last night and early this morning, today were conducting a house-to-house canvass of the whole town.

The 334th Regt. infantrymen, accompanied by doughs of the 333rd, were mopping up the town with a vengeance. They flushed out every male who even looked as though he might be of military age. A sizable number of soldiers in civilian clothes, and a number of other suspects, were hustled to safety. In one house, a major and his orderly were found hiding in full uniform.

House-to-House Fighting in City

By Dan Regan
Stars and Stripes Staff Writer

WITH FIRST U.S. ARMY, Mar. 5—The Third Armored and 104th Inf. Divs. drove into Cologne from the northwest and west today while the Eighth Inf. Div. cleared out the towns of Sielsdorf, Gleuel and Burbach, south of the great Rhine River city.

Moving from two to four miles, the Third Armored entered Cologne early today against heavy small arms opposition and were fighting house-to-house tonight. Earlier, the division had cleared the towns of Worringen, Longerich and Bickendorf.

In its drive to the Mungersdorf sector in western Cologne, the 104th Inf. Div, cleared the town of Junkersdorf.

Air reconnaissance reported that the giant Hohenzollern Bridge was unserviceable, probably knocked out by the RAF raid 48 hours ago.

(Col. James K. Johnson, Ninth AF group commander, of Tucson, Ariz., flew over Cologne yesterday and said it looked dead and deserted. He saw no smoke coming from chimneys, but noted fires in what appeared to be a warehouse area in the northwestern outskirts. He observed only two or three civilian cars in the streets.)

Schlicherum Captured

First Army forces to the north advanced a mile and a half to reach Grimlinghausen and the Rhine just south of Neuss. In their drive to the river in this area these doughs took the towns of Schlicherum and were fighting tonight inside Eluekum and Allerheiligen and on the outskirts of Nievenheim.

South of Cologne, First Army elements moved nearly a mile northeast of Liblar.

(Continued on Page 4)

Danish Patriots Delay German Troop Trains

Repeated attacks by Danish patriots on railway lines in Denmark have proved successful in curtailing German troop movements through the country. No Nazi troop trains arrive in Germany without having been delayed by either direct attack or by necessity of having it diverted because of sabotage, according to SHAEF.

Howgr's views on the improbability of a clear cut Nazi surrender was in accord with the opinion of German leadership. Resistance will never end, the German News Agency reported, comparing the Reich to a wasp's nest.

Canadian troops struck north to where the drop was being made.

It is impossible at this time to disclose the size of the airborne force. It is not believed to be as large as was the huge force which dropped across the Rhine two weeks ago. All drops were made by parachute—no gliders being used. The area in which the forces landed not only contained communications to western Holland, but also V1 and V2 sites.

Build Rail Bridge Over Rhine

21st Army Gp. Hq., Apr. 8—A railway bridge now is under construction over the Rhine River at Wesel, it was announced here tonight.

ridge north and south of Mount Folgorito overlooking the coastal road, 15th AG Hq. announced today.

The attack began Wednesday and is continuing, the announcement indicated. Mount Folgorito was cleared first.

Montag, 5. März 1945, 17:00 Uhr,
Gefechtsstand des 81. Armeekorps, Flakbunker Rheinufer

Rückzug oder Kampf?
Eklat unter den Kommandanten

Für den Abend ist auf deutscher Seite die erste Kommandeursbesprechung der an der Stadtverteidigung beteiligten Einheiten angesetzt. Treffpunkt ist der Bunker und Gefechtsstand der Kölner Luftabwehr in einer Grünanlage zwischen dem Zoo und der Bastei.

> **Friedrich Köchling:** *Etwa 17:00 Uhr erschien der bisherige Kampfkommandant, der über einige lokale Angelegenheiten Auskunft geben konnte, jedoch über Kräfte und Mittel für eine Verteidigung dieser Großstadt (außer einigen am inneren Ring eingesetzten Volkssturmeinheiten) nicht verfügte.*

Nach den Aufzeichnungen des lokalen Stadtkommandanten Oberst Schaffraneck haben die US-Soldaten die Kölner Innenstadt im Norden und Westen weitgehend umzingelt und stehen in der Linie südlich von Riehl, Nippes, Ehrenfeld/Westbahnhof, Rudolfplatz, Südbahnhof und am Nordrand Klettenbergs.

Die desolate Lage der Stadtverteidigung am Ende des ersten Tages führt zu horrenden Auseinandersetzungen unter den Befehlshabern. Streitpunkt ist eine Anweisung von Generalfeldmarschall Model, Einheiten, die bereits das Rheinufer gewechselt hatten, in die Trümmer der Stadt zurückzuschicken und das Westufer des Rheins gemäß dem direkten Befehl Adolf Hitlers zu halten, »komme, was da wolle«.

> **Friedrich Köchling:** *Im weiteren Verlauf des Abends erschien der Artilleriekommandant mit dem Kommandeur der Nebelwerferbrigade 15 (85), die in klarer Erkenntnis der Lage die Masse ihrer unterstellten Einheiten bereits auf dem ostwärtigen Ufer bereitgestellt hatte und auf unmittelbaren Befehl der Heeresgruppe B [Generalfeldmarschall Model, Anm. d. A.] unverzüglich mit dem größten Teil, trotz der aussichtslosen Lage, innerhalb des Inneren Ringes [...] auf engstem Raum wiederum in Stellung gehen musste.*

Werfer-Regiment 85

- 355 -

Danach machte auch die 2. Batter... schleunigst Stellungswechsel nach *Ingendorf*

Am **05.03.1945** erhielt die I. Abteilung morgens um **05.00 Uhr** den Befehl zur Verteidigung von ***Köln***, im Brückenkopf auf dem linken ***Rheinufer***. Ein strategisch völlig irrsinniger Befehl! Gegen **13.45 Uhr** erfolgte der Abmarsch. Die ***Hohenzollernbrücke*** konnte nicht mehr in Ostwest-Richtung benutzt werden. ... Die I. Abt fuhr weiter stromaufwärts und setzte mit der Fähre unterhalb ***Bonn*** über und war **am Abend des 05.03.45** mit der 1. Batterie in den Trümmern am alten Markt und mit der 2. Batterie bei den Markthallen in der Nähe des ***Rheinauhafens*** feuerbereit. **Am Morgen des 06.03.45** ging der Gegner zum zusammengefaßten Angriff auf die ***Kölner Altstadt*** vor. ...

... Artillerie schoß konzentrierte...

Kameradschaft der ABC-Abwehr-, Nebel- und Werfertruppe e.V.

Da der Kommandeur der 9. Panzerdivision Generalmajor Harald von Elverfeld auf dem Weg zu dem Treffen durch amerikanisches MG-Feuer zu Tode kommt, ist Oberst Engelbert Bockhoff, ein Kölner, der ranghöchste Vertreter der 9. Panzerdivision, vor Ort.

> **Engelbert Bockhoff:** *Dieser Befehl war militärstrategisch unsinnig. Man muss sich jedoch in die damalige politische, auch für höhere Offiziere gefährliche Lage versetzen, einem direkten Führerbefehl nicht unverzüglich nachgekommen zu sein.*

> **Friedrich Köchling:** *Unmittelbar anschließend erschien in hoher Aufregung der Reichsverteidigungskommissar [NSDAP-Gauleiter Josef Grohé, Anm. d. A.], der in scharfen Worten die unbedingte Verteidigung Kölns mit den nach seiner Ansicht zur Panzerabwehr besonders geeigneten Volkssturmeinheiten bis zum Letzten forderte und sich besonders an den anwesenden Kommandeur der 363. Division bezüglich des absoluten Haltens der gefährdeten Südfront (Innerer Ring und Bunker der Gauleitung) wandte und in ebenso scharfen Worten von demselben und von mir über die völlige Unzulänglichkeit seiner sogenannten »politischen Eliteverbände« aufgeklärt wurde. Hierauf entfernte er sich […].*

In seinen persönlichen Aufzeichnungen äußert sich Köchling auch zur Schlagkraft des unter dem Kommando von Josef Grohé stehenden Kölner Volkssturms.

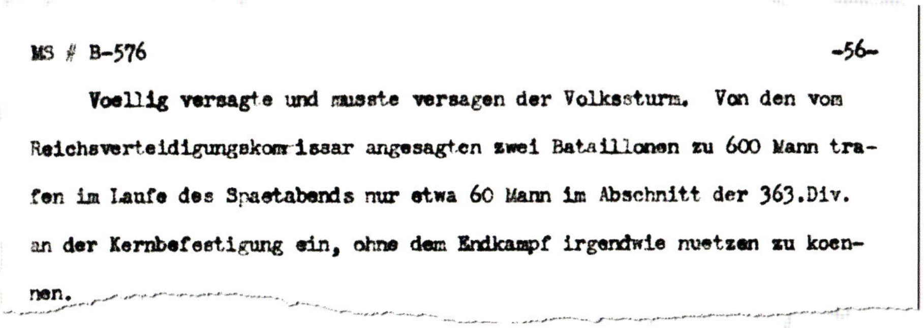
MS # B-576 -56-

Voellig versagte und musste versagen der Volkssturm. Von den vom Reichsverteidigungskommissar angesagten zwei Bataillonen zu 600 Mann trafen im Laufe des Spaetabends nur etwa 60 Mann im Abschnitt der 363.Div. an der Kernbefestigung ein, ohne dem Endkampf irgendwie nuetzen zu koennen.

Noch am selben Abend flüchtet Gauleiter Grohé im Schutze der Dunkelheit mit einem Boot über den Rhein. Der kommissarische Kölner Oberbürgermeister Brandes und die Stadtspitze hatten sich bereits am Vortag durch einen Düker (Tunneldurchgang) unter dem Rhein auf das rechte Ufer abgesetzt. Führungslos liegt das Schicksal der Stadt nun in den Händen von General Köchling. Was ihm bleibt, ist, die Befehle durchzuleiten und trotz aussichtsloser Lage für den kommenden Morgen noch zusätzliche Einheiten in die Stadt zu entsenden, um dort gegen die Amerikaner zu kämpfen.

Köchling wird diese Einsätze aber nicht mehr befehligen, er wird von dem Kommando in Köln abgezogen, weil er sich in einem Kriegsgerichtsprozess zu verantworten hat, bei dem er später übrigens freigesprochen wird. Für den nächsten Morgen um 6:30 Uhr wird ein bisheriger Panzergeneral, Generalleutnant Ernst Günther Baade, die Steuerung der Verteidigung in den Trümmern der Altstadt Kölns übernehmen. In einer Stadt in Auflösung, mit einer geschlagenen, taumelnden und auch weitgehend orientierungslosen Truppe.

Oberstleutnant Engelbert Bockhoff (1913–2010) ist bei Kriegsende in Köln der letzte Kommandeur des Panzergrenadierregiments 11 in der 9. Panzerdivision. Den Beginn des Angriffs der Amerikaner auf Köln erlebt er u. a. am 5. März 1945 in Fühlingen, als die 3rd Armored Division mit circa 40 Panzern auf den Gefechtsstand vorrückt. Es folgt der schrittweise Rückzug über Nippes und Niehl in die nördliche Altstadt, wo Bockhoff mit dem verbliebenen Führungsstab bis zum frühen Morgen des 7. März 1945 die Stellung halten muss. Nach dem Krieg tritt Bockhoff in die Bundeswehr ein und wird 1961 Standortkommandant der Kölner Garnison.

*General Friedrich Köchling **(links)** führt das Kommando zur Verteidigung Kölns bis zum frühen Morgen des 6. März 1945. Er spricht sich mehrfach dafür aus, dass die Wehrmachtseinheiten auf das andere Rheinufer wechseln sollen, um nicht völlig vernichtet zu werden. Damit stellt er sich, wie auch andere Kommandeure der kämpfenden Truppe, gegen einen ausdrücklichen Befehl Adolf Hitlers, Köln bedingungslos zu verteidigen – ein Konflikt, den auch sein Nachfolger in Köln, Generalleutnant Ernst Günther Baade **(rechts)**, am 6. und 7. März 1945 durchlebt.*

Wie an jedem Abend, so verlässt auch am 5. März eine geheime Tagesmeldung über die Lage an den Fronten den Generalstab des Oberbefehlshabers West, bestimmt für das Oberkommando der Wehrmacht und zehn weitere Kommandozentralen der Truppe: »Im Raum Köln gelang es den Feindspitzen, bis Rheinkassel – Merkenich – ostwärts Longerich – Ostrand Bickendorf – Müngersdorf einzudringen.«

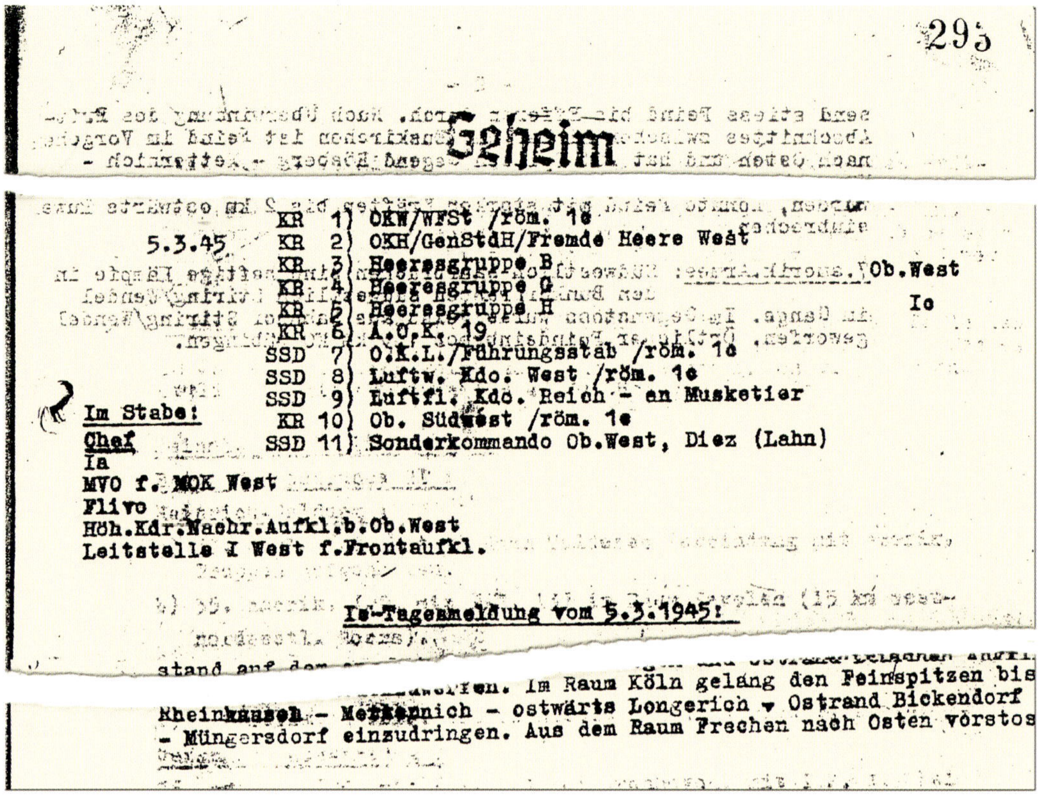

295

Geheim

5.3.45 KR 1) OKW/WFSt /röm. 1c
KR 2) OKH/GenStdH/Fremde Heere West
KR 3) Heeresgruppe B
KR 4) Heeresgruppe G
KR 5) Heeresgruppe H
KR 6) A.O.K. 19
SSD 7) O.K.L./Führungsstab /röm. 1c
SSD 8) Luftw. Kdo. West /röm. 1c
SSD 9) Luftfl. Kdo. Reich – an Musketier
KR 10) Ob. Südwest /röm. 1c
SSD 11) Sonderkommando Ob.West, Diez (Lahn)

Ob.West
Ic

Im Stabe:
Chef
Ia
MVO f. MOK West
Flivo
Höh.Kdr.Nachr.Aufkl.b.Ob.West
Leitstelle I West f.Frontaufkl.

Ic-Tagesmeldung vom 5.3.1945:

stand auf dem ...

... Im Raum Köln gelang den Feindspitzen bis Rheinkassel – Merkenich – ostwärts Longerich – Ostrand Bickendorf – Müngersdorf einzudringen. Aus dem Raum Frechen nach Osten vorstos

Wie es wirklich aussieht, das muss auch der sonst in puncto gezielter Desinformation geübte US-Propagandasender Radio 1212 nicht mehr geheim halten. Am Abend meldet das von Luxemburg aus gesendete deutschsprachige Programm, Köln stehe vor dem Fall, und berichtet von Kämpfen an Westbahnhof, Südbahnhof und am Opernhaus, wo sich vor allem die Kölner Polizei mit den amerikanischen Spähtrupps Gefechte liefere.

Nach den Nachrichten schließt der Sprecher mit einem verbitterten Kommentar aus Sicht der Menschen im Rheinland:

> *Haben wir Rheinländer nicht das moralische Recht zu fragen: Wenn es noch Reserven gibt, wenn es noch schlagkräftige Verbände und wirksame Waffen gibt, warum werden sie jetzt nicht eingesetzt? Und wenn es nichts mehr gibt, warum wird denn nicht in ehern Schluss gemacht, bevor auch noch das Letzte verloren ist.*

Nach unruhiger Nacht, die auf deutscher Seite, wie es heißt, von planlosen Einzelaktionen gekennzeichnet war, verlässt der Kommandierende General Köchling »verbittert und in dem Bewusstsein des tragischen Ausgangs der Rheinlandschlacht« die Trümmerwüste Köln.

> **Friedrich Köchling:** *Bei der aussichtslosen Kampflage westlich des Rheins hat anstelle von Kampfbereitschaft Resignieren und Apathie bei der Führung und auch bei der völlig ausgepumpten Truppe Platz gegriffen.*

Abb. rechte Seite: *Der Dom am Abend des 5. März 1945. Rechts daneben die Kirche St. Anna in Ehrenfeld. Noch befindet sich die Kölner Innenstadt unter Kontrolle der Wehrmachtseinheiten.*

Abschnitt 2
Der Kampf um die Innenstadt

Dienstag, 6. März 1945, 6:30 Uhr, Westbahnhof – Stadtgarten – Güterbahnhof Gereon

Der letzte Nachschub auf deutscher Seite – mit der Kamera an der Front

Tag 2 des amerikanischen Vormarsches nach Köln hinein. Für den bevorstehenden 6. März prognostiziert das 3rd Armored Division Headquarter in Pulheim zwei Hauptszenarien: »1. Der Feind kann versuchen, den Rhein zu überqueren. 2. Der Feind kann versuchen, den Inneren Ring zur Kölner Altstadt zu verteidigen.«

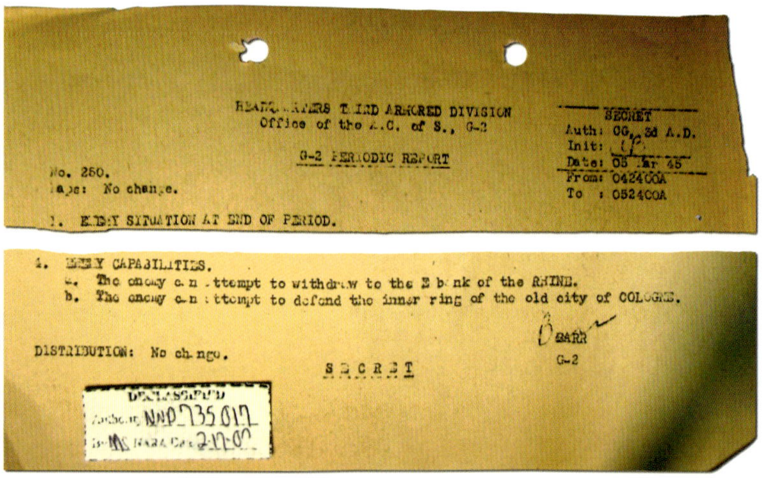
HEADQUARTERS THIRD ARMORED DIVISION
Office of the A.C. of S., G-2

G-2 PERIODIC REPORT

SECRET
Auth: CG, 3d A.D.
Init:
Date: 05 Mar 45
From: 042400A
To : 052400A

No. 250.
Maps: No change.

1. ENEMY SITUATION AT END OF PERIOD.

4. ENEMY CAPABILITIES.
a. The enemy can attempt to withdraw to the E bank of the RHINE.
b. The enemy can attempt to defend the inner ring of the old city of COLOGNE.

DISTRIBUTION: No change.

BARR
G-2

SECRET

DECLASSIFIED
Authority NND 735017
By MS NARA Date 2-17-00

Während General Baade auf Seiten der Wehrmacht unter katastrophalen Bedingungen das Kommando übernimmt, setzt sich in nur knapp 1 000 Metern Entfernung die US-Militärmaschinerie in Bewegung.

Der Angriff auf die Kölner Innenstadt beginnt im Nordwesten am Westbahnhof und im Belgischen Viertel, zudem etwa 800 Meter nördlich, am Güterbahnhof Gereon. Gleich drei Kameramänner der Armee sind bei den beiden Kampfgruppen, um die ersten Bilder aus der zerstörten Innenstadt für die Weltöffentlichkeit einzufangen.

> **Leon Rosenmann:** *Wir wollten die zweite Phase des Angriffs mit dem Erreichen des Rheins auf keinen Fall verpassen, standen um 6:00 Uhr auf und waren um 7:30 Uhr im Einsatz. Was dann folgte, war das langsame Vortasten von Haus zu Haus, immer und immer wieder.*

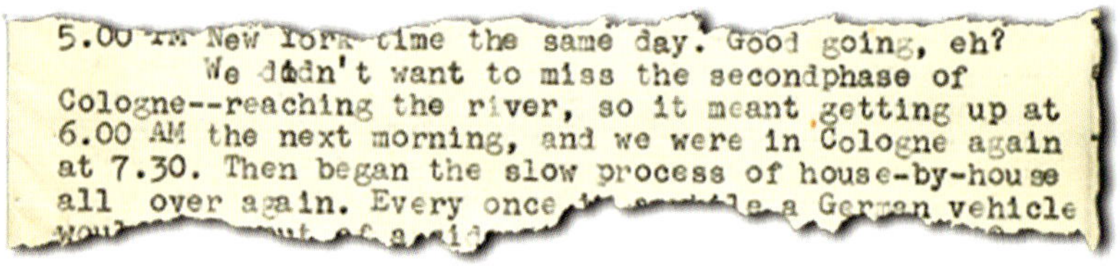
5.00 PM New York time the same day. Good going, eh?
We didn't want to miss the secondphase of Cologne--reaching the river, so it meant getting up at 6.00 AM the next morning, and we were in Cologne again at 7.30. Then began the slow process of house-by-house all over again. Every once in a while a German vehicle

Soldaten der F-Kompanie des 32. Panzerregiments und des 36. Infanterie-Regiments in der 3rd Armored Division auf der Venloer Straße zwischen Stadtgarten und Friesenplatz: Hier beginnt am frühen Morgen der Vormarsch in die Kölner Innenstadt.

Abb. rechts: *Eine zweite Kampfkompanie rückt über die Subbelrather Straße bis zum Güterbahnhof Gereon vor und erreicht durch den Eisenbahntunnel (im Bild rechts unten) die Innenstadt. Dieser Güterbahnhof ist während des Krieges ein Hauptumschlagplatz für die Nachschubwege der deutschen Wehrmacht und deshalb auch über Jahre ein wichtiges Angriffsziel der britischen und amerikanischen Luftwaffen. Im Bild unterhalb des Güterbahnhofs befindet sich nach dem Krieg Kölns größter Trümmerhaufen – der Herkulesberg.*

Abb. S. 108–109: *Infanteristen des Regiments 36th Armored Infantry bilden die Vorhut beim Angriff auf die Innenstadt. Hier befinden sie sich auf der Gladbacher Straße. Geradeaus führt der Blick über den Kaiser-Wilhelm-Ring in die Christophstraße. Im Hintergrund erkennt man die Türme der Kirche St. Gereon. Das Foto oben links zeigt eine Eckkneipe an der Gladbacher Straße. Zu sehen sind auch Infanteristen auf ihrem Weg in die Spichernstraße in Richtung Stadtgarten.*

Abb. S. 110–111: *Nachdem die Infanteristen den Straßenzug gesichert haben, stoßen die Panzer des 32. Regiments der 3rd Armored Division nach und rücken bis an die Ringstraße vor.*

GASTSTÄTTE

Rosenmann ist gemeinsam mit James Bates wie tags zuvor bei der E-Kompanie des 32. Regiments der 3. US-Panzerdivision, der Einheit Clarence Smoyers.

Ihre Filmaufnahmen zeigen, wie die Panzer über die Gladbacher Straße vorfahren und über die vor ihnen liegende Ringstraße hinweg in die ersten Häuser der Christophstraße feuern. Dabei macht Kameramann Bates eine Entdeckung.

> **James Bates:** *Als wir an die Querstraße kamen, sah ich durch meine Kamera, wie ein deutscher Panzer heranfuhr.*

Auch Panzerschütze Clarence Smoyer bemerkt den deutschen Panzer auf der anderen Straßenseite.

> **Clarence Smoyer:** *Auf der linken Seite bewegte sich irgendetwas und als ich hinüber sah, sah ich den deutschen Panzer. Aber als wir die Kanone umdrehten und Granaten abgefeuert hatten, zog der sich zurück. Ich konnte aber sehen, dass er immer noch da war und erzählte das einem unserer Panzerleute. Er wusste jetzt, dass er den Deutschen nur kriegen kann, wenn er die ganze Häuserfront wegschießt. Dann haben wir durch das Gebäude gefeuert und haben gedacht, wir könnten ihn so treffen. Ich habe es nie erfahren.*

Die letzten schweren Waffen, die die Wehrmacht noch am Morgen des 6. März über die einzige intakte Rheinbrücke in die Trümmer der Innenstadt schickt, gehören zur Panzerbrigade 106 Feldherrnhalle (FHH). Unter den Soldaten ist auch der 18-jährige Funker und MG-Schütze Gustav Schäfer. Seine Brigade gilt als »Feuerwehr des Westens«. Keine SS, aber eine selbstständige Einheit des Heeres, spezialisiert auf Gegenangriffe.

Gustav Schäfer: *Das wusste auch der Ami, deshalb hat man mir links und rechts eins in die Fresse gehauen, wie wir verhört wurden, als wir abends in Gefangenschaft gingen.*

Mit der mobilen Eingreiftruppe ist Schäfer 14 Tage zuvor im süddeutschen Emmendingen aufgebrochen und auf Schienen kreuz und quer bis nach Köln gelotst worden. Ausgerüstet mit älteren Panzern, kommt die Truppe am Abend des 5. März auf der rechten Rheinseite in Porz-Wahn an.

Gustav Schäfer: *Da sagten sie uns dann gleich: Morgen früh geht's nach Köln rein zum Einsatz. Wir sind dann am 6. morgens mit drei Panzern von Wahn hochgefahren nach Köln und dann über die Hohenzollernbrücke nach Köln rein. Die hatten die ganze Brücke mit Bohlen ja auch ausgelegt. Da waren ja Bomben auch schon durchgegangen. Zwei Panzer wurden gleich abgezweigt zum Bahnhof hin. Und als wir über die Brücke sind und die zwei zum Bahnhof, da war ein Offizier und uns hat er dann dirigiert, weiter in die Stadt reinzufahren.*

Emblem der Panzerbrigade 106 »Feldherrnhalle«. Nach den Aufzeichnungen des Brigade-Adjutanten Leutnant Wolfgang Richter ist ein Teil der schnellen Eingreifreserve bereits in den westlichen Vororten Kölns eingesetzt, z. B. in Marsdorf, Junkersdorf, Widdersdorf, Geyen und Pulheim. Zugleich treffen vier Eisenbahntransporte der Brigade auf rechtsrheinischen Bahnhöfen ein, u. a. der Transport mit Gustav Schäfer. Neben der Hohenzollernbrücke als Rheinüberquerung existiert eine Siebelfähre zwischen Deutz und dem Anleger an der Bastei.

*Gustav Schäfer (*1926) meldet sich im Alter von 17 Jahren freiwillig zu den Panzertruppen und wird an seinem 18. Geburtstag bei seinem ersten Gefechtseinsatz vor Luxemburg abgeschossen. Nach weiteren Einsätzen im Elsass kommt er am 5. März 1945 mit der zweiten Kompanie der Panzerabteilung in Köln an.*

Bei dem Offizier handelt es sich um den Führer der Panzerabteilung, Oberleutnant Otto Leppla. Es sind insgesamt acht Panzer der Brigade, die er nach eigenen Angaben an diesem Morgen noch in den Kampf schickt.

> **Gustav Schäfer:** *Der ist auch kurz hinter uns her gegangen und als das anfing mit den Granatwerfern, hat der sich verkrümelt.*

Während Leppla sich auf den Weg in den Gefechtsstand hinter dem Dom macht, fährt die Besatzung Gustav Schäfers wie befohlen den Amerikanern entgegen:

> **Gustav Schäfer:** *Wir sind dann weiter Richtung Westen gefahren, am Dom vorbei, bis zu der großen Straße da, die Querstraße.*

Die Querstrasse ist der Kaiser-Wilhelm-Ring. Auf der anderen Straßenseite: Clarence Smoyers Einheit, die Schäfers Panzer gleich unter Feuer nimmt.

> **Gustaf Schäfer:** *Dann hatten wir die Nase ein bisschen zu weit und dann kriegten wir Beschuss. Das sind wahrscheinlich Panzer gewesen, das weiß ich nicht, ich habe sie nicht gesehen. Und wir haben ja auch geschossen, aber plötzlich saß die Kanone fest. Der Turm hatte sich irgendwie verkantet, von dem Drehen, das hatte man öfter gehabt, dass da sich was druntergeklemmt hat und dann wurde der aus diesem Ring da rausgehoben. Ja, da war es aus!*

> **Clarence Smoyer:** *Ich habe den Panzer mit dem Gebäude außer Gefecht gesetzt. Und es ist gut, dass niemand verletzt wurde.*

*Oberleutnant Otto Leppla, Kommandeur der Panzerabteilung der Panzerbrigade 106 in Köln. Nach seinen persönlichen Eintragungen in das Kriegstagebuch des Brigade-Adjutanten hat er am 6. März 1945 acht Panzer unter seinem Kommando in der Kölner Innenstadt (**Abb. rechts**).*

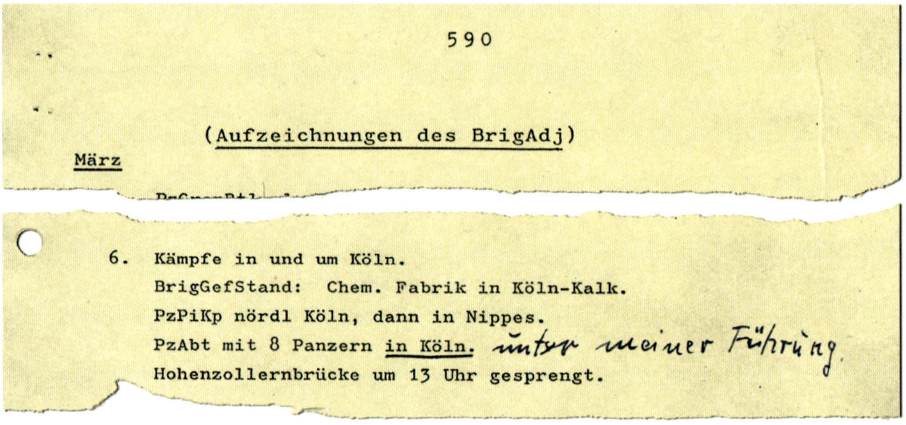

590

(Aufzeichnungen des BrigAdj)

März

6. Kämpfe in und um Köln.
BrigGefStand: Chem. Fabrik in Köln-Kalk.
PzPiKp nördl Köln, dann in Nippes.
PzAbt mit 8 Panzern in Köln. unter meiner Führung.
Hohenzollernbrücke um 13 Uhr gesprengt.

Ausschnitt aus den Aufzeichnungen der Panzerbrigade 106 zum Einsatz in Köln mit dem handschriftlichen Eintrag von Otto Leppla.

Ohne direkte Funkverbindung zu Otto Leppla im Dombunker oder zum Hauptgefechtsstand der Brigade in der Chemischen Fabrik Kalk liegt die Entscheidung darüber, ob der Kampf fortgesetzt oder der Panzer zurückgezogen wird, bei dem Kommandanten Gustav Schäfers, Rolf Militzer.

> **Gustaf Schäfer:** *Es hieß ja »Kämpfen bis zum Umfallen« und nicht einfach in Gefangenschaft marschieren.*

Abb. rechte Seite: *Der T26-Pershing-Panzer mit Schütze Clarence Smoyer feuert in die Häuser der gegenüberliegenden Christophstraße, wo er den deutschen Panzer vermutet. Tatsächlich befindet sich ein Kampfwagen der Panzerbrigade 106 unterhalb der einstürzenden Fassade.*

Dienstag, 6. März 1945, 11:00 Uhr, Friesenplatz

Das muss schneller gehen! Ein neuer Plan

Auch wenn es so scheint, als rollten die US-Panzer an vorderster Front allein in Richtung Stadtzentrum: Der Angriff wird nicht von den Panzerkompanien, sondern von der Infanterie angeführt und geleitet. Die Panzer dienen in Wirklichkeit nur zur Absicherung der wichtigsten Straßenkreuzungen und der Flanken zu beiden Seiten. Die eigentliche Speerspitze der Spearhead Division beim Angriff auf das Stadtzentrum Kölns ist das 1. Bataillon des 36th Armored Infantry Regiment. Bevor die Panzer Häuserblock für Häuserblock nachrücken, durchkämmen die Infanteristen jedes Haus.

Eine Taktik, mit der der Kommandant der vordersten Panzerabteilung Lieutenant Colonel Clifford L. Miller nicht einverstanden ist. Dem als Draufgänger gerühmten Absolventen der Eliteschule in West-Point ging möglicherweise der Vormarsch unter Führung der Fußtruppen nicht schnell genug. Als die Infanteristen an der Christophstraße und am Friesenplatz die Grenze zur Innenstadt überschritten hatten und nur noch alte Männer vom Volkssturm antreffen, glauben die US-Offiziere, die größten Widerstände an diesem Frontabschnitt bereits hinter sich zu haben. Da erscheint die Gelegenheit günstig, die beschlossene Angriffsformation wieder in Frage zu stellen.

Der neue Plan: Eine Spezialeinheit aus leichten und mittelschweren Panzern soll über die Friesenstraße einen schnellen Vorstoß zu Dom und Rhein versuchen und, wenn möglich, dabei die am Mittag immer noch intakte Hohenzollernbrücke einnehmen. Dann soll die Infanterie schnell nachstoßen und gemeinsam mit den Panzern über das Rheinufer und die nördliche Innenstadt die Stadtteile Nippes und Riehl angreifen und den dort kämpfenden deutschen Truppen in den Rücken fallen.

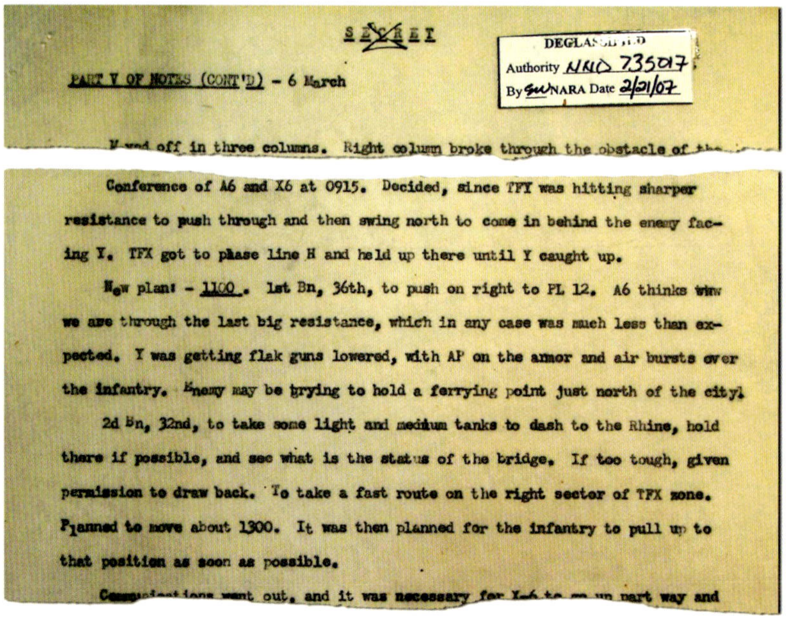

SECRET

DECLASSIFIED
Authority NND 735017
By SW NARA Date 2/21/07

PART V OF NOTES (CONT'D) - 6 March

Y ... off in three columns. Right column broke through the obstacle of the ...

Conference of A6 and X6 at 0915. Decided, since TFY was hitting sharper resistance to push through and then swing north to come in behind the enemy facing Y. TFX got to phase line H and held up there until Y caught up.

New plan: - 1100. 1st Bn, 36th, to push on right to PL 12. A6 thinks we are through the last big resistance, which in any case was much less than expected. Y was getting flak guns lowered, with AP on the armor and air bursts over the infantry. Enemy may be trying to hold a ferrying point just north of the city.

2d Bn, 32nd, to take some light and medium tanks to dash to the Rhine, hold there if possible, and see what is the status of the bridge. If too tough, given permission to draw back. To take a fast route on the right sector of TFX zone. Planned to move about 1300. It was then planned for the infantry to pull up to that position as soon as possible.

Communications went out, and it was necessary for X-6 to go up part way and

Auszug aus einem Interview mit Lieutenant Colonel C. L. Miller Commanding Officer, geführt in Köln am 13. März 1945.

Abb. oben: *Die Infanteristen des Regiments 36th Armored Infantry auf dem Friesenplatz. Die sprühenden Funken deuten auf eine Phosphorgranate hin.*

Abb. unten: *Bei dem rauchenden Maschinengewehr handelt es sich wahrscheinlich um ein Modell aus dem Ersten Weltkrieg.*
Veraltete Waffen gehören oft zur Ausrüstung der Volkssturm-Einheiten, die hier am Eingang zur Kölner Altstadt aufgestellt sind.

Abb. linke Seite: *GIs durchkämmen die Häuser an der Bismarckstraße. Bei dem in T rümmern liegenden Eckhaus handelt es sich um ein Lebensmittelgeschäft von Cornelius Stüssgen.*
Abb. oben und unten: *In langen Kolonnen zieht die Nachhut der Infanteristen auf den Friesenplatz. Zivilisten und möglicherweise Angehörige des Volkssturms fassen Mut und kommen den Soldaten mit freundlichen Gesichtern entgegen.*

Dienstag, 6. März 1945, Niehl – Nippes

Die US-Kampfgruppen stecken fest

Im Norden Kölns besetzen die Spearheads des 703. Panzerbataillons um 7:00 Uhr die weitgehend intakten Fordwerke nördlich des Ortsteiles Niehl. Erst wenige Tage zuvor hatte man dort die Produktion von Wehrmachtsfahrzeugen eingestellt. Auf dem Gelände befindet sich immer noch das größte Zwangsarbeiterlager der Stadt. Auch Vorgesetzte befinden sich noch im Werk. Es wird berichtet, die GIs hätten die Zwangsarbeiter entscheiden lassen, welcher der ehemaligen Aufseher verhaftet werden solle und welcher nicht. In anderen Meldungen heißt es, die Fordwerke seien stark verwüstet und verlassen gewesen.

Weitere Kampfgruppen der Spearheads erreichen gegen 8:30 Uhr die ersten Straßenzüge von Niehl und Merheim (heute Weidenpesch). Die Protokolle des 703. Panzerbataillons verzeichnen bei vereinzelten Gefechten fünf getötete deutsche Soldaten. Die GIs sichern die umliegenden Straßen und richten sich für den Tag dort ein.

Bereits um 4:00 Uhr nachts haben sich zwei Kilometer westlich mehrere Panzer- und Infanteriekompanien der Spearheads in Bewegung gesetzt, um über Longerich nach Mauenheim, Weidenpesch und Nippes einzudringen, und sind auf heftigen Widerstand gestoßen. Auch von Ehrenfeld aus versuchen die Amerikaner, über die Liebigstraße am Kölner Schlachthof nach Nippes vorzurücken. Bis in den Nachmittag hinein werden sie hier von deutschen Geschützen aufgehalten.

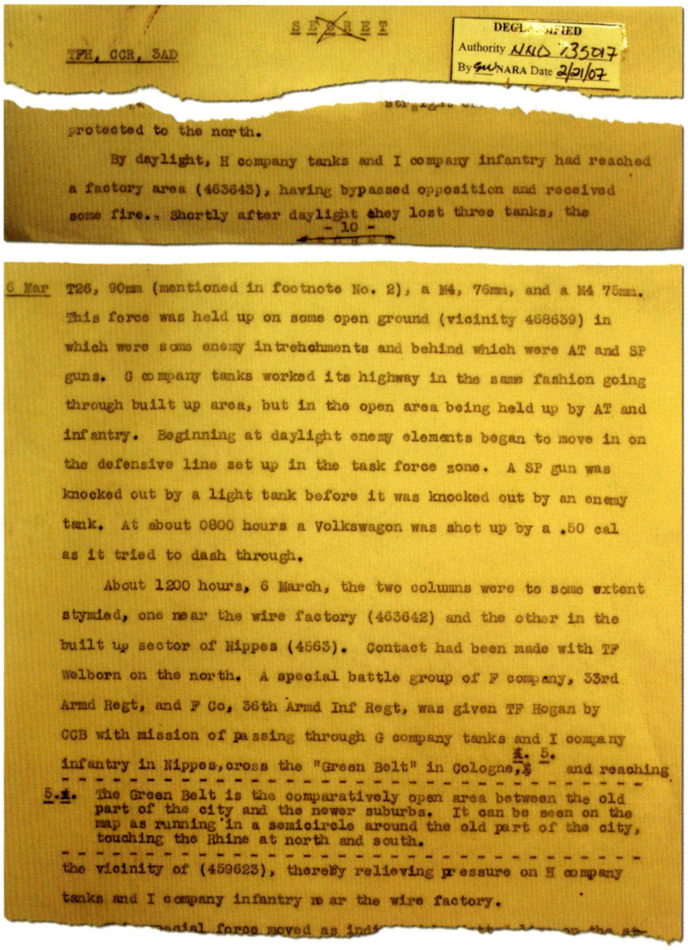
SECRET

TFH, CCR, 3AD

DECLASSIFIED
Authority NND 735017
By NARA Date 2/21/07

protected to the north.

By daylight, H company tanks and I company infantry had reached a factory area (463643), having bypassed opposition and received some fire., Shortly after daylight they lost three tanks, the

\- 10 -

6 Mar T26, 90mm (mentioned in footnote No. 2), a M4, 76mm, and a M4 75mm. This force was held up on some open ground (vicinity 468639) in which were some enemy intrenchments and behind which were AT and SP guns. G company tanks worked its highway in the same fashion going through built up area, but in the open area being held up by AT and infantry. Beginning at daylight enemy elements began to move in on the defensive line set up in the task force zone. A SP gun was knocked out by a light tank before it was knocked out by an enemy tank. At about 0800 hours a Volkswagon was shot up by a .50 cal as it tried to dash through.

About 1200 hours, 6 March, the two columns were to some extent stymied, one near the wire factory (463642) and the other in the built up sector of Nippes (4563). Contact had been made with TF Welborn on the north. A special battle group of F company, 33rd Armd Regt, and F Co, 36th Armd Inf Regt, was given TF Hogan by CCB with mission of passing through G company tanks and I company infantry in Nippes, cross the "Green Belt" in Cologne, 5. and reaching

5\. The Green Belt is the comparatively open area between the old part of the city and the newer suburbs. It can be seen on the map as running in a semicircle around the old part of the city, touching the Rhine at north and south.

the vicinity of (459623), thereby relieving pressure on H company tanks and I company infantry near the wire factory.

Mit zunehmender Dauer der Gefechte verzeichnen die US-Aufklärer, dass die deutschen Verteidigungslinien überraschenderweise weiter verstärkt werden. Die H-Kompanie der 3rd Armored Division verliert unweit der Bahnanlagen in Nippes drei Panzer, darunter auch einen zweiten Prototypen des T26-Pershing-Panzers.

Bis mittags versuchen die Amerikaner ohne Erfolg, durchzubrechen. Einheiten der 9. Panzerdivision, der 363. Volksgrenadier-Division und eine Hundertschaft der Kölner Polizei haben sich in den benachbarten Parkanlagen der »Nippeser Schweiz« eingegraben und werden zudem durch Panzer und Artilleriefeuer gedeckt. Nachdem Verstärkung für die Spearheads eingetroffen ist, wagen die Amerikaner um 14:00 Uhr einen Sturmangriff über offenes Gelände – erfolglos, zwei weitere Panzer gehen verloren. Erst am Abend, als die Verteidiger weiter in Richtung Rheinufer zurückweichen, gelingt es den Gis, in Nippes und in das Agnesviertel einzudringen. US-Dokumenten zufolge fliehen unterdessen 50 Polizisten durch einen Tunnel unter dem Rhein auf die andere Seite, bevor dieser Düker gesprengt wird.

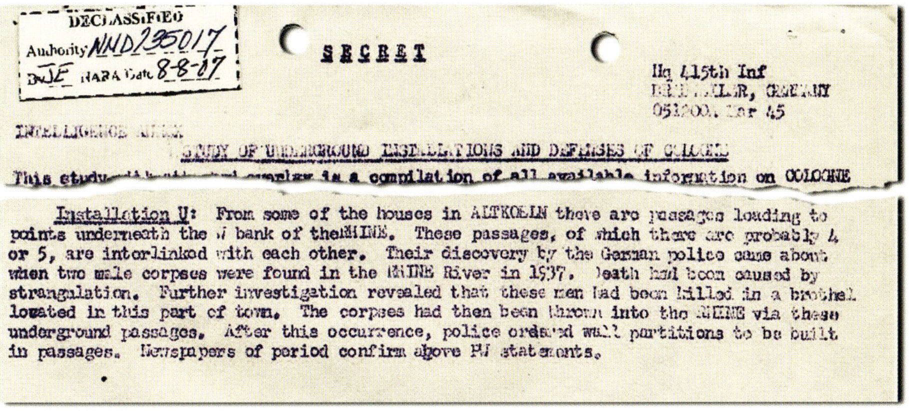

DECLASSIFIED
Authority NND735017
By JE NARA Date 8-8-07

SECRET

Hq 415th Inf
GERMANY
051200 Mar 45

INTELLIGENCE ANNEX

STUDY OF UNDERGROUND INSTALLATIONS AND DEFENSES OF COLOGNE

This study ... is a compilation of all available information on COLOGNE

Installation U: From some of the houses in ALTKOELN there are passages leading to points underneath the W bank of the RHINE. These passages, of which there are probably 4 or 5, are interlinked with each other. Their discovery by the German police came about when two male corpses were found in the RHINE River in 1937. Death had been caused by strangulation. Further investigation revealed that these men had been killed in a brothel located in this part of town. The corpses had then been thrown into the RHINE via these underground passages. After this occurrence, police ordered wall partitions to be built in passages. Newspapers of period confirm above PW statements.

Erst um Mitternacht geben sich die übrigen 100 Polizisten unter den »Verteidigern von Nippes« geschlossen geschlagen und kapitulieren. Der deutsche Widerstand konzentriert sich in dem Sektor Nippes – Niehl – Riehl nun auf den Bereich des Niehler Hafens östlich der Amsterdamer Straße.

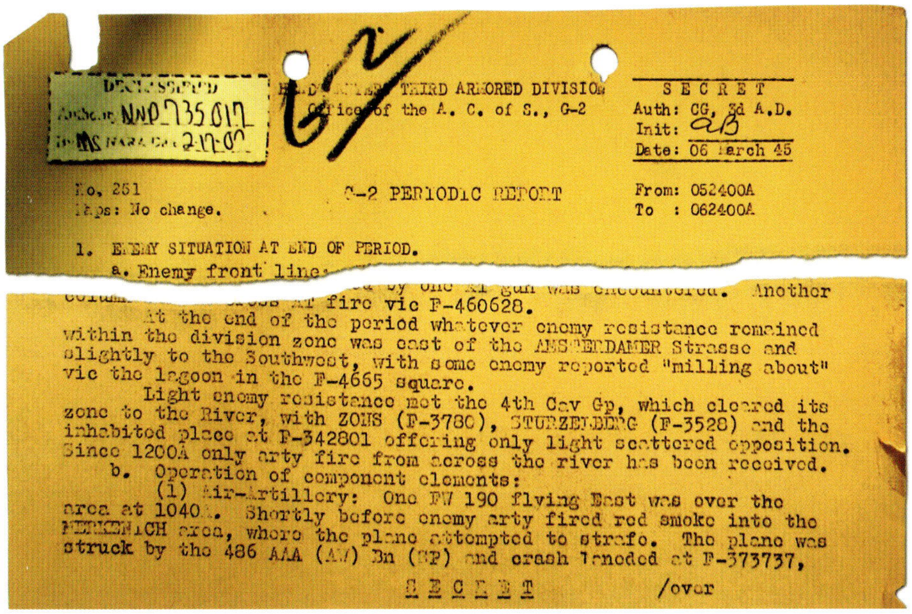

DECLASSIFIED
Authority NND735017
By MS NARA Date 2-17-07

G2

HEADQUARTERS THIRD ARMORED DIVISION
Office of the A. C. of S., G-2

SECRET
Auth: CG, 3d A.D.
Init: aB
Date: 06 March 45

No. 251
Maps: No change.

G-2 PERIODIC REPORT

From: 052400A
To : 062400A

1. ENEMY SITUATION AT END OF PERIOD.
a. Enemy front line ...
... by one AT gun was encountered. Another column ... AT fire vic F-460628.
At the end of the period whatever enemy resistance remained within the division zone was east of the AMSTERDAMER Strasse and slightly to the Southwest, with some enemy reported "milling about" vic the lagoon in the F-4665 square.
Light enemy resistance met the 4th Cav Gp, which cleared its zone to the River, with ZONS (F-3780), STURZELBERG (F-3528) and the inhabited place at F-342801 offering only light scattered opposition. Since 1200A only arty fire from across the river has been received.
b. Operation of component elements:
(1) Air-Artillery: One FW 190 flying East was over the area at 1040A. Shortly before enemy arty fired red smoke into the MERKENICH area, where the plane attempted to strafe. The plane was struck by the 486 AAA (AW) Bn (SP) and crash landed at F-373737,

SECRET /over

Abb. ganz oben: *Gesprengte Geschütze der Wehrmacht in der Nippeser Rembrandtstraße.* ***Darunter:*** *Ein US-Panzer in Stellung auf der Sechzigstraße in Nippes.*

Abb. links oben: *Das Dokument des 415. Infanterie-Regiments der 104. Infanterie-Division zeigt, dass die US-Armee von der Existenz der Tunnel unter dem Rhein wusste.*

Abb. links unten: *Die Gefechtsberichte der 3rd Armored Division dokumentieren Schwierigkeiten in den Stadtteilen Nippes, Riehl und Niehl.*

Wrack eines Panzerjägers vom Typ 38(t) »Hetzer«. Mit vier derartigen Kampfwagen sicherte die 363. Volksgrenadier-Division am Abend des 6. März 1945 nach eigenen Angaben die letzten von Wehrmachtseinheiten kontrollierten Straßenzüge im linksrheinischen Köln im Bereich zwischen Ebertplatz, der Bastei am Rheinufer und dem Flakbunker am Inneren Grüngürtel/Zoo.

Dienstag, 6. März 1945, Universitätsviertel – Lindenstraße

Von Haus zu Haus in der Trümmerwüste

Um 6:45 Uhr nimmt die 104. Infanterie-Division zwischen Aachener Straße und Luxemburger Straße ihren Vormarsch vom Vortag erneut auf und meldet verstärkten Widerstand entlang des Bahndamms rund um die Kölner Innenstadt. Die Timberwolves treffen auf Volkssturmeinheiten, Polizisten, auf Überbleibsel der Wehrmacht, auf Artillerie und Maschinengewehrfeuer – vor allem aber auf Scharfschützen, die sich in den Häuserruinen verstecken. Gegen Mittag gerät eine Kampfgruppe des 415. Infanterieregiments in das Feuer zweier Maschinengewehre. Drei Verwundete müssen unter anhaltendem Granatbeschuss evakuiert werden, ein Soldat kommt zu Tode. In den Häuserschluchten zwischen Lindenstraße und Zülpicher Straße geht es nur langsam vorwärts. Das Durchkämmen der oft fünfstöckigen Wohnhäuser zwischen Trümmerhaufen und Kratern ist zeitraubend.

Der *Stars-and-Stripes*-Reporter Ralph Martin beschreibt die nervenaufreibende Arbeit:

> **Ralph Martin:** *Das Säubern der Häuser erfolgt immer nach dem gleichen Schema: Als Erstes tritt man eine Tür ein, wirft eine Granate, stürmt hinein, um zu sehen, wer zur Aufgabe oder aber auch zum Sterben bereit ist. Als Nächstes schreit man die Treppe hinauf und fordert die da oben auf, herunterzukommen. Wenn niemand Antwort gibt, kriecht man selber hoch, wirft eine weitere Granate und betet, dass sich dort nicht noch ein Deutscher mit einer Granate in der Hand im Schlafzimmer oder im Badezimmer versteckt hat. Nun ist wieder ein Haus gesäubert, jetzt kommt das nächste dran, dann wieder eins und noch eins.*

Das größte Hindernis für ihren Vormarsch sehen die Timberwolves an diesem Tag in den vielen Zivilisten, die nach der Einnahme eines jeden Stadtviertels auf die Straße strömen, darunter einige schwer verwundet, andere hungernd. Anstatt vorsichtig zu sein, kommen sie den Amerikanern zu oft in die Quere.

```
[illegible]

0830  To: Cran 3   FR: Def 6
      Just came back from Red. Moving right along. Blue to move at 0830.
      C: Troops should be aware that civilians must be watched.
      D: Civilians pretty docile.

0833  To: CIC  FR: Def Asst
```

```
0924  To: Def 3   FR: Dev 6
      Having some trouble in Marshalling yds with AA. (Given done on our Co's)
```

```
1042  To: Def 2     Fr: IPW
            PWs were labor troops at supply depot for half tracks. Were supposed to
      return to a town in backof Cologne. All over 40 and in bad physical condition.
      They don't know anything about mine fields.
```

Mit der Zusammensetzung der Menschen, die die Soldaten aus Kellern und von den Dachböden holen, sind die Timberwolves nunmehr völlig überlastet und fordern Verstärkung an:

Unter schmuddeligen Zivilisten, alten Polizisten und trotzigen Soldaten ist es nahezu unmöglich, den wirklichen Feind auszumachen. Auch die Kommunikation ist zudem schwierig, weil die Funkgeräte in den Häusern nicht richtig funktionieren.

Zudem wird deutlich, dass das Zurückliegen der 8th Infantry Division im Süden der Stadt den Timberwolves Probleme bereitet. Die Flanke südlich der Luxemburger Straße ist unter deutscher Kontrolle. So können die Flakgeschütze rund um den Verschiebebahnhof in Klettenberg und Zollstock die Timberwolves während des gesamten Vormittags ungehindert unter Feuer nehmen und den Vormarsch der Amerikaner in die südlichen Stadtteile weiter verzögern.

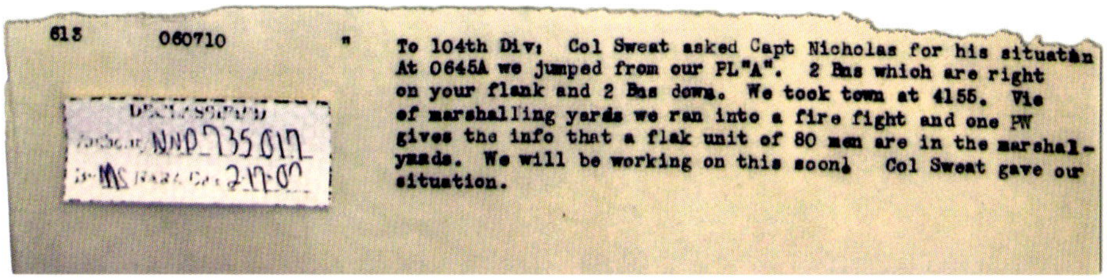
613 060710 " To 104th Div: Col Sweat asked Capt Nicholas for his situatân At 0645A we jumped from our PL"A". 2 Bns which are right on your flank and 2 Bns down. We took town at 4155. Vic of marshalling yards we ran into a fire fight and one PW gives the info that a flak unit of 80 men are in the marshal- yards. We will be working on this soon. Col Sweat gave our situation.

DECLASSIFIED NND 735017 MS 2-17-07

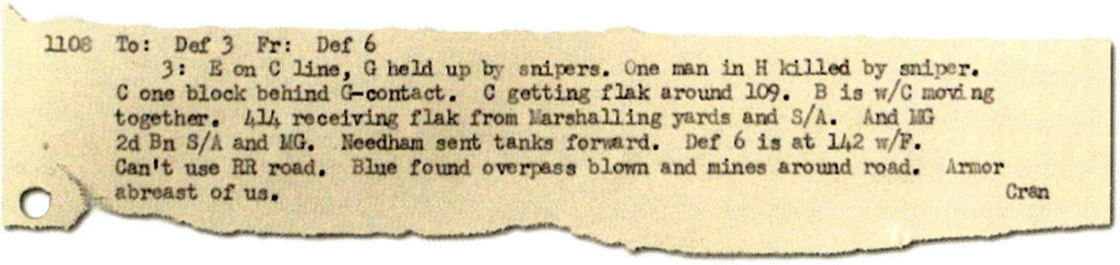
1108 To: Def 3 Fr: Def 6
3: E on C line, G held up by snipers. One man in H killed by sniper. C one block behind G-contact. C getting flak around 109. B is w/C moving together. 414 receiving flak from Marshalling yards and S/A. And MG 2d Bn S/A and MG. Needham sent tanks forward. Def 6 is at 142 w/F. Can't use RR road. Blue found overpass blown and mines around road. Armor abreast of us.
Cran

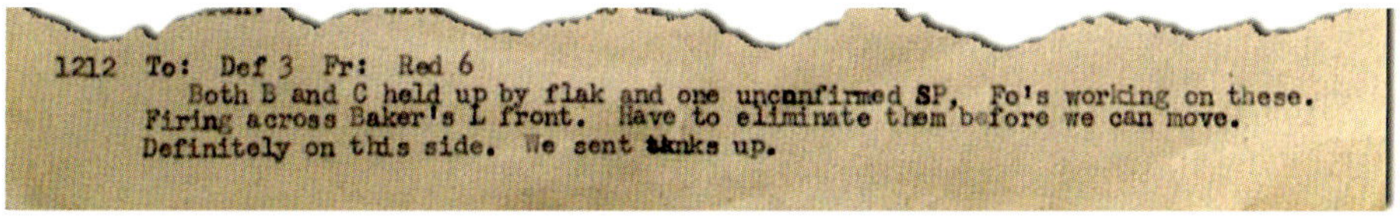
1212 To: Def 3 Fr: Red 6
Both B and C held up by flak and one unconfirmed SP, Fo's working on these. Firing across Baker's L front. Have to eliminate them before we can move. Definitely on this side. We sent tanks up.

Bereits um 7:10 Uhr ist das Störfeuer der Artillerie vom Güterbahnhof Eifeltor Thema in den Funksprüchen zwischen der 3rd Armored Division und den Timberwolves. Nach Informationen eines deutschen Kriegsgefangenen soll die Flakeinheit aus 80 deutschen Soldaten bestehen. In dem Funkprotokoll der Timberwolves besteht der Beschuss auch noch am Mittag. Amerikanische Panzer sollen gegen die Stellungen vorgehen. Kurz darauf wird gemeldet, dass einige Flakstellungen verlassen worden seien. Dennoch will das Hauptquartier sichergehen und ordnet an: »Wir müssen sie eliminieren, bevor wir weiter vorrücken können.«

Ein GI der 104. Infanterie-Division nimmt die Positionen der deutschen Flakbatterien im Kölner Süden unter Beobachtung.

Der Verschiebebahnhof Eifeltor zwischen den Stadtteilen Klettenberg und Zollstock. Das Gebiet oberhalb der Bahnanlagen mit den Vororten Raderthal, Raderberg sowie Bayenthal und Marienburg direkt am Rhein zählen zum Sektor der 8. Infanterie-Division und bleiben am 6. März 1945 noch weitgehend unter der Kontrolle deutscher Truppen. Rund um den Güterbahnhof postierte Flugabwehrgeschütze stören zudem den Fortschritt der Timberwolves über die Luxemburger Straße in die Stadtviertel Lindenthal und Sülz.

Dienstag, 6. März 1945, 12:00 Uhr, Kaiser-Wilhelm-Ring – Gereonsviertel

Eine junge Frau zwischen den Fronten

Auch bei Clarence Smoyers Einheit dauert es länger als erwartet, bis sich die deutschen Truppen, darunter auch Gustav Schäfer, weiter zurückziehen.

> **Gustav Schäfer:** *Dann sind wir natürlich von der Straße zurück, da wurden wir ja beschossen. Sind weiter zurück, MG-Feuer war noch da und Granatwerfer auch noch und dann hab ich zwischendurch immer in die Trümmerhaufen reingehalten, konnte ja sein, dass da welche sitzen, die das beobachten, wie wir da am Fahren sind. Mit meinem MG konnte ich ja noch schießen, ab und zu konnte man auch mal einen sehen auf einem Schuttberg, die Schützen mit ihren Maschinengewehren. Da sagt der Kommandant, halt doch da mal auf der Seite hin, vielleicht is da noch irgendwo was, zum Kuckuck.*

Zu der Zeit entsteht auch eine der in den späteren Jahrzehnten am meisten gezeigten Filmszenen. Plötzlich taucht aus der Richtung Hansaring ein ziviler PKW auf und fährt direkt in die Kampfzone. Nach mehreren Treffern bleibt der Wagen mitten im Schussfeld liegen und steht dort noch über eine Stunde, während rundherum Häuser einstürzen und auf alles geschossen wird, was sich bewegt, auch auf Zivilisten.

> **Leon Rosenmann:** *Einige Male versuchten zivile Fahrzeuge, aus einer Seitenstraße heraus durchzubrechen und zu entkommen. Nur einem gelang es, zu fliehen. Die Übrigen wurden Opfer von gekonntem Machine-Gunning. Sie waren verdammte Idioten, dass sie nicht aufgegeben haben, wie die meisten Deutschen, die in Köln zurückgeblieben waren.*

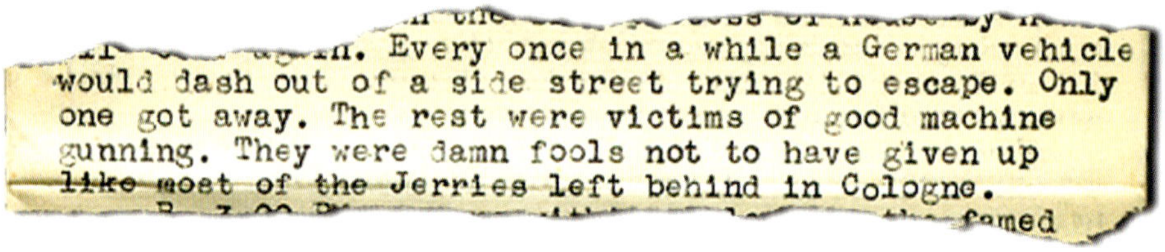

again. Every once in a while a German vehicle would dash out of a side street trying to escape. Only one got away. The rest were victims of good machine gunning. They were damn fools not to have given up like most of the Jerries left behind in Cologne.
famed

Als die Kämpfe gegen Mittag abflauen, wagen sich amerikanische Infanteristen als Erste über die Ringstraße. Dort sehen sie das grausige Ergebnis des Gefechts aus der Nähe.

Dagegen erscheinen die nächsten Aufnahmen fast wie ein Wunder: In dem zuletzt beschossenen Auto entdecken sie eine junge Frau, sie ist verletzt, aber wie die Filmbilder zeigen, hat sie das Inferno überlebt.

Wer die Frau war und was mit ihr geschah, nachdem sie offensichtlich von Sanitätern der US-Armee versorgt wurde, war bisher unbekannt.

> **Clarence Smoyer:** *Das hier ist die Lady. Das ist das Bild, was ich so oft in meinen Träumen sehe. Ich hab das Auto kommen sehen. Da kam aber mehr als nur eins. Es gab richtigen Verkehr. Wer in dem Auto saß, konnte ich aus dem Panzer aber nicht erkennen. Ich erinnere mich an Tarnfarben und habe es mit der deutschen Armee in Verbindung gebracht. Ich dachte*

H
H
H
R

H
H
H
R

eben, es wäre ein Wehrmachtsauto. Also, wenn ich gewusst hätte, dass dort eine Frau im Auto sitzt, hätte ich niemals absichtlich geschossen. Ich hoffe, ich war nicht derjenige, der sie verletzt hat.

Auf der gegenüberliegenden Seite saß der damals 18-jährige Gustav Schäfer immer noch in seinem Panzer und feuerte mit dem Maschinengewehr.

Gustav Schäfer: *Da war ich dabei. Ich hab da nicht absichtlich auf das Auto geschossen, die ist direkt, plötzlich fuhr die dadurch. Beim Schießen plötzlich sehe ich durch meine Optik, wie die da mitten in mein MG-Feuer fährt. Ob ich die nun getroffen habe, das müsste man bald annehmen. Wie ich den Abzug losgelassen habe, war es wohl schon zu spät.*

Clarence Smoyer und Gustav Schäfer, jetzt, da sie voneinander wissen, würden beide auch gerne von mir erfahren, was aus der verletzten jungen Frau geworden ist.

Gustav Schäfer: *Ich habe da nie drüber gesprochen, außer, ich hab mal, der war Ladeschütze bei uns, aber vorher. Zu dem hab ich das mal erzählt und der sagte: Mach dir da mal keine Sorgen, das war nun mal Krieg, da konnte keiner was für. Sonst hab ich da nie drüber gesprochen.*

Clarence Smoyer: *Ich habe das Gleiche gefühlt. Ich hab immer gedacht, dass ich das vielleicht getan habe. Ich hoffe, ich war nicht derjenige, der sie getroffen hat. Natürlich würde ich niemals auf eine Frau schießen.*

Auch in der US-Kinowochenschau sind die Filmszenen zu sehen. Der Sprecher kommentiert den Beschuss des Autos in dem typischen Jargon eines Kriegsberichterstatters: »Ein flüchtendes Nazi-Auto kommt nicht weit.«

Ist es möglich, dass die junge Frau den Krieg überlebt hat? Auf einer weiteren Filmrolle im Besitz der Familie Rosenmann gibt es eine Szene, die zunächst Hoffnung verbreitet. Während der Nachrichtensprecher allgemein darüber spricht, das auch viele verwundete Deutsche behandelt wurden, soll möglicherweise der Eindruck entstehen, als sei auch sie tatsächlich in ein Lazarett transportiert worden. Der Wunsch der beiden ehemaligen Kriegsgegner Smoyer und Schäfer, das Schicksal der jungen Verletzten ans Licht zu bringen, stößt in der Kölner Presse auf ein großes Echo. Alle Kölner Tageszeitungen beteiligen sich im Jahr 2007 an der Suche und fragen in großen Artikeln: Wer war diese junge Frau und was ist aus ihr geworden? Die Berichte werden auch im Süden der Stadt in Zollstock gelesen.

Anna Lettau: *Ja, eben, ich hab direkt geguckt. Ich denke, das gibt's doch gar nicht. Genau so. Ja, das war mir direkt klar, das ist deine Schwester.*

Knapp 27 Jahre alt ist Katharina Esser, als sie am Morgen des 6. März 1945 in einem Opel P4 an der Christophstraße zwischen die Fronten geriet. Der Wagen gehört dem Lebensmittelhändler Hans Delling aus Köln-Sülz. Der etwa 40-jährige Geschäftsmann, bei dem Katharina seit einigen Jahren arbeitet, sitzt selbst am Steuer und wird aller Wahrscheinlichkeit nach bereits von den ersten Kugeln tödlich getroffen. Doch von Katharina, die hier offenbar auf den Transport in ein Lazarett wartet, fehlt nach dem Krieg jede Spur.

Anna Lettau: *Sie war alleine hier, sie war ganz allein hier. Das stimmt. Sie war allein bei Delling.*

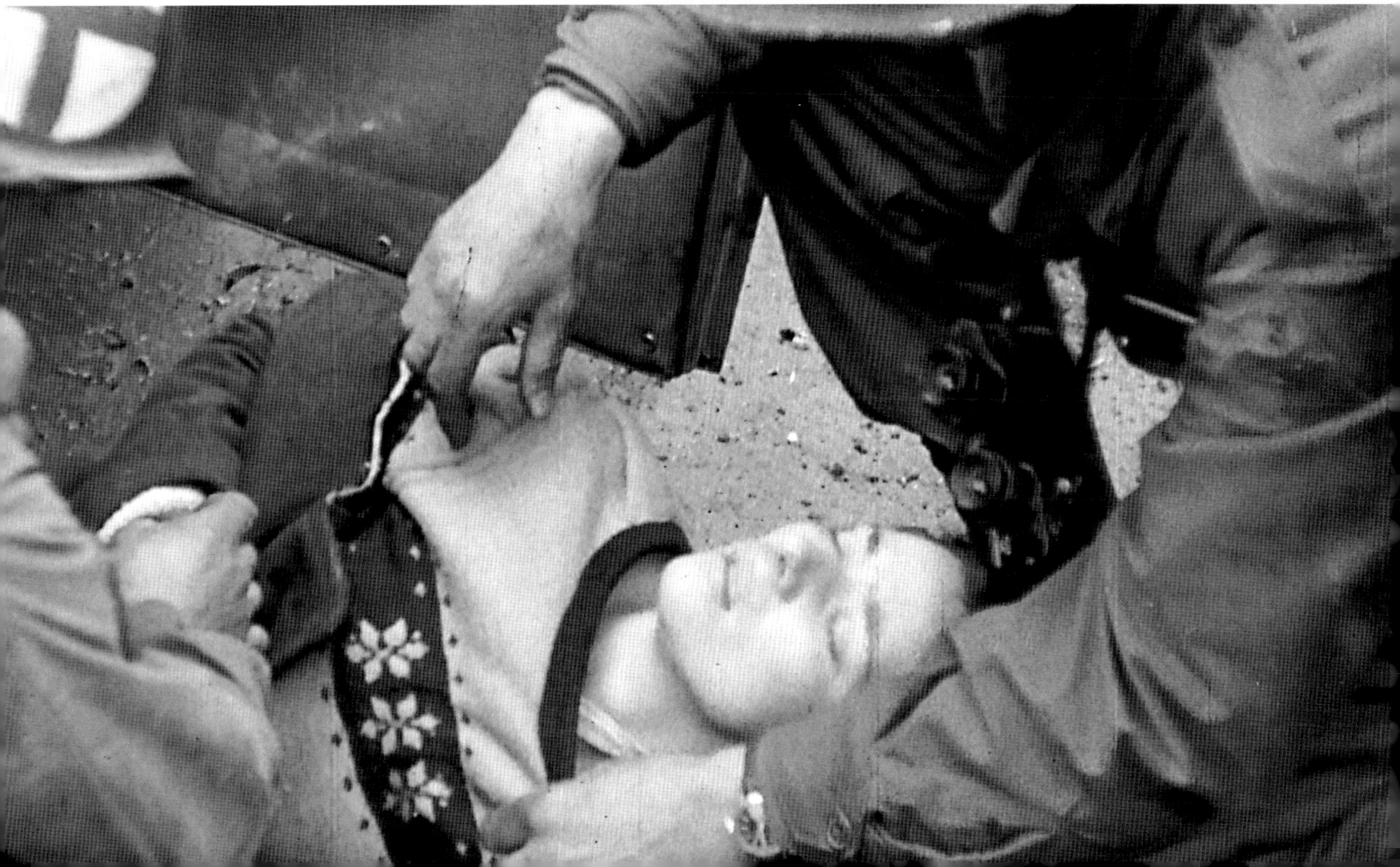

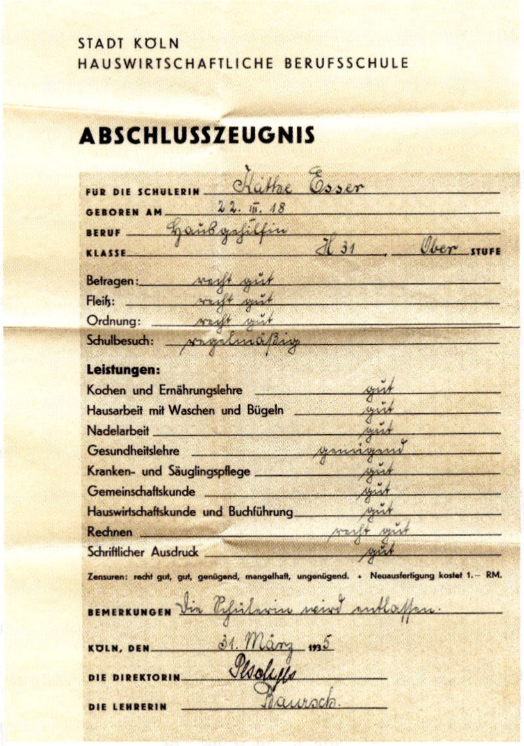
STADT KÖLN
HAUSWIRTSCHAFTLICHE BERUFSSCHULE

ABSCHLUSSZEUGNIS

FÜR DIE SCHÜLERIN	Käthe Esser
GEBOREN AM	22. III. 18
BERUF	Hausgehilfin
KLASSE	H 31 Ober STUFE
Betragen:	recht gut
Fleiß:	recht gut
Ordnung:	recht gut
Schulbesuch:	regelmäßig
Leistungen:	
Kochen und Ernährungslehre	gut
Hausarbeit mit Waschen und Bügeln	gut
Nadelarbeit	gut
Gesundheitslehre	genügend
Kranken- und Säuglingspflege	gut
Gemeinschaftskunde	gut
Hauswirtschaftskunde und Buchführung	gut
Rechnen	recht gut
Schriftlicher Ausdruck	gut

Zensuren: recht gut, gut, genügend, mangelhaft, ungenügend. • Neuausfertigung kostet 1.– RM.

BEMERKUNGEN Die Schülerin wird entlassen.

KÖLN, DEN 31. März 1935

DIE DIREKTORIN [illegible]

DIE LEHRERIN [illegible]

***Abb. oben:** Das Abschlusszeugnis wird wenig später in der Christophstraße gefunden.*

***Abb. rechts:** Katharina Esser (*1918) im Alter von 24 Jahren. Die gelernte Hauswirtschafterin verbringt die letzten Kriegsmonate ohne ihre Familie in Köln-Sülz. Am 6. März 1945 versucht sie noch während des Vormarsch der US-Armee, über die Hohenzollernbrücke auf die rechte Rheinseite zu flüchten.*

Mit einem der ersten Züge nach Ende des Krieges kehrt Schwester Anna aus der Evakuierung zurück nach Köln. Ihr erster Weg führt sie in das Geschäft der Familie Delling.

> **Anna Lettau:** *Als ich dann hier rüber kam, mein erster Weg war nach Delling, ist ja mal klar, weil ich wollte ja wissen von meiner Schwester. Und dann erhielt ich diese Nachricht. Ja, und das war die schlimmste Nachricht, die ich da bekommen hatte. Das war ganz furchtbar. Ich darf heute noch nicht davon sprechen, dann denk ich auch dran.*

*27 Jahre alt ist Katharina Esser **(links)**, als sie am 6. März 1945 zwischen die Fronten gerät. Als ihre Schwester Anna Lettau **(rechts)** über 60 Jahre später die US-Aufnahmen erstmals sieht, endet die Ungewissheit über das Schicksal Katharinas: »Ja, das war mir direkt klar, das ist deine Schwester.«*

Das, was Anna Lettau nicht über die Lippen bringt, steht in einer eidesstattlichen Erklärung einer Anwohnerin der Christophstraße. Ihr Name war Frieda Taisakowski, von Beruf Schneiderin. Im Januar 1946 erklärt sie gegenüber der Kölner Polizei:

> **Frieda Taisakowski:** *Ich habe persönlich zugesehen, wie der Privatwagen von einem amerikanischen Panzer beschossen wurde. Der Besitzer wurde durch einen Kopfschuss getötet und die Angestellte, die sich um ihren Chef bemühte, wobei sie auch angeschossen wurde, fiel seitwärts neben das Auto. Die Angestellte wurde dann von dem Panzer überfahren, so dass man nachher nur Reststücke sowie Hand, Fuß sowie einige Körperreste zu finden bekam.*

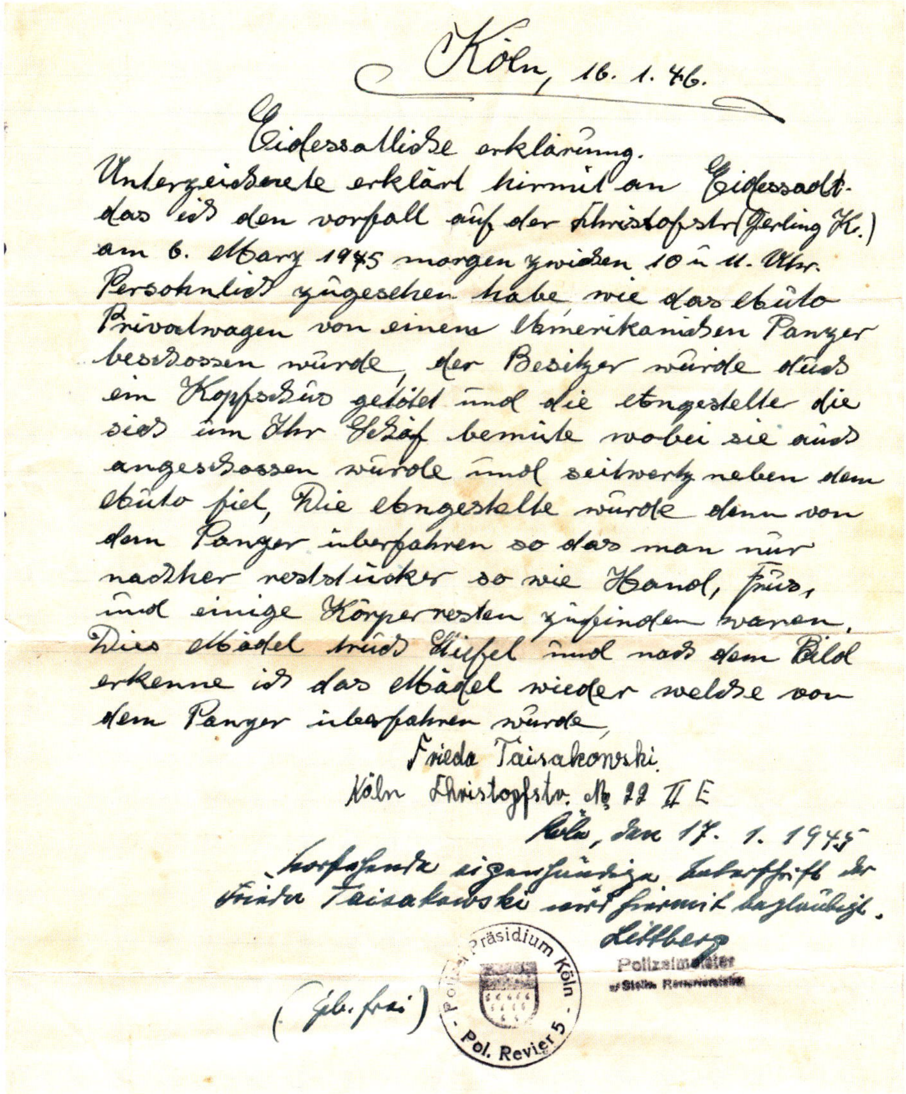
Köln, 16. 1. 46.

Eidesstattliche erklärung.
Unterzeichnete erklärt hiermit an Eidesstatt, das ich den vorfall auf der Christofstr (Gerling K.) am 6. März 1945 morgen zwischen 10 u 11. Uhr. Persöhnlich zugesehen habe wie das Auto Privatwagen von einem Amerikanischen Panzer beschossen würde, der Besitzer würde durch ein Kopfschuß getötet und die Angestellte die sich um Ihr [illegible] bemüte wobei sie auch angeschossen würde und seitwerts neben dem Auto fiel, Die Angestellte würde denn von dem Panzer überfahren so das man nur nachher reststücker so wie Hand, Fuß, und einige Körperresten zufinden waren. Dies Mädel trug Stiefel und nach dem Bild erkenne ich das Mädel wieder welche von dem Panzer überfahren würde,

Frieda Taisakowski.
Köln Christopfstr. Nr 22 II E

Köln, den 17. 1. 1945
Vorstehende eigenhändige Unterschrift der Frieda Taisakowski wird hiermit beglaubigt.
Lettberg
Polizeimeister
i/Stelle. [illegible]

(Geb. frei)

Polizei-Präsidium Köln
Pol. Revier 5

Anna Lettau: *So ein grausamer Tod, da hätte keiner dran gedacht. Aber so ist das Schicksal.*

Das Einzige, was von Katharina geblieben ist, sind alte Fotos und ein paar persönliche Papiere, die sie auf ihrer Flucht bei sich hatte und die in der Christophstraße noch gefunden wurden, wie ihr Abschlusszeugnis als Hauswirtschafterin.

Wie kam es zu dieser folgenschweren Entscheidung, die Fahrt durch die Stadt in Richtung Brücke noch zu riskieren?

Anna Lettau: *So hieß es damals, sie wollten noch rüber und dann haben wir immer gedacht, warum sind die nicht im Keller geblieben, da wäre schließlich nichts passiert.*

Im Freundeskreis der Familie wird erzählt, es geschah möglicherweise aus Liebe. Angeblich wartete auf der anderen Rheinseite Katharinas Verlobter.

Auch die beiden Panzerschützen Gustav Schäfer und Clarence Smoyer reagieren bestürzt auf diese Nachricht und fragen sich: Was passierte nur wenige Minuten nach 12:00 Uhr, nach diesen vermutlich letzten Aufnahmen der noch lebenden jungen Frau?

Die Kameramänner rückten weiter vor in Richtung Dom, immer dicht an Clarence Smoyers Pershing-Panzer. Der war, wie eine Filmszene beweist, schon an Katharina Esser vorbeigefahren. Auch auf einer späteren Fotografie ist Dellings Wagen scheinbar unberührt im Hintergrund zu sehen.

Signet der 363. Volksgrenadier-Division, die mit Teilen verschiedener Truppeneinheiten wie z. B. den 958. und 959. Volksgrenadier-Regimentern in Köln eingesetzt waren.

Einen ersten Hinweis darauf, was passiert sein könnte, findet man in den Aufzeichnungen zur Geschichte der 363. Volksgrenadier-Division. In unmittelbarer Nähe, im Hansa-Hochhaus, befand sich das Quartier der deutschen Infanteristen, darunter auch der Sanitätseinheit von Stabsarzt Künstle, der zugleich Einsatzchronist war. Bei dem Abzug der Infanteristen durch das nördliche Gereonsviertel wurde die in den Augen der US-Armee längst gesicherte Stelle an der Gereonstraße offenbar doch noch einmal zum Schauplatz von Kampfhandlungen. Es soll ein Panzervernichtungstrupp unter dem Kommando eines Hauptmanns namens Fritz Rose gewesen sein, der aus einem Haus direkt an der Gereonstraße das Feuer auf nachfolgende US-Fahrzeuge eröffnete.

Gegen 07.00 Uhr geht der Rabatz wieder los. Wir befinden uns mit etwa 20 Mann im Keller der Hochhauses am Hansa-Ring. Mit Panzern und Infantrie kommt der Amerikaner langsam aber stetig näher.

Gegen Mittag überquert 100 m westlich unseres Hochhauses der Ami den Hansa-Ring und beschießt uns mit MG, als wir uns vom Hochhaus aus über den Ring in die Innen= stadt absetzten.

Wir müssen uns langsam zurückziehen. Unser Igel wird immer kleiner. Gegen Abend werden wir von drei Seiten heftig beschossen. Die Lage wird immer kritischer.

Danach kam es zu schweren infantristischen Kämpfen, wobei Hptm. Fritz Rose, Fhr. des Panzervernichtungstrupps und Adjutant des VGR.959 der 363.VGD. zwei "Shermans" mit der Panzerfaust abschoß. Er wurde vom Rgts.Kdr. OTL Brucker zum Ritterkreuz ein= gereicht, eine Verleihung erfolgte jedoch nicht mehr. Vermutlich gingen die Unterla= gen nicht mehr ab, denn OTL Bruckner wurde kurze Zeit danach, im persönlichen Ein= satz, am Adolf Hitler Platz schwer verwundet und im Sturmboot abtransportiert.

***Abb. rechts:** Auszüge aus der Geschichtsschreibung der Veteranen der 363. Volksgrenadier-Division und aus dem Kriegstagebuch des Sanitätsoffizieres Franz Künstle.*

Diesen Hinweis schicke ich im Frühjahr 2007 an den Veteranenverband der 3rd Armored Division. Als mein Brief kurz darauf in der Mitgliederzeitschrift erscheint, erhalte ich Post von Stuart Thayer, damals in einem Panzer der D-Kompanie nur einen Häuserblock nördlich von Smoyers E-Kompanie eingesetzt.

Über das Schicksal von Katharina Esser weiß er nichts, aber er schreibt mir, sein Panzer sei an dieser Stelle tatsächlich gegen Mittag angegriffen und von einer Panzerfaust getroffen worden. Bei dem Abschuss waren vier der fünf Besatzungsmitglieder verletzt worden.

Stuart Thayer (1926–2009). Er kommt mit der D-Kompanie des 32. Armored-Regiments der 3rd Armored Division nach Köln. Stuart Thayer ist am 5. März 1945 an der Eroberung des Flughafens Butzweilerhof beteiligt und verbringt die Nacht mit seiner Einheit in Bickendorf. Tags drauf wird er im Gereonsviertel mit seiner Panzerbesatzung abgeschossen und verletzt. Die Namen der verwundeten Panzermänner erscheinen in der Verlustmeldung am nächsten Tag. Nach dem Krieg arbeitet Thayer als Historiker und schreibt zur Kulturgeschichte des amerikanischen Zirkus.

Die Straßenkreuzung Christophstraße/Von-Werth-Straße zeigt möglicherweise die Situation nach dem Angriff auf die US-Truppen mit einer Panzerfaust. Bei dem rechts stehenden Sherman-Panzer soll es sich um einen abgeschossenen Kampfwagen handeln. Ein Hinweis auf die konkrete US-Einheit findet sich an diesem Panzer jedoch nicht. Bei dem Toten am unteren Bildrand handelt es sich aller Wahrscheinlichkeit nach um einen Soldaten.

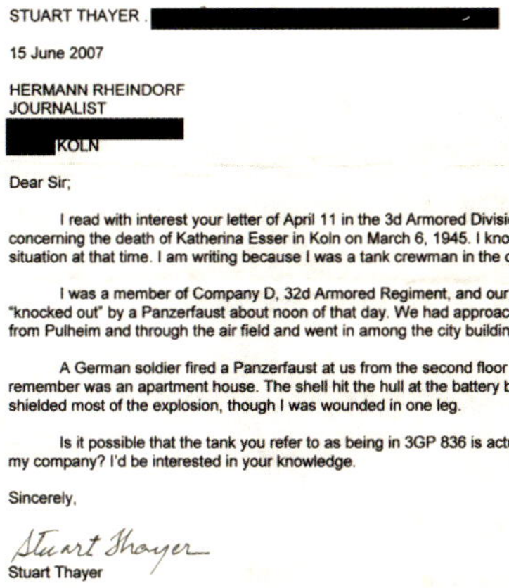

STUART THAYER [redacted]

15 June 2007

HERMANN RHEINDORF
JOURNALIST
[redacted] KOLN

Dear Sir;

I read with interest your letter of April 11 in the 3d Armored Division Newsletter concerning the death of Katherina Esser in Koln on March 6, 1945. I know nothing of her situation at that time. I am writing because I was a tank crewman in the city on that day.

I was a member of Company D, 32d Armored Regiment, and our tank was "knocked out" by a Panzerfaust about noon of that day. We had approached the city from Pulheim and through the air field and went in among the city buildings.

A German soldier fired a Panzerfaust at us from the second floor of what I remember was an apartment house. The shell hit the hull at the battery box, which shielded most of the explosion, though I was wounded in one leg.

Is it possible that the tank you refer to as being in 3GP 836 is actually from my company? I'd be interested in your knowledge.

Sincerely,

Stuart Thayer

Stuart Thayer

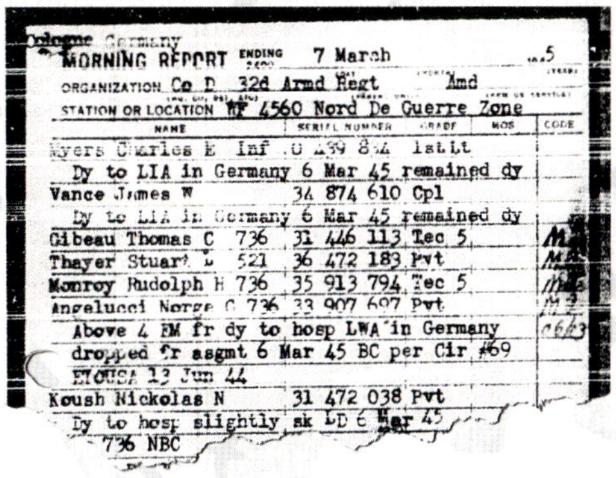

Cologne Germany
MORNING REPORT ENDING 7 March 45
ORGANIZATION Co D 32d Armd Regt Amd
STATION OR LOCATION WF 4560 Nord De Guerre Zone

NAME	SERIAL NUMBER	GRADE	MOS	CODE
Myers Charles E Inf	O 239 824	1st Lt		
Dy to LIA in Germany 6 Mar 45 remained dy				
Vance James W	34 874 610	Cpl		
Dy to LIA in Germany 6 Mar 45 remained dy				
Gibeau Thomas C 736	31 446 113	Tec 5		
Thayer Stuart L 521	36 472 183	Pvt		
Monroy Rudolph H 736	35 913 794	Tec 5		
Angelucci Norge C 736	33 907 697	Pvt		
Above 4 EM fr dy to hosp LWA in Germany				
dropped fr asgmt 6 Mar 45 BC per Cir #69				
ETOUSA 13 Jun 44				
Koush Nickolas N	31 472 038	Pvt		
Dy to hosp slightly sk LD 6 Mar 45				
736 NBC				

Ich erhalte noch mehr Resonanz auf den Abdruck meines Briefes. Edward Yazijan meldet sich (auf dem nebenstehenden Bild oben rechts mit der Hand am Mund). Als Infanterist kam er damals im Schatten der Panzer in die Kölner Innenstadt. Kurz zuvor war er Augenzeuge eines ähnlichen Vorfalls geworden, bei dem ein US-Panzer sogar die eigenen Leute überfahren hatte. Sein Kommentar zum Schicksal Kathi Essers: »In solch einer Situation hätten wir möglicherweise auch General Eisenhower überrollt.«

Katharina Esser ist nicht die einzige, die hier am Eingang zur Innenstadt noch zu Tode kommt. Insgesamt forderten die Kämpfe innerhalb einer Stunde circa 40 Tote, darunter etwa 20 Zivilisten.

Einige der Toten werden auf dem Friedhof der Gereonskirche beerdigt, hier befindet sich auch der Gedenkstein von Katharina Essers Chef Johannes Delling. In einem Sammelgrab liegen wahrscheinlich die sterblichen Überreste von Kathi Esser. Einen Eintrag im Kirchenbuch gibt es dazu allerdings nicht. Andere Leichen liegen noch Tage später in den Straßen und finden in einem Massengrab am Stadtgarten eine vorläufige Ruhestätte.

Die Wunden, die bei dieser Recherche zweifelsohne aufgerissen wurden, sind immer noch tief. Dennoch ist Anna Lettau dankbar, dass ihre Schwester Katharina nun ein Stück ihrer Geschichte zurückbekommt.

Am 6. März 1945 erreicht Clarence Smoyers E-Kompanie den Vorplatz der Kirche St. Gereon gegen 13:15 Uhr. Kameramann Leon Rosenmann klettert auf Smoyers Pershing-Panzer und dreht die ersten Bilder aus dem zerstörten Bankenviertel. Mit dem Vordringen in die Innenstadt wird nun auch erstmals das ganze Ausmaß der Zerstörung sichtbar.

Abb. links oben: *Der erste Platoon (Zug) der E-Kompanie im 36. Armored Infantry Regiment der 3rd Armored Division fotografiert im März 1945 in Köln. Edward Yazijian befindet sich in der obersten Reihe, als Dritter von rechts.*
Abb. links Mitte: *Ein durch Beschuss beschädigter US-Jeep steht mitten auf der Kreuzung Christophstraße/Von-Werth-Straße.*
Abb. links unten: *Clarence Smoyers T26-Pershing-Panzer auf der Höhe der Kirche St. Gereon am Eingang zum Bankenviertel am 6. März 1945.*

Auch Clarence Smoyer und Gustav Schäfer finden Gelegenheit, mit dieser traurigen Geschichte, die sie nun verbindet, abzuschließen. Im März 2013 gedenken sie Katharina Essers an der Gereonskirche und verbringen den Nachmittag mit Angehörigen ihrer Familie.

Dienstag, 6. März 1945, 13:00 Uhr, Friesenviertel

Schneller Durchbruch mit einer Spezialeinheit zum Rhein?

Zurück zur Friesenstraße: Die Wahl für den schnellen Vorstoß vom Friesenplatz zum Rhein fällt auf die Spitzenpanzer der F-Kompanie in der Kampfgruppe Miller. Geplanter Beginn dieses Angriffs ist spätestens 13:00 Uhr. Sollte der Widerstand zu groß sein, so hat die Special Force die ausdrückliche Erlaubnis zum Rückzug.

Während die Kameramänner James Bates und Leon Rosenmann bei Clarence Smoyers Spitzenpanzer bleiben, hat sich Kameramann Clarence Voight Garrell von der südlich vorrückenden 104. Infanterie-Division gelöst und ist nun gemeinsam mit zahlreichen Fotografen bei den sechs Panzern der F-Kompanie, die jetzt versuchen, bis zum Dom vorzustoßen. Später werden die US-Kriegswochenschauen die Aufnahmen der drei Filmleute miteinander kombinieren:

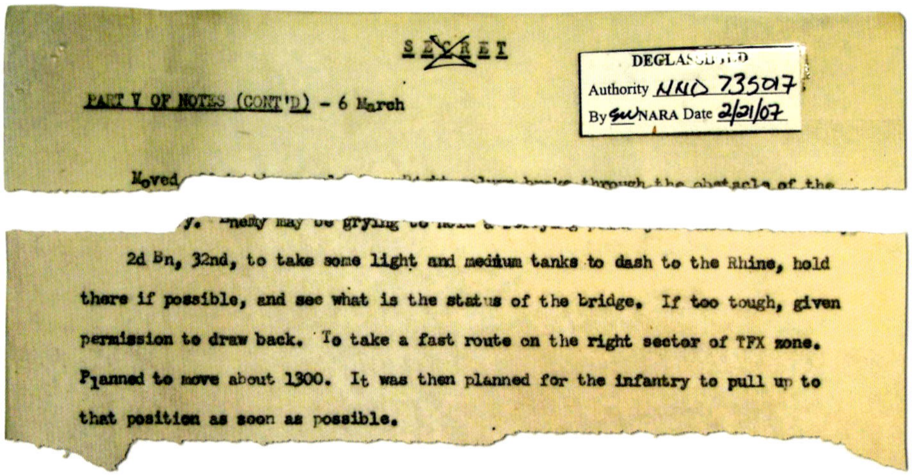

SECRET

DECLASSIFIED
Authority NND 735017
By SW NARA Date 2/21/07

PART V OF NOTES (CONT'D) - 6 March

Moved

2d Bn, 32nd, to take some light and medium tanks to dash to the Rhine, hold there if possible, and see what is the status of the bridge. If too tough, given permission to draw back. To take a fast route on the right sector of TFX zone. Planned to move about 1300. It was then planned for the infantry to pull up to that position as soon as possible.

Originalton US-Kriegswochenschau: »Auf dem Weg in den Schatten der alten Kathedrale sind drei Kameramänner, die Sergeants Rosenmann, Bates und Garrell, immer nah am Kampfgeschehen und filmen nun den Höhepunkt: die Panzerschlacht um die Stadt.«

Die ersten Filmbilder zeigen, wie die Special Force an der Ecke Friesenstraße/Zeughausstraße gegenüber dem 2000 Jahre alten Römerturm Deckung nimmt und mit einem Panzer in Richtung Zeughaus feuert. Den sechs Panzern folgen Infanteristen des 36th Armored Infantry Regiments der 3rd Armored Division.

Mit lang anhaltenden Salven aus ihren Maschinenpistolen laufen sie an dem Turm vorbei. Wie durch ein Wunder hat dieser alle Bombardements der vergangenen Jahre scheinbar ohne Blessuren überstanden. Auch hier werden Zwischenfälle mit Zivilisten gemeldet, die die Gefahr wohl unterschätzen und noch während der Gefechte aus ihren Häusern kommen.

Die nächsten Filmbilder zeigen eine starke Rauchentwicklung. Es hat den Anschein, als verfestige sich der Widerstand auf den letzten 500 Metern vor dem Dom noch einmal. Auch bei der Spezialeinheit gibt es in den Häuserschluchten Probleme mit der Kommunikation. Schon kurz, nachdem der Panzerverband vom Friesenplatz aufgebrochen ist, reißt die Funkverbindung ab.

Dienstag, 6. März 1945, 12:55 Uhr, Dom – Rhein

Verrat an den eigenen Männern – die vorzeitige Sprengung der Hohenzollernbrücke

Um 12:55 Uhr wird die Gegend um den Dom von zwei großen Explosionen erschüttert, die in der ganzen Innenstadt zu hören sind und vor allem unter den dort verbliebenen Wehrmachtssoldaten für große Verwirrung sorgen. Merkwürdigerweise ist davon in keinem amerikanischen Armeeprotokoll zu lesen. Es ist die letzte Kölner Brücke über den Rhein, die Hohenzollernbrücke, die wahrscheinlich von Pionieren der Panzerbrigade 106 gesprengt wird, und die ihren eigenen Leuten damit den Rückzugsweg abschneiden. Unter denen, die sich noch auf der Domseite befinden, ist auch Günther Müller, damals Sanitäter in der Einheit von Stabsarzt Künstle in der 363. Volksgrenadier-Division.

> **Günther Müller:** *Ich sitze noch am Rheinufer dort um diese Zeit, höre die gewaltige Detonation, schaue nach rechts und sehe die beiden Brückenbögen in den Rhein fallen. Ah, hab ich im Stillen gedacht, jetzt geht das Letzte los.*

Gustav Schäfer, Panzerschütze der Panzerbrigade 106, steht zu dieser Zeit noch gegenüber von Clarence Smoyers Einheit an der Christophstraße.

> **Gustav Schäfer:** *Die wollten uns loswerden, sonst hätten sie die Brücke ja noch nicht gesprengt. Die wussten doch, dass wir da noch mit drei Panzern reingefahren sind.*

> **Günther Müller:** *Aber da ja nun jeder ahnte und wusste, dass der Amerikaner wenige Hundert Meter entfernt ist, konnte auch jeder Offizier und Soldat ahnen, was in den nächsten Stunden kommen wird. Wir haben nur den einen Gedanken gehabt: Wie kommen wir hier weg.*

Die frühzeitige Sprengung der Brücke empfinden viele Wehrmachtssoldaten als Verrat. Die Soldaten hatten offenbar bis dahin die Zusage, dass die Sprengung der Brücke bis zum letztmöglichen Zeitpunkt hinausgezögert werde.

> **Gustav Schäfer:** *Wir hatten ja immer noch die Aussicht gehabt, wenn es nicht mehr geht, wieder zurück, über die Brücke und weg. Nix! Die Brücke wurde ja gesprengt, das hieß soviel wie: Ihr müsst hierbleiben.*

> **Günther Müller:** *Wir haben es nicht erwartet, dass die Hohenzollernbrücke gesprengt wird. Auch Stabsarzt Künstle war der Meinung, das hat er uns persönlich gesagt, wenn es möglich ist, die 300 Meter zurück zur Brücke und noch rüber, damit wir drüben eine neue Sanitätsstelle aufbauen können.*

Der Kölner Engelbert Bockhoff gehört damals in der 9. Panzerdivision zu den letzten und ranghöchsten Offizieren auf der linken Rheinseite, für die der Rheinübertritt plötzlich ausgeschlossen wird.

> **Engelbert Bockhoff:** *Das ist wahr. Das stimmt. Warum das so war, das kann ich, da habe ich keine Auskünfte zu übergeben, weil ich das nicht weiß. Ich wusste, ich muss da bleiben, bis ich Befehl kriege, ich kann meine Füße ins Wasser tun. Das war uns allen klar.*

Auch der Kölner Polizeihauptmann Otto Greve, der mit seinem neunköpfigen Polizeibataillon immer noch durch die Trümmer befohlen wird, um mit Panzerfäusten und Pistolen eine »Abwehrfront« gegen die Amerikaner zu bilden, hatte am Gürzenich die gewaltige Detonation gehört.

> **Otto Greve:** *Am Heumarkt sehen wir den Deutzer Brückenbogen im Rhein liegen, wir fühlen uns verraten und verkauft. Da braust ein Wehrmachtwagen von der Brücke auf uns zu: »Kampf um Brücke eingestellt«, brüllt er uns zu, winkt ab und jagt dahin. Nun bleibt uns nur der Weg zum Tacitus-Bunker, Befehlsstelle.*

*Günther Müller (*1925) war Sanitäter in der Kölner Innenstadt und eingesetzt am Ring, am Dom und am Rheinufer. Er zählte zu den wenigen regulären Soldaten im letzten deutschen Brückenkopf in der Innenstadt und wurde u. a. Augenzeuge der Brückensprengung und verzweifelter Übersetzversuche.*

Die Brücke !

Am Gürzenich sehen wir hinter den Mauern eine dicke, schwarze Wolke hochsteigen, wir zittern in einer gewaltigen Explosion, da flüstert einer „die Hohenzollernbrücke ist hochgegangen". Wir müssen uns schnell an die Wand des Gürzenichs drücken, es heult, jault, pfeift, zischt von Sprengstücken, die nun herniederprasseln. Am Heumarkt sehen wir den Deutzer Brückenbogen im Rhein liegen, wir fühlen uns verraten und verkauft. Da braust ein Wehrmachtwagen von der Brücke auf uns zu " Kampf um Brücke eingestellt," brüllt er uns zu, winkt ab und jagt dahin.

Trotz des scharfen Verbots, wie Korpsgeneral Köchling rückblickend schreibt, hatten die 9. Panzerdivision und die 363. Volksgrenadier-Division mit seiner Billigung bis zu diesem Zeitpunkt namhafte Teile ihrer schweren Waffen über die Hohenzollernbrücke auf das ostwärtige Ufer wechseln lassen. Lediglich Teile der Infanterie und der Führungsstäbe waren auf der linken Rheinseite verblieben. Auch die amerikanische Feindaufklärung wusste dies.

Abb. links und nächste Doppelseite: *Die Hohenzollernbrücke wird am Mittag des 6. März 1945 von deutschen Heerespionieren gesprengt. Nach eigenem Bekunden haben Mitglieder der Panzerpionierkompanie der PzBr 106 FHH die Sprengung durchgeführt.*
In den Brückentürmen verschanzen sich bis zum Abend Flaksoldaten und nehmen die Amerikaner auf deren Weg zum Dom und zum Rhein unter Feuer.

Um die Kampfkraft der ohnehin geschwächten Truppe nach Möglichkeit zu erhalten, führte auch der neue Kommandierende General Ernst-Günther Baade die Herauslösung »entbehrlicher« Einheiten auf das Ostufer des Rheins fort, als ihm am späten Vormittag vom Chef seines Generalstabes, Oberst Rolf Wiese, plötzlich gemeldet wird, die Gauleitung habe entgegengesetzte Anweisungen gegeben. Am Rheinufer seien nun Posten aufgestellt worden, die die Truppen und auch Zivilisten unter Hinweis auf einen bestehenden Führerbefehl und unter der Androhung von Gewalt daran hinderten, auf das Ostufer zu wechseln.

In dem Gefechtsstand im Dombunker macht sich unter den Eingeweihten umgehend eine für Außenstehende nicht nachvollziehbare Aufbruchstimmung breit. Oberleutnant Otto Leppla, Kompaniechef der Panzerbrigade 106, der kurz zuvor noch mehrere Panzer in die Stadt geschickt hatte, traut, wie sein Sohn schreibt, seinen Augen nicht.

> **Otto Leppla:** *Alles war in Auflösung begriffen, Akten wurden verbrannt und die meisten verschwanden.*

Als Generalleutnant Ernst-Günther Baade dann von dem Plan erfährt, die eigenen Leute durch die frühzeitige Sprengung der Brücke tatsächlich vom Rückzugsweg abzuschneiden, kommt es zu einem schweren Zerwürfnis zwischen Befürwortern und Gegnern der Sprengung. Daraufhin fährt Baade nach eigenen Angaben mit seinem Wagen vom Dombunker in den bisherigen Befehlsstand der Gauleitung in die Tacitusstraße, gelegen im Rheinviertel in Bayenthal im Kölner Süden.

Die Rheinuferstraße ist zu diesem Zeitpunkt Hauptrückzugsweg der deutschen Truppen zu den verbliebenen Fähren über den Rhein in Rodenkirchen und Weiß. Die damals 23-jährige Kölnerin Resi Greven wohnt in Bayenthal direkt am Rheinufer.

> **Resi Greven:** *Die deutschen Truppen verlassen Köln, ein jämmerlicher Haufen, der von Köln kommend nach Rodenkirchen läuft. Viele sind betrunken und viele werfen die Panzerfäuste weg.*

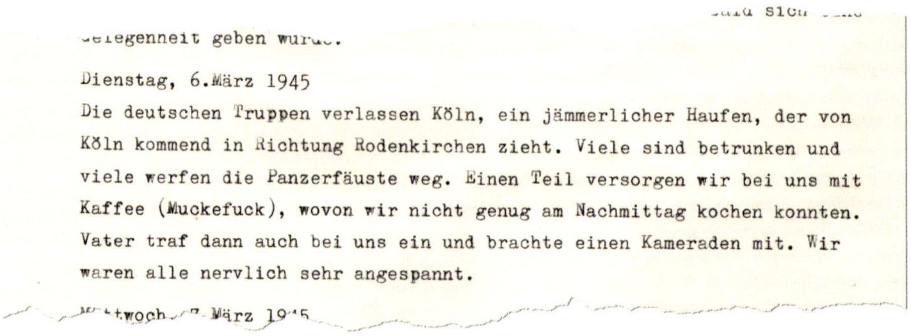

Gelegenheit geben würde.

Dienstag, 6.März 1945

Die deutschen Truppen verlassen Köln, ein jämmerlicher Haufen, der von Köln kommend in Richtung Rodenkirchen zieht. Viele sind betrunken und viele werfen die Panzerfäuste weg. Einen Teil versorgen wir bei uns mit Kaffee (Muckefuck), wovon wir nicht genug am Nachmittag kochen konnten. Vater traf dann auch bei uns ein und brachte einen Kameraden mit. Wir waren alle nervlich sehr angespannt.

Auch Otto Greves Polizeibataillon nimmt den Weg nach Bayenthal über die Rheinuferstraße. Dort erlebt er eine Begebenheit, die ihm besonders in Erinnerung bleibt, er trifft auf einen ihm namentlich nicht bekannten General.

> **Otto Greve:** *Am Rheinauhafen kommt ein Wehrmachtswagen herangeprescht, ein Offizier erhebt sich, ein General Oha! »Was war das für eine Explosion?« »Melde gehorsamst, die Hohenzollernbrücke ist in die Luft geflogen.« Jetzt springt er mir ins Gesicht! »Was sagen Sie da? Unmöglich! Den Befehl habe ich mir vorbehalten!« Die Deutzer Seite liegt im Wasser, einige Schritte vor, da ist es zu sehen! Er mustert uns streng. »Und wo wollen Sie jetzt hin?« »Zum Tacitus-Bunker, neue Befehle holen.« »Vorwärts!« Kurz darauf überholt uns der Generalswagen und rast südwärts.*

Im Bunker in der Tacitusstraße trifft Generalleutnant Baade nach eigenem Bekunden auf einen befehlshabenden SS-Mann, einen SS-Oberführer in »bunter Uniform«, der sich als Stellvertreter des bereits geflüchteten Gauleiters Grohé ausgibt. Baades Nichte Renate Esch kennt die Begebenheit aus Erzählungen der Familie:

> **Renate Esch:** *In unserer Familie wurde immer gesagt, dass es sich um eine Brückensprengung handeln sollte und der, dieser SS-Mann, wollte das machen und mein Onkel hat gesagt, »Kommt nicht in Frage«, und der SS-Mann, der hat gesagt: »Ich tu es, es ist mein Befehl« und dann hat mein Onkel einfach die Pistole gezogen und geschossen. Ich hab die Pistole noch.*

Zweimal will Baade den SS-Mann im Bunker des Gauleiters aufgefordert haben, alle Maßnahmen, die die Truppe am Rheinübertritt hindern, einzustellen, bevor er ihn schließlich niederschießt.

Wenn der General in der Schilderung Greves tatsächlich Ernst-Günther Baade gewesen ist, dann hätten dessen Todeschüsse die Brückensprengung gar nicht mehr verhindern können oder wären gar als Reaktion auf die bereits erfolgte Sprengung zu werten. Baades Tötungshandlung ist nach dem Kriege häufig als Widerstandsakt dargestellt und von namhaften Autoren in deutschen Zeitungen gewürdigt worden.

Blick über die zerstörte Deutzer Hängebrücke.
Rechts der Säule die Rheinuferstraße nach Süden.

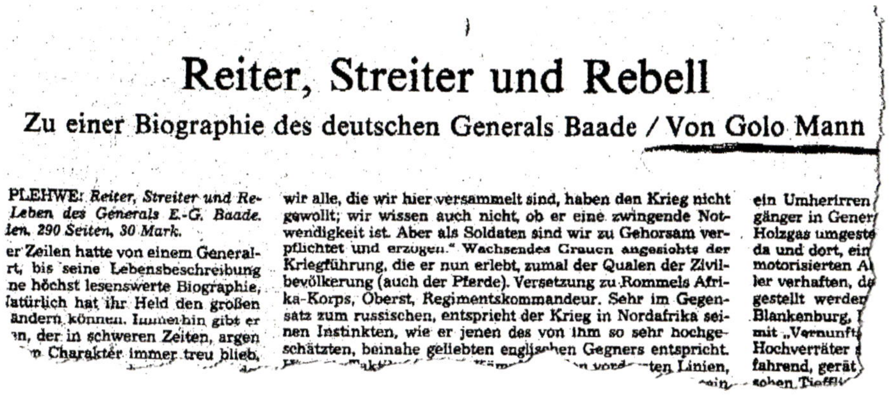

Reiter, Streiter und Rebell

Zu einer Biographie des deutschen Generals Baade / Von Golo Mann

PLEHWE: *Reiter, Streiter und Re-*
Leben des Generals E.-G. Baade.
len. 290 Seiten, 30 Mark.
er Zeilen hatte von einem General-
rt, bis seine Lebensbeschreibung
ne höchst lesenswerte Biographie,
latürlich hat ihr Held den großen
andern können. Immerhin gibt er
n, der in schweren Zeiten, argen
n Charakter immer treu blieb,

wir alle, die wir hier versammelt sind, haben den Krieg nicht
gewollt; wir wissen auch nicht, ob er eine zwingende Not-
wendigkeit ist. Aber als Soldaten sind wir zu Gehorsam ver-
pflichtet und erzogen." Wachsendes Grauen angesichts der
Kriegführung, die er nun erlebt, zumal der Qualen der Zivil-
bevölkerung (auch der Pferde). Versetzung zu Rommels Afri-
ka-Korps, Oberst, Regimentskommandeur. Sehr im Gegen-
satz zum russischen, entspricht der Krieg in Nordafrika sei-
nen Instinkten, wie er jenen des von ihm so sehr hochge-
schätzten, beinahe geliebten englischen Gegners entspricht.
... Linien,

ein Umherirren
gänger in Gener
Holzgas umgest
da und dort, ein
motorisierten A
ler verhaften, d
gestellt werden
Blankenburg,
mit „Vernunft
Hochverräter
fahrend, gerät

All diese Zeitungsberichte berufen sich allerdings nur auf Baades eigene Aussagen, veröffentlicht in einer Biographie, die ein enger Freund in den 1970er Jahren geschrieben hatte. Ein halbes Dutzend Zeugen, denen Baade die Geschichte erzählt haben soll, werden in der Biographie namentlich genannt. Sie lassen sich einwandfrei überprüfen, bestätigen durchweg den beschriebenen Vorfall und sprechen über Baade meist mit aufrichtiger Bewunderung. Aber als Quelle bleiben eben nur die Aussagen des Generals selbst. Unauffindbar ist z. B. bis heute ein Hinweis auf die Identität des getöteten SS-Mannes im Range eines Oberführers. Trotz intensiver Suche in allen relevanten Namens- und Friedhofslisten ist zu dieser beschriebenen Tat kein dazugehöriger Toter zu finden.

Renate Esch,
die Nichte von Ernst-Günther Baade,
pflegt den Nachlass des Generals,
darunter auch seine frühere Dienstwaffe.

Als Baade kurz nach seinem Einsatz in Köln vom Chef der Heeresgruppe Generalfeldmarschall Model vorgeladen wird, meldet er sich krank und flüchtet, begleitet nur von seinem Fahrer, quer durch Norddeutschland, wo er Wochen später an den Folgen eines Fliegerangriffs stirbt. Selbst General Köchling, der das Armeekorps im April wieder übernimmt, setzte Baades »Krankmeldung« in seinem späteren schriftlichen Bericht in Anführungszeichen und deutete damit an, dass sein Fernbleiben aus anderem, zweifelhaftem Grund erfolgte.

Renate Esch: *Weil er eben gesucht wurde wegen dieser Tat. Er war ja ganz unruhig, er war hier, er war da, er war nie zu fassen. Und aus dem Grunde bin ich überzeugt, dass die Berichte richtig sind.*

Baade gehörte zu jenen Kommandeuren, die an allen Fronten dabei waren und sich in fremden Ländern trotz aller Strapazen und ohne Sentimentalitäten gerne als Feldherren und als Sieger gesehen hatten. Dies änderte sich erst, als die Stunde der Niederlage näherrückte. Vor allem mit dem Krieg auf eigenem Territorium, mit der Vorstellung, in den Städten nicht mehr die gegnerische, sondern die eigene Zivilbevölkerung mit in den Kampf hineinzuziehen, kam er nicht zurecht. So wurde er in der Schlussphase zum Gegner des Naziregimes, für das er sich anfänglich begeistert hatte.

Renate Esch: *Wenn ein Kommandeur sagte, so muss es sein, der hat nicht entschieden, ist es vielleicht in Berlin opportun oder wie diene ich der Sache. Er hat der Sache gedient, ja.*

Ob sein weiteres Wirken am 6. März 1945 noch Folgen zeigte, liegt im Dunkeln. Das strikte Verbot des Rückzugs über den Fluss wurde nicht angetastet und blieb formal bis tief in die Nacht bestehen. Möglicherweise bewirkte seine Fürsprache, dass es um Mitternacht zur Überraschung aller Beteiligten doch noch einen offiziellen Befehl zum Übersetzen gab und verhinderte auch, dass auf die eigenen Soldaten, die es vorher auf eigene Faust dennoch versuchten, nicht geschossen wurde. Schon kurz nach der Sprengung spielten sich unter den deutschen Soldaten am Rheinufer panikartige Szenen ab, die sich in den nächsten Stunden am Fluss wiederholten.

Günther Müllers Sanitätskompanie des 958. Volksgrenadier-Regiments der 363. Volksgrenadier-Division am 6. März 1945 in Köln. In der Bildmitte wahrscheinlich Stabsarzt Franz Künstle.

Günther Müller: *Und da haben natürlich die Soldaten Eigeninitiative ergriffen, sind in die Häuser, haben Türen, Holztüren, bewusst ausgehängt, um ähnlich eines Floßes [sic] den Rhein zu überqueren. Leider waren die Türen zu leicht, um einen Menschen zu tragen, und viele sind von den Türen, ich hab's selbst gesehen, runtergerutscht, was aus ihnen geworden ist, kann ich nicht sagen. Das wurden von Stunde zu Stunde mehr, weil jeder sah: »Ach, der holt sich da 'ne Tür oder 'nen Balken, 'nen Holzgegenstand« und versuchte somit, sein Leben zu retten. Und so sind die Soldaten der Wehrmacht ins Wasser gegangen, auf eigene Faust, einen Befehl gab es nicht, zu meiner Zeit.*

Gustav Schäfers Panzerbesatzung hält sich zu dieser Zeit noch etwa 800 Meter tief in der Stadt im Gereonsviertel versteckt. Als sich die Nachricht über die gesprengte Brücke dort herumspricht, stellt sich für die Besatzung die Frage, wie es weitergehen soll.

Gustav Schäfer: *Und dann sagte der Kommandant: »Setz mal irgendwie rückwärts in so eine Nebenstraße rein.« Das war so abends ziemlich. Dann sagte er: »Zurück können wir eh nicht mehr, was sollen wir machen? Aussteigen?« Er ist ausgestiegen. Da haben uns gleich Zivilisten herbeigerufen. Dann sind wir da in den Keller gegangen. Wenn sie uns erwischt hätten, wären wir natürlich dran gewesen. Das war ja praktisch Fahnenflucht.*

Auch Günther Müller, der am Rheinufer ausharrt, drängt sich die Frage auf, ob es nicht besser sei, aufzugeben.

Günther Müller: *Ja, hätte ich machen können. Ich hätte mich, was ich nicht getan habe, von unserer Gruppe entfernt und hätte mich in einer Ruine versteckt und hätte dann die Nacht noch gewartet und wäre dann in amerikanische Gefangenschaft gegangen. Bin ich aber nicht. Ich bin bei der Truppe geblieben und habe gesagt, wir werden schon sehen, irgendetwas wird kommen. Vielleicht nehmen sie uns auch so gefangen. Aber einfach hinlaufen, das wollte ich nicht.*

Abb. oben: *General Ernst-Günther Baade (*1897) (links) und sein Fahrer Stützer hinter dem Lenkrad des Kübelwagens, mit dem beide im März 1945 quer durch Norddeutschland irren und bei einem britischen Bombenangriff getroffen werden. Vorne rechts neben dem Fahrzeug ein Kameramann. Baade selbst ist leidenschaftlicher Filmamateur und hat an vielen Fronten eine 16-mm-Kamera bei sich, u. a. auch in Italien, Frankreich und Russland.*

Abb. unten: *Buchdeckel der 1976 erschienenen Biografie über das Leben des Generals.*

Dienstag, 6. März 1945, 14:00 Uhr, Rudolfplatz – Rheinufer

Die ersten Amerikaner am Rhein

Nach Angaben der 104. Infanterie-Division wird der rege Verkehr der abziehenden Wehrmachtssoldaten auf der Rheinuferstraße von den GIs bereits aus nächster Nähe beobachtet. Schon am Morgen hatte Francis H. Wilber mit einem Bataillon der F-Kompanie des 415. Infanterieregiments die Bahnunterführung an der Aachener Straße erreicht.

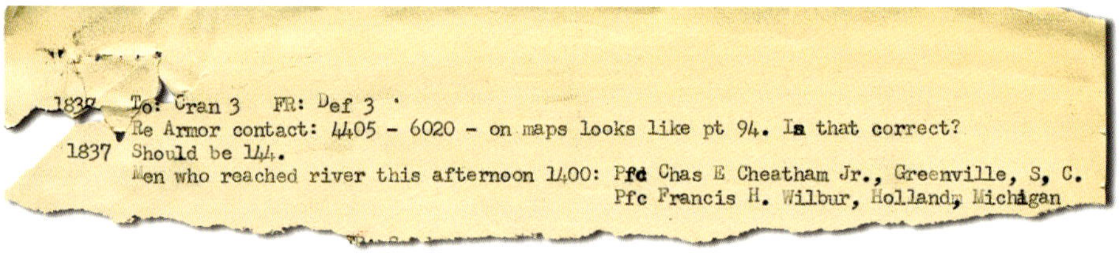

1832 To: Gran 3 FR: Def 3
Re Armor contact: 4405 - 6020 - on maps looks like pt 94. Is that correct?
1837 Should be 144.
Men who reached river this afternoon 1400: Pfc Chas E Cheatham Jr., Greenville, S, C.
Pfc Francis H. Wilbur, Holland, Michigan

Francis H. Wilber: *Wir kamen an eine Brücke und die Deutschen hatten einige tote Pferde dort aufgestapelt. Man sagte uns, wir sollten dort hingehen und nachschauen, ob dies eine Falle sei. Dann kam unser Captain und sagte, wir sollten weiter zum Rhein vorrücken.*

Mit dem Gefreiten Charles Cheatham macht sich der damals 25-jährige Wilber umgehend auf den Weg, vorbei am alten Opernhaus am Rudolfplatz, hinein in die Trümmerlandschaft der Altstadt. Noch mehr als sechs Jahrzehnte später ist Wilber bedrückt, wenn er an seine Eindrücke denkt.

Francis H. Wilber: *Da gab es kein Durchkommen. Köln war so schrecklich zugerichtet, es war das reinste Chaos, komplett verwüstet. Was wir der Stadt angetan hatten, war wirklich schrecklich, aber es war Krieg.*

Zwei bis drei Stunden sollen sie für den Weg gebraucht haben. Aber gefährlich sei es nicht gewesen.

Abb. oben: *Das Kölner Opernhaus am Rudolfplatz. Neben ersten Bombenschäden durch allierte Luftangriffe soll es vor allem eine fehlgeleitete V2-Rakete gewesen sein, die – von Porz aus abgeschossen – für die größten Zerstörungen sorgte.*

Abb. rechte Seite: *Die Aachener Straße am Eingang zur Innenstadt* ***(Abb. oben)*** *und der Rudolfplatz mit Hahnentor und Propagandaschild.*

Francis H. Wilber: *Wir haben so viel Deckung gesucht, wie wir kriegen konnten, überall konnten Heckenschützen sein. Wenn wir jemanden sahen, der sich bewegte, dann feuerten wir in die Richtung. Wir sahen etwa ein halbes Dutzend Zivilisten und schossen über deren Köpfe hinweg. Wir haben nicht geschossen, um sie zu töten. Dafür waren wir nicht da. Wir wollten nur wieder lebend zurückkommen. Später dann, als wir zurückgekehrt waren, da sagte einer unserer Jungs: »Hey Wilber, da schießt ein Zivilist auf mich. Was soll ich machen?« Ich sagte: »Erschieß das Dreckschwein.« Und er hat es tatsächlich gemacht.*

Gegen 14:00 Uhr gelangt die Zwei-Mann-Patrouille in Höhe der zerstörten Deutzer Brücke tatsächlich in Sichtweite des Rheins. In den Nachrichtenjournalen der 104. Division und in den Geschichtsbüchern wird das Ereignis gefeiert: Zum ersten Mal erreichten amerikanische Soldaten das Westufer des Rheins. In einem Interview, das er mir im Jahr 2008 gibt, gesteht Francis H. Wilber gerne ein: »Wir waren nicht so nah dran, ich würde sagen, 100 Meter, vielleicht 150 Meter.«

Abb. rechts: Charlie Cheatham und Francis H. Wilber bilden die Zwei-Mann-Patrouille vom Rudolfplatz bis zum Rheinufer südlich der Deutzer Brücke.

Abb. rechte Seite: *In einer nachgestellten Szene zeigt das Armeefoto die Mission, die als das erste Vordringen von US-Soldaten zum Rhein in der Kölner Innenstadt in die Geschichte der 104. Infanterie-Division eingeht. In der offiziellen Bildbeschreibung des Armeezensors heißt es u. a.: »US-Truppen verfolgen deutsche Soldaten in Köln. Ein Infanterist der 104. durchquert eine ungesicherte Zone, dicht gefolgt von seinen Kameraden während des Straßenkampfes vor der Einnahme Kölns am 6. März 1945.«*

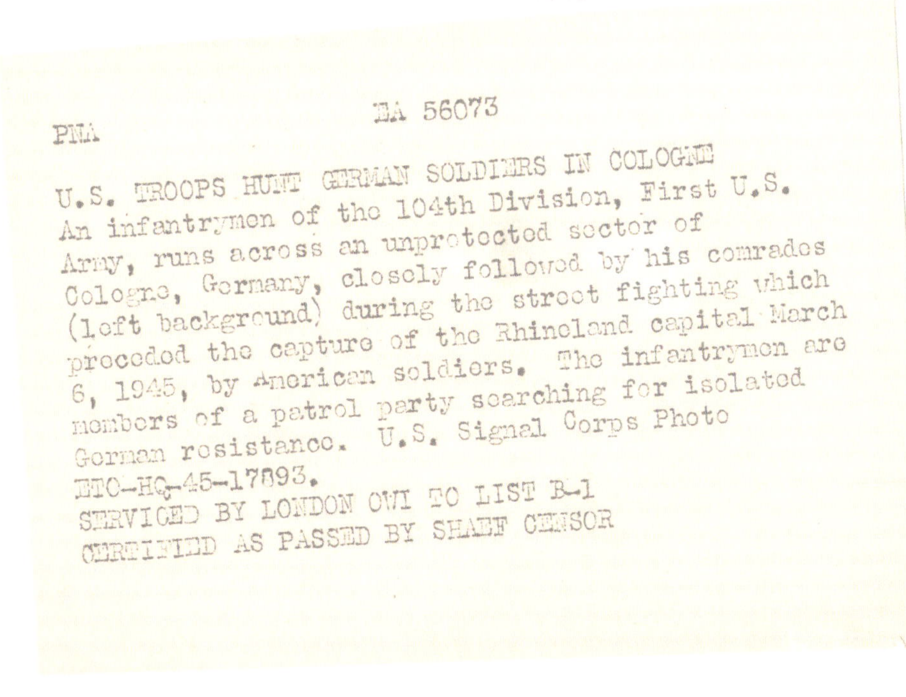

PNA EA 56073

U.S. TROOPS HUNT GERMAN SOLDIERS IN COLOGNE
An infantrymen of the 104th Division, First U.S.
Army, runs across an unprotected sector of
Cologne, Germany, closely followed by his comrades
(left background) during the street fighting which
preceded the capture of the Rhineland capital March
6, 1945, by American soldiers. The infantrymen are
members of a patrol party searching for isolated
German resistance. U.S. Signal Corps Photo
ETO-HQ-45-17893.
SERVICED BY LONDON OWI TO LIST B-1
CERTIFIED AS PASSED BY SHAEF CENSOR

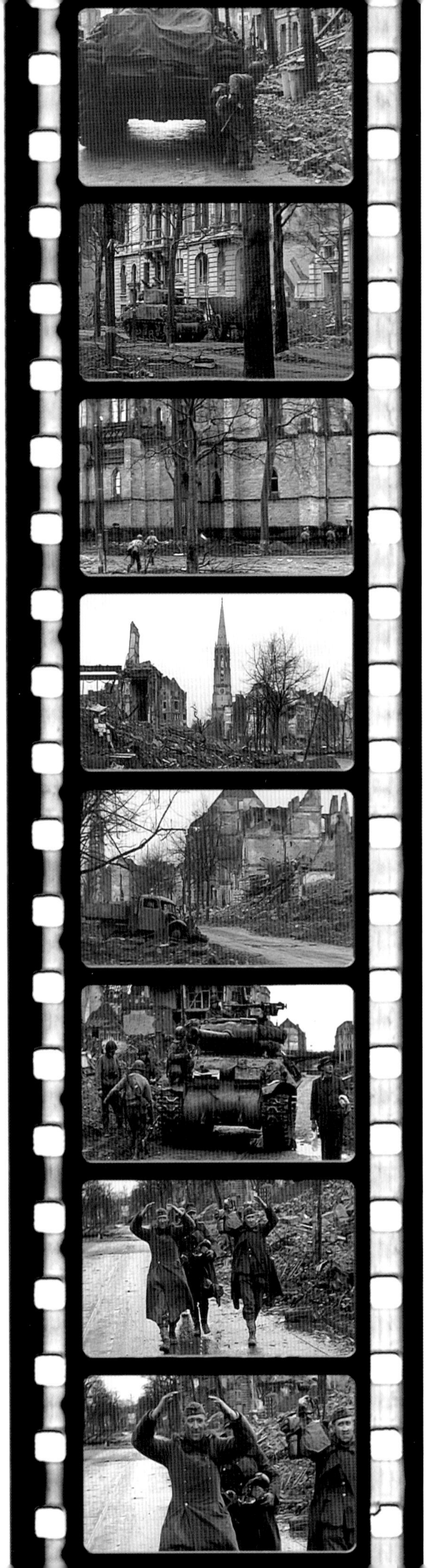

Dienstag, 6. März 1945, 15:00 Uhr, Zülpicher Straße – Barbarossaplatz

US-Soldaten lieben deutsche Armbanduhren

Am Nachmittag erreichen die Soldaten der 104th Infantry Division über die Luxemburger Straße und die Zülpicher Straße auch die Wohnquartiere um den Barbarossaplatz und den Zülpicher Platz und gelangen an der Herz-Jesu-Kirche auch hier an den Inneren Ring. Dort sind vor allem Kölner Stadtpolizisten zur Verteidigung gegen die US-Armee eingesetzt.

In einem Trümmerhaufen am Mauritiussteinweg hält die Filmkamera eine seltene Szene fest. Ein GI zieht einem verwundeten Polizisten die Ringe vom Finger. Es war unter Kriegsgefangenen bekannt, dass die GIs eine Vorliebe für Uhren und Schmuck hatten. Manche sollen mit zehn Uhren am Arm gesehen worden sein. Eine Erfahrung, die auch Gustav Schäfer nach seiner Gefangennahme im Gereonsviertel macht:

> **Gustav Schäfer:** *Da haben wir doch nie dran gedacht, Amerika, Land der unbegrenzten Möglichkeiten, wurde ja immer gesagt, dass die auf Uhren und Ringe so scharf waren. Furchtbar war, dabei ist einer von uns erschossen worden. Da waren wir aber schon 15 bis 20 Mann in dem Vorhof von dem Hotel oder was das auch immer war. Da wurden wir alle an die Wand gestellt, Hände in den Nacken und dann ging der Ami dann rund und jeder, der dann noch eine Uhr hatte, die wurde dann abgerissen. Und der Kamerad, der war nicht von unserer Einheit, der war von der Infanterie, der hatte wohl den Arm weggezogen und dabei den Ami ins Gesicht getroffen. Und jedenfalls, der Ami knallte den einfach ab. Und da ist dann ein Offizier gekommen und dann wurde der abgeführt, der Ami.*

Auf einem Trümmergrundstück am Barbarossaplatz finden die GIs einen verwundeten Kölner Polizisten. Vor laufender Kamera werden ihm Ringe von beiden Händen gezogen.

*Die Timberwolves am Zülpicher Platz vor der Herz-Jesu-Kirche (**Abb. oben**) und am Postamt Roonstraße, Ecke Mozartstraße (**Abb. links unten**). Die **Abb. rechts unten** zeigt die Luxemburger Straße am Eingang zur Innenstadt, offenbar nach Ende der Kampfhandlungen.*

Dienstag, 6. März 1945, 15:00 Uhr, Komödienstraße – Domviertel

Panzerduell am Dom: der unerwartete Angriff der Deutschen

Noch spüren die Sanitäter der 363. Volksgrenadier-Division um Günther Müller und die anderen deutschen Soldaten nördlich des Doms nichts von den Amerikanern. Laut Angriffsplan wären sie nach der geplanten Einnahme des Domviertels das nächste Angriffsziel. Aber an den Vorstoß nach Norden wagen die Amerikaner noch nicht zu denken. Nach wie vor gibt es von der Special Force, die gegen 13:00 Uhr am Friesenplatz aufgebrochen ist, keine Nachricht.

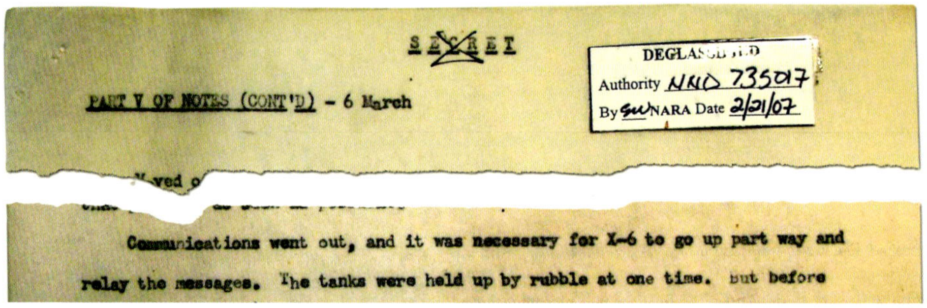

SECRET

DECLASSIFIED
Authority NND 735017
By SW NARA Date 2/21/07

PART V OF NOTES (CONT'D) - 6 March

Communications went out, and it was necessary for X-6 to go up part way and relay the messages. The tanks were held up by rubble at one time. But before

Es scheint noch ein langer Weg bis zum Dom zu sein. Erst um 15:02 Uhr, also rund zwei Stunden nach der Sprengung der Brücke, verbreitet das Lagezentrum der 3rd Armored Division eine erste Nachricht, eine Hiobsbotschaft: Die Spezialeinheit sitzt fest. Der als »dash to the Rhine« geplante Panzervorstoß landet etwa 150 Meter vor Erreichen des Doms in einer Sackgasse.

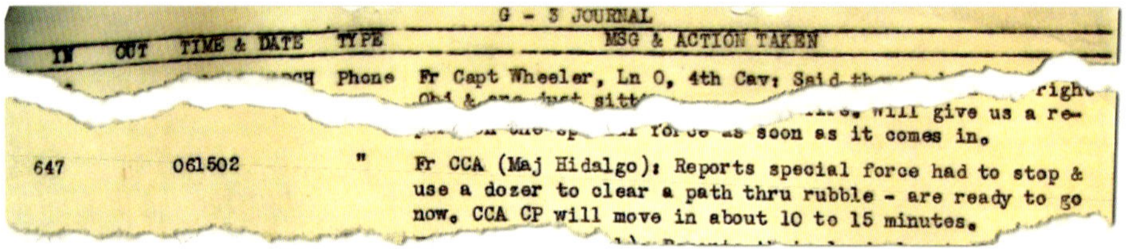

G - 3 JOURNAL

IN	OUT	TIME & DATE	TYPE	MSG & ACTION TAKEN
		...CH	Phone	Fr Capt Wheeler, Ln O, 4th Cav: Said th... righ... will give us a re... soon as it comes in.
647		061502	"	Fr CCA (Maj Hidalgo): Reports special force had to stop & use a dozer to clear a path thru rubble - are ready to go now. CCA CP will move in about 10 to 15 minutes.

Damit ist auch der Entlastungsangriff für die in Bedrängnis geratenen Einheiten in Nippes und Niehl erst einmal obsolet geworden. Ein Bulldozer wird angefordert, zwei mittelschwere Panzer werden als Geleitschutz nach vorne geschickt und warten vor den Trümmerbergen auf das Eintreffen des Räumfahrzeugs. Doch dann verschlechtert sich im Domviertel urplötzlich die Lage. Armeekorrespondenten, Fotografen und auch die drei Kameramänner Clarence Voight Garrell, Leon Rosenmann und James Bates werden in den nächsten 60 Minuten Zeugen eines dramatischen Gefechts an der Kathedrale. Es wird als das bekannteste Panzerduell der Welt in die Filmgeschichte eingehen und nimmt in der Komödienstraße seinen Ausgang.

Unter den Berichterstattern ist auch Andy Rooney, bis in die 2000er Jahre einer der bekanntesten Journalisten des amerikanischen Fernsehens. Damals ist der 26-jährige Rooney Korrespondent für die weltweit erscheinende Armeezeitung *Stars and Stripes*. Im Jahr 2007 treffe ich ihn in New York zum Interview.

> **Andy Rooney:** *Ich war mit meinem Jeep in der Panzerkolonne. Das war keine besondere sichere Sache. Aber niemand hat auf uns geschossen. Wir waren*

auf dem Weg zum Dom und ich erinnere mich noch genau daran. Als der erste Panzer den Vorplatz beinahe erreicht hatte, wurde er plötzlich getroffen.

Ein deutscher Panzer hatte die Amerikaner vom Domplatz aus frontal angegriffen und einen Volltreffer gelandet. Auch der zweite Sherman-Panzer wird getroffen, kann aber später noch wenden und zurücksetzen.

Andy Rooney: *Ich weiß, dass noch mehrere unserer Panzer getroffen wurden, und alle saßen in der Enge der Straße fest und die deutschen Panzer standen uns gegenüber und schossen in unsere Straße rein.*

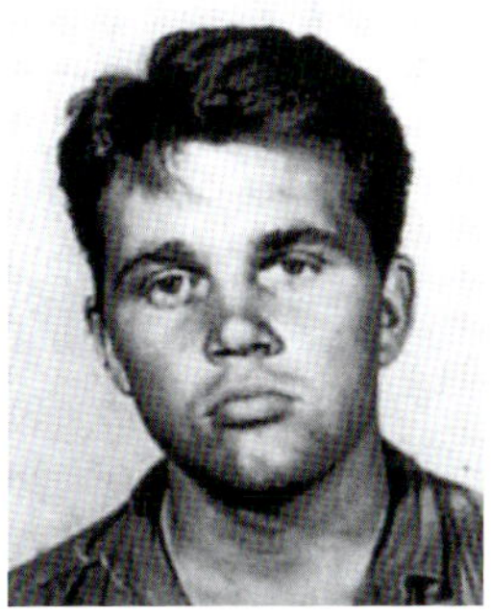

Andy Rooney (1919–2011), Korrespondent der US-Armeezeitung Stars and Stripes *in Köln. Rooney kommt am 6. März mit seinem Jeep aus dem belgischen Spa nach Köln und wird Augenzeuge der Kampfhandlungen am Kölner Dom. Nach dem Krieg ist er einer der bekanntesten Fernsehjournalisten der Vereinigten Staaten. Bis zu seinem Tode hat er bei CBS die bekannte Sendung »Andy Rooney 60 minutes«.*

Der Angriff ereignete sich wahrscheinlich bereits um kurz vor 15:00 Uhr und wird zuerst vom Lagezentrum der benachbarten 104. Infanterie-Division verbreitet. In den Nachrichten der eigenen 3rd Armored Division aber macht die Meldung erst ab 16:30 Uhr die Runde:

Spitzenpanzer der Spezialeinheit abgeschossen. Nachricht von Major Hidalgo, über die Lage im Bereich des Kampfkommandos A unter Führung von Lieutenant Colonel Leander Doan. Die Koordinaten der Position von Doans Einheiten an der rechten Flanke lauten: 453606 – 453603 (Zeughaus/Domviertel).

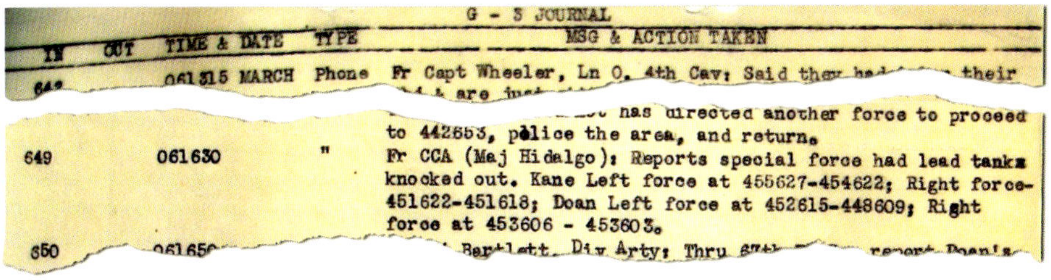

G - 3 JOURNAL

IN	OUT	TIME & DATE	TYPE	MSG & ACTION TAKEN
		061315 MARCH	Phone	Fr Capt Wheeler, Ln O, 4th Cav: Said they ... their ... are ...
				... has directed another force to proceed to 442653, police the area, and return.
649		061630	"	Fr CCA (Maj Hidalgo): Reports special force had lead tanks knocked out. Kane Left force at 455627-454622; Right force-451622-451618; Doan Left force at 452615-448609; Right force at 453606 - 453603.
650		0616...		... Bartlett, Div Arty: Thru ... report Doan's ...

Abb. links: *Der Ausschnitt aus dem Nachrichtenprotokoll der 3rd Armored Division über den Abschuss in den Reihen der Special Force. Die übrigen Panzer der E- und F-Kompanie verteilen sich über das Gereonsviertel bis zum Appellhofplatz.*

Abb. links: *Die Spitzenpanzer auf ihrer Vorfahrt über die Komödienstraße in Richtung Dom, aufgenommen kurz vor dem Angriff von deutscher Seite. Die Durchfahrt zur Kathedrale ist durch Trümmerhaufen blockiert; der erste Sherman-Panzer wurde bereits vor dem Schutthaufen postiert, während ein zweiter Kampfwagen nachrückt und ebenfalls in vorderster Linie zum Stehen kommt.*

Von dem Vorfall in der Komödienstraße gibt es erstaunlicherweise gleich mehrere Film- und Fotodokumente. Ein Foto des britischen Fotografen Fred Ramage und eine Filmszene von Voight Garrell zeigen, wie sich der schwer verletzte Kommandant mit nur noch einem Bein aus dem Turm des brennenden Panzers windet.

> **Andy Rooney:** *Ja, ja, der sein Bein verlor. Das passierte direkt vor meinen Augen.*

In seinem am 7. März unter dem Titel »Drama von Tod und Sieg im Schatten des Doms« weltweit in verschiedenen Varianten erscheinenden Zeitungsbericht ist Rooney der Erste, der den Vorfall, bei dem drei US-Soldaten zu Tode kommen, öffentlich bekannt macht:

> *Drei amerikanische Soldaten, möglicherweise die letzten, die in der Schlacht um die große Stadt am Rhein sterben müssen, kamen am Abend in einem Sherman-Panzer an der nordwestlichen Ecke der großen Kathedrale ums Leben. Fünf Panzer eines aus sechs Panzern bestehenden Stoßtrupps waren durch das mörderische Kreuzfeuer in Kölns Straßen nach vorne geschickt worden [...]. Von der anderen Seite der Kathedrale hatte ein deutscher Mark-IV-Panzer [d. i. ein Panther-Typ, Anm. d. A.], versteckt hinter einem Trümmerhaufen, das Feuer eröffnet und den Turm des US-Panzers durchbohrt. Der Fahrer war sofort tot und zwei weitere Männer waren in dem Panzer eingeklemmt. Die Offiziere Clifford L. Miller und Ferdinand Ledoux rannten zu dem Panzer und zogen den Panzerkommandanten herunter. Sein rechtes Bein war oberhalb des Knies abgetrennt. Er starb, als die beiden ihn in einen Krater zogen, um ihn vor dem anhaltenden Beschuss durch Scharfschützen in Sicherheit zu bringen.*

Rooney nennt in seinem Bericht auch erstmals den Namen des Armeekameramanns vor Ort, der die grausame Szene im Film festgehalten haben soll: Sergeant Voight Garrell.

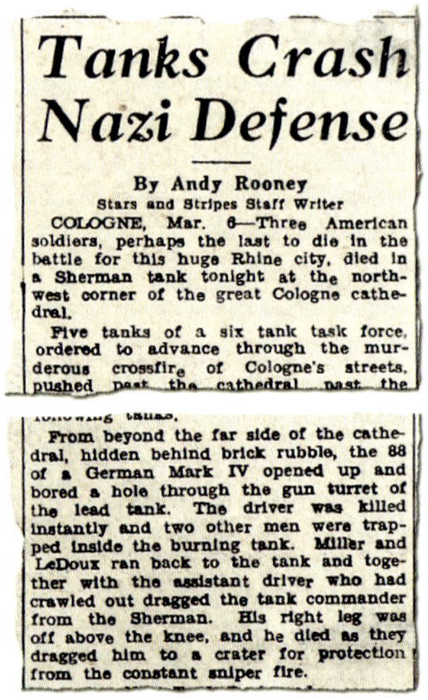

Tanks Crash Nazi Defense

By Andy Rooney
Stars and Stripes Staff Writer

COLOGNE, Mar. 6—Three American soldiers, perhaps the last to die in the battle for this huge Rhine city, died in a Sherman tank tonight at the northwest corner of the great Cologne cathedral.

Five tanks of a six tank task force, ordered to advance through the murderous crossfire of Cologne's streets, pushed past the cathedral past the

From beyond the far side of the cathedral, hidden behind brick rubble, the 88 of a German Mark IV opened up and bored a hole through the gun turret of the lead tank. The driver was killed instantly and two other men were trapped inside the burning tank. Miller and LeDoux ran back to the tank and together with the assistant driver who had crawled out dragged the tank commander from the Sherman. His right leg was off above the knee, and he died as they dragged him to a crater for protection from the constant sniper fire.

Abb. links: *Ausschnitt aus dem Bericht von Andy Rooney in der Armeezeitung* Stars and Stripes *vom 7. März 1945. Rooneys Schilderungen erscheinen in verschiedenen Varianten rund um den Globus. Hier der Auszug aus der Ausgabe, die im belgischen Lüttich gedruckt wurde.*

Abb. rechte Seite: *Vergrößerung des Fotos von Fred Ramage.*

Auch Clarence Smoyers Einheit erfährt von dem Vorfall. Smoyers Pershing-Panzer steht zu diesem Zeitpunkt eine Parallelstraße nördlicher, am Eingang zum Bankenviertel (Koordinaten 452615 – 448609). Dort filmen die Kameramänner Leon Rosenmann und James Bates, als am Himmel über dem Domviertel plötzlich Rauchsäulen aufsteigen.

> **James Bates:** *Dieser deutsche Panzer stand direkt vor dem Dom und hat einige unserer Panzer ausgeschaltet. Er verbreitete Panik und hatte die ganze Umgebung unter Kontrolle.*

Auch der Foto-Group Commander Tom Noble ist dort.

> **Tom Noble:** *Wir hörten eine Panzerkanone, die keine von uns war, ich ging runter, stützte mich auf die Hände und schaute um die Ecke. Da war ein deutscher Panzer direkt vor dem Dom und der schoss die andere Straße runter.*

> **Clarence Smoyer:** *Wir hatten Funkkontakt, wissen Sie. In der Parallelstraße war eine unserer anderen Kampftruppen. Dort hatten die Deutschen einen unserer Panzer abgeschossen und nun erhielten wir über Funk den Befehl, vorzufahren und die Deutschen anzugreifen.*

Ein deutscher Panzer vom Typ Panther steht vor dem Dom an der Einmündung zur Komödienstraße. Von hier aus hatte die Besatzung die Amerikaner überraschend frontal beschossen. Die Straße scharf rechts ist die Marzellenstraße, aus der der Vorstoß von Clarence Smoyers Einheit erwartet wird.

Der deutsche Panzer vom Typ Panther war laut übereinstimmenden Angaben aus einem Tunnelversteck am Hauptbahnhof hervorgekommen und lauerte nun an der einzig freien Zufahrt zum Domplatz, genau am Ende der Straße, durch die Smoyer nun vorfährt.

Abb. rechte Seite: *Die Rauchwolken über dem Domviertel sind vom Bankenviertel aus gut zusehen (**Abb. oben**). Smoyers Pershing-Panzer rückt weiter vor in die Straße An den Dominikanern (**Abb. unten**).*

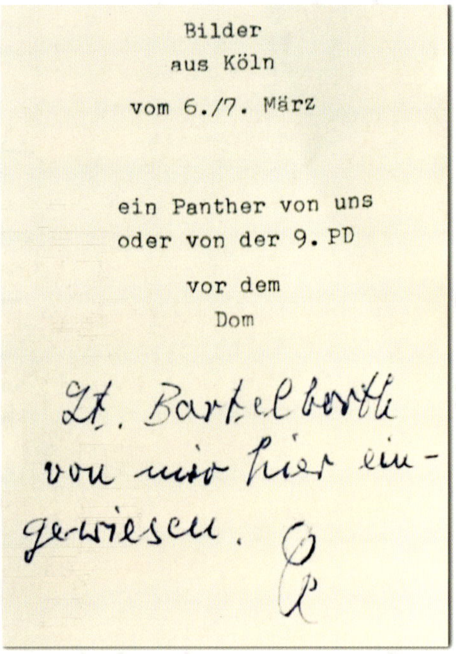

Bilder
aus Köln
vom 6./7. März

ein Panther von uns
oder von der 9. PD
vor dem
Dom

Lt. Bartelborth
von mir hier ein-
gewiesen. OL

Otto Lepplas handschriftliches Eintrag im Geschichtsbuch der Panzerbrigade 106.

Wer waren die deutschen Soldaten, die die Amerikaner hier auf völlig verlorenem Posten tatsächlich noch aufhalten wollten? Bis zu diesen Recherchen war die deutsche Besatzung noch nie eindeutig identifiziert worden.

Für den Kompaniechef der Panzerbrigade 106 Otto Leppla war immer klar, wer in diesem Panzer gesessen hatte. Seinen Aufzeichnungen zufolge hatte er ihn dort selbst eingewiesen: Kommandant des Panthers war demnach ein gewisser Leutnant Wilhelm Bartelborth.

Leutnant Bartelborth äußert sich zu Lebzeiten zu diesem Ereignis nie öffentlich. Es dauert fast zwei Jahre, bis es mir gelingt, einen handschriftlichen Brief zu erhalten, in dem Bartelborth sein Kriegserlebnis am Dom schildert.

Den Briefwechsel führt Bartelborth mit dem Kölner Dr. Siegfried Grasmann. Die Ehepaare Grasmann und Bartelborth hatten sich Mitte der 1990er Jahre im Urlaub kennengelernt. Im Gespräch offenbarte Bartelborth dann, dass er als Soldat in Köln gewesen sei und am Dom gekämpft habe. Der historisch interessierte Grasmann sendet ihm daraufhin Zeitungsartikel, die rund um den damals 35. Jahrestag des Kriegsendes im Jahr 1980 erschienen waren, und in denen u. a. stand, der Kommandant und sein Panzerschütze seien auf der Flucht erschossen worden und niemand auf deutscher Seite habe das Gefecht überlebt. Grasmann nutzt dann die Gelegenheit, Bartelborth um einen schriftlichen Bericht zu bitten. Zwar müsse er sich aufraffen, antwortete der frühere Offizier der Wehrmacht in einem ersten Schreiben, aber er versprach dennoch, sich zu den Vorfällen zu äußern. Wenige Wochen später schildert Bartelborth dann in einem über dreiseitigen Brief seine Sicht der Dinge. Einleitend nimmt er Bezug auf die seiner Meinung nach vielen falschen Darstellungen in den Berichten der Kölner Presse, die ihn zum Teil traurig machten oder verärgerten. Die wichtigste Falschmeldung sei, dass er und sein Panzerschütze für tot erklärt worden seien. Er wolle nun darlegen, wie sich dieser denkwürdige Tag in Wirklichkeit

Wilhelm Bartelborth (1915–1998). Als Oberleutnant gehört der aus Herford stammende Bartelborth seinerzeit zum Stab der Panzerabteilung 106 FHH und ist als Kompaniechef vorgesehen.

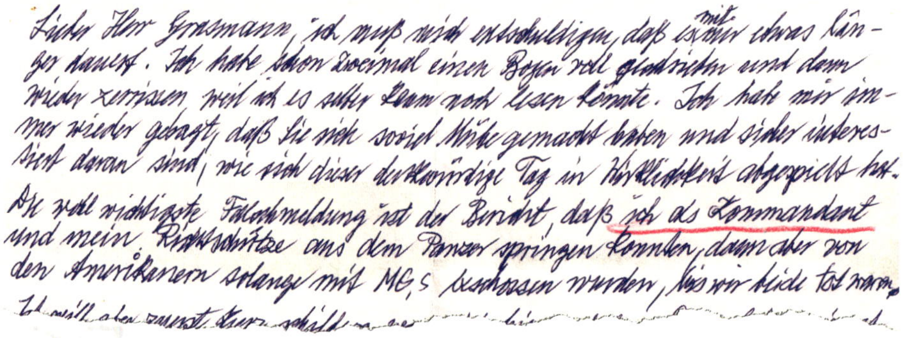

Lieber Herr Grasmann, ich muß mich entschuldigen, daß es mit mir etwas länger dauert. Ich habe schon zweimal einen Bogen voll geschrieben und dann wieder zerrissen, weil ich es selber kaum noch lesen konnte. Ich habe mir immer wieder gesagt, daß Sie sich soviel Mühe gemacht haben und sicher interessiert daran sind, wie sich dieser denkwürdige Tag in Wirklichkeit abgespielt hat.
Die wohl wichtigste Falschmeldung ist der Bericht, daß ich als Kommandant und mein Richtschütze aus dem Panzer springen konnten, dann aber von den Amerikanern solange mit MG's beschossen wurden, bis wir beide tot waren.

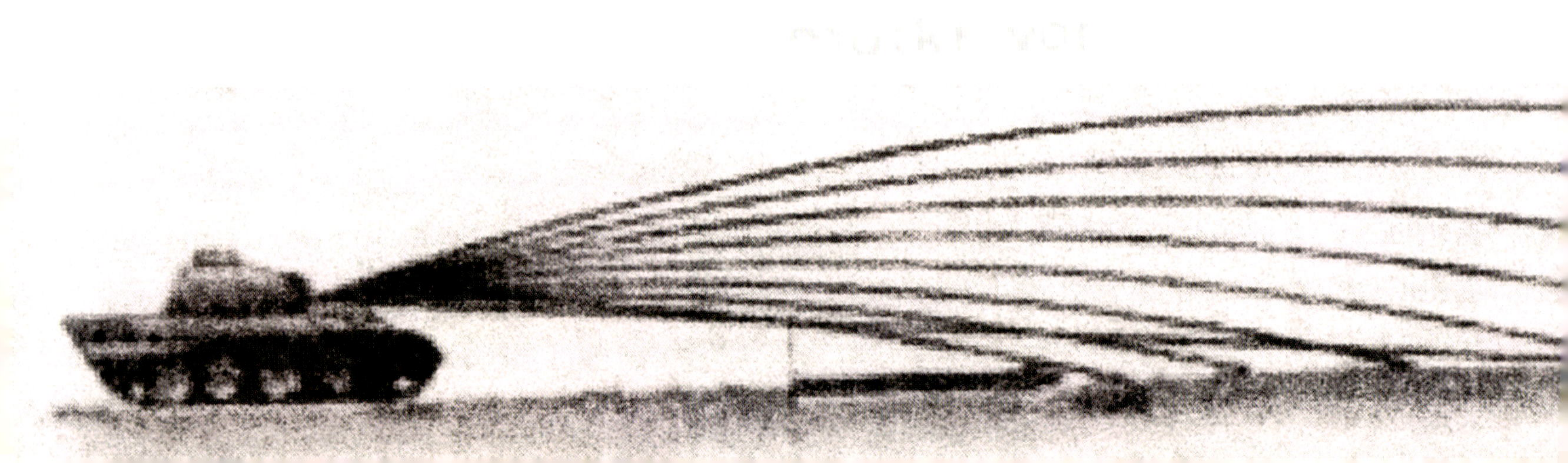

abgespielt habe. Bartelborth ist sich beim Verfassen des Briefes vielleicht darüber im Klaren, dass Grasmann diese Sätze möglicherweise einmal publizieren wird.

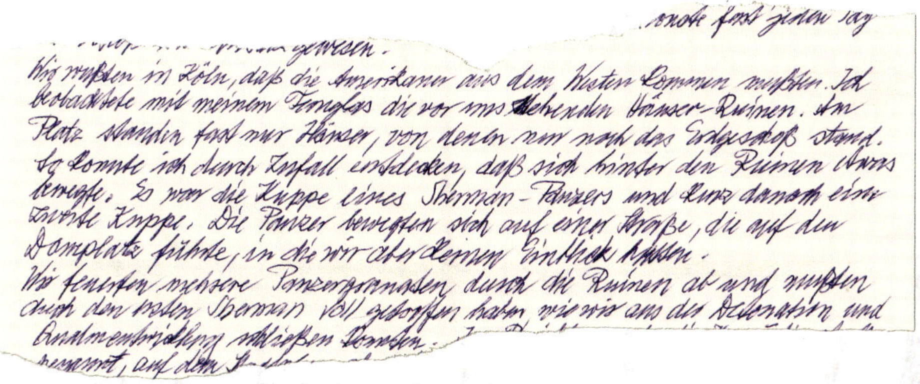
...urde fast jeden Tag
... gewesen.
Wir wußten in Köln, daß die Amerikaner aus dem Westen kommen mußten. Ich
beobachtete mit meinem Fernglas die vor uns stehenden Häuser-Ruinen. Am
Platz standen fast nur Häuser, von denen nur noch das Erdgeschoß stand.
So konnte ich durch Zufall entdecken, daß sich hinter den Ruinen etwas
bewegte. So war die Kuppe eines Sherman-Panzers und kurz danach eine
zweite Kuppe. Die Panzer bewegten sich auf einer Straße, die auf den
Domplatz führte, in die wir aber keinen Einblick hatten.
Wir feuerten mehrere Panzergranaten durch die Ruinen ab und mußten
auch den ersten Sherman voll getroffen haben, wie wir aus der Detonation und
Qualmentwicklung schließen konnten. ...
...annt, auf dem ...

Wilhelm Bartelborth auf einer Urlaubsaufnahme von Siegfried Grasmann.

Er berichtet, wie er seinerzeit die Amerikaner am Dom angriff:

> **Wilhelm Bartelborth:** *Wir wussten in Köln, dass die Amerikaner aus dem Westen kommen mussten. Ich beobachtete mit meinem Fernglas die vor uns stehenden Häuserruinen. Am Platz standen fast nur noch Häuser, von denen nur noch das Erdgeschoss stand. So konnte ich durch Zufall entdecken, dass sich hinter den Ruinen etwas bewegte. Es war die Kuppe eines Sherman-Panzers und kurz danach eine zweite Kuppe. Die Panzer bewegten sich auf einer Straße, die auf den Domplatz führte, in die wir aber keinen Einblick hatten. Wir feuerten mehrere Panzergranaten durch die Ruinen ab und mussten auch den ersten Sherman voll getroffen haben, wie wir aus der Detonation und Qualmentwicklung schließen konnten.*

Aus welcher Position Bartelborth genau feuerte, bleibt unklar. In seinem Brief beschreibt er einen Standort ohne direkten Blick zum Dom, der durch Häuser versperrt gewesen sei. Auch die Komödienstraße, auf der die Amerikaner vorrückten, sei nicht direkt einsehbar gewesen, der Beschuss sei nach vorneweg durch Trümmer hindurch erfolgt.

Das lässt darauf schließen, dass der Angriff aus einer Nebenstraße heraus erfolgte. Auch US-Korrespondent Andy Rooney betonte in dem Gespräch mit mir stets, der deutsche Panzer sei aus einer Seitenstraße gekommen. Von der Wahrnehmung, der deutsche Panzer sei »um die Ecke gebogen«, ist in amerikanischen Berichten häufiger zu lesen.

Sicher ist, dass die Entfernung zwischen der deutschen Seite und Rooney bei der getroffenen Spezialeinheit kaum 100 Meter beträgt. Dort, wo der verwundete Kommandant ohne medizinische Hilfe nun um sein Leben kämpft, sind inzwischen weitere Kameraleute hinzugekommen, darunter auch der Fotograf Allan Jackson aus Kalifornien.

Jackson war der Special Force in größerem Abstand gefolgt. Auf dem Weg in die Komödienstraße kommt ihm der zuvor an der Panzerkette getroffene zweite Sherman-Panzer entgegen, Jackson macht ein erstes Foto (***großes Bild umseitig rechts***).

> **Allan Jackson:** *Dort waren keine Fußtruppen in der Gegend, nur die Panzer als eine Speerspitze und die Korrespondenten!!*

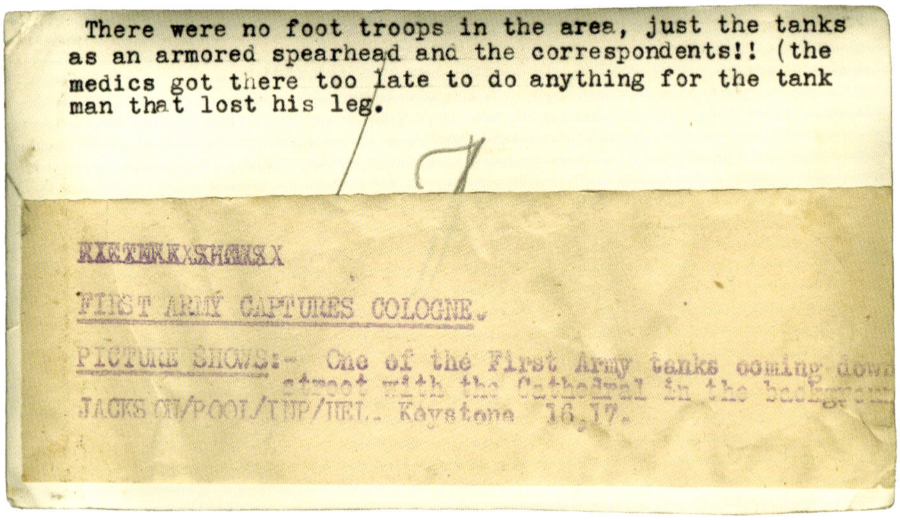

There were no foot troops in the area, just the tanks as an armored spearhead and the correspondents!! (the medics got there too late to do anything for the tank man that lost his leg.

FIRST ARMY CAPTURES COLOGNE.

PICTURE SHOWS:- One of the First Army tanks coming down street with the Cathedral in the background

JACKSON/POOL/TUP/HEL. Keystone 16,17.

Rückseite der Original-Bilderserie mit den persönlichen Kommentaren von Fotograf Allan Jackson. Die Beschriftung unten stammt aus dem Archiv von Keystone, einem kommerziellen Bilderdienst in den USA, der auch Poolfotos aus Armeebeständen anbot.

Allan Jackson (1915–1995) aus Kalifornien berichtet als Kriegskorrespondent und Fotograf für den International News Service von zahlreichen Kriegsfronten aus Nordafrika, dem Südpazifik, dem Nahen Osten und aus Europa. Zu seinen bekanntesten Bildern zählen die Aufnahmen der Begegnung amerikanischer und sowjetischer Truppen an der Elbe. Nach dem Krieg beginnt Jackson eine zwanzigjährige Laufbahn im US-Außenministerium und bei einem US-Nachrichtendienst.

Jackson war der Special Force in größerem Abstand gefolgt. Auf dem Weg in die Komödienstraße kommt ihm der zuvor an der Panzerkette getroffene zweite Sherman-Panzer entgegen, von dem Jackson ein erstes Foto macht. Dann steht er am Rande des Kraters mit dem verwundeten Panzerkommandanten und drückt erneut auf den Auslöser. Auf die Rückseite seiner Aufnahme schreibt er:

> *Wir hatten die Blutung gestoppt (ich hatte nur zugesehen!), aber der Schock war zu groß für ihn und er musste zu lange auf jegliche anständige medizinische Versorgung warten. Die Sanitäter kamen zu spät, um noch irgendetwas für ihn tun zu können. Als sie, wie hier auf dem Bild zu sehen, endlich da waren, war er bereits tot.*

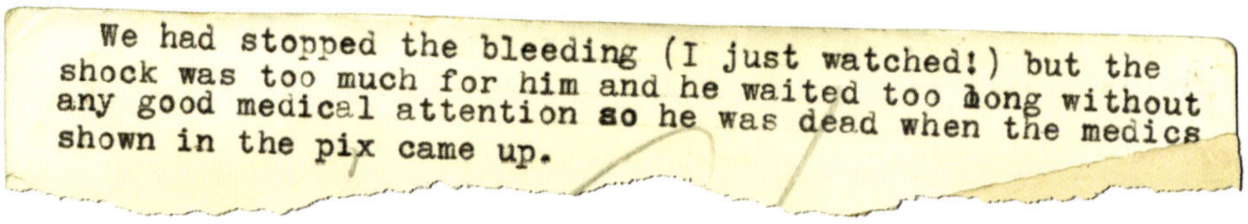
We had stopped the bleeding (I just watched!) but the shock was too much for him and he waited too long without any good medical attention so he was dead when the medics shown in the pix came up.

Jacksons grässliche Nahaufnahme wird damals von der Zensur zur Veröffentlichung freigegeben, abgedruckt wird sie jedoch erst Jahre später in den Geschichtsbüchern.

Frederick Ramage (1900–1981) ist offizieller Kriegsfotograf der American Air Force und fotografiert die Befreiung Europas von der Invasion in der Normandie bis zum Fall Berlins im Frühjahr 1945. Danach fotografiert er beim Nürnberger Prozess und in diesem Zusammenhang auch mehrere Exekutionen von NS-Kriegsverbrechern. Nach dem Krieg dokumentiert er in den ersten beiden Jahren den Wiederaufbau Deutschlands.

Das Foto aber, das der britische Fotograf Fred Ramage von diesem Vorfall schießt, wird für ihn zum Bild seines Lebens. Per Drahtfunk um die Welt geschickt, erscheint es am 8. März 1945 in der *New York Times* und avanciert über die Jahrzehnte zu einer Bildikone des Zweiten Weltkrieges. Die hohe Qualität des Kriegsfotos, das Ramage unter Lebensgefahr gemacht haben will, ist erstaunlich. In den Lebenserinnerungen, die der Fotograf 1962 in der britischen Zeitung *Weekly News* veröffentlicht, heißt es, er sei bis zum

Dom auf dem Turm des Sherman-Panzers mitgefahren, dann aber abgesprungen, weil er sich für die durstige Besatzung und für sich selbst in der Umgebung nach etwas »Trinkbarem« habe umschauen wollen.

Fred Ramage: *Als ich davonging, kam ein deutscher Panzer um die Ecke. Für den Bruchteil einer Sekunde stand ich da wie eingefroren. Dann drehte ich meine Kamera in Richtung unseres Panzers und betete, unsere Jungs würden zuerst schießen. Sie waren zu langsam. Die Granate krachte in die Panzerung und das gesamte Fahrzeug schien in eine Staubwolke gehüllt.*

Abb. rechts: *Ausschnitt aus der Serie zum Leben des Fotografen Fred Ramage in der britischen Wochenzeitung* The Weekly News *vom Dezember 1962. Die Bildbeschreibung neben seinem Porträt nennt ihn »ein Ass in 40 Jahren als Nachrichtenfotograf«.*

MY BEST EVER PICTURE . . . but it nearly killed me!

FOR all the fascinating variety of a cameraman's life, it is really only with war that the real thrills come along.

And, as always, the best pictures require planning and a determination never to let the smallest opportunity go by.

And, of course, as many prefer to call it, good luck!

During the Second World War I was attached to the American Air Force. But things didn't stay that way long.

For reasons I needn't go into here, it was soon apparent I wouldn't get any worthwhile pictures with these boys. So I transferred myself to the field—any field as long as there was action.

It was a policy which regularly landed me on the mat. The biggest row was over the fall of Aachen and the first German to be captured.

About 100 American photographers had been waiting for the fall of the town for weeks. A plane stood by continually waiting to fly out the first pictures of the town's capture. The situation had possibilities!

Too sharp

I hitched a ride on a truck and arrived, unheralded, outside Aachen. It didn't take long to hop on a tank rumbling up to the fighting.

I hitched a lift the same way back and handed in my pictures.

That night scoop shots of Aachen's capture were on their way back to world wide newspaper and magazine publication.

The rockets were flying so thickly a couple of hours later you could have walked on them!

The Americans complained bitterly they'd been stuck "sweating it out" for weeks for just these pictures.

An American major demanded my explanation at an "on the mat" session.

I explained the arrangement was for the plane to fly out the FIRST pictures of Aachen's capture. It hadn't mattered WHOSE.

He had a job to keep a straight face.

"Waal, son, you seem to have loused things up good and proper," he said at length. But added, "We'll just have to be as smart as you are."

It was following the Aachen affair that I had what was probably the craziest assignment of my life.

I was offered the exclusive coverage of the American Ninth Army for six months.

Didn't shoot

It was a dream of a chance. But, at the same time, I didn't see why I shouldn't have some of life's comforts while risking my neck.

Fighting down an overwhelming exuberance, I coolly told the American Colonel I would accept the assignment so long as I could have a room to myself, a bath every evening — and chicken for dinner.

He didn't bat an eyelid. He agreed!

That was the start of the most exciting six months of my life.

Once I nearly got a burst of covering machine-gun fire from a Sherman tank through the back of my neck as I stood up to take one particular shot!

On another occasion I crawled to within ten yards of a German machine-gunner firing at the Allies.

Soon to die

He couldn't have missed me. But rather than have the satisfaction of putting a bullet between the eyes of an unarmed cameraman, he let me get my picture.

Ten minutes later he was blown to pieces by an American mortar shell.

But the closest shave I

CONCLUDING THE EXCITING LIFE STORY OF ACE PHOTOGRAPHER FRED RAMAGE

ever had was when I covered the battle of Cologne.

The tank I was riding on had just rumbled into the city and ground to a halt near the cathedral. The crew were hot, tired, and not to mention thirsty.

I slid off the turret and told the commander I'd do a recce. At the same time I'd try and bring back something for the crew.

Lucky hunch

As I was walking away a German tank came round the corner. For a split second I stood stock still — then turned my camera on our tank, praying it would fire first. They were too slow!

The panzer's shell crumped into the American armour and the whole vehicle seemed to wallow in a miniature dust bowl.

The tank commander came out through the hatch at an incredible speed—forced out by the explosion.

That was the point at which my shutter dropped.

It was a world scoop.

I can even remember the technical data. A 1/200th of a second at f 4.5.

Another time a hunch brought me some wonderful pictures, too.

When the Germans were being driven out of his country a Frenchman sought me out and asked if I were interested in some good pictures.

Many cameramen would have refused to go. On the face of it, you couldn't blame them. No questions asked, mysterious rendezvous. Unspecified pictures. It could have been some kind of a trap.

But I sensed I was on to something good. And I wasn't disappointed.

My guide took me to a village square near Cherbourg. As I approached I heard women moaning and screaming.

Rounding a corner a sight met my eyes I shall never forget.

A group of Frenchmen were dragging women from their houses—and cutting off all their hair! This was their punishment for collaborating with the Germans.

The pictures were eagerly seized upon by the world's press. They summed up, with devastating accuracy, the mood of the Frenchmen who had lived under the shadow of the swastika for nearly five years.

Crazy scheme

But there's always amusing stories amid the horror of war. One particular experience still makes me chuckle today. It shows what a complex thing human nature really is.

There were five of us, including a woman, sheltering in a farmhouse which was being shelled by 88 m.m. Suddenly German infantry were spotted advancing to our position. We decided to get out—fast!

As we left the building another salvo shattered the farmhouse roof, and a couple of correspondents fell wounded in the legs with shrapnel.

We had to get to the shelter of a wall across a road. This was being swept by machine-gun fire by the advancinig Germans, now only about 600 yards away.

Those who could scuttled across the road bent double.

But what about the woman?

When we looked back, she was still crouching in the doorway of the farmhouse.

One of the correspondents doubled back, took her by the arm, and escorted her across the bullet-swept street as though he was seeing her across Piccadilly Circus in the rush hour!

Brave? Undoubtedly. Yet I saw that man shake like a leaf when, days later, he thought about what he'd done!

Fleet Street for me is now a thing of the past. But there's a snag in retirement. When I'm telling my stories, there's not many who believe me. Fleet Street life is like that.

> *Der Panzerkommandant wurde durch die Explosion nach oben gedrückt und kam in unglaublicher Geschwindigkeit aus der Luke hervor. Das war der Moment, als ich den Auslöser drückte. Das war in aller Welt ein Knüller! Ich erinnere mich sogar noch an die technischen Da-ten: Belichtungszeit eine zweihundertstel Sekunde, Blende 4,5.*

Der Panzerkommandant ist nicht der einzige tote GI am Dom, der hier von den versammelten Korrespondenten gesehen, gefilmt oder fotografiert wird. Einen Tag später, am 7. März 1945, ist ein Kameramann der britischen Royal Air Force Film Production Unit in der Kölner Innenstadt unterwegs. Sein Name: Robert Ziller, der als deutscher Jude 1933 im Alter von 19 Jahren aus Berlin geflüchtet war und als Kriegskameramann 1945 zum ersten Mal wieder nach Deutschland zurückkehrte.

> **Robert Ziller:** *Es war mir unheimlich, dass ich wieder mal in Deutschland bin, das Nazi-Deutschland, das jetzt am Boden lag. Wir waren ein Team, ein Fahrer und ich, und wir fuhren nach Köln und ich wollte Köln filmen. Aber das Erschütternde war die vollkommene Zerstörung um den Dom herum, der Tank und der Tote.*

Robert Ziller ist am 7. März früh genug in der Innenstadt, um das Wrack des zerstörten US-Tanks in der Komödienstraße noch zu sehen, und auch die toten Soldaten sollen nicht geborgen gewesen sein, wie auf einem Foto des LIFE-Fotografen George Silk zu sehen ist.

> **Robert Ziller:** *Da hing eine Leiche aus dem Panzer. Vielleicht habe ich das nicht gefilmt, weil ich den Leichnam respektieren wollte. Aber ich hab es gesehen.*

Statt der erwarteten Bilder des Triumphs am Dom entstanden nun Bilder des Grauens und der Niederlage. Für den kommandierenden Lieutenant Colonel Clifford L. Miller ist der Vorfall eine persönliche Schmach, die er zu Lebzeiten nie vergisst. »Köln ist für mich die bitterste Erinnerung an den Krieg«, schreibt Miller 2001 an Clarence Smoyer. Offenbar spürt Miller auch nach all den Jahren noch Schuldgefühle.

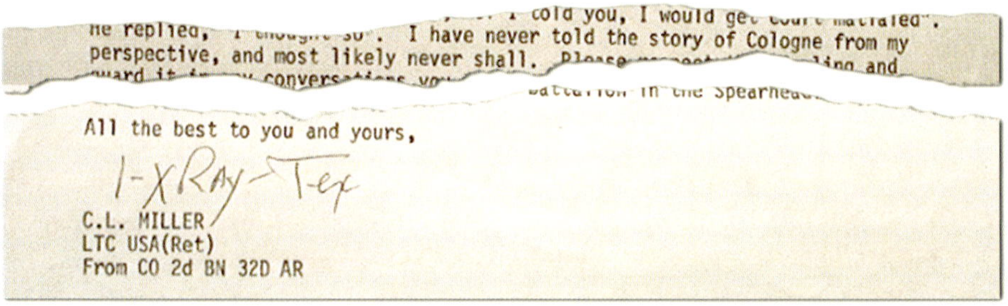

he replied, ... I have never told the story of Cologne from my
perspective, and most likely never shall. ...

All the best to you and yours,

I-XRay-Tex

C.L. MILLER
LTC USA(Ret)
From CO 2d BN 32D AR

> **Clifford L. Miller:** *Ich habe noch nie aus meiner Perspektive von unserem Einsatz in Köln berichtet und werde dies wahrscheinlich auch nie tun.*

Zu den Verlusten an der Komödienstraße kann Miller wenig sagen:

> **Clifford L. Miller:** *Der Kommandant verlor ein Bein, kam aber noch raus und starb hinter dem Panzer. Ich glaube, der Fahrer hat es noch geschafft, heil rauszukommen, aber das war's.*

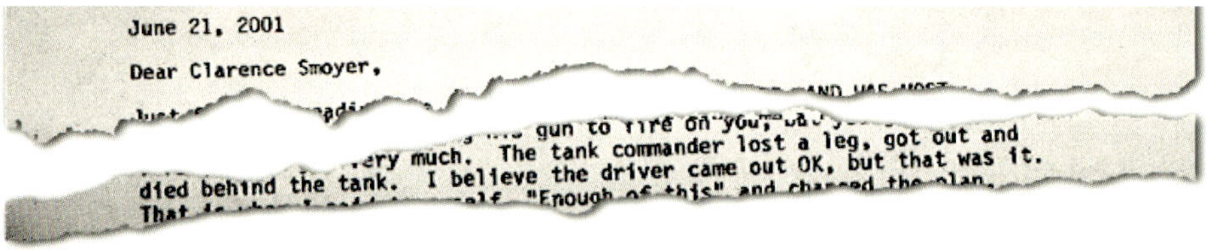

June 21, 2001

Dear Clarence Smoyer,

... gun to fire on you, ...
...very much. The tank commander lost a leg, got out and
died behind the tank. I believe the driver came out OK, but that was it.
That ... "Enough of this" and changed the plan.

Wer die US-Soldaten waren, die hier starben, das wisse auch er nicht. Der einzige Hinweis, den er geben könne, sei, dass der Kommandant ein besonders junger Leutnant gewesen sein sollte, der seine Beförderung zum Panzerkommandanten erst wenige Tage zuvor erhalten hatte.

Auch unter den Reportern hatte wohl niemand gewagt, nach dessen Namen zu fragen. So ist die Identität der Besatzung bis zu dieser Recherche nicht öffentlich bekannt geworden.

> **Andy Rooney:** *Ich hätte den Namen herausfinden sollen, aber ich hab es nicht getan. Es war auch nicht gerne gesehen, wenn die Namen von ernsthaft Verwundeten veröffentlicht wurden, bevor die Familien benachrichtigt worden waren. Deshalb hätte ich den Namen des Mannes, der sein Bein verlor und starb, auch nicht benutzt.*

> **Clarence Smoyer:** *Viele Leute wollten wissen, wer die Männer in dem Panzer waren. Ich weiß es nicht. Irgendwann wird man es vielleicht herausfinden.*

Nach Informationen des Veteranenverbandes der 3rd Armored Division hatte es ein Mann dieser Besatzung geschafft, den Angriff schwer verwundet zu überleben: John J. Gialluca, damals 20 Jahre alt. Bis zu seinem Tod im Jahre 1998 lebte er in Ohio. Gialluca war der Schütze dieses Tanks und hätte sich neben dem Kommandanten oben im Turm aufhalten müssen, schreibt mir sein Sohn Doug Gialluca. Doch der prestigeträchtige zweite Platz auf dem Turm wurde anderweitig vergeben, möglicherweise an den Fotografen Fred Ramage. Gialluca musste deshalb in der vorderen

Robert Ziller (1914–2010). Als Kriegskameramann der britischen Armee filmt Ziller an zahlreichen Fronten, u. a. in Nordafrika und in Nordfrankreich. Nach dem Krieg bleibt er seiner Profession treu, steht für zahlreiche Spiel- und Dokumentarfilmproduktionen hinter der Kamera, in den 1960er Jahren ist er u. a. auch bei mehreren Karl-May-Verfilmungen engagiert. Bis zu seinem Tod lebt er in Connecticut/USA, fühlt sich aber sein ganzes Leben als Berliner.

Lieutenant Colonel Clifford L. Miller (1923–2003) aus Arizona, Kommandant der Kampfgruppe, die am Dom eingesetzt war. Der Berufssoldat bleibt auch nach 1945 bei der U.S. Army und wird in Südostasien eingesetzt. Er führt seine kämpfenden Einheiten durch die Normandie und die Ardennen bis in die Mitte Deutschlands. In der Geschichtsschreibung der Veteranen der 3rd Armored Division heißt es: »Wie so viele Kampfgruppen unserer Division erlitt Lieutenant Colonel Millers zweites Bataillon einen hohen Anteil an Verlusten.«

Kameramann Robert Ziller sieht den toten US-Soldaten in dem abgeschossenen Sherman-Panzer in der Komödienstraße noch am Morgen des 7. März 1945. Der Einschuss der deutschen Panzergranate befindet sich direkt oberhalb seiner Fahrerluke. Das Foto machte der LIFE-Fotograf George Silk.

John J. Gialluca (1924–1998) überlebte nach eigener Aussage als Einziger der Sherman-Besatzung den Angriff am Dom. Sein Sohn Doug Gialluca sagt: »Ich bin mit diesem Ereignis aufgewachsen. Es gehört auch zu meinem Leben.«

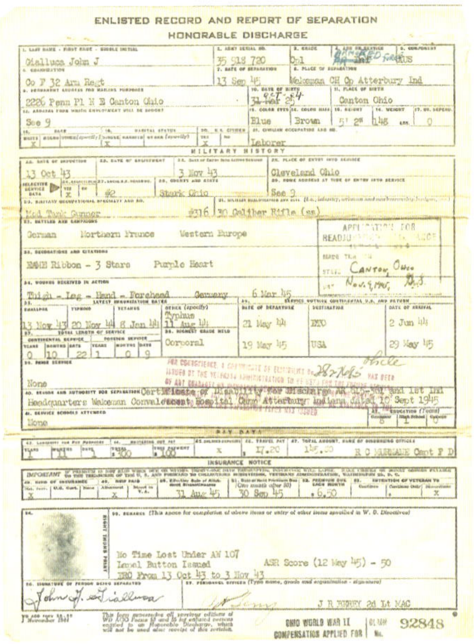

ENLISTED RECORD AND REPORT OF SEPARATION
HONORABLE DISCHARGE

Gialluca John J — 35 918 720 — Cpl — Armored Force — AUS
Co F 32 Arm Regt — 13 Sep 45 — Wakeman GH Cp Atterbury Ind
2226 Penn Pl N E Canton Ohio — 31 Oct 24 — Canton Ohio
See 9 — Blue — Brown — 5' 2" — 148 — 0
Laborer

MILITARY HISTORY

13 Oct 43 — 3 Nov 43 — Cleveland Ohio
#2 — Stark Ohio — See 9
Med Tank Gunner #316 — 30 Caliber Rifle (ss)
German — Northern France — Western Europe
EAME Ribbon - 3 Stars — Purple Heart
Thigh - Leg - Hand - Forehead — Germany — 6 Mar 45
13 Nov 43 — 20 Nov 44 — 8 Jan 44 — Typhus 11 Aug 44 — 21 May 44 — ETO — 2 Jun 44
Corporal — 19 May 45 — USA — 29 May 45
0 10 22 1 0 9
None
Certificate of Disability for Discharge AR 615-361 and 1st Ind Headquarters Wakeman Convalescent Hospital Camp Atterbury Indiana dated 10 Sept 1945
None

PAY DATA

$ 300 — $ 100 — x — $ 17.20 — 145.50 — R C MARMANE Capt F D

INSURANCE NOTICE

x — x — 31 Aug 45 — 30 Sep 45 — 6.50 — x

No Time Lost Under AW 107
Lapel Button Issued — ASR Score (12 May 45) - 50
ERC From 13 Oct 43 to 3 Nov 43

J R BERRY 2d Lt MAC

OHIO WORLD WAR II COMPENSATION APPLIED FOR — CLAIM No. 92848

John J. Gialluca im Winter 1944/1945, aufgenommen in Belgien.

Luke des Beifahrers Platz nehmen und hatte offiziell die Funktion eines »intelligence observers«, eines Gefechtsfeldbeobachters. Demnach wäre es Gialluca gewesen, der die feindliche Bedrohung hätte erkennen sollen.

War die Kanone des Sherman-Panzers möglicherweise gar nicht besetzt? Giallucas Sohn Doug will niemand beschuldigen, immerhin rettete die Verbannung aus dem Turm seinem Vater wahrscheinlich das Leben. Das Trauma dieses Augenblicks habe John J. Gialluca nie mehr losgelassen und auch die körperlichen Folgen des, wie der Sohn berichtet, zweifachen Beschusses, seien noch nach Jahrzehnten zu spüren gewesen. Immer wieder seien Granatsplitter aus seinem Körper hervorgetreten.

Mit Giallucas Entlassungsschein aus dem Kriegsdienst habe ich erstmals alle Informationen, um dem eigentlichen Nerv der U.S. Army noch ein Stück näherzurücken: Die jeden Tag am Morgen erscheinenden Lageberichte einer Kompanie, die Daily Morning Reports, eingelagert in den Tiefen der Armeearchive von St. Louis im US-Bundesstaat Missouri. Sollten die Toten am Dom tatsächlich der F-Kompanie des 32th Armored Regiments der 3rd Armored Division angehört haben, dann müssten sich die Namen in diesen Akten befinden.

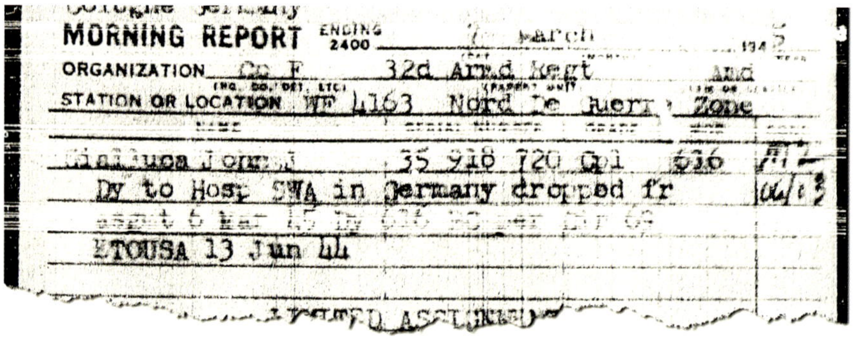

MORNING REPORT ENDING 2400 — 7 March 1945
ORGANIZATION Co F 32d Armd Regt AMD
STATION OR LOCATION WF 4163 Nord De Pierre Zone
Gialluca John J — 35 918 720 Cpl 616
Dy to Hosp SWA in Germany dropped fr
ETOUSA 13 Jun 44

In dem Morning Report vom 7. März 1945 findet sich tatsächlich ein Eintrag mit dem Namen John J. Gialluca und dem Zusatz »SWA«, »seriously wounded in action«, der eine schwere Verwundung kennzeichnete.

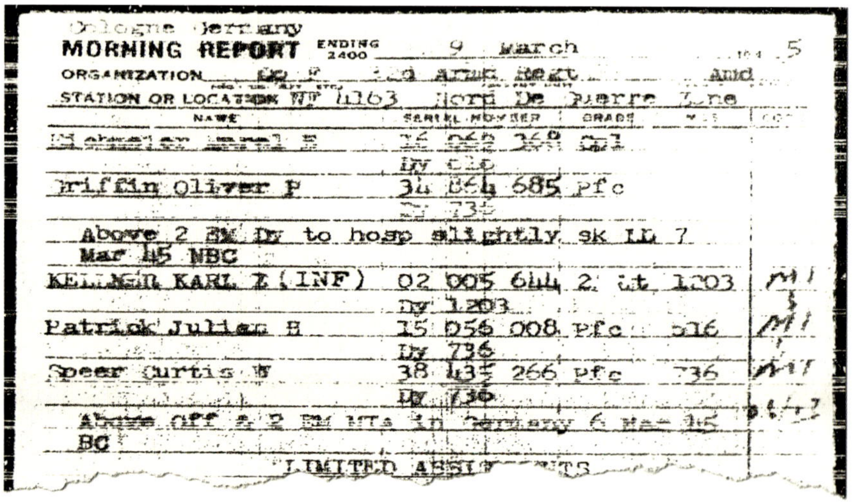

MORNING REPORT ENDING 2400 — 9 March 1945
ORGANIZATION AMD
STATION OR LOCATION Nord De Pierre Zone
Griffin Oliver P — 34 864 685 Pfc
Above 2 EM Dy to hosp slightly sk LD 7 Mar 45 NBC
KELLNER KARL Z (INF) — 02 005 644 2d Lt 1203
Dy 1203
Patrick Julien H — 15 056 008 Pfc 516
Dy 736
Speer Curtis W — 38 435 266 Pfc 736
Dy 736
BC
LIMITED ASSIGNMENTS

Zwei Tage später sind vier weitere Namen eingetragen, rückwirkend für den 6. März, allerdings mit dem Zusatz »MIA« für »missing in action«, also im Kampf vermisst. Erst am 20. März erfolgt in dem Morning Report ein Korrektureintrag. Aus »missing in action« (»MIA«) wird bei drei Männern ein »KIA«, »killed in action«, im Kampf zu Tode gekommen, darunter ist als einziger Offizier der Name Lieutenant Karl E. Kellner aufgeführt, bei dem es sich möglicherweise um den gesuchten Kommandanten handelt. Des Weiteren finden sich noch zwei weitere Korrekturen und Namen: Julian H. Patrick und Curtis Speer.

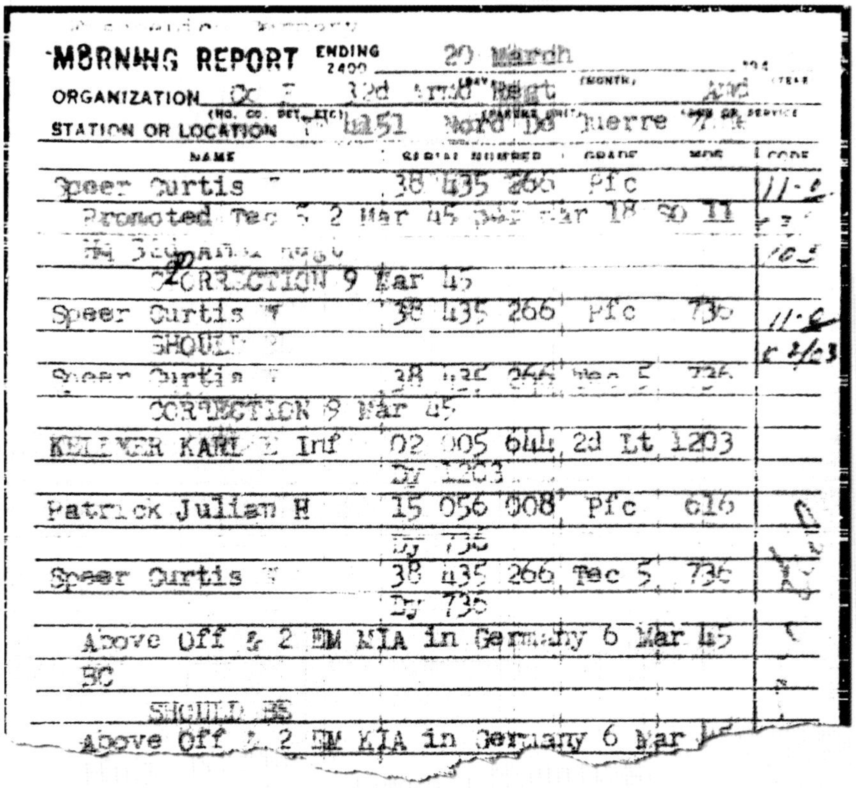
MORNING REPORT ENDING 2400 20 March 194
ORGANIZATION Co F 32d Armd Regt 3rd
STATION OR LOCATION ... 4151 Nord De Pierre

NAME	SERIAL NUMBER	GRADE	MOS	CODE
Speer Curtis ...	38 435 266	Pfc		
Promoted Tec 5 2 Mar 45 par ... 18 SO 11				
...				
CORRECTION 9 Mar 45				
Speer Curtis W	38 435 266	Pfc	736	
SHOULD BE				
Speer Curtis W	38 435 266	Tec 5	736	
CORRECTION 9 Mar 45				
KELLNER KARL E Inf	02 005 644	2d Lt	1203	
Dy 1203				
Patrick Julian H	15 056 908	Pfc	616	
Dy 736				
Speer Curtis W	38 435 266	Tec 5	736	
Dy 736				
Above Off & 2 EM KIA in Germany 6 Mar 45				
BC				
SHOULD BE				
Above Off & 2 EM KIA in Germany 6 Mar 45				

Nach einem Telefonmarathon quer durch die USA und unter Mithilfe von Ahnenforschern und hilfsbereiten Angehörigen komme ich in Kontakt zu allen Familien der am Dom getöteten Männer. Nicht alle wollen sich zu der alten Geschichte äußern, aber sie bestätigen auch heute noch den Einsatz ihrer Männer, Brüder oder Söhne am Kölner Dom. Der Panzerkommandant, Lieutenant Karl E. Kellner, war mit 26 Jahren der Älteste. Seine Schwester Judith schickt mir nach ein paar sehr freundlichen Telefonaten Fotos, Briefe und Zeitungsartikel. Hier ist auch zu lesen: Seine Befähigung zum Kommandanten hatte er erst acht Tage zuvor erhalten, was sich mit den Angaben von Battlegroup Commander Miller deckt. Jetzt ist es so gut wie sicher: Karl Edmund Kellner, Sohn einer deutschstämmigen Familie aus Süddeutschland, geboren im US-Bundesstaat Wisconsin, war der Kommandant, von dem berichtet wurde, dass er am Dom ein Bein verloren habe und daraufhin gestorben sei.

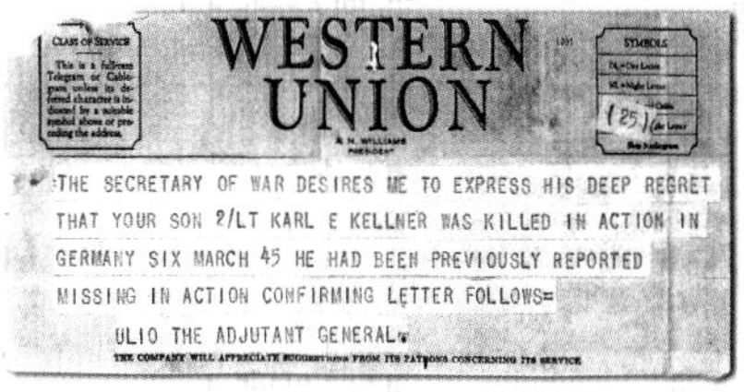
WESTERN UNION

THE SECRETARY OF WAR DESIRES ME TO EXPRESS HIS DEEP REGRET THAT YOUR SON 2/LT KARL E KELLNER WAS KILLED IN ACTION IN GERMANY SIX MARCH 45 HE HAD BEEN PREVIOUSLY REPORTED MISSING IN ACTION CONFIRMING LETTER FOLLOWS=
ULIO THE ADJUTANT GENERAL.

***Abb. links:** Telegramm mit der offiziellen Todesnachricht an die Angehörigen von Karl E. Keller.*

Vor dem Krieg arbeitet der High-School-Absolvent in dem Lebensmittelladen seines Bruders, bis er 1941 mit 21 Jahren zum Kriegsdienst eingezogen wird. Als er stirbt, erhält die Familie zuerst eine Vermisstenanzeige und wartet dann drei Wochen auf die offizielle Todesnachricht. Kellner wird auf einem Soldatenfriedhof in Belgien beerdigt und zwei Jahre später nach Hause überführt.

Karl E. Kellner (1918–1945) kommandiert den vor laufender Kamera abgeschossenen Sherman-Panzer in der Komödienstraße. Erst im April wird die Familie Kellner vom Tod ihres Sohnes erfahren.

Julian H. Patrick (1921–1945) wuchs in Kentucky mit fünf Brüdern auf. In seiner Kindheit wurde er einmal von einem Maultier namens Shilo abgeworfen und trug seitdem denselben Spitznamen. Patrick war in seinem Ort als athletischer Basketballer und Boxer bekannt. Ein guter Freund benannte später seinen eigenen Sohn nach ihm.

Wie auch der Leichnam des 23-jährigen Julian H. Patrick aus Kentucky. Der Sohn eines Richters mit irischen Wurzeln gilt in seiner Heimatstadt als herausragender Sportler, als er sich 1940 mit 19 Jahren freiwillig zur Army meldet. Im Sommer 1944 wird er verwundet, sein Einsatz in Köln bleibt der einzige nach seiner Genesung. Das Foto, das von dem getöteten Soldaten im Sherman-Panzer gemacht wird, ist eine ewige Mahnung, ebenso wie das Leiden des schwer verletzten Karl. E. Kellners vor laufender Kamera.

Trotz aller Fronterfahrung, die die jungen Amerikaner hatten, war es wohl die Freude über den erwarteten Triumph und die Euphorie über die Anwesenheit so vieler Reporter, die sie die Gnadenlosigkeit des Krieges für einen Moment vergessen und unaufmerksam sein ließen. Dafür zahlten sie mit ihrem Leben.

Doch in der Komödienstraße kommt es an diesem Tag wahrscheinlich noch schlimmer. Der Fotograf Larry Riordan erwähnt in seinen persönlichen Aufzeichnungen einen Unfall, der dort stattfindet, während er seine Aufnahmen macht:

Larry Riordan: *Einen Häuserblock vor der Kathedrale stieß ich auf sechs Sherman-Panzer. Der erste von ihnen war zerschmettert und brannte. Männer aus den anderen Panzern versuchten, die drei Besatzungsmitglieder von dem Kampfwagen zu ziehen. [...] Die Frontpanzerung war durchlöchert und der Fahrer wurde dabei getötet, die anderen beiden erlitten Verbrennungen, aber waren noch am Leben, als ich diese furchtbare Szene fotografierte. Völlig konzentriert auf meinen Job, hörte ich plötzlich hinter mir einen markerschütternden Schrei von einem der GIs. »Auf den Boden!«, schrien sie. Ich warf mich auf den Boden, nicht eine Sekunde zu früh. Einer von den Jungs hatte eine Handgranate fallen lassen. Ich hatte wieder Glück, aber zwei von den anderen nicht. Ich erfuhr nie, wie es ihnen ergangen ist.*

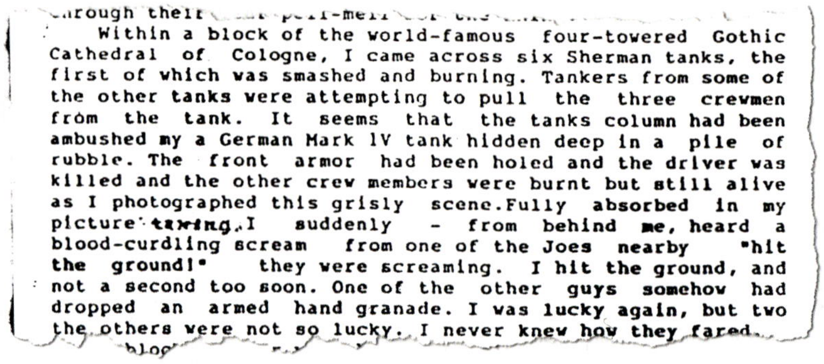

Within a block of the world-famous four-towered Gothic Cathedral of Cologne, I came across six Sherman tanks, the first of which was smashed and burning. Tankers from some of the other tanks were attempting to pull the three crewmen from the tank. It seems that the tanks column had been ambushed my a German Mark lV tank hidden deep in a pile of rubble. The front armor had been holed and the driver was killed and the other crew members were burnt but still alive as I photographed this grisly scene.Fully absorbed in my picture taking.I suddenly - from behind me, heard a blood-curdling scream from one of the Joes nearby "hit the ground!" they were screaming. I hit the ground, and not a second too soon. One of the other guys somehow had dropped an armed hand granade. I was lucky again, but two the others were not so lucky. I never knew how they fared.

Was war wohl die Motivation der deutschen Soldaten, in der Stunde der unabwendbaren Niederlage weiterzukämpfen und sowohl die Aufmerksamkeit als auch den Hass der amerikanischen Übermacht auf sich zu ziehen?

Andy Rooney: *Ich glaube, man kann es auf die einfache Formel bringen: Wenn du im Krieg bist, dann tötest du so viele Feinde wie möglich. Die waren einfach in ihrer Welt gefangen, eigentlich konnten sie nichts mehr ausrichten, wahrscheinlich wären sie erschossen worden, wenn sie einfach kapituliert hätten, also schossen sie so lange, bis ihre eigenen Panzer ausgeknockt wurden.*

Der Traditionsverband der ehemaligen Kämpfer der Panzerbrigade 106 FHH hat seinen Stammsitz in einem alten Kloster im süddeutschen Odenwald. Zwischen Aktenbergen sitzt Oberst a. D. Klaus Voss.

> **Klaus Voss:** *Aus meiner Erinnerung kamen die Befehle, Köln und Bonn bis zum letzten Mann zu halten, von Hitler selber, und dann gab's keine weiteren Überlegungen, dann wurden die Einheiten aufgestellt und fertig.*

Oberst a. D. Klaus Voss gehörte im April 1945 zur Panzerabteilung 106 FHH und war nach der Neugründung der Bundeswehr Berufssoldat, zuletzt im Range eines Oberst. Voss verwaltet seit vielen Jahren den Nachlass der Brigade.

Für den deutschen Kommandanten auf der anderen Seite, für Wilhelm Bartelborth, stellte sich wohl ebenfalls nie die Frage, ob er auf diesen letzten Metern noch Widerstand leisten würde oder nicht. In seinem Brief, 50 Jahre nach Kriegsende an einen Kölner Freund geschrieben, macht er daraus auch keinen Hehl.

> **Wilhelm Bartelborth:** *Dass ich als Panzerkommandant den Befehl gegeben haben soll: »Wir kämpfen bis zur letzten Patrone«, das ist der größte Unsinn und solche Worte sind nie aus meinem Mund gekommen. Das war auch nie nötig. Jedes Besatzungsmitglied wusste von jedem anderen, dass man sich auf sie restlos verlassen konnte.*

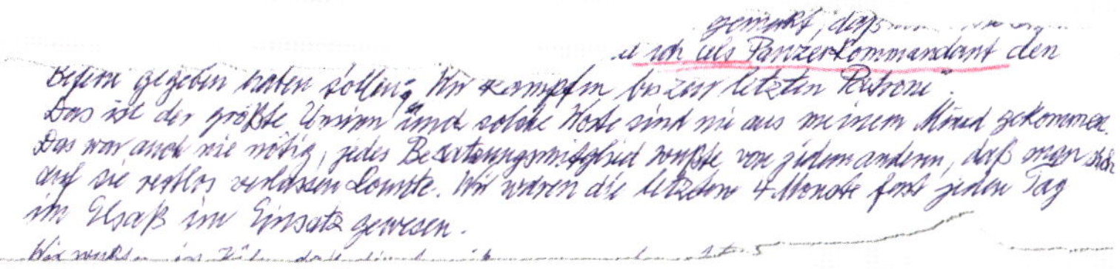
gemerkt, daß ...
... ich als Panzerkommandant den
Befehl gegeben haben soll: „Wir kämpfen bis zur letzten Patrone".
Das ist der größte Unsinn und solche Worte sind nie aus meinem Mund gekommen.
Das war auch nie nötig, jedes Besatzungsmitglied wußte von jedem anderen, daß man sich
auf sie restlos verlassen konnte. Wir waren die letzten 4 Monate fast jeden Tag
im Elsaß im Einsatz gewesen.

Ein weiteres Indiz für den Fanatismus in diesen letzten Stunden vor der Besetzung Kölns durch die Amerikaner liefert die Schilderung des Kommandeurs der 1. Kompanie des Kölner Pionier-Bataillons 677 aus dem Jahr 1965. Am Mittag des 6. März 1945 will er in den Unterführungen zwischen Hauptbahnhof und Hohenzollernbrücke eingesetzt worden sein, sein Name: Oberleutnant Ferdinand Müller.

> **Ferdinand Müller:** *Während wir dort in Stellung lagen, standen innerhalb unseres Brückenkopfes zwei deutsche Panzer unter dem Befehl eines Oberleutnants. Dieser Oberleutnant beabsichtigte, mit einem seiner Panzer einen Vorstoß in westlicher Richtung zu machen, von woher ja die Amis zu erwarten waren. Er versuchte, unserem Unteroffizier Quade, der mit seiner Gruppe und einem Maschinengewehr dort in der Nähe lag, den dienstlichen Befehl zu geben, aufzusitzen und das Unternehmen mit dem MG zu unterstützen. Quade lehnte das aber mit Entschiedenheit ab, da er seine Stellung nicht verlassen dürfe, ohne ausdrücklichen Befehl seines Kompaniechefs. Der Panzer stieß dann allein vor.*

> **Wilhelm Bartelborth:** *Wir haben hier stundenlang gestanden und wir haben nicht ein Lebewesen gesehen oder gehört. Erst recht haben wir nicht gemerkt, dass uns eine Infanterieeinheit zugeteilt war.*

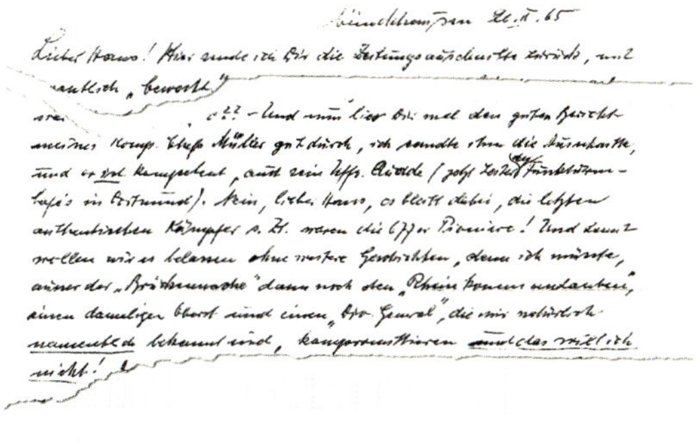

Auszug aus dem Bericht über den Einsatz des Pionierbataillons 677 über die Tage vom 4. bis zum 7. März 1945, verfasst von Ferdinand Müller, Oberleutnant und Chef der ersten Kompanie.

Als Bartelborth die US-Spitzenpanzer in der Komödienstraße angreift, scheint er mit seiner Besatzung tatsächlich allein auf weiter Flur, denn die 677er-Pioniere, nach eigenem Bekunden »die letzten authentischen Kämpfer von Köln«, werden noch vor der Brückensprengung vom Hauptbahnhof abkommandiert und ins Severinsviertel verlegt. Folglich hat sich für Bartelborth die Situation auch nach dem ersten, aus seiner Sicht erfolgreich verlaufenen Gefecht nicht geändert. Es gibt für ihn keinen Anlass, zurückzuweichen oder gar aufzugeben.

Dienstag, 6. März 1945, 16:00 Uhr, Domplatz – Marzellenstraße

Panzerduell am Dom: der Gegenschlag

Trotz der völlig aussichtslosen Lage versucht Bartelborth, wie er selbst schreibt, konzentriert zu bleiben und sich mit seiner Besatzung auf den unausweichlichen amerikanischen Gegenangriff vorzubereiten. Wahrscheinlich lässt er den Panzer erst jetzt in die später bekannte Position bringen, an der sich heute der Eingang zur Kölner Touristeninformation befindet.

> **Wilhelm Bartelborth:** *Wir wandten unsere Aufmerksamkeit danach auf eine Straße nördlich des Domplatzes, auch unsere Kanone wurde in diese Richtung gestellt. Wir waren in höchster Anspannung und die Zeit schien stillzustehen.*

Bei Clarence Smoyers Einheit, die sich zur gleichen Zeit im Bankenviertel befindet, ist der Angriff des deutschen Panzers in aller Munde. Auch beim Chef des Fototeams Tom Noble und seinen Kameramännern macht man sich Gedanken, wie man den deutschen Kampfwagen unschädlich machen könne:

> **Tom Noble:** *Irgendjemand sagte: »Wer hat eine Bazooka?« Ich hielt scherzhaft meine Kamera hoch, aber einer von den anderen begab sich direkt auf die Suche. Und währenddessen kommt mir doch aus den Trümmern tatsächlich ein junger Deutscher mit zwei Bazookas – zwei »Panzerfausts« entgegen. Der war völlig auf sich konzentriert und hatte uns nicht gesehen. Ein GI neben mir sagte: »Ich erschieße den Bastard«, da rief ein anderer: »Halt, hands up – Hände hoch – Kommen Sie her.« Und der Deutsche sah auf und ließ die Bazookas fallen. Also hatten wir schon mal zwei Bazookas. Aber in diesem Moment bekam einer unserer neueren Panzer die Aufgabe, das Problem zu lösen.*

> **Leon Rosenmann:** *Gegen drei Uhr nachmittags waren wir einen Häuserblock von der berühmten Kathedrale und etwa drei Blocks vom Rhein entfernt und ein deutscher Panzer hielt den Vormarsch einer Kolonne an unserer Flanke auf. Als einer unserer Männer den deutschen Panzer dann von einem Fenster aus zufällig sah, kam er mit dieser Nachricht sofort zu unserem führenden Panzer.*

> **Clarence Smoyer:** *Wir standen dort, als wir den Befehl bekamen, die Straße runterzufahren und uns den deutschen Panzer vorzunehmen.*

> **Leon Rosenmann:** *Und der Panzerkommandant zog einen der gewagtesten Stunts durch, die ich bisher gesehen habe.*

Kommandant des T26-Pershing-Panzers ist Lieutenant Robert Early aus dem US-Bundestaat Minnesota. Er soll mit dem Gefährt nach vorne auf die Kreuzung An den Dominikanern/Marzellenstraße fahren und der Schütze Smoyer dann sofort nach rechts in Richtung Domplatz feuern.

> **Clarence Smoyer:** *Unser Kommendant Robert Early stieg von unserem Panzer und redete mit Kameramann Bates.*

> **James Bates:** *»Lass uns hingehen und sehen, was wir mit diesem Panzer machen können.« Ich sagte: »Wir wissen nicht, was uns dort erwartet. Vielleicht kommen wir nie wieder zurück.« Aber er sagte: »Wir können es*

schaffen.« Also sagte ich: »Ok, es wäre ein guter Platz, um tolle Bilder zu machen.« Und er meinte: »Großartig, auf geht's.« Also gingen wir ins Zwischengeschoss eines Gebäudes, von wo wir den deutschen Panzer genauestens beobachten konnten. Robert Early sagte: »Halt dich bereit, wenn ich anhalte, werde ich sofort feuern.«

Während Kameramann Bates in dem Gebäude der Deutschen Arbeitsfront auf die Ankunft des Pershings wartet, filmt Leon Rosenmann den vorrückenden US-Tank aus sicherer Entfernung von hinten.

Leon Rosenmann: *Unser Panzer schlich bis zu der Stelle, an der man auf die Deutschen schießen konnte. Unsere Kanone war schon in die richtige Richtung gedreht und schussbereit.*

Und so fuhren sie, wie Smoyer erklärt, ohne jede Einweisung von außen in den Kreuzungsbereich, direkt in das Schussfeld des ebenfalls feuerbereiten deutschen Panzers.

1st Lieutenant Robert Early kommandiert die T26-Pershing-Besatzung im Panzerduell am Dom.

Kameramann James Bates im Zivilberuf bei der Alexander Film Company in Colorado Springs.

Wilhelm Bartelborth: *Nach ein bis zwei Stunden schob sich ein Panzer um die Straßenecke, und zwar musste er so weit vorfahren, dass er schießen konnte.*

Clarence Smoyer: *Als wir losfuhren, wusste ich nicht, was mich hinter der Ecke erwartete, bis ich meine Kanone drehte. Alles, was ich dann sehen konnte, war das große schwarze Loch der Kanone, die auf mich zielte.*

James Bates: *Genau zu der Zeit hörte ich, wie unser Panzer näherkam. In dem Moment, in dem er anhielt, fing ich an zu filmen.*

Wilhelm Bartelborth: *Ich sah durch das Fernglas genau, dass es kein Sherman sein könnte, sondern eindeutig einer unserer vier Panther, die an einer weiter westlich liegenden Ringstraße eingesetzt waren.*

Clarence Smoyer: *Unser Fahrer hatte auch ein Periskop, so dass auch er die deutsche Kanone sehen konnte, wie sie auf uns gerichtet war. Anstatt zu stoppen, drückte er aufs Gaspedal, der Motor dröhnte und wir rauschten direkt auf die Kreuzung. Und das war der Moment, in dem ich, noch während wir fuhren, zum ersten Mal feuerte.*

Wilhelm Bartelborth: *Im selben Moment schoss die Kanone dieses Panzers und traf uns seitlich im Motorenraum.*

Clarence Smoyer: *Mir blieb eine Sekunde, vielleicht 'ne halbe, um zu schießen. Es war sehr knapp. Er war so nah, dass er hätte feuern können. Wenn er geschossen hätte, wäre ich derjenige gewesen, der getötet worden wäre. Es hätte sehr gut auch unser Panzer sein können, der dort ausgebrannt wäre.*

Wilhelm Bartelborth: *Nach einer heftigen Detonation schossen aus dem ganzen Motorraum Flammen hoch, mindestens ein bis zwei Meter über dem Panzer. Ich habe mit einem Sprung über die linke Panzerseite versucht, dem Feuer und eventuell weiteren Explosionen zu entkommen. Dass ich es geschafft habe, kommt mir heute noch vor wie ein Wunder.*

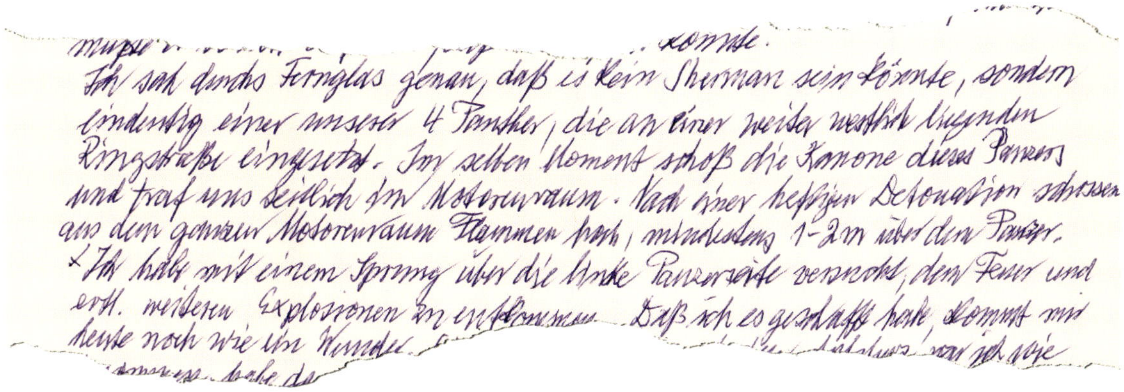

... konnte.
Ich sah durchs Fernglas genau, daß es kein Sherman sein konnte, sondern eindeutig einer unserer 4 Panther, die an einer weiter westlich liegenden Ringstraße eingesetzt. Im selben Moment schoß die Kanone dieses Panzers und traf uns seitlich im Motorenraum. Nach einer heftigen Detonation schossen aus dem ganzen Motorenraum Flammen hoch, mindestens 1–2 m über den Panzer.
Ich habe mit einem Sprung über die linke Panzerseite versucht, dem Feuer und evtl. weiteren Explosionen zu entkommen. Daß ich es geschafft habe, kommt mir heute noch wie ein Wunder. ...

In diesem Ausschnitt erklärt Wilhelm Bartelborth, dass er geglaubt habe, bei dem Pershing-Panzer handele es sich in Wirklichkeit um einen deutschen Panzer bzw. um einen Panther aus der eigenen Kampfgruppe, der plötzlich das Feuer eröffnet habe.

Clarence Smoyer: *Ich konnte nicht sehen, dass die Deutschen versuchten zu entkommen, alles, was ich sah, war das Loch der Kanone, die auf uns zielte, das war wirklich beängstigend. Deshalb zog ich den Abzug so schnell ich konnte bzw. so schnell wie der Ladeschütze eine neue Granate reingeschoben hatte. Wir standen jetzt mitten auf der Kreuzung und ich feuerte noch zweimal.*

Tom Noble: *Und als die Kanone feuerte, lief die Kamera von James Bates. Auf dem Film konnte man sehen, wie die Granate abgeschossen wird, den deutschen Tank trifft und die Panzerung durchschlägt. Zwei Männer kletterten heraus, man konnte sie sehen. Ich weiß nicht, ob der Tank da schon brannte.*

Kameramann Bates filmt das Gefecht Auge in Auge mit dem Feind.

James Bates: *Der erste Schuss traf und schnitt dem Kommandanten die Beine ab. Beim zweiten Schuss schlugen die Klappen des Panzers auf. Der Fahrer und der Schütze stiegen aus, aber die Splitter haben auch sie getroffen. Einer von ihnen fiel über ein herumliegendes Fahrrad und starb dort. Der Fahrer konnte sich noch um das Gebäude herumschleppen, wo er dann starb. Der Kommandant lag auf dem Turm und brannte vor laufender Kamera. Das war einfach unglaublich. Noch am nächsten Morgen brannte das Ding. Als alles vorbei war, rauchte der Panzer immer noch, weil er so viel Munition geladen hatte.*

Kameramann Rosenmann dokumentiert die Aktion aus der Distanz und zeigt den Pershing nur kurz, als er auf der Mitte der Kreuzung einmal feuert. Rosenmann lässt die Kamera auch noch einmal kurz laufen, als der Panzer nach überstandenem Gefecht zurückrollt und aus seinem Inneren drei Granathülsen in Richtung Straßenrand fliegen. Die nächste Einstellung erfolgt direkt von der Straßenkreuzung. Dort filmt Rosenmann den lichterloh brennenden deutschen Tank aus dem Erdgeschoss desselben Gebäudes, in dem auch James Bates und ein weiterer Fotograf namens John Himes mit ihren Kameras agieren.

-3-

his gun around in our tank's direction when our shells hit him. It was a close squeeze, and needless to say the German tank exploding and bursting into flames made the best pictures of the war---and Detachment K got these pictures. I surely must have made all th...

> **Leon Rosenmann:** *Das war verdammt eng und ich glaube, ich brauche nicht zu sagen: Der explodierende und niederbrennende deutsche Panzer brachte die besten Bilder des Krieges und unsere Foto-Einheit hat sie gemacht.*

Und es ist Leon Rosenmann, der die Pershing-Crew nach ihrem geglückten Einsatz in zwei kurzen Einstellungen im Porträt festhält.

Abb. links, von links nach rechts:
obere Reihe: Tank Commander Robert Early, Gunner Clarence Smoyer, Ass. Driver Homer Davis, untere Reihe: Ass. Gunner John Deriggi, Ass. Driver W. M. McVey.

Die außergewöhnlichen Bilder aus Köln fallen im Pressezentrum des amerikanischen Oberkommandos in Paris auf. In einer besonderen Belobigung der Abteilung für zentrale Aufgaben wird Bates und Rosenmann bescheinigt, ihr »unter großen persönlichen Risiken durchgeführter Einsatz habe nicht nur die besten Aufnahmen aus Köln hervorgebracht, sondern zählten zu den hervorragendsten bewegten Bilder des gesamten Krieges« (***Abb. rechts***):

> *In diesem Fall filmten sie gemeinsam, wie ein Nazi-Panzer von US-Feuer getroffen wird. Bates filmte mit einem Teleobjektiv auf seiner Eyemo-Handkamera. Seine Nahaufnahmen zeigen Szenen, wie sich die Nazi-Panzerleute aus dem brennenden Panzer hinauswinden. Seine ganze Professionalität stellte Bates unter Beweis, als er die Kamera zum Ende der Panzeraktion geistesgegenwärtig zu den Türmen des Doms aufschwenkt. [...] Auch die Aufnahmen von Rosenmann sind von exzellenter Qualität und bestechen durch die ruhige Kameraführung. Sie komplettieren die Szenen von Bates und ermöglichen es nun, die Ereignisse vollständig und spannend wiederzugeben.*

ACTION IN COLOGNE; Shipment M-1357 - 1359 SFR 47 - All cameramen working during the capture of Cologne turned in very good coverage. Bates and Rosenmann, however, at great hazard to themselves turned in the best material in Cologne and footage that is among the outstanding motion picture coverage of the war. Excellent results are characteristic of these men individually and as a team. In this case, they work together in photographing a Nazi tank hit by U. S. fire. Bates, with a telephoto lens on hand-held Eyemo, caught closeups of Nazi tank-men scrambling out of the burning vehicle. He gave evidence of complete professional presence of mind at a tilt-up by the end of the tank action to the spires of Cologne Cathedral. Careful thought of this type is characteristic of Bates, who also made a connecting pan from a German security poster to a couple of GIs standing in doorway - a very effective shot. Rosenmann's material is of excellent quality and steady, complimenting Bates' coverage on the burning tank and providing complete and thrilling coverage.

Nach dem Gefecht soll der deutsche Panzer über Stunden gebrannt haben. Sogar am nächsten Morgen sei das Feuer noch nicht ganz erloschen gewesen. Der Pershing-Panzer rollt zurück ins Bankenviertel. Dabei werden von der Besatzung drei Granathülsen auf die Straße geworfen.

Clarence Smoyer wird als Panzerschütze des T26-Pershings in der Presse zumindest zweimal erwähnt. Drei Wochen nach dem Ereignis erscheint Smoyers Name in einem Bericht mit dem Titel »Death of a monster« veröffentlicht in der Wochenzeitschrift *Newsweek* und in einer großen Cologne-Story in der Armee-Illustrierten *Yank* vom 25. März 1945, verfasst von dem Reporter Ed Cunningham:

> **Ed Cunningham:** *Es war ein kurzlebiger Triumph für die deutschen Panzermänner. Als unser M-4-Panzer ausgeknockt wurde, befand sich ein anderer amerikanischer Tank nur einen Häuserblock oberhalb an der Marzellenstraße. Er wurde kommandiert von Sergeant Robert Early. Die »Jerry«-Besatzung feuerte immer noch auf die anderen US-Tanks und hörte nicht, dass Earlys Panzer näherkam: Erst, als er schon fast vor ihnen stand, schwangen die Deutschen ihre Kanone nach rechts und nahmen den US-Tank dort ins Visier, wo sie glaubten, dass er anhalten würde. Doch Early kam den Deutschen zuvor, in dem er mit voller Geschwindigkeit nach vorne preschte und bei laufender Fahrt feuerte.*
>
> *Seinen ersten Schuss setzte der Panzerschütze Corporal Clarence E. Smoyer aus Lehighton/Pennsylvania direkt unterhalb die Panzerung, gefolgt von zwei weiteren Granaten, wovon eine Granate den Panzer komplett durchschlug und auf der Rückseite wieder austrat. Drei »Jerries« kamen in den Flammen zu Tode, die beiden anderen konnten hinausklettern.*

Noch heute zählen die Aufnahmen vom Panzerduell am Dom zu den bekanntesten Filmszenen des Zweiten Weltkrieges. Seitdem wurden sie gemeinsam mit der Aufnahme aus der Komödienstraße zigfach für Film und Fernsehen editiert, in Büchern und Zeitschriften abgedruckt und beschrieben. Inzwischen haben die Bilder selbst Film-, Militär- und auch Stadtgeschichte geschrieben.

Zu der Identität des deutschen Panzers und seiner Besatzung hat sich die US-Armee nie offiziell geäußert. Auch nicht zu der Frage, ob jemand von der deutschen Crew möglicherweise überlebte und gefangen genommen wurde. Auch Leon Rosenmann erwähnt die deutsche Besatzung in seinen Soldatenbriefen nicht. Die Veteranen der 3rd Armored Division verweisen auf die Aussage von Kameramann Bates. Der habe in einem Interview aus dem Jahr 1994 in allen Einzelheiten beschrieben, wie die deutschen Panzersoldaten starben. Deshalb sei es zwecklos, nach Überlebenden zu suchen.

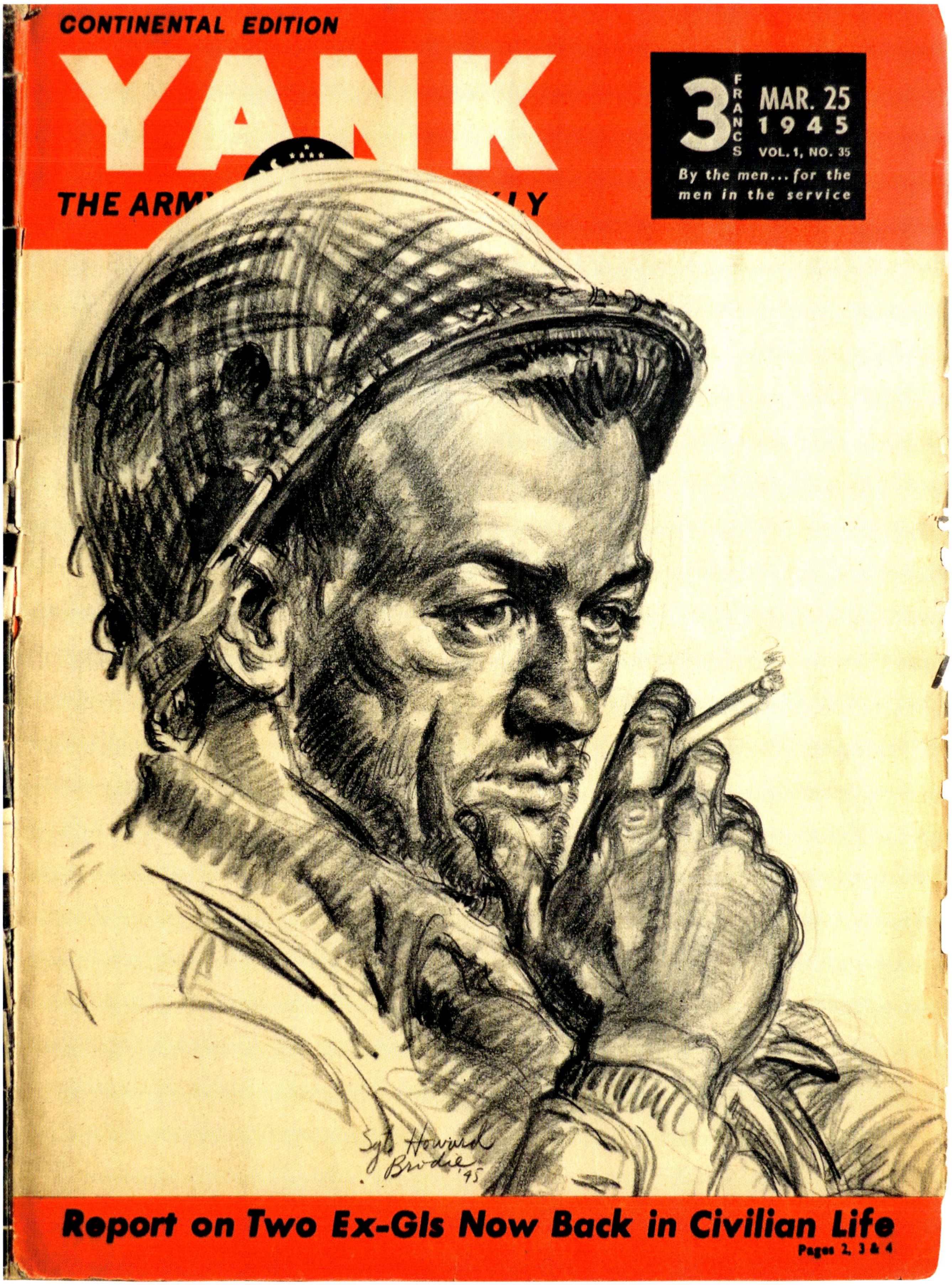

CONTINENTAL EDITION
YANK
THE ARM
KLY
3 FRANCS
MAR. 25
1945
VOL. 1, NO. 35
By the men... for the men in the service
Sgt. Howard Brodie '45
Report on Two Ex-GIs Now Back in Civilian Life
Pages 2, 3 & 4

Street scene in white-flagged Cologne with two GIs, a German girl and her little sister, a nun, and two civilians pushing home their belongings on a cart.

The commander of an American tank looks over the next objective as the leading armored element slugs its way through battered, torn Cologne.

Collapse of Cologne

Waving a white rag, a crazed German woman runs toward advancing, conquering Americans.

GI tourists were unimpressed with the little that was left of Germany's third largest city.

By Sgt. ED CUNNINGHAM
YANK Staff Correspondent

Cologne, Germany—Americans who visited Cologne in prewar days were always impressed by the legend of the city's eau-de-Cologne.

According to the myth, the fragrant water was discovered by the first settlers at the site of the present Cologne cathedral. The invigorating properties of the water were supposed to be so effective that every soldier who bathed his forehead in it was protected against fatigue, headache, nausea, impotence and whatever else ailed him.

It was a good story, and the people of Cologne stuck to it.

But the American visitors to Cologne in 1945 were not impressed. Maybe it was because they came in tanks and on foot rather than on Rhine steamers. Besides, they had no time to read the guide books en route.

Anyhow the Yanks barrel-tailed through Cologne's famed Hohe Strasse and Kaiser Wilhelm Ring and headed straight for the Rhine.

Perhaps the city's supply of eau-de-Cologne was running low, like its stocks of food, fuel and water. At any rate the Americans met few German soldiers who showed any extraordinary resistance against fatigue or headaches. Several snipers and a stray tank crew stayed around to contest the Yanks march to the Rhine through Cologne's streets, but most of the krauts tired early and pulled out.

The Americans took the city, Germany's third largest, and the biggest yet to fall to Allied troops, in less than three days.

The Third Armored Division moved into the city limits of Cologne shortly before noon on March 5, after armored infantrymen had cleared road blocks at a railroad underpass which had temporarily stymied the tanks. They drove forward through scattered small-arms and sniper fire to their first phase line, another railroad underpass about midway in the city, where they buttoned up for the night.

At daylight the next morning, they moved out again, with the Rhine River behind the Cologne cathedral as the day's phase line.

I caught up with the tanks shortly after noon, when they had reached a point within two blocks of the cathedral. They were still getting sniper and small-arms fire from shattered houses along their route, plus occasional air bursts and direct fire from an 88 set up under the Hohenzollern bridge, which connects Cologne with its suburban city of Deutz.

A German Mark V was also reported roaming around in the vicinity of the Dom Kloster, the square on which the cathedral fronts. Its crew was on a suicide mission because all bridges across the Rhine were unuseable and escape routes to the north and south had been cut off.

Despite the frequent fire and the noise of bursting shells, many of Cologne's civilians stood in groups close to their bombed-out houses, watching the Americans advance.

White flags fluttered from almost every house. Old men tipped their hats as American armored infantrymen moved up Zeughaus Strasse toward the cathedral square.

Two women and a man came out of an abandoned store carrying two baskets of shoes. One woman waved a pair of sandals at some people standing in a nearby doorway, laughed gloatingly and motioned for them to go and help themselves.

Two medium and three light tanks, which had been parked on the sidewalk, pulled into the street and headed in Kommodien Strasse. They were going out on patrol, headed for the cathedral square and the west end of the Hohenzollern bridge just behind the cathedral.

The lead tank, an M-IV, was nearing the end of the Kommodien Strasse when it had to halt. The street was blocked with the rubble that once was Saint Andreas Church, dating

---

TO Trouble

With the 26th Division in Germany—A captured German officer was watching the American battalion commander examine his personal papers. Suddenly the German leaned over and pointed at one document.

"If you don't mind," he said, "I'd like to have that back when you get through with it."

"Why?" the American officer asked.

"Well, I happen to be a Regular Army officer," the German said. "That paper is the only proof I have that my present rank is permanent. If I don't have that after the war, I'll have to go down two grades in rank."

—YANK Field Correspondent

…ar Hohenzol-
…across bomb-
…ds the altar.

Shattered Hohenzollern bridge at Cologne lies in the Rhine beneath a cathedral tower. Americans had already begun shelling Germans on the opposite bank.

Gutted houses line the much-travelled Rhine near the wrecked Hohenzollern bridge while another important bridge up ahead still burns.

back to the 13th century. As it waited for an armored bulldozer to come up and clear a path, the M-IV was caught flat-footed by the suicide crew of the roving Mark V which suddenly swung around the far corner from the Dom Kloster. A direct hit on its gun shield killed two of the Yank tank crew and blasted the leg off a third. He died nearby.

It was short-lived triumph for the German tankmen. Another American tank, commanded by S/Sgt. Robert Early, was one block over on Marzellan Strasse, when our M-IV was knocked out. The Jerry crew was still firing at the other U.S. tanks and did not hear Early's vehicle approaching.

When he was nearly on top of them, the Jerries swung their gun around to the right and put it in a spot where they figured Early would stop his tank to get the best shot. But Early, who used to be a farmer back in Fountain, Minn., crossed them up. He kept coming full speed ahead, firing on the run.

The gunner, Cpl. Clarence E. Smoyer, of Lehighton, Pa., put one right under the Mark V's gun shield on his first shot, and followed through with two more shells, one of which went through the Jerry tank. It went up in flames. Three of its crew were burned to death while the other two bailed out.

With Kommodien Strasse blocked not only by the rubble of Saint Andreas church but by two knocked-out tanks as well, it was impossible for the armored patrol to get through to the Dom Kloster. They withdrew, awaiting further orders.

The orders came at 1630 while I was at a CP. A picture of Heinrich Himmler still hung on the wall in the room where American troops were getting their orders for completion of the conquest of Cologne.

From three directions, American tanks started closing the net around the city's famed cathedral, the last area of resistance in this sector. One M-IV, commanded by Cpl. Toino Aho, of Maple, Wis., swung around back of the cathedral and moved in on the 88 set up under the Hohenzollern bridge.

After a sharp but short battle he knocked out the enemy gun and went on to kayo a Jerry ammunition halftrack, the last mechanical resistance in the cathedral.

At 1700 hours on March 6, a Third Armored Division officer reported by radio to division headquarters, announcing his men had reached the Rhine. The next day, the 104th Infantry Division cleared up the pockets of resistance in the south side of the city.

Cologne, the heart of the Rhineland, was completely in American hands.

THE day after the fall of Cologne, the city regained some of the tourist trade it lost when the war began, but its visitors were strictly "on the cuff" and were not as clean or as well-dressed as their predecessors. Most of them had slept in a cellar the night before and, if they were lucky, washed out of a helmet.

But all the new visitors to Cologne were just as anxious to see the wonders of Cologne as any tourist. There was only one drawback. There wasn't much left to see.

Of all the churches, museums and other cultural exhibits located in the city, only the famed cathedral retains any of its former glory. The Rathaus, a Gothic-towered museum built on the ruins of an ancient Roman fort, is only a skeleton building. The Gurzenich, Cologne's 500-year old entertainment center, is also destroyed. So are the churches of Saint Andreas and Saint Gereon, the Archiepiscopal Museum and the Wallraf-Richartz Museum, together with numerous well-known hotels and cafes.

GI visitors to Cologne were able to get a fairly representative impression of the city's most famous work of art, its huge cathedral, the cornestone which was laid in 1248. Standing in the middle of the Dom Kloster, they gazed at its 516-foot towers and its beautifully symmetrical exterior, which has been called "frozen music." Despite seven hits during the frequent bombing raids on Cologne the exterior of the cathedral is relatively intact except for the roof and its large stained glass windows, all of which have either been removed or broken.

Several of the more ambitious soldier-sightseers climbed the several hundred steps to the top of the cathedral towers for a birds-eye view of the bombed ruins of Cologne, the Rhine Valley, and the seven mountains, including the famed Drachenfels and its castled crag. The Drachenfels are familiar to opera goers as the scene of the battle between Siegfried and the fire-breathing Fafner.

> **Clarence Smoyer:** *Ich habe niemals in den Panzer geschaut. Aber man sagte mir immer, alle der deutschen Panzerleute seien umgekommen. Ich habe oft daran gedacht.*

Reporter Andy Rooney sieht von der Komödienstraße aus, wie der deutsche Panzer getroffen wird.

> **Andy Rooney:** *Ja, ich sah den Einschlag und als ich später zum Dom ging, sah ich auch die Deutschen, die in dem Panzer umgekommen waren. Die anderen deutschen Panzermänner waren geflohen.*

Obwohl die Aufnahmen von Bates den Anschein geben, zumindest ein Teil der Besatzung könnte entkommen sein, bleibt der Kameramann bis zu seinem Tod im Jahre 1996 bei seiner Aussage: Er habe gesehen, dass alle Besatzungsmitglieder umgekommen seien. Demnach kann es sich bei dem Mann, der hier noch bis zur Hüfte in der Turmluke des brennenden Panzers steckt, welcher den Filmaufnahmen zufolge noch zwei weitere Volltreffer kassiert, nicht um Wilhelm Bartelborth handeln. Gab es am Dom also möglicherweise auch noch Panzer anderer Wehrmachteinheiten, die dort kämpften?

Die offizielle Einsatzchronik der Panzerbrigade 106 FHH hält sich zum Panzerkampf am Dom auch überraschend bedeckt. Hier steht zu lesen: »Einer von uns oder der 9. Panzerdivision.« Auf meine erste schriftliche Anfrage an den Veteranenverband der Brigade bekomme ich eine noch vorsichtigere Antwort: Es sei sogar wahrscheinlicher, dass es ein Panzer der 9. Panzerdivision gewesen sei.

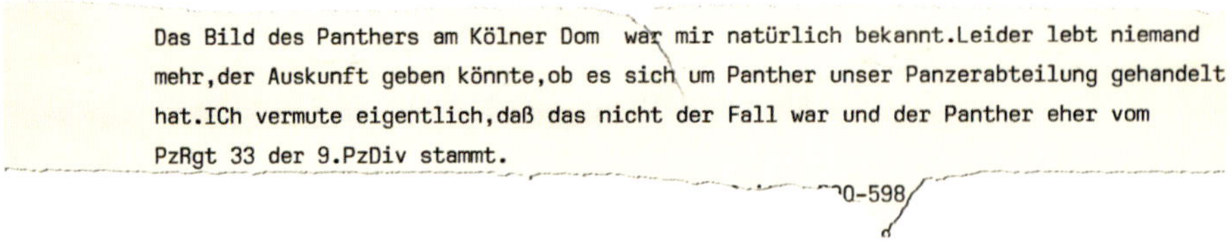

Das Bild des Panthers am Kölner Dom war mir natürlich bekannt.Leider lebt niemand mehr,der Auskunft geben könnte,ob es sich um Panther unser Panzerabteilung gehandelt hat.ICh vermute eigentlich,daß das nicht der Fall war und der Panther eher vom PzRgt 33 der 9.PzDiv stammt.

0-598

*Geza Marosi (*1917), von Beruf Metzger, als Österreicher von 1938–1945 Angehöriger der Wehrmacht.*

Kaspar Kessel (1910–1980) ***(links)*** *soll als Panzerkommandant der 9. Panzerdivision am Dom eingesetzt worden sein. Hans Köllen* ***(rechts)****, ein enger Freund der Familie des gelernten Kraftfahrers Kessel, hält dies für unwahrscheinlich. Er glaubt, Kessel habe seine Einheit bereits im Erftland verlassen.*

Mobile Reperaturwerkstatt des 33. Panzerregiments der 9. Panzerdivision.

Und tatsächlich: Das deutsch-österreichische Panzerregiment 33 der 9. Panzerdivision reklamiert für sich, am Kölner Dom Widerstand geleistet zu haben. Mit insgesamt sechs abgeschossenen Panzern habe man den Amerikanern dort den Triumph verdorben. Vier davon gingen allein auf das Konto eines Kommandanten namens Marosi.

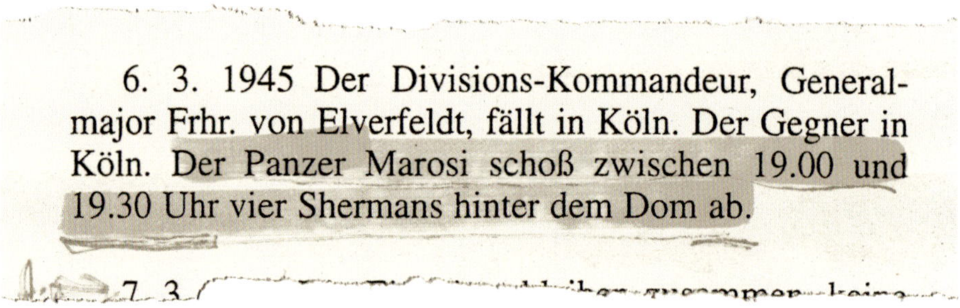

6. 3. 1945 Der Divisions-Kommandeur, Generalmajor Frhr. von Elverfeldt, fällt in Köln. Der Gegner in Köln. Der Panzer Marosi schoß zwischen 19.00 und 19.30 Uhr vier Shermans hinter dem Dom ab.

Auch Regimentschronist Kurt Gätzschmann, im März 1945 selbst mit der 9. Panzerdivision in Köln, kennt die Aufnahme des Panzers vom Typ Panther V gut:

> **Kurt Gätzschmann:** *Ja, die Abbildung kenn ich. Die hab ich selber. Wie gesagt, der Panzer ist ohne Turmnummer, das Divisionszeichen müsste drauf sein auf den Schutzblechen. Man kann aber nichts erkennen und folglich kann ich auch nicht sagen, ob das ein Panther ist von der 2. Abteilung Panzerregiment 33. Aber mir erscheint es glaubhaft. Wir hatten noch einige Panzer und wir haben großen Widerstand geleistet.*

Damit stehen die Angaben der Chronik der 9. Panzerdivision in deutlichem Gegensatz zu der weitverbreiteten Ansicht, Köln sei von der US-Armee nahezu kampflos erobert worden. Im Frühjahr 2007 treffe ich den Mann, der am Dom wirklich dabei gewesen sein soll, in Wien:

> **Geza Marosi:** *Wir haben Deutschland verteidigt, Köln natürlich auch. Wir hatten ja keine Fotografen und keine Wochenschauen. Wir konnten ja nichts dagegensetzen. Die Leute haben geglaubt, was die Amerikaner sagen, das stimmt. Aber das stimmt nicht. Diese Filme, die sie da bei uns gezeigt haben, das ist alles auf Amerikaner zugeschnitten, ich mag's mir auch gar nicht mehr anschauen, lauter Schmäh. Bevor der Panzer beschossen wurde, sind die schon ausgestiegen. Die hab ich alle drüben auf der anderen Rheinseite wiedergetroffen. Da ist keiner verbrannt drin, keiner wurde verwundet. Die haben uns für Feiglinge, für Arschlöcher angesehen, für feige Hunde. Dabei haben die immer eins auf die Mütze gekriegt.*

Der Mann, der dies äußert, heißt Geza Marosi und war Panzerkommandant in der 9. Panzerdivision im Range eines Feldwebels, eingesetzt an allen Fronten. In dem Gespräch mit mir nennt er die Namen zweier Panzerbesatzungen, die am Dom im Team gekämpft haben sollen, darunter seine eigene. Die Besatzung des Wagens, der am Dom in Flammen aufging, stand nach seiner Version unter dem Kommando eines Mannes aus Königsdorf bei Köln. Weil der sich auf dem Weg durch sein Heimatdorf vor den Toren Kölns kurzzeitig von der Truppe entfernt hatte, drohte ihm ein Strafprozess. Deshalb will Marosi ihm am Dom einen entscheidenden Tipp gegeben haben.

> **Geza Marosi:** *Dann fuhr ich bis zum Kölner Dom und kurvte da herum. Da stand bereits Kaspar Kessel von Großkönigsdorf, der Taxiunternehmer, direkt vorm Kölner Dom. Und ich sagte zu ihm: »Du kannst nicht über den Rhein übersetzen, Du wirst verurteilt, stell' dich zum Kölner Dom hin, zeig ihnen die Breitseite, dann wirst du abgeschossen und damit ist alles erledigt.« So ist's auch geschehen.*

Kaspar Kessel (links) mit seiner Besatzung aus der 5. Kompanie, 2. Abteilung des 33. Panzerregiments in der 9. Panzerdivision.

Wenn es tatsächlich der Taxifahrer aus Königsdorf war, der hier vor laufender Kamera flüchtet, dann war es für ihn das letzte Gefecht des Krieges. Er, der Kommandant dieses Panzers, rannte demnach nicht wie die anderen zum Rheinufer, sondern schlug sich nach Hause durch und versteckte sich hier bei seinen Eltern am Kölner Stadtrand. Dort treffe ich später einen engen Freund der Familie.

> **Hans Köllen:** *Also, ich muss sagen, das höre ich zum ersten Mal. Ich bin bisher davon ausgegangen, dass er seinen Panzer verlassen hat, irgendwo an der Erft hier in der Nähe, und dass er sich von da aus abgesetzt hat. Dass er noch in Köln am Dom gekämpft haben soll, ist mir also neu.*

Auch niemand in der Familie Kaspar Kessels weiß etwas über seine mögliche Beteiligung an dem Kämpfen am Dom. Ganz ausschließen mag es keiner, aber fest steht: Bis zu seinem Tod 1980 hat der in ganz Königsdorf bekannte Mann nie darüber gesprochen. Eigentlich kein Wunder, denn dann wäre der selbstständige Taxifahrer in Köln wohl in regelmäßigen Abständen an die Öffentlichkeit gezerrt worden. Oder handelt es sich, um mit Marosis Worten zu sprechen, um »lauter Schmäh«?

Doch der Mann aus Wien zeigt Beweismaterial: Über 500 Seiten Akten, zumeist persönliche Briefwechsel mit einem Militärgeschichtsforscher namens Manfred Heller. Sollten die Inhalte tatsächlich zutreffen, so mussten nicht nur einige Kölner Kapitel der Kriegsgeschichte korrigiert werden. Sollten sie hingegen nicht stimmen, so wäre dies ein Fall von organisierter Geschichtsfälschung von beachtlichem Ausmaß.

Denn Heller hat es über Jahre hinweg geschafft, seine Angaben auch in die Unterlagen anderer Einheiten einzuschleusen. Sie sind heute ein fester Bestandteil zahlreicher Archive in aller Welt und befinden sich auch in Köln. Es ist wohl eine der letzten Gelegenheiten, die enorme Beweiskette zu überprüfen. Möglicherweise gibt es ja doch noch Überlebende unter denen, die hier als Beteiligte genannt werden.

Der Name Kaspar Kessel wird an vielen Stellen immer wieder erwähnt und auch das, was unmittelbar nach seinem Einsatz am Dom geschehen sein soll: Dann nämlich soll es Marosi selbst gewesen sein, der mit seiner Besatzung hinter dem Dom noch vier weitere amerikanische Tanks abgeschossen habe.

> **Gesa Marosi:** *Ja, ich hab insgesamt vier Stück abgeschossen, steht da genau geschrieben: die Nummer, die Einheit, alles.*

Jagdpanzer und zwei Pz.Spähwagen ab, Gerhard die leichten M-5!
Am Dom schoß Kaspar 2 "Shermans" ab, dabei ein schwerer "JUMBO", es gab nur zwei Überlebende von 10 Mann. Du aber konntes mit nur drei Mann Be=satzung im "Panther", vier "Shermans" hinter dem Dom, im Nahkampf, knak=ken, aus 100 - 30 m Entfernung! Ich werde dazu genau den Beweis bringen!

Für jeden einzelnen dieser Abschüsse erhält Marosi von Heller sogar eine eidesstattliche Erklärung, dass diese einwandfrei bewiesen seien.

Aber schon nach meinen ersten Nachforschungen entpuppt sich dieses Dokument als bizarr. Die angeführten Beweise und Zeugen halten einer Überprüfung nicht stand. Stellvertretend für viele, die ich mit meinem Team in wochenlanger Suche erreiche, steht Karl Bernhard Dries, der Mann, der im Panzer von Marosi die Granaten nachgeladen hat, heute wohnhaft in Nürnberg. Er sagt mir, dass sie in Köln keinen einzigen Schuss abgegeben hätten.

Als ich Marosi mit den Rechercheergebnissen konfrontiere, knickt er ein: Es sei ja nicht zu erwarten gewesen, dass ich die ganze Geschichte noch einmal aufrollte. Die Schuld gibt er Heller, dem habe nach seinen enormen Recherchen wohl ein leibhaftiger Held gefehlt. Der Einsatzforscher, der 1997 in Australien starb, hatte das Talent, Dutzende ehemalige Wehrmachtssoldaten mit persönlichen Schmeicheleien um den Finger zu wickeln und ihnen so ein Stück späte Genugtuung zu verschaffen, denn viele fühlten sich nach dem Krieg für den Einsatz, den sie als junge Männer leisten mussten, verachtet. Dafür half Marosi sogar mit, ein Netz aus fingierten Beweisen aufzubauen und war bereit, für Heller als Zeitzeuge zu fungieren. Hinter den Kulissen des Veteranenverbandes der 9. Panzerdivision hatte sich dies längst herumgesprochen. Doch auch nach Hellers Tod fehlte den alten Kämpfern der Mut, reinen Tisch zu machen, nicht nur in Bezug auf Köln. Immerhin hatte der Veteranenverband bereits in den frühen 1990er Jahren das Bundesmilitärarchiv in Freiburg informiert und vor der Verwendung der Unterlagen Hellers gewarnt.

Wer aber waren nun die deutschen Soldaten, die, wie alle Zeitungen und Wochenschauen berichteten, auf deutscher Seite wirklich die Letzten gewesen sein sollen, um

E I D E S S T A T T L I C H E   E R K L Ä R U N G

1.) Über den Sinn u. die Folgen einer eidesstattlichen Erklärung bin ich rechtlich genauestens belehrt und hingewiesen worden.

2.) Gemäß meiner Eigenschaft als Militärgeschichtsforscher kann ich, nach nunmehr fünfzehnjährigen, intensiven Forschungsarbeiten mit allergrößter, mehrmals geprüfter Sicherheit und auf Quellenanga=ben beruhendes Matérial, sowie persönlichen in den Jahren '45/47 gemachten Beschauungen, nachfolgende Erklärungen abgeben.

3.) Dem damaligen Panzer-Kommandanten, Fldw. Géza Marosi, 5./II./33, 9.Pz.Div., sind nachfolgend aufgeführte Panzerabschüsse, anzuer=kennen:

a) Normandiefront:
12 "Shermans" der 1.(poln.) Armored Division am 20.08.'44

b) Stolberg-Front:
3 "Shermans" der 3.US.Armored Division

c) ROCHEFORT/Ardennen:
2 "Shermans" der 2.US.Armored Division
+ 1 Pak

d) Rurfront: HÖLLEN:
1 "Sherman" (der 30.US.Inf.Div. zugeteilt!)
LICH:
5 "Shermans"(der 30.US.Inf.Div. zugeteilt!)
+ 3 "Shermans"(der 30.US.Inf.Div. zugeteilt!)
+ 1 "Sherman-Jumbo" schwer gepanzerter M4A3E2
+ 2 M3 - MTW (der 30.US.Inf.Div.)
ESCHERGEWÄHR:
1 Panzerjäger M36-B1 der 2.US-Pz.Div
3 "Shermans"(der F-Company 2.US.Pz.Div.!)

(Außerdem wurden durch den von ihm kommandierten "Panther"-Zug von vier "Panther", weitere 14 "Shermans" abgeschossen u. die gesamte F-Coy dabei ausgeschaltet, einige dieser abgeschosse= "Shermans" konnten geborgen und wieder instandgesetzt werden!

e) Stadtkampf KÖLN:
1 "Sherman" neben dem Hauptbahnhof
3 "Shermans" zwischen Dombunker, Südseite am Dom und Hotelruine aus nächster Nähe von 10 - 30 m Entfernung

Für die Richtigkeit der Angaben zeichnend

(Manfred Peter Heller)
21 Hill Avenue
Cumberland Park, S.A., 5041
Süd-Australien

den 10.September 1993

14 47

Dr. phil. Carl Hans Hermann [redacted] 13.12.93.

Mein lieber Udi und spektakulärer Panzerfahrer,

Mensch, Udi, stell' Dir vor: In 50 oder 100 Jahren bekäme ein seriöser Historiker den ganzen Kokolores von Anfeindungen, Ehrabschneidungen, üble Nachrede und Rufmord in die Hand! Der muß uns doch für verrückt erklären, daß wir das Heller-Archiv als unbestechliche Quelle angesehen haben. Nein, ich bin sicher, daß das Militärarchiv desinteressiert ist, wenn ich ihm die wenigen Kostproben zeige, die Du mir vor längerem zugehen ließest.

Abbildungen zur Geschichte der 9. Panzerdivision. ***Abb. links oben:*** *Der Einsatz von Kessel und Marosi am Kölner Dom in den Unterlagen von Manfred P. Heller. In diesem Dokument (**Abb. links unten**) bescheinigt Heller Marosi diese Version in Form einer eidesstattlichen Erklärung. Kurz darauf distanzieren sich Vereinskameraden von den Recherchemethoden des Teams Heller–Marosi (**Abb. oben**). Die **Abb. links in der Mitte** zeigt Geza Marosis Panzerbesatzung im Panzerregiment 33. Das Panzerwagenbataillon bestand bereits im Bundesheer Österreichs und wurde 1938 in die Wehrmacht eingegliedert. Das Signet des Regiments trägt das Symbol von Prinz Eugen zu Pferde.*

sich dann vor laufender Kamera abschießen zu lassen? Ist die Story von Wilhelm Bartelborths Einsatz genauso frisiert wie die von Gesa Marosi?

Im Gegensatz zu Marosi existieren für Bartelborths Anwesenheit in Köln aber tatsächlich amerikanische Belege. So gab es bereits 1945 die Meldung einer Nachrichtenagentur, die, wenn auch in fehlerhafter Schreibweise, Bartelborths Namen enthielt, von ihr wurde aber kaum Notiz genommen. Sie stammte von dem Korrespondenten Mike Levin, Overseas News Agency, New York. Sein zweiseitiger Bericht aus Köln, datiert auf den 7. März, spricht von zwei deutschen Soldaten, die in dem Panther zu Tode gekommen seien und erwähnt drei Überlebende, die Reporter Levin im Lazarett des Dombunkers ausfindig gemacht habe. Zwei deutsche Soldaten nennt Levin sogar mit Namen: »First Lieutnant Barthell Bortr« und »Obergefreiter Otto Koenich«.

Abb. unten: *Seit 1942 befindet sich Kölns größter Luftschutzbunker direkt neben dem Dom. Das Gebäude aus Stahlbeton besteht aus mehreren Etagen und einem Keller. Die Wände des Gebäudes sollen vier Meter dick gewesen sein. Während des Angriffs der US-Armee fungiert der Bunker auch als Gefechtsstand und Lazarett der Wehrmacht. Hierhin flüchten auch die Überlebenden des am Dom abgeschossenen Panthers.*

Meyer Levin (1905–1981). Der in Chicago geborene amerikanisch-jüdische Schriftsteller und Journalist setzte sich vor allem mit seiner Identität als Jude in den USA auseinander. Während des Krieges dient Levin in der Division für psychologische Kriegsführung. Als Kriegsreporter begleitet er die US-Truppen auch bei der Befreiung mehrerer Konzentrationslager. In seinen Zeitungsberichten nutzte er als Autor den Spitznamen Mike Levin. Die Abbildung darüber zeigt ihn beim Verfassen einer seiner vielen Artikel. Begleitet wurde er oft von dem Fotografen Eric Schwab, von dem auch dieses Foto stammt.

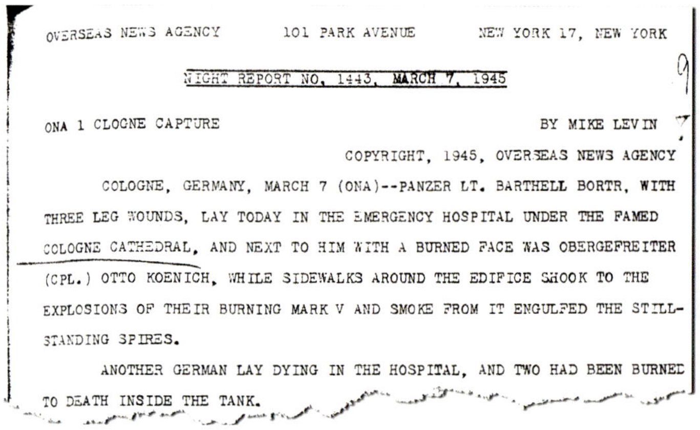

OVERSEAS NEWS AGENCY 101 PARK AVENUE NEW YORK 17, NEW YORK

NIGHT REPORT NO. 1443, MARCH 7, 1945

ONA 1 CLOGNE CAPTURE BY MIKE LEVIN

COPYRIGHT, 1945, OVERSEAS NEWS AGENCY

COLOGNE, GERMANY, MARCH 7 (ONA)--PANZER LT. BARTHELL BORTR, WITH THREE LEG WOUNDS, LAY TODAY IN THE EMERGENCY HOSPITAL UNDER THE FAMED COLOGNE CATHEDRAL, AND NEXT TO HIM WITH A BURNED FACE WAS OBERGEFREITER (CPL.) OTTO KOENICH, WHILE SIDEWALKS AROUND THE EDIFICE SHOOK TO THE EXPLOSIONS OF THEIR BURNING MARK V AND SMOKE FROM IT ENGULFED THE STILL-STANDING SPIRES.

ANOTHER GERMAN LAY DYING IN THE HOSPITAL, AND TWO HAD BEEN BURNED TO DEATH INSIDE THE TANK.

Bartelborth und König. Gehörten beide zu derselben Einheit? In der Namensliste der Brigade wird Oberst a. D. Klaus Voss tatsächlich fündig.

> **Klaus Voss:** *Der Oberleutnant Bartelborth war damals einer von den Offizieren, die als Kompaniechef in Frage kamen. Den Namen König habe ich aus unserem Anschriftenverzeichnis genommen. Die Namen sind mir geläufig, persönlich habe ich sie nicht gekannt.*

Haben die Männer in ihren Familien etwas erzählt? Lebt der Obergefreite Otto König möglicherweise noch? Ausgehend von den Heimatanschriften aus dem Jahr 1945 mache ich mich nun auf die Suche.

Wilhelm Bartelborth war bis in die 1970er Jahre Lehrer in Bielefeld. Er starb 1998 im Alter von 93 Jahren. Nach Auskunft seiner Familie war er tatsächlich in ein Panzerduell am Kölner Dom verwickelt. Sein Schwager charakterisiert Bartelborth als einen ehrgeizigen Offizier, der während des Krieges fast 50 gegnerische Panzer abgeschossen habe. Er möchte sich nicht weiter äußern, aber mit Unterstützung der Familie wird es möglich sein, Einsicht in die noch existierenden Wehrmachtakten Oberleutnant Bartelborths zu nehmen. Sie enthalten die Verlustmeldung mit Datum 6. März 1945, versehen mit einem Kommentar, dass kein Verdacht bestehe, dass er desertiert sei. Zudem das US-Dokument der Gefangennahme am 6. März 1945 in Köln.

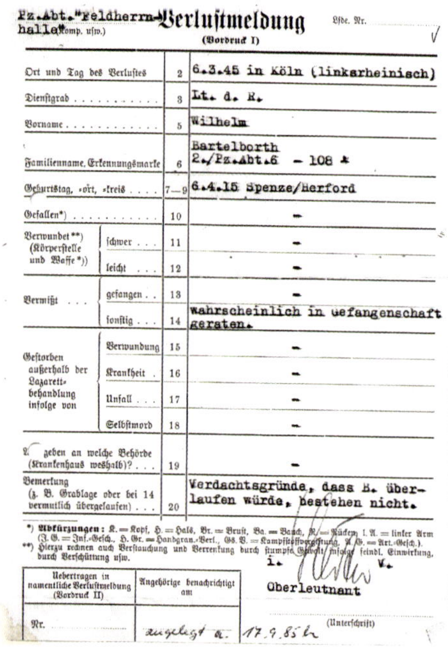

Pz.Abt."Feldherrnhalle" (Komp. usw.) **Verlustmeldung** (Vordruck I) Lfde. Nr.

Ort und Tag des Verlustes	2	6.3.45 in Köln (linkarheinisch)
Dienstgrad	3	Lt. d. R.
Vorname	5	Wilhelm
Familienname, Erkennungsmarke	6	Bartelborth 2./Pz.Abt.6 – 108 *
Geburtstag, -ort, -kreis	7–9	6.4.15 Spenze/Herford
Gefallen*)	10	–
Verwundet**) (Körperstelle und Waffe*)) schwer	11	–
Verwundet**) leicht	12	–
Vermißt gefangen	13	–
Vermißt sonstig	14	wahrscheinlich in Gefangenschaft geraten.
Gestorben außerhalb der Lazarettbehandlung infolge von Verwundung	15	–
Krankheit	16	–
Unfall	17	–
Selbstmord	18	–
2. geben an welche Behörde (Krankenhaus weshalb)?	19	–
Bemerkung (z. B. Grablage oder bei 14 vermutlich übergelaufen)	20	Verdachtsgründe, dass B. überlaufen würde, bestehen nicht.

*) Abkürzungen: K. = Kopf, H. = Hals, Br. = Brust, Ba. = Bauch, R. = Rücken, l. A. = linker Arm (J. G. = Inf.-Gesch., H. Gr. = Handgran.-Verl., Gs. V. = Kampfstoffvergiftung, A. G. = Art.-Gesch.).
**) Hierzu rechnen auch Verstauchung und Verrenkung durch stumpfe Gewalt infolge feindl. Einwirkung, durch Verschüttung usw.

i. V.
Oberleutnant
(Unterschrift)

Uebertragen in namentliche Verlustmeldung (Vordruck II)	Angehörige benachrichtigt am
Nr.	angelegt a. 17.9.85

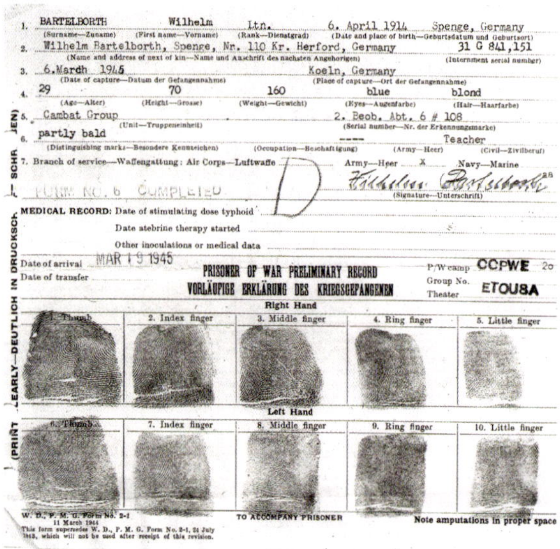

1. BARTELBORTH (Surname—Zuname) Wilhelm (First name—Vorname) Ltn. (Rank—Dienstgrad) 6. April 1914 Spenge, Germany (Date and place of birth—Geburtsdatum und Geburtsort)
2. Wilhelm Bartelborth, Spenge, Nr. 110 Kr. Herford, Germany (Name and address of next of kin—Name und Anschrift des nächsten Angehörigen) 31 G 841,151 (Internment serial number)
3. 6.Mardh 1945 (Date of capture—Datum der Gefangennahme) Koeln, Germany (Place of capture—Ort der Gefangennahme)
4. 29 (Age—Alter) 70 (Height—Grosse) 160 (Weight—Gewicht) blue (Eyes—Augenfarbe) blond (Hair—Haarfarbe)
5. Cambat Group (Unit—Truppeneinheit) 2. Beob. Abt. 6 # 108 (Serial number—Nr. der Erkennungsmarke)
6. partly bald (Distinguishing marks—Besondere Kennzeichen) (Occupation—Beschaftigung) ---- (Army—Heer) Teacher (Civil—Zivilberuf)
7. Branch of service—Waffengattung: Air Corps—Luftwaffe Army—Heer X Navy—Marine

FORM NO. 6 COMPLETED D (Signature—Unterschrift)

MEDICAL RECORD: Date of stimulating dose typhoid
Date atebrine therapy started
Other inoculations or medical data

Date of arrival MAR 19 1945
Date of transfer

PRISONER OF WAR PRELIMINARY RECORD
VORLÄUFIGE ERKLÄRUNG DES KRIEGSGEFANGENEN

P/W camp CCPWE 20
Group No.
Theater ETOUSA

Right Hand: 1. Thumb 2. Index finger 3. Middle finger 4. Ring finger 5. Little finger
Left Hand: 6. Thumb 7. Index finger 8. Middle finger 9. Ring finger 10. Little finger

PRINT CLEARLY—DEUTLICH IN DRUCKSCHRIFT SCHREIBEN

W. D., P. M. G. Form No. 2-1 11 March 1944 TO ACCOMPANY PRISONER Note amputations in proper space

***Abb. links:** Verlustmeldung der Panzerabteilung Feldherrnhalle über Wilhelm Bartelborth vom 6. März 1945. Zu gleichen Zeit wird der Oberleutnant von der US-Armee gefangen genommen. Beim Eintreffen im US-Gefangenenlager werden Bartelborths persönliche Daten registriert und seine Fingerabdrücke archiviert (**Abb. oben**). Das Kriegsgefangenenlager befindet sich in Haute-Grégor-Cherbourg und ist für 25 000 Personen ausgelegt. Am 25. August wird Bartelborth entlassen.*

Damit ist mehrfach belegt, Wilhelm Bartelborth war als Kommandant der Panzerbrigade 105 FHH am Kölner Dom und überlebte das Gefecht.

Klaus Voss: *Es war klar, dass wir eben nie wussten, ist dieser Panzer, dessen Bild vor dem Kölner Dom wir ja hatten, einer von uns gewesen oder war es einer von der 9. Panzerdivision. Diese Frage wurde erst durch ihre Recherchen geklärt.*

Damit scheint auch sicher, die Aussage von Kameramann Bates, alle seien umgekommen, ist nicht mehr haltbar. Pershingschütze Clarence Smoyer reagiert bewegt auf diese Nachricht; das Schicksal, die gefilmte Crew auf dem Gewissen zu haben, hatte er lebenslang als Bürde empfunden.

Clarence Smoyer: *Es hat mich immer sehr belastet, dass sie alle umgekommen sind. Ich bin froh, dass jemand überlebt hat. Sehr froh.*

Ihm war bisher nichts anderes übriggeblieben, als zu glauben, was man ihm mitgeteilt und was er im Film gesehen hatte.

Clarence Smoyer: *Es war so knapp. Und weil es eine so enge Sache war und an solch einem prominenten Ort stattgefunden hatte, hörte ich oft in Geschichtsdokus und Fernsehberichten davon. Und dann hat es mich jedes Mal besonders bedrückt, dass sie alle umgekommen waren.*

Die detaillierte Aufzählung der Todesumstände eines jeden Einzelnen der Panzerleute durch Kameramann Bates findet auch Roger Smither, Filmexperte des renommierten Imperial War Museums in London, bemerkenswert.

Roger Smither: *Was mich wirklich wundert, ist, dass der Kameramann solch eine präzise Beschreibung darüber abgeben konnte, was mit der Besatzung des deutschen Panzers passiert war. Ich frage mich, wie oft er diese Geschichte schon erzählt hatte. Irgendwann hat sie sich wohl verselbstständigt und wurde immer weiter ausgeschmückt, wenn man so will.*

Doch bereits kurz nach dem Krieg hat Bates von den Aufnahmen am Dom seine eigene, nie veröffentlichte Version (cameraman-edit) aus Filmbildern und Text gefertigt. In der in seiner heimischen Werkstatt bei Alexander Films in Colorado Springs gefertigten Produktion kommentiert er seine Filmaufnahmen wie folgt:

James Bates: *Ein deutscher Panzer hat sich in der Nähe eines Nazi-Hauptquartiers versteckt. [Gemeint ist das Gebäude der Deutschen Arbeitsfront an der Marzellenstraße, Anm. d. A.] Es gibt keinen besseren Gegner für einen deutschen Panzer als unseren T26. Die Deutschen wussten, dass wir einen neuen Panzer hatten, hatten aber keine Informationen darüber. Diejenigen, die ihn zu Gesicht bekommen hatten, lebten nie lange genug, um von der Existenz dieser fantastischen Maschine zu berichten. Der deutsche Panzer ist entdeckt und der T26-Panzer trifft ihn in die Seite! Der deutsche Panzer ist voll getroffen und als der Panzerschütze versucht zu entkommen, da schneidet ihm eine zweite Granate die Beine ab. Fahrer und Beifahrer versuchen zu entkommen, als eine weitere Granate abgefeuert wird. Bei lebendigem Leibe verbrennend liegt der Schütze über dem Rand des Turmes und sein Panzer wird zu einem Sarg auf Rädern, während seine Kameraden in Deckung gehen.*

Der Druck der 90-mm-Kanone ist so gewaltig, dass eine ruhige Kamerahaltung unmöglich ist.

James Bates an seinem Arbeitsplatz bei Alexander Films in Colorado Springs.

Viele seiner dort vorgetragenen Textpassagen stimmen mit den fast 50 Jahre später gemachten Interviewaussagen wörtlich überein. Bemerkenswert ist aber, dass James Bates hier keine konkreten Aussagen dazu gemacht hat, dass alle Besatzungsmitglieder umgekommen seien. Auch bezeichnet er den brennenden Menschen auf dem Turm als Schützen und nicht als Kommandanten.

Möglicherweise gab es für Bates noch einen anderen Grund, zu behaupten, es habe keinen Zweck, nach Überlebenden zu suchen. Ein Hinweis könnte die nahezu unglaubliche Geschichte sein, die Panzerkommandant Bartelborth in seiner Familie erzählt und auch aufgeschrieben hatte. Wie zuvor bereits erwähnt, glaubte Bartelborth, durch sein Fernglas eindeutig einen jener Panzer erkannt zu haben, der zu seiner eigenen Kompanie gehörte. Wenn man dieser Schilderung folgt, dann hätten die Amerikaner sich den Deutschen am Dom in einem gekaperten deutschen Panzer wie mit einem trojanischen Pferd genähert. Eine Deutung, die in Bartelborths Familie geläufig war.

Ein Schwager von Wilhelm Bartelborth kommentiert:

> *Daraufhin nahm er den Feuerbefehl zurück. Unmittelbar danach eröffnete der andere Panzer das Feuer. Es handelte sich offenbar um einen von den Amerikanern eroberten Panzer, den diese zur Täuschung einsetzten. Dies würde erklären, warum die deutsche Crew ihren offensichtlichen Vorteil nicht nutzte und nicht einfach als erstes schoss.*

Wilhelm Bartelborth / Kriegsende in Köln

Sehr geehrter Herr Rheindorf,

wie telefonisch besprochen, sende ich Ihnen folgende Notizen zu den Ereignissen der letzten Kriegstage in Köln zu, die ich aus den Gesprächen mit meinen Schwager Wilhelm Bartelborth in Erinnerung habe.

Als Teil des Panzerbataillons hatte mein Schwager die Aufgabe, im bereits zerstörten Köln das Vorrücken der amerikanischen Streitkräfte zu verhindern. Im Rang eines Leutnants übte er im Panzer die Funktion des Richtschützen aus.

Aus einer "sicheren" Position kontrollierte er einige Straßenzüge in der Nähe des Kölner Doms. Als plötzlich ein Panzer in eine der kontrollierten Straßen einbog und damit in das Sichtfeld meines Schwagers geriet, bereitete mein Schwager sofort einen Feuerbefehl vor. In diesem Moment bemerkte er, dass es sich um einen deutschen Panzer handelte. Daraufhin nahm er den Feuerbefehl zurück. Unmittelbar danach eröffnete der andere Panzer das Feuer. Es handelte sich offenbar um einen von den Amerikanern eroberten Panzer, den diese zur Täuschung einsetzten.

Die Beschreibung erscheint mir nach der bisherigen Erfahrung zunächst zu abenteuerlich, als dass ich sie ernst nehme.

Dann ein überraschender Rechercheerfolg: Nach einer wiederum aufwendigen Suche und der Mithilfe zahlreicher Behörden finde ich die Familie Otto Königs, des Obergefreiten der Panzerbrigade 106, der im Dombunker gemeinsam mit Bartelborth verhaftet wurde. Und tatsächlich, Otto König hat sein Erlebnis in Köln weitererzählt, es ist in der ganzen Familie bekannt. Seine Tochter Irene Bader berichtet:

> **Irene Bader:** *Ja, mein Vater war mit einem Panzer in Köln am Dom und war in diesem Panzer der Schütze.*

Auf meine Frage, warum er denn nicht geschossen habe, erhalte ich eine verblüffende Erklärung, ohne das Gespräch in diese Richtung gedrängt zu haben:

James Bates als Kriegskameramann in Europa 1945.

Irene Bader: *Mein Vater hat aus dem Grund nicht geschossen, weil es ein deutscher Panzer war, der ihm gegenüberstand. Er konnte ja nicht auf seine eigenen Leute schießen. Deshalb haben sie gezögert und der Amerikaner im deutschen Panzer hat dann das Feuer eröffnet, als Erster und daraufhin wurde mein Vater verletzt. Dann hat er es gemerkt, dass es doch kein Deutscher war, sondern ein Amerikaner. Da war es natürlich für die Besatzung in dem Panzer meines Vaters zu spät. Und einige von seinen Soldatenkumpeln sind bei diesem Duell gestorben.*

*Irene Baders Vater Otto König (*1918) gehörte zur 2. Abteilung der Panzerbrigade 106 FHH und ist am 6. März 1945 am Kölner Dom eingesetzt. Er gerät im Dombunker mit Oberleutnant Bartelborth in Gefangenschaft.*

Die ohne Beeinflussung zustande gekommene Aussage von Irene Bader ist erstaunlich. Die beiden Männer hatten nach der Gefangennahme am Dom nie wieder Kontakt zueinander. Und der spätere Gärtner Otto König hatte keinen Grund, seinen Kriegseinsatz zu beschönigen oder die Leistung der Amerikaner zu schmälern: In den 1960er Jahren war er der Glaubensgemeinschaft der Zeugen Jehovas beigetreten und wurde zu einem bedingungslosen Kriegsgegner. In Bezug auf seine Erlebnisse in Köln schließt seine Tochter Irene Bader trotz mehrerer Nachfragen aus, dass ihr Vater sich geirrt haben könnte.

Irene Bader: *Nein, das glaube ich nicht, denn da hat er eigentlich seinen Unmut schon ausgelassen, dass sie da eben gelinkt worden sind. Sonst hätte er ja geschossen. Aber weil es eben ein deutscher Panzer war, hat er nicht geschossen. Das war kein Versehen. Das war ein deutscher Panzer mit amerikanischer Besatzung.*

In dem Moment des Abschusses glaubte die deutsche Crew wohl tatsächlich, von einem »trojanischen Panzer« beschossen zu werden. Insofern sind die Aussagen von Bartelborth und auch König glaubwürdig. Eine Geschichte, die auch ein dritter Überlebender aus Bartelborths Team bestätigt. Es ist vermutlich der bislang unbekannte dritte Mann dieses Panzers, der Fahrer. Dieser dritte Mann, den auch Mike Levin im Dombunker gesehen hatte und den er in seinem Bericht erwähnte, hatte sich noch in Kriegsgefangenschaft gegenüber dem späteren Kölner Journalisten Hans Krupp erklärt. Zuerst berichtete er von zwei US-Tanks, die in der Komödienstraße getroffen worden seien, und dann auch über den amerikanischen Gegenschlag:

Fahrer: *Wir richteten die Kanone nach rechts. Aber der Leutnant zögerte mit dem Feuerbefehl. Er schrie: »Halt, das ist noch einer von uns!« Aber das war ein Irrtum, im selben Moment erwischte der uns in der Flanke.*

Sicher muss sich Kommandant Bartelborth den Vorwurf gefallen lassen, dass er sich geirrt haben könnte, weil er von der Seite kommend den gleichen US-Panzer erwartet hatte wie von vorne, also einen Sherman. Dabei kann als sicher gelten, dass er einen Pershing, wie den Smoyers, zuvor mit eigenen Augen noch nie gesehen hatte. Andererseits will Bartelborth zweifelsfrei einen Panzer aus seiner eigenen Staffel erkannt haben, die an der Ringstraße eingesetzt war.

Ein solcher fahrbereiter Panzer vom Typ Panther IV hätte den GIs in unmittelbarer Nähe zur Verfügung gestanden. Lediglich Gustav Schäfer und sein Kommandant Feldwebel Rolf Militzer waren am Mittag an der Gereonskirche ausgestiegen und versteckten sich im Keller eines Hotels an der Probsteigasse. Als beide gegen Abend in Gefangenschaft geraten und aus dem Keller nach oben kommen, steht ihr Panzer nach Aussage Schäfers nicht mehr da. Weitere Recherchen ergeben, dass es mindestens einem Mitglied der in Schäfers Panzer verbliebenen Besatzung an diesem Tag noch gelungen ist, auf die andere Rheinseite zu gelangen. Es war der Ladeschütze Rainer Katsch, gebürtig aus Sachsen. Erst im April wird er im Ruhrkessel von US-Soldaten gefangen genommen.

Mitte April 1945 traf Hans W. Krupp in einem US-Army-Field-Hospital bei Carentan in Frankreich den Fahrer des letzten deutschen Panzers in Köln. Der Obergefreite, der schwere Verbrennungen davongetragen hatte, berichtete damals vom letzten Gefecht am Dom:

„Wir sollten am 6. März die linksrheinische Rampe der Hohenzollernbrücke vor einem Handstreich der Amis schützen. Aber eine Stunde vor der vereinbarten Sprengungszeit flog die Brücke hinter unserem Rücken in die Luft. Unser Leutnant (Kommandant des letzten Panzers) und ein Feldwebel der flankierenden Infanteristen gaben nun den Befehl, bis zur letzten Patrone zu kämpfen.

Vor der Westseite des Doms gingen wir in Stellung. Kurz nach Mittag sahen wir zwei Sherman-Panzer über die Komödienstraße herankommen.

Den linken erledigten wir mit dem ersten Schuß. Daraufhin versuchte der zweite, zurückzusetzen. Wir trafen seine rechte Raupe.

Im gleichen Moment kam auf unserer rechten Flanke (aus der Marzellenstraße) ein Panzer heran. Wir richteten die Kanone nach rechts. Aber der Leutnant zögerte mit dem Feuerbefehl. Er schrie: »Halt! Das ist noch einer von uns!« Doch das war ein Irrtum, denn im selben Moment erwischte der uns in der Flanke – zwar nicht voll, aber es wurde so heiß da drinnen, daß meine Uniform Feuer fing. Der Leutnant und der Richtschütze sprangen hinaus – ich brauchte länger, weil ich mich verhedderte. Das war mein Glück.

Die nervösen Amis hielten ihre MGs so lange auf die Kameraden, die aus unserem Panzer flüchteten, bis sie tot waren. Vor mir hatten sie offenbar keine Angst mehr, weil ich kurz danach als lebende Fakkel herauskam. Darum lebe ich noch. Aber wie?!"

Ausschnitt aus der Schilderung von Hans W. Krupp vom 4. November 1980 im Kölner Stadtanzeiger.

Hat also möglicherweise doch eine Kriegslist dafür gesorgt, dass die deutsche Besatzung zögert und Bartelborth den Feuerbefehl schließlich zurückzieht? Bereits drei Tage zuvor, am 3. März 1945, nutzten die Amerikaner bei dem Angriff auf eine Düsseldorfer Rheinbrücke eine ähnliche Taktik und waren mit »deutsch getarnten« Panzern bis an die deutschen Linien herangefahren.

Bei den Bildern vom Panzerduell am Kölner Dom ist auffällig, dass es unter den gesamten Aufnahmen von Bates, Rosenmann und John Himes (***Abb. rechts***) keinen Filmausschnitt und auch keine Fotos gibt, die Smoyers Panzer gemeinsam mit dem brennenden deutschen Gegenpart auf einem Bild zeigen.

Ist der Pershing-Panzer möglicherweise ein Alibi zur Vertuschung einer zweifelhaften Kriegslist? Hat man dem damals 19-jährigen Smoyer etwas verheimlicht?

> **Clarence Smoyer:** *Meiner Meinung nach ist das die Wahrheit. Ich habe nie versucht zu übertreiben. Aus meiner Erinnerung erzähle ich alles, soweit ich kann, der Wahrheit nach.*

Eine solche Kriegslist wäre nach dem damaligen Kriegsrecht verboten gewesen. Trotzdem halten die meisten von mir befragten Experten die Geschichte vom »trojanischen Panzer« am Dom für durchaus plausibel. Die Chancen für einen erfolgreichen Ausgang wären sicher von vornherein höher gewesen als mit einem derart unkalkulierbaren Husarenritt. Auch Francis H. Wilber von der 104th Infantry Division hält die Aussagen der deutschen Besatzung keineswegs für abwegig:

> **Francis H. Wilber:** *Die Deutschen hatten viel bessere Panzer als wir, aber sie hatten oft kein Benzin und mussten sie zurücklassen und, oh yeah, wir haben sie benutzt.*

Und Reporter Andy Rooney ergänzt:

> **Andy Rooney:** *Ja, es ist möglich, dass es so gewesen ist, aber es galt auch als eine der wichtigsten Regeln für Soldaten und Reporter: Finger weg von deutscher Ausrüstung! Denn sonst läuft man Gefahr, versehentlich für einen Deutschen gehalten zu werden, und dann steigt die Gefahr, von Amerikanern beschossen zu werden. Aber ja, es könnte so gewesen sein.*

201893

Doch nicht nur die deutsche Perspektive macht dem Pershing, der dreimal auf Bartelborths Panzer geschossen haben soll, den alleinigen Triumph streitig. Mehrere US-Einheiten legten z. B. Wert auf die Feststellung, die Ersten an Dom und Rhein gewesen zu sein. Über den ganzen Nachmittag gibt es dazu Meldungen verschiedener Patrouillen. So heißt es im Morning Report der C-Kompanie der Infanteristen des 36th Armored Infantry Regiments in der 3rd Armored Division, sie hätten jenseits des Doms bereits um 15:00 Uhr den Rhein erreicht, also just zu dem Zeitpunkt, als die Special Force mit den Panzern der F-Kompanie noch auf den Bulldozer wartete.

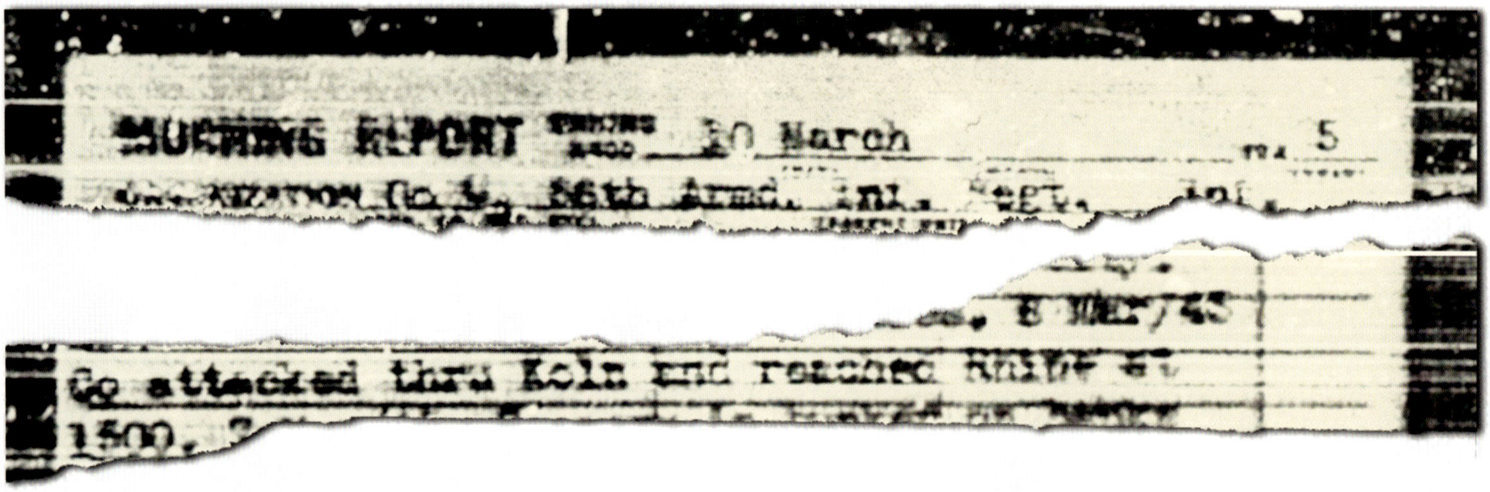
MORNING REPORT 10 March 5
Co. C, 36th Armd. Inf. Regt.
8 MAR/45
Co attacked thru Koln and reached RHINE at
1500.

In ihrer Tagesmeldung äußert die C-Kompanie der 36th Armored Infantry Division, am 6. März um 15:00 Uhr den Rhein erreicht zu haben.

Am 8. März verbreitet die *Stars and Stripes* die Nachricht, es seien die Infanteristen des 36th AIR gewesen, die den letzten deutschen Panzer am Dom abgeschossen hätten. Und selbst in dem wöchentlichen Newsletter der Photo-Units fehlt jeder Hinweis auf den T26-Pershing. Dort heißt es im Zusammenhang mit der Arbeit des Fotografen John Himes:

> *Eine exzellente Berichterstattung über dasselbe Ereignis lieferte der Fotograf John Himes […]. Himes gelang es, einen deutschen Mark-IV-Panzer zu fotografieren, als der von einem, wie es heißt, amerikanischen M-3-Tank abgeschossen wurde.*

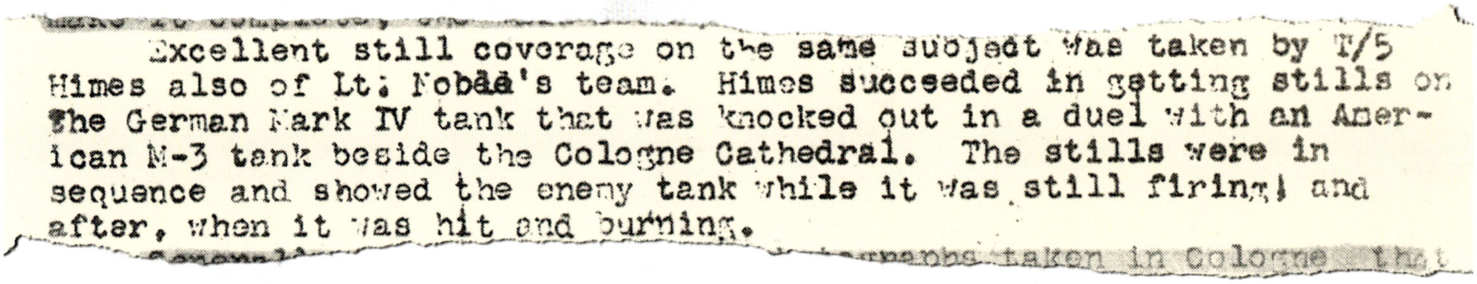
Excellent still coverage on the same subject was taken by T/5 Himes also of Lt. Fobåå's team. Himes succeeded in getting stills on the German Mark IV tank that was knocked out in a duel with an American M-3 tank beside the Cologne Cathedral. The stills were in sequence and showed the enemy tank while it was still firing, and after, when it was hit and burning.

In seinem wöchentlichen Newsletter berichtet der Army-Pictoral-Service über die Fotoarbeiten von John Himes in Köln und nennt an Stelle des T26-Pershings einen M-3-Tank, der den deutschen Panzer ausgeschaltet habe.

***Abb. rechte Seite:** Soldaten der 36th Armored Infantry Division an der Straße An der Burgmauer blicken in Richtung Dom. Das Foto von Larry Riordan wird in der* Stars and Stripes *abgedruckt. Die Bildunterzeile lautet: »Verborgen von den Trümmern befindet sich ein deutscher Panzer, abgeschossen von Bazooka-Männern der C-Company der 36th Armored Infantry Division.«*

Stars and Stripes Photos by Riordan

fficers of the Third take a look at the entrance to the famous ologne Cathedral as the battle in that sector subsides. Hidden by ne wrecked building at the end of the street, a Mark V tank stands nocked out by bazooka men of Company C, 36th Armd Inf. Regt.

Zudem beansprucht der Kameramann Voight Garrell, den Beschuss und den Ausstieg der deutschen Besatzung von der Südseite selbst gefilmt zu haben. Von welchem Standort genau Garrell das Panzerduell und den Ausstieg der Besatzung Bartelborths im Film festgehalten haben will, das zeigt er am 7. März 1945 seinem Fotografen Harold Roberts und stellt die Situation mit der Filmkamera im Anschlag für ein Foto noch einmal nach. Auf die Rückseite des Bildes, das unveröffentlicht blieb, schreibt er:

> **Clarence Voight Garrell:** *Meine Lieblingsecke in Köln. Diese nachgestellte Szene zeigt, wie der Panzer gestern bei der Einnahme der Stadt in Aktion gefilmt wurde. P. S. Der Fotograf versprach, nie wieder doppelt zu belichten.*

Clarence Voight Garrell an seiner Lieblingsecke am Dom.

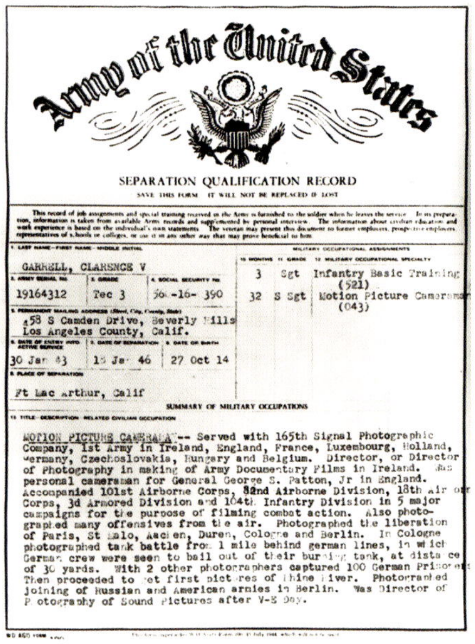

Army of the United States

SEPARATION QUALIFICATION RECORD

SAVE THIS FORM. IT WILL NOT BE REPLACED IF LOST

This record of job assignments and special training received in the Army is furnished to the soldier when he leaves the service. In its preparation, information is taken from available Army records and supplemented by personal interview. The information about civilian education and work experience is based on the individual's own statements. The veteran may present this document to former employers, prospective employers, representatives of schools or colleges, or use it in any other way that may prove beneficial to him.

1. LAST NAME—FIRST NAME—MIDDLE INITIAL: GARRELL, CLARENCE V

2. ARMY SERIAL NO.: 19164312 | 3. GRADE: Tec 3 | 4. SOCIAL SECURITY NO.: 56.-16- 390

5. PERMANENT MAILING ADDRESS (Street, City, County, State): 458 S Camden Drive, Beverly Hills Los Angeles County, Calif.

6. DATE OF ENTRY INTO ACTIVE SERVICE: 30 Jan 43 | 7. DATE OF SEPARATION: 15 Jan 46 | 8. DATE OF BIRTH: 27 Oct 14

9. PLACE OF SEPARATION: Ft Mac Arthur, Calif

MILITARY OCCUPATIONAL ASSIGNMENTS

10. MONTHS	11. GRADE	12. MILITARY OCCUPATIONAL SPECIALTY
3	Sgt	Infantry Basic Training (521)
32	S Sgt	Motion Picture Cameraman (043)

SUMMARY OF MILITARY OCCUPATIONS

13. TITLE—DESCRIPTION—RELATED CIVILIAN OCCUPATION

MOTION PICTURE CAMERAMAN-- Served with 165th Signal Photographic Company, 1st Army in Ireland, England, France, Luxembourg, Holland, Germany, Czechoslovakia, Hungary and Belgium. Director, or Director of Photography in making of Army Documentary Films in Ireland. Was personal cameraman for General George S. Patton, Jr in England. Accompanied 101st Airborne Corps, 82nd Airborne Division, 18th Air Corps, 3d Armored Division and 104th Infantry Division in 5 major campaigns for the purpose of filming combat action. Also photographed many offensives from the air. Photographed the liberation of Paris, St Malo, Aachen, Duren, Cologne and Berlin. In Cologne photographed tank battle from 1 mile behind german lines, in which German crew were seen to bail out of their burning tank, at distance of 30 yards. With 2 other photographers captured 100 German Prisoners Then proceeded to get first pictures of Rhine River. Photographed joining of Russian and American armies in Berlin. Was Director of Photography of Sound Pictures after V-E Day.

WD AGO FORM

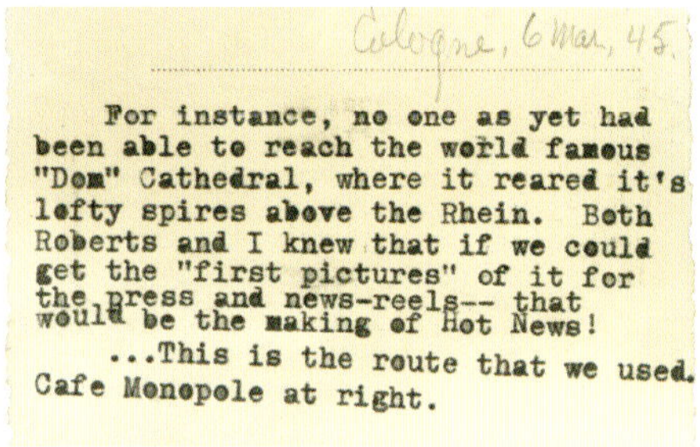

Cologne, 6 Mar, 45.

For instance, no one as yet had been able to reach the world famous "Dom" Cathedral, where it reared it's lofty spires above the Rhein. Both Roberts and I knew that if we could get the "first pictures" of it for the press and news-reels-- that would be the making of Hot News!

...This is the route that we used. Cafe Monopole at right.

*Clarence Voigt Garrells Entlassungsschein aus der Army (**Abb. ganz oben**) benennt ihn als den Kameramann, der das Panzerduell am Dom im Film festgehalten hat. **Abb. darunter:** Die originale Bildbeschreibung von Garrell hebt hervor, dass die ersten Bilder von Dom und Rhein ein großes Medienecho erzeugen würden.*

Und in Garrells Entlassungsschein aus dem Jahr 1946 steht zu lesen:

> *In Köln filmte er 1 Meile hinter den deutschen Linien ein Panzerduell und filmte aus ca. 30 Metern Entfernung, wie die deutsche Besatzung aus dem brennenden Panzer herausklettert.*

Auch unter den amerikanischen Kameraleuten und Fotografen gab es eine mit harten Bandagen ausgefochtene Konkurrenz um die ersten und spektakulärsten Bilder, vor allem von Dom und Rhein. Und auch bei Garrell ist der Ehrgeiz groß.

> **Clarence Voigt Garrell:** *Bis jetzt war noch niemandem gelungen, den weltberühmten Dom zu erreichen, wo sich seine beiden Türme über dem Rhein erheben. Roberts und ich wussten, dass wenn wir die ersten Bilder vom Dom für die Presse und die Wochenschauen liefern könnten, würde das für große Schlagzeilen sorgen.*

Doch der brennende deutsche Panzer ist ein Motiv für viele. Die Reporter aus der Komödienstraße können ihn deutlich sehen und fotografieren. Allan Jackson schießt sein Foto aus der Entfernung. Die Domtürme sind komplett auf dem Foto, rechts kommen Soldaten mit einer Bahre zu dem Toten Karl E. Kellner und im Hintergrund brennt der deutsche Panzer. Im Vordergrund seines Fotos ist der Fotograf Larry Riordan in Aktion zu sehen. Um die Domtürme mit auf das Bild zu bekommen, geht er, wie in Köln üblich, in die Knie. Sein mit Jacksons Foto fast identisches Bild wird zwei Tage später in der Lütticher Ausgabe der *Stars and Stripes ABB* mit einer kräftig retuschierten Rauchwolke über dem deutschen Tank abgedruckt.

Das Foto stammt von Larry Riordan, laut Andy Rooney der waghalsigste aller Kriegsfotografen, der im Auftrag des Militärgeheimdienstes Office of War Information (OWI), einer Vorläuferorganisation der CIA, arbeitet (***Abb. rechte Seite***). Um dem brennenden deutschen Panther so nah wie möglich zu kommen, klettert er gar auf das Wrack des eigenen Sherman-Panzers. Auch bei diesem am 8. März veröffentlichten Foto ist die Retusche deutlich zu sehen. Die Bildunterschrift bezeichnet den abgeschossenen US-Panzer im Vordergrund lediglich als einen weiteren, eben als »another U.S. tank«.

Abb. nächste Seite: Das Foto stammt von dem Fotografen Allan Jackson und zeigt die Komödienstraße mit dem brennenden deutschen Panzer im Hintergrund. Vor ihm in der Hocke Fotograf Larry Riordan in Aktion. Abb. rechts: Larry Riordan in seinem Stars-and-Stripes-Jeep auf der linken Seite.

Stars and Stripes Photos by Riordan

American medics dash along a street under fire from German guns to aid a wounded Third Armd. Div. tank commander, who lost his leg when his Sherman

Mindestens vier Fotografen wetteifern nun miteinander um die beste Fotostory. Auf einem Bild von Allan Jackson (***Abb. rechts***) sind drei von ihnen bei der Arbeit zu sehen: George Silk, *LIFE Magazine*, der Mann im langen Mantel, Larry Riordan mit Helm, dahinter wahrscheinlich John Florea, ebenfalls *LIFE Magazine*. In der offiziellen Bildbeschreibung des Army Pictoral Service aber heißt es fälschlicherweise: »Bei den Männern handelt es sich um die Besatzung des eben abgeschossenen amerikanischen Panzers, der im Vordergrund zu sehen ist.«

Abb. rechte Seite:
George Silk macht aus der Komödienstraße heraus ein Foto von dem brennenden deutschen Panzer auf dem Domplatz.

Unrichtige oder (zugleich) verkaufsfördernd zugespitzte Bildunterzeilen und Berichte verzerren den Blick auf ein Ereignis zusätzlich, dass sich vor den Augen Dutzender Menschen abgespielt haben soll. Dass es in den Berichten über den angeblichen Ablauf des Gefechts ebenso viele Varianten wie Augenzeugen gibt, darüber wunderte sich ein Veteran der 3rd Armored Division nicht und sagte mir: »Im Krieg endet die eigene Perspektive zumeist am Rand des eigenen Stahlhelms. Schon dein Nebenmann wird dir wahrscheinlich etwas ganz anderes erzählen.«

Weitere Schilderungen, kontroverse Fragestellungen an die amerikanischen Aufnahmen und den Ablauf des Gefechts werden deshalb in dem Kapitel »Die ›tatsächlichen‹ Bilder des Panzerduells am Dom« ab S. 284 gesondert diskutiert.

Wilhelm Bartelborth über das Ende des Gefechts:

> **Wilhelm Bartelborth:** *Außer dieser einen Granate wurde kein weiterer Schuss mehr gehört. Ich bin ganz langsam auf allen vieren vorwärts geschlichen Richtung Dombunker: Dort stellte man fest, dass ich an der linken Schläfe blutete und stärker am rechten Knie.*

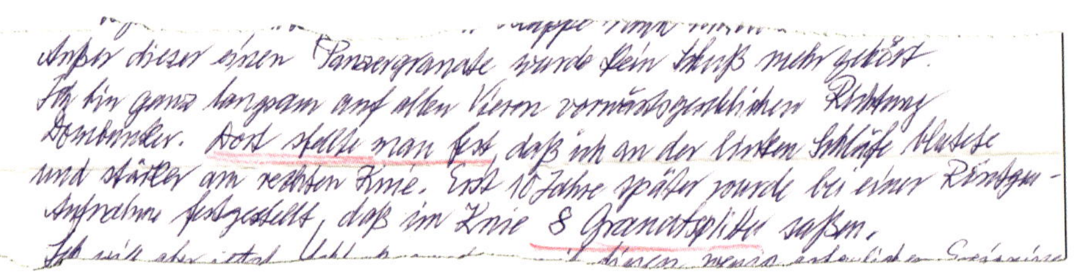
Außer dieser einen Panzergranate wurde kein Schuß mehr gehört. Ich bin ganz langsam auf allen Vieren vorwärtsgeschlichen Richtung Dombunker. Dort stellte man fest, daß ich an der linken Schläfe blutete und stärker am rechten Knie. Erst 10 Jahre später wurde bei einer Röntgen-Aufnahme festgestellt, daß im Knie 8 Granatsplitter saßen.

Unstrittig festzuhalten bleibt: Um 16:30 Uhr brennt auf dem Domplatz ein deutscher Panzer – der Weg zur Kathedrale ist frei.

George Silk (1916–2004) war Kriegs- und Sportfotograf. Für die Wochenzeitschrift LIFE Magazine *berichtet er aus Japan, China und Europa. In Südfrankreich ist er der einzige Überlebende beim Absturz eines Militärtransporters. Seine Aufnahmen aus dem zerstörten Köln begriff Silk, wie auch andere seiner Arbeiten, stets als Mahnung vor den Schrecken des Krieges. Im August 1945 ist er einer der ersten Fotoreporter im japanischen Nagasaki nach dem Abwurf der Atombombe. Nach dem Krieg arbeitet Silk weitere 30 Jahre beim* LIFE Magazine*. Das Bild rechts zeigt ihn (rechts) mit seinem Kollegen Carl Mydans von* LIFE Magazine.

Dienstag, 6. März 1945, 17:00 Uhr, Dom – Haupttbahnhof – Rhein

Amerikaner im Dom – Wehrmacht am Rheinufer

Um 17:00 Uhr betreten die ersten GIs den Dom. Hausherr ist zu dieser Zeit der Dompfarrer Wilhelm Kleff. Er beschreibt die Amerikaner als gut gelaunt und freundlich. An einem Fenster hätten sie ein Maschinengewehr aufgestellt und »in Richtung der deutschen Soldaten« gefeuert. Kleff erwähnt auch deutsche Panzer, zudem Kämpfe zwischen Dom und Hauptbahnhof.

> **Wilhelm Kleff:** *Zwischen Deichmannhaus und Dom steht ein »Tiger«. Um 16:30 Uhr brennt ein deutscher Panzer vor dem Excelsior aus. Von der Ostseite des Doms drohen MG-Mündungen deutscher Maschinengewehrposten. In der Gegend Trankgasse/Johannisstraße wird Widerstand geleistet, der aber bald gebrochen wird. Um 17:00 Uhr sind die ersten Amerikaner im Dom. Sie lachen, drücken dem Domvikar die Hand und schießen dann durch ein Fenster des Kapitelsaales zu den Deutschen hinüber. Auf einem Schrank in der Sakristei bauen sie ein Maschinengewehr auf. Doch die Deutschen kämpfen nicht mehr.*

leich dem mahnenden Finger Gottes

Der Dom in den Märztagen 1945 — Aus einem Bericht des Domvikars Kleff

wai Jahre sind vergangen, seit der Fluch entfesselten Kriegsfurie zum letztenmal Köln hinwegraste. Schemenhaft, wie die nerung an einen bösen Geist, ziehen die ecknisse jener Tage noch einmal an uns iber. Der Dom, bis ins Innerste getroffen, inmitten eines brodelnden und kochen- Chaos, trotz aller Schäden ungebrochen in umgebenden Trümmer überragend.

den Morgenstunden des 2. März 1945 r Feuerorkan und Höllenlärm eines der en Bombenangriffe auf die Stadt über ottteshaus hinweg. Gegen Mittag übergen die ersten amerikanischen Granaten Kirchenschiff in Richtung Hohenzollernbrücke und Deutz. Der darauffolgende Tag it unaufhörlich deutsche Truppenkontinnte über die Hohenzollernbrücke das jenige Ufer erreichen. Im Dom werden heilige ssen gelesen, während die Gläubigen die usik Orgel amerikanischer Artillerie in Lüften spielen hören.

Am 6. März, 12.50 Uhr, jagen die Deutschen Hohenzollernbrücke in die Luft, im Hauptnhof werden die Gleise gesprengt. Zwischen chmannhaus und Dom steht ein „Tiger", 16.30 Uhr brennt ein deutscher Panzer dem Excelsior aus. Von der Ostseite des es drohen MG-Mündungen deutscher Maengewehrposten. In der Gegend Trank- —Johannisstraße wird Widerstand get, der aber bald gebrochen wird. Um 17 Uhr sind die ersten Amerikaner im Dom. Sie lachen, drücken dem Domvikar die Hand und schießen dann durch ein Fenster des Kapitelsaales zu den Deutschen hinüber. Au einem Schrank in der Sakristei bauen sie ein Maschinengewehr auf, doch die Deutsche kämpfen nicht mehr.

Alle Leute müssen am 7. März die Domgegend verlassen, nur im Dom dürfen sie sic weiter aufhalten. Der alliierte Rundfunk komm zur Aufnahme einer Rundfunkreportage. Di Amerikaner suchen einen Keller mit Munitio unter dem Dom, doch existiert ein solche nicht. — In den nächsten Tagen besichtigen Soldaten der US-Army den Dom. Ihr Verhalten ist gut. Nur zwei Figuren von Bänken de Mittelschiffes und sechs Kerzen gehen verlustig. Souvenirs! In der Schatzkammer zelebriert ein alliierter Geistlicher vor 48 Soldaten eine Messe. Im Anschluß an den Gottesdienst stellt er auf dem Sakramentsaltar seine liturgischen Geräte auf und läßt sich photographieren.

Durch deutsche Artillerie, die nach Köln hineinschießt, erhält der Dom noch drei Treffer. Dann klingt der Kriegslärm allmählich ab. Langsam und zögernd erwacht in den umliegenden Trümmern das Leben. In den Ruine der in Rauch und Flammen aufgegangene Häuser suchen Menschen ihre letzte Habe zusammen. Über dem Werk der Vernichtung aber ragt mahnend wie der Finger Gottes de Dom ...

Abb. rechte Seite: Ab 16:30 Uhr ist der Weg zum Dom für die US-Soldaten frei. James Bates schwenkt die Kamera hoch zu den Türmen der Kathedrale. Für dieses Bild wurden die Filmaufnahmen zu einem Panorama zusammengefügt und mit einem Standfoto von John Himes verbunden. ***Abb. nächste Doppelseite:*** *Im Innenraum ist der Fußboden des Doms mit Schutt und Trümmerteilen übersät. Die Kostbarkeiten und Schätze, die nicht ausgelagert werden konnten, sind mit Sandsäcken und Protektoren verstärkt.*

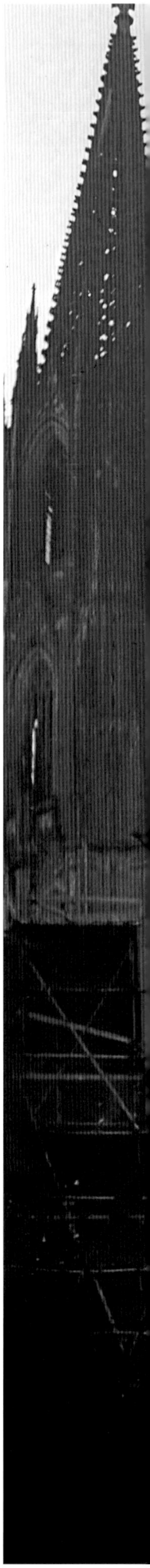

Wahrscheinlich sind es der zweite Panzer der Panzerbrigade 106 FHH und ein Artilleriegeschütz an der Hohenzollernbrücke, die die Amerikaner noch mindestens eine Stunde lang in Atem halten und ihnen auch weitere Verluste zufügen. In dem Morning Report von Smoyers E-Kompanie heißt es, es habe noch einige Panzer gegeben, die nicht mehr einsatzfähig gewesen seien. Am Morgen des 7. März sollen zwei der beschossenen Sherman-Panzer am Bahnhof und an der Brücke noch zu sehen gewesen sein.

Oberleutnant Heinz Gottfried (1918–1978). Zu seinem Einsatz in Köln erzählt er wiederholt in seiner Familie: »Die Schweine, die Verbrecher haben uns in den Tod geschickt.« Dass er in Köln überlebt hat, hat er immer mit dem Dom selbst in Verbindung gebracht. Nicht, dass er ein wirklich gläubiger Mensch gewesen sei, schreibt seine Tochter Claudia, außerdem sei er Protestant gewesen. Aber der Dom habe für ihn ein ganz starkes Symbol dargestellt, das für Neuanfang und Kriegsende gestanden habe. Gottfried spielt in seiner Freizeit Klavier und flüchtet sich gerne in die Musik.

Kommandant in dem letzten Kampfwagen der Panzerbrigade 106 hinter dem Dom ist Oberleutnant Heinz Gottfried. Bei Dämmerung wird er nach eigener Aussage im Bereich des heutigen Breslauer Platzes mit einer amerikanischen Panzerabwehrkanone abgeschossen. Da er nur leicht verwundet ist, kann er zunächst entkommen. Sein Plan ist es, sich in den Trümmern zu verstecken und sich erst dann zu ergeben, wenn die Kämpfe beendet sind. Auch Heinz Gottfried hatte seiner Familie wiederholt von seiner Verbitterung berichtet, von seinen Offizieren am Dom im Stich gelassen worden zu sein. Bei den US-Soldaten handelt es sich wahrscheinlich um Soldaten der F-Kompanie des 32. Panzerregiments der 3rd Armored Division, die am Abend hinter dem Dom eingesetzt werden.

Gegen 18:00 Uhr erreicht auch Smoyers E-Kompanie das Gebiet hinter dem Dom und befindet sich damit in Sichtweite zum Rheinufer. Dass die Hohenzollernbrücke zerstört im Wasser liegt, verzeichnet das Nachrichtenprotokoll der 3rd Armored Division zum ersten Mal um 19:15 Uhr.

Es ist bereits dunkel. Aufnahmen vom Erreichen des Rheins werden Leon Rosenmann und James Bates an diesem Abend nicht mehr machen.

Abb. unten: *Das Bahnhofsgebäude ist schwer beschädigt, aber nicht irreparabel getroffen. An der Außenmauer steht ein leichter US-Panzer vom Typ Sherman, von dem es heißt, er sei nicht mehr einsatzfähig gewesen.*

Die verbliebenen deutschen Einheiten haben sich über den heutigen Breslauer Platz und die Johannisstraße in das Viertel um die romanische Kirche St. Kunibert zurückgezogen. Es sind immer noch einige Hundert Wehrmachtssoldaten, die sich zwischen Bastei, Flakbunker und Niehler Hafen eingeigelt haben, darunter auch die Sanitätseinheit der 363. Volksgrenadier-Division mit Sanitäter Günther Müller.

> **Günther Müller:** *Es wäre für die Amerikaner eine Kleinigkeit gewesen, die 500 Meter vorzustoßen und mit einer starken Feuerwalze wären die am Dom vorbei Richtung Rheinufer, eventuell noch ein paar Panzer als Schutz, und hätten alles niedergemacht, was niederzumachen war. Aber das haben die nicht gemacht, sonst hätten wir uns da nicht so frei bewegen können. Schätzungsweise wird sich der Ami gesagt haben: »Was soll ich mich hier noch anstrengen, wo wollen die Soldaten hin. Sie können nicht mehr. Die Hohenzollernbrücke liegt im Rhein, der Rhein liegt vor den Soldaten, wie die rüberkommen ist ihre Sache, wenn nicht, morgen haben wir sie sowieso.«*

Noch um 20:45 Uhr werden die im Eigelsteinviertel stehenden Einheiten der Kampfgruppe (Task Force) Kane, aus dem Divisionshauptquartier der 3rd Armored Division gefragt, »ob sie planten, in der Nacht noch zum Rhein vorzustoßen«. Die Antwort lautet: »Es wird gesagt, ja.« Umgesetzt wird dieses Vorhaben aber nicht mehr. Während der Nacht werden die letzten deutschen Stützpunkte von außen unter Feuer genommen.

> **Engelbert Bockhoff:** *Wir wurden von drei Seiten beschossen, aber bis zum Einbruch der Dunkelheit mussten wir die Stellung halten, dann setzten wir uns grüppchenweise zum Rheinufer ab. Wir sahen ja auf der Deutzer Seite unsere Kameraden mit Leuchtkugeln und wie die rumhantierten da. Die warteten ja auf uns.*

Um 22:00 Uhr verzeichnen die Amerikaner verstärkte Übersetzversuche der deutschen Soldaten und sie zögern nicht, die im Rhein treibenden Boote unter Feuer zu nehmen. Wie es im Nachrichtenprotokoll der 3rd Armored Division heißt: »Mit guten Resultaten, wir hörten Schreie.«

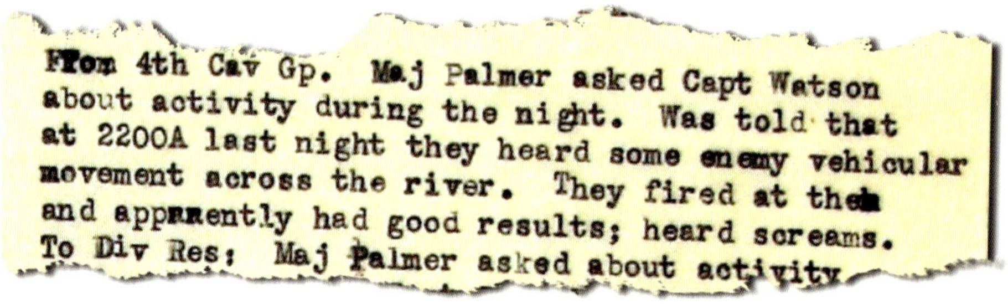

From 4th Cav Gp. Maj Palmer asked Capt Watson about activity during the night. Was told that at 2200A last night they heard some enemy vehicular movement across the river. They fired at them and apparently had good results; heard screams. To Div Res: Maj Palmer asked about activity

> **Günther Müller:** *Erreichen wir das andere Ufer oder nicht, denn wir haben ja zum Teil die Schreie um Hilfe gehört. Aber wie soll ich helfen, wenn ich nicht rankomme an denjenigen.*

Abb. im Filmstreifen (links): *In dem Gebiet zwischen Hauptbahnhof und Niehler Hafen verschanzen sich die letzten deutschen Soldaten am linken Rheinufer Kölns. Die Filmbilder unten zeigen Wehrmachtssoldaten während der Kämpfe am Niederrhein.*

Neben dem Dom und dem Hauptbahnhof führt die Trankgasse zur Hohenzollernbrücke und zum Rheinufer. Das Foto stammt von Leon Rosenmann und wurde am 7. März 1945 nach Ende der Kampfhandlungen aufgenommen.

Der Sanitäter Müller hat Glück. Schon gegen 19:00 Uhr erscheint sein Vorgesetzter, Stabsarzt Künstle, mit der erlösenden Nachricht.

> **Günther Müller:** *Es war schon Dämmerstunde. Da kam er und sagte: »Kurzfristig fertig machen, ich komme mit einem Schlauchboot«, und dann sind wir da über den Rhein, mit aller Kraftanstrengung, die Strömung zu besiegen, rübergepaddelt. Und wir haben es ja auch geschafft bis drüben hin. Wir haben uns sofort vom Ufer entfernt, in Richtung Mülheim ist das wohl, auf der anderen Seite da, und haben uns wiederum einen Kellerraum gesucht in irgendeinem Gebäude. Dann, das dürfen Sie mir glauben: Wir waren fix und fertig!*

6. März, 24:00 Uhr/7. März, 0:00 Uhr. Der Tagesbericht der 3rd Armored Division meldet: »Der Feind ist praktisch ausgelöscht, aber die gesamte Stadt wurde noch nicht eingenommen.«

Nachdem die Wehrmachtssoldaten, wohl aus Gründen der Kriegspropaganda, den ganzen Tag und die halbe Nacht am Rheinufer ausgeharrt hatten, kommt gegen 2:00 Uhr doch noch eine offizielle Erlaubnis zum Rheinübertritt.

Sanitäter des 959. Volksgrenadier-Regiments der 363. VGD maschieren durch Köln. Das Foto stammt von Günther Müller, der mit seiner Sanitätseinheit bis zum Abend des 6. März 1945 am Rheinufer in der Nähe der Bastei ausharren muss.

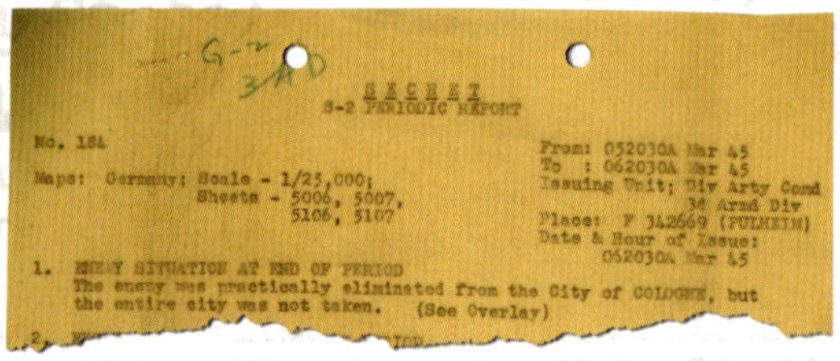

G-2
3 AD

SECRET
S-2 PERIODIC REPORT

No. 184

Maps: Germany: Scale - 1/25,000;
Sheets - 5006, 5007,
5106, 5107

From: 052030A Mar 45
To : 062030A Mar 45
Issuing Unit; Div Arty Comd
3d Armd Div
Place: F 342669 (PULHEIM)
Date & Hour of Issue:
062030A Mar 45

1. ENEMY SITUATION AT END OF PERIOD
The enemy was practically eliminated from the City of COLOGNE, but the entire city was not taken. (See Overlay)

Auszug aus dem Bericht der Divisions-Artillerie der 3rd Armored Division zur Feindlage am Abend des 6. März 1945.

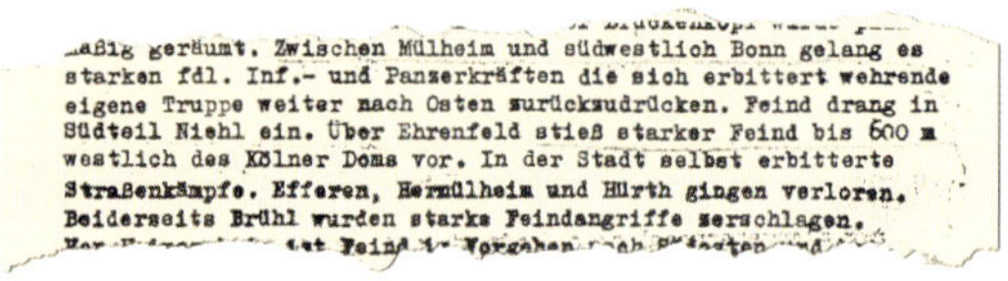

...mäßig geräumt. Zwischen Mülheim und südwestlich Bonn gelang es starken fdl. Inf.- und Panzerkräften die sich erbittert wehrende eigene Truppe weiter nach Osten zurückzudrücken. Feind drang in Südteil Niehl ein. Über Ehrenfeld stieß starker Feind bis 600 m westlich des Kölner Doms vor. In der Stadt selbst erbitterte Straßenkämpfe. Efferen, Hermülheim und Hürth gingen verloren. Beiderseits Brühl wurden starke Feindangriffe zerschlagen.

Geheime Tagesmeldung des Oberfehlshabers West der Wehrmacht.

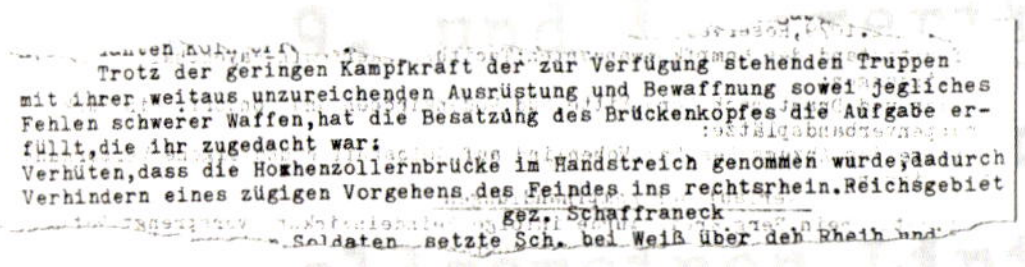

Trotz der geringen Kampfkraft der zur Verfügung stehenden Truppen mit ihrer weitaus unzureichenden Ausrüstung und Bewaffnung sowei jegliches Fehlen schwerer Waffen, hat die Besatzung des Brückenkopfes die Aufgabe erfüllt, die ihr zugedacht war:
Verhüten, dass die Hohenzollernbrücke im Handstreich genommen wurde, dadurch Verhindern eines zügigen Vorgehens des Feindes ins rechtsrhein. Reichsgebiet
gez. Schaffraneck
... Soldaten setzte Sch. bei Weiß über den Rhein und ...

Fazit des lokalen Stadtkommandanten Schaffraneck zum Ende der Kampfhandlung in Köln.

»Die Gründe für dieses bedeutungsvolle Abweichen von der Verteidigung Kölns sind mir nicht bekannt«, notiert der frühere Korpsgeneral Köchling und fährt fort: »Sicherlich hat das Oberkommando der Wehrmacht von der Verteidigung Kölns nicht Abstand genommen.«

Sicher ist, dass der Kommandierende General Baade in dieser Nacht die Befehlsgewalt hat und nach eigenem Bekunden den Rückzug der restlichen Truppenteile auch koordiniert. Oberstleutnant Bockhoff gehört zu den Letzten, die vom Stab der 9. Panzerdivision an der Bastei um 2:30 Uhr den Rheinübertritt vollziehen.

> **Engelbert Bockhoff:** *Die in dem Boot mit mir über den Rhein gegangen sind, die letzten vier, die Namen habe ich auch noch. Da waren wir ganz klein und hösch und ruhig, kleingemacht sind wir dann über den Rhein auf die andere Seite gegangen. Dort wurden wir mit Freude aufgenommen, auf der Deutzer Seite. Wir mussten heilfroh sein, dass wir unser Leben noch hatten. Das war das Wichtigste von allem.*

Die geheime Tagesmeldung des Oberbefehlshabers West der Wehrmacht zur Feindlage am 6. März 1945 lautet: »Zwischen Mülheim und südwestlich Bonn gelang es [einer] starken feindlichen Infanterie und Panzerkräften, die sich erbittert wehrende eigene Truppe weiter nach Osten zurückzudrücken. Feind drang in Südteil Niehl ein. Über Ehrenfeld stieß starker Feind bis 600 m westlich des Kölner Doms vor. In der Stadt selbst erbitterte Straßenkämpfe.«

In vielen historischen Darstellungen ist zu lesen oder zu hören, im Radioprogramm des »Reichsenders Köln« (heute WDR) sei die Einnahme der Stadt mit dem zynischen Satz: »Der Trümmerhaufen Köln wurde dem Feinde überlassen« gemeldet worden. Oft ist auch zu lesen, dieser Satz stehe im Wehrmachtsbericht. Belege für Ersteres lassen sich in den Rundfunkarchiven nicht finden. Eine solche Meldung findet sich weder in den regulären Tagesmeldungen noch in den sogenannten Sondermeldungen. Ein Satz wie der zitierte entsprach auch der typischen Ausdrucksweise der Nachrichten des »Feindsenders« 1212, den die US-Armee in deutscher Sprache von Luxemburg aus betrieb. Belegen lässt sich dies für Köln aber nicht, die Mitschnitte vom 6. und 7. März 1945 mit den Nachrichten zu den Kämpfen in der Kölner Innenstadt sind in den maßgeblichen Archiven wie NARA in Washington, dem Deutschen Rundfunkarchiv in Frankfurt oder auch in den Luxemburger Archiven nicht vorhanden.

Für den bisherigen lokalen Stadtkommandanten Oberst Schaffraneck war der Beitrag des Kölner Volkssturms und der Polizei zur Stadtverteidigung Kölns übrigens vorbildlich, und auch mit dem Ergebnis, das er mit diesem Bericht dem Oberkommando der Wehrmacht vermeldet, konnte er als Kommandant zufrieden sein: Ziel erreicht. Der Plan, die Stadt als Deckung zu nutzen, um die eigenen Truppen möglichst gefahrlos über den Rhein evakuieren zu können, ging weitgehend auf.

Der Verbleib sämtlicher Truppenteile in der Kölner Innenstadt hätte zu einem Blutbad geführt, insofern war die Entscheidung vernünftig. Erst die Weigerung der Offiziere, die Nachhut übersetzen zu lassen und stattdessen in einem symbolischen Kampf bis aufs Messer zu verheizen, wurde als Verrat an der eigenen Truppe empfunden.

Abb. rechte Seite: *Titelblatt* Stars and Stripes *vom 7. März 1945, Ausgabe Lüttich.*

Man Spricht Deutsch

Ist der Raum geheitzt?
Ist der Rowm geheytzt?
Is the room heated?

LIEGE EDITION

THE STARS AND STRIPES

Daily News paper of U.S. Armed Forces in the European Theater of Operations

Vol. I—No. 47 Wednesday, March 7, 1945

Ici On Parle Français

Voici un plat de viande.
Vwa-see an plah duh viond.
Here is a dish of meat.

YANKS TAKE COLOGNE

Reds Reach Oder Near Baltic Sea

Marshal Gregory Zhukov's Red Army troops, exploiting their gains in northern Pomerania, yesterday reached the mouth of the Oder River at Cammin, only two miles from the Baltic.

Cammin, some 40 miles from the German V-weapon experimental station at Peenemunde, was captured as Soviet long-range artillery began the first phase of the battle for the great Nazi port of Stettin.

Capture of Cammin was announced by Marshal Stalin, who reported also that Marshal Konstantin Rokossovsky's forces, after two weeks of hard fighting had captured Graudenz, a powerful German strongpoint in Poland, 60 miles south of Danzig.

More than 5,000 prisoners, including the commander of the garrison, Maj. Gen. Fritzche, and his staff were taken prisoner.

Mashal Stalin's announcement that Zhukov's forces had taken Cammin came shortly after German reports that Russian forces, in 48 hours, had seized a 75-mile stretch of the Baltic coast and cleared most of Pomerania between the Oder and the Danzig pocket.

In addition to Cammin, on the easternmost outlet of the estuary of the Oder, Zhukov's First White Russian Army also took the towns of Guelzow, Griefenberg, Plathe, Treptow and Belgard. Belgard is on the edge of the Pomenarian area held by Marshal Rokossovsky's Second White Russian Army.

Below Stettin, the Germans reported, Zhukov's forces reached the Oder River at several points and the city was said to be within easy range of heavy artillery both trom the north and south.

Below his northern position, Zhukov was reported by the Germans to have massed seven armies—five infantry and two tank—for a frontal attack on Berlin. When Stettin has been taken it is believed, Zhukov will concentrate on Berlin and leave the mopping-up operations in the north to Rokossovsky's troops.

Ninth AF Bombs Cologne Area

NINTH AF medium and light raiders yesterday flew 275 sorties, principally against railway choke points in the Cologne area.

After fighter-bombers were released because of rain and low overcast, eight 29th TAC Thunderbolt pilots volunteered to attack German artillery pieces and fortified houses holding up an infantry division.

Following up their 1,100-plane attack on German railway yards at Berlin, Chemnitz and three other points Monday night, RAF heavy bombers yesterday blasted the Salzberg oil refinery, 27 miles northwest of Munster.

British-based American heavies were idle for the first time in 16 days.

Pope Appeals to Americans

WASHINGTON, Mar. 6 (ANS)—Pope Pius XII has sent a message to the people of the U.S., voicing the hope that they will safeguard "those inalienable rights an all-wise and loving creator has granted to every man and every people." The message was given to Henry J. Taylor, Scripps-Howard reporter, during a Vatican interview.

As Battle West of Rhine Nears End

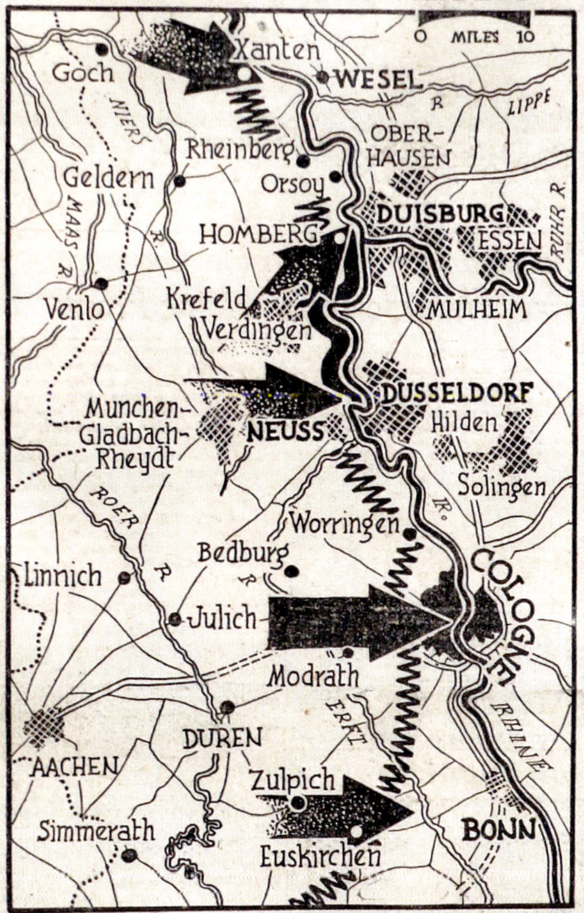

Stars and Stripes Map by Brown

First Army troops swept through Cologne yesterday, crushing German resistance in the city in a three-way squeeze from the north, west and south. Between Neuss and Homberg, troops of the Ninth Army were ranged along the Rhine, while, to the north, other Ninth Army elements were compressing, the last major German bridgehead across the river from Wesel.

'We'll Cross Rhine Soon,' Churchill Says at Front

Prime Minister Winston Churchill, in a speech made on German soil Sunday, predicted that "soon we shall be across the Rhine," it was revealed last night when censorship cleared dispatches on the British leader's tour of the Western Front.

"Anyone can see that one good strong heave all together will end the war in Europe," the Prime Minister said.

In his first visit to Germany since the beginning of the war, Mr. Churchill examined the ruins of Aachen and the rubble of newly-won Julich.

Stars and Stripes Correspondent Ralph Martin reported that Mr. Churchill stared grimly at the empty shells of empty houses at Julich and said: "There won't be any unemployment here after the war."

Before coming to inspect Julich's 400-year-old citadel, Churchill stopped off to examine the Siegfried Line, just outside of Aachen. He was accompanied by Field Marshal Sir Alan Brooke, chief of the British Imperial General Staff, Field Marshal Sir Bernard Law Montgomery, commander of the 21st Army Group, and Lt. Gen. William Hood Simpson, commanding general of the Ninth U.S. Army.

In addition, at Julich, Churchill was met by the three corps commanders of the Ninth Army.

Nazis Fall Back As Three Divisions Push Through City

Cologne, pre-war Germany's third largest city, fell to the First U.S. Army yesterday and last night the great Rhine metropolis was completely in American hands except for sporadic enemy firing in the southern suburbs.

The city was captured just one day after Yanks of the Third Armored Div. and 104th and Eighth Inf. Divs. drove in from the north, west and south.

German troops and equipment were being hastily withdrawn last night from the area south of Cologne. The main German effort appeared to be to hold open an escape route south along the Rhine to Bonn, where one bridge across the Rhine is still open.

Elements of the Third Armored and 104th Inf. Divs. fought side by side inside Cologne yesterday, and by nightfall had reached the Rhine at one point. The Eighth Inf. Div., meanwhile, was fighting through the southern sections.

With the capture of Cologne, the entire Rhine River west bank between Wesel and Cologne was in American hands except for two pockets. One of these, west of Wesel itself, was rapidly being compressed by the Ninth U.S. Army. The other was at the small town of Zons, ten miles north of Cologne in the First Army sector.

Instead of the strong house-to-house fighting which had been expected in Cologne, the last German defenders used a defense based on key houses. They picked out one house, defended it until flushed out, then withdrew to another key building a few blocks deeper in the city.

In their drive to the Rhine, men of the Third Armored Div. cleared Merheim and pushed halfway through Nippes. Tanks and infantry cleared the huge Cologne railroad yards and passed the famed Dom Cathedral, one of Cologne's most noted landmarks.

Oil Refineries Taken

Third Armored soldiers yesterday captured the huge Ford Motor works and the large oil refineries north of the city, but no reports were available on the conditions of either.

Working with the Third Armored in clearing the city were men of the 104th Inf. Div. Elements of the 104th advanced more than two miles in southern Cologne, where they cut the main railroad lines running south from the city.

The Eighth Inf. Div. battled in the extreme southern sectors, where the Germans were fighting desperately to hold open an escape route toward Bonn.

Meanwhile, men of the Ninth Inf. Div. were only seven miles west of Bonn, having cleared the towns of Heimerzheim and Burgkrigeshoven. First Inf. Div. men cleared the towns of Trippelsdorf and Kardorf, six miles northwest of Bonn. The Ninth Armored Div. advanced a mile and a half to clear Niederdrees and Oberdrees.

Gains were scored during the day by the 78th Inf. Div.

Other First Army elements cleared Olef. To the south the 69th Inf. Div. reported that the Germans were pulling out of their long-held positions, but that mines

(Continued on Page 8)

Tanks Crash Nazi Defense

By Andy Rooney
Stars and Stripes Staff Writer

COLOGNE, Mar. 6—Three American soldiers, perhaps the last to die in the battle for this huge Rhine city, died in a Sherman tank tonight at the northwest corner of the great Cologne cathedral.

Five tanks of a six tank task force, ordered to advance through the murderous crossfire of Cologne's streets, pushed past the cathedral, past the smoking Sherman, past the three dead Americans and to the Rhine River, 200 yards away.

The fight for Cologne was won.

The Third Armored Div. tanks were commanded by Lt. Col. C.L. Miller. On board one M4 was 1/Lt. Ferdinand LeDoux.

At the corner of the cathedral, just short of the river, the lead tank stopped and LeDoux got out to direct the following tanks.

From beyond the far side of the cathedral, hidden behind brick rubble, the 88 of a German Mark IV opened up and bored a hole through the gun turret of the lead tank. The driver was killed instantly and two other men were trapped inside the burning tank. Miller and LeDoux ran back to the tank and together with the assistant driver who had crawled out dragged the tank commander from the Sherman. His right leg was off above the knee, and he died as they dragged him to a crater for protection from the constant sniper fire.

Nazi Tank Destroyed

Meanwhile, on the side, coming along parallel to the Rhine, a third force commanded by Lt. Col. Matthew W. Kane, of Des Moines, Iowa, was approaching the same intersection. The lead tank fired three shots point blank into the German Mark IV and destroyed it before the Germans could move again.

The strange touch of the drama of that final battle for the heart of the city was the story of a photographer who, from the south side of the cathedral, took moving pictures of the German tank as it fired. The photographer, S/Sgt. Voigt Garrell, of Beverley Hills, Calif., did not know what the German tank was firing at. He got the pictures and raced back

(Continued on Page 8)

AP Reporter Captured

ROME, Mar. 4 (Delayed) (AP)—Joseph Morton, Associated Press war correspondent, was captured by the Germans on Dec. 26 after flying into enemy territory in a bomber sent to evacuate American airmen who had been shot down.

Mannerheim Ill, Quits

LONDON, Mar. 6 (Reuter)—Stockholm Radio reported that illness had caused Field Marshal Baron Carl Mannerheim, 78, president of Finland, to relinquish his duties to the Finnish Premier. Finnish Radio said Mannerheim was suffering from catarrhal influenza, but that the illness did not seem serious.

Mittwoch, 7. März 1945

Das linksrheinische Köln ist in amerikanischer Hand

Am nächsten Morgen war den meisten Wehrmachtssoldaten die Flucht über den Rhein gelungen. Mehr als 1 000, die zurückgeblieben waren, hatten sich zumeist bei Zivilisten versteckt und gingen nach und nach in amerikanische Gefangenschaft.

In den Abendstunden des 6. März hatte die 104th Infantry Division in der südlichen Altstadt den Chlodwigplatz und das Severinsviertel erreicht. Bis zum Mittag des 7. März werden Posten am Rheinufer in Bayenthal und Marienburg bezogen. Im Norden der Stadt, rund um den Niehler Hafen, ist das dritte Bataillon des 36th Armored Infantry Regiments noch bis zum Abend damit beschäftigt, das Gebiet von feindlichen Einheiten zu säubern. Erst gegen 18:50 Uhr erreichen die GIs hier den Rhein.

Im Rheinauhafen, wo sich die 3rd Armored Division und die 104th Infantry Division zu einem Treffen verabreden, werden schon die künftigen Probleme sichtbar, die auf die GIs zukommen, so beispielsweise die Versorgung der Zivilbevölkerung, die die Bestände des städtischen Proviantamtes plündert. Ursprünglich sollten auch diese Lagerhallen gesprengt werden, doch dann wurden sie in letzter Minute noch von deutschen Behörden für die Bevölkerung freigegeben.

Die Aufnahmen vom 7. März muten an wie ein nahtloser Übergang von Krieg zu Frieden. Die US-Kameraleute treffen auf erleichterte, ja freundliche Gesichter. Die Menschen scheinen sich in diesem Moment eher befreit zu fühlen und nicht besiegt. Überall werden weiße Fahnen gehisst, es wird von spontanen Feiern und von Freibier in den Straßen berichtet. In der US-Presse heißt es sogar: Die Erleichterung der Menschen sei geradezu »hysterisch«. Verständlich: Für die Zivilbevölkerung, die in Kellern vegetierte, war die Epoche des Bombenkrieges, des Durchhalteterrors und der ununterbrochenen Todesangst beendet. Die GIs empfanden die gelöste Stimmung unter den Deutschen aber oft als seltsam, sie verstanden sich hier nicht wie zuvor in Frankreich oder Belgien als Befreier, sondern als siegreiche Eroberer. Auch Leon Rosenmann schreibt in den Briefen an seine Frau Edith, er empfinde für die Zivilisten in Köln kein Mitgefühl.

> **Leon Rosenmann:** *Unterhalb der Kathedrale befinden sich lange dunkle Tunnel, so etwas kennt man eigentlich nur aus Romangeschichten. Viele Zivilisten und auch Soldaten sind hier untergekommen. Sie haben hier über Monate gelebt, mit all ihrer persönlichen Habe, mit Bettzeug, Essen, Haustieren, Bildern, mit allem, was sie aus ihren Häusern retten konnten. Damit waren sie vor den Bomben sicher, es ist aber definitiv eine miserable Art zu leben. Ich habe kein Mitleid mit ihnen, sie haben die Zerstörung ihrer Städte und Häuser in dem Moment heraufbeschworen, als sie Hitler zujubelten. Insgesamt haben wir keine Schwierigkeiten mit Zivilisten. Ich glaube, nur durch unsere sichtbare Überlegenheit sind sie umgeschwenkt. Nun ist das Einzige, worauf sie sich konzentrieren müssen, die Wiedererrichtung ihrer Häuser, was mindestens eine Generation dauern wird. Möglicherweise werden sie keine Zeit für einen weiteren Krieg haben, wenn wir sie auf diese Weise beschäftigen.*

Auch am 7. März gibt es bei Schießereien auf beiden Seiten noch Tote und Verwundete. Erst am Nachmittag meldet das Nachrichtenprotokoll der 3rd Armored Division: »Der gesamte Sektor ist nun in amerikanischer Hand.« Der Kommandeur der 3rd Armored Division General Maurice Rose und seine Stellvertreter, die Brigadegeneräle Hickey und Boudinot, eilen zum Fototermin am Dom und schreiten die Stufen zur Kathedrale hinauf. Die Stimmung unter den Generälen ist gut, die schlimmsten Befürchtungen von einem »Stalingrad am Rhein« haben sich nicht bewahrheitet. Offenen Streit gibt es lediglich unter den Fotografen, so dass die Generäle die Siegerpose für den verspätet eintreffenden John Florea vom *LIFE-Magazine* sogar noch einmal wiederholen. Für den ebenfalls anwesenden *LIFE*-Fotografen George Silk bleibt für die kommende Ausgabe lediglich ein Foto aus dem Inneren des Doms.

Captor of Cologne, Major General Maurice Rose (*left*), commanding U. S. 3rd Armored Division, stands before cathedral with two of his staff, Brigadier Generals Hickey (*center*) and Budinot.

Generäle der US-Armee während des Fototermins am 7. März 1945 auf den Stufen der Kathedrale. Auf Bitten der Kameraleute wird die Pose vor der historischen Fassade wiederholt.

Mittwoch, 7. März 1945

Der Fotograf Leon Rosenmann zwischen Dom und Rhein

Leon Rosenmann war bereits am Morgen zum Dom zurückgekehrt und fotografierte eine Serie aus rund 20 Bildern, aufgenommen zwischen Dom, Rhein und Eigelstein. Es ist Rosenmanns Fotostory über die Erlangung eines großen Ziels, dem Erreichen des Rheins. Die neuesten Nachrichten an seine Frau Edith sendet er inzwischen mit V-MAIL – einem besonders schnellen Postdienst der Army. Das V steht für *victory*, »Sieg«. Die GIs schreiben ihre Nachrichten in ein spezielles Formular. Dieses wird auf Mikrofilm gespeichert und in die USA geflogen. Dort werden die Nachrichten dann auf ultraleichtes Fotopapier übertragen und mit der normalen Briefpost weiter verschickt. Am 8. März schreibt Rosenmann an seine Frau.

Leon Rosenmann: *Darling […] Wie ich in meinem letzten Brief erwähnt habe, war ich einer der ersten Kameramänner, die die Stadt erreichten. Zu sagen, unsere Bilder seien außergewöhnlich, wäre eine ziemliche Untertreibung. Am ersten Tag schafften wir etwa ein Drittel des Weges in die Stadt. Am nächsten Tag gelangten wir bis in die Nähe der Kathedrale und des Rheins, und am dritten Tag, einem Mittwoch, bekamen wir schließlich unsere Bilder vom Rhein. Die Deutschen sind noch auf der anderen Seite des Flusses, deshalb müssen wir vorsichtig sein, falls sie sich dazu entscheiden sollten, bei uns einen Zufallstreffer landen zu wollen. Aber nichts passierte, denn die Deutschen wurden mit einem ganzen Schwung amerikanischer Granaten eingedeckt. Als die ersten Soldaten, die in die Stadt kamen, hatten wir Gelegenheit, durch die unterschiedlichsten Gebäude, die nicht komplett zu Grunde gerichtet waren, zu streifen und nach Souvenirs zu suchen. Die Ausbeute war wirklich gut. Besonders in den Weinkellern. Am ersten Tag gab es niemanden, der sie bewacht hätte. Wir konnten einfach hineingehen und uns selbst helfen. Wir hatten so viel Wein und auch Whisky, wir hätten davon eine ganze Woche volltrunken sein können, wenn wir dies gewollt hätten. Doch wir nahmen nur gelegentlich einen Drink und reichten die eine oder andere Flasche an Freunde weiter. Mensch, wir hatten eine Menge Freunde! Und was die Souvenirs betrifft, ich habe eine Menge aufgegabelt und heute Abend vier Stunden damit verbracht, die Dinge zu sortieren und zu verpacken. Ich sende dir zwei von Kugeln durchsiebte Nazi-Flaggen, einen kunstvollen Nazihelm, ein glänzendes Springmesser und jede Menge Plunder.*

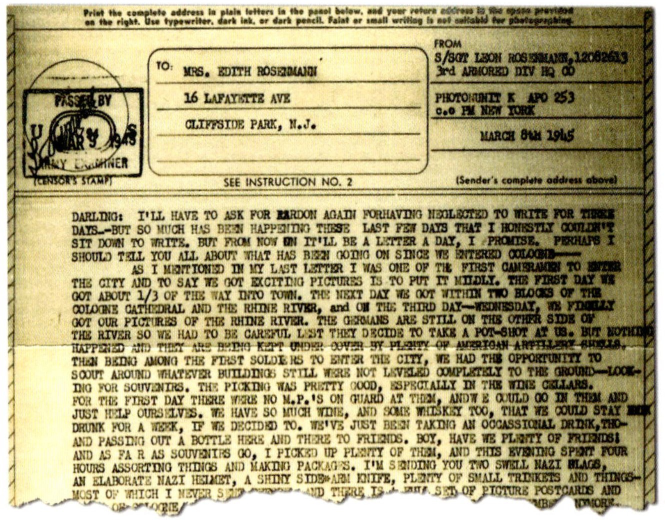
Print the complete address in plain letters in the panel below, and your return address in the space provided on the right. Use typewriter, dark ink, or dark pencil. Faint or small writing is not suitable for photographing.

TO: MRS. EDITH ROSENMANN
16 LAFAYETTE AVE
CLIFFSIDE PARK, N.J.

FROM
S/SGT LEON ROSENMANN, 12082613
3rd ARMORED DIV HQ CO
PHOTO UNIT K APO 253
c.o PM NEW YORK
MARCH 8th 1945

PASSED BY U.S. ARMY EXAMINER
(CENSOR'S STAMP)
SEE INSTRUCTION NO. 2
(Sender's complete address above)

DARLING: I'LL HAVE TO ASK FOR PARDON AGAIN FORHAVING NEGLECTED TO WRITE FOR THREE DAYS.-BUT SO MUCH HAS BEEN HAPPENING THESE LAST FEW DAYS THAT I HONESTLY COULDN'T SIT DOWN TO WRITE. BUT FROM NOW ON IT'LL BE A LETTER A DAY, I PROMISE. PERHAPS I SHOULD TELL YOU ALL ABOUT WHAT HAS BEEN GOING ON SINCE WE ENTERED COLOGNE——
AS I MENTIONED IN MY LAST LETTER I WAS ONE OF THE FIRST CAMERAMEN TO ENTER THE CITY AND TO SAY WE GOT EXCITING PICTURES IS TO PUT IT MILDLY. THE FIRST DAY WE GOT ABOUT 1/3 OF THE WAY INTO TOWN. THE NEXT DAY WE GOT WITHIN TWO BLOCKS OF THE COLOGNE CATHEDRAL AND THE RHINE RIVER, and ON THE THIRD DAY—WEDNESDAY, WE FINALLY GOT OUR PICTURES OF THE RHINE RIVER. THE GERMANS ARE STILL ON THE OTHER SIDE OF THE RIVER SO WE HAD TO BE CAREFUL LEST THEY DECIDE TO TAKE A POT-SHOT AT US. BUT NOTHING HAPPENED AND THEY ARE BEING KEPT UNDER COVER BY PLENTY OF AMERICAN ARTILLERY SHELLS. THEN BEING AMONG THE FIRST SOLDIERS TO ENTER THE CITY, WE HAD THE OPPORTUNITY TO SCOUT AROUND WHATEVER BUILDINGS STILL WERE NOT LEVELED COMPLETELY TO THE GROUND—LOOKING FOR SOUVENIRS. THE PICKING WAS PRETTY GOOD, ESPECIALLY IN THE WINE CELLARS. FOR THE FIRST DAY THERE WERE NO M.P.'S ON GUARD AT THEM, ANDWE COULD GO IN THEM AND JUST HELP OURSELVES. WE HAVE SO MUCH WINE, AND SOME WHISKEY TOO, THAT WE COULD STAY DRUNK FOR A WEEK, IF WE DECIDED TO. WE'VE JUST BEEN TAKING AN OCCASSIONAL DRINK,THO- AND PASSING OUT A BOTTLE HERE AND THERE TO FRIENDS. BOY, HAVE WE PLENTY OF FRIENDS! AND AS FA R AS SOUVENIRS GO, I PICKED UP PLENTY OF THEM, AND THIS EVENING SPENT FOUR HOURS ASSORTING THINGS AND MAKING PACKAGES. I'M SENDING YOU TWO SWELL NAZI FLAGS, AN ELABORATE NAZI HELMET, A SHINY SIDE-ARM KNIFE, PLENTY OF SMALL TRINKETS AND THINGS- MOST OF WHICH I NEVER S[illegible] AND THERE IS [illegible] SET OF PICTURE POSTCARDS AND [illegible] OF COLOGNE [illegible]

Rosenmanns Fototour beginnt mit einem Termin am Wrack des deutschen Panzers, den James Bates organisiert hat. Mitglieder der Pershing-Crew sind auf den Fotos ebenso zu sehen wie weitere Kameraleute und Korrespondenten. Der abgeschossene Tank wird für die GIs in den nächsten Wochen zu einer Art Wallfahrtsort für Erinnerungsfotos und ist als Treffpunkt oft von Schaulustigen umlagert. Das Panzerwrack dient aber auch noch militärischen Zwecken, als Zielscheibe für Beschussübungen mit Bazookas und Granaten.

Auf einem Panoramabild zeigt Rosenmann die nordwestliche Ecke des Domplatzes von der Domtreppe aus gesehen. Neben dem rauchenden Panzer sieht man drei US-Fahrzeuge. Die GIs scheinen etwas zu verladen. Rechts ist eine Gruppe von Zivilisten zu sehen, vorn stehen zwei US-Soldaten, die ihre Aufmerksamkeit aber offenbar auf das Geschehen am Panzer richten. Viele der Zivilisten haben Gepäck dabei. Naheliegend wäre, dass die Menschen von US-Soldaten aus der Sperrzone eskortiert werden und hier warten müssen. Unklar ist, ob die Zivilisten deshalb warten, weil die Dreharbeiten nicht gestört werden sollen (***siehe Abb. S. 229/230***). Eine ähnliche Gruppe fotografiert Rosenmann an der Marzellenstraße, wo Smoyers Panzer während des Gefechts gestanden hat. Warum die Menschen hier warten, erschließt sich aus der Aufnahme nicht (***siehe Abb. S. 231/232***). Möglich, wenn auch eher unwahrscheinlich ist, dass sie vorn auf der Eingangsseite des Hotels Excelsior zu diesem Zeitpunkt bereits auf die Eröffnung eines Büros der US-Armee in dem dortigen Gebäude warten.

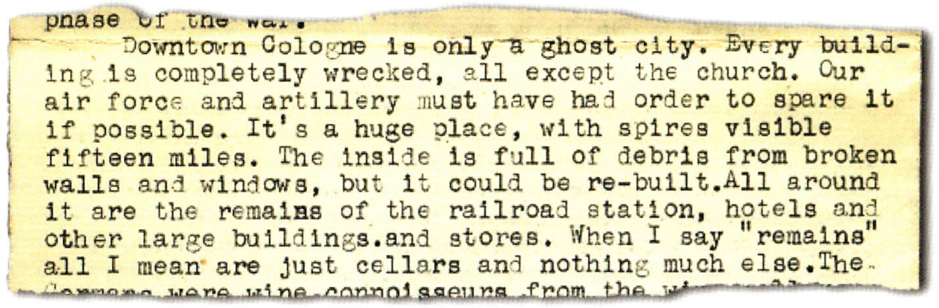

Downtown Cologne is only a ghost city. Every building is completely wrecked, all except the church. Our air force and artillery must have had order to spare it if possible. It's a huge place, with spires visible fifteen miles. The inside is full of debris from broken walls and windows, but it could be re-built. All around it are the remains of the railroad station, hotels and other large buildings.and stores. When I say "remains" all I mean are just cellars and nothing much else. The

Leon Rosenmann: *Die Kölner Altstadt ist nur noch eine Geisterstadt. Jedes Gebäude ist komplett zerstört, mit Ausnahme der Kirche. Unsere Luftwaffe und Artillerie müssen Anweisungen gehabt haben, die Kathedrale wenn möglich nicht direkt zu bombardieren. Das hier ist ein großer und bedeutender Platz mit Zwillingstürmen, die über 15 Meilen weit zu sehen sind. Das Innere des Doms ist angefüllt mit zerborstenen Mauern und Fenstern, aber das Gebäude kann wieder aufgebaut werden. Rundherum sind die Überbleibsel des Bahnhofs, von Hotels und anderen großen Gebäuden und Geschäften. Und wenn ich sage »Überbleibsel«, dann meine ich, dass zumeist nicht mehr übrig ist außer vielleicht einem Kellergeschoss.*

SIGHT SEERS
KEEP OUT !
Beyond this point you
draw fire on our
FIGHTING MEN
HE RISKS HIS LIFE
24 HOURS A DAY
DO YOU ??

Steffany-Zigarren

Abb. Mitte, oben: *Rosenmanns nachfolgender Gang zum Rhein führt vorbei an Bahnhofsvorplatz, um den Dom herum in Richtung Brücke. Der Pershing-Panzer Clarence Smoyers ist hinter dem Dom zu sehen.*
Abb. Mitte, unten: *Durch einen Tunnel unter dem Bahndamm gelangt er auf die Nordseite der Hohenzollernbrücke.*
Abb. oben: *Dieser Blick zurück zum Dom avanciert schnell zum populärsten Motiv für Erinnerungsfotos der GIs aus Köln.*

Abb. oben, von links nach rechts: *Die Brückenbögen der Hohenzollernbrücke liegen im Wasser. Im Hintergrund die Deutzer Seite mit der Kuppel des Deutzer Bahnhofs. Blick nach Süden auf die kollabierte Hindenburgbrücke, die Deutzer Hängebrücke. Die Brücke war durch einen Bombenangriff beschädigt worden und stürzte am 25. Februar 1945 bei vollem Verkehr ein. Diese große Brückenkatastrophe am Ende des Krieges hat wahrscheinlich mehr als 500 Menschenleben gefordert. Im Hintergrund die ebenfalls eingestürzte Südbrücke.*

Das dritte Bild zeigt die Rheinuferstraße vor dem völlig zerstörten Martinsviertel mit dem Turm des Stapelhauses in vorderster Häuserreihe. Am Ende der Straße erkennt man die Rampe zur Deutzer Brücke.

Dann nähert sich Fotograf Rosenmann der Brücke, steigt schließlich auf einen Brückenturm und hält die Hohenzollernbrücke in vielen An- und Aussichten fest.

Mittwoch, 7. März 1945

Der Fotograf Clarence Voight Garrell – Domblick in Trümmern

Voight Garrell startet seinen Rundgang am römischen Nordtor der Stadt, seiner Zeit aufgestellt an der Straße An der Rechtschule. Für Garrell ist es der »gateway to Cologne« – das Einfallstor nach Köln. Auf die Rückseiten seiner Fotoserie schreibt er u. a.:

> **Clarence Voight Garrell:** *Dieser Teil der Stadt war ein einziger Scherbenhaufen. Es gab kaum eine Straße, die nicht von einem gigantischen Krater zerfurcht war oder versperrt durch riesige Trümmerhaufen. Die Zerstörung war erschreckend und vollständig. Wir kletterten zwischen verdrehten Eisenträgern herum, verworren durch die Bombenexplosionen wie dünner Draht. An vielen Stellen waren die Straßen vollständig ausgelöscht.*

Hotel Eils

Cologne –
6 March, 45

Abb. linke Seite: *Auf die Rückseite des Fotos links schreibt Clarence Voight Garrell: »Die Zahlenkombination 4711, zu sehen rechts oben im Bild, ist weltbekannt. Es ist die Hausnummer und der Markenname von 4711 Kölnisch Wasser. Hier habe ich eine kleine Pause eingelegt, um für dich ein wenig zu shoppen. Doch leider kam ich 15 Monate zu spät. Du erinnerst dich an die Reklame in der Drogerie bei uns in der Nachbarschaft in New York? Dann weißt du, wovon ich rede.«*
Die Aufnahme entsteht in der Straße Andreaskloster. Im Hintergrund zu sehen das damals bekannte Hotel Tils.
Abb. unten: *Die Richartzstraße an der Minoritenkirche. Während die Gebäude in Schutt und Asche liegen, scheinen die Denkmäler und Statuen robuster zu sein.*

"4711" in
upper right corner, is known

store window display in our
neighborhood in New York?

Auch Tom S. Noble lässt sich am Beginn der Hohenzollernbrücke hinter dem Dom zur Erinnerung fotografieren.

Mittwoch, 7. März 1945

Der Fotograf Tom S. Noble in der Kölner Altstadt

Domblick ist für die Fotografen aus nahezu jeder Perspektive garantiert. Auch Photo-Unit-Kommandant Tom Noble nutzt die Gelegenheit zu einer Fotoserie aus einer scheinbar in sich ruhenden Trümmerlandschaft. Seine Route führt ihn in die Straße An der Rechtschule mit dem zerstörten Wallraf-Richartz-Museum, dem ältesten Museum der Stadt. Die umliegenden Straßen und Plätze sind in weiten Teilen unpassierbar.

Abb. links: *Reportage über Köln aus der Armeewochenzeitschrift YANK vom 20. April 1945, Schlagzeile: »Yanks Sgt. Reg Kenny machte diese Bilder beim Einmarsch der GIs in Köln. Die Stadt, zurückgelassen in Ruinen nach Jahren des Krieges.« Das Titelbild zeigt einen Teil der Ruinen von Köln, fotografiert von Sergeant Reg Kenny von der Spitze der Kathedrale. Gebrochene Brückenteile stechen aus dem Wasser des Rheins hervor.*
Abb. Mitte oben links: *»Das Innere des Kölner Doms. Der Fußboden ist übersät mit Trümmern. Die meisten waren durch Explosionen und Erschütterungen vom Dach geschüttelt worden.«*
Abb. Mitte unten links: *»Weiße Fahnen der Kapitulation hängen an den Häusern, während Zivilisten und Zwangsarbeiter ziellos durch die Straßen wandern.«*

…GI LOOKS TOWARD THE ENTRANCE OF THE HOHENZOLLERN BRIDGE ON THE COLOGNE
…E OF THE RHINE. THE GERMANS DESTROYED IT AFTER RETREATING TO THE EAST BANK.

Cologne

YANK'S SGT. REG KENNY TOOK THESE PICTURES WHEN GIs ENTERED COLOGNE, LEFT IN RUINS BY YEARS OF WAR.

…E ARE SOME OF THE KRAUT PRISONERS WHO WERE MARCHED THROUGH THE
…ETS ON THE DAY THAT SOLDIERS OF THE FIRST ARMY TOOK OVER COLOGNE.

THE GUN ON A SHERMAN TANK JUTS OUT IN FRONT OF COLOGNE CATHEDRAL. BOMBERS AVOIDED THE CATHEDRAL IN RAIDS ON THE CITY AND AMERICAN TROOPS WERE ORDERED NOT TO FIRE ON IT. AS A RESULT IT ESCAPED ANY SERIOUS DAMAGE. THE TWO TOWERS OF THE FAMOUS STRUCTURE ARE EACH 511 FEET HIGH.

Abb. Mitte oben rechts: *»Ein GI sieht herüber zum Eingang der Hohenzollernbrücke auf der Köln-Seite des Rheins. Die Deutschen zerstörten sie nach ihrem Rückzug auf das Ostufer.«*
Abb. Mitte unten rechts: *»Dies sind einige der gefangenen ›Krauts‹, die durch die Straßen marschieren mussten, als Soldaten der 1. US-Armee Köln eroberten.«*
Abb. rechts: *»Die Kanone auf einem Sherman-Panzer vor dem Kölner Dom. Bomber vermieden es, die Kathedrale bei Luftangriffen auf die Stadt zu treffen und amerikanische Truppen wurden angewiesen, nicht auf sie zu feuern. Deshalb hatte der Dom keine ernsthaften Schäden zu verzeichnen. Die beiden Türme des bekannten Gebäudes sind jeweils 511 Fuß [157 Meter] hoch.«*

Mittwoch, 7. März 1945, bis Donnerstag, 8. März 1945

Auch im Kölner Süden schweigen die Waffen

Während in der Innenstadt am Abend des 7. März die Gewissheit steigt, dass die Kämpfe vorüber sind, wird zu dieser Zeit im Kölner Süden noch geschossen: am Militärring, in Rodenkirchen und an der Autobahn nach Bonn. Dass der südliche Stadtrand Kölns noch unter deutscher Kontrolle ist, lässt sich vor allem mit der starken Massierung von Flakgeschützen erklären. Zum Schutz der Raffinerien gibt es fast in jedem Dorf Abwehrgeschütze, z. T. regelrecht als Festung ausgebaut. Aus der Sicht der dort gegen die amerikanische 8th Infantry Division eingesetzten 3. Panzergrenadier-Division und 12. Volksgrenadier-Division wäre ein Halten des Gebietes wahrscheinlich noch länger möglich gewesen, wenn man die Industrieanlagen, wie ursprünglich beabsichtigt, großflächig gesprengt und das Gelände für die vorrückenden Amerikaner dadurch unwegbar gemacht hätte. Dass diese Befehle der »verbrannten Erde« nicht umgesetzt werden, begründet der Kommandeur der 12. VGD später mit »Rücksicht auf die überall anwesende Zivilbevölkerung«. Auch am Südrand der Stadt sind es zumeist wieder Kölner Polizisten und Volkssturmmänner, die den Soldaten den Rücken freihalten, um in Rodenkirchen und in Weiß mit Fähren übersetzen zu können.

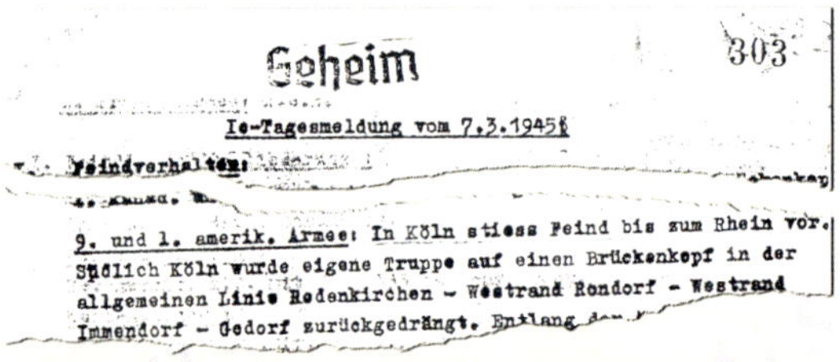
Geheim 303

Ic-Tagesmeldung vom 7.3.1945

Feindverhalten:

9. und 1. amerik. Armee: In Köln stiess Feind bis zum Rhein vor. Südlich Köln wurde eigene Truppe auf einen Brückenkopf in der allgemeinen Linie Rodenkirchen – Westrand Rondorf – Westrand Immendorf – Godorf zurückgedrängt. Entlang ...

Aus der Tagesmeldung des Oberbefehlshabers West vom 7. März (***siehe Abb. links***): »In Köln stieß Feind bis zum Rhein vor. Südlich Köln wurde eigene Truppe auf einen Brückenkopf in der allgemeinen Linie Rodenkirchen – Westrand Rondorf – Westrand Immendorf – Godorf zurückgedrängt.«

Schließlich wird die 104. Infantry Division ihr Einsatzgebiet ausdehnen und die 8. Infantry Division entlasten. Im Laufe des 8. März sind auch die Kämpfe in den südlichen Vororten des linksrheinischen Kölns beendet.

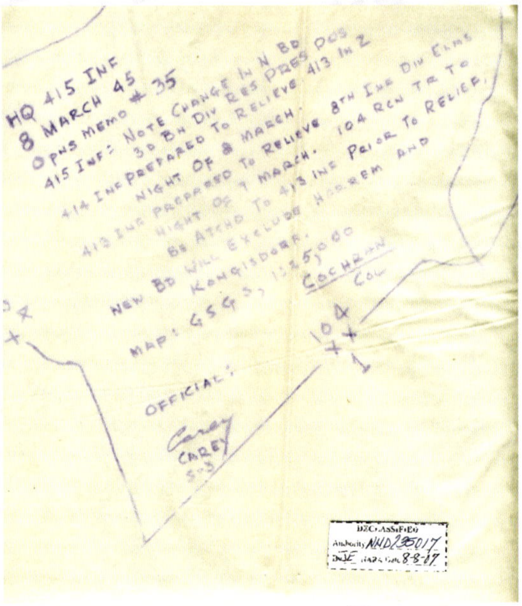

Legende zum Overlay der Timberwolves zur Einnahme des Kölner Südens am 8. März 1945. Die Entlastung der 8th Infantry Division wird darin als Nachtoperation angegeben.

Die Nachricht des Tages aber kommt am 7. März 1945 aus Remagen und verdrängt Köln umgehend aus den Schlagzeilen. Die Korrespondenten eilen in die 50 Kilometer entfernte Stadt im Rheintal, wo es Einheiten der 9th Armored Division am späten Nachmittag gelungen ist, eine intakte Rheinbrücke einzunehmen und einen ersten Brückenkopf jenseits des Rheins zu errichten.

»Mein gutes altes Cabriolet gewann in diesen Tagen an der Front an Bekanntheit«, schreibt der Fotograf Allan Jackson in einem Tagebucheintrag vom 13. März 1945.

> **Allan Jackson:** *Ich machte in Remagen eines der ersten Bilder vom Überqueren des Rheins, deshalb entschied man sich dafür, mich als Kurier mit dem Material nach London zu schicken [...] So sprang ich in meinen Wagen und fuhr über Spa [dem früheren Pressecamp der U.S. Army, Anm. d. A.] fast die ganze Nacht bis nach Brüssel. Um 5:00 Uhr war ich dort, um 9:00 Uhr startete mein Flugzeug nach London. Ich schaffte die Bilder rechtzeitig für die Abendzeitungen nach London und sie wurden überall abgedruckt. Wir haben für unsere Köln-Bilder viele Glückwünsche bekommen und das Panzerduell, von dem ich Bilder gemacht habe, war nur zwei Häuserblocks von dem Ort entfernt, an dem ich mein Auto geparkt hatte.*

LIEGE EDITION
THE STARS AND STRIPES
Daily News paper of U.S. Armed Forces in the European Theater of Operations
Vol. I—No. 49 Friday, March 9, 1945

Today's Russian Lesson

YA GAW-la-deen.
I want to eat.

Ici On Parle Français

Il pleuvra demain.
Eel pluvra duh man.
It will rain tomorrow.

1st ARMY ACROSS RHINE

eds Only 8 Mi. From erlin—Foe

werful Russian attacks against "outer ramparts" of the Berlin ıse system were reported yes- ıy by German commentators, said that Marshal Gregory ov's Red Army forces had driven ıiles west of the Oder River and ed the town of Seelow, only 28 miles the German capital.

reports that Zhukov had opened rive for Berlin still were not offi- confirmed by the Russians. But w radio broadcast this message to eople of Berlin: "Your last hour truck. This is your last chance."

Russian force which reached w had broken out of the Oder brid- d opposite Goritz, six miles south of nemy bastion of Kustrin, the Ger- reported. Nazi forces were report- have retaken some ground in er-attacks.

Assault Under Way

s and other Nazi accounts of action Kustrin-Frankfurt front and above in indicated that Zhukov's long- d assault was well under way. The ans said that fierce fighting was in ess, with some localities changing hourly.

Russians were reported to have red Rathstock, west of the Oder on Kustrin-Frankfurt road, as well as n, in the Oder loop to the south- The Germans claimed to have re- d Rathstock and said that in n "The remnants of the Russian lers were crushed."

thwest of Kustrin, the Germans Zhukov intensified his attacks near n and plunged forward to Nieder- n, 31 miles northeast of Berlin.

Hit Near Manschow

Russians also were reported attack- near Manschow, five miles south- of Kustrin; Lebus, five miles north ankfurt, and at Kietz, five miles d Kustrin on the main Kustrin- highway, which appeared to have cut.

ther north along the Oder, Zhu- forces were closing in on Stettin the northeast, east and south. n's waterways were commanded by an artillery and the city no longer operational port.

e than 3,000 prisoners were taken hukov's First White Russian Army rday, the communique reported. lay before, 8,000 were taken when ussians eliminated a German pocket 50 miles east of the Oder.

Stalin Order of Day

aviest fighting along the Baltic ared to have shifted eastward to al Rokossovsky's front, where Ger- forces trapped on the Pomeranian were counter-attacking strongly in tempt to break out to the west.

Rokossovsky's right flank, Soviet s were 13 miles from Danzig on the west and 21 miles away on the east, the Germans reported.

rshal Stalin announced in an Order Day that Rokossovsky's forces had red the railway towns of Buetow Koscierzyna, 31 miles southwest of g.

Soviet communique reported the re of more than 300 towns and ges on the approaches to Danzig rday, and said that Rokossovsky's s had taken more than 2,000 pri- s.

Russians continued to keep silent activities on Marshal Koniev's southeast of Berlin. In Hungary, east and south of Lake Balaton, forces repelled strong German ks.

Scene of Reported Crossing

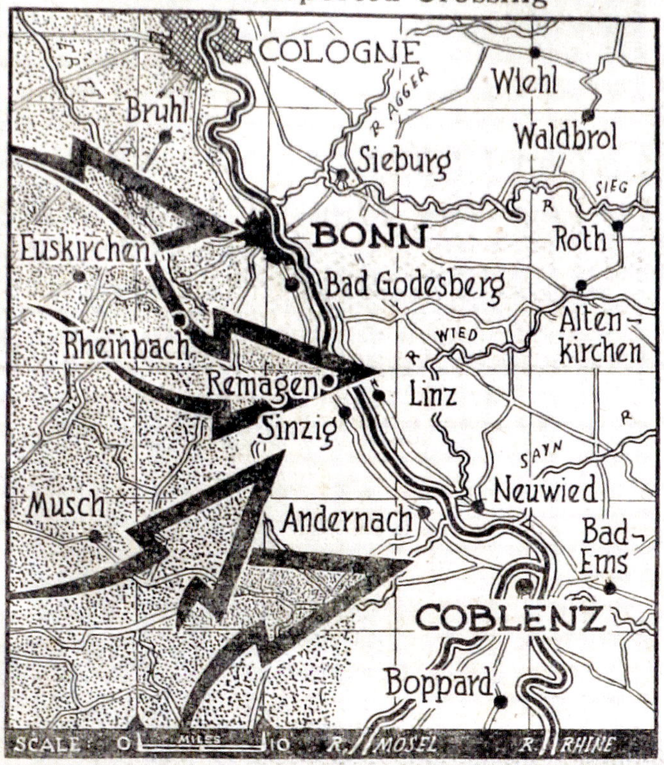

Stars and Stripes Map by Brown

Reuter and BBC reported last night that the First U.S. Army bridgehead across the Rhine was at Remagen. There was no official announcement of the location. Meanwhile, Associated Press reported the Third U. S. Army was less than 25 miles from a junction with the First.

Victory, Nazi Shells in Air On Pay-Dirt Side of Rhine

By Chris Cunningham
United Press War Correspondent

ON THE EAST BANK OF THE RHINE, Mar. 8—"Hell," the officer said, "if you have something given to you the best thing is to take it."

He was talking over here on this "pay dirt" side. Shells were hitting all around, but there was victory in the air—as if it spelled the beginning of the end.

It was the question of a quick decision on the part of a second lieutenant named Emmet J. Burrows and his A Company.

For security reasons, this correspondent is unable to tell how it was done. But judging from the way the Germans are throwing in some of their heaviest stuff at us tonight, they surely know when, where, how and why we got across the Rhine.

Crossing Made at 3:50 PM

In a short time we got across. The time was 3:50 PM yesterday (Wednesday). The outfit that got over here had orders to seize any opportunities for crossing that it could. From the company commander on up to the battalion commander to the division commander to the corps commander, the word went that we could cross.

Without a moment's hesitation, the entire company got across, and tonight their bridgehead is rapidly expanding both eastward, to the north and to the south. It reminds me a great deal of the Anzio beachhead in Italy, only this time there isn't even the threat of our getting kicked out of it.

Germans Caught Napping

The place where this outfit crossed the Rhine is one of the most picturesque spots south of Cologne. As a matter of fact, the only reason that we got across was that the Germans got caught napping by the outfit that took it on the chin during the Belgian bulge. It now

(Continued on Page 4)

Forges Bridgehead South of Cologne In Surprise Move

By Dan Regan
Stars and Stripes Staff Writer

FIRST U.S. ARMY HQ., Mar. 8—First Army troops crossed the Rhine south of captured Cologne at 1640 o'clock Wednesday and since then have established a firm bridgehead on the east bank of the river, it was officially announced tonight.

(Late Reuter reports said that "strong forces of infantry are still streaming across the Rhine against disorganized Germans.")

(Location of the crossing was not officially announced. Reuter and BBC both reported that the crossing was made at Remagen, about half-way between Cologne and Coblenz. Earlier, the Nazis asserted that a force of Americans had reached the Rhine at Remagen.)

Apparently hitting the Germans where they least expected such a blow, Gen. Hodges' men hurdled a major obstacle in the Allied drive to the industrial Ruhr in bridging the river.

Temporary News Blackout

(Meanwhile, Associated Press reported from Supreme Allied Headquarters that a temporary news blackout had dropped over the last gap—well under 25 miles—separating the First Army from Gen. Patton''s Third U.S. Army spearheads, which reached the Rhine north of Coblenz Wednesday.

(Germans fleeing across the Rhine at Andernach, nine miles northwest of Coblenz, were reportedly being shelled by artillery of Patton's Fourth Armd. Div., which made the sensational 60-mile dash to the river. Remagen is at the junction of the Cologne-Coblenz and Ahr Valley rail lines. The town is on the left bank of the Rhine, about 12 rail miles south of Bonn. The Ludendorf Bridge, a double-track iron rail span, crosses the river at Remagen. The Rhine is about 1,200 feet wide at this point.

(Opposite Remagen, less than 10 miles beyond the east-bank, a super-highway parallels the Rhine and provides a northern route to the Ruhr. Near Duisberg, the highway veers northeast to Hanover, Magdeburg and Berlin. The southern route leads to Frankfurt.)

By their feat in crossing the Rhine, the men of the First Army became members of the first invading force to bridge the river in 125 years—since the Napoleonic wars.

Meanwhile, First Inf. Div. troops had cleared half of Bonn, a university city with a peacetime population of 100,000, 33 miles south of Cologne.

Ninth Inf. Div. doughboys had almost complete control of Bad Godesberg, two miles south of Bonn. It was at Bad Godesberg that Neville Chamberlain held his ill-fated talks with Hitler just before the Munich Pact, which led him to make

(Continued on Page 4)

Nazis Strafe Bridgehead

By Andy Rooney
Stars and Stripes Staff Writer

EAST OF THE RHINE, Mar. 8—Able Co. crossed first, Charlie second and Baker Co. followed them and went on to take the high cliff rising sharply behind the beachhead.

That is the simple story of the American crossing of the Rhine—where they crossed and how they crossed are secrets, although the Germans sent single planes over at intervals, attempting to strafe the American flow across the great German river, indicating that they are very aware of how the crossing is being made.

In one day the unit which first crossed pushed seven miles, captured ammunition dumps containing tons of German explosives and finally reached the Rhine, and decided to cross it.

Grabbed the Chance

The original mission of the force was not to cross the river, but when Lt. Col. Leonard Engemann, of Minnesota, saw the opportunity, he grabbed the chance and ordered the crossing without a moment's hesitation.

Fifteen minutes after that, at approximately 1530 hours, the first infantry company commanded by 2/Lt. Carl Timmons, of West Point, Neb., was on the Berlin side of the Rhine. They encountered small arms fire and heavy opposition from 20mm anti-aircraft guns the Germans had set up on the river banks.

The first platoon across was commanded by 2/Lt. Emmett J. Burrows, who was probably the first American to set foot on the east shore of the Rhine.

The crossing took place at a point

(Continued on Page 4)

Ike Lauds 1st Army for Rhine Crossing

FIRST U.S. ARMY HQ., Mar. 8—Lt. Gen. Courtney Hicks Hodges, whose First Army troops won the Allied race to reach German soil last September, yesterday received from Gen. Eisenhower a message which praised the First Army for being the first Allied force to cross the Rhine.

The message:

"The whole Allied force is delighted to cheer the First U.S. Army, whose speed and boldness have won the race to establish the first bridgehead over the Rhine.

"Please tell all ranks how proud I am of them."

Signed:
EISENHOWER
Supreme Commander

Donnerstag, 8. März 1945, Gefängnis Klingelpütz – Gestapo-Zentrale EL-DE-Haus

Befreit aus den Kerkern der Nazis

Wenn die GIs in Köln jemanden befreien wollten, dann hier: Am 8. März betritt eine Spezialeinheit die Kerker der Nazis. In den Zellen des alten Stadtgefängnisses Klingelpütz finden sie noch 80 Häftlinge, die überlebt haben, die meisten von ihnen politische Gefangene. Während des Krieges wurden hier bis zu 15 000 Menschen zusammengepfercht und über 1 000 fanden durch die Guillotine den Tod, viele davon ohne Gerichtsverfahren. In einem Hinrichtungsbuch, das den GIs später in die Hände fällt, ist alles detailliert aufgelistet.

Um ein Haar wäre hier auch der Name der damals 19-jährigen Odette Bettinville zu lesen gewesen. Als Mitglied der belgisch-französischen Widerstandsbewegung hatte sie Anti-Nazi-Propaganda betrieben, am Kölner Hauptbahnhof Flugblätter verteilt und war zum Tode verurteilt worden. Ihr offizieller Hinrichtungstermin hätte der 15. März sein sollen.

> **Nadine Lambert:** *Das ist richtig. So hatte ich doch noch das Glück, ihre Tochter zu werden, das war wirklich großes Glück, auch für das Leben meiner Kinder und Enkelkinder.*

Bis ganz zum Schluss werden die Hinrichtungen durchgeführt. Als die Amerikaner die Innenstadt erreichen, sollen alle verbliebenen Häftlinge erschossen werden. Doch dazu kommt es wie durch ein Wunder nicht mehr.

> **Nadine Lambert:** *Sie war fassungslos, als sie die Amerikaner erblickte. Täglich hatte sie auf die Befreiung gewartet; als es tatsächlich passierte, war das ein überwältigender Moment für sie.*

Auch die Befreiung des Stadtgefängnisses wird von Fotografen dokumentiert. Die Fotos erscheinen in der Armeezeitschrift *Yank* (***Abb. rechte Seite***). Eines zeigt Odette Bettinville in ihrer Zelle. Für das Bild durfte sie sich seit Wochen erstmals waschen.

> **Nadine Lambert:** *So wie auf diesem Foto haben die Amerikaner sie sicher nicht gefunden, sie war sicher in viel schlechterem Zustand. Die Haftumstände waren sehr, sehr hart. Sie wurden verhört, geschlagen, gefesselt, hatten keine Heizung, bekamen über Tage nichts zu essen, sie mussten quasi ohne alles auskommen.*

Verschärfte Haftbedingungen und sogar Folter sollten die junge Gefangene dazu bringen, ihre Komplizen zu verraten, aber sie schafft es, nichts zu verraten.

> **Nadine Lambert:** *Da gibt es bestimmt einiges, von dem mir meine Mutter nichts erzählt hat, sie war eine hübsche junge Frau.*

In der Armeezeitung *Stars and Stripes* äußert sich Odette Bettinville gegenüber dem Reporter Dan Causin über ihr Martyrium:

> **Odette Bettinville:** *Weil die Deutschen von mir keine Aussage bekamen, brachten sie mich in den Keller, streiften die Kleider ab und legten mich auf einen Tisch. Da war ein Eimer mit eiskaltem Wasser in dem Raum. Sie tauchten Bettlacken hinein und wickelten meinen Körper in die mit Wasser getränkten Tücher. Diese wurden alle fünf Minuten gegen ein kälteres aus-*

Odette Bettinville, 19, was arrested for distributing propaganda and aiding PWs. While in Klingelputz prison in Cologne, she was beaten.

In this cell are the bodies of two Belgians who were among the many political prisoners in the Klingelputz who died of starvation and beating.

This young Hollander was a member of the underground and was one of the 80 men and women found crazed, half-starved but still alive.

All prisoners and visitors were sprayed with DDT powder to prevent lice and typhus. Four died of typhus before the Americans arrived.

ONLY four blocks from the cathedral, in the cold cells of Klingelputz prison, American soldiers found 80 political prisoners who were on the verge of starvation. They included Dutch, Belgians, French, Russians and Germans, most of whom were members of the underground of their respective countries.

Two Belgian prisoners died of starvation the day after their liberation because they were too weak to eat the food provided by the Americans. Despite the work of U.S. Army doctors, six others also died of diseases contacted in the prison. Four deaths were from typhus.

The prison cells consisted of unheated, four-by-ten foot cells, each of which held 10 naked men who where without blankets even in the middle of winter. Two could sleep on the crude bunk, but the others had to sleep sitting in a crouched position. The daily diet of all prisoners was a half piece of bread for breakfast and a pint of cold, watery soup at 1500.

Then there were the men and women who bore fresh cuts and bruises from the frequent beatings with clubs and steel bands; the woman who had given birth to her baby, unattended on the cold stone floor of the hall, with the result that the infant died; the German liberal who had been tied hand and foot for 53 days because he listend to a BBC broadcast. These prisoners were here to tell their stories personally. Others were not so fortunate.

There were the 50 prisoners who had been taken from their cells and hanged en masse at the Gestapo headquarters on the day Cologne fell. A German Jewess had been fatally poisoned by the prison commandant as his last act before he fled, when the Americans were entering the city. A priest from the Netherlands had died of starvation three days before.

Another prisoner, Odette, a 19 year-old French girl who had been arrested for distributing American propaganda and helping French prisoners of war escape, was sent to Klinkelputz prison when she was just 17. She spent 19 months here, until liberated by the Americans. Five months of that time was in solitary confinement, in an unheated cell where her bed was a wooden slab with no blankets. She was frequently stripped and beaten with a rubber truncheon. Another time she was manacled for two weeks.

But Odette still refused to name the French underground leaders with whom she had worked. She is now free and en route to join her parents in Paris.

When I was ready to leave the prison an American medic sprayed me with DDT powder, pumping the powder into my hair, up my sleeves and down my shirt collar. It is a compulsory measure for all visitors to the prison, to prevent lice and possible typhus.

In the old, Cook's Tour days of Cologne, such measures were not necessary but, to be sure, visits to Klinkelputz prison were not encouraged then.

***Abb. rechts:** Nadine Lambert **(oben rechts)** ist die Tochter von Odette Bettinville (1925–1993). Die belgische Widerstandskämpferin hält ihr Leben lang Kontakt zu den US-Soldaten, die sie aus dem Kölner Foltergefängnis befreien (**2. Abb. von unten**). Die Amerikaner stellen bei ihr eine schwere Typhusinfektion fest, die bei Nichtbehandlung tödlich verlaufen wäre, wie der US-Arzt John K. Bowles Jr. (**2. Abb. von oben**) in einem Bericht schreibt. Er kennt die Lebensgeschichte von Odette Bettinville und behandelt sie bis in das Jahr 1950. In diesem Jahr gründet Odette in ihrer Heimatstadt Charleroi eine Familie (**Abb. unten**).*

getauscht. Jedes Mal, wenn ich ohnmächtig wurde, weckten sie mich wieder auf und begannen von Neuem. Dies versuchten sie über drei Tage und sie ließen mich für eine ganze Woche ohne Nahrung. Ich weigerte mich weiterhin. Sie zogen mich erneut aus, schlugen mich mit Riemen und warfen mich zum Hungern in eine schmutzige Zelle.

Odette Bettinville war erst 17 Jahre alt, als sie die Entscheidung traf, sich dem Widerstand anzuschließen.

Nadine Lambert: *Als sie fortging, glaube ich nicht, das sie wusste, worauf sie sich einlässt, aber so, wie ich sie kannte, wollte sie das einfach machen und hat es getan. Aber sie wollte nicht ihr Leben riskieren, das glaube ich nicht. Das war ihre Jugend und sie wollte etwas für ihr Land tun, für die Freiheit. Das war ihr wichtig.*

Bis zu ihrem Tod 1993 hält Odette Bettinville Kontakt zu den US-Veteranen, für die der Klingelpütz nicht das einzige Foltergefängnis bleibt, das sie in Köln befreien. Im Hauptquartier der Gestapo, im EL-DE-Haus, finden sie gerade noch 18 Überlebende. Auch dort wurden in einem Zellentrakt im Keller Hunderte Menschen gefangen gehalten, gefoltert und auf dem dortigen Hof hingerichtet. Den Opfern der Gestapo widmen die Amerikaner das erste Mahnmal nach dem Krieg, das im Juni am Hansaring in Gegenwart von 1 000 Trauernden eingeweiht wird.

8-3-45. « Ma chère Madame Odette, j'ai eu une longue conversation avec Bettinville cet après-midi. Vous avez une très jolie et très brave fille. Elle paraissait tout a fait bien. Elle ne paraissait pas être trop atteinte et après quelque semaines de bon sommeil et de bon repas il n'y paraîtra plus. Elle recevra la nourriture et des bon soin des Américains et sera de retours a la maison dans une couple de semaine.

Odette Bettinville, de Charleroi

Elle devait être pendue en mars 45 !

• Odette Bettinville à peine libérée, telle qu'elle apparut dans un journal américain. On l'a habillée et caché ses jambes.

Elle était pleine d'esprit et avait ses même grand yeux que quand elle vous a quitté. J'ajoute que c'est mon armée qui a délivré votre ville (Mon colonel y a été blessé et une dame de votre ville pris soin de lui et l'emmena passé la nuit chez elle) et de nouveau c'est nous qui les premiers avons vu Bettinville. J'espère la revoir elle et ses amie demain et je personnellement si on prend bien soin d'elles. Ne vous tracasser pas je vous prie. Sincèrement, John K. Boles Jr., Lt. Colonel, 32nd Armored Regt., APO 253, U.S. Army.»

Cette lettre, envoyée à sa grand-mère à Charleroi depuis l'Allemagne et ici délivrée telle quelle (fautes y compris, vérité oblige), Mme Lambert l'a retrouvée il y a peu, après la mort de sa maman, Odette Bettinville. C'est à cette femme extraordinaire que se consacre ce témoignage.

TROIS JEUNES FEMMES DANS UNE CELLULE

Le 5 mars 1945, à 07h10, le sous-groupement «X» (un bataillon de chars et un bataillon d'infanterie de la 3ème division blindée U.S.), dont j'étais le commandant en second, entrait dans Cologne par la grand-route Pulheim-Cologne. Le 7 mars 1945, à midi, toute résistance allemande dans la ville avait cessé. Dans le courant de l'après-midi du 7 mars il me fut signalé qu'il y avait une prison dans notre secteur. Peu après, je me rendis à Klingleplutz prison ou prison d'Etat, et constatai qu'elle avait contenu 800 prisonniers civils alliés. Seuls y restaient 85 prisonniers -une partie du reste avait été évacuée à l'Est du Rhin et les autres avaient été tués au cours d'un récent raid aérien nocturne. Les prisonniers restant étaient pour la plupart des civils belges, français, polonais et néerlandais. (...)

«Dans une cellule du premier étage il y avait trois jeunes femmes. L'une était si malade et avait été si maltraitée qu'elle ne pouvait plus parler. Une autre couchée sur des chiffons à même le sol, avait le typhus et était enceinte de 7 mois. Son nom était Marie-Claire Walbreg, habitant boulevard Joseph II, Charleroi, Belgique. La troisième jeune femme était Odette Bettinville, habitant alors 115 rue Bayemont, Charleroi-Nord, Belgique.

«Mademoiselle Bettinville était si faible, souffrant du typhus et estropiée, qu'elle pouvait à peine parler et ne pouvait se lever de son grabat. Ses deux poignets et ses deux chevilles étaient tailladés et meurtris. Je l'interrogeai à ce sujet et elle m'expliqua que ses poignets et chevilles avaient été récemment liés ensemble pendant deux semaines, et qu'elle n'avait jamais été déliée pendant toute cette période. Lui faisant part de mon opinion à ce sujet, elle me répondit qu'elle avait précédemment été liée pour des périodes plus longues et que dans une cellule de l'autre côté du palier, il y avait un homme évanoui qui était lié depuis plus de deux mois. (J'ai coupé les cordes et donné les premiers soins mais il mourut cette nuit.)» Extrait du rapport du Lieutenant-Colonel John K. Boles, Jr., Armor, U.S. Army, concernant la libération de Mademoiselle Odette Bettinville en mars 1945 et datant du 10 décembre 1950.

ELLE NE PARLERA PAS

Odette Bettinville est décédée l'an dernier, de la maladie d'Alzheimer. Très émue de découvrir tous ses papiers et son histoire par la même occasion, histoire que sa mère lui avait cachée pour les détails, avec délicatesse, Madame Lambert veut aujourd'hui la partager. Un hommage que nulle association n'a même voulu rendre lors de ses funérailles, pas même par un drapeau. Et pourtant, Dieu sait si Odette Bettinville, cette jeune fille intrépide, animée d'un feu ardent pour sa patrie, le méritait...

«Maman est partie en 43, comme travailleuse volontaire. Elle avait à peine 18 ans. Elle se retrouve à Paris comme femme de chambre dans un hôtel. Là déjà, elle aide des prisonniers à s'échapper d'un Stalag (camp de prisonniers) et fait de la propagande antinazie en distribuant des tracts clandestins à qui en veut.

«Elle a entendu dire que l'on engageait du personnel français pour aller travailler dans la villa du général allemand Hanelse, qui occupait l'un des plus beaux hôtels du boulevard parisien Saint-Honoré, à Wiesbaden, en Allemagne. Elle s'est fait passer pour française et fut engagée comme soubrette et cuisinière le premier août 1943.

«Là, elle vole en même temps des documents secrets qu'elle refile au chauffeur, son complice. Mais douze jours plus tard, elle est donnée par un soi-disant complice qui la vend aux Allemands. Elle est arrêtée et enfermée à la prison de Wiesbaden où elle subit les interrogatoires de rigueur destinés à la faire parler et à révéler les noms de ses complices. Pour la faire parler, on la met, nue, dans des couvertures humides, et on l'enferme trois jours et trois nuits dans une cave. Elle ne parle pas.»

LA ROSEE EN GUISE D'EAU

«Elle a sûrement subi d'autres sévices. C'était une jeune fille très jolie... A la Libération, une de ses compagnes de cellule était enceinte... En novembre 43, elle écrit un poème sur le mur de la prison. Elle était très patriote. Elle est jugée, condamnée.

«Quelques mois plus tard, elle s'évade. Elle aide entre autres au départ clandestin de 18 Français. Mais elle est reprise et condamnée à un an de prison. Elle est transférée à Mayence (Mainz), sur la rive gauche du Rhin. Là, elle parvient à entrer en contact avec des prisonniers membres d'un réseau d'espionnage français.

«Le 26 août 44, elle est retransférée à Wiesbaden où elle doit rester jusqu'à la fin de la guerre. Le 15 décembre, elle doit passer devant le conseil de guerre de Darmstadt mais n'attend pas. La direction l'avait placée dans une boucherie à condition qu'elle réintègre sa cellule tous les soirs. Le premier soir, elle oublie de rentrer... et s'évade à nouveau.

«Elle nous racontait souvent que dans ces moments-là, elle ne marchait jamais que la nuit. Le matin, pour boire un peu, elle léchait la rosée sur les feuilles des arbres.»

UN ALLEMAND LA CACHE

«Elle parvient à prendre le train pour Cologne où, paradoxe, un Allemand civil au courant de son évasion la cache. Elle continue sa propagande antinazie. Mais le 10 janvier, à la gare de Cologne, elle est repérée, arrêtée et conduite à la Klingelputz (prison de la mort de Cologne). Elle est condamnée à mort. Son exécution est prévue pour le 15 mars 45. La pendaison.

«Mais... le 7 mars, ô chance, les Américains prennent Cologne. Maman fut libérée entre autres par un lieutenant-colonel, qui est devenu parrain de mon frère par la suite, et Général. Elle était prisonnière depuis 19 mois. Le 9 mars, elle quitte Cologne dans un camion américain pour le centre d'accueil de Verviers où elle retrouve son papa qui était allé la chercher. Le 20 mars, elle retrouve sa maman à Charleroi.»

«Un morceau de pain le matin; un demi-litre d'eau chaude baptisée soupe le soir; coups de matraque à volonté.» Tel était le régime subi par la jeune fille et les autres prisonniers

• La plus pure des figures de la Résistance.

selon son témoignage recueilli à son retour par un journaliste. *«Un Hollandais était devenu fou. Par moments il poussait des cris qui vous glaçaient les sangs. Pour le faire taire, les Allemands le matraquaient à le tuer. Atroce, monsieur, atroce!»*

Un autre journaliste, de la presse verviétoise, rapporte le vendredi 16 mars 45: *«Elle subit tant de fois la question qu'elle a perdu l'usage de ses membres et que ses os sont tout disloqués. «C'est notre ange, notre bon ange gardien, déclara à l'officier un des rescapés. Prenez-en soin, car c'est la plus pure des figures de la Résistance. C'est l'image même de l'héroïsme.»»*

Laurence Dubois

Abb. rechts: *Das Journal von Charleroi widmet dem Leben und der Leistung Odette Bettin-villes im Jahre 1994 einen großen Artikel.*

Abb. rechte Seite: *Die Armeezeitung Stars and Stripes berichtet über das »Nazi-Todeshaus«. Auf dem Gefängnishof finden die GIs vier neu ausgehobene Gräber mit Hinrichtungsopfern. Auch in dieser Zeitung wird über die Erlebnisse der jungen Belgierin berichtet (nicht abgebildet).*

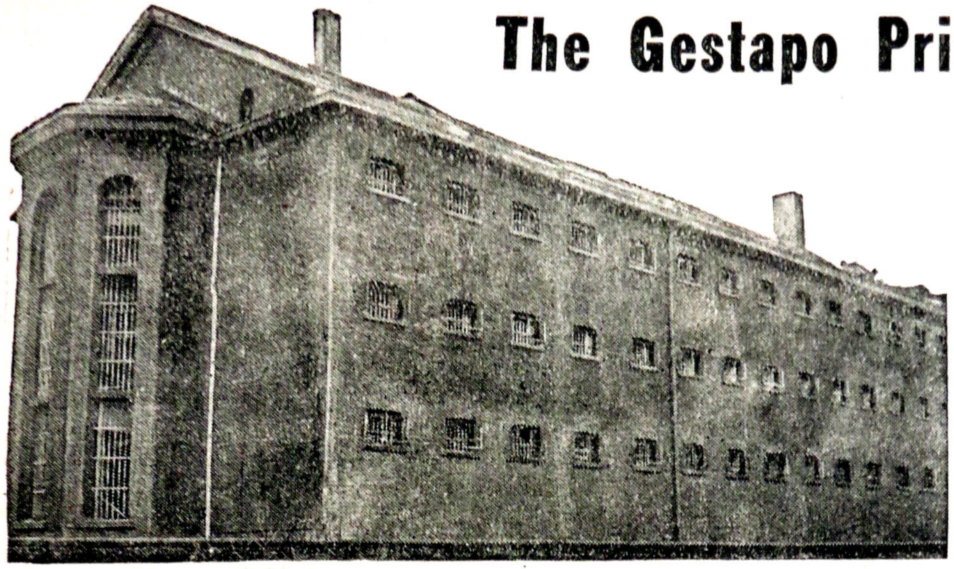

The Gestapo Prison at Cologne Was a Nazi Death House

A Living Hell Was the Lot for The Starved, Tortured Victims Inside These Bleak Stone Walls

By Dan Causin
Warweek Staff Writer

THE warden of the Staats Gefaengnis in Cologne was a pudgy man of medium height with a florid complexion. And when he drank heavily his face became splotchy, the tiny veins in his heavy jowls looked almost purple, and his eyes were bloodshot and watery. The messenger clicked his heels smartly, saluted and turned to leave. The warden leaned back in his chair and mulled the plan over in his mind. The clock on his desk ticked along toward seven—that gave him four hours' leeway—and the box of hand grenades had been locked in the closet.

Photographs by Jack McNulty, Warweek staff cameraman, who followed First Army infantrymen into the Gestapo's Staats Gefaengnis in Cologne.

Before 11 o'clock the warden was to remove all of the prisoners who could walk. There were at least 75 that couldn't walk and the grenades were for them. One in each cell—and the Americans would hear no rumors of Gestapo methods when they reached the prison.

There was plenty of time. He would have a drink. The armagnac was in the closet next to the grenades and there was a water glass to drink from. He poured half a glass of the stuff and gulped it down. He sat for a moment breathing heavily, his face flushed with drink, and filled the glass again.

The 11th Hour!

Three hours passed and it was after ten o'clock. The warden stirred drowsily and fumbled in his pocket for the key to the closet—had to get the grenades ready. The key wasn't in his pocket. He stood up unsteadily and fished through his other pockets. Then he decided to have another drink. He would force the lock.

A few minutes before 11 o'clock he knocked the empty bottle of armagnac from the table, rose and reeled toward the door. In the halls the guards were scurrying through the cell blocks, unlocking the cells and ordering the prisoners to assemble downstairs. The Americans were minutes away.

The warden glanced at the closet where he had kept the grenades, shrugged and stumbled down the stairs and into the cool night air. He would get away.

Minutes later, Lt. Col. Jack Bowles, Ft. Smith, Ark., led a patrol of 3rd Armored Division doughs into the walled courtyard, past four newly-dug graves and into the building. One wing was still standing intact after months of bombing.

The young colonel and his party hurried through the steel gates and into a long hall, flanked on either side by long rows of numbered cells. Glancing upward you could see a skylight, affording the only view the prisoners had of the outside world. On each of the four floors were more than 50 steel cages.

You Have Come. . .!

In the first cell was an emaciated little man, slumped against the wall on the cold stone floor, staring blindly at the opposite wall. He was in a coma and his wrists were bleeding from the bonds which had been cut an hour before when the guards unlocked the cells.

Lt. Col. Samuel B. Frank, Cleveland, O., Army medical inspector, examined the bruised and battered man, then bandaged his wrists where the twine had cut deep into the flesh.

The party continued down the corridor to a cell marked "42." The room was less than nine feet long and four feet wide. A single, dirty cot was the sole piece of furniture. On the cot were two young girls, so thin their bones bulged through the skin. A man sat on the edge of the cot, eyes sunken and glazed.

A wooden cross, a newly-dug grave—refuge from inhuman Nazis.

As the Americans entered, the man looked up uncertainly—as though expecting a beating. He hesitated, his lips quivering with emotion, and then cried tearfully in broken English: "You have really come! You, Americans, have come at last! Thank God! Thank God!"

The colonel assured him that the doctor would be around in a moment to attend to them.

Slow Death

"Help them, please," the man said excitedly. "The blonde girl is my wife," he blurted. "The other is my sister—she is only 17. They have starved us. They tried to kill us slowly."

The doctor hurried into the cell and examined the two unconscious women. Their stomachs were so shrunken from the single slice of black bread and the bowl of watery soup which was the daily diet at the Gestapo prison, that they could take no food directly.

Their lives, the doctor said, might be saved by feeding them intravenously. It was a miracle, he said, that they remained alive at all. The average person would live only two months on such a diet. The victims could feel themselves die slowly, horribly, and they could watch the others around them.

The systematic Germans had devised a systematic means for dealing with those who opposed their ideas and doctrines.

Here is the story the man told:

"We lived in Roermond, Holland, and we were brought here by the Gestapo at the end of January because we had been hiding three escaped Russian slave laborers. When we got here we were kept standing in the halls for several hours. Finally, one of us asked where we were to go.

One Died Each Week

"With that, the guards set upon us with whips, shouting: 'We will gladly show you where to go—this way, please!' Then they chased us up and down the four flights of stairs, flogging us at each landing. Finally, we were thrown, bloody and exausted, into our cells."

The Dutchman said that the Germans refused to allow him to see his wife or his sister in prison. He was thrown into a cell with eight other prisoners. There was not enough space to lie down and sleep. One died each week—last week's victim had been an old man. He died without seeing his son who was in a different cell on the floor above.

The doughs were suddenly startled by wild shrieking in the hall. Several of the Americans rose to look into the corridor. A gaunt, wild-eyed man was running down the stairs and screaming hysterically.

It was Tragic

"Pay no attention to him," the Dutchman said. "He has lost his mind. They tortured him and he is crazy now like the old professor in cell 84."

That was how it was all through the Gestapo prison in Cologne. We found them there and heard their stories because the warden drank the armagnac and forgot to kill the 83 who were left half-alive the night the doughs came.

They all told grim stories of torture, starvation and brutality. It was tragic and touching to the Yanks—like the case of the pretty

(Continued on Page 6)

Death Row—last mile for many. Prisoners were herded into these cell blocks to die like flies. The "New Order" hit an all-time high in barbarism.

A blood-splotched mattress, a crumpled heap of clothes—mute testimony of a young woman's death on this bed after torture by Gestapo henchmen.

Abschnitt 3
Köln ist eine geteilte Stadt

7. März 1945 bis 15. April 1945

Der Rhein als Frontlinie des Krieges

Mit dem 7. März 1945 ist der Krieg für ganz Köln keineswegs beendet. Mit der Eroberung der Domseite verläuft die neue Frontlinie des Krieges mitten durch die Stadt. Das Großdeutsche Reich mit NSDAP, Hitler-Jugend und Wehrmacht beginnt auf der anderen Rheinseite.

Auch wenn die Nazi-Propaganda verbreitet, der Verlust Kölns sei nur vorübergehend, so glaubt niemand ernsthaft, die Wehrmacht versuche, die Stadt zurückzuerobern.

Der Kampf um Köln

VB. **Berlin**, 8. März

Mehr als dreißigmal an einem Tage rannten im November und Dezember die Amerikaner oft östlich von Aachen gegen die deutschen Linien an, ohne daß sie an einem solchen Tag auch nur einen Schritt weiterkamen. An anderen Tagen gelangen ihnen dann wieder Geländegewinne, aber sie betrugen immer nur wenige hundert Meter, oft auch nur Dutzende von Metern. Jetzt sind die Amerikaner in zwölf Tagen über die Roer hinweg zum Rhein gekommen. Der linksrheinische Teil von Köln ist in ihrem Besitz. Um den stolzen gotischen Dom herum marschieren amerikanische Soldaten, und ihr Tritt geht auch an den zahlreichen Trümmerstätten vorbei, zu denen die Bomben ihrer Landsleute und ihre englischen Bundesgenossen Wohnungen und öffentliche Bauwerke gemacht haben.

Daß ihnen jetzt gelang, was ihnen im Herbst und Frühwinter versagt blieb, hat einen zugleich militärischen und politischen Grund, den alle Welt kennt: inzwischen ist die Gefahr aus dem Osten riesengroß geworden, und Deutschland muß den weitaus größten Bestandteil seiner Streitkräfte aufbieten, um der Bedrohung einen Damm entgegenzusetzen — einer Bedrohung, die doch nicht nur Deutschland, die den ganzen überlieferten Werten Europas gilt. Nur weil die deutsche Armee der Verstärkung auch aus dem Westen bedurfte, haben die Amerikaner den Erfolg von Köln davontragen können. Solche Tatsachen rücken die Ereignisse im Westen in das rechte Licht. Aus ihnen ist zu sehen, was Engländer und Amerikaner aus eigener Kraft vermögen, und wie eigentlich das Schwergewicht innerhalb der gegnerischen Koalition verteilt ist. Aus ihnen aber schöpft die deutsche Nation auch die Zuversicht, daß der Verlust von Köln keine endgültige Tatsache bedeutet. Wenn erst die Wende im Osten eingetreten ist, von der in diesen Tagen Generaloberst Guderian gesprochen hat, wird auch die Zeit für eine Revision der letzten Ereignisse im Westen gekommen sein.

Nördlich und südlich von Köln kämpfen die deutschen Nachhuten noch immer mit der äußersten Zähigkeit, um ihren Kameraden das Herüberkommen über den Strom zu ermöglichen. Am verbissensten sind die Kämpfe offenbar bei Wesel, wo der deutsche Brückenkopf noch besonders tief und breit ist und wo Briten und Kanadier beim Versuch, die deutschen Stellungen einzudrücken, immer wieder auf das härteste zurückgeschlagen werden. Weiter im Süden tritt Bonn immer mehr als Ziel eines amerikanischen Vorstoßes auf, während sich an der Ahr und in der eigentlichen Eifel die bekannten amerikanischen Versuche zur Zangenbildung immer deutlicher abzeichnen. Der amerikanische Vorstoß von Kyllburg aus zur Moselmündung hin hat weitere Fortschritte gemacht, doch ist der durchgebrochene Panzerkeil in seiner Ausdehnung nach rechts und links noch immer recht schmal, und seine offenen Flanken sind heftigen deutschen Gegenangriffen ausgesetzt.

Im Osten sind die wiederholten sowjetischen Vorstöße gegen die Festung Küstrin besonders bemerkenswert. Sie gelten offenbar dem Versuch, sich hier ein günstiges Ausgangsfeld für die kommende sowjetische Offensive in der Mittelfront zu schaffen. Alle Versuche wurden zurückgewiesen.

Bericht in der Parteizeitung Völkischer Beobachter *vom 9. März 1945.*

In Wahrheit werden die meisten deutschen Einheiten schon am nächsten Tag abkommandiert.

> **Engelbert Bockhoff:** *Dann dauerte es nicht lange, dann hieß es, die Truppen, die sich gerettet haben, nach Deutz sammeln. Dann haben wir, soweit das damals schon ging, richtige Einheiten zusammengestellt und dann wurden wir sofort verladen in LKWs Richtung Königswinter.*

Auch für die in der Panzerbrigade 106 verbliebenen Soldaten geht der Kampf weiter. Ähnlich wie in Köln werden sie im Kampf um Bonn in die Stadt geschickt und die letzte Brücke sprengt man, wie in Köln, hinter ihrem Rücken. Die Amerika-

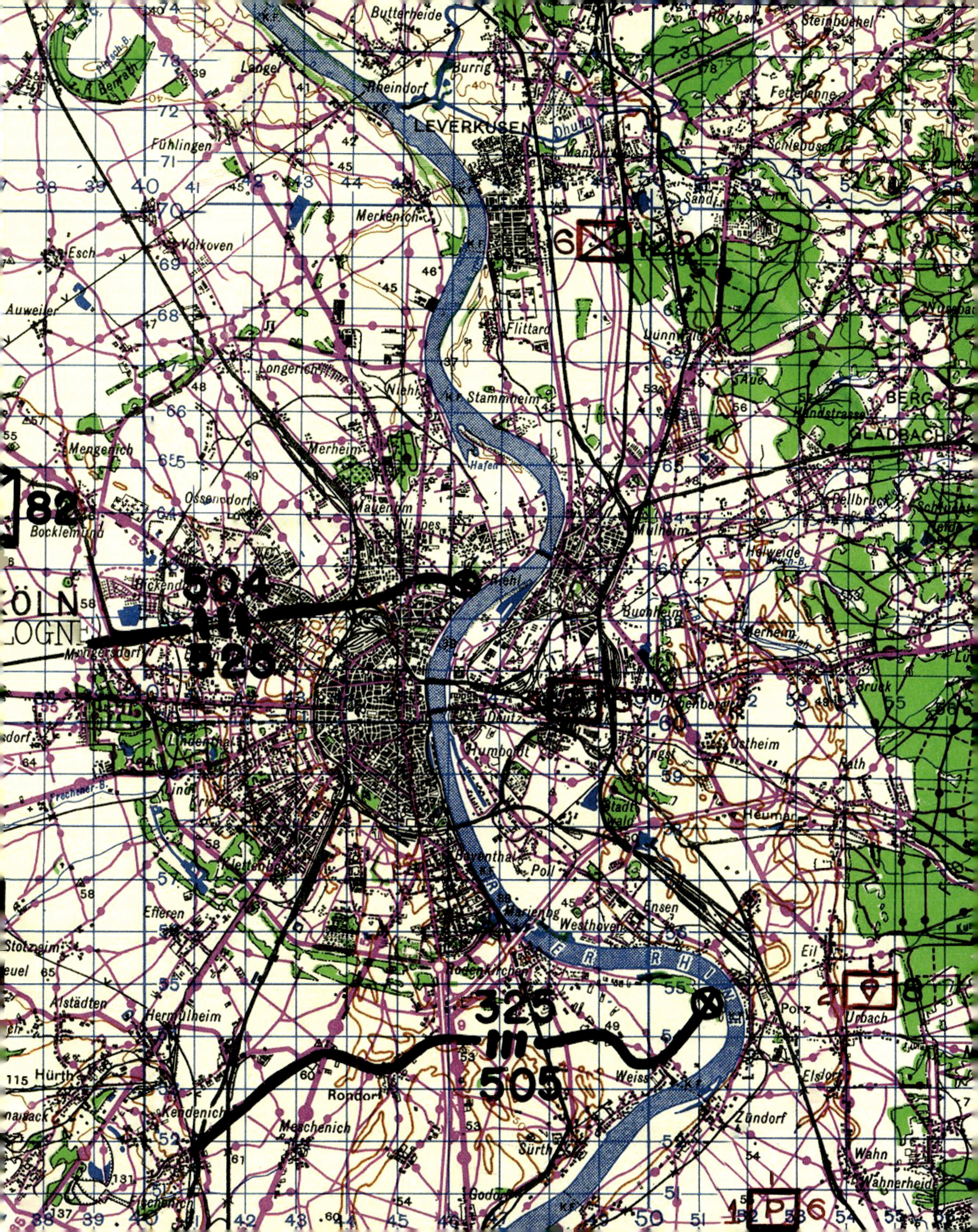
Butterheide
Steinbüchel
Langel
Bürrig
Rheindorf
Fettehenne
LEVERKUSEN
Dhünn
Schlebusch
Fühlingen
Merkenich
Volkoven
Esch
Auweiler
Flittard
Dünnwald
Longerich
Niehl
Stammheim
Aue
BERG.
GLADBACH
Mengenich
Merheim
Hafen
Ossendorf
Mauenheim
Nippes
Dellbrück
Bocklemünd
Mülheim
Holweide
82
504
525
Bickendorf
Riehl
Buchheim
KÖLN
LOGNE
Müngersdorf
Merheim
Brück
Deutz
Humboldt
Kalk
Ostheim
Vingst
Rath
Lindenthal
Frechener-B.
Stadtwald
Heumar
Klettenberg
Bayenthal
Poll
Efferen
Marienbg
Westhoven
Ensen
Stotzheim
Eil
Alstädten
Hermülheim
Bodenkirchen
325
505
Porz
Urbach
Hürth
Rondorf
Weiss
Elsdorf
Kendenich
Meschenich
Zündorf
Sürth
Wahn
Fischenich
Godorf
Wahnerheide
RHEIN

Abb. oben: *Panoramaschwenk über Köln im März 1945, zusammengesetzt aus einzelnen Bildern einer Filmaufnahme.*

Abb. vorherige Seite: *Übersichtskarte der in Köln stationierten 82. Luftlandedivision vom April 1945.*

ner drängen weiter nach Süden und schaffen mit der Einnahme der unzerstörten Remagener Rheinbrücke einen neuen Brennpunkt, in den die deutsche Armeeführung, wie es im Soldatenjargon heißt, ihre letzten Reserven wirft – so auch die Kampfgruppen der 9. Panzerdivision.

> **Engelbert Bockhoff:** *In Königswinter war gerade die Brücke Remagen passiert. Die haben wir unter Beschuss genommen, damit der Ami nicht durchkam. Das ist dann aber auch schiefgelaufen, so dass die Amis uns bombardiert haben und uns die Köpfe kaputtgeschlagen haben. Das war schon eine schreckliche Situation.*

Nach der Eroberung der Remagener Rheinbrücke scheint auch die Befreiung des rechtsrheinischen Kölns nur eine Frage von Tagen zu sein. Doch die Hauptströme der US-Armee stoßen direkt ins Ruhrgebiet vor. Nur eine kleine Streitmacht der 15. US-Armee kämpft sich in fünf langen Wochen den Rhein abwärts über die Sieg bis nach Köln.

Während dieser Zeit steht der Osten Kölns unter Dauerbeschuss. Die US-Armee lässt täglich Flugzeuge aufsteigen, um die eigene Artillerie zu dirigieren. In dem kleinen Kölner Vorort Brück leben damals noch etwa 500 Menschen, darunter auch der 14-jährige Josef Schultens.

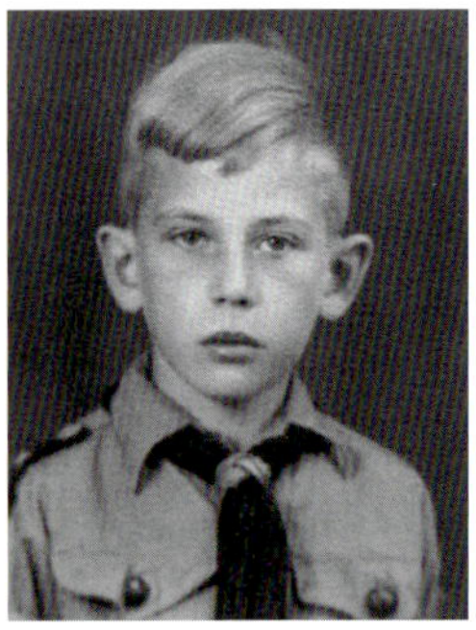

*Josef Schultens Jr. (*1931) lebte auf der rechten Rheinseite, als der linksrheinische Teil der Stadt bereits in amerikanischer Hand war. Im heimischen Brück waren von 4 600 Einwohnern noch circa 500 in ihren Häusern geblieben.*

> **Josef Schultens:** *Wir hatten ja zunächst mal die Front drüben auf der anderen Rheinseite. Und die Amerikaner schossen ja täglich. Wenn sich ein Fahrzeug oder was bewegte, da war dann der Flieger drüber, der Langsamflieger und dann schossen die mit Artillerie. Man konnte sich tagsüber hier nicht bewegen, mit keinem Fahrzeug, auch nicht mit 'nem Pferdefuhrwerk. Bei dem Beschuss ist auch viel Vieh auf den Weiden umgekommen, in dieser Zeit hatten wir manches Mal mehr Fleisch gehabt als meine Mutter einkochen konnte. Einweckgläser hatten wir genug, aber keine Gummis zum Abdichten.*

Der Beschuss beginnt in der Regel mit Sonnenaufgang und hält bis zur Dämmerung an, unterbrochen nur durch zwei bis drei Stunden Feuerpause pro Tag. Die Unterbre-

chungen sind so regelmäßig, dass sich auch die Menschen in den Bunkern auf der rechten Rheinseite danach richten.

So, wie auf westlicher Seite die Zone zwischen Rheinufer und Hohe Straße/Severinstraße zum Sperrgebiet erklärt worden ist, so ist auch auf der östlichen Seite das Gebiet zwischen der Autobahn und dem Rheinufer offiziell Kampfzone.

Die verfeindeten Soldaten belauern sich über den Strom hinweg. Entlang des Ostufers hat die Wehrmacht Infanterie aufgestellt, die die amerikanischen Positionen beobachtet und unter Feuer nimmt. In den ersten Wochen ist es vor allem im Süden Kölns die Aufgabe der Timberwolves, die Rheingrenze zu bewachen. Aus ihren Reihen kommen dabei drei Soldaten zu Tode, 20 werden verwundet. Ihren eigenen Protokollen zufolge dürfte die Zahl der Opfer auf der östlichen Rheinseite aber deutlich höher gewesen sein.

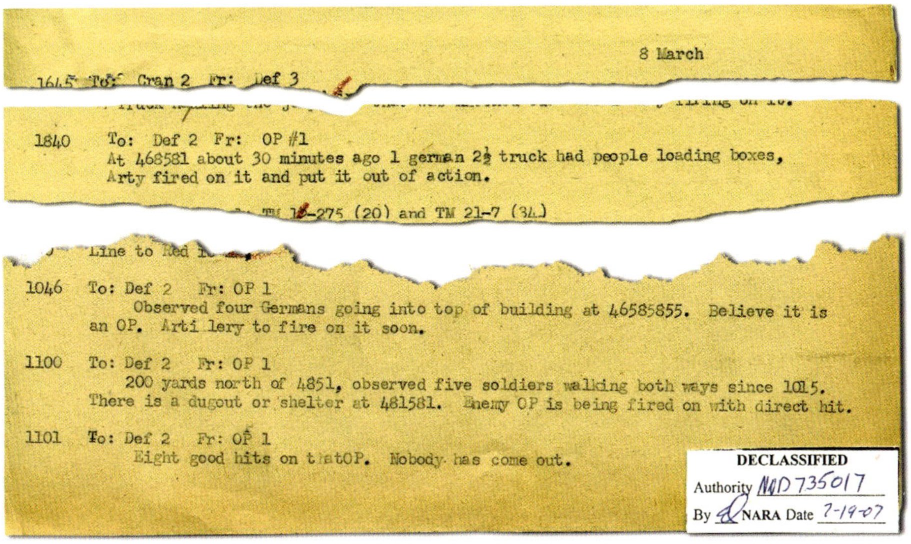

8 March

1645 To: Gran 2 Fr: Def 3

1840 To: Def 2 Fr: OP #1
At 468581 about 30 minutes ago 1 german 2½ truck had people loading boxes,
Arty fired on it and put it out of action.

TM 1?-275 (20) and TM 21-7 (34)

Line to Red

1046 To: Def 2 Fr: OP 1
Observed four Germans going into top of building at 46585855. Believe it is an OP. Arti lery to fire on it soon.

1100 To: Def 2 Fr: OP 1
200 yards north of 4851, observed five soldiers walking both ways since 1015.
There is a dugout or shelter at 481581. Enemy OP is being fired on with direct hit.

1101 To: Def 2 Fr: OP 1
Eight good hits on thatOP. Nobody has come out.

DECLASSIFIED
Authority NND 735017
By NARA Date 7-19-07

Das Nachrichtenprotokoll der 104. Infanterie-Division meldet: »10:46 Uhr: Im Bereich Porz wurden Leute beobachtet, die einen 2,5-t-Lastwagen mit Kisten beluden. Artillerie sollte bald auf sie feuern. 11:00 Uhr: 200 Meter nördlich von 4851 [Porz] wurden fünf Soldaten beobachtet, die zweimal in den vergangenen 30 Minuten denselben Weg zurücklegten. Dort gibt es einen Unterstand bei 481581 [Porz]. Feindlicher Befehlsstand wurde unter Feuer genommen und direkt getroffen. 1:01 Uhr: acht gute Treffer auf diesen Außenposten. Niemand kam mehr heraus.«

Kinder und Jugendliche aus Brück, darunter Josef Schultens in der Bildmitte, werden mit Schippe und Spaten dazu eingesetzt, Bombentrichter wieder mit Erde aufzufüllen.

Signet der 82nd Airborne Division, beheimatet in North Carolina. Anfang April werden die Luftlandetruppen mit der Sicherung der Rheingrenze zwischen Bonn und Köln beauftragt. Zur Feinderkundung führt man regelmäßig Patrouillen auf das rechte Rheinufer durch. Auf deutscher Seite bedeutet dies oftmals eine willkommene Gelegenheit, sich den Amerikanern zu ergeben. Am 6. April 1945 stößt eine solche Patrouille von Köln-Langel aus nach Hitdorf mit dem Auftrag vor, nach Möglichkeit einen ersten Brückenkopf auf der rechten Rheinseite zu halten. Nach heftigen Gefechten mit der deutschen Verteidigung unter Beteiligung der 5. Panzerarmee der Wehrmacht müssen die US-Soldaten unter dramatischen Umständen evakuiert werden. Die Auseinandersetzung soll auf deutscher Seite 150 Todesopfer gefordert haben, gegenüber neun aus den Reihen der 82nd Airborne Division. Trotzdem ging das Kriegsereignis unter dem Namen »Kleines Dünkirchen« in die Divisionsgeschichte ein.

Auch der junge Josef Schultens gerät ins Visier amerikanischer Beobachter auf der anderen Rheinseite.

> **Josef Schultens:** *Auf der Landzunge des Deutzer Hafens, einige Hundert Meter vom Bahndamm der Südbrücke entfernt, war ein Kühlhaus der Firma Linde, ein klotziger, mehrstöckiger Bau, vollgestopft mit Holzkisten, gefüllt mit jeweils 50 Kilo Butterschmalz. Viele fuhren damals im Schutz der Dunkelheit mit dem Fahrrad und holten Butterschmalz. Manch einer blieb dabei und wurde von den auf der gegenüberliegenden Rheinseite liegenden amerikanischen Truppen erschossen. Da ich des Nachts nicht fahren durfte, fuhr ich am hellen Tag.*
>
> *Wir waren: Ein mir unbekannter Herr aus dem Vinzenz-Haus, ein in der Nachbarschaft wohnender Siebzigjähriger, mein Bruder Karl und zwei damals 14-jährige Freunde. Als wir am Bahndamm entlang in Richtung Südbrücke radelten, hatte uns der amerikanische Artilleriebeobachter entdeckt. Es krachten rechts und links von uns Artilleriegeschosse. Wir flüchteten in eine Bahnunterführung. Es dauerte fast eine Stunde, bis der Beschuss eingestellt wurde.*
>
> *Mein Bruder Karl und ein Freund fuhren zurück nach Hause. Wir anderen schlichen weiter bis zur nächsten Bahnunterführung, wo wir die Fahrräder abstellten. Der Siebzigjährige blieb zurück. Wir anderen liefen über Schienen bis zum Kühlhaus und schleppten die für Vierzehnjährige recht schweren, kantigen Kisten. Nun eilte auch der Siebzigjährige in Richtung Kühlhaus, stolperte, schlug sich an einer Schiene die Stirn blutig und kehrte zurück. Für ihn bin ich ein zweites Mal gelaufen. Angekommen im Kühlhaus, stieß ich auf Wehrmachtssoldaten, die schimpften: »Wegen euch kriegen wir Beschuss! Wir lassen niemanden mehr herein.« Der Siebzigjährige hatte mir fürs Butterschmalz einen Beutel mitgegeben. Zwischen Toten habe ich von der Erde große Butterschmalzklumpen eingesammelt und den Beutel damit gefüllt.*
>
> *Auf der Heimfahrt sahen wir frühzeitig in Höhenberg auf der Straße eine Volkssturmstreife stehen. Der Siebzigjährige, verletzt und psychisch kaputt, ist mit seinem Beutel voll Butterschmalz weitergefahren und unbeanstandet nach Hause gekommen. Wir mit unseren eckigen Kisten, die jeder kannte, wagten es nicht, sind Umwege über Hinterhöfe und Feldwege gefahren und haben uns dann in Brück getrennt. Ich mit meiner Kiste bin bis 100 Meter vor unser Haus an der Olpener Straße gekommen, als plötzlich der damalige Bataillonskommandeur des Volkssturms, Hannemann, ein Oberscharführer der SS, mit der Maschinenpistole in der Hand vor mir stand. Er hat mich dann bei der Gestapo abgeliefert [...]. Hier habe ich als Plünderer über eine Stunde mit dem Gesicht zur Wand gestanden. Meine Mutter wurde geholt, und man hat ihr heftig vorgehalten, dass das Plünderung sei, worauf die Todesstrafe stände, und dass nicht ich als Jugendlicher, sondern sie, die die Aufsicht habe, erschossen würde. Weiteres würde ihr noch mitgeteilt und wir konnten gehen. Meine Eltern haben wirklich nichts von dem Vorhaben ihrer beiden Söhne gewusst.*

Anfang April nehmen die Gefechte über den Rhein hinweg weiter zu. Die Timberwolves werden durch die Infanteristen der 82nd Airborne Division abgelöst. Jede Bewegung auf der »deutschen Seite« wird nun genau beobachtet, protokolliert und unter Feuer genommen.

Allein durch das Feuer dieser Division über den Rhein hinweg sollen so in den ersten beiden Wochen des Monats April nach Schätzungen der Amerikaner über 200 Menschen erschossen worden sein.

	PW's	Est. Kld.
Defense of the RHINE River	166	378

Die 82nd Airborne Division verzeichnet in dieser Zeit 19 Tote und über 100 Verwundete in den eigenen Reihen. Die protokollierten Beobachtungen der Amerikaner sind für den bevorstehenden Angriff auf die rechtsrheinische Stadt besonders wichtig. Sie enthalten Informationen über reguläre Truppen, Volkssturmverbände und vor allem über die Positionen von schweren Waffen.

DECLASSIFIED
Authority NND735017
By NARA Date 8-4-07

SECTION III-- INTELLIGENCE PHASES

1. COLOGNE Area.

When the 82d Airborne Division moved into the ...

The enemy's first line of defense in the Division sector was the RHINE River, and he immediately availed himself of it by blowing all bridges. Following a familiar pattern, the villages along the East bank from MANHEIM in the North to MONDORF in the South became the strong points of his defensive line, with particularly heavy concentrations of men and weapons in HITDORF, LEVERKUSEN, STAMMHEIM, WESTHOVEN, ZUNDORF, LANGEL, NIEDERKASSEL and RHEIDT. Machine guns formed the backbone of his defenses, reinforced by light AA in a ground role. The use of flak guns war particularly noticeable in the Northern part of the sector, and searchlights

8

9

Abb. oben: *Familie Schultens mit Vater Josef sen., Mutter Maria und den sechs Kindern. Vater Josef ist Rektor an der örtlichen Volksschule gewesen und lebt mit seiner Familie in einem Haus auf dem Schulgelände.*

Abb. links oben: *In einem Gefechtsbericht der 82. Luftlandedivision zur Verteidigung der Rheingrenze wird die Zahl der getöteten Deutschen mit 378 angegeben. 166 Menschen, die es zumeist auf eigene Faust über den Fluss geschafft hatten, wurden gefangen genommen.*

Abb. links unten: *Zahlreiche Gefangene geben den Amerikanern Auskunft über Verteidigungsstellungen auf der rechten Rheinseite. Diese Informationen fließen mit den Erkenntnissen aus der eigenen Feindbeobachtung zusammen und werden an alle involvierten Einheiten der Truppe weitergeleitet.*

Maria Schultens verliert ihren Mann Josef bei einem Manöverunfall am 25. März 1945 und damit weniger als drei Wochen vor Kriegsende.

entfernt, wurden die schweren Waffen der Wehrmacht in Stellung gebracht. Ohne Rücksicht auf die eigene Zivilbevölkerung feuern die Artillerieeinheiten über den Rhein in die Stadt und in die westlichen Vororte. Der Beschuss durch die Wehrmachtseinheiten fordert auf der linken Rheinseite innerhalb von sechs Wochen schätzungsweise noch einmal 200 Opfer unter den Zivilisten. Josef Schultens lebt mit seinen Eltern unweit des Flughafens Köln-Ostheim und damit auch in unmittelbarer Nachbarschaft mehrerer Artilleriestellungen der Wehrmacht.

> **Josef Schultens:** *Da stand sehr viel Flak im Gelände und jeden Mittag um 12:00 Uhr schossen die nach Köln hinein, Chlodwigplatz, Heumarkt, Neumarkt, immer fleißig, »bumbumbum«, da schossen die rein. Und dasselbe hat man von Leverkusen aus gemacht und rüber in die Fordwerke geschossen. Erst dadurch wurde das Fordwerk ernsthaft beschädigt.*

Krieg ist ein gefährliches Handwerk, auch wenn gerade nicht gekämpft wird. Am Sonntag, den 25. März nutzen im Osten Kölns stationierte Soldaten eine Feuerpause und rufen Volkssturmmänner im Stadtteil Brück zusammen, um auf der Mielenforster Wiese den Umgang mit Waffen zu trainieren.

> **Josef Schultens:** *Es gab hier doch kaum jemanden, der noch kämpfen wollte. Außer vielleicht der Ortsgruppenleiter der Partei, ein SS-Mann. Der lief immer mit einem Maschinengewehr rum und drohte, jeden zu erschießen, der sonntags nicht zu Appell kam. Aber sonst? Nein, da wollte keiner mehr kämpfen.*

Als eine Panzerfaust nicht zu funktionieren scheint, übernimmt einer der Übungsleiter die Aufgabe, den Grund der Ladehemmung zu erkunden.

> **Josef Schultens:** *Der Bataillonskommandeur des Volkssturms, ein 36-jähriger Oberscharführer der Waffen-SS, wollte daher den Zünder der Panzerfaust ausbauen und begann die Granate, die vorn auf dem Rohr steckte, abzuschrauben. Die Panzerfaust explodierte in seinen Händen und zerfetzte ihn.*

Bei der Detonation kommen mit einem Schlag auch die Volkssturmkommandeure der Kölner Ortsteile Merheim, Dellbrück, Brück und Rath zu Tode, darunter auch Josef Schultens Vater Josef senior. Auch zwei der anwesenden Wehrmachtssoldaten werden durch Granatsplitter getötet. Da die Panzerfäuste zumeist von KZ-Häftlingen und Zwangsarbeitern gefertigt werden, vermuten die Soldaten damals Sabotage.

Inzwischen sollte der gesamte Ostteil der Stadt eigentlich evakuiert sein. Doch ein Großteil der Bevölkerung widersetzt sich den Räumungsbefehlen und verbringt die nächsten Wochen fast vollständig in den Bunkern. Manche nennen die letzten Wochen auf der Schäl Sick die »Maulwurfzeit«. Zusätzlich zu der Unmöglichkeit, sich tagsüber halbwegs normal in den Straßen zu bewegen, kommt nachts die Gefahr durch einen blutigen Bandenkrieg, den sich Hitlerjungen und Volkssturmmänner mit geflüchteten Zwangsarbeitern liefern. Später wird man von Erschießungen und auch Massakern an Ausländern erfahren. Zusammengebrochen ist auch die Versorgung mit Strom, Wasser und Lebensmitteln. Notgedrungen herrscht nachts reger Betrieb in den Straßen. Es wird berichtet: Ob Zivilisten, zurückgelassene ehemalige Zwangsarbeiter, einzelne Soldaten oder auch ganze Wehrmachtseinheiten, sie alle seien sich beim »Organisieren« regelrecht begegnet. Wohnungsaufbrüche und Plünderungen von Geschäften, Paketdepots, Lagerhäusern und Bahnwaggons seien völlig normal gewesen, die Achtung vor Privateigentum habe einen Tiefpunkt erreicht.

Vor allem die drei jüngsten von insgesamt sechs Kindern müssen ab jetzt ohne Vater auskommen.

*Fredy Zehnpfennig (*1928) erlebte Köln als geteilte Stadt im Frühjahr 1945 im rechtsrheinischen Mülheim. Nach dem Krieg machte er eine Ausbildung bei einem Mülheimer Notar und ist seit Jahrzehnten aktiv in der Mülheimer Bürgervereinigung.*

Unter den circa 60 000 Menschen, die sich damals im rechtsrheinischen Köln befinden, ist damals auch der 16-jährige Mülheimer Junge Fredy Zehnpfennig.

> **Fredy Zehnpfennig:** *Ich war am Westwall zu Schanzarbeiten herangezogen worden und bin da abgehauen. So musste ich mich in Mülheim über mehrere Wochen verstecken, die ganzen Parteileute usw. waren ja noch da. Allerdings war unter diesen Nazis auch jemand, der mich drei Wochen lang mit Brot versorgt hat, als ich nichts zu essen hatte. Es war der frühere Schulleiter meiner Schule in der Genoveva-Straße. So konnte ich mich weiter durchschlagen, bis der Amerikaner kam.*

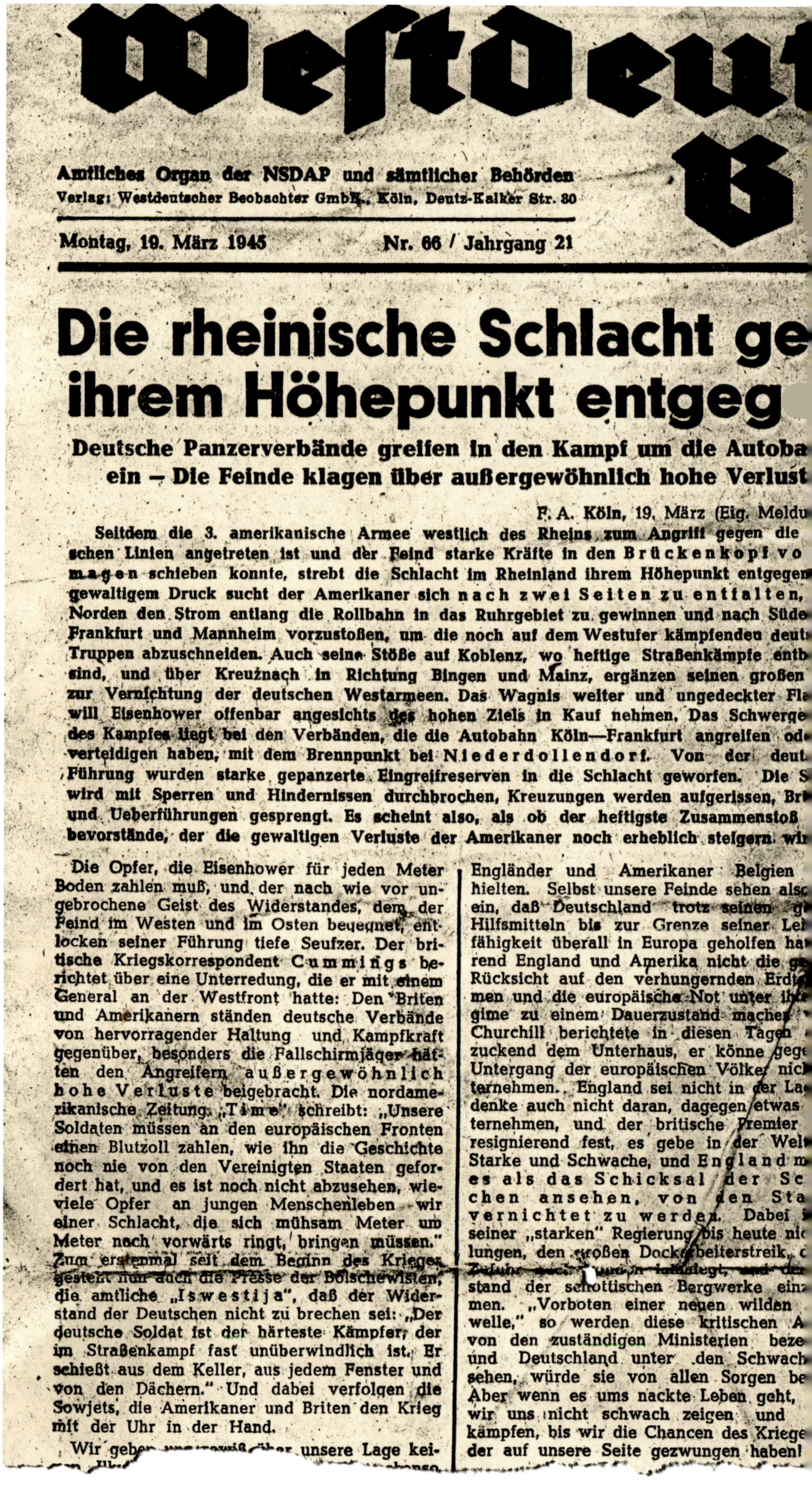

Westdeut[...]

B[...]

Amtliches Organ der NSDAP und sämtlicher Behörden
Verlag: Westdeutscher Beobachter GmbH., Köln, Deutz-Kalker Str. 30

Montag, 19. März 1945 Nr. 66 / Jahrgang 21

Die rheinische Schlacht ge
ihrem Höhepunkt entgeg

Deutsche Panzerverbände greifen in den Kampf um die Autoba
ein – Die Feinde klagen über außergewöhnlich hohe Verlust

F. A. Köln, 19. März (Eig. Meldu

Seitdem die 3. amerikanische Armee westlich des Rheins zum Angriff gegen die
schen Linien angetreten ist und der Feind starke Kräfte in den Brückenkopf vo
magen schieben konnte, strebt die Schlacht im Rheinland ihrem Höhepunkt entgegen
gewaltigem Druck sucht der Amerikaner sich nach zwei Seiten zu entfalten,
Norden den Strom entlang die Rollbahn in das Ruhrgebiet zu gewinnen und nach Süde
Frankfurt und Mannheim vorzustoßen, um die noch auf dem Westufer kämpfenden deut
Truppen abzuschneiden. Auch seine Stöße auf Koblenz, wo heftige Straßenkämpfe entb
sind, und über Kreuznach in Richtung Bingen und Mainz, ergänzen seinen großen
zur Vernichtung der deutschen Westarmeen. Das Wagnis weiter und ungedeckter Fl
will Eisenhower offenbar angesichts des hohen Ziels in Kauf nehmen. Das Schwerge
des Kampfes liegt bei den Verbänden, die die Autobahn Köln—Frankfurt angreifen od
verteidigen haben, mit dem Brennpunkt bei Niederdollendorf. Von der deut
Führung wurden starke gepanzerte Eingreifreserven in die Schlacht geworfen. Die S
wird mit Sperren und Hindernissen durchbrochen, Kreuzungen werden aufgerissen, Br
und Ueberführungen gesprengt. Es scheint also, als ob der heftigste Zusammenstoß
bevorstände, der die gewaltigen Verluste der Amerikaner noch erheblich steigern wi

Die Opfer, die Eisenhower für jeden Meter Boden zahlen muß, und der nach wie vor ungebrochene Geist des Widerstandes, dem der Feind im Westen und im Osten begegnet, entlocken seiner Führung tiefe Seufzer. Der britische Kriegskorrespondent Cummings berichtet über eine Unterredung, die er mit einem General an der Westfront hatte: Den Briten und Amerikanern ständen deutsche Verbände von hervorragender Haltung und Kampfkraft gegenüber, besonders die Fallschirmjäger hätten den Angreifern außergewöhnlich hohe Verluste beigebracht. Die nordamerikanische Zeitung „Time" schreibt: „Unsere Soldaten müssen an den europäischen Fronten einen Blutzoll zahlen, wie ihn die Geschichte noch nie von den Vereinigten Staaten gefordert hat, und es ist noch nicht abzusehen, wieviele Opfer an jungen Menschenleben wir einer Schlacht, die sich mühsam Meter um Meter nach vorwärts ringt, bringen müssen." Zum erstenmal seit dem Beginn des Krieges gesteht nun auch die Presse der Bolschewisten, die amtliche „Iswestija", daß der Widerstand der Deutschen nicht zu brechen sei: „Der deutsche Soldat ist der härteste Kämpfer, der im Straßenkampf fast unüberwindlich ist. Er schießt aus dem Keller, aus jedem Fenster und von den Dächern." Und dabei verfolgen die Sowjets, die Amerikaner und Briten den Krieg mit der Uhr in der Hand.

Wir geben [...] unsere Lage kei-

Engländer und Amerikaner Belgien
hielten. Selbst unsere Feinde sehen als
ein, daß Deutschland trotz seinen g
Hilfsmitteln bis zur Grenze seiner Le
fähigkeit überall in Europa geholfen ha
rend England und Amerika nicht die g
Rücksicht auf den verhungernden Erdt
men und die europäische Not unter ih
gime zu einem Dauerzustand machen
Churchill berichtete in diesen Tagen
zuckend dem Unterhaus, er könne geg
Untergang der europäischen Völker nic
ternehmen. England sei nicht in der La
denke auch nicht daran, dagegen etwas
ternehmen, und der britische Premier
resignierend fest, es gebe in der Wel
Starke und Schwache, und England m
es als das Schicksal der Sc
chen ansehen, von den Sta
vernichtet zu werden. Dabei
seiner „starken" Regierung bis heute ni
lungen, den großen Dockarbeiterstreik,
[illegible]
stand der schottischen Bergwerke ein
men. „Vorboten einer neuen wilden
welle," so werden diese kritischen A
von den zuständigen Ministerien beze
und Deutschland unter den Schwach
sehen, würde sie von allen Sorgen be
Aber wenn es ums nackte Leben geht,
wir uns nicht schwach zeigen und
kämpfen, bis wir die Chancen des Kriege
der auf unsere Seite gezwungen haben!

Ausgabe der NS-Zeitung Westdeutscher Beobachter *vom 19. März 1945. Die Staatspropaganda spricht von hohen Opferzahlen, welche die Amerikaner für jeden Meter Boden zu beklagen hätten, was dem Feind und seiner Führung tiefe Seufzer entlocke. Im Augenblick strebe die Schlacht im Rheinland ihrem Höhepunkt entgegen. Das Schwergewicht des Kampfes liege an der Autobahn Köln – Frankfurt mit dem Brennpunkt bei Niederdollendorf. Von der deutschen Führung seien starke gepanzerte Eingreifreserven in die Schlacht geworfen worden.*

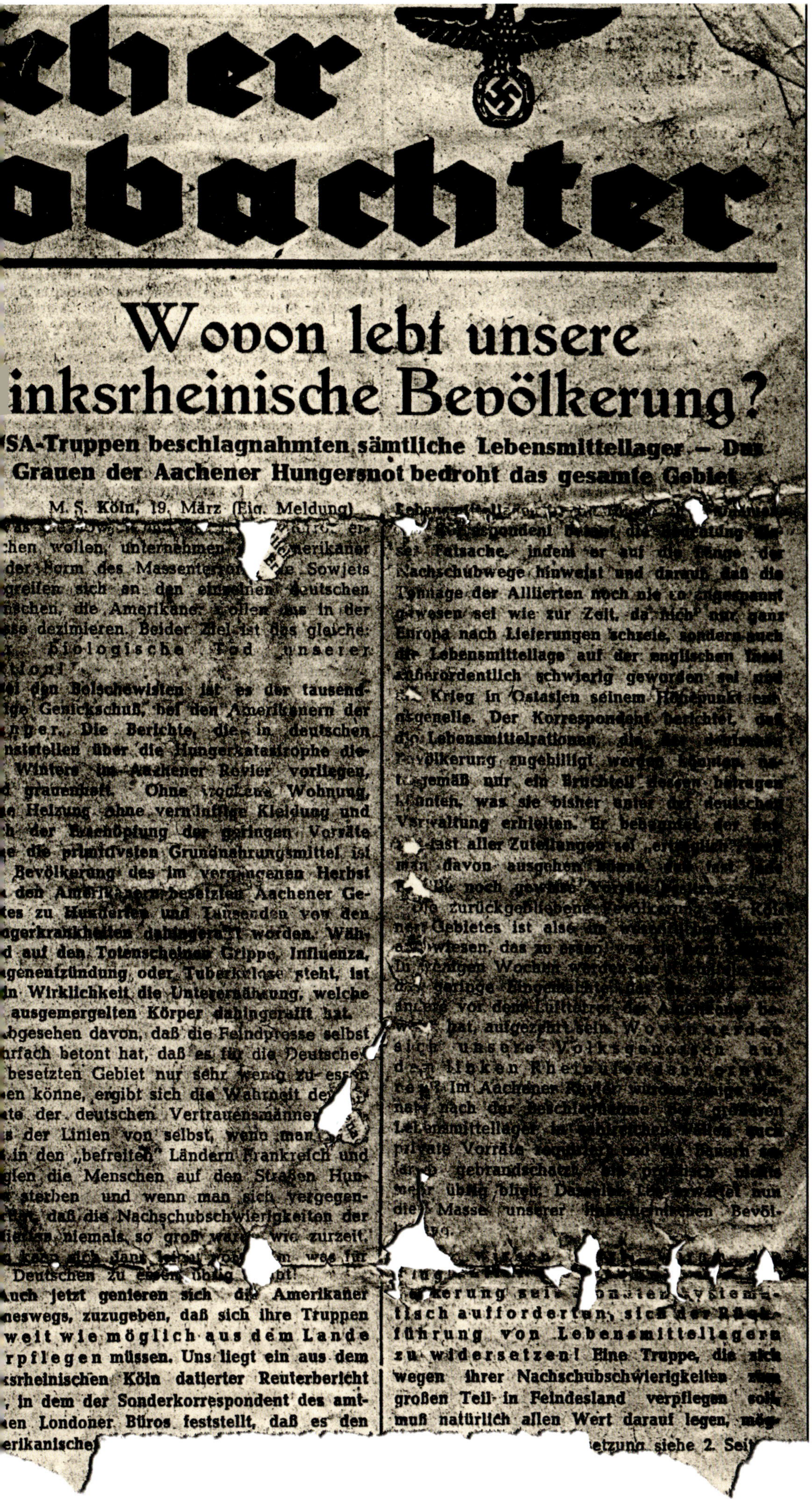

[illegible]cher [illegible]obachter

Wovon lebt unsere [l]inksrheinische Bevölkerung?

[U]SA-Truppen beschlagnahmten sämtliche Lebensmittellager – Das Grauen der Aachener Hungersnot bedroht das gesamte Gebiet

M. S. Köln, 19. März (Eig. Meldung)

[illegible] chen wollen, unternehmen [illegible] Amerikaner [in] der Form des Massenterrors [illegible] Sowjets greifen sich an den einzelnen deutschen [Men]schen, die Amerikaner wollen [illegible] in der [Ma]sse dezimieren. Beider Ziel ist das gleiche: [der] biologische Tod unserer [Na]tion!

[B]ei den Bolschewisten ist es der tausend[fält]ige Genickschuß, bei den Amerikanern der [Hu]nger. Die Berichte, die in deutschen [Die]nststellen über die Hungerkatastrophe die[ses] Winters im Aachener Revier vorliegen, [sin]d grauenhaft. Ohne trockene Wohnung, [ohn]e Heizung, ohne vernünftige Kleidung und [nac]h der Erschöpfung der geringen Vorräte [[illegible]]e die primitivsten Grundnahrungsmittel ist [die] Bevölkerung des im vergangenen Herbst [vo]n den Amerikanern besetzten Aachener Ge[bie]tes zu Hunderten und Tausenden von den [Hu]ngerkrankheiten dahingerafft worden. Wäh[ren]d auf den Totenscheinen Grippe, Influenza, [Lu]ngenentzündung oder Tuberkulose steht, ist [i]n Wirklichkeit die Unterernährung, welche [die] ausgemergelten Körper dahingerafft hat.

[A]bgesehen davon, daß die Feindpresse selbst [meh]rfach betont hat, daß es für die Deutschen [im] besetzten Gebiet nur sehr wenig zu essen [geb]en könne, ergibt sich die Wahrheit der [Ber]ichte der deutschen Vertrauensmänner [jenseit]s der Linien von selbst, wenn man [[illegible]] in den „befreiten" Ländern Frankreich und [Bel]gien die Menschen auf den Straßen Hun[gers] sterben und wenn man sich vergegen[wärt]igt, daß die Nachschubschwierigkeiten der [Alli]ierten niemals so groß waren wie zurzeit. [Ma]n kann sich dann [illegible] was für [die] Deutschen zu essen übrig [bleib]t!

[A]uch jetzt genieren sich die Amerikaner [kei]neswegs, zuzugeben, daß sich ihre Truppen [so]weit wie möglich aus dem Lande [ve]rpflegen müssen. Uns liegt ein aus dem [lin]ksrheinischen Köln datierter Reuterbericht [vor], in dem der Sonderkorrespondent des amt[lich]en Londoner Büros feststellt, daß es den [Am]erikanische[n] [illegible] Lebensmittellage [illegible] Korrespondent [illegible] die [illegible] dieser Tatsache, indem er auf die Länge der Nachschubwege hinweist und darauf, daß die Tonnage der Alliierten noch nie so angespannt gewesen sei wie zur Zeit, da nicht nur ganz Europa nach Lieferungen schreie, sondern auch die Lebensmittellage auf der englischen Insel außerordentlich schwierig geworden sei und [der] Krieg in Ostasien seinem Höhepunkt ent[ge]genelle. Der Korrespondent berichtet, daß die Lebensmittelrationen, die der deutschen Bevölkerung zugebilligt werden könnten, na[tur]gemäß nur ein Bruchteil dessen betragen könnten, was sie bisher unter der deutschen Verwaltung erhielten. Er behauptet, der [illegible] fast aller Zuteilungen sei „erträglich", weil man davon ausgehen könne, daß fast jede [Familie] noch gewisse Vorräte [illegible]

Die zurückgebliebene Bevölkerung des Köl[ner] Gebietes ist also [illegible] wiesen, das zu essen, was sie [illegible] In wenigen Wochen werden die [illegible] das geringe Eingemachte, das [illegible] vor dem Luftterror der [illegible] be[wahrt] hat, aufgezehrt sein. Wovon werden sich unsere Volksgenossen auf dem linken Rheinufer dann ernäh[ren]? Im Aachener Revier wurden einige Mo[nate] nach der Beschlagnahme der größeren Lebensmittellager in [illegible] auch private Vorräte [illegible] und die Bauern [illegible] gebrandschatzt, [illegible] nichts mehr übrig blieb. Dasselbe [illegible] erwartet nun die Masse unserer [illegible] Bevöl[ke]rung.

[illegible] [Bev]ölkerung sei [illegible] systema[t]isch aufforderten, sich der Rück[f]ührung von Lebensmittellagern zu widersetzen! Eine Truppe, die sich wegen ihrer Nachschubschwierigkeiten zum großen Teil in Feindesland verpflegen soll, muß natürlich allen Wert darauf legen, mög[lichst] [illegible]

[Fort]setzung siehe 2. Sei[te]

In diesem Artikel wird behauptet, die US-Truppen hätten sämtliche Lebensmittellager im linksrheinischen Köln beschlagnahmt und ließen die dortige Bevölkerung hungern. Ziel der gewollten Hungersnot sei der biologische Tod der deutschen Nation.

11. bis 15. April 1945, Der Kampf um die »Schäl Sick«

Kriegsende in ganz Köln

Am 11. April durchbrechen die Panzer der 15. US-Armee die Hauptkampflinie an der Sieg und stoßen nach Norden vor. Der Kern der Panzertruppen der 13th Armored Division stammt aus Kalifornien. Die Männer sind erst Ende Januar in Frankreich gelandet und nun gemeinsam mit dem 97. Infantry Battalion und der 82. US-Luftlande-Division Teil des 18. US-Luftlandekorps. Der Angriffsplan sieht vor, den rechtsrheinischen Teil der Stadt zuerst zu umschließen und den Wehrmachtssoldaten mit dem Rhein im Rücken die Rückzugswege ins Bergische Land abzuschneiden. Patrouillen und Stoßtrupps sollen dann über die großen Stichstraßen in das rechtsrheinische Zentrum vordringen, dort den Feind »zerstören« und die Kommunikation unterbrechen.

The attack was designed to flank the enemy along the East bank of the RHINE River and then to cut to the center of the pocket destroying the enemy and disrupting communications. (See Overlay #4 for Plan of Attack.)

Zur Situation auf deutscher Seite verbreitet die amerikanische Divisionsführung folgende Informationen: »Hauptsächlich werden uns die Überbleibsel der 353. Volksgrenadier-Division (Infanterie), die 3. Fallschirmjägerdivision und die 7. Flakdivision gegenüberstehen.« Die Infanterie sei stark dezimiert, aber besonders die Fallschirmjäger noch schlagkräftig. Die größten Hindernisse des Vormarsches aber stellten die Flakeinheiten mit ihren 88-mm-Kanonen dar. Ursprünglich zur Luftverteidigung des Ruhrgebietes vorgesehen, kämpften diese Truppen nun im Anti-Panzer-Kampf.

2. Research by the OB Team disclosed that major units opposing us would be remnants and elements of the following units: the 353 German Infantry Division, 3rd Parachute Division and the 7th Flak Division. The first mentioned was a remnant of a much battered VG Division; the 3rd Parachute, although decimated by previous commitments, was still a potentially strong fighting unit. Its CG, Oberst Becker, was known to be an ardent Nazi as well as an excellent soldier. However, the unit which was to present the greatest obstacle to our advance was the 7th Flak Division plus miscellaneous Flak Bns assigned to it. The division had previously been assigned to the AA defense of the industrial Ruhr, but was now reported to be disposed in Anti-tank defensive positions.

Das Gebiet zwischen der Autobahn und dem Rhein ist die Kampfzone des Combat-Command B (Gefechtskommando B) der 13th Armored Division. Die ersten GIs der Division überschreiten am 11. April ab 9:00 Uhr die Agger, umgehen Troisdorf und stoßen auf Wahnheide und Urbach vor. Sie kämpfen nun, wie es im Protokoll heißt, in der »Porz-region«. Südlich von Eil wird im Laufe des Nachmittags ein erster Gefechtsstand eingerichtet.

(2) 11 Apr 45 (See Overlay #4):

(a) CC "B": Hq displaced across SIEG River 110125 Apr 45. TF YON of CC "B" crossed AGGER River at 110900 Apr, bypassed TROISDORF, fought through WAHNERHEIDE (F558515) - URBACH (F540537) to reach Initial Objective in the vicinity of DUNNWALD at 111940B, where it bivouacked for the night. TF MALONE followed TF YON, clearing many roadblocks bypassed by TF YON, and at 112030B bivouacked in the vicinity of VINGST (F499595). CC "B" established Command Post South of EIL (F538554).

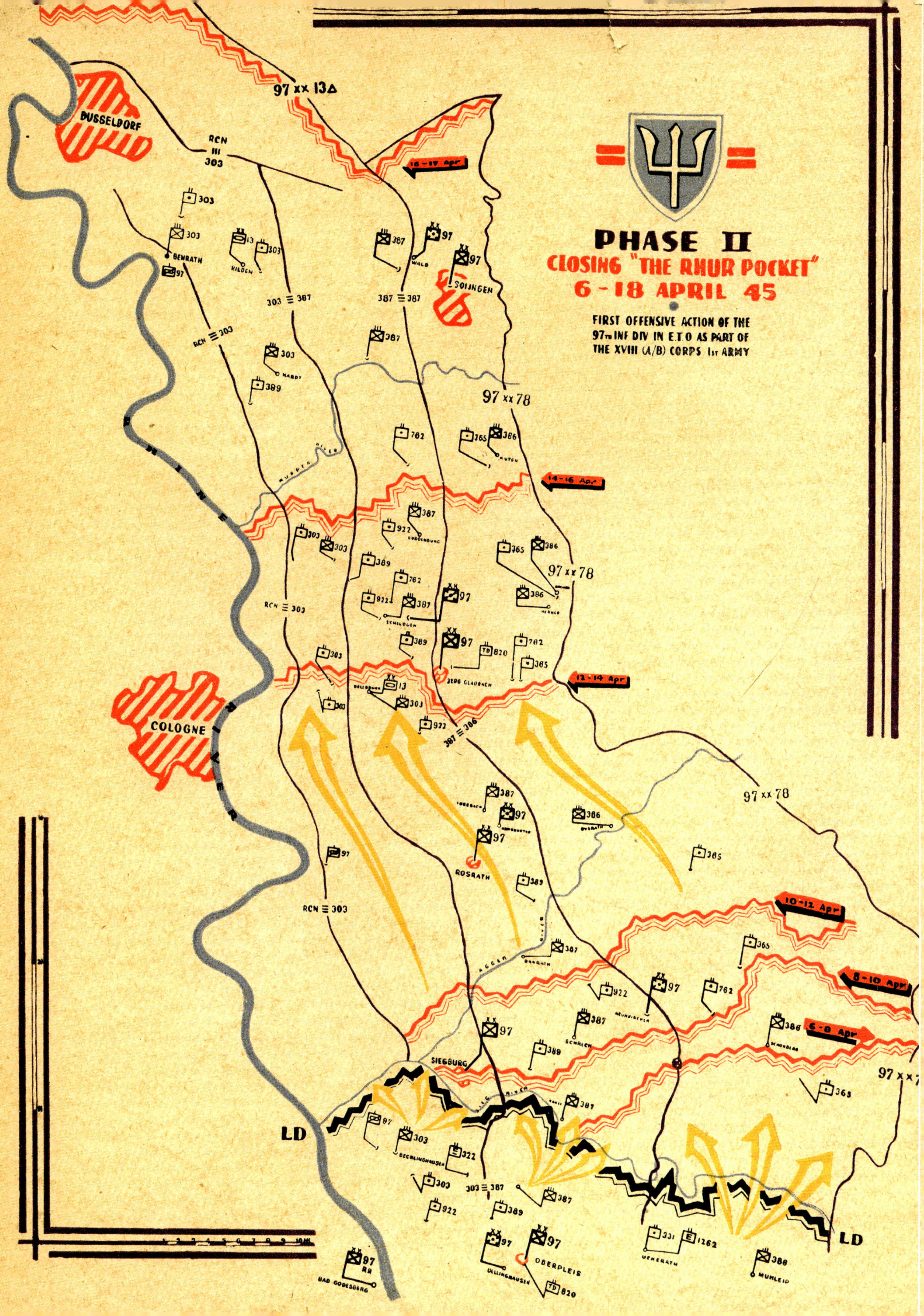
PHASE II
CLOSING "THE RHUR POCKET"
6 - 18 APRIL 45
FIRST OFFENSIVE ACTION OF THE
97TH INF DIV IN E.T.O AS PART OF
THE XVIII (A/B) CORPS 1ST ARMY
DUSSELDORF
SOLINGEN
COLOGNE
SIEGBURG
ROSRATH
BENRATH
HILDEN
WALD
OBERPLEIS
BAD GODESBERG
RHINE RIVER
97 XX 13
97 XX 78
RCN III 303
RCN ≡ 303
303 ≡ 387
387 ≡ 387
387 ≡ 386
303 ≡ 387
16 - 17 Apr
14 - 16 Apr
12 - 14 Apr
10 - 12 Apr
8 - 10 Apr
6 - 8 Apr
LD

Abb. Vorseite: *Übersichtskarte zur Invasion in das rechtsrheinische Köln aus Sicht der 97th Infantry Division.*

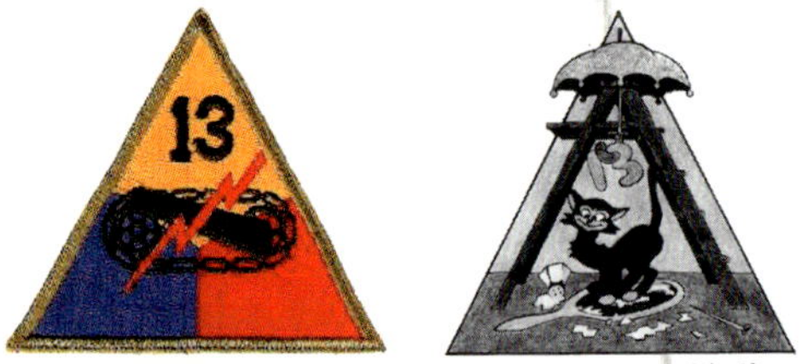

Offizielles und inoffizielles Signet der 13. US-Panzerdivision. Gemäß dem Spitznamen »Black Cat« wurde das Maskottchen der Einheit auch von den GIs selbst in verschiedenen Comic-Versionen gezeichnet.

Signet der 97. Infantry Division, Spitzname »Dreizack«. Das Signet steht Pate für die drei US-Bundesstaaten Maine, Vermont und New Hampshire am Atlantischen Ozean, aus denen die ersten Soldaten der 97. ID stammten.

Abb. S. 266 und diese Seite: *Ausschnitte aus den Gefechtsberichten und Protokollen der beteiligten Einheiten.*

```
11 Apr 45   0100   Dep vicinity of Lohman and proceeded toward Ehrbach.
                   Pockets of resistance met along route with some sniper
                   activity.  Also shelled by artillery
            2200   Met stiff resistance at outskirts of Ehrbach.  Enemy shelled
                   town .  Column went back to outskirts of town near airport
                   to await dawn
```

Die beteiligten Infanteristen des 59th Armored Infantry Battalions werden bei ersten Gefechten mit Widerstandsnestern der Deutschen auseinandergetrieben. Einer versprengten Kampfgruppe gelingt es, sich in den Abendstunden sogar bis an den Nordrand der Stadt nach Dünnwald durchzuschlagen, eine weitere Kampfgruppe erreicht Vingst und errichtet dort einen Posten für die Nacht. In den Vororten Spich und Altenrath liefern sich die US-Panzertruppen ein sechsstündiges Feuergefecht mit aus Eil abziehenden Flaksoldaten. Über 60 Männer, darunter zahlreiche Jugendliche, sollen dabei auf deutscher Seite zu Tode gekommen sein.

Auf einem Flugfeld in der Nähe Mülheims übernachten versprengte US-Soldaten und eine deutsche Flakeinheit beinahe Schulter an Schulter. Als sie sich im Morgengrauen des 12. Aprils bemerken, kommt es auch hier zu Feuergefechten: Zwei US-Fahrzeuge gehen in Flammen auf, mit fünf Verwundeten ziehen sich die GIs zurück.

```
... leading elements of the battalion
...out.  Upon attempting to rejoin the battalion
through the services of a guide sent back by CC "B",
the company along with a few strayed elements of the
battalion became lost and spent the night on an airfield
southwest of Mulheim.  Dawn on the morning of the 12th
revealed this airfield to be well defended by 88 mm
and 40 mm antiaircraft guns defending the field, which
opened fire as soon as visibility permitted.  The
company withdrew with the loss of two vehicles
and five wounded but not before they had destroyed
at least two large enemy guns.
```

Bereits seit dem Nachmittag des Vortags wird auch im Herzen von Mülheim verbissen gekämpft. Durch verschiedene Irrtümer sind die Kampfgruppen rechts und links der Frankfurter Straße fehlgeleitet worden und haben unter massivem Beschuss der um den Stadtring herum positionierten Flakkanonen die Orientierung verloren. Angeforderte Luftunterstützung wird abgelehnt, da die Luftverteidigung der Deutschen hier zu stark sei.

Um 16:00 Uhr verpasst dann eine Patrouille einen Abzweig und stößt unbeabsichtigt über die Bergisch Gladbacher Straße tief in die Mülheimer Altstadt vor. Plötzlich fallen ihnen deutsche Infanteristen in den Rücken und trennen sie von ihren Fluchtwegen ab. Der Kampfbericht des 24. Tank Destroyer Battalions besagt, die GIs hätten sich die ganze Nacht über in Gebäuden verschanzt und seien am Morgen dann gefangen genommen worden. Drei GIs kamen bei den Gefechten ums Leben.

```
     After the reorganizations 1000 yards east of
Wahnerheide, the battalion moved out at 1620 and
attacked north on highway 8, in the order of Task Team
Blake, "B" 59th AIB, "D" company, battalion Hq and
supposedly company "B" which had been misdirected and
lost.  Another separation at this time ensued when
one platoon of "B" 59th AIB missed a turn on the out-
skirts of Mulheim and worked down into the heart of

Koln where they were cut off, three men killed and the
remainder of the platoon captured after stubbornly
defending themselves in buildings throughout the after-
noon of the 11th and until after daylight of the 12th.
```

Infanteristen der 97. Division marschieren durch eine Schrebergartenkolonie in Mülheim in der Nähe des Rheinufers. Das Foto stammt von Harold Yeglin, eingesetzt im 3. Bataillon des 303. Regiments.

Etwa 500 Meter weiter nördlich treffen amerikanische Panzer auf der Mülheimer Freiheit am Nachmittag auf ein Quartier der Wehrmachtssoldaten. Es ist die Straße, in der der Mülheimer Junge Fredy Zehnpfennig zuhause ist:

> **Fredy Zehnpfennig:** *Über die Keupstraße, Clevischer Ring und Dünnwalder Straße rückten die amerikanischen Panzer bis zu uns auf die Mülheimer Freiheit vor. In der Villa der Firma Lindgens und Söhne waren Luftabwehrtruppen untergebracht, die sofort das Feuer eröffneten und mit einer Panzerfaust auch einen amerikanischen Panzer trafen. Es entstand sofort eine wilde Schießerei, bei der der Panzerfaustschütze von Kugeln durchsiebt wurde. Tragisch wurde es dann auf der anderen Straßenseite. Dort hatte der 13-jährige Sohn der Familie Ferzeletti die Schießerei am Fenster mit angesehen. Als die Amerikaner bemerken, dass sich am Vorhang etwas bewegt, feuern die direkt drauf los und der Junge wird erschossen. Die Ferzelettis stammten ursprünglich aus Italien und hatten nur diesen einen Sohn.*

Von Mülheim kommend werden am Abend auch im benachbarten Stammheim sieben amerikanische Panzer gesichtet. Doch dann ziehen diese sich noch vor Einbruch der Dunkelheit wieder nach Dünnwald zurück. Auch Mülheim bleibt vorerst weiterhin unbesetzt.

Fredy Zehnpfennig vor dem Haus in der Straße Mülheimer Freiheit, in dem die Familie Ferzelletti in der 1. Etage wohnte. Die tödlichen Schüsse, die deren Sohn trafen, gingen durch das Seitenfenster des Erkers. Zehnpfennig: »Die Familie war voller Trauer, betrachtete den Vorfall aber als Unglück und war gegenüber den Amerikanern nie nachtragend.«

Die Mülheimer Altstadt wurde durch mehrere Bombenangriffe schwer zerstört. Hier Bilder von den Verwüstungen im Jahr 1942, aufgenommen von einem Kölner Luftschutzpolizisten. Der schwerste Luftangriff, bei dem auch die Mülheimer Brücke zerstört wurde, erfolgte im Oktober 1944.

Fredy Zehnpfennig: *Nach dieser Schießerei in Mülheim zogen sich die Amerikaner zu meiner Verwunderung zurück und tauchten erst Tage später wieder auf. Die Wehrmachtstruppen waren plötzlich wieder da.*

Für den nächsten Morgen, den 12. April, um 10:50 Uhr meldet das Nachrichtenprotokoll des 59. Armored Infantry Battalion, in Mülheim seien 36 deutsche Panzer gesichtet worden.

```
12 Apr 45     Left airport and started toward Vingst meeting sniper fire along
                   the way
         1020      Closed in Vingst, Germany and reorganized.
         1030      Received information Sv Co pinned down at Ehrbach.
         1045      Dep Vingst.  Enemy arty shells town as we leave
         1050     36 tanks reported in vicinity of Mulheim
         1610      Ar Dunnwald amidst hvy arty and flak fire
         1800      Town secured.  Security posted and troops billeted
```

Den größten Zwischenfall aber meldet das Kampfprotokoll der 13th Armored Division für die »Porz-region«. Nachdem die dort kämpfenden US-Einheiten bereits die ganze Nacht unter heftigen Beschuss gelegen und vergeblich um Artillerie oder Luftunterstützung gebeten haben, sickert gegen Morgengrauen »eine deutsche Streitmacht von etwa 300 Männern [...] in die Gegend um Urbach ein und schneidet den dortigen US-Gefechtsstand des Kampfkommandos von seinen Nachschubwegen ab«.

```
                                        reached
by TF  ON  11   Apr 45.  During early
morning 12 Apr 45, an enemy force of ap-
proximately 350 men from a Flak Grenadier
Battalion infiltrated from the East to cut
CC "B" supply line at URBACH.  This force
was routed with approximately 50 enemy
killed and 250 captured.          d Post.
CC "
```

Mehrfach fordert das Kampfkommando über Funk die Divisionsführung dazu auf, Verluste zu ersetzen und dringend neue Soldaten zu schicken oder verlangt Nachschub an Blutplasma, medizinischem Gerät und Munition.

Um 12:26 erhielt der Quartiermeister (G4) der 13. US-Panzerdivision den ersten Notruf: »Benötigen dringendst Artilleriemunition. Unter starkem Begleitschutz sofort nach vorne senden.«

Eine halbe Stunde später erhalten sie die Zusage über die Lieferung einer mobilen Munitionsreserve, bewacht von einem Panzerbataillon; eine große Lieferung wird für die Nacht versprochen. Zugleich meldet das Nachrichtenprotokoll, der diensthabende Major Luther habe mit den erwarteten Verlusten nicht gerechnet.

Um 16:15 Uhr dann die Meldung, der Nachschub sei bei der notleidenden Einheit: »Haben Kontakt zum ›Säuberungskommando‹, benötigen mehrere Krankenwagen zur Evakuierung. Wir überprüfen derzeit, wie hoch die Verluste sind.«

Um 18:00 Uhr werden vom Combat Command B zusätzliche Krankenwagen angefordert. Mitgenommen von der Härte des Gefechts ziehen sich einige Kampfgruppen zur Reorganisation nach Dünnwald zurück. Für eingeschlossene Einheiten werden Versorgungsflüge vorbereitet. Blutplasma und Verbandszeug soll dort am frühen Morgen abgeworfen werden.

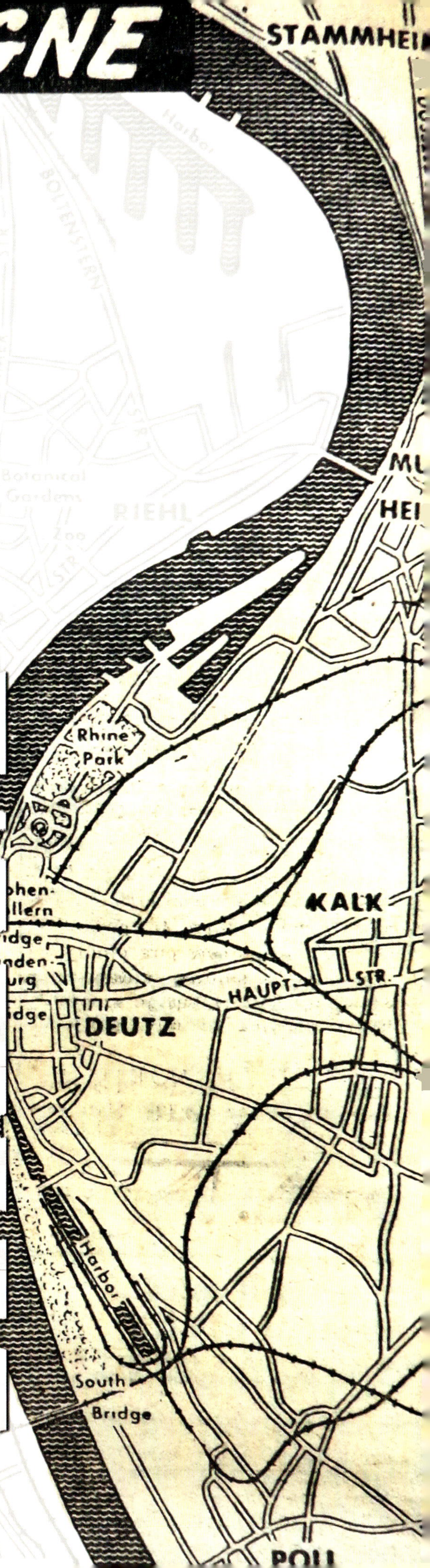

unit motor officers."

1226: Msg from CC"B" thru G-3: "Need arty am badly. Send fwd under strong protection immediately."

S E C R E T

1315: Decision was made to send mobile reserve of ammunition forward to CC"B" under protection of 66"R"

rather than the ... scheduled to be issued tonight. This request was approved (QM was notified). Plans were perfected for sending am thru fwd tonight under strong escort guard. Maj Luther was not cognizant of the combat losses experienced under his command.

1615: Received msg from CC"B" thru G-3: "Lost contact with Clrg Co. Need ambulances for evacuation immediately. Clearing casualties." (Div Surg office was contacted and it was learned that Med Bn was sending up ambulances to effect evacuation.)

1800: Msg from Div Surg: "Have CO 83rd Med move Co "C" to vic SIEGBURG immediately with amb in advance of column. Want liaison officer from 83rd at Co "A". I am taking extra ambulances to CC"B" requested them."

2020: Msg from S-4, CC"B" need am and med supplies including plasma and med evacuation facilities immediately. Balco infantry replacements are urgently needed."

2210: Received msg from CC"B" as follows: "Attn S-4, CC"B" - Need am and medical supplies including plasma and med evacuation facilities immediately. Balco infantry replacements are urgently needed." (It was already known that am and ambulances had been sent fwd. Check was made with CO 83rd Med Bn to insure that med supplies and blood plasma had been sent forward tonight.)

0122: Msg to CC"B": "Ammo, medical supplies, blood plasma and ambulances are being sent up tonight under protection CC"R". Will send plasma by planes if needed."

Die Verlustmeldung des Combat Command B für den 12. April beläuft sich auf 12 Tote, 61 Verwundete und 72 Vermisste, zudem werden 24 Panzer zerstört oder vermisst. Auch auf deutscher Seite sind die Verluste hoch. 50 deutsche Soldaten sind bei dem Kampfeinsatz zu Tode gekommen und etwa 250 werden gefangen genommen. Vor allem die massiven Artillerieduelle treffen in allen rechtsrheinischen Orten besonders die Zivilbevölkerung.

1145: Msg from CO CC"B": "Rpt on vehicles and personnel casualties as of 2400, 12 Apr 45. 9 EM killed, 3 Off 61 EM wounded, 2 EM sick in Hosp, 72 EM missing in action; 8 H/T missing or destroyed, 1 Tank Light M24 missing, 1 tank Light M24 Gun damaged, 11 Tank Medium M4A3 (75) missing or destroyed, 1 Tank Med M4A3 (76) missing, 1 Tank Med 105 missing, 2 Tank Rcvy M32 missing or destroyed, 1 2½ ton truck destroyed by fire, 1 1/4 ton 4 x 4 destroyed."

Am 13. April schließen östlich der Autobahn weitere US-Kampfgruppen auf. Nach Gefechten im Troisdorfer Industrierevier erreichen die Soldaten Altenrath und Rath, treffen dort auf ein Gefangenenlager und befreien über 700 Häftlinge, Kriegsgefangene und Zwangsarbeiter aus Osteuropa, aber auch 173 gefangene US-Soldaten.

night. TF DELNORE advanced Northwest from the vicinity of ALTENRATH and went into march bivouac in the vicinity of RATH (F542584) for night 12-13 Apr. In the course of this advance CC "A" liberated an Allied Prisoner of War Camp in which there were 173 American and 580 French, Serbian, Russian, and Rumanian prisoners.

In Brück hat sich das Vorrücken der Amerikaner längst herumgesprochen, als sich die US-Panzer aus Kölner Richtung am Morgen des 12. Aprils erstmals in den Ort hineinwagen.

Auch Josef Schultens ältere Brüder sind gegen Ende des Krieges Soldaten. Im Gegensatz zu Vater Josef sen. überleben beide den Krieg.

Josef Schultens: *Gegen 10:00 Uhr an diesem 12. April 1945 stand meine Mutter mit ihren Kindern und den Nachbarn vor den Haustüren in Erwartung der entscheidenden Ereignisse. Da war Panzerkettenrasseln von Merheim kommend auf der unteren Olpener Straße. Ein Unbekannter kam mit dem Fahrrad den Brücker Berg hinunter. Meine Mutter rief ihm zu: »Halten sie an, sie hören doch Panzer kommen!« Er antwortete: »Der Krieg ist vorbei, ich will nach Deutz, sehen, ob mein Haus noch steht«, und er fuhr weiter. Der erste Panzer war zu sehen. Es krachte. Die Panzerkanonen schossen in die umliegenden Häuser. Die Nachbarn und wir eilten in unsere Häuser. Was war geschehen? Zwei Fallschirmjägersoldaten in gefleckten Tarnuniformen hatten auf den ersten der vier Panzer geschossen. Das Panzerfaustgeschoss traf jedoch nicht voll den Panzer, ging über ihn und explodierte an den oben aufgeschraubten Ersatzteilen. Da die Panzerbesatzungen nichtsahnend mit offenen Luken – einige draußen auf dem Panzer sitzend – in Brück einfuhren, hat es mehrere verwundete amerikanische Soldaten gegeben. Den beiden deutschen Soldaten gelang es, unverletzt zu entkommen. Der einzige Tote war der unbekannte Radfahrer, der nach Deutz wollte. Er saß mit klaffender Stirnwunde und dem Taschentuch in der Hand auf den Treppenstufen eines Hauses, auf der Seite der Straße, von der die Panzerfaust abgefeuert wurde – und war tot.*

Die Panzer kehrten zurück über die Olpener Straße in Richtung Merheim, ließen ihre Schwerverwundeten aber zunächst zurück. Ein Jeep mit einem schwarzen Soldaten als Fahrer hielt Verbindung zu den Verwundeten. Wir

Die militärische Einnahme des rechtsrheinischen Kölns bringt den US-amerikanischen Streitkräften höhere Verluste als gedacht. Das Luftbild zeigt den schwer getroffenen Stadtteil Deutz. Im Vordergrund die zerstörte Deutzer Hängebrücke. Hinten am Horizont beginnt der Stadtteil Kalk.

zitterten einen Nachmittag und eine Nacht, erwarteten Zerstörung durch Artilleriebeschuss und Luftangriffe – es geschah jedoch nichts diesbezüglich.

Am nächsten Tag kehren die GIs mit Schützenpanzern nach Brück zurück, erobern die noch in den Feldern stehenden Flakbatterien, dann ist der Krieg für Brück und Familie Schultens beendet. Auch von Dünnwald aus kämpft sich eine erste US-Kampfgruppe bis hinunter nach Dellbrück. Aus taktischen Gründen soll das 59. Infantry Battalion den bisher gehaltenen Bereich erweitern, trifft laut Einsatzprotokoll aber auf erbitterten Widerstand des Feindes und erleidet nach eigenen Angaben schwere Verluste an Personal und Fahrzeugen.

```
        station
NOTE    "A" Co M/R:  Dep Dunnwald, Germany, 1400.  Tactical march.
        Encluntered severe enemy resistance.  Casualties of pers
        and veh heavy.
```

150 Infanteristen der Wehrmacht sollen ihnen hier gegenübergestanden haben. Zudem befindet sich hier in den Dellbrücker Radium Gummi-Werken das Hauptquartier des Volkssturms Köln unter der Führung des NSDAP-Kreisleiters Alfons Schaller, laut Protokoll des in der 13. Armored Division eingegliederten 24th Tank Battalions »a big Nazi shot«.

ME OUT	SERIAL NO.	TIME DATED	INCIDENTS, MESSAGES, ORDERS
13ØØ	3	1255	FR BN CO TO CO CC"B" – CIVILIAN RPTS NAZI BIG SHOTS IN DELLBRUK (603656) QUARTERED IN HOUSE CALLED SCHALLER.

Zur gleichen Zeit gehen in den südöstlichen Vororten im rechtsrheinischen Köln die Kämpfe dem Ende entgegen. In der »Porz-region« übergeben die Ortsbürgermeister von Niederkassel, Langel und Zündorf an die Amerikaner Kapitulationserklärungen. Sie hatten die linksrheinisch stationierten Aufklärungseinheiten der 82. Airborne Division trotz intensiver Feindpropaganda von deutscher Seite gebeten, überzusetzen und die Orte kampflos einzunehmen.

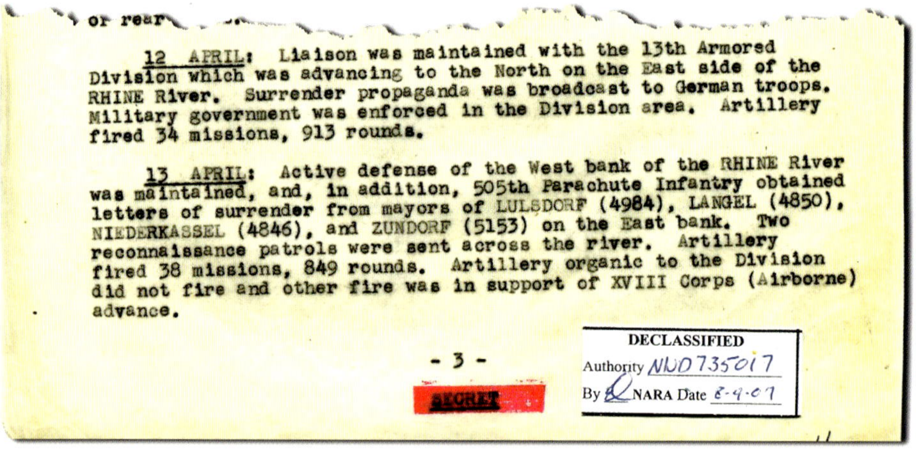

12 APRIL: Liaison was maintained with the 13th Armored Division which was advancing to the North on the East side of the RHINE River. Surrender propaganda was broadcast to German troops. Military government was enforced in the Division area. Artillery fired 34 missions, 913 rounds.

13 APRIL: Active defense of the West bank of the RHINE River was maintained, and, in addition, 505th Parachute Infantry obtained letters of surrender from mayors of LULSDORF (4984), LANGEL (4850), NIEDERKASSEL (4846), and ZUNDORF (5153) on the East bank. Two reconnaissance patrols were sent across the river. Artillery fired 38 missions, 849 rounds. Artillery organic to the Division did not fire and other fire was in support of XVIII Corps (Airborne) advance.

- 3 -

SECRET

DECLASSIFIED
Authority NND 735017
By NARA Date 8-9-07

Zwei Tage zuvor waren bei einer solchen Patrouillenfahrt über den Rhein noch zehn GIs getötet oder verwundet worden.

Doch der Nordosten des rechtsrheinischen Kölns bleibt zunächst unter deutscher Kontrolle. Nach dem Rückzug aus Mülheim vom Vortag wird die Besetzung des Kölner Stadtgebietes gestoppt. Zuerst sollen die Informationen über die Verteidigungspositionen und Schwerpunkte deutscher Truppen verbessert werden. Neue Befehle an die amerikanischen Panzertruppen lauten, die Stadt solle zunächst komplett umzingelt werden. Dazu soll man an die im Norden bei Düsseldorf stehenden US-Einheiten anschließen.

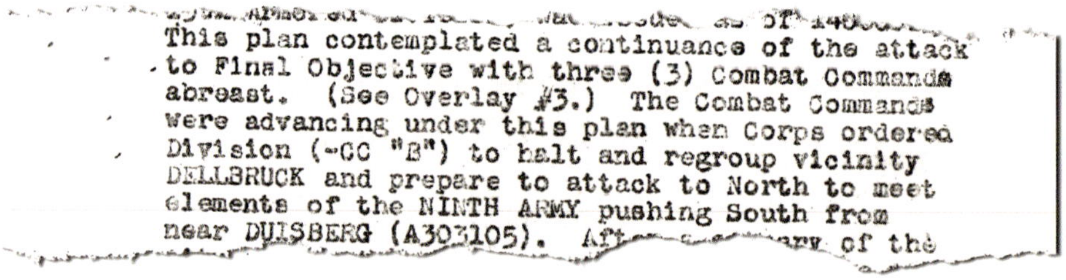

This plan contemplated a continuance of the attack to Final Objective with three (3) Combat Commands abreast. (See Overlay #3.) The Combat Commands were advancing under this plan when Corps ordered Division (-CC "B") to halt and regroup vicinity DELLBRUCK and prepare to attack to North to meet elements of the NINTH ARMY pushing South from near DUISBERG (A303105).

Doch den meisten Wehrmachtseinheiten gelingt es noch, der drohenden Einkesselung am Rhein über die Route Leverkusen und Langenfeld ins Bergische Land zu entweichen. Am Morgen des 13. Aprils zieht die letzte Einheit der Wehrmacht vom Nordzipfel der Stadt in Flittard in Richtung Leverkusen ab, einen Tag später, am 14. April, folgen die letzten verbliebenen Artillerie-Beobachter. In den Straßen der Schäl Sick werden weiße Fahnen aufgezogen. Am 15. April erreichen die US-Panzer die Orte Leverkusen-Wiesdorf und Opladen. Nun ist die Frontlinie zum Rhein von Osten vollständig abgeriegelt.

Abb. links und rechte Seite: *Kriegszerstörungen in Kalk und auf dem Kalker Marktplatz. Fotos eines unbekannten Kölner Luftschutzpolizisten.*

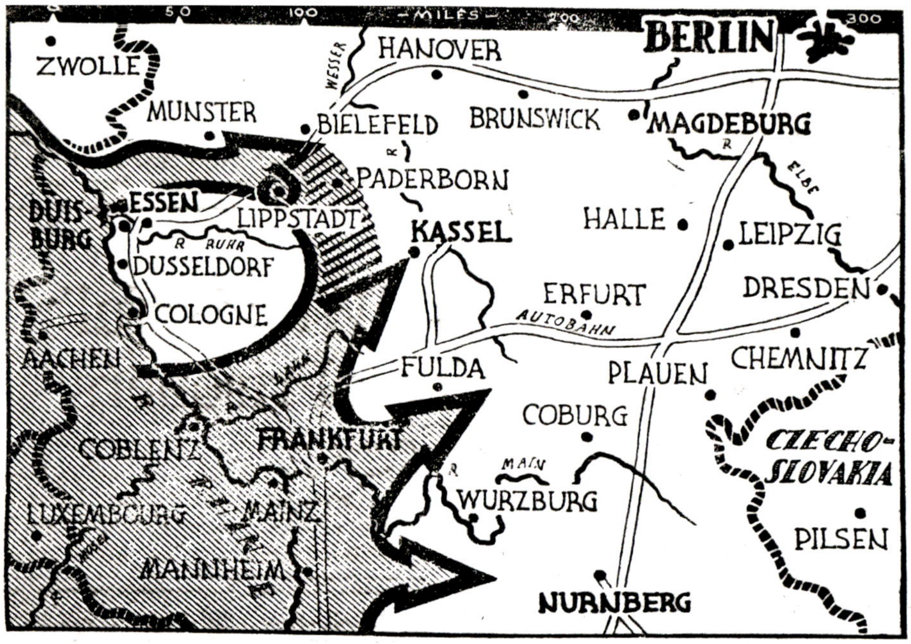

Stars and Stripes Map by Brown

First coordinated German attempt to break out of Ruhr trap came yesterday south of Paderborn. Last night fighting was fierce but Yanks were holding. Meanwhile, Sixth Armd. Div. reached Weser River 160 miles southwest of Berlin, Fourth Armd. Div. reached Kassel outskirts and 11th Armd. Div. was 20 miles east of Fulda. Seventh Army was 45 miles from Nurnberg.

Abb. oben: *Die Karte zeigt in dem Bereich zwischen Köln, Düsseldorf, Essen und Lippstadt den sogenannten Ruhrkessel, in dem 300 000 deutsche Soldaten eingeschlossen, d. h. umzingelt werden. Der schraffierte Bereich bei Paderborn markiert laut* Stars and Stripes *einen koordinierten Ausbruchsversuch deutscher Verbände vom 2. April 1945, der, wie auch spätere Versuche, scheitert.*

Am 15. April kapituliert der Kommandierende General des 8. Armeekorps der Wehrmacht, Fritz Bayerlein, für die gesamten Verbände zwischen Rhein und Ruhr. Damit schweigen am nächsten Tag auch in Köln die Waffen. Die noch nicht freigekämpften Stadtteile werden nun von der auf der linken Rheinseite stationierten 82nd Airborne Division zumeist ohne Widerstand seitens der Bevölkerung besetzt.

Auch, wenn die Eroberung des rechtsrheinischen Kölns zunächst als reine Formsache gegolten hatte: Allein die beteiligte 82. Luftlandedivision verzeichnete auf ihrem Vormarsch im April noch 300 Soldaten, die entweder getötet, verwundet oder vermisst wurden.

	Officers	Enlisted Men	Total
Killed in Action	4	25	29
Wounded or Injured in Action	5	165	170
Missing in Action	7	43	50

Mit dem Ende der Schlacht im Ruhrkessel werden auch die Sperrzonen am Rhein aufgehoben. Schon am ersten Tag strömen Flüchtlinge zum Deutzer Rheinufer und warten auf eine Gelegenheit, mit dem Boot überzusetzen. Sie sehen Köln aus seiner ehemals berühmtesten Perspektive. Endlich, der Krieg ist nun für ganz Köln beendet.

Siegesstimmung?

Zu gleich mehreren Siegesfeiern kommen die GIs im Müngersdorfer Stadion zusammen: die Spearheads, die Timberwolves und die Soldaten der 8. Infanterie-Division. Bei der ersten Zeremonie ist der Generalmajor des VII. U.S.-Armeekorps, Lawton Collins, anwesend und ehrt seine Divisionen. »In diesem Augenblick«, sagte der General, »denken wir an die, die ihr Leben gegeben haben, damit wir hier sein können.« Dann folgt die offizielle Hissung der US-Flagge für das Erreichen des Rheins. Die meisten dieser Soldaten werden den Rhein überqueren und in weitere schwere Kämpfe verwickelt werden. Niemandem ist nach aufgesetzter Heldenverehrung zumute – auf beiden Seiten der Front.

Clarence Smoyer: *Tja, ich weiß auch nicht, wer wirklich gewonnen hat.*

Für den Einzelnen bedeutet das Wort »Sieg« nichts, Überleben dagegen alles. Im Kriegszustand, und das wurde mir an verschiedenen Stellen klar, gibt es zwei Konstanten, die auch heute nichts von ihrer Gültigkeit verloren haben: Persönliches Leid kennt keine Grenzen. Und: Es geht den Beteiligten über Jahrzehnte nicht mehr aus dem Kopf.

Clarence Smoyer: *Ich glaube, jeder wollte diesen Krieg vergessen. Ich habe versucht, einfach nicht mehr daran zu denken und habe viele Jahre nicht mehr darüber gesprochen.*

Francis H. Wilber: *Es ist so lächerlich, dass Menschen versuchen, sich gegenseitig ohne triftigen Grund zu töten. Kriege sind etwas für komplette Idioten.*

Engelbert Bockhoff: *Aus heutiger Sicht wäre das falsch gewesen, das bis zum letzten Mann zu halten, bis sie alle tot sind.*

Gustav Schäfer: *Wir hatten einen Gefreiten Finke. Wie viele Panzer hat der abgeschossen mit der Panzerfaust im Elsass. Ich weiß es nicht mehr. Jedenfalls hatte der einen Haufen der Vernichtungsabzeichen, der ist nachher durchgedreht. Hat sich zu viele Gedanken gemacht. Infanterie, die stehen sich gegenüber, das ist ja schon so eine Sache. Im Panzer schießt du ja den anderen Panzer ab, an den Menschen denkste ja nicht in dem Moment. Hauptsache, du hast einen Panzer abgeschossen. Bei der Luftwaffe war es genau so, Hauptsache, wir haben ein Flugzeug abgeschossen. An die Leute, die darin sitzen denkste nicht, das kommt erst später, dann aber Donnerwetter. Jeden Panzer, den ich geknackt habe, da waren vier Mann drin und die sind draufgegangen. Ja, wenn du nicht schießt, schießt er, so war's doch. Und nachher, wenn man sich in Gefangenschaft gegenübersteht, das sind doch auch bloß Menschen. Warum?*

März bis Juni 1945

100 Tage US-Militärregierung in Köln – Wiederbelebung einer toten Stadt

Im Windschatten der Timberwolves ist eine besondere Einheit der US-Armee in die Stadt gekommen. Ihre Bezeichnung lautet »E1H2«, zuständig für zivile Angelegenheiten – im Klartext: Kölns neue Militärregierung. Bereits am zweiten Tag nach dem Ende der Kampfhandlungen auf dem linken Rheinufer beziehen die Offiziere in dem Gebäude der Allianzversicherung am Kaiser-Wilhelm-Ring ihr Hauptquartier. Ihre Aufgabe: aus dem Nichts an dieser toten Stadt eine Art Wiederbelebungsmaßnahme durchzuführen. Rund 50 Offiziere, darunter Juristen, Polizisten, Ingenieure, Ärzte, Stadtplaner und Verwaltungsfachleute, wussten seit sechs Monaten von ihrem bevorstehenden Job in Köln und hatten sich intensiv vorbereitet. An ihrer Spitze steht der Bauingenieur Lieutenant Colonel John K. Patterson, 45 Jahre alt, gerühmt als Organisationstalent. Die Arbeit seiner Einheit in Köln wird filmisch und fotografisch durch eine Vielzahl an Kameraleuten gut dokumentiert und soll die Schaffenskraft der Army auch auf dem zivilen Sektor vor allem den heimischen Zeitungslesern und dem Kinopublikum in den USA nahebringen.

Patterson hat eine genaue Vorstellung, wie er den Aufbau einer Notversorgung und Notverwaltung durchführen muss. Das Prinzip: Deutsche Experten ohne Nazivergangenheit tragen die Verantwortung und sorgen für die Ausführung der Arbeiten. Experten, die noch nicht gefunden sind. Auf deutscher Seite gibt es nämlich keine Offiziellen mehr, die für die Amerikaner ansprechbar wären; die staatlichen und städtischen Behörden haben sich praktisch in Luft aufgelöst. Erste Kontakte zu einem Netzwerk, das bereit ist, die Rolle des Sprechers für die Kölner Bevölkerung zu übernehmen, finden die Soldaten in der katholischen Kirche. Als ranghöchster Vertreter vor Ort übergibt der Domkapitular und Stadtdechant Robert Grosche den Amerikanern eine Liste mit den Namen von 97 Pfarrern, die in der Stadt geblieben waren. Grosche bietet sie als Mittelsmänner an, auch für undankbare Aufgaben, wie z. B. der Ausquartierung der Kölner Bevölkerung aus ihren Wohnungen.

Die vordringlichsten Aufgaben stellen sich Pattersons Einheit zunächst im Gesundheitssektor. Nachrichten über Fälle von Fleckfieber sorgen für Unruhe. Der Krankheitserreger wird durch Läuse übertragen und macht keinen Unterschied zwischen Siegern und Besiegten. 185 Verdachtsfälle wurden bereits gemeldet.

Noch am ersten Tag wird die flächendeckende Desinfektion der Bevölkerung und der eigenen Soldaten mit dem Insektizid DDT angeordnet und weiterer Nachschub geordert. Impfstoffe gegen die gefährlichsten Seuchen finden die Soldaten in den Trümmern des ehemaligen Kölner Gesundheitsamtes und in den Überresten der Apotheken. Das Trinkwasser in den Tankwagen wird gechlort. Im Augusta-Hospital in Nippes wird auf Anweisung eine Quarantänestation eingerichtet. So gelingt es, Epidemien im Anfangsstadium einzudämmen: der erste wichtige Erfolg der Gruppe Pattersons.

Bereits am 10. März wird mit dem Aufbau einer deutschen Hilfspolizei begonnen. Sie besteht zunächst aus zehn älteren Zivilisten, berufsfremd, ungeschult und nicht bewaffnet. Sie sollen vor allem dabei helfen, die Anordnungen der Truppe in der Bevölkerung durchzusetzen.

Zwei Monate später, im Mai, sind es schon 650 Polizisten und ihre Dienste für die US-Armee unentbehrlich. Angeführt wird die Hilfspolizei von einem deutschen Polizeipräsidenten, dem Juden Karl Winkler. Winkler war 1933 als Kölner Polizeidirektor abgesetzt worden und hatte zwölf Jahre lang versteckt in Marienburg überlebt. Der Rundfunk von der anderen Rheinseite verhöhnt den Polizeichef als großspurigen Juden. Die US-Armee aber glaubt an den wiedergewonnenen Realitätssinn der linksrheinischen Kölner. Winkler wird sein Amt bis 1953 behalten. Die GIs sind besorgt um ihre neuen Partner, es kursieren Gerüchte über bevorstehende Attentate auf Kollaborateure. Das Aufspüren von ehemaligen Nazigrößen, Agenten und Kriegsverbrechern steht ganz oben auf der Prioritätenliste Pattersons. Am 21. März gibt es in dem Stadtgefängnis Klingelpütz 121 Gefangene, die wegen möglicher Beziehungen zum Nationalsozialismus verhaftet worden sind.

Auch das neue Arbeitsamt wird von einem Deutschen geleitet. Benötigt werden vor allem Fachkräfte für die Reparatur von Kanalisation, Strom- und Wasserleitungen. Aber zu wenige wollen diese mühsamen Arbeiten auf sich nehmen. Arbeitsverweigerern werden Sanktionen angedroht, trotzdem scheint es nicht möglich, 300 fehlende Arbeiter zu finden. Den Amerikanern fehlt eine schillernde Persönlichkeit aus den Reihen der Kölner, die den direkten Kontakt zur Bevölkerung wirklich herstellen kann.

Eine solche finden sie schließlich in Rhöndorf am Rhein in Konrad Adenauer. Am Montag, 19. März 1945, wird Adenauer erstmals nach Köln gebracht. Nach dem Willen Pattersons soll er wie bis 1933 das Amt des Oberbürgermeisters bekleiden. Adenauer stimmt zu, doch zunächst im Geheimen, er befürchtet Rache, da seine Söhne noch an der Front kämpfen. Und er kritisiert die Amerikaner: Den rigorosen Ausschluss aller NSDAP-Mitglieder aus allen Ämtern hält der NS-Verfolgte Adenauer für einen Fehler, da er auf ihre Erfahrung nicht verzichten möchte. Patterson aber will den politischen Auftrag, Nazis aus Ämtern und Funktionen herauszuhalten, unter keinen Umständen aufweichen. Willkommen sind sie allenfalls als einfache Arbeiter.

Ab dem 20. März muss sich die gesamte Bevölkerung innerhalb der Sperrzone zwischen Rhein und Militärring zur Registrierung einfinden. Hauptziel ist eine statistische Grundlage für die Einführung von Lebensmittelkarten. Innerhalb von zwei Wochen ergibt sich so die offizielle Zahl von 42 000 Erwachsenen und 2 200 Kindern innerhalb des Sperrgebietes. Die Statistik verzeichnet 16 500 arbeitsfähige Männer. Die Registrierung erfüllt aber auch einen anderen Zweck. In Form eines Fragebogens werden die Kölner auf ihre mögliche Nazi-Vergangenheit angesprochen. Sogenannte »Parteigenossen« stehen bei der Verteilung der immer knapper werdenden Nahrungsmittel ganz hinten.

Die Juristen der Militärregierung haben unterdessen im Allianz-Haus ein Militärgericht installiert. Die Verhandlungen sind öffentlich, jeder Kölner Bürger soll sich ein Beispiel daran nehmen können, wie die Amerikaner Recht und Unrecht verstehen. Allein in der zweiten Märzhälfte fällt das Gericht 452 Urteile u. a. wegen Missachtung der Sperrzonen oder der nächtlichen Ausgangssperren, wegen Plünderungen, Diebstahls oder unerlaubten Waffenbesitzes.

Allies Govern Germany

When we take a German city, we take its problems, too. Cologne has typhus, ruins and displaced persons—all Allied headaches.

By Cpl. HOWARD KATZANDER
YANK Staff Correspondent

COLOGNE, GERMANY—Every morning Pfc. Gerard L. Banville of New Bedford, Mass., takes up his stand on the Kaiser Wilhelm Ring near the Military Government office here with a bundle of folded newspapers under his arm. Other bundles tied with twine are at his feet. The newspaper is *Die Mitteilungen*, published by the Twelfth Army Group Psychological Warfare Branch for the people of Germany.

Banville doesn't call out the headlines. He doesn't have to. He has plenty of customers. They stand around him in a patient circle waiting to be handed their copies. It is the first time in many years that they have been free of Goebbels' propaganda press, and they walk away eagerly scanning the first page of this new newspaper.

These people have turned away from the New Order of their Nazi masters. And today they look to us to order their lives for them. They are docile and obedient. They are calm and dignified in the presence of our GIs and obviously anxious to be friends. They are a little resentful of our policy of nonfraternization; their feelings are hurt by the inference that we do not consider them fit associates.

They are "Who? Me?" Germans, the injured innocents, a type that we are going to see a lot of for months to come. They have seen that Hitler's ship is sinking and have deserted. When you talk to them about the misery they have brought on the world and on themselves their reaction is: "Who? Me? Oh, no! Not *me*. Those were the bad Germans, the Nazis. They are all gone. They ran away across the Rhine."

They lose no opportunity to tell you of their resentment at the manner in which they were abandoned by the Nazis. They tell you over and over how the Nazis decided as far back as last September 16, which was when Patton was running out of gas, that they would surrender Cologne without attempting to defend it. They want desperately to have us believe that they are "good Germans," lovers of beer and potato dumplings and Rhine wine and good music. They have no apparent consciousness of their own responsibility for the war, and their eyes are set on a post-war world in which they hope to be able to salvage something from the ruins of their homes and their lives.

Their methods for gaining our friendship and winning our sympathy are various. When you stop a jeep to ask the direction to the Court House they do everything but open a vein and draw maps on their shirt fronts in their own blood to make sure you understand. They'll change a tire for you with lightning speed and apologize for not being able to repair the leaking tube because German patching materials are so inferior. They'll cook you an excellent meal and serve you your portion of GI steak while beaming down on you with the same motherly amusement at your lusty appetite that they would turn on members of their own families.

They will take you into their homes—those who still have anything that can be called a home—and they will make sure that you see all the crucifixes and Bibles with which they have surrounded themselves. But there are too many German homes with crucifixes on the walls whose closets are crammed with Nazi leaflets and Nazi books and Nazi uniforms and Nazi ceremonial daggers. The people of Cologne apparently were great ones for joining things. In almost every ruined home there is some kind of uniform from one or another of Hitler's little "lodges," through which he gathered almost everyone in Germany into some corner of the Nazi fold.

Some citizens of Cologne read Military Government proclamations posted on the outside of an air-raid shelter.

It is true that the Nazis deserted this city with its inhabitants still dazed by one of the heaviest in 33 months of air raids. They left it in the lurch and abandoned the people to whatever fate the Americans might have in store for them. They went off across the Rhine, blowing their last bridge and taking with them almost every man and woman who might have helped to alleviate the distress of the people they were deserting. They left drought and disease behind them, a fact eagerly seized upon by the remaining people as proof that the Nazis had no regard for them because they were not associated with the Nazis in their prime.

The job inherited by the Americans who drove across the Rhine was a formidable one. Somewhere between 50,000 and 100,000 people—the best estimates ranged around 80,000—were living in air-raid shelters, in cellars and in the battered ruins of their homes. There was a full-fledged typhus epidemic raging through the lice-infested public shelters, the Gestapo-controlled prison and even the hospitals. There were no city officials and few public employees—no services of any kind. Hardly a street remained that was not pitted by giant craters or blocked by huge mountains of rubble. The city was paralyzed.

PARALYSIS seized Cologne on Friday, March 2, which the people refer to simply as: *"Ach, der Freitag."* Until that day, despite several thousand-plane raids—Cologne was the first German city to be hit by thousand-plane formations—all the streets were open. There were milk deliveries into the city. The *Koelnische Zeitung* was being published daily. One could go to the bank, draw some Reichsmarks, and then go shopping for some French silk hose and pause for a beer at the Domhof or the Excelsiorhof, near the famed Cologne Cathedral, before going on to the movies. One's cellar was crammed with pickles and sauerkraut in huge crocks. There were jams and jellies in a wide assortment on the shelves. There were potatoes and carrots in the root bins, and cabbages, too. Occasionally one could find an egg or a piece of meat, and if not there was frequently fish. Life was hard, but most people agreed that it was livable.

Then, on March 2, at 1000 hours, the RAF came over in one of its infrequent daylight raids. There were 850 planes, and they dropped a bomb load of 3,000 tons. They swept over the city diligently, block by block, using the RAF's technique of night-pattern bombing against a city under full daylight observation. The effectiveness of the raid was conclusive and the paralysis was complete.

That night, the remaining Nazi officials of Cologne called together the municipal officials and announced that henceforth there would be no municipal government in the main part of Cologne, which lies west of the Rhine. All the officials were ordered to cross the river with the city records into the collection of some 20 suburbs which comprise the main workers' quarters. There are reports that loudspeaker trucks went through some streets—those that were open—announcing this decision and urging all residents of Cologne to depart.

Either immediately before or immediately after the Friday raid, there was one last food registration which listed 98,000 people. This figure did not include approximately 100 Jews, all who remained of many thousands, or the displaced persons, none of whom were entitled to food-ration cards.

The exodus began that night over the two main vehicular bridges, the Hohenzollern and the Hindenburg. Sometime between that Friday night and the following evening the Hindenburg Bridge fell into the Rhine. Some people say there were 4,000 people crossing at the time, and that it collapsed under the weight of this throng and scores of vehicles, including two heavy tanks. The first military opinion was that the bridge had been blown, and it is possible that there was a premature explosion of the demolition charges. At any rate, the loss of life was heavy, although some estimates of the number on the bridge at the time range down to 500 persons.

The exodus was not a great one. Most of the people who had remained behind after the bulk of Cologne's pre-war population of 906,000 had cleared out seemed to prefer the uncertainty of their fate at our hands to the certainty that a withdrawal across the Rhine would only be the first of many such retreats.

AFTER the exodus came a period of waiting during which there was almost no movement at all in the streets of the ruined city. The people say that only 1,000 German soldiers were left to provide a token resistance when we entered Cologne. The civilians remained holed up in their shelters and cellars during the fighting, coming out only after the silence told them that the battle was over.

The bulldozers and tank dozers of the combat units which occupied Cologne immediately began the job of clearing its main streets. Advanced elements of the Military Government team assigned to the city followed in their wake to find suitable quarters for offices. Bodies of victims of the Friday raid and of the fighting for the city still littered the streets. More than 300 were buried after the first occupied areas were cleared.

The first problem was the protection of our troops against the typhus epidemic, rumors of which had reached our forces from prisoners taken in the advance on the city. Capt. James W. Moreland of San Bernardino, Calif., a Military Government medical officer, quickly traced the epidemic to its source in the Klingelputz Prison, a Gestapo-ruled pesthouse for political prisoners of all shades from those whom the Germans call simply the "politically undependable" to Communists whom Nazis regard as their greatest enemies. About 85 to 90 prisoners, men and women, remained out of several hundred originally at Klingelputz. These were too weak from starvation and disease to be ferried across the Rhine.

The *Luftschutzbunker* (air-raid bunkers) were another breeding ground for typhus. They are towering, square structures of windowless, steel-reinforced concrete which dot most German cities. The typhus cases were removed from the bunkers and all the remaining occupants, in fact, all who came into the shelters, were sprayed with DDT powder. Civilians were told to wear the same clothes for at least three days and not to bathe during the time—an unnecessary injunction since there was hardly enough water for drinking.

The people of Cologne were not slow to discover the whereabouts of the Military Government. Almost from the first hour the offices were open a steady stream of people filtered through the doors with all manner of requests and offers of information and assistance. From the first of these who spoke English, the CIC quickly screened out a handful to take over the job of answering simple routine questions and to serve as interpreters in situations not involving military security. Others were hired to clean out the building and make it habitable. Still others were put to work reconditioning the few serviceable vehicles in the city for use by whatever officials would be appointed, and for hauling supplies.

A candidate was quickly found to serve as police chief. He was Karl Winkler, a Jew who had adopted the Catholic religion. He had served as a police official before Hitler, but was quickly replaced by the Nazis because of his Jewish background. A police force of 300 was appointed to deal purely with civilian police problems.

A food survey was begun and almost immediately large stocks were uncovered. Eight large warehouses, forming part of a *Wehrmacht* QM depot down on the river front, were full of canned foods and staples such as rice, apple butter, cheese, flour and sugar. People had broken into a large meat warehouse, where there was danger of the meat spoiling because the refrigerating equipment was out of order, and had carried off huge portions.

The people's clothes were generally good. The workmen usually wore a heavy denim coverall of gray or blue. Other civilians had suits of good materials and the women were neatly dressed. There was none of the outward evidence of the strain of a war economy that one found in other areas, partly because the Rhineland, like Normandy, is a rich agricultural area and, again like Normandy, disruption of the transport system had prevented shipment of food to the areas that needed it more.

Another problem was getting the banking system working again. The Germans had spirited most of the cash out of Cologne, but, anticipating this, the frugal citizens had emptied their bank accounts and most of them go around dough-heavy now with nothing to buy. Some money was found. The vaults of the Dresdener Bank and the Deutsche Bank yielded 3,800,000 Reichsmarks, which may be enough to resume the banking business. Two officials of the Deutscher Bank, which was leveled in the Friday raid, were living in the cellar of the ruined building, sleeping in front of the vault doors.

The factory manufacturing *Koelnisches Wasser* No. 4711, which the French call Eau de Cologne and we know simply as Cologne, was smashed to rubble.

NAZIS were as rare as whole buildings in Cologne. There were, of course, the usual quota of *Wehrmacht* members who had donned civilian clothes, but they were no trouble. Many of the civilians reported that numerous Gestapo agents had been left behind to discourage cooperation, but there was no sign they were succeeding.

One man did fall into our hands who would have difficulty denying his politics. He is Josef Mingels, a tall, pale blond youth wearing a zoot-suit-cut tweed jacket. He was *Unterbundfuehrer* of the Hitler *Jugend* in Cologne, second in command of the Hitler Youth. Mingels was interviewed by our CIC investigators and questioned about the records of his organization. He said they had been removed across the Rhine. He said that he had no records, absolutely none. However, we found the charred remains of some of the Hitler *Jugend* records on a pile of rubble behind Mingels' house and another pile, unburned, in a closet. He was arrested and tried by a Military Government summary court presided over by Maj. James D. Clement, of Kansas City, Mo., with Capt. Arthur E. Elliott, of Joplin, Mo., as associate. Mingels' counsel, a German civilian attorney, made a stirring plea for his client. He said Mingels didn't know he was supposed to turn the records in. He said the records were old and no longer of any importance, and Mingels had just forgotten about them. He said Mingels had burned other records before we had entered the city.

But the court sentenced him to seven years' imprisonment and fined him 100,000 Reichsmarks. And if the fine is not paid, another 30 years will be added to the prison term.

There was one point which Mingels' attorney tried very hard to put over. "He was not under oath when he was being questioned," the lawyer said. "And so it was no crime to have lied."

YANK, The Army Weekly, publication issued weekly by Branch Office, Information & Education Division, War Department, 205 East 42d Street, New York 17, N. Y. Reproduction rights restricted as indicated in the masthead on the editorial page. Entered as second class matter July 6, 1942, at the Post Office at New York, N. Y., under the Act of March 3, 1879. Subscription price $3.00 yearly. Printed in the U. S. A.

»Alliierte regieren Deutschland«: ein Bericht über die Herausforderungen der Arbeit der Militärregierung in Köln in der Armeezeitschrift YANK vom 20. April 1945. »Wenn wir eine deutsche Stadt erobern, dann erobern wir auch ihre Probleme. Köln hat Fleckfieber, Ruinen, ehemalige Zwangsarbeiter und von Deutschen verschleppte Kriegsgefangene – die den Alliierten Kopfschmerzen bereiten.« Über die Kölnerinnen und Kölner in der Stadt heißt es u. a.: »Diese Leute haben sich von der Ordnung ihrer Naziherren abgewendet und schauen heute auf uns, um ihr Leben neu zu ordnen. Sie sind gehorsam und unterwürfig. Sie sind ruhig und verhalten sich ehrfürchtig in Anwesenheit unserer GIs und sind offensichtlich bestrebt, als Freunde wahrgenommen zu werden. Sie sind ein wenig verärgert angesichts unserer Politik der Nichtverbrüderung. Ihre Gefühle sind verletzt, weil wir sie nicht als geeignete Partner ansehen.«

Drei Wochen nach dem Einmarsch geben die Amerikaner dann die erste ausschließlich für Köln produzierte Zeitung heraus. Der Name lautet *Kölnischer Kurier*, die Auflage beträgt 20 000 Exemplare. Auf vier Seiten gibt es, zunächst einmal wöchentlich, dann zweimal, Weltnachrichten und einen Lokalteil mit Bekanntmachungen und Befehlen der Militärregierung. Durch die Zeitung erfahren die Kölner auch über das Ausmaß der Todesfabriken der KZs, über den Verlauf des andauernden Krieges oder den Tod Adolf Hitlers. Berichte über die Front in der eigenen Stadt gibt es im *Kölnischen Kurier* nicht.

Nach der Eroberung der rechten Rheinseite beginnen die Amerikaner umgehend mit den Arbeiten an einer Rheinüberquerung. Nach knapp vier Wochen ist die erste feste Brücke zwischen Deutz und dem Heumarkt fertig. Am 22. Mai wird sie unter dem Namen McNair-Brücke, benannt nach einem im Krieg zu Tode gekommenen US-General, freigegeben. Wegen ihrer vielen Holzpfosten bekommt sie bei den Kölnern den Spitznamen »Tausendfüßler-Brücke«. Die Metapher passt noch aus einem anderen Grund: Die McNair-Brücke wird in den folgenden Monaten das Eingangstor zur Stadt und Schauplatz einer zur Legende werdenden Rückkehrwelle. Mitte Mai beruft sich die Zahl der Heimkehrer auf durchschnittlich 2 000 neu registrierte Kölner pro Tag, das entspricht monatlich 60 000 Menschen.

Mit den zurückströmenden Massen aber verschärft sich die Ernährungsfrage. Patterson hat von Beginn an klargestellt, dass die Kölner mit Nahrungsmittellieferungen aus dem Ausland nicht rechnen können. Dennoch organisieren die Amerikaner Hilfe zur Selbsthilfe. An die Bevölkerung und die Gartenbaubetriebe wird Saatgut für den Eigenanbau ausgegeben. Den nächsten Hungerwinter wird dies allerdings nicht verhindern können.

Am 29. April begeht die Kölner Synagogengemeinde den ersten öffentlichen Gottesdienst seit der Reichspogromnacht am 9. November 1938. Manche halten die Bilder von diesem Ereignis für ein noch größeres Wunder als den Erhalt des Doms. Von den 15 000 Kölner Juden, die 1933 hier lebten, wurden 11 000 umgebracht. Etwa 50 hatten die mörderische Zeit versteckt in ihrer Heimatstadt überlebt.

Vier Wochen später, am 31. Mai, erwacht noch ein Stück altes Köln. Die Katholiken feiern an Fronleichnam ihre erste große Zusammenkunft nach dem Ende des Krieges. Zehntausende säumen den Prozessionsweg und den Domplatz.

Immer mehr Menschen wollen in die Stadt; im Sommer sind es bereits 300 000. Konkrete Gedankenspiele Adenauers, Köln in mehreren Großsiedlungen auf den Feldern des Umlandes neu entstehen zu lassen, werden von der Realität überholt.

Die Kölner lassen sich von Appellen, nicht in die zerstörte Stadt zurückzukehren, nicht abhalten und schaffen Fakten. Dazu kommen erste Erfolge in der Wiedererrichtung der städtischen Infrastruktur. Wasserleitungen, Strom und Kanalisation sind in den ersten Vierteln wieder verfügbar. Schon im Mai fahren rechtsrheinisch die ersten Straßenbahnen, die erste Ringbahn in der Innenstadt Anfang Juni. Die Situation der Kölner Wirtschaft sieht nicht überall so glimpflich aus wie im Niehler Fordwerk oder gegenüber bei Bayer in Leverkusen. Beide deutsch-amerikanischen Firmen werden von amerikanischen Komitees als Kriegsgewinnler verurteilt: Gute Beziehungen

Abb. vorherige Doppelseite: *Ein deutscher Zivilist trägt eine Armbinde mit der Aufschrift »Militärregierung Köln«. In den ersten Tagen werden die Hilfsarbeiter noch von bewaffneten GIs überwacht.*

hätten sie vor schweren Bombardierungen bewahrt. Trotzdem ist es für Köln und für die Arbeiter ein wichtiges Signal, dass Ford schon am 4. Mai wieder die Produktion aufnehmen kann. Den meisten der anderen 44 000 Kölner Betriebe attestieren die Amerikaner einen Totalverlust. Doch die Lage ist günstiger, als es zunächst erscheint. Während die Gebäude tatsächlich darniederliegen, waren Maschinen und Gerätschaften frühzeitig ins Bergische Land gebracht worden und die Betriebe können sich nun reorganisieren.

Am 5. Juni beschließen die Siegermächte die Aufteilung Deutschlands in vier Besatzungszonen. Köln wird der britischen Zone zugeschrieben, Pattersons Einheit soll schon in drei Wochen abgezogen werden. Auf Kölner Seite wird die Entscheidung bedauert. Patterson hingegen wird ungeduldig, sieht den Erfolg seiner Mission gefährdet. Die Fortschritte auf dem Gebiet der städtischen Infrastruktur reichen ihm nicht aus: Es kommt zum Eklat. In scharfer Form wirft die Militärregierung den Kölnern Faulheit und Desinteresse am Gemeinwohl vor. Sie formuliert eine Anordnung, die die Bevölkerung zur Zwangsarbeit verpflichtet. Adenauer soll unterschreiben – und weigert sich. Er verweist auf den täglichen Überlebenskampf und bittet die Amerikaner um eine Erholungspause für die Kölner Bürger. Mit Erfolg: Die Anordnung bleibt unveröffentlicht.

In der zu 93 % zerstörten Kölner Südstadt gibt es Anfang Juni in der Gemeinde St. Severin wieder einen Kindergarten. Die Botschaft der Bilder ist eindeutig: Köln wird wieder auferstehen.

Am 21. Juni ist die Mission der US-Militärregierung in Köln beendet, Pattersons Einheit wird nach Süddeutschland verlegt. Sie hat nach Meinung aller Kommentatoren auf beispielhafte Weise den Grundstein für einen Neuanfang gelegt.

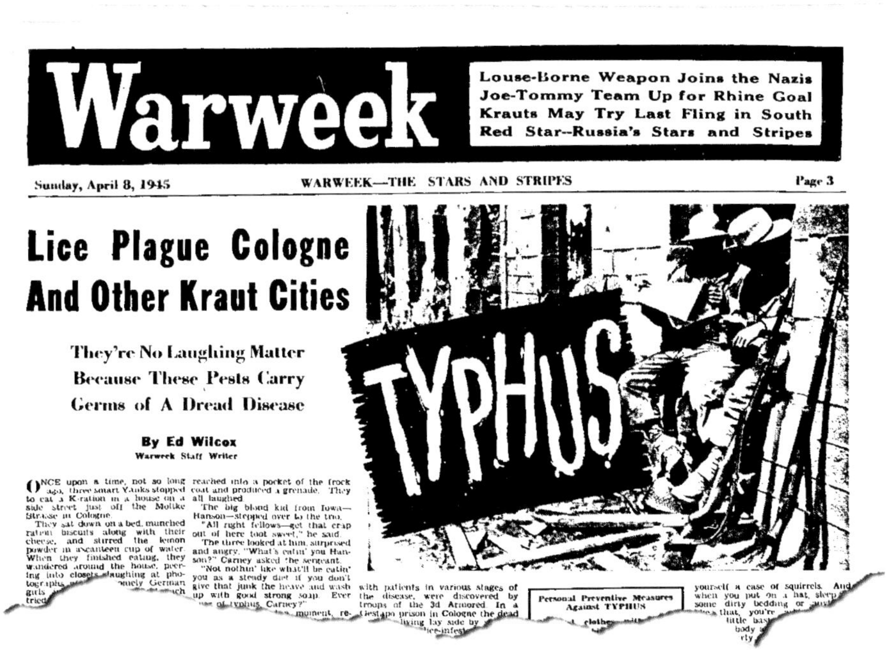
Warweek

Louse-Borne Weapon Joins the Nazis
Joe-Tommy Team Up for Rhine Goal
Krauts May Try Last Fling in South
Red Star--Russia's Stars and Stripes

Sunday, April 8, 1945 — WARWEEK—THE STARS AND STRIPES — Page 3

Lice Plague Cologne And Other Kraut Cities

They're No Laughing Matter Because These Pests Carry Germs of A Dread Disease

By Ed Wilcox
Warweek Staff Writer

ONCE upon a time, not so long ago, three smart Yanks stopped to eat a K-ration in a house on a side street just off the Moltke Strasse in Cologne.

They sat down on a bed, munched ration biscuits along with their cheese, and stirred the lemon powder in a canteen cup of water. When they finished eating, they wandered around the house, peering into closets, laughing at photographs ... German girls ... tried ...

reached into a pocket of the frock coat and produced a grenade. They all laughed.

The big blond kid from Iowa—Hanson—stepped over to the trio.

"All right fellows—get that crap out of here toot sweet," he said.

The three looked at him, surprised and angry. "What's eatin' you Hanson?" Carney asked the sergeant.

"Not nothin' like what'll be eatin' you as a steady diet if you don't give that junk the heave and wash up with good strong soap. Ever ... of typhus, Carney?"

... moment, re-

with patients in various stages of the disease, were discovered by troops of the 3d Armored. In a Gestapo prison in Cologne the dead ... living lay side by ...

Personal Preventive Measures Against TYPHUS

yourself a case of squirrels. And when you put on a hat, sleep ... some dirty bedding or ... that, you're ...

»Köln ist ein wenig attraktiver Ort für menschliches Leben.
Jedoch ideal für die ›Typhus-Laus‹, die sich in jedem schmutzigen und verschwitzen Kleidungsstück fühlt wie im siebten Himmel.« –
Stars and Stripes *berichtet über die Übertragungswege und die Bekämpfung von Fleckfieber.*

9. Mai 1945 – Ford am Rhein, eines der bedeutendsten Autowerke Europas, nimmt die Produktion wieder auf.

Die **Bilder rechts** *wurden nur einen Tag nach der deutschen Kapitulation aufgenommen. Der Eindruck der Fotos täuscht nicht, das Kölner Fordwerk ist weitgehend intakt geblieben. Das modernste Autowerk Europas ist während des Krieges nicht direkt bombardiert worden. Die alliierte Luftwaffe hatte die Anweisung, das amerikanische Unternehmen auszusparen. So entwickelte sich Ford Köln zum wichtigsten LKW-Lieferanten für Hitlers Wehrmacht. Ford wird von amerikanischen Komitees nach dem Krieg als Kriegsgewinnler eingestuft und zu Schadensersatzzahlungen herangezogen. Die im Werk sichtbaren Bombenschäden entstanden zumeist durch deutschen Granatbeschuss, als der Rhein für sechs Wochen Frontlinie des Krieges war. Die Schäden an den Bändern in der A-Halle waren jedoch so gering, dass die Produktion umgehend, diesmal unter Federführung der US-Armee, die die gleichen LKW benutzte, wieder aufgenommen werden konnte. Die Ersatzteile sind für US-LKW wie für die Kölner dieselben und auch die vielen Vergaser und Ersatzteile, die man nach der Bergung noch am Rheinufer findet, passen überall – der Vorteil des Weltunternehmens.*

Auf dem Parkplatz vor dem Werk wird nicht etwa ein alter LKW ausgeschlachtet, auch wenn es so aussieht. Dies ist der wahrscheinlich erste Nachkriegslaster Deutschlands kurz vor seiner Auslieferung.

Alles, was an Ersatzteilen greifbar ist, wird verbaut. In Zeiten des Reifenmangels wegen fehlender Kautschukimporte versteht man sich noch auf das alte Stellmacherhandwerk, also auf die Kunst, ein zünftiges Wagenrad aufzusetzen. Auch einige Baracken des Zwangsarbeiterlagers sind noch bewohnt. Es sieht allerdings so aus, als seien diese unbekannten jungen Frauen mit etwas Erfreulichem beschäftigt: Lohntüten sortieren.

Abschnitt 4 Exkurs: »Was Sie und der Rest der Welt nicht wissen«

Die »tatsächlichen« Bilder des Panzerduells am Dom

Die oft erstaunlichen Ergebnisse der in diesem Buch vorgestellten Recherche nach der Geschichte hinter den Filmbildern und Fotografien zeigen, wie eingeschränkt die Perspektive der Kameraobjektive die Ereignisse häufig abbildet. In Verbindung mit verschiedenen Kommentierungen führte dies oft zu völlig unterschiedlichen Wahrnehmungen und Schlussfolgerungen. Bereits zu Beginn der Recherche hat diese Thematik häufig die Frage nach Wahrheit und Wirklichkeit aufgeworfen: Zeigen diese Aufnahmen wirklich das, was wir zu sehen glauben?

Köln, 7. März 1945. Clarence Voight Garrell macht am Nachmittag auf dem Domplatz dieses Foto. Dem deutschen Panzer fehlt an der Spitze seiner Kanone bereits die Mündungsbremse, welche möglicherweise als Souvenir abgeschraubt wurde.

Bleiben wir zuerst bei den GIs im Müngersdorfer Stadion, wo sich drei Divisionen bei einer gemeinsamen Zeremonie und Ehrung mit General Collins befinden.

Nach dem Ende der Kampfhandlungen im linksrheinischen Köln ist Francis H. Wilber mit den Timberwolves für 14 Tage in der Stadt einquartiert. Als einer von zwei Soldaten, die als Erste aus seiner Division den Rhein erreicht hatten, wäre er für eine besondere Ehrung eigentlich prädestiniert gewesen.

> **Francis H. Wilber:** *Wir haben von dieser Versammlung gehört, das ist in die Geschichtsschreibung eingegangen. Wir sollen angeblich dabei gewesen sein, aber das ist nicht wahr, das war streng genommen eine Farce. Ein paar Rotkreuz-Leute kamen vorbei mit einigen Offizieren, die sortierten unsere Uniformen wie Kostüme und nahmen sie mit. Aber wir waren bei dieser Show gar nicht dabei. Manches ist einfach Einbildung, Sie verstehen, was ich meine? Jemandes Einbildung ist etwas, das niemals stattgefunden hat.*

Dass man der Vollständigkeit halber GIs in eine andere Uniform steckt, weil die entsprechende Einheit nicht dabei sein kann, ist bestimmt ehrenwert, aber es zeigt auch, dass Filme und Fotos dazu gebraucht werden, um Wirklichkeit vorzutäuschen.

In den Tagen nach der Einnahme der Stadt drehen amerikanische Kameraleute, wie eben geschildert, mehrere Stunden Filmmaterial zur Arbeit der neuen Militärregierung. Um beispielsweise zu zeigen, dass sie unverzüglich mit der Verfolgung von Nazis und SS-Angehörigen begann, filmten die Kameraleute auch eine vermeintliche Einlieferung von gefangenen Nazis in das nun von der US-Militärregierung genutzte »Cologne Prison Klingelpütz«. Die Filmaufnahme zeigt, wie Männer auf der Ladefläche eines Jeeps vor das Gefängnistor gefahren und heruntergescheucht werden. Einer der Gefangenen gibt sich widerspenstig, dabei kommt es zu einer kurzen Handgreiflichkeit mit einem Wachtposten. Schaut man sich im Nationalarchiv in Washington dazu das Rohmaterial an, so entdeckt man, dass diese Szene zweimal gedreht wurde. In der zweiten Version werden dieselben Leute noch mal vorgefahren und für die Kamera auch ein zweites Mal vom Wagen gescheucht. Die Handgreiflichkeit fällt nun deutlich rabiater aus. Keine Frage, welche Variante später veröffentlicht wurde. Doch die dem Betrachter als vermeintliche Nazi-Verbrecher erscheinenden Männer sind offenbar nur schlichte Darsteller, die für die Aktion vor US-Kameras engagiert wurden.

Es ist bekannt, dass die meisten in der U.S. Army eingesetzten Kameraleute und Fotografen bereits vor ihrem Einsatz Profis waren. In mehrwöchigen Trainingskursen der Army wurden sie auf ihre künftige Aufgabe, ihre Ausrüstung auch während der Kampfhandlungen binnen weniger Sekunden aufstellen zu können, Filmrollen einzulegen oder zu wechseln, zu fokussieren, die Kamera ruhig zu halten etc., vorbereitet. Doch trotz des Trainings lässt sich der Verlauf von Kriegsereignissen nicht vorwegnehmen oder gar planen. Um einen Schusswechsel oder gar eine Explosion auf Film zu bannen, gab es nur die Möglichkeit, die Kamera einfach laufen zu lassen und auf das Glück zu hoffen, dass innerhalb der nächsten gefilmten 90 Sekunden etwas passierte. Denn einen längeren Zeitraum ermöglichte eine Patrone mit 16-mm- oder 35-mm-Film, wie sie James Bates benutzt hatte, nicht. Um eine Szene einzufangen, mit der er die Geschichte von der Einnahme Kölns anschaulich und packend hätte erzählen können, wären so unter Umständen Dutzende Filmrollen gebraucht worden. Um sicherzugehen, möglichst wenig zu verpassen, hätten die Kameramänner gar einen Assistenten benötigt, um ihnen immer eine frisch geladene Kamera anzureichen. In einer Situation, in der unter Lebensgefahr in vorderster Front gefilmt werden soll, ist das sicherlich unrealistisch. So ist es nicht verwunderlich, dass viele Kameraleute frustriert waren über den ausgeprägten Mangel an Aufnahmen, die tatsächlich reale Kampfhandlungen zeigten. Um dem Ereignis dennoch gerecht zu werden, griffen Kriegskameramänner deshalb häufiger zu Methoden der Spielfilmproduktion und erzählten Kriegsereignisse und Kampfhandlungen mit nachgestellten Szenen. Die Fachliteratur nennt dafür zahlreiche Beispiele. Das Londoner Imperial War Museum gilt als die weltweit erfahrenste Institution, wenn es um die Frage geht, ob Filmmaterial als authentisch oder möglicherweise nachgestellt einzustufen ist. Der Leiter der dortigen Filmabteilung, Roger Smither, gab mir im Herbst 2007 dazu ein Interview.

> **Roger Smither:** *Wir haben in unserem Archiv sehr viele Beispiele für nachgestellte Szenen. Obwohl es ja Stummfilme sind, kann man die Kommunikation zwischen Kameramann und GI förmlich spüren, da sieht man Kommandos, Wiederholungen und dergleichen. Etwas anderes ist die komplette Inszenierung von größeren Operationen. Ein gutes Beispiel für die amerikanische Kriegsberichterstattung ist der Film »Sieg in Tunesien«. In dem Film sieht man dort amerikanische Fallschirmspringer landen, doch Luftlandetruppen wurden gar nicht eingesetzt.*

Gilt dies möglicherweise auch für Aufnahmen mit Kampfhandlungen aus Köln? Betrachten wir einige der Szenen, die die Kameramänner Bates, Rosenmann und Garrell in der Kölner Innenstadt drehten.

Der als »Nazi-Superman« bezeichnete Anzugträger gibt sich auch bei der Registrierung im Gefängnis der Militärregierung widerspenstig. Diese nachgestellte Filmszene wird u. a. im Army-Navy-Screen-Magazine, aber auch in mehreren Kinowochenschauen verwendet.

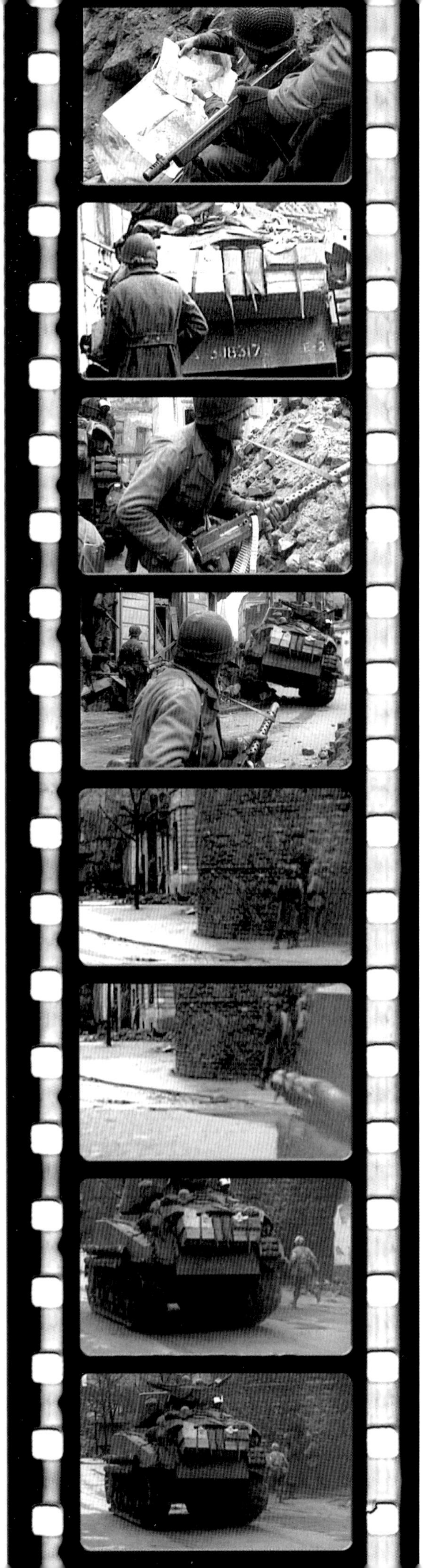

Am Mittag des 6. März 1945 dreht Sergeant Voight Garrell am Römerturm. Laut der Dokumente der 3rd Armored Division ist dies die Route der F-Kompanie des 32nd Panzerregiments. Der Panzer, der hier vorrückt und sich kurz darauf eng an die Häuserecke drückt, als müsse er Deckung nehmen, trägt aber auf dem Heck die Bezeichnung E, gehört also der E-Kompanie an, der Einheit Clarence Smoyers, die zu diesem Zeitpunkt eigentlich auf der Christophstraße eingesetzt ist.

Garrell filmt direkt im Rücken des Panzers, Infanteristen sind auch zugegen. Hier hat man tatsächlich den Eindruck, er befinde sich unmittelbar in einem Gefecht. Dann fährt der Panzer bis zum nächsten Block vor. Die nächste Station ist der Römerturm, doch als der Panzer, der gerade noch geschossen hat, hier vorbeifährt, sieht man, dass andere GIs schon da sind und zu dritt locker redend und unbeteiligt am Straßenrand stehen. Es sieht so aus, als ob sie sich sehr wundern, warum ein GI so schnellen Schrittes an ihnen vorbeiläuft.

Der Panzer ist nach vorne weggefahren, nun sieht man am Römerturm auch die Infanteristen von eben. Einer läuft nun mit lang anhaltenden Gewehrsalven am Römerturm vorbei durch das Bild. Warum er schießt, ist nicht klar, wohin er sich bewegt, hingegen schon. In 50 Metern Entfernung hat sich neben einem Kiosk-Häuschen eine Gruppe von GIs versammelt, sie standen auch bereits dort, als der Panzer feuernd durchs Bild fuhr. Deckung suchen sie offensichtlich nicht, weder vor möglichen Kugeln der heranlaufenden Kameraden noch vor solchen von deutscher Seite. Man könnte zumindest mutmaßen, diese Szene hätte sich unter echter Lebensgefahr vermutlich anders gestaltet. Während der Panzer sich eben noch an die Häuserwand gepresst hat, laufen die ungepanzerten Infanteristen aufrecht und mitten auf der Straße.

Dieser Eindruck eines nachträglichen Drehs verstärkt sich durch die Reaktion eines Soldaten, der im Vordergrund der Filmaufnahme kniet, während ein anderer mit Dauerfeuer an ihm vorbeiläuft. Möglicherweise amüsiert durch den Laufstil des Kameraden dreht sich der GI um, wobei Garrells Kamera sein grinsendes Gesicht einfängt. Dieser Ausdruck fehlender Ernsthaftigkeit kann Garrell, der Kriegsereignisse dokumentieren will, nicht gefallen haben. Es ist nicht unwahrscheinlich, dass er dies dem lachenden GI auch sofort zu verstehen gegeben hat, denn dessen Gesicht friert plötzlich wieder ein und es drängt sich der Eindruck auf, der GI setze unmittelbar dazu an, sich umzudrehen und den Soldaten, der soeben an ihm vorbeigelaufen ist, zurückzuwinken. Dann erfolgt ein Schnitt.

Abb. rechte Seite: *Infanteristen am Römerturm. Standbilder aus der Filmsequenz, gedreht von Clarence Voight Garrell. Die Reihenfolge der Aufnahmen erfolgt von oben links nach unten links und setzt sich in der rechten Spalte von oben nach unten fort.*

Unmittelbar danach erscheint in dem Rohmaterial Garrells eine Szene, die wahrscheinlich vor dem Gerichtsgebäude am Appellhofplatz gedreht wurde. Ein Sherman-Panzer nimmt in einer Kurve eine Abkürzung, rammt eine Straßenlaterne und bleibt stehen. In dem Augenblick, als die Kamera gerade in die Trümmerlandschaft schwenkt, springt ein applaudierender GI dem Kameramann ins Bild. Auch wenn diese Details nichts beweisen, sind sie vor dem Hintergrund einer unterstellten akuten Lebensgefahr doch zumindest ungewöhnlich.

Zu der eingeschränkten Perspektive der Kameraobjektive gesellt sich die subjektive Wahrnehmung von Augenzeugen und Beteiligten. Am Nachmittag dreht Voight Garrell in Anwesenheit zahlreicher Fotografen in der Komödienstraße die schaurigen Bilder vom Abschuss des Sherman-Panzers durch Wilhelm Bartelborths Panther. Unterschiedliche Schilderungen gibt es auch hierzu: *Stars-and-Stripes*-Reporter Andy Rooney erzählt, nachdem er den Schuss gehört habe, sei er aus einem Hotel ins Freie gerannt und habe den getroffenen Kommandanten gesehen, dem es nicht gelungen sei, sich aus der Luke zu befreien. Rooney zufolge kletterten zwei Männer zurück auf den Turm, zogen ihn heraus und halfen ihm herunter.

> **Andy Rooney:** *Zwei Männer wanden sich selbst raus und fielen auf den Boden. Ein dritter Mann schaffte es nur bis zu den Achseln und kam nicht weiter. Die Männer am Boden kletterten zurück auf den Panzer, hoben ihn heraus und zogen ihn hinunter auf die Straße.*

In Garrells Filmszene hingegen gelingt es dem Soldaten, sich selbst aus der Luke zu befreien und in erstaunlicher Geschicklichkeit auf das Heck des Panzers zu rollen.

Reporter Mike Levin, der schon im Fall Bartelborth korrekt berichtet hatte, nannte 1945 auch den Namen eines Mannes, der dem verletzten Kommandanten geholfen haben soll, und der auch unter den Verletzten der F-Kompanie zu finden ist: Oliver P. Griffin, ein Maurer aus North Carolina. Oliver Griffins Tochter Cathy erzählt mir: Ja, es stimme, ihr Vater habe dem Kommandanten geholfen und sei bei dem Gefecht auch selbst verwundet worden. Griffin wird am darauffolgenden Tag in ein Hospital gebracht. In dem Morning Report wird er allerdings als »NBC«, »non-battle-casualty«, geführt, das heißt, er wurde außerhalb des Kampfgeschehens verwundet. Sieben Tage später wird Griffin erneut in ein Lazarett eingeliefert: erneut mit dem Zusatz »NBC«. Wie seine Tochter berichtet, habe Griffin das berühmte Foto von Fred Ramage nach dem Krieg häufiger in den Medien gesehen. Aber dann habe er immer gesagt: »Ja, das ist der Panzer, aber ich habe mich immer gewundert, wie sie das Bild gemacht haben, denn das bin nicht ich auf dem Foto.«

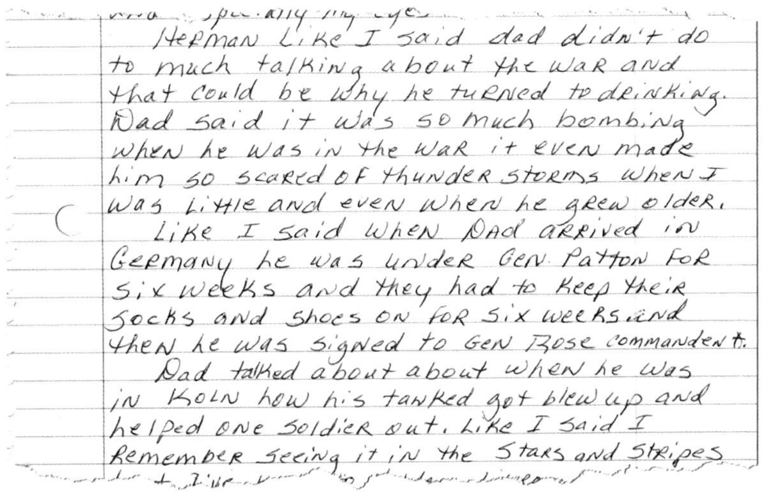
Herman Like I said dad didn't do
to much talking about the war and
that could be why he turned to drinking.
Dad said it was so much bombing
when he was in the war it even made
him so scared of thunder storms when I
was little and even when he grew older.
Like I said when Dad arrived in
Germany he was under Gen. Patton for
six weeks and they had to keep their
socks and shoes on for six weeks and
then he was signed to Gen Rose commandent.
Dad talked about about when he was
in Koln how his tanked got blew up and
helped one soldier out. Like I said I
Remember seeing it in the Stars and Stripes

Roger Smither vom Imperial War Museum in London betrachtet Ramages Foto mit einem gewissen Unglauben.

> **Roger Smither:** *Ich gebe zu, es ist ein besonders gut komponiertes Foto und es ist schwer zu glauben, dass es nur ein spontaner Schnappschuss eines schnell reagierenden Fotografen ist. Aber es irritiert mich zuerst einmal persönlich, jemand hätte eine Szene mit solch sichtbaren Details nachgestellt.*

Trotzdem bleibt die bedrückende Frage, warum ein GI auf diesem Foto ohne Deckung und nahezu aufrecht in das Schussfeld eines rücksichtslos feuernden deutschen Panzer läuft. Man wünscht ihm geradezu, diese Szene sei nachgestellt.

Daily German Lesson
Der gepaeck wagen
Dair ga pook vahgen
Luggage-van

New York London Edition
THE STARS AND S
Daily Newspaper of U.S. Armed Forces
Vol. 5 No. 107—1d,

Mars Collects as a City Falls

Keystone Photo
Cologne fell, but not without a price, as this dramatic scene on a narrow street leading to the cathedral reveals. A tanker, one leg blown off as a Nazi shell hit his tank (right), rolls off the back of the vehicle after having been blown out of the top, only man of the crew to get out alive. Two U.S. doughs dash to his aid.

Tankers Want Better Tanks Than Jerry's

By Ann Stringer
United Press War Correspondent

WITH 3RD U.S. ARMORED DIVISION, Mar. 7 (UP)—American tank crews who have pounded their way from the Roer to the Rhine are proud of their units and proud of their record advances. But when they talk about their tanks it is different.

"Tell them at home about our tanks," said S/Sgt. Robert Earley, of Minnesota, who commanded the first tank to enter Cologne. "Tell them our tanks are not worth a drop of water on a hot stove. Tell them we want tanks to fight with, and not just to drive over the countryside."

(General Motors Corp. announced yesterday that the new T-26 tank, mounting a 90mm. gun, was now rolling off production lines at five plants. This tank was described as the Allied designers' answer to the Germans' King Tiger.)

Germans Report Zhukov Opens Battle for Berlin

The opening phase of the long-awaited "Battle for Berlin" appeared to have started last night as German military commentators stated flatly that Marshal Zhukov's armies had launched a furious offensive along the Oder River due east of Berlin and had established a bridgehead on the west bank of the river at Lebus, only 33 miles from the Third Reich capital.

While the Russians maintained silence about activity along the central front—traditional to all large-scale Red Army moves—the Nazis claimed that the main assault was at Kustrin, where the Germans say the Russians have held a bridgehead for a considerable time.

At least seven attacks against Kustrin were reported and the Nazis acknowledged bloody fighting in the northeastern belt of the city's defenses.

The Germans said a heavy 24-hour

Task Force GI Is Honored

WITH U.S. 9TH ARMY, Mar. 7—"Boy, you know all this brass scares me," S/Sgt. Junior J. Spurrier, 22, of Riggs, Ky., whispered while he was presented the Congressional Medal of Honor today by

Abb. oben: *Ausschnitt aus dem Schreiben der Familie Oliver P. Griffins.*
Abb. rechts oben: *Oliver P. Griffin gehört zu einer bekannten Maurerfamilie aus Valdese/North Carolina. Die Familie baute nahezu alle Häuser in der Kleinstadt. Oliver musste bereits im Kindesalter die Schule verlassen, um im elterlichen Betrieb zu helfen. Es heißt, er habe seine Kriegserlebnisse, wie viele GIs, nie verarbeitet und versucht, die traumatischen Erinnerungen mit Alkohol zu lindern. Dennoch ist Griffins Familie sehr stolz auf Oliver und seinen Einsatz für die Freiheit, besonders aber wegen seiner selbstlosen Rettungstat am Dom.*
Abb. rechts Mitte: *Ein Bild aus glücklichen Tagen. Oliver Griffin bei einem Schnappschuss mit der Frau seines älteren Bruders in North Carolina.*
Abb. rechts unten: *Die Londoner Ausgabe der* Stars and Stripes *vom 8. März 1945. Griffin soll gesagt haben: »I wonder how they did it. That's not me on the picture.«*

Als auf der Gegenseite später der deutsche Panzer brennt, ist Garrell offenbar immer noch vor Ort in der Komödienstraße und filmt.

Dabei entsteht bei genauer Hinsicht eine weitere seltsam wirkende Filmszene. Sie wurde in der Komödienstraße gedreht, als Bartelborths Panzer wahrscheinlich bereits abgeschossen war, aber noch brannte. Zu sehen ist ein GI, wahrscheinlich ein Offizier, der sich hinter dem Heck des abgeschossenen Shermans befindet und zunächst in Richtung des deutschen Panzers blickt, als warte er auf ein Startzeichen, dass dort gleich etwas passieren wird. Dann erscheint im Hintergrund eine Rauchwolke. Die Explosion scheint weder den Kameramann noch den Offizier oder einen dritten einfachen Soldaten, der rechts ins Bild kommt, zu beunruhigen. Der GI im Mantel geht nun aufrecht und ohne Deckung einige Schritte vor und gestikuliert mit den Armen in Richtung des deutschen Panzers, so als wolle er jemanden zurückrufen. Man hat nicht den Eindruck, dass der Offizier befürchtet, aus Richtung des deutschen Panzers selbst beschossen zu werden. Genauso wenig wie der einfache Soldat rechts im Bild. Desinteressiert vom Geschehen wendet er seinen Blick sogar ab und dreht der Szenerie den Rücken zu. Dieser Mann fürchtet sicher nicht akut, beschossen zu werden. Wie offenbar auch die vier Fotografen nicht, die mitten auf der Straße agieren.

Mehr als einmal müssen sich die Reporter von den kämpfenden Soldaten anschreien lassen, sie lenkten durch ihre Leichtsinnigkeit feindliches Feuer auf sich. Auch Voight Garrell fällt nach eigener Aussage diesbezüglich gleich mehrfach unangenehm auf. In dem Moment, in dem die US-Panzer bis an den Schutthaufen heranfahren, steht er direkt dahinter und filmt mit einem Teleobjektiv hinüber auf die deutsche Seite, als dort das Feuer eröffnet wird.

Der Nachlass des Kameramanns aus Beverly Hills, Los Angeles/Kalifornien war schwer zu finden, war Garrell doch sechs Mal verheiratet und starb 1989 im Alter von 74 Jahren, wie seinem Totenblatt zu entnehmen ist, offenbar ohne Verbindung zu Angehörigen oder Freunden. Drei Jahre dauerte es, bis sich auf die Suchmeldung im amerikanischen Ahnenforschungsnetzwerk Ancestry jemand auf die Suchmeldung von Reverent Albert Ledoux, der mir bei so vielen Rechercheanläufen assistiert hat, meldete. Mit Art Gomez, einem seiner Stiefsöhne, hatte Garrell über seine Erlebnisse in Köln gesprochen. Bisher unbekannte Filmaufnahmen aus Köln fanden sich nicht in seinem Nachlass, aber Garrell hatte eine Fotoserie aufbewahrt, die unter dem Titel »The shell of Cologne« (»Die Granate von Köln«) u. a. auch den Panther am Dom zeigt.

Auf der Rückseite eines Fotos datiert vom 7. März schreibt Garrell auf der Rückseite:

> **Clarence Voight Garrell:** *Der Panzer brannte leuchtend hell vor der bläulich schimmernden Kathedrale. Wir waren schnell und machten einige Schnappschüsse mit dem weltberühmten Dom im Hintergrund. [...] Aber der 6. März war der Tag verhängnisvoller Überraschungen: Die Schlussphase begann, als wir an der linken Frontseite des Panzers standen. Dabei wurden wir unbemerkt aus der Sicht einer feindlichen Kanone beobachtet, die sich im Schatten der Hohenzollernbrücke befand [...]. Dann schossen sie.*

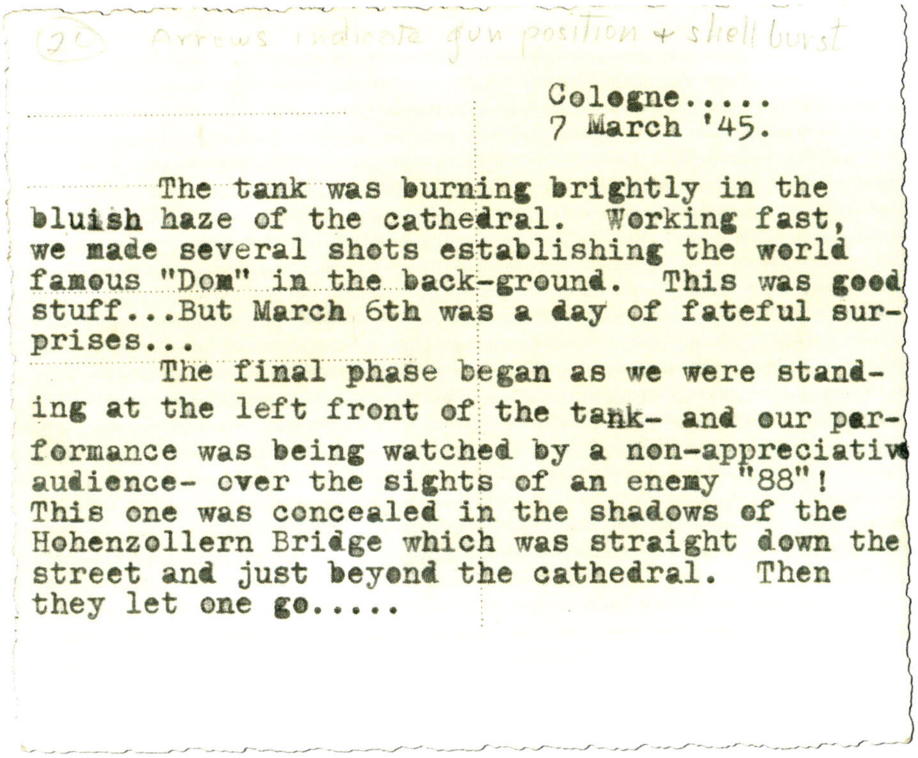

(2C) Arrows indicate gun position + shell burst

Cologne.....
7 March '45.

The tank was burning brightly in the bluish haze of the cathedral. Working fast, we made several shots establishing the world famous "Dom" in the back-ground. This was good stuff...But March 6th was a day of fateful surprises...

The final phase began as we were standing at the left front of the tank- and our performance was being watched by a non-appreciativ audience- over the sights of an enemy "88"! This one was concealed in the shadows of the Hohenzollern Bridge which was straight down the street and just beyond the cathedral. Then they let one go.....

Abb. oben: *Texteintrag Garrells auf der Rückseite des Großbildes von Seite 288–289.*

STATE OF CALIFORNIA
CERTIFICATION OF VITAL RECORD
STATE OF CALIFORNIA
DEPARTMENT OF HEALTH SERVICES
89-168666 CERTIFICATE OF DEATH 39919038219

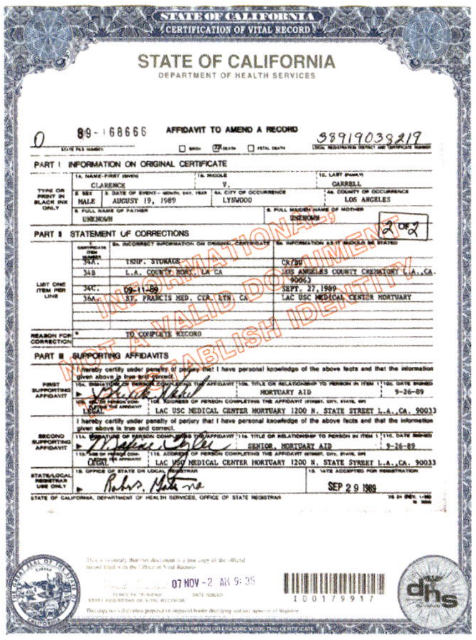

STATE OF CALIFORNIA
CERTIFICATION OF VITAL RECORD
STATE OF CALIFORNIA
DEPARTMENT OF HEALTH SERVICES
89-168666 AFFIDAVIT TO AMEND A RECORD

Abb. rechts oben: *Clarence Voight Garrell in Köln.*

Abb. rechts Mitte und unten: *Die offizielle Todesakte aus dem Jahr 1989 verzeichnet, dass Garrell keine Angehörigen angegeben hatte. Auch der Name seiner Mutter wird als unbekannt angegeben. Über vier Wochen wird sein Leichnam in der Klinik aufbewahrt und dann eingeäschert. Möglicherweise hat der frühere Kameramann auch Sterbehilfe in Anspruch genommen. In den Tod begleitet haben ihn zwei Amtspersonen.*

Mike Levin bzw. Meyer Levin tippte zahlreiche seiner Berichte auf der Motorhaube seines Presse-Jeeps. Die Fotos machte sein Partner Eric Schwab.

Voight Garrell wird von mehreren Berichterstattern als der Kameramann bezeichnet, der das Panzerduell am Dom mit der Kamera dokumentiert haben soll.

ONA-Korrespondent Mike Levin nennt Voight Garrell in seinem Bericht als einzigen Kameramann namentlich und beschreibt seine Geschichte mit den Worten:

> **Mike Levin:** *Sgt. Voight Garrell aus Beverly Hills California (Camden Drive 458) stand auf den Treppenstufen des Doms, sein Magazin dicht gefüllt mit den wahrscheinlich größten Aufnahmen, die er jemals gemacht hat.*

OVERSEAS NEWS AGENCY 101 PARK AVENUE NEW YORK 17, NEW YORK

NIGHT REPORT NO. 1443, MARCH 7, 1945 9

THREE ARMY MOVIE-MEN, WHO HAD PRECEDED THE INFANTRY INTO THE CITY TO PHOTOGRAPH THE CATHEDRAL, SHOT THE TANK BATTLE AND CAPTURED 30 GERMANS WHILE ENTERING THE AREA. S/SGT. VOIGHT GARRELL, OF BEVERLY HILLS, CALIF. (458 CAMDEN DR.) STOOD ON THE CATHEDRAL STEPS SEALING UP THE GREATEST PICTURES HE HAD EVER MADE, WHILE THE POLICE OFFICERS RE-

Auch in sämtlichen Berichten für die *Stars and Stripes* betont Korrespondent Andy Rooney, die »wirklichen« bzw. die »tatsächlichen« Bilder des Panzerduells seien von Garrell.

Tanks Crash - -

(Continued from Page 1)

two blocks through the Cologne streets to infantrymen who were searching houses and called for a bazooka or an anti-tank gun.

Garrell's pictures of the German tank, taken broadside, are the actual pictures of the shots which knocked out the lead tank in Col. Miller's force.

Cathedral . . .

(Continued from Page 1)

He got the pictures and raced back two blocks through the Cologne streets to infantrymen who were searching houses and called for a bazooka or an anti-tank gun.

Garrell's pictures of the German tank, taken broadside, are the factual pictures of the shots which knocked out the lead tank.

Abb. oben:** Ausschnitte aus den Artikeln Andy Rooneys zum Panzerduell am Dom. In der Lütticher Ausgabe heißt es: »Garrells von der Seite aufgenommene Bilder vom deutschen Panzer sind die* ***wirklichen *Bilder der Schüsse, die den Spitzenpanzer in Col. Millers Einheit ausgeschaltet haben.« In der Pariser Ausgabe der* Stars and Stripes ***(rechts)*** *lautet die Formulierung: »Garrells von der Seite aufgenommene Bilder vom deutschen Panzer sind die* ***tatsächlichen*** *Bilder der Schüsse, die den Spitzenpanzer ausgeschaltet haben.« [Hervorhebungen v. A.]*

***Abb. rechts Seite:** Clarence Voight Garrell im Jahr 1945. Als Stiefsohn eines Zirkusartisten wuchs er in New Orleans auf. Nach dem Krieg startete er unter dem Künstlernamen Norman Garrell eine Schauspielerkarriere und wurde durch Nebenrollen in verschiedenen Hollywoodfilmen zumindest einem Fachpublikum bekannt.*

Voight Garrell selbst hatte sich nach dem Krieg nur einmal und indirekt in Form einer Presseerklärung zu seinen Erfahrungen in Köln öffentlich geäußert.

1954 ist er anlässlich der Messe Photokina noch einmal in Köln, als Medien-Repräsentant der US-Besatzungsmacht in Deutschland und Experte für moderne Fotografie. Alle offiziellen Pressemitteilungen zu Garrells Messeauftritt in Köln werden vom Public Information Office of Headquarters der US-Armee veröffentlicht und enthalten mehrfach Verweise auf seine Aufnahmen vom Panzerduell aus dem Jahr 1945.

> **Presseinfo:** *Am 6. März 1945 erreichte Norman Garrell mit vorgerückten Einheiten der 104. Infanterie-Division und sechs Panzern der 3rd Armored Division Köln. Der Armeekameramann Garrell arbeitete sich bis hinter die feindlichen Linien vor und filmte die weithin bekannte Wochenschau-Sequenz über ein Panzerduell zwischen amerikanischen und deutschen Panzern. [...] Garrell, sein Fotograf Roberts und der Offizier Cpt. Hawley waren die ersten Amerikaner, die den Dom und den Rhein erreichten.*

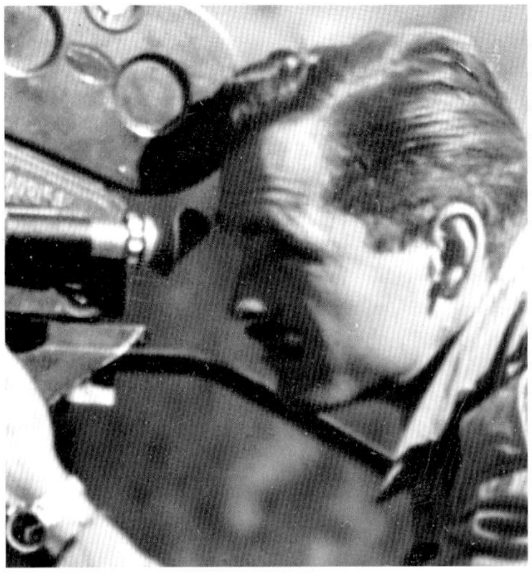

Garrell mit seiner 35-mm-Filmkamera, einer ARRIFLEX, der ersten Spiegelreflex-Filmkamera, entwickelt und gebaut im Jahr 1937 in Deutschland. 1954 ist Garrell auf der internationalen Messe Photokina als Experte für Kameras und Filmtechnik zu Gast. Gleichzeitig versucht er, als Schauspieler Fuß zu fassen, und führt jetzt den Künstlernamen Norman Garrell.

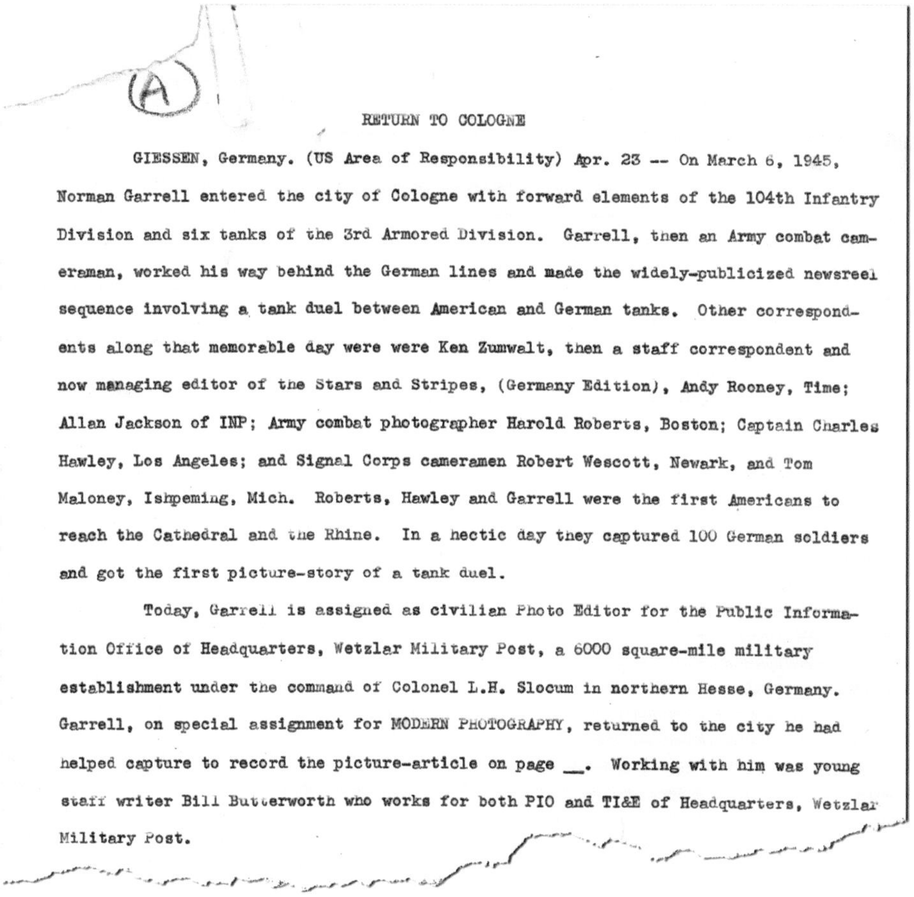

(A)

RETURN TO COLOGNE

GIESSEN, Germany. (US Area of Responsibility) Apr. 23 -- On March 6, 1945, Norman Garrell entered the city of Cologne with forward elements of the 104th Infantry Division and six tanks of the 3rd Armored Division. Garrell, then an Army combat cameraman, worked his way behind the German lines and made the widely-publicized newsreel sequence involving a tank duel between American and German tanks. Other correspondents along that memorable day were were Ken Zumwalt, then a staff correspondent and now managing editor of the Stars and Stripes, (Germany Edition), Andy Rooney, Time; Allan Jackson of INP; Army combat photographer Harold Roberts, Boston; Captain Charles Hawley, Los Angeles; and Signal Corps cameramen Robert Wescott, Newark, and Tom Maloney, Ishpeming, Mich. Roberts, Hawley and Garrell were the first Americans to reach the Cathedral and the Rhine. In a hectic day they captured 100 German soldiers and got the first picture-story of a tank duel.

Today, Garrell is assigned as civilian Photo Editor for the Public Information Office of Headquarters, Wetzlar Military Post, a 6000 square-mile military establishment under the command of Colonel L.H. Slocum in northern Hesse, Germany. Garrell, on special assignment for MODERN PHOTOGRAPHY, returned to the city he had helped capture to record the picture-article on page __. Working with him was young staff writer Bill Butterworth who works for both PIO and TI&E of Headquarters, Wetzlar Military Post.

Presseerklärung der U.S. Army zu Garrells Besuch in Köln 1954.

Garrells Filmaufnahmen aus seiner »Lieblingsecke« hätten die Geschichte von der selbstmörderischen Fahrt des Pershings in das Schussfeld des deutschen Panzers zweifelsfrei belegen können, doch seine Aufnahmen wurden nie veröffentlicht und gelten bis heute als verschollen. Auch in seinem Nachlass gibt es keine Kopie dieser unbekannten Aufnahmen, wohl aber eine Filmrolle mit den Aufnahmen in der Komödienstraße, die das Ausbooten von Lieutenant Karl E. Kellner mit nur noch

Abb. rechte Seite: *Das Wrack des deutschen Panzers vor dem Dom am 7. März 1945. Garrell schreibt auf die Bildrückseite: »Und so endet ›Die Granate von Köln‹.«*

einem Bein zeigt, eine Szene, zu der sich Garrell selbst nie erklärt hat. Photo-Unit-Kommandant Tom Noble äußerte sich 1989 in einem Videointerview mit seinem Sohn, wie diese Aufnahme gelingen konnte:

> **Tom Noble:** *Vom Standpunkt eines Fotografen aus war dies ein guter Tag. Deine Gedanken drehen sich bei einer solchen Szene nur um das Bildermachen und nicht um diesen armen Kerl, der sein Bein verloren hat, das nun in Fetzen zerrissen überall verstreut herumliegt.*

Abb. oben: *Garrell im April 1944 beim Studium der Armeezeitschrift* YANK. *Offenbar hat er es sich an dem Schreibtisch eines abwesenden Captains gemütlich gemacht.*

(A)

from The Soldier's Album (SHAEF Pictorial History of the War in Europe)

This is as close as anyone has come to telling a story-in-pictures of a tank battle. By showing one tank action involved in the capture of Cologne by First Army troops, it tells the story of hundreds of tank-vs-tank duels throughout the war and on all fronts. The story:

A German Mark V tank rounded a corner and spotted two American M-4 Mediums. The German tank fired, hitting one M-4 and killing the crew. The turret man, blasted out of his position, caromed into the debris at the rear of his tank. He had one leg blown off at the knee and later died of his wound. Meanwhile, the Americans in the other tank, unable to return fire because of their position, jumped out -- one to aid the wounded comrade and the other to get stretcher bearers. As this was happening, another American tank came up to the right of the German and fired. As this tank scored a hit, the German crew scrambled for safety. The Nazi turret man, blood flowing from a severe stomache wound, collapsed in the street and died. The Mark V then went up in flames.

Anhang zur Pressemitteilung der US-Armee anlässlich Garrells Photokina-Besuch im Jahr 1954.

Es ist also gut möglich, dass Garrell als späterer Filmschauspieler nicht direkt mit diesen Aufnahmen, die insbesondere das Leiden eines jungen Amerikaners zeigen, in Verbindung gebracht werden wollte. Aber auch zum Schicksal der deutschen Soldaten, deren Flucht er ja gefilmt haben will, schreibt Garrell nichts. Das Public Information Office verweist anlässlich Garrells Photokina-Besuch 1954 lediglich auf ein vorbereitetes Zitat aus einer Fotodokumentation des Oberkommandos der US-Armee in Europa. Dort heißt es:

> *Ein amerikanischer Panzer fuhr auf den deutschen zu und feuerte. Als die Crew einen Treffer erzielte, kletterte die deutsche Besatzung heraus und brachte sich in Sicherheit. Der Nazi-Mann im Turm aber brach, von einem verheerenden Bauchschuss getroffen, blutüberströmt auf der Straße zusammen und starb. Der Panther V (Mark V) ging in Flammen auf.*

Abb. rechte Seite: *Auch fast zehn Jahre nach Kriegsende lassen Garrell die Ereignisse am Dom nicht los. Unter dem Titel »Die Rückkehr nach Köln« fotografiert der Kameramann noch einmal die Schauplätze von damals. Das erste Foto zeigt die Komödienstraße aus der Perspektive, aus der 1945 die Aufnahmen von dem rauchenden Sherman-Tank und dem um sein Leben kämpfenden Kommandanten Karl E. Kellner entstanden sind.*

FEUERSCHUTZ

»Die Rückkehr nach Köln – Return to Cologne«.

Abb. oben: 1954 ist der Dom nachts bereits angestrahlt. Das Foto wurde von einem der seinerzeit noch bestehenden Brückentürme der Hohenzollernbrücke aufgenommen.

Abb. rechts: Blick vom Dom auf den Schauplatz des Panzerduells. Nahezu alle Häuser der Komödienstraße und der Straße an der Burgmauer bestehen nicht mehr. Rechts im Bild die Kirche St. Andreas, scharf rechts der Eingang zur Marzellenstraße.

Abb. nächste Doppelseite: Links oben ist ein Teil des Domplatzes zu sehen, fotografiert aus Richtung Hohe Straße/Wallrafplatz. Das Foto links unten zeigt den Wallrafplatz mit dem gerade entstehenden Gebäude des WDR-Funkhauses, bis dahin ein Hotel. Im Hintergrund an der Straße Zur Rechtschule sieht man den damaligen Standort des römischen Nordtors. Die rechte Bildseite zeigt die provisorisch wiederhergerichtete Hohenzollernbrücke, noch mit einem behelfsmäßigen Mittelstück ohne Bogen. Vor der Zerstörung verfügte die Brücke über drei nebeneinanderliegende Trassen, zwei Gleisanlagen und eine Straßenbrücke an der Südseite. Letztere wurde nicht wiederaufgebaut. Zwischen dem Rand der Brücke und den südlichen Brückentürmen klafft nun eine Lücke. Drei Jahre nach diesen Aufnahmen werden die Brückentürme aus dem Jahr 1911, die in Anlehnung an die Architektur der rheinischen Ritterburgen gestaltet waren, abgebrochen.

Rothenburger Lebensversicherung

HOF-APOTHEK

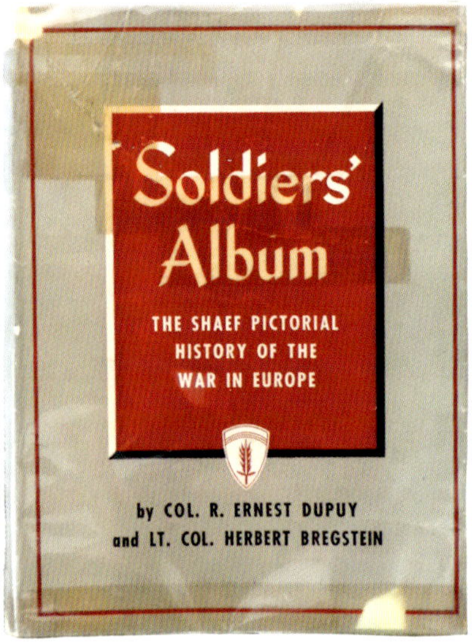

»Soldier's Album«, herausgegeben im Juli 1946. Im Klappentext heißt es, »vor allem ist dieses Album eine faire und lebendige Verkündigung der Niederlage der Wehrmacht an der Westfront«.

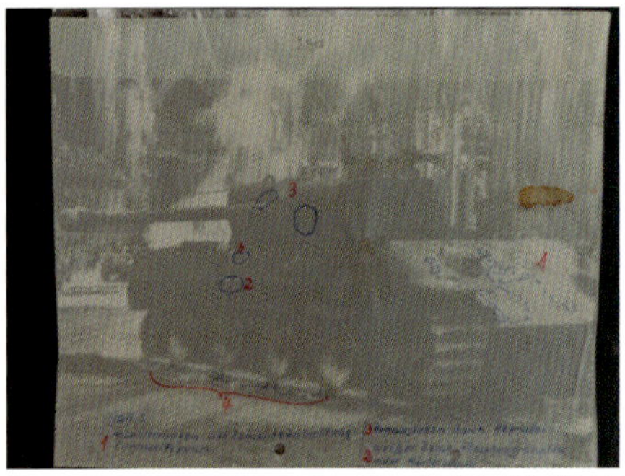

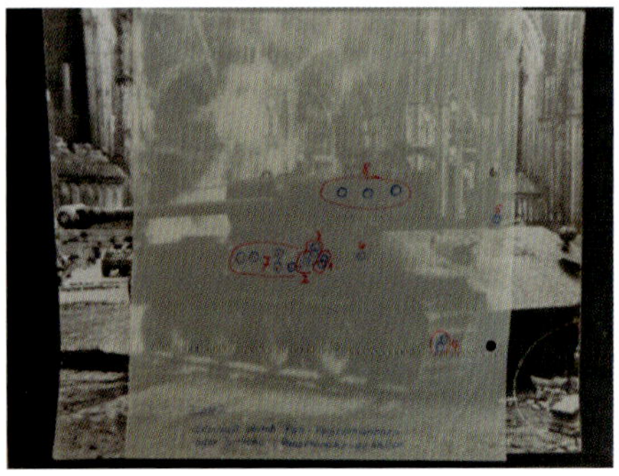

Von drei Schüssen ist in dem Text des »Soldiers' Album«, erstellt von dem früheren Chef der Abteilung für Public Relation und der Nachrichtenzentrale des Oberkommandos der US-Armee in Europa, nichts zu finden. Auch der deutsche Panzerkommandant Bartelborth erklärte, aus seiner Erinnerung habe es nur einen Schuss gegeben:

> **Wilhelm Barthelboth:** *Außer dieser einen Panzergranate wurde kein Schuss mehr gehört.*

Diese Aussage Bartelborths stimmt überein mit der Wahrnehmung Andy Rooneys, der ebenfalls nur einen Einschlag gesehen haben will und deshalb auf eine Bazooka oder einer Panzer-Abwehrkanone geschlossen hatte. Auch 2007 wiederholt er gegenüber mir seine damalige Einschätzung: »Für mich war es nur ein Schuss, für mich war es eine Bazooka.«

Laut einem anderen Bericht der Armeezeitung *Stars and Stripes* soll es, wie bereits erwähnt, eine Panzerabwehrkanone gewesen sein, abgefeuert von Soldaten der C-Kompanie des 36th Armored Infantry Regiments.

Wie oft der Kampfwagen am Dom beschossen worden sein soll, darüber gibt eine sogenannte Beschusstafel Auskunft, angefertigt von einem Waffenmeister der Wehrmacht aus der 9. Panzerdivision namens Hugo Jauß. Anhand eines Fotos vom 6. oder 7. März 1945 kommt er zu dem Schluss, der Panther sei mit Waffen verschiedener Kaliber angegriffen worden. Zu erkennen seien mindestens zwei, wenn nicht gar drei Durchschüsse mit großkalibrigen panzerbrechenden Granaten. Hinzu komme Granatbeschuss mit mindestens neun weiteren Treffern, darunter drei Turmtreffer, die aber nicht durchschlugen. Die weißen Ablagerungen an den Kettengliedern könnten ein Hinweis sein, dass der Panther auch mit Phosphorgranaten beschossen wurde.

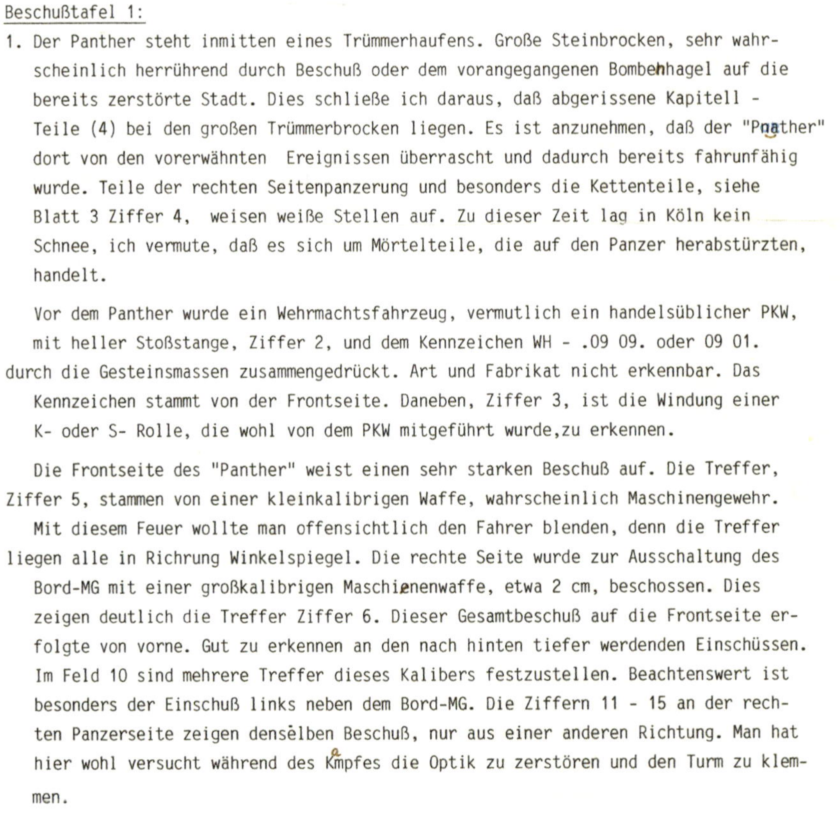

Beschußtafel 1:

1. Der Panther steht inmitten eines Trümmerhaufens. Große Steinbrocken, sehr wahrscheinlich herrührend durch Beschuß oder dem vorangegangenen Bombehhagel auf die bereits zerstörte Stadt. Dies schließe ich daraus, daß abgerissene Kapitell - Teile (4) bei den großen Trümmerbrocken liegen. Es ist anzunehmen, daß der "Pnather" dort von den vorerwähnten Ereignissen überrascht und dadurch bereits fahrunfähig wurde. Teile der rechten Seitenpanzerung und besonders die Kettenteile, siehe Blatt 3 Ziffer 4, weisen weiße Stellen auf. Zu dieser Zeit lag in Köln kein Schnee, ich vermute, daß es sich um Mörtelteile, die auf den Panzer herabstürzten, handelt.

Vor dem Panther wurde ein Wehrmachtsfahrzeug, vermutlich ein handelsüblicher PKW, mit heller Stoßstange, Ziffer 2, und dem Kennzeichen WH - .09 09. oder 09 01. durch die Gesteinsmassen zusammengedrückt. Art und Fabrikat nicht erkennbar. Das Kennzeichen stammt von der Frontseite. Daneben, Ziffer 3, ist die Windung einer K- oder S- Rolle, die wohl von dem PKW mitgeführt wurde,zu erkennen.

Die Frontseite des "Panther" weist einen sehr starken Beschuß auf. Die Treffer, Ziffer 5, stammen von einer kleinkalibrigen Waffe, wahrscheinlich Maschinengewehr. Mit diesem Feuer wollte man offensichtlich den Fahrer blenden, denn die Treffer liegen alle in Richrung Winkelspiegel. Die rechte Seite wurde zur Ausschaltung des Bord-MG mit einer großkalibrigen Maschienenwaffe, etwa 2 cm, beschossen. Dies zeigen deutlich die Treffer Ziffer 6. Dieser Gesamtbeschuß auf die Frontseite erfolgte von vorne. Gut zu erkennen an den nach hinten tiefer werdenden Einschüssen. Im Feld 10 sind mehrere Treffer dieses Kalibers festzustellen. Beachtenswert ist besonders der Einschuß links neben dem Bord-MG. Die Ziffern 11 - 15 an der rechten Panzerseite zeigen denselben Beschuß, nur aus einer anderen Richtung. Man hat hier wohl versucht während des Kmpfes die Optik zu zerstören und den Turm zu klemmen.

»Beschußtafel 1« von Hugo Jauß.

Beschußblatt 2:

2. Hier sind die Treffer durch Beschuß mit Pak, Panzerkanonen oder anderen panzerbrechenden Waffen aufgeführt.

Bei Ziffer 1 und 3 handelt es sich um einwandfrei Durchschüsse mit mindestens 7,5 cm panzerbrechenden Geschossen. Der Treffer 1 ist größer als Ziffer 3. Es wird vermutet, daß es sich bei diesen beiden Ziffern um Mehrfachtreffer handelt und so die Einschußlöcher in ihrer Form veränderten. Der Form entsprechend müssen diese gutsitzenden Treffer fast im rechten Winkel zum Panther abgefeuert wurden sein. Aufwulstungen sind keine zu erkennen. Bei der Ziffer 8 sind 3 Turmtreffer zu erkennen, die in der Walzenblende sitzen und mit Sicherheit nicht durchschlugen. Bei Ziffer 4 sind mindestens 2 Treffer im Laufwerk zu erkennen. Ein Treffer, Ziffer 5, sitzt in den aufgehängten Kettengliedern auf der ~~rechten~~ linken Turmseite. Dieser Schuß muß von vorne gekommen sein. Der Treffer, Ziffer 6, drang in den Reparatur- und Werkzeugkasten. Bei Ziffer 7 sind Treffer in der hinteren Wannengegend festzustellen. Die Treffer können auch den Motorraum beschädigt haben. Bei Ziffer 2 handelt es sich um ringförmige Abdrücke unterhalb des Turmes. Hier ist es denkbar, daß der Panther von einer Waffe mit geringerem Kaliber beschossen wurde. Die Geschosse, Geschoßmantel wahrscheinlich Weicheisengeschosse mit Stahlkern, sind aufgeschlagen, haben sich plattgedrückt, der Stahlkern konnte wegen der Stärke der Panzerung nicht eindringen und ist abgefallen.

Beschußblatt 3:

Bei Ziffer 1 ist deutlich erkennbar, daß der aufgetragene Zementbelag (Zimmerittbewurf) durch den Beschuß in Mitleidenschaft gezogen und abgetragen wurde. Ziffer 2 und 3 sind Brandnarben, die durch Abpraller verursacht wurden. Bei Ziffer 4 ist wie vorne angeführt eine gewisse Unsicherheit vorhanden. Soweit erinnerlich lag zur Zeit der Kämpfe um Köln kein Schnee. Die weißen Stellen am Laufwerk und Teilen der Panzerung auf der rechten Seite können durch herabstürzendes Mauerwerk entstanden sein. Möglich wäre auch, daß ein Beschuß mit Phosphorgranaten erfolgte, die den Panzer in Brand setzten und von der Besatzung gelöscht wurde. Diese Version halte ich allerdings für wenig haltbar, da Löschversuche bei diesem überaus starken Beschuß nicht möglich war.

***Abb. links und oben:** »Beschußblatt 2« und »Beschußblatt 3«.*

3. Zusammenfassung:
Zusammenfassend komme ich zu dem Ergebnis, der "Panther" war besetzt und kampfbereit. Wenn auch scheinbar bewegungsunfähig, so versuchte die Besatzung in einer heroischen Haltung nicht aufzugeben. Der überaus starke Beschuß mit Maschinen- und panzerbrechenden Waffen zeigt dies mehr als deutlich. Wäre der Panzer kampfunfähig gewesen, wäre ein solcher Beschuß nicht erfolgt. Daraus ist zu entnehmen, daß der Panther wegen Spritmangel und einem vorausgegangenen Brand unbeweglich wurde. Die Munition war aufgebraucht. Die sehr guten Trefferlagen hätten meines Erachtens zur Detonation führen und den Panzer zerstören müssen. Das offene Turmluk läßt darauf schließen, daß mindestens ein Teil der Besatzung ausbooten konnte

Bereits in den Filmaufnahmen von Bates ist rund um den Panther Leuchtspurmunition von Maschinengewehren zu sehen. Die deutsche Besatzung wurde also zeitgleich von Infanteristen angegriffen. Hugo Jauß listet in seinem Beschussblättern mindestens zehn weitere Beschussstellen durch Maschinengewehr- und Granatfeuer auf, beides jeweils von der Seite und von vorne. Man hat den Eindruck, der Panther sei einem wahren Sturmfeuer ausgesetzt gewesen. Für den Waffenmeister Jauß ein Zeichen für einen heroischen Kampf im Kreuzfeuer.

Am nächsten Morgen treffen sich diejenigen am Wrack des Panthers, die sich für die wahren Helden halten. Kameramann Bates hat zum Fototermin geladen. Es kommen eine Reihe Kameraleute, Fotografen und auch Männer der Pershing-Besatzung.

Während der Zeichner Marshall Thomas ein Porträt von Clarence Smoyer anfertigt, treffen sich die Crew-Mitglieder des Pershing-Panzers auf Einladung von Kameramann James Bates zum Fototermin am Wrack des deutschen Panzers am Dom.

Lediglich Clarence Smoyer ist nirgends zu sehen. Er selbst findet es bis heute mysteriös, warum er nicht zu dem Treffen gebeten wurde und schließt nicht aus, dass man ihn möglicherweise bewusst ferngehalten hat.

> **Clarence Smoyer:** *Jim Bates hatte diese Fotosession organisiert, aber ich habe mich gewundert, warum ich nichts davon wusste, John Deriggi und Homer Davis von unserer Besatzung waren dabei, von denen gibt's 'ne Menge Bilder, aber keines von mir. In der Zeit war ich am Rheinufer und saß auf einer Bank. Da kam ein Mann namens Marshall Thomas und sagte, er habe die Anweisung, von mir ein Porträt zu zeichnen. Ich habe nachher nie wieder etwas von ihm gehört. Er hat auch nicht gesagt, von welcher Einheit der war. Vielleicht war er auch nur ein weiterer Korrespondent, aber ich nehme an, dass er Teil der Truppenbetreuung oder eines sonstigen Dienstes war, das war sehr merkwürdig.*

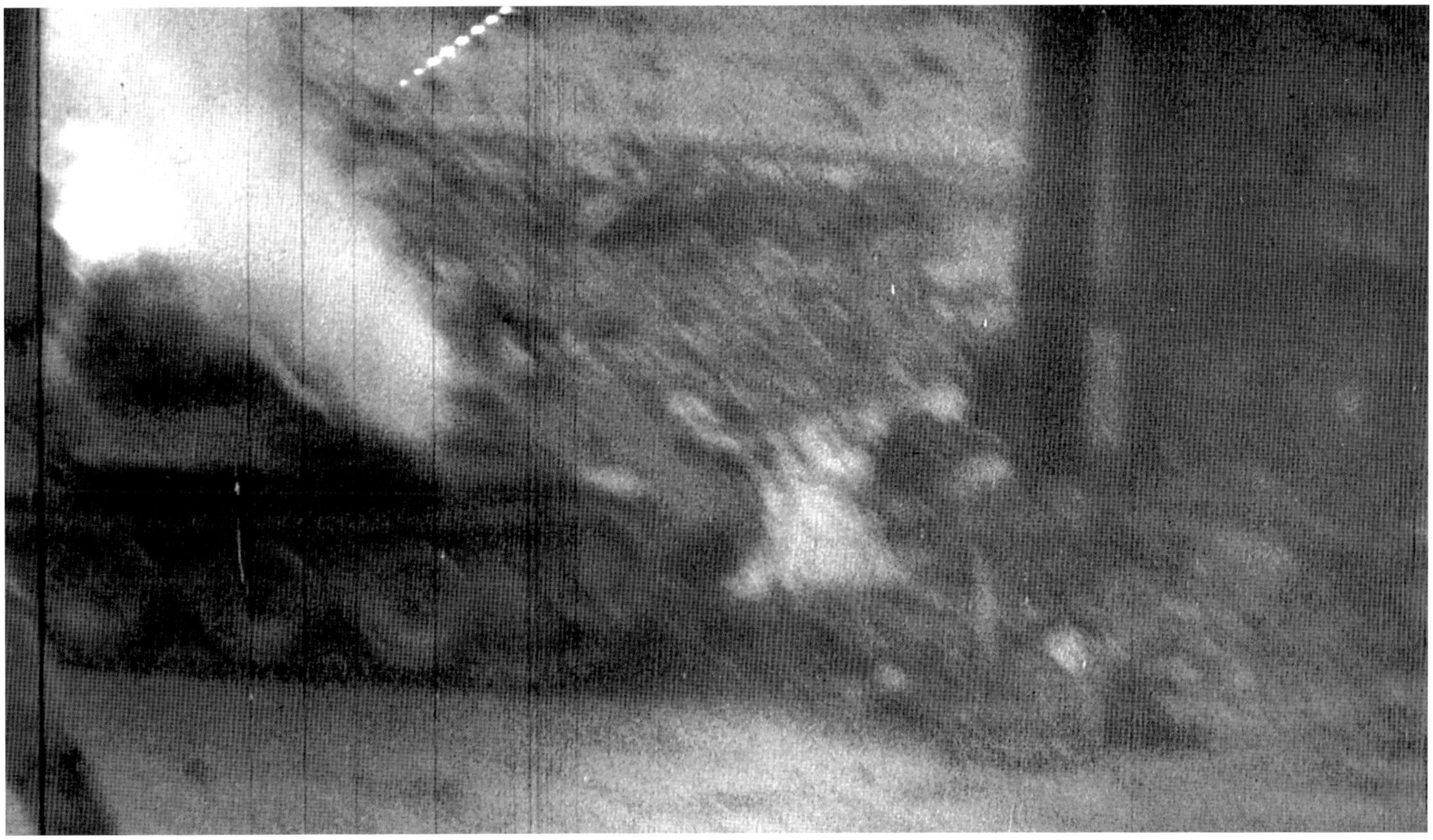

Oberleutnant Heinz Gottfried wird Augenzeuge von Dreharbeiten der US-Soldaten nach Ende der Kampfhandlungen in der Kölner Innenstadt.

Man könnte stutzig werden, dass sich links neben dem rauchenden Panther ein Benzinkanister befindet. Es wäre nicht außergewöhnlich, wenn die Kameraleute die Gelegenheit genutzt hätten, um ergänzende Aufnahmen von dem brennenden Fahrzeug zu drehen. Von derlei Filmaufnahmen der Amerikaner hat auch der deutsche Panzerkommandant Gottfried, der am Abend des 6. März hinter dem Dom abgeschossen wurde, berichtet. Nach seinem Ausstieg hat er sich in den nachfolgenden Nächten in den Trümmern versteckt gehalten. Seiner Familie hat er später erzählt, die Amerikaner hätten, wie er sagte, massenhaft Kampfhandlungen für die Filmkameras nachgestellt.

So wäre es vielleicht zu erklären, warum bestimmten Aufnahmen die Dramatik und Aufgeregtheit, die man bei authentischen Kampfhandlungen vermutet, abgeht. Als Leon Rosenmann den vorrückenden Panzer Smoyers aus der Distanz filmt, erkennt man z. B. links im Bild einen Soldaten, der auffällig lässig in Richtung der Straße schlendert, durch die der T26-Pershing vorrückt, so als wolle er dem Panzer bei seinem Husarenritt in aller Ruhe zuschauen.

Auch der Schuss der mächtigen 90-mm-Kanone scheint kein Grund zu sein, auch nur minimal zusammenzuzucken. Dieser Mann ist, so wie es aussieht, nicht bewaffnet, er nutzt die Häuserwand nicht als Deckung, sondern geht mitten auf der Straße. Es entsteht nicht der Eindruck, als fürchte sich dieser Soldat vor einem plötzlichen Gefecht.

Die buchstäbliche Gelassenheit, die auf verschiedenen Foto- und Filmaufnahmen erkennbar ist, verschwindet, wenn man die Einblicke hinzuzieht, die der Kommandant der amerikanischen Kampfgruppe, die am Dom eingesetzt war, Lieutenant Colonel Clifford L. Miller in einem persönlichen Brief an Clarence Smoyer zulässt. Gleich mehrfach bedankt sich Offizier Miller bei Corporal Smoyer für den Abschuss des Panthers am Dom; dieser, so Miller, habe die entscheidende Wende gebracht.

Bis zu diesem Briefwechsel, zu dem Smoyer im Jahr 1995 die Initiative ergreift, hat Miller Smoyer weder gekannt noch von ihm gewusst. Gemessen an der Bedeutung, die Smoyers Einsatz vor allem für Colonel Miller persönlich hatte, erstaunt es, dass Miller sich nie nach dieser Crew und dem Kommandanten Robert Early erkundigt hat, die ihn immerhin vor einer massiven Blamage bewahrt hatten.

> **Clifford L. Miller:** *Alles, was ich damals wusste, war, dass es einer von meinen Pershing 90-mm-Panzern war, der diesen Job erledigt hat.*

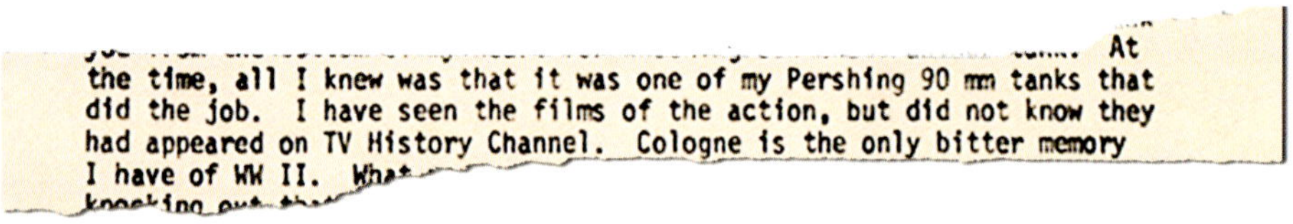

At
the time, all I knew was that it was one of my Pershing 90 mm tanks that
did the job. I have seen the films of the action, but did not know they
had appeared on TV History Channel. Cologne is the only bitter memory
I have of WW II. What

Panzerkommandant Miller scheint auch vergessen zu haben, dass Smoyers Panzer der erste und damals einzige Pershing in seiner Kampfgruppe gewesen war.

> **Clifford L. Miller:** *Was Sie und der Rest der Welt nicht wissen: Dass sie den Panther ausgeknockt haben, gab mir die Möglichkeit, zum Offiziersstab zu gehen und zu sagen, dass wir ab jetzt nach meinem Plan vorgingen und nicht mehr nach ihrem.*

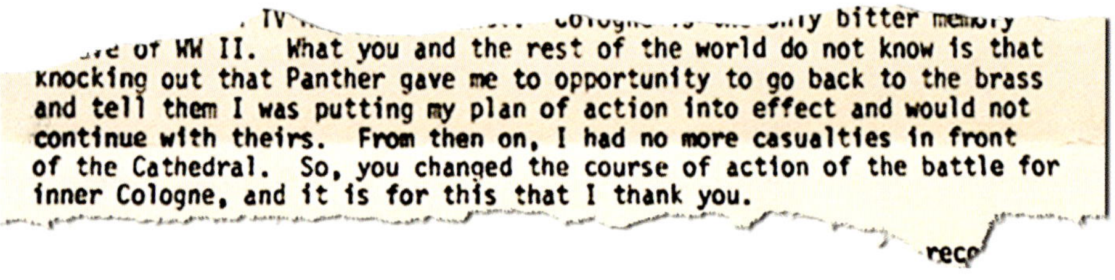

bitter memory
of WW II. What you and the rest of the world do not know is that
knocking out that Panther gave me to opportunity to go back to the brass
and tell them I was putting my plan of action into effect and would not
continue with theirs. From then on, I had no more casualties in front
of the Cathedral. So, you changed the course of action of the battle for
inner Cologne, and it is for this that I thank you.

Abb. rechte Seite: *Gelassen verfolgt ein US-Soldat vor der alten Kölner Hauptpost das Vorrücken des Pershing-Panzers und bleibt auch interessiert stehen, als der Kampfwagen das Feuer eröffnet.*

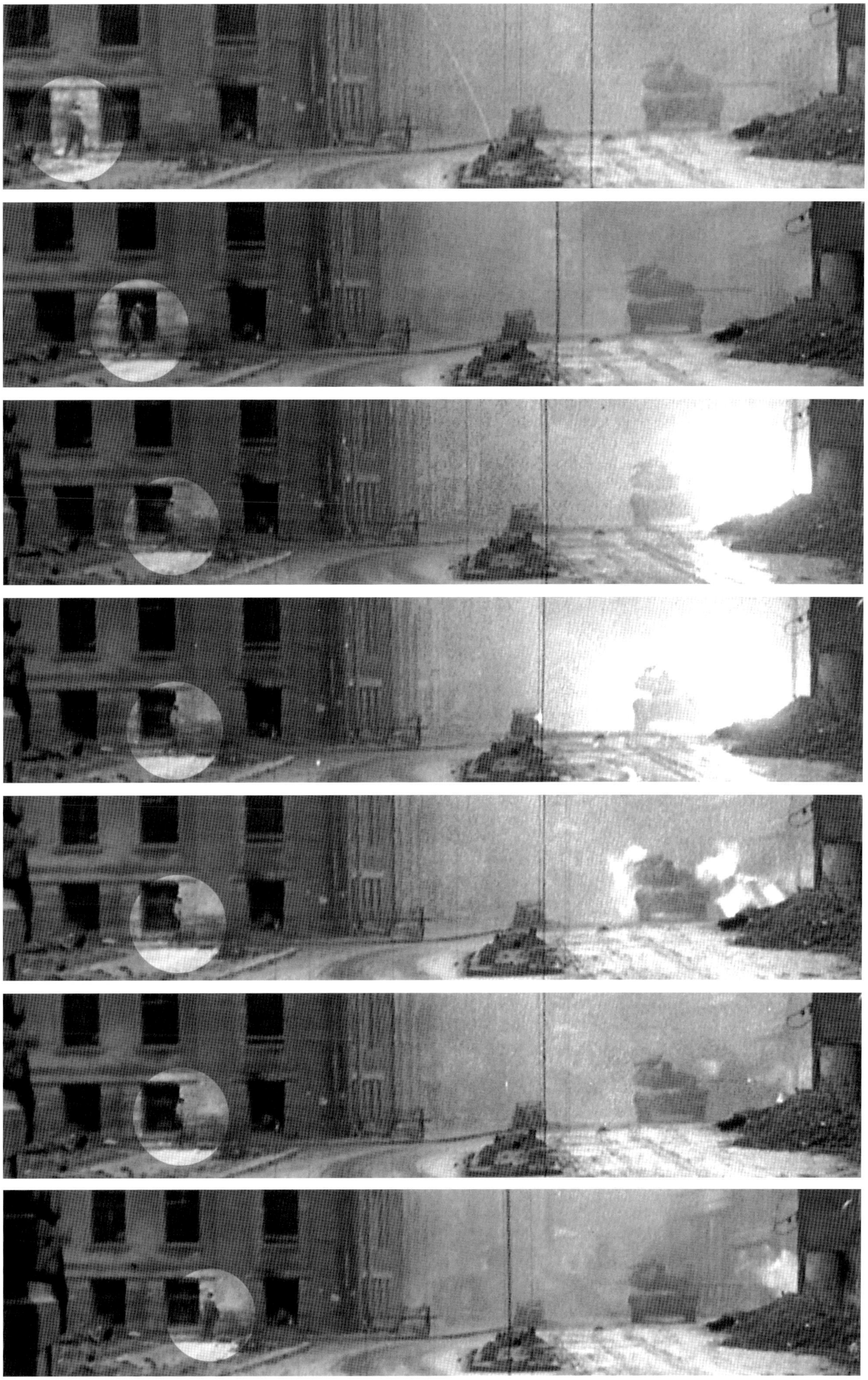

*Für den Berufssoldaten Lieutnant Colonel Clifford L. Miller von der 3rd Armored Division blieben die Ereignisse am Kölner Dom »die bittersten Erinnerungen des gesamten Krieges«. Wie er in einem Brief an Panzerschütze Clarence Smoyer schreibt (**Abb. rechte Seite**), hat er zuvor niemals darüber Auskunft gegeben.*

Miller zufolge trifft also das Offizierskorps im Regiment oder in der Division eine gewisse Mitschuld. Nach Aufzeichnungen der Interviewer der 3rd Armored Division aber agierte Miller doch bereits seit Mittag nach seinen Vorstellungen. Der Plan für den schnellen Vorstoß einer Special Force, der in der Komödienstraße so jäh endete, wurde unter seinem Kommando auch ausgeführt. Ausgerechnet ein militärisch unkalkulierbarer, da hoch riskanter Vorstoß des Pershing-Panzers in das Schussfeld von Bartelborths Panther soll Miller nun die Gelegenheit gegeben haben, die Offiziere von einem (wiederum) neuen Plan zu überzeugen?

Millers Brief an Smoyer trägt deutliche Züge eines Rechtfertigungsschreibens. Seine Taktik, mit Panzern in einer Trümmerlandschaft zu agieren, war offenbar längst gescheitert und ist aller Wahrscheinlichkeit auch hinter dem Dom erfolglos gewesen. Miller war, zumindest in dem Brief an Smoyer, offenkundig nicht in der Lage, dies einzugestehen.

> **Clifford L. Miller:** *Ich habe von meinen Erlebnissen in Köln nie gesprochen und ich werde es wahrscheinlich auch nie tun.*

Und an anderer Stelle schreibt er: »Wenn ich das tun würde, käme ich vor ein Kriegsgericht.«

Was hat Miller mit dieser drastischen Andeutung gemeint? Was hätte ihn vor ein Kriegsgericht bringen können? Ob der Grund in der Fahrlässigkeit liegt, mit der die GIs unter seinem Kommando zum Dom aufgebrochen sind oder, um gar der Schilderung der deutschen Besatzung zu folgen, in der Wahl zweifelhafter Mittel, wie einem gekaperten Panzer, bleibt unklar. Letzteres würde aber erklären, warum Smoyer oder auch Commander Robert Early für ihren bravourösen Abschuss in Köln nie eine höhere Ehrung erhalten haben. Dass Miller die Wortwahl vom Kriegsgericht durchaus ernst gemeint hat, wird in folgenden Satz, in dem er Smoyer zum wiederholten Mal um Diskretion bittet, überdeutlich:

> **Clifford L. Miller:** *Bitte respektieren Sie dieses Empfinden und achten Sie in jedem Gespräch darauf, dass Sie zu diesem Thema führen.*

Würde es die Aufnahmen von Bates und Rosenmann nicht geben, blieben vom Dom nur Aufnahmen einer Demütigung, die den Amerikanern ein paar zurückgebliebene Wehrmachtssoldaten auf den letzten Metern beibrachten. Die deutsche Besatzung hatte zumindest erreicht, den GIs auf diesem letzten kurzen Abschnitt den Triumph zu verderben und rührte damit zugleich auch an einem wunden Punkt der US-Armee: Die US-Tanks waren den schweren Waffen der Wehrmacht technisch noch immer unterlegen.

[redacted]

June 21, 2001

Dear Clarence Smoyer,

Just finished reading the June issue of our NEWSLETTER, AND WAS MOST PLEASED TO NOTE YOUR CITATION FOR COLOGNE. It gives me a chance to thank you from the bottom of my heart for knocking out that Panther tank. At the time, all I knew was that it was one of my Pershing 90 mm tanks that did the job. I have seen the films of the action, but did not know they had appeared on TV History Channel. Cologne is the only bitter memory I have of WW II. What you and the rest of the world do not know is that knocking out that Panther gave me to opportunity to go back to the brass and tell them I was putting my plan of action into effect and would not continue with theirs. From then on, I had no more casualties in front of the Cathedral. So, you changed the course of action of the battle for inner Cologne, and it is for this that I thank you.

With regard to Red Quilan, I cannot remember names and have no record. However, I can speculate and perhaps give you grounds for further research. As you may not know, I had pulled up to mediums to provide cover for a bulldozer tank to clear rubble to allow a platoon of lights to run for the river. The Jerry Panther came out of an underground railway station to the left (north) of the Cathedral and knocked out one of the mediums point blank. He then swung his gun to fire on you, but you got him first, thank you very much. The tank commander lost a leg, got out and died behind the tank. I believe the driver came out OK, but that was it. That is when I said to myself, "Enough of this" and changed the plan. So far as I can remember, those were the only casualties I sustained in front of the Cathedral. It is possible that Red Quinlan was a crew member of the medium that got KO"d. You may discuss this possibility with your enquiring friend, but please keeps my thoughts and opinions confidently. Between you and me, a correspondent on the scene asked me what was going on, or words to that effect. I said, "If I told you, I would get court matialed" He replied, "I thought so". I have never told the story of Cologne from my perspective, and most likely never shall. Please respect that feeling and guard it in any conversations you may have.

Hope this helps give you a clearer and wider picture of the Cologne operation. And also why I truly thank you and the crew. But what else is to be expected from the best "separate" battalion in the Spearhead???

All the best to you and yours,

1-XRay-Tex

C.L. MILLER
LTC USA(Ret)
From CO 2d BN 32D AR

PS The tank commander killed had just got his battlefield commission about two weeks before Cologne.

Tankers Want Better Tanks Than Jerry's

By Ann Stringer
United Press War Correspondent

WITH 3RD U.S. ARMORED DIVISION, Mar. 7 (UP)—American tank crews who have pounded their way from the Roer to the Rhine are proud of their units and proud of their record advances. But when they talk about their tanks it is different.

"Tell them at home about our tanks," said S/Sgt. Robert Earley, of Minnesota, who commanded the first tank to enter Cologne. "Tell them our tanks are not worth a drop of water on a hot stove. Tell them we want tanks to fight with, and not just to drive over the countryside."

(General Motors Corp. announced yesterday that the new T-26 tank, mounting a 90mm. gun, was now rolling off production lines at five plants. This tank was described as the Allied designers' answer to the Germans' King Tiger.)

Earley was tired and shaking, and so were the rest of the men of his company. They had rumbled their way across the Cologne Plain to break into the city itself. They had made it in record time, but they had not made it easily. In one field alone they had lost one-half of the tanks assigned to their company.

That is a big loss in anything, and in tanks it is worse. For the loss of a tank often means the loss of the crew.

It means the loss of a valuable "moving pillbox," and it is a blow to the morale of the men marching to the front when they have to pass the great blackened shell of a U.S. tank. There are lots of these shells along the roads to the Rhine.

One tank commander, Sgt. Sylvester Vila, of St. Louis, told me: "We pushed into this town in our old initial M-IV tank which the Nazis have been knocking around all through France. It made us feel pretty blue."

***Abb. oben:** Panzerkommandant Robert Early in Köln. **Abb. rechts:** Early fordert bessere Panzer für die GIs. **Abb. unten:** Die* Stars and Stripes *verkündet: »Neue schwere Panzer gehen in Produktion.«*

New 90mm Heavy Tank In Production

WASHINGTON, Mar. 8 (UP)—The most powerful tank ever built by the U.S.—the T26 or Gen. Pershing—is being produced "in quantity" by the General Motors and Chrysler Corps., it was announced today.

Under Secretary of War Robert P. Patterson described the new tar' as the answer to Germany's vaunted Tiger Tank. Only detail released on the T26 was that it was equipped with a 90mm gun.

Meanwhile, two Senate committees were asked today to investigate -plaints by American soldiers on the Western Front that U.S. tanks were no match for those of Germany.

Would Investigate

Sen. Homer Ferguson (R-Mich.) said he would take the matter up with the Senate War Investigating Committee. He said the adequac of U.S. tanks was "certainly something we should look into if reports from the front show they are not working."

Sen. Harold H. Burton (R-Ohio), a member of the War Investigating and Military Affairs Committees, said the military affairs group should look into the record of U.S. tanks and see "whether the proper thing has been presc.ibed."

Sen. Edwin C. Johnson (D-Colo), member of the Military Committee, said the War Department had "assured us we are putting out a tank second to none."

Pershingkommandant Robert Early schreit es in der Armyzeitung *Stars and Stripes* vom 7. März auf der Titelseite heraus:

> **Robert Early:** *Alle reden von Erfolg, aber wenn wir über unsere Panzer reden, sieht die Sache ganz anders aus. Sagt den Menschen zuhause: Unsere Panzer taugen nichts. Sie sind weniger wert als ein Tropfen auf dem heißen Stein.*

Mit den Nachrichten aus Köln werden in den USA bereits Geschäfte und Politik gemacht. Am Tag nach Robert Earlys Ausbruch in der Presse am 8. März titelt die *Stars and Stripes*: Washington beschließt den Bau neuer schwerer Tanks für den Krieg in Deutschland.

Die Krise der US-Tanks hatte sich längst zu einer Krise der Politik ausgeweitet. 20 Testpanzer wie der von Smoyer sind in Europa zu der Zeit seit knapp 14 Tagen im Einsatz.

In Paris treffen am 6. März 1945 die Mitglieder der Barnes-Kommission zusammen, benannt nach dem Chef der Forschungs- und Entwicklungsabteilung der U.S. Army in Washington. Barnes ist auf Truppenbesuch in Europa und erkundigt sich nach den ersten Erfahrungen mit einer ganzen Reihe von neu entwickelten Waffen, vor allem aber nach der Bilanz der 20 Testpanzer. Der General der 3rd Armored Division, Maurice Rose, hatte Barnes in einem Brief bereits am 3. März deutlich gemacht:

> **Maurice Rose:** *Dieser neue Tank wurde nun im Einsatz getestet und ich kann sie gar nicht genug drängen, dass die Lieferung dieser Panzer schnellstens in Angriff genommen wird, damit die mittelschweren Tanks zum frühestmöglichen Zeitpunkt ersetzt werden können.*

Gleichlautende Forderungen erhält Barnes schriftlich von den Generalen der 1. Armee, des Armeekorps und der Divisionen. In der Schlussempfehlung von Barnes heißt es:

> **Barnes:** *Wir kommen zu dem Ergebnis, dass der Einsatz des neuen schweren Panzers T26 von sämtlichen Armeekommandeuren gefordert wird. Dieser Panzer soll hergestellt werden und so schnell wie nur möglich in die Einsatzgebiete in Europa entsendet werden.*

9. Conclusions and Recommendations: As a result of the various visits and operational experiences with the new equipment brought to this theater, the following conclusions were reached:

a. That the new heavy tank T26E3 is wanted by all Army commanders and these tanks should be manufactured and sent to this theater as rapidly as possible.

Den Auftrag, die Panzerkrise zu beenden, bekommen nun Ford und General Motors, übrigens gute Kunden von Nordamerikas größtem Werbefilmer Alexander Films, vor und nach dem Krieg der langjährige Arbeitgeber von James Bates. Alles in allem genug Gründe für ein filmisches Propagandastück, in dem der T26 in einem heroischen Finale den bisher als überlegen geltenden deutschen Panzer besiegt.

Für die Menschen zuhause und für die Moral der Truppe sind dies gute Nachrichten. Aber die vielen Querverbindungen zu dem Rüstungsprojekt erwecken den Eindruck, als habe die Rüstungsindustrie in Köln ein Auge darauf gehabt, dass ihr neues Produkt vor dem Dom als Werbekulisse einen guten Eindruck hinterlässt. In diesem Sinne hat James Bates 1946 seinen »cameraman-edit« mit den Filmszenen vom Dom auch geschnitten und gestaltet.

Nach Meinung des britischen Kameramanns Robert Ziller hätten die amerikanischen Filmunits durchaus die technischen Möglichkeiten gehabt, einen solchen Beschuss nachträglich zu inszenieren.

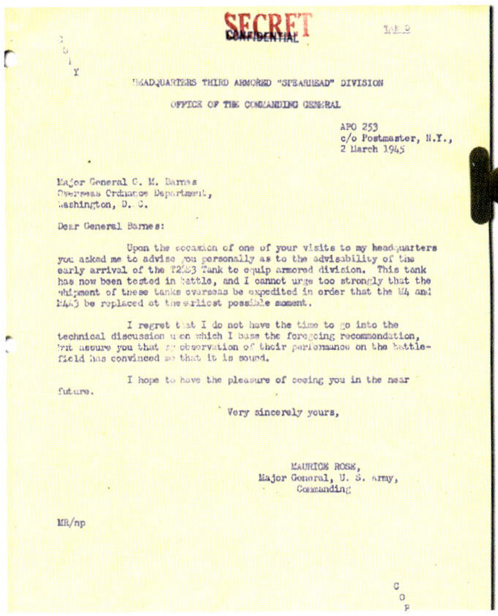

SECRET
~~CONFIDENTIAL~~

C O P Y

HEADQUARTERS THIRD ARMORED "SPEARHEAD" DIVISION

OFFICE OF THE COMMANDING GENERAL

APO 253
c/o Postmaster, N.Y.,
2 March 1945

Major General G. M. Barnes
Overseas Ordnance Department,
Washington, D. C.

Dear General Barnes:

Upon the occasion of one of your visits to my headquarters you asked me to advise you personally as to the advisability of the early arrival of the T26E3 Tank to equip armored division. This tank has now been tested in battle, and I cannot urge too strongly that the shipment of these tanks overseas be expedited in order that the M4 and M4A3 be replaced at the earliest possible moment.

I regret that I do not have the time to go into the technical discussion upon which I base the foregoing recommendation, but assure you that my observation of their performance on the battlefield has convinced me that it is sound.

I hope to have the pleasure of seeing you in the near future.

Very sincerely yours,

MAURICE ROSE,
Major General, U. S. Army,
Commanding

MR/np

C O P

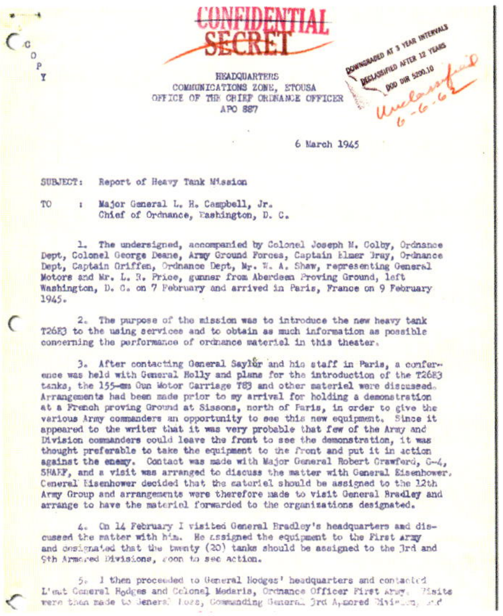

~~CONFIDENTIAL~~
~~SECRET~~

C O P Y

DOWNGRADED AT 3 YEAR INTERVALS
DECLASSIFIED AFTER 12 YEARS
DOD DIR 5200.10

Unclassified 6-6-62

HEADQUARTERS
COMMUNICATIONS ZONE, ETOUSA
OFFICE OF THE CHIEF ORDNANCE OFFICER
APO 887

6 March 1945

SUBJECT: Report of Heavy Tank Mission

TO : Major General L. H. Campbell, Jr.
Chief of Ordnance, Washington, D. C.

1. The undersigned, accompanied by Colonel Joseph M. Colby, Ordnance Dept, Colonel George Deane, Army Ground Forces, Captain Elmer Gray, Ordnance Dept, Captain Griffen, Ordnance Dept, Mr. W. A. Shaw, representing General Motors and Mr. L. R. Price, gunner from Aberdeen Proving Ground, left Washington, D. C. on 7 February and arrived in Paris, France on 9 February 1945.

2. The purpose of the mission was to introduce the new heavy tank T26E3 to the using services and to obtain as much information as possible concerning the performance of ordnance materiel in this theater.

3. After contacting General Saylor and his staff in Paris, a conference was held with General Holly and plans for the introduction of the T26E3 tanks, the 155-mm Gun Motor Carriage T83 and other materiel were discussed. Arrangements had been made prior to my arrival for holding a demonstration at a French proving Ground at Sissons, north of Paris, in order to give the various Army commanders an opportunity to see this new equipment. Since it appeared to the writer that it was very probable that few of the Army and Division commanders could leave the front to see the demonstration, it was thought preferable to take the equipment to the front and put it in action against the enemy. Contact was made with Major General Robert Crawford, G-4, SHAEF, and a visit was arranged to discuss the matter with General Eisenhower. General Eisenhower decided that the materiel should be assigned to the 12th Army Group and arrangements were therefore made to visit General Bradley and arrange to have the materiel forwarded to the organizations designated.

4. On 14 February I visited General Bradley's headquarters and discussed the matter with him. He assigned the equipment to the First Army and designated that the twenty (20) tanks should be assigned to the 3rd and 9th Armored Divisions, soon to see action.

5. I then proceeded to General Hodges' headquarters and contacted Lieut General Hodges and Colonel Medaris, Ordnance Officer First Army. Visits were then made to General Rose, Commanding General 3rd Armored Division, and

Da aber außer Indizien keine Beweise vorliegen, ist davon auszugehen, dass die Aufnahmen von Bates im Kern authentisch sind, d. h. den Ausstieg der tatsächlichen deutschen Besatzung zeigen.

Die vor einigen Jahren von mir vertretene These, zwischen den verschiedenen Film- und Fotoaufnahmen habe sich die Höhe der Oberleitungskabel der Straßenbahn so deutlich verändert, dass man allein durch einen Vergleich der Bilder und Filmszenen bereits nachweisen könne, dass bestimmte Szenen nachgedreht wurden, hat sich nicht bestätigt.

Das Expertenteam der Filmabteilung im Imperial War Museum ist in der Frage, ob die Filmszenen authentisch oder nachgestellt sind, geteilter Meinung. Für die Echtheit der Aufnahmen spreche vor allem die unruhige Kameraführung, meinen zwei Mitarbeiter. Doch Abteilungsleiter Roger Smither bleibt in einem Punkt skeptisch.

> **Roger Smither:** *Für mich bleibt es verdächtig, dass es so vielen Fotografen und Kameramännern überhaupt gelingen konnte, dieselbe Szene abzubilden, wie hier sogar aus demselben Haus. Ich kenne zahlreiche einzigartige Stories, bei denen die Kameramänner viel Glück hatten, aber zugleich auch ehrgeizig und große Könner sein mussten. Aber manchmal beschleicht einen ein wenig das Gefühl, dass eine Szene zu gut ist, um wahr zu sein.*
>
> *Ist es vielleicht ein wenig zu viel des Glücks, dass der dramatische Moment, in dem die deutsche Crew aus dem brennenden Panzer flüchtet, ausgerechnet mit dem Moment zusammenfällt, in dem der Kameramann auf Teleobjektiv umgeschaltet hatte?*

Maurice Rose (1899–1945) auf den Treppen des Kölner Doms. Drei Wochen später kommt er in der Nähe von Paderborn ums Leben. Auf einer Erkundungsfahrt war er mit seinem Jeep von deutschen Panzern gestellt worden und hatte sich bereits ergeben. Ein Griff an seinen Gürtel wurde fehlgedeutet, daraufhin fiel ein tödlicher Schuss von deutscher Seite. Als Vergeltungsmaßnahme wurden über 100 deutsche Kriegsgefangene von der US-Armee getötet.

Abb. oben ganz links: *Unter den Generalen, die den neuen Kampfwagen für ihre Einheiten fordern, ist auch der Kommandeur der 3rd Armored Division, Generalmajor Maurice Rose.*

Abb. oben links: *Ausschnitte aus dem Bericht der sogenannten Barnes-Kommission über den Testeinsatz der neuen T26-Pershing-Panzer in Europa.*

Der neue T26-Pershing-Tank wird als Testversion im Februar 1945 bei der 3rd Armored Division vor den Toren der Kölner Bucht in Dienst gestellt. Neugierig inspizieren die Männer der D-Kompanie den neuen Kampfwagen. Unter den Männern ist auch Generalmajor Maurice Rose. Die Fotos stammen von dem Angehörigen der D-Kompanie Stuart Thayer.

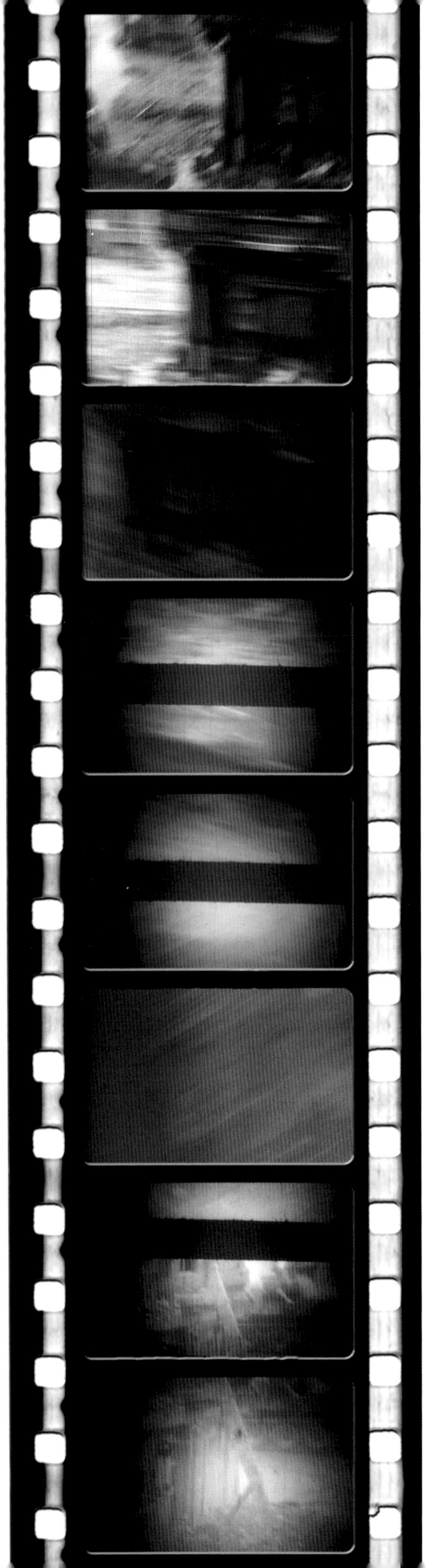

Sicher ist lediglich, dass die Szene von Bates, die den Beschuss des Panthers zeigt, ursprünglich länger war als jene 25 Sekunden bis zum letzten Schuss auf den deutschen Panzer. Der erste unsichtbare Schnitt erfolgte bereits nach dem ersten Schuss. Der Stuttgarter Diplom-Schnittmeister Eberhard Nuffer hat sich im Jahr 2008 auf meine Bitte mit den Einzelbildern der Filmsequenz beschäftigt.

> **Eberhard Nuffer:** *Ich denke, dass zwischen Bild 17 und 18 wahrscheinlich ein Schnitt ist. Wenn Sie mal vergleichen, wie groß die Bewegungsunschärfe bei den anderen Bildern ist, bei denen die Kamera sich irgendwo »hinwackelt«, fällt auf, dass hier das Bild im Vergleich zum vorhergehenden schon extrem »stabil« steht und dass hier keinerlei »Relikte« des vorhergehenden Bildes (kein überbelichteter Fleck oder keine Kontur) mehr zu erkennen sind – was sonst ja immer der Fall ist. Ich würde nicht einmal hundertprozentig ausschließen wollen, dass auch zwischen Bild 15/16 sowie 16/17 geschnitten wurde; gleichzeitig halte ich es angesichts der damals verwendeten Nassklebetechnik für relativ unwahrscheinlich, dass man mehrfach hintereinander ein Feld angestückelt hat, da dies rein von der mechanischen Belastbarkeit für das Negativ oder das Umkehr-Original riskant gewesen wäre. Die extreme Abdunklung auf Bild 16 erstaunt mich, da sie bereits beim Folgebild nicht mehr vorhanden ist, auch finde ich das Maß der Richtungsänderung zwischen Bild 16 und 17 extrem.*

Mit dem abgedrehten Filmmaterial wurde James Bates 1945 nach Paris in das Hauptquartier der Alliierten geschickt, zugleich Pressezentrum der Amerikaner in Kontinentaleuropa.

> **James Bates:** *Es war wie ein kleiner Triumphzug, jeder hat mich gefeiert für das, was ich gemacht hatte. Das Original-Negativ ist dort entwickelt und gekürzt worden. Einen Soundtrack hatten wir auch bereits hinzugefügt. Die Erschütterung durch die 90-mm-Kanone war ja derart groß gewesen, dass es mir die Kamera verrissen hat. Aber die in Paris haben Vergrößerungen angefertigt, wo man genau sehen konnte, wie die Granate die Panzerung durchschlug.*

Wahrscheinlich hat nur eine Schnittfassung das Pressezentrum verlassen, nachdem diese von der Zensurabteilung des Oberkommandos der US-Armee in Europa freigegeben wurde. Manche veröffentlichten Filmberichte enthalten zwar willkürlich eingefügte Filmbilder von anderen Panzern oder Soldaten, aber im Grunde verfügen alle Kinowochenschauen rund um den Globus nur über denselben Bilderpool aus Köln.

> **James Bates:** *Man hat mir gesagt, dass man die Filmkopien mit einem Postflugzeug von Paris nach New York geflogen hat. Kurz darauf waren die Aufnahmen in den Filmtheatern zu sehen, nur wenige Tage, nachdem es passiert war, das war für damalige Verhältnisse sehr, sehr schnell.*

Abb. Filmstreifen links: *Die Kamerabewegungen vor dem zweiten Schuss deuten daraufhin, dass hier ursprüngliche Teile aus Bates Aufnahmen entnommen bzw. ausgetauscht wurden.*

Abb. rechte Seite: *Originalvergrößerungen von Standbildern mit eingeprägten Nummerierungen, wie sie 1945 im Army-Pressezentrum in Paris vorgenommen wurden.*

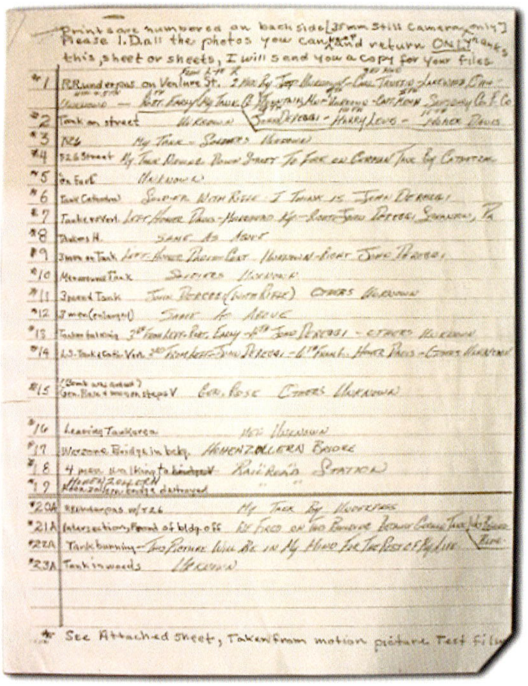

Prints are numbered on back side [35mm Still Camera only]
Please I.D. all the photos you can and return ONLY this sheet or sheets, I will send you a copy for your files. Thanks

#1	RR underpass on Venture St.	[illegible]
	Unknown	[illegible]
#2	Tank on street	Unknown — John DeRiggi – Harry Lewis – Homer Davis
#3	T26	My Tank – Shooters Unknown
#4	T26 Street	My Tank Down Street To Fire on German Tank by Cathedral
#5	On Foot	Unknown
#6	Tank Cathedral	Soldier With Rifle I Think is John DeRiggi
#7	Tank & street	Left Homer Davis – Unknown [illegible] John DeRiggi [illegible]
#8	[illegible]	Same As Above
#9	3 men on Tank	Left Homer Davis [illegible] Unknown – Right John DeRiggi
#10	Men around Tank	Soldiers Unknown
#11	3 men & Tank	John DeRiggi (with Rifle) Others Unknown
#12	3 men (enlarged)	Same As Above
#13	Tanker talking	[illegible] John DeRiggi – Others Unknown
#14	[illegible]	[illegible] John DeRiggi – [illegible] Homer Davis – Others Unknown
#15	(Bomb was [illegible]) Gen. Rose [illegible] steps	Gen. Rose Others Unknown
#16	Leaving Tank area	[illegible] Unknown
#17	Wrecked Bridge in bckg.	Hohenzollern Bridge
#18	4 men walking to [illegible]	Railroad Station
#19	Hohenzollern bridge destroyed	" "
*20A	[illegible] w/T26	My Tank By [illegible]
*21A	Intersection, front of bldg. off	[illegible]
*22A	Tank burning	This Picture Will Be In My Mind For The Rest of My Life
*23A	Tank in woods	Unknown

* See Attached sheet, Taken from motion picture Test film

In einer Shot-List erklärt James Bates die Bildinhalte seiner Vergrößerungen.

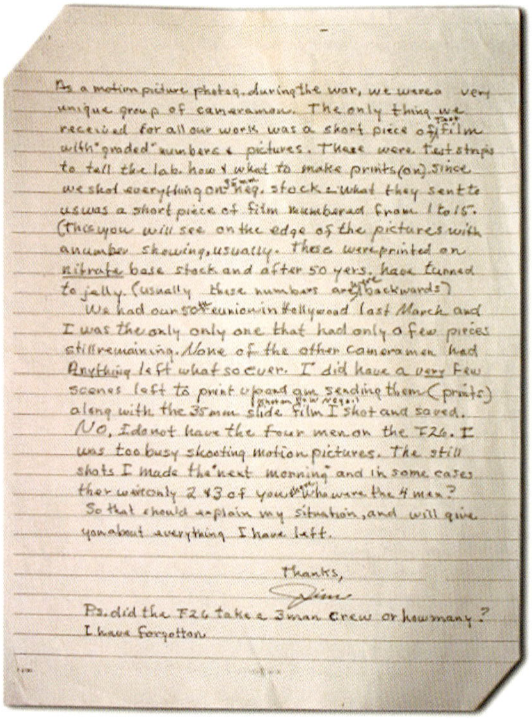

As a motion picture photog. during the war, we were a very unique group of cameramen. The only thing we received for all our work was a short piece of test film with "graded" numbers & pictures. These were test strips to tell the lab. how & what to make prints (on). Since we shot everything on 35mm neg. stock & what they sent to us was a short piece of film numbered from 1 to 15. (These you will see on the edge of the pictures with a number showing, usually. These were printed on nitrate base stock and after 50 yers. have turned to jelly. (usually these numbers are backwards)
We had our 50th reunion in Hollywood last March and I was the only only one that had only a few pieces still remaining. None of the other cameramen had Anything left whatsoever. I did have a very few scenes left to print up and am sending them (prints) along with the 35mm slide film I shot and saved.
No, I do not have the four men on the T26. I was too busy shooting motion pictures. The still shots I made the "next morning" and in some cases there were only 2 & 3 of you. Who were the 4 men?
So that should explain my situation, and will give you about everything I have left.

Thanks,
Jim

P.S. did the T26 take a 3 man crew or how many? I have forgotton.

In einem Brief an Clarence Smoyer erklärt James Bates seine Arbeit an der Kamera. Wie er schreibt, hat er auf einem Treffen der Photo-Unit ein paar seiner Aufnahmen aus Köln gezeigt. Dazu schreibt er an Smoyer: »Ich war der Einzige, der noch ein paar Bilder hatte. Niemand der anderen Kameramänner hatte noch irgendetwas, was erhalten war.«

Ich würde nicht vollkommen ausschließen, dass es noch unbekannte oder verschollen geglaubte Filmaufnahmen vom Panzerduell am Dom gibt, halte es aber für sehr unwahrscheinlich. Wenn man nun versucht, die unterschiedlichen Berichte und Informationen zu einem Gesamtbild zusammenzubringen, dann deutet einiges darauf hin, dass der deutsche Panzer in einer von mehreren US-Einheiten zugleich durchgeführten Aktion angegriffen und ausgeschaltet wurde. Am wahrscheinlichsten erscheint mir ein Angriff von mehreren Seiten, der auch zu den starken Beschussspuren geführt hat, selbst wenn einige der festgestellten Schäden an der Panzerung aus früheren Gefechten stammen.

Dass der Pershing-Panzer nach den Verlusten in der Komödienstraße ohne jedes Ablenkungsmanöver in einer hoch riskanten Einzelaktion in die Schlacht geworfen sein soll, scheint unwahrscheinlich und ist als Zuspitzung möglicherweise der beabsichtigten propagandistischen Überhöhung dieses Panzers geschuldet. Ich persönlich glaube nicht, dass ein noch so draufgängerischer Kommandant dieses Risiko, an den Treppen des Doms einen Pershing leichtfertig zu verlieren, eingegangen wäre.

Auch ein Ablenkungsmanöver mit Hilfe eines gekaperten deutschen Panzers liegt im Rahmen des Möglichen, es erscheint aber doch wahrscheinlicher, dass der deutsche Kommandant Bartelborth und Panzerschütze König sich geirrt haben.

Die Filmszenen der aussteigenden deutschen Crew sind nach menschlichem Ermessen authentisch, weitere Sequenzen u. a. mit dem brennenden Kampfwagen, dem schießenden Pershing in der Marzellenstraße oder auch in der Komödienstraße enthalten Indizien, die darauf hindeuten, dass sie nach Ende der Kampfhandlungen nachgedreht wurden. Die verschollenen Filmaufnahmen von Garrell, falls es sie denn gegeben hat, stellten die alleinige Rolle des Pershings möglicherweise in Frage und wurden im Schnitt deshalb nicht berücksichtigt.

So unwahrscheinlich es ist, dass diese als verschollen angesehenen Filmaufnahmen noch einmal auftauchen, umso wahrscheinlicher ist es, dass noch anderes Fotomaterial gefunden werden kann. John Himes soll z. B. über den Army Pictoral Service aus Köln eine Serie aus 30 Fotos abgesetzt haben, darunter auch Standfotos von der aussteigenden deutschen Besatzung. Bislang verliefen aber alle Recherchen in diese Richtung ergebnislos.

Letztendlich werden die vielen Ungereimtheiten, die das Ende der Kämpfe am Kölner Dom betreffen, nicht mehr geklärt werden können. Wenngleich nur noch wenige Zeitzeugen am Leben sind, Ansatzpunkte für weitere Recherchen gibt es trotzdem noch. Und auch für den Fall, dass die damaligen Beteiligten verstorben sein sollten, wäre es nicht ungewöhnlich, dass sie ihre Erlebnisse für die Nachwelt aufgeschrieben hätten und die Kenntnis davon durch interessierte Nachfahren dann doch irgendwann einmal an die Öffentlichkeit gelangen könnte.

Es ist also nicht ausgeschlossen, dass die Geschichte noch einmal aus einer ganz anderen Perspektive erzählt wird. James Bates, Leon Rosenmann und Clarence Voight Garrell und die vielen anderen Fotografen jener Tage werden diese Geschichten, so wie auch dieses Buch, erstklassig bebildern.

***Abb. rechte Seite:** Am Morgen des 7. März 1945: Mitglieder der Pershing-Besatzung inspizieren den abgeschossenen deutschen Panzer am Dom.*

Abschnitt 5
Quellenteil

Die militärische Einnahme Kölns wurde vor allem auf Seiten der US-Armee auf mehreren tausend Seiten Papier dokumentiert. In dem folgenden Abschnitt finden Sie eine Auswahl aus Kommunikationsprotokollen, Kampf- und Einsatzberichten, aber auch aus privaten Aufzeichnungen als Original-Reprint. Im ersten Teil erscheinen die Dokumente aus US-Perspektive, dann folgen Quellen aus der Sicht der Wehrmachtssoldaten bzw. des sogenannten Volkssturms und abschließend Erlebnisberichte aus der Zivilbevölkerung.

In zahlreichen amerikanischen Nachrichtenprotokollen sind die Ortsnamen nicht im Klartext genannt, sondern verbergen sich hinter vier- bis achtstelligen Zahlenkombinationen.

Über dem Luftbild Kölns liegt ein Raster im Koordinatensystem vom Typ »Lambert – Nord de Guerre«. Derartige Raster nutzten die US-Einheiten als Auflage (Overlay) für ihre Operationskarten. Auf diese Weise waren sie immer in der Lage, ihre Position anzugeben. Die Koordinaten des Kölner Doms lauten beispielsweise 453606.

Die erste Hälfte der Zahlenreihe bezeichnet die Längenangabe, die zweite Hälfte die Breitenangabe. Je länger die Zahlenreihe ist, desto genauer bezeichnet sie den Bereich auf der Landkarte. So beschreibt etwa eine achtstellige Ziffer eine Position bis auf 10 Meter genau. In der Regel aber begnügen sich die US-Einsatzprotokolle mit vier- oder sechsstelligen Zahlenreihen, die Positionsangaben verfügen dann über eine Genauigkeit von 1 000 bzw. 100 Metern.

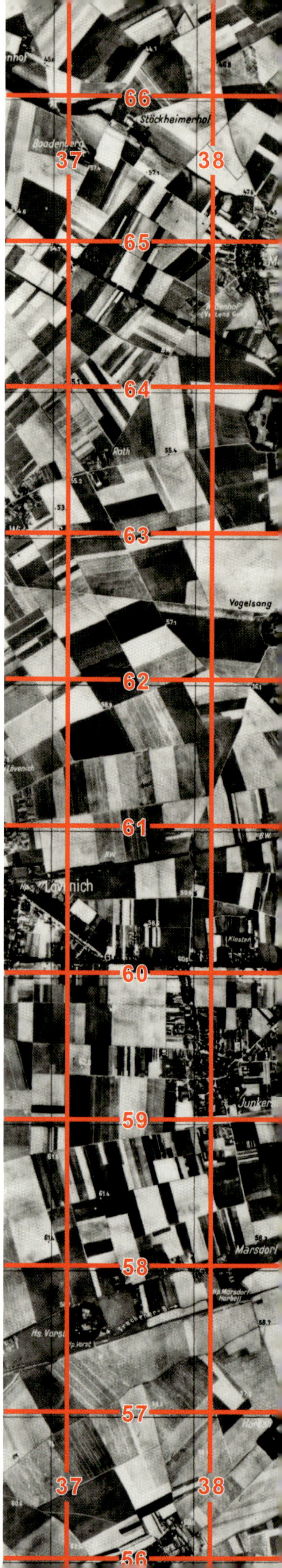

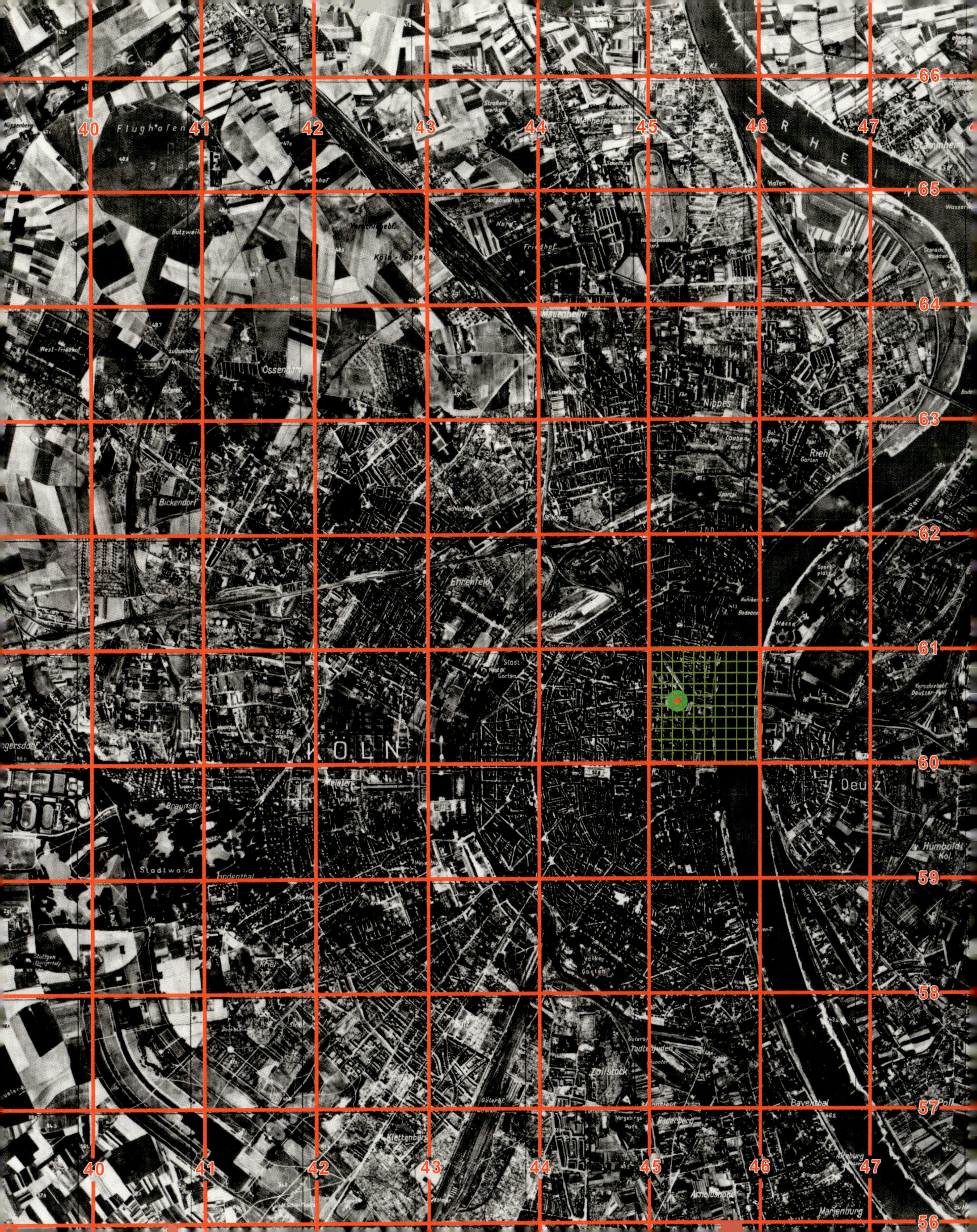

40
41
42
43
44
45
46
47
56
57
58
59
60
61
62
63
64
65
66
Flughafen
Ossendorf
West-Friedhof
Bickendorf
Ehrenfeld
Nippes
Riehl
KÖLN
Deutz
Stadtwald
Lindenthal
Zollstock
Raderberg
Bayenthal
Marienburg
Klettenberg
Humboldt Kol.
Stammheim
R H E I N

G-3 JOURNAL

& DATE	TYPE	MESSAGE AND ACTION TAKEN
300 Mar '45	Msg	Fr CCB - TF Lovelady will move out at 55 (040900) from 79 to 228. All or any part of this force is available for atchmt to you on call. (Info Msg sent to 83d Rcn by CCB).
300	Phone	To VII Corps - Col Sweat phoned in correction on report given them earlier in re Col Yeomans posn.
925	"	Fr Div Res - Maj Bryan reported their CP ready to move out now. Will give location when they arrive at destination.
28	"	Fr Ln O with 8th Inf Div - Capt Goldfinich reported latest info on 28th Inf Regt - posted on map
30	"	Fr VII Corps - Col Henry phoned in latest posn on 99th Div which were posted on map.
30	Msg	Info Copy - 83d Rcn to CCB - Will use Lovelady to take 37727250 and 38807426.
40	"	Info Copy - 83d Rcn to CCB - Have TF Lovelady contact this CP on western edge of 35626996.
28	"	Fr 83d Rcn - Are there any friendly forces to our E? We are receiving heavy tk fire that appears to be friendly(357735).
40	"	Fr 83d Rcn Bn - Patrol went to River, very large number en along rd and railroad at present. Occupied obj contained large numbers of prisoners, guns and vehicles at woods still very active. Request permission to evacuate first obj and continue on mission.
40	Phone	Fr VII Corps - Col Troxel phoned to congratulate the Div on its fine work and also discussed the sitn generally with Col Sweat.
20	Msg	To 4th Cav Gp - 99th Inf Div has cleared resistance in towns at 264810, 260759, 270755 and 285742.
25	Phone	Fr CCB - Capt Angel reported that CCB CP is moving to a new location now. Maj Fowler gave him the latest info.
40	"	To CCA - Col Sweat informed Maj Hidalgo of the change in Bndry. Change in boundary line to make road intersection at 398670 inclusive to CCA.
55	Msg	Fr 83d Rcn Bn - On Obj. Captured artly btry intact, tract drawn complete with an estimated 100-150 PsW. Will send more details later (Msg Sgd 0550).
00	Phone	Fr 4th Cav - Reported to Maj Fowler that 4th Cav Sqdn left LD at 0940 and reached first phase line at 1020. Maj Fowler told them that our Ln O is enroute to their CP with our latest info. Maj Fowler also mentioned to them about the friendly fire the 83d Rcn Bn is receiving and they will get word down to their troops immediately.
10	Msg	To 83d Rcn Bn - Sent at 0758. Arrange with CCB for attachment of task force to you and complete mission as early as possible.
15-	Phone	To VII Corps - Maj Fowler gave following info to Col Rosa. 4th Cav jumped off on time, attacking NE through the woods (3573) and as soon as we get more info we will report same. They are making good progress..
20	Msg	Fr Div Res - CP located at 313695 - Posted.
20	Phone	Fr 4th Cav - Called and stated an AT gun at 355746 knocked out five of their tanks at 364736. They went through woods and Heckhaussen and did not run into our people. Asked Maj Fowler to check on this to see if our people are there. They were M24 tks which were knocked out, wants to know if it was a question of identity.
45	"	Fr Ln O with 104th Div - Capt Magnessun reported latest info which was posted on map.
25	Msg	To Div Res - Does Yeomans have anything in Hackhausen. 4th Cav is thru woods S of that town.
25	Phone	Fr 4th Cav - Received latest info which was posted on map.
00	Visit	Capt Wheeler, 4th Cav Ln O reported & went over their sitn with Maj Fowler.
30	Phone	Fr Col Barnwell, CCA: Reports 33d AR still in their town & he needs the space for billeting. Col Sweat they will leave as soon as they can move.

G-3 JOURNAL

TIME & DATE	TYPE	MSG & ACTION TAKEN
041232 MARCH	Phone	To CCA & 4th Cav (Col Dunne): Col Sweat gave them the time for their operation tomorrow - 0400.
041210	Msg	Fr C/S (Info copy Rcn sent to CCB): Lovelady request confirmation of his force being used as far as river; these were my orders from CG.
041305	Phone	Fr 4th Cav S-3; C Troop, 4th Sqd, has HACKENBROICH; A & F still receiving AT fire from vic ROGGENDORF;; C pushing on to woods 353753; as of 1242.
041200	Msg	Fr 8th Inf: 3d Bn, 28th Inf, at 343552; were held up by bunkers but going well; other elmts 28th - no change.
41247	"	Fr CCB: CCB CP at 317694.
41325	Phone	Fr VII Corps (Maj Dickson): Maj Fowler told him 4th Cav had HACKENBROICH, & 83d Rcn is in ROGGENDORF.
41315	Oral	Fr C/S: 83d Rcn Bn well into ROGGENDORF at 1315, pushing toward WORRINGEN.
41330	Msg	To CCA, CCB, CCR, 83d Rcn, Div Arty & 4th Cav: "This Div attacks, crossing LD at 050400 Mar; acknowledge."(SECRET).
41415	Phone	Fr 104th Div (Maj Dobbs): Asked Maj Fowler if we were moving anyone 2500 Yds SE of Doan Obj #7; told him no, that we are moving up N.
41400	Msg	Fr 99th Inf: 2d Bn, 393d has taken town 2682; 1st Bn - [illegible] at 276815; 1st Bn, 394 (?) just N of town 2874; 2d Bn, 394, attack toward town 2677; TF L at town 2985.
41425	Msg	Fr 83d Rcn Bn: Attack jumped off for 2d Obj at 1418.
[illegible]	[illegible]	[illegible] (
41530	Oral	Fr C/S: ROGGENDORF is clear & fighting in WORRINGEN.
41532	Phone	To 4th Cav: Reported to Maj Fowler they are in contact with 40 dug-in En & are moving up A Troop to reinforce them; woods N of town is cleared & B & F Troops are still in same locations, pinned down by Arty. Maj Fowler gave him 83d & TF "Lovelady" situation.
41443	"	Fr Lt Bonaguiddi, 83d Rcn: Report counter-atk on ROGGENDORF from NE of 200 Inf and 5 tanks-broke up Inf & Arty put on tanks-took 40 PsW & believe it is under control.
41445	Phone	Fr M/C: Report Msg #436/[illegible] acknowledged by all units-last at 1515.
41550	Oral	Fr C/S: WORRINGEN is developing into a hot spot; there is a ferry there & it seems to be a funnel where stuff from this area is crossing the river. We are in the edge of WORRINGEN & working on it. (To VII Corps 3 by slidex). C/S also gave us a report that Lovelady of Yeomans force at 388742 and 384745. (Also given to Col Henry, VII Corps).
41655	Phone	To VII Corps (Maj Stark): Maj Fowler gave him our entire situation.
41700	"	Fr C/S: WORRINGEN cleaned up. (Thru Arty).-To VII Corps.
41730	"	From 83d Armd Rcn Bn: Lt Bonneweede: 83d reports town of WORRINGEN has been cleared up. Are in the process of buttoning up. Have gone as far as they can without getting their feet wet.
41735	"	From CCA: Col Barnwell called and asked for Ln O from the Regt of 104th Div, to CCA. (Maj Fowler contacted 104th Div and they state that depending on situation would send Ln O to CCA either tonight or early in the morning. 104th would like Ln O from CCA go to their Hq.
041740	Ln O.	From Ln O, 99th Inf Div (Lt Carmicheal) visited G-3, gave latest situation on 99th Div.
041800	Phone	To All Units from CG, VII Corps - Instruct all not repeat not to fire on or damage COLOGNE CATHEDRAL (Dom) 453606.

G - 3 JOURNAL

TIME & DATE	TYPE	MESSAGE AND ACTION TAKEN
1805 MAR	Msg	Fr CCA: CP at 342673.
1810	Phone	Fr 83d Rcn: Having a counter-attack in WORRINGEN now- using Arty on it to break it up - everything under control yet.
1823	"	Fr CCA - Col Barnwell would like to have permanent contact made with 3d Bn 413th Inf Regt at 361655. It is agreeable with the comdr on the ground. Would like to have a confirmation from the 104th Div. Also reported that CCA has troops on objs 1, 2, and 3. One and two are for local security and three is an outpost.
1845	"	To CCA - Maj Fowler informed Maj Hidalgo that a Ln O from the unit on their left will be over either tonight or tomorrow. He is to go direct to CCA. As yet the unit does not know who they will send. They also would like to have a Ln O from CCA but Maj Hidalgo stated they don't have anyone they could send, and would use the same one to take and bring info.
1920	"	To Div Arty: Maj Palmer called Capt Wallsmith and asked for 3 copies of arty check points for coming operation. Capt Wallsmith said that he would send us 3 copies.
1925	"	From 4th Cav Gp: Maj Beebe called and asked for permission to move 2 columns of their Res into assembly area vic woods present zone of action. Movement from present assembly area to start at 0600A. Will consist of 5 march units. Total number of vehs - 130. Time length -40 minutes. Route will be the same as used by 4th Cav Gp today.
1935	"	To Corps: Maj Stark asked for location of TF"X". Maj Palmer told him that Doan was in PULHEIM. Maj Stark asked for location of C Comd "B"- was told it was in STOMMELN. Maj Palmer then asked Col Rosa about air situation for tomorrow. Col Rosa said that we would get the same as we asked for yesterday. Col Rosa asked for a short report on specific incidents where air support aided the ground troops.
1940	"	From C/S: The restriction on Pl "C" has been lifted. Also the town of WORRINGEN is buttoned up as of 1840A. (Corps notified about restriction being lifted on PL "C").
2003	"	To Corps: Col Sweat discussed our boundary with Col Paul, of Corps. Col Paul will check and call us back on any change.
2020	"	From 486th AAA Bn: Col Dunnington called and reported an unidentified airplane over area. Asked if we had rec'd any info from higher Hqs on air activity for tonight. Was told-No.
2030	"	From 83d Armd Rcn Bn: Col Yeomans called and discussed plans concerning his attack on 5 March 1945, with Col Sweat.
2040	"	From 4th Cav Gp: Maj Beebe called and asked for permission to infiltrate Hq of their TDs after 0800A. Maj Palmer said this would be okay if they infiltrate in groups of 5 vehs.
2050	"	From CCA: Maj Hidalgo asked about air situation for tomorrow. Maj Palmer gave information. Maj Hidalgo also reports that his VHF radio was hit today.
2055	Msg	From 99th Inf Div: 3d Bn, 394th Inf closing in town 2878. 1st Bn moving to town 3280. 2nd Bn at town 3179. 1st Bn 395th Inf closed in town 2874.
2100	Phone	To Div Arty: Maj Taylor notified Maj Bartlett that on defensive fires tonight; we have friendly troops at the following positions: 365682; 365657; 380675.
2110	"	From Corps: Col Paul states that there are no friendly troops reported in area, where arty channels reported them. Maj Palmer gave 4th Cav Gp request to move troops (see Msg #457) to traffic section, VII Corps. Lt Heath said he will call us back.
2120	"	From Corps Traffic Section: Lt Heath called and said move of 4th Cav Gp for tomorrow is okayed. (4th Cav Gp notified).

G-3 JOURNAL

OUT	TIME & DATE	TYPE	MESSAGE AND ACTION TAKEN
	042030 March	Msg	From CCA: C Comd "A" CP - 342672.
	042220	Phone	From CCA: Col Barnwell called and said that Ln O had reported to CCA CP and had picked up situation and now has returned to 104th Div CP. Col Barnwell said the Ln situation is satisfactory.
	042120	Msg	From 99th Div: 99th Div CP moving to 287788 tomorrow. Request location and time of proposed 3d AD CP.
	042020	Msg	To 99th Inf Div: 3d Armd Div CP moves to PULHEIM (3466) at about 051000AMarch.
	042243	Phone	From Div Arty: Location of arty Bns: 391st Armd FA Bn - 320696; 67th Armd FA Bn - 341670; 991st FA Bn -355701; 183d FA Bn - 310698; 83d Armd FA Bn - 316694; 54th Armd FA Bn - 341668.
	042240	"	From 104th Inf Div: Maj Lillianstern informed Major Taylor that elements of 104th Div would make contact with elements of CCA at contact point at 2400A. (Maj Taylor notified Col Barnwell of this).
	042243	Msg	From 99th Inf Div: 3d Bn, 395th Inf at 297813. 2d Bn - 295822.
	042230	Phone	From 104th Div: Ln O, gives following info on 104th Div: 415th Inf - L Co - 355628; "B" & "C" Cos - 363617 - 366610. 414th Inf - K & L Cos - 367608 - 368601. Co "I" directly back of K & L Cos.
	042240	"	From CCA: Col Barnwell reports that CCA made contact with 3d Bn, 413th Inf at 1040. This was by patrols.
	042250	"	From 486th AAA Bn: Col Dunnington notifies us that plane overhead is unidentified.
30	042300	Msg	To All units: Panel identification Code effective 6-9 March, both dates inclusive, red panel in combination with yellow panel.
	042300	Phone	From 486th AAA Bn: Col Dunnington reports that plane overhead is friendly.
	042250	"	From CCB: TF"Lovelady closed in at 2230A. Capt Angel also reports that all other units report negative.
	042310	"	From Corps: Col Troxel called and verified our attack time in the morning.
	042333	"	From 83d Rcn Bn: Negative report.
	042148	Msg	From 8th Inf Div: 121st will jump about 2400A passing thru 28th 3d Bn followed by 2nd Bn. Will take GLEUEL and towns vic 3854 then 2nd Bn will take town vic 4054. 1st Bn will seize HORBEL, 375663 STOTZHEIM and EFFEREN.
	042345	Phone	From CCA: TF"Y" patrols went to Obj #3, fired upon by SA fire and withdrew.
	042015	Msg	From Corps: CP, VII Corps opens KOL FORTUNA F-255 628 at 051600A.
	050045	Phone	Fr 4th Cav: Nothing to report at this time.
	050200	"	Fr 83d Rcn: Negative report.
	050225	"	Fr 4th Cav (Lt Woods): B Troop reports large number of dismounted En and couple tracked vehs at 341763; receiving 2 Rds of mortar fire a minute & are putting Arty on it. Ordered to clear woods by daylight.
	050300	"	Fr 83d Rcn Bn: Negative report.
	050315	"	Fr 4th Cav Gp: No change.
493	050410	"	To CCB (Col Albro): Has no word on jump-off yet.
	050412	"	Fr CCA (Maj Adams): Both TFs moved out at 0400.
495	050420	"	To 83d Rcn: Reports Right Col off on time.
496	050425	"	To CCB (Gen Boudinot): Reports Lovelady off on time; no other reports.
497	050427	"	To Col Paul, VII Corps: Maj Fowler reported our TFs off on time.
	050440	"	Fr 83d Rcn: N Col at PL A halted by AT fire from SE; S Col progressing slowly.

3-3.2

G-3 Journal

G - 3 JOURNAL

TIME & DATE	TYPE	MESSAGE AND ACTION TAKEN
50445 MARCH	Phone	Fr CCA (Maj Adams): C Col moving in on town at PL B (Obj 3) Bulk of right force back of LD.
50504	Msg	Fr 83d Rcn Bn: We knocked out 1 enemy Mark V with bazooka in N Col; going after second one now. (taken intact- Fr C/S)
50530	Phone	Fr C/S: N Col (Left) at PLA; S Col past LD.
50535	"	Fr Col Russel, Div Res: Maj Fowler gave him the up-to-date situation on the other units.
50530	TWX	Fr 99th Inf: 3d Bn, 393, attacks to secure GRIMLINGHAUSEN prior to 1200. 393 will mop up zone to W bank of Rhine. 2d Bn,395 attacks to secure ALLERHEILIGEN at 0300. 2d, 395, atks to secure KUCKHOF at 0500. 395 will mop up zone to Rhine. 394 atk time to be reptd later. 394 after securing NIEVENHEIM will assemble in Div Res vic GOHR-UCKRATH on 2 hr alert. 99 Rcn will begin patrolling Div Rr area SW of ANSTEL-RAMRATH-LANGWADEN on 5 Mar.
50550	Phone	To Capt Nicholas, 104th: Their patrols are not back yet & will call us when they get a report - otherwise, no change.
50600	"	Fr Div Arty, Capt Wallschmidt: Gave the following locations on lead ele - Welborn - 396672; Doan - 374658; Lovelady - 394704; Yeomans - 402736.
50608	Msg	Fr 83d Rcn: N Col 800 Yds S of PL A; captured 1 88-mm gun; other materiel & personnel.
50615	Phone	Fr 4th Cav: C Troop, 4th Cav Sq at 358758 (CR); have En trapped in a house & will clean them out - As of 0533.
50632	"	Fr CCA (Maj Hidalgo): N Col mopped up town on Obj #3 1/2 hr ago & continuing; 1 Battle Group of Kane at PL D; other Col to right & rear; TF "Doan" 1/2 between PL C & D at MENDEICH; 1 battle group 800-900 Yds SW of that.
50640	TWX	Fr 99th Inf Div: Time of atk for 394 Inf is 0630.
50647	Phone	To VII Corps (Col Dickey): Maj Fowler gave him a complete situation report.
50650	"	Fr Maj Hidalgo, CCA: Said Doan right Col was 1/2 between C & Ds and closing on Obj #4; Asked Maj Palmer to find out from 104th Div the status of WIDDERSDORF & call him. -Maj Palmer called 104th G-3 & leared the 3d Bn, 415th holds the town of WIDDERSDORF & Maj Palmer reported this to CCA.
50700	"	Fr 4th Cav: Contacted SP gun behind house at 360755, moving to eliminate it now. A & C halfway to their Obj (textile works).
50705	Msg	To 83d Rcn Bn - CCB receiving AT fire to S from 394720. (Msg Sent by C/S)
50717	Oral	Fr C/S - TF Welborn left col at 406692. This was given to VII C rps (Col Paul) by Maj Palmer.
50728	Msg	Fr C/S - Col Yeomans rt col (83d Rcn) at 398719. Saw ~~four~~ three tanks - knocked out two, stalking others.
50800	Oral	Fr C/S - Rt col TF Doan 390641. No resistance on any of their cols.
50810	Oral	Fr CCB - Thru G-2 - Right Force TF Lovelady at 399697, left force 395704 - taken 12 PsW.
50830	Phone	Fr CCB - Maj Lawrence reported Lovelady's left col in outskirts of obj 2, right col in obj 3. Welborn's left col entering obj 6 with small force of light tanks bypassing AT guns at 404694 and 396675 generally S to obj 8. Right col at 408672 (half way between PL C & D).
0833	"	To VII Corps - Maj Palmer gave them latest sitn.
0840	"	Fr 4th Cav - Notified Maj Palmer that they knocked out two Mark Vs, 2 Mark IVs, 1 SP in town of Dormagen. Are now consolidating in the town.
0915	Move	Div CP moved out at 0915 and closed in new location at PULHEIM - 0945.
0950	Msg	Fr CCB - Ldg elmts of TF Lovelady at 403698 and 394704.
51025	Phone	To VII Corps - Maj Palmer reported TF Welborn cols 414670, 409679 and 408689, Lovelady cleared town 4171, 4th Cav A&B at 371768.

G-3 JOURNAL

TIME & DATE	TYPE	MESSAGE AND ACTION TAKEN
51025 Mar	Phone	To VII Corps - Maj Palmer notified Col Rosa of CP new location and now open at 343671.
51040	Msg	To All Units - Forward CP now located at 343671.
51115	Phone	Fr CCA - Col Barnwell reported that TF Y jumped off from PL D at 1100. TF X jumped off at 1110. Reason for delay was due to smoke screen being delayed.
51115	Msg	Fr 83d Rcn Bn - Msg Sgd 1049 "Request 1 Co Med Aid Man. This Msg was given to the C/S by Maj Palmer at 1110.
51118	Msg	Fr 703d TD Bn - CP Grp moved to Vic Pulheim (350668). Closed in 0945.
51118	Msg	Fr Ln O 4th Cav Grp. - 24th Sq patrol contacted Inf at 327800. TRC attacking Horrem. Sq CP moving vic 330557 (1015
51138	Msg	Fr Ln O 4th Cav Grp - 4th Sq rpts TRA and TRB mopping up at 373779 (1030).
51125	Phone	From CCA: Col Barnwell said that we had elements of TFy on the north edge of objective 6 at 1124.
51128	Msg	Fr 99th Inf Div - Leading elmts 3d Bn 393d Inf Regt in town 3086. 2d Bn 395th Held up by blown bridge 30158225. 1st Bn 394th Inf Regt at RR 3380. Posted on map.
051135	Phone	Fr CCA - Col Barnwell asked Maj Taylor for plot on most advance elmts of 104th which were given to him.
051137	Msg	Fr 83d Rcn Bn - Have excellent OP. Many barges on river En ferry system is very evident and plainly visible. C/S gave this info to Div Arty.
051205	Phone	Fr CCA - Col Barnwell reported TF X in two cols on PL E. Time 1155.
051210	"	From CCB: Lovelady's two columns in Obj #4 preparing to move out. Welborn's Right column in Obj #10; E of RR; Welborn's Left Columns approaching Obj #9.
051230	"	From CCA: Col Barnwell gives the following report Leading elements at 43629 in the city of KOLN.(COLOGNE). TF"X" is force at above coordinate.
051240	Msg	From 4th Cav Gp: 24th Sq reports TR "C" fighting in outskirts of HORREM. TR "C" being reinforced; knocked out one enemy tank or AG. Sq CP at 329759. 759th Tk Bn CP at 332725 - 1100A.
051245	Msg	From 4th Cav Gp: 24th Sq secured HORREM at 1131.
051247	Phone	From 4th Cav GP Ln O. gave late situation on 4th Cav Gp.
051300	"	From CCA: Maj Hidalgo called and asked about adjacent unit protecting our flank, especially the area between PL "D" & PL "E", S of the RR track. Maj Palmer said he would check on this and call him back. Maj Hidalgo states that Doan's force is held up temporarily, awaiting Kane's force to come abreast.
51310	"	From Div Engr: Hq Co, 23d Armd Engr Bn closed in 345673.
51320	"	From CCA: TF"X" reports hearing a big explosion at 1230A followed by a lot of smoke. This was along the river and TF"X" thinks it might be a bridge being blown.
51340	"	From Corps: Maj Stark called and asked for latest situation. Maj Taylor gave him our latest plots.
51140	Msg	From 8th Inf Div: 121st Inf - 1st Bn - 386570; 2nd Bn - 368550; 3d Bn - 372547; TFG in town 377563, meeting tanks and hvy arty fire.

G-3 JOURNAL

TIME & DATE	TYPE	MESSAGE AND ACTION TAKEN
051400 March	Phone	From CCA: Maj Hidalgo states that CCA's CP is moving now. No late changes to report.
051445	"	From CCB: Maj Lawrence called and said that CCB's CP is moving now. No late changes to report.
051444	Msg	From CCA: CP located at 385652.
051421	"	From 83d Armd Rcn Bn: Have not jumped due to communication difficulties. Will jump as soon as that is straightened out.
051500	"	From Rcn: Unit jumped for final Obj as of 1500.
051450	M sg	From CCA: L leading element vic 417638. R leading elements vic 414625. Both forces will move together from there. Will notify you.
051545	Phone	From CCA: Maj Hidalgo gives the following report. TF"X" on line 200 yds short of PL "F". TF"Y" 300 yds short of PL "F" abreast of TF"X". Both forces report not meeting much; house to house fighting.
051535	Msg	From 83d Rcn Bn: Left Col TF"L" just moved into our final obj. Believe error will be rectified as soon as possible.
05----	"	From 4th Cav Gp: CP located 375723.
051515	"	From 4th Cav Gp: Fwd elements 4 Sq 2 Cos - 375-775; One Co -372765; 24th Sq - 2 Cos - 355785 1 Co - 318775.
051600	Phone	To Corps: Maj Palmer discussed air situation today with Col Rosa. Maj Palmer also gave air target - the ferries running just N of KOLN.
051540	Msg	From CCB: CP located at 384688.
051538	Msg	From 4th Cav Gp: 4th Sq receiving hvy AT fire from town at 385787.
051610	Phone	To Corps: Maj Taylor gave our latest situation to Corps. Maj Stark reports that town of MUNGER-S DORF is cleared by 104th Div.
051630	Ln O	Ln O, 4th Cav Gp (Lt Carmicheal) reports to G-3 with latest changes on 4th Cav Gp.
051650	Ln O	Staff O, 4th Cav Gp reported to G-3 and gave latest situation.
051610	Msg	From CCB: TF"W" - 420665 and 426668 and 431670 coordinating attack plans at 1645A. TF"L" at 421703 and 440716
051655	Phone	From C/S: Col Smith asked about air support for 6 enemy tanks in C Comd "B"'s sector. Maj Palmer said that Corps said nothing is up now but that they would notify us if any planes are up.
051700	"	To Corps: Maj Palmer discussed plans for use of air with this unit.
051800	"	To CCB: Maj Palmer informed Maj Lawrence that planes were ordered back. Maj Lawrence said he heard it on his set.
051805	"	From CCA: TF"X" at PL "G". TF"X" had patrols out to [illegible] the open space just before PL "H" All they drew was SA fire. More details when they return. TF"Y" R front - PL "G". L front goes back ½ way between PL "F" & "G". They met considerable SA fire from the L.
051806	"	To Div Res - Col Sweat instructed Col Howze that Div Comdr wants him to have a Task Force alerted - one hour alert - to make a night move. Was told to organize a good task force and Div Comdr will give him more instructions at meeting tonight.

G-3 JOURNAL

TIME & DATE	TYPE	MESSAGE AND ACTION TAKEN
051645 March	Phone	From CCB: At least 6 enemy tanks at 425702. Request air.
051650	"	From CCA: Maj Hidalgo called and asked for location of units on the R flank of CCA. Maj Taylor gave him our latest.
051833	"	From Executive O, 13th Inf: 13th Inf Ex. O wished instructions on use of the AT guns that are pulling into town now. Maj Taylor checked and informed the Exec O that these guns would be placed on roads leading into the town.
051825	"	To Corps: Maj Palmer gave our latest situation to Col Henry.
051802	Msg	From 83d Rcn Bn: 83d Rcn has reached final objective and town is buttoned up.
051910	Phone	Fr Lt Heath, VII Corps Traffic: Received permission from Maj Taylor to move a Bn of FA to SINNERSDORF Vic tomorrow at 0700.
051910	"	To CCA (Maj Hidalgo): Maj Taylor gave him 104th present front lines.
050915 (Time Signed)		Fr Col Sweat: Sign located 374653. We located Adv CP at 387644.
051615 "	"	Fr CCB: L Col of 2d/33 AR moving 440716. By error, planned to move this force to 454770; 83d Rcn has been notified.
051630 "	"	Fr 4th Cav: R Elem at 375775; G at 365775; L ele B and C at 354785; [illegible]
051700 "	"	Fr CCB: 2/33d AR working on En strong points, consisting of tks & Arty vic 428770 & 435695; 1/33d working on enemy strongpoints vic 440668 - 1630A.
052016	Phone	Fr 104th (Capt Magnussen, Ln O): Gave late posns on their front which were posted.
052030	"	Fr CCA (Maj Hidalgo): Reports Kane fighting just short of PL G; has contact with TF "Doan"-Meeting lots of SA & house to house fighting. Patrols have not returned from either force. Kane captured 6-88mm guns and one 20mm; Will button up on PL G.
052045	"	To 83d Rcn Bn: Gave following dispositions: CP at WORRINGEN; Co A (-1 Pl) plus Pl Co C-RHEINKASSEL; Co B plus 1 Pl Co C -LANGEL; 1 Pl Co A-KASSELBERG; Co D plus pl Co C - CR 413720.-All buttoned up.
052105	Oral	Verbal orders of CG, 3d AD, to C Comd & Arty Comdrs: TF "Hogan" atchd to C Comd "B" effective 2100 tonight-movement of TF to start as soon as possible.
052110	Phone	Fr Capt Magnussen, Ln O 104th Div-Co C, 414th Inf-412614; Co A - 412610 - both on PL A.
052200	"	Fr Capt Wheeler, Ln O, 99th Div: Maj Fowler gave him our plans for tomorrow & Capt Wheeler said 99th would push on tomorrow in same direction.
052120	Msg	Fr 99th Div: 3d Bn-[illegible]95-lead ele at 1834; 1 Bn in town 3381, unable to accomplish 338828 due to hvy resistance for same before dawn. (?)
052255	Phone	Fr Maj Bryan, Div Res: Hogan is on his way; Richardson taking over 2 blocks on N side.
052257	"	Fr Capt Angel, CCB: Reports Hogan time to move as 2200.
052259	"	Fr VII Corps (Col Dickey): Maj Taylor gave him our locations. He said 104th & 8th were both attacking tonight.
052305	"	Fr 83d Rcn: Negative report.
052340	"	To Maj Beebe, 4th Cav: 24th Cav reached their Obj (343800)-secured. Otherwise-no change.

G - 3 JOURNAL

TIME & DATE	TYPE	MSG & ACTION TAKEN
052350 MARCH	Phone	Fr 4th Cav (Capt Smith): No change in their situation.
052351	"	Fr CCB (Capt Angel): Gave following buttoning up positions on TFs & CCB Troops: CCB CP - 384687; TF "Lovelady" CP-403700; Elmts of Lovelady at 416713, 480704; & is outposting & occupying town at 438717. TF "Welborn" CP - 417668 & has force outposting N and E of that town. Has forces at 424665, 424656; B Co, 23d Engrs - 384688; B Co, 703d - 384690.
060001	"	To CCA (Col Barnwell): Told Maj Taylor there was no change in their positions, still generally along PL G with Kane a little short of it. Doan's patrols have not yet returned.
060003	"	To VII Corps (Col Dickey): Maj Taylor gave him a complete situation report.
060100	"	From 83d Rcn Bn: Negative report.
060100	"	From 4th Cav Gp: Negative report.
060145	"	From CCA: TF"X" gives the following patrol report. "C" Co patrols reached point 1½ blocks E of 433610 heard enemy OP on both side of road; were not fired upon and returned. "B" Co patrol went 200 yds short of PL"H" and were stopped by machine gun fire from S of 440619. Upon return were again fired upon by machine gun vic 431627. "A" Co patrol located ridge of fresh dirt W of PL"H" and observed enemy using tail blue lights and making light entrenchments, saw 4 or 5 enemy and heard others.
060200	"	From 83d Rcn Bn; Negative report.
060300	"	From 4th Cav Gp: Negative report.
060300	"	From 83d Rcn Bn: Negative report
060300	"	From 4th Cav Gp: Negative report.
0604DG	"	From CCB: Hogan jumped off on attack at 0400A. No contact with enemy (Corps notified).
060415	"	From 83d Rcn Bn: Negative report.
060430	"	To CCA: Maj Taylor asked Col Barnwell if he had any late report. Col Barnwell explained that communications were bad due to an outfit moving and thereby disrupting the lines. Col Barnwell said that TF"X" jumped off at 0400A. No report on Kane's force. Maj Taylor gave CCA the latest plots of 104th Inf Div.
060525	"	From CCA: Col Barnwell gives the following info: TF"Y" patrol got off at 0400. "X" patrol on the R have advanced 700 yds and have taken 7 PsW.
060530	"	From CCA: C Co, 36th AIR patrol has gone 5 blocks past check point 196. "B" Co, 36th patrol 700 yds out still moving.
060545	"	From CCB: General Boudinot gave Maj Taylor the plan of maneuver and latest locations. This was posted on map.
060600	"	To Corps: Maj Taylor gave Col Dickey our latest locations .
060630	"	From Corps: Col Dickey gives the latest locations on 99th Div: 395th Inf - Elements of 1st Bn in factory in 3382 sq. 2nd Bn in town in 3385 sq. I Co, 395th in STUTTGEN. Maj Taylor gave our plans to Corps.
060640	"	From 83d Armd Rcn Bn: Capt Robertson reports a quiet night. Several rounds rec'd during the night in area along the river.
060700	"	From 83d Armd Rcn Bn: Negative report - 0700A.
060710	"	To 104th Div: Col Sweat asked Capt Nicholas for his situation. At 0645A we jumped from our PL"A". 2 Bns which are right on your flank and 2 Bns down. We took town at 4155. Vic of marshalling yards we ran into a fire fight and one PW gives the info that a flak unit of 80 men are in the marshal-yards. We will be working on this soon. Col Sweat gave our situation.

G-3 JOURNAL

TIME & DATE	TYPE	MESSAGE AND ACTION TAKEN
060725 March	Phone	From Div Res: Negative first light report.
060730	"	From CCA: TF "X": "A" patrol, 36th AIR - point 528, receiving SA fire. B patrol, 36th AIR - check point 526. Co "C" patrol one block east of check point 197. TF"Y" L Col at check point 186. R Col just NE of check point 191.
060740	"	Fr 4th Cav - 24th Sqdn and 4th Sqdn jumped off at 0530 and secured towns at 0700. 24th Sqdn took town 380806 and 4th Sqdn got 385788. It was a coordinated attack. Told Maj Palmer that they do not know exactly what time they will take off for the next obj but will let us know as soon as possible.
060745	"	To VII Corps - Maj Palmer gave Corps the up-to-date sitn as well as latest info on 4th Cav. Maj Palmer explained the boundary Task Forces are working in.
060750	"	Fr 104th Inf Div - Maj Palmer gave them latest info. Also was informed that the 414th and 415th jumped off at 0645. C Co 415th on PL. D. Moved out two Bns abreast. Between PL B & A the town at 4155 was cleaned out by the 415th. 414th - no progress report as yet.
060800	"	Fr Div Res - Maj Bryan called and wished to know when they would get Richardson's Company from the 83d Rcn Bn which they were told they would get. Maj Fowler told him he would check and let him know. Also gave him the latest Div Picture.
060814	"	To 83d Rcn Bn - Maj Palmer spoke to Capt Robinson and asked him if they were sitting and holding which is correct. Capt Robinson said that should he receive and further info he will call us.
060818	"	To 83d Rcn Bn - Col Sweat spoke to Col Yeomans in re Tank Co (- 1 Plat) which is to go to CCR. Col Sweat told him that Div Comdr wants it done today, and if tanks are in a critical sitn he should let the General know and will be told what to do. Col Yeomans sai[d] he will check on where they are. Stated that they ar[e] receiving direct tank fire from across the river an[d] if tanks are moving the sitn may become worse. Col Yeomans stated five men were hit. As soon as he locates the tanks he will call us.
060847	"	To CCB - Maj Fowler checked with Maj Lawrence on latest sitn . Reported TF Welborn clear down to the river and is now in the Ford Plant. TF Hogan (thru Arty channels) has force at 455653, another force at 448643. Not meeting very much. He is to turn S and work to the town. TF Lovelady's area pretty well cleaned out. He is leaving a containing force at Merkenich and assembling remainder of force at 435680. He just received that order. Don't know whi[ch] way he will turn. Lovelady will send patrol from th[e] assembly area to 424679.
060845	"	To CCA - Maj Fowler received report from Maj Adams that TFX has elements from 441611 to 438607. Pushing patrols in front of that. Leaving guides at the ove[r]passes. Have contact with elements on their right.
060900	"	Fr Ln O with 104th Inf Div - Reported latest changes on 414th and 415th Inf Regts which were posted on map.

G-3 JOURNAL

ME & DATE	TYPE	MESSAGE AND ACTION TAKEN
0925 Mar	Phone	Fr CCA - Maj Hidalgo phoned and Maj Fowler gave him latest info. Maj Hidalgo reported that their left is getting some 88mm fire from vic 448633 and let CCB know about it.
0928	"	To CCB - Maj Fowler reported above to Maj Lawrence who stated that TF Hogan is in that vic and they will pass this on to him.
0930	"	To CCA - Maj Fowler reported to Col Barnwell that TF Hogan will get the info on the fire mentioned above.
0935	"	Fr 104th Inf Div - Maj Palmer gave them the latest plot on TF Doan which they requested.
0940	"	To VII Corps - Maj Palmer gave Col Henry the latest info and also reported that the Ford Motor Plant has been cleaned out by TF Welborn (This came from the C/S).
1000	Msg	Fr 99th Inf Div - All objs immediately - 3d Bn 393d in town 3087; 2d Bn at 302846, 2d Bn 395th at 340873 - 340852, 1st Bn in town 3384 and 3381 and at 340830. Posted.
1029	Msg	Fr 4th Cav Grp (Thru Ln O) - TR A in town at 383791. A few en ran away. TR C thru town at 385785. No contact (0700).
1040	Phone	Fr Div Arty - Capt Waldsmith said that the 83d FA Bn reported arty falling in Merkenich with some red smoke. Maj Palmer told him that we do not have any air with us today and will check further into this matter.
1045	"	To CCB - Maj Palmer checked with Col Abro who gave following report. (Thru Arty) TF Hogan at 447633 and 455643.
1050	"	Fr 4th Cav - Maj Beebe reported that TF C & F buttoned up the final obj at 1040. Stated they will continue to patrol. Also reported that they shot up 1 staff car and a truck on the other side of the river. Also shot up 1 amphibious jeep and 3 assault boats with two barges. This info was passed on to C/S by Maj Palmer.
1105	"	To Div Arty - Maj Palmer called and told Maj Brackman about en plane flying over and strafing. In all probablity this had some connection with the red smoke that Capt Waldsmith spoke about. The time lapse between the smoke and strafing was so close to each other that it leads to make us be- lieve they were connected.
1115	"	Fr 83d Rcn Bn - Reported to Maj Palmer that they shot down an enemy plane (ME 109) and have the pilot prisoner. He has been nicked in the leg and being treated. After checking with VII Corps, Maj Palmer instructed that the prisoner be separated from all other prisoners and kept that way. He is also to be kept separated while at the PW cage. Col Barr instructed that no one attempt to interrogate the prisoner. Interrogaters from higher headquarters will come down today to talk to the prisoner. 83d Rcn Bn has an investigating party out to the knocked down plane and will inform us more on this matter. In the meantime Col Barr called Maj Kapes in re handling of this prisoner.
1200	"	Fr Maj Bryan, Div Res: Maj Palmer told him their Co is on its way back to them, only has 2 left out of 5.
1205	"	Fr Maj Hidalgo, CCA: Gave following front line: Kane - 443631-441625 to 443622; from 443622 Doan's front runs to 442610. Still meeting SA & getting 88mm fire from left. Are organizing a small force to try to smash to the river.
1212	"	Fr VII Corps (Maj Stark): Maj Palmer gave him our late locn.
1245	"	Fr CCA - Reported following locations - TF Kane 444635 - 443633 is their left col, right col 444632 - 442624. TF Doan 442623 - 442610 - Posted on Map and given to C/S by Maj Fowler.
1315	"	Fr CCA (Maj Hidalgo): "Doan" lead ele at 444608; Kane at 447631.

G - 3 JOURNAL

TIME & DATE	TYPE	MSG & ACTION TAKEN
061315 MARCH	Phone	Fr Capt Wheeler, Ln O, 4th Cav: Said they had taken their Obj & are just sitting.
061345	"	Fr Capt Magnussen, Ln O, 104th Div: Only changes - B Co, 415th Inf - 434585; 414th Inf: A Co - 440572 and C Co - 440567.
061350	"	To CCB (Maj Lawrence): Asked about their forces- Welborn has a battle group atchd to Hogan. Hogan has another force at 462637. Lovelady is now assembling his forces. Maj Lawrence said both forces are having trouble with civilians though it is all under control.
061355	"	To VII Corps (Col Henry): Maj Fowler gave him an up-to-date situation report.
061420	"	Fr CCA (Maj Hidalgo): Reports Doan lead ele at 452608, with the special force just reported speeding past this point; His left ele are at 446611; Kane is at 451626-447621, still bothered by SA and 88mm fire from left flank. On the right they are meeting considerable SA fire. Will give us a report on the special force as soon as it comes in.
061502	"	Fr CCA (Maj Hidalgo): Reports special force had to stop & use a dozer to clear a path thru rubble - are ready to go now. CCA CP will move in about 10 to 15 minutes.
061537	"	Fr CCB (Capt Angel): Reports their lead ele at 451633 and 458628. Gen Boudinot has directed another force to proceed to 442653, police the area, and return.
061630	"	Fr CCA (Maj Hidalgo): Reports special force had lead tanks knocked out. Kane Left force at 455627-454622; Right force- 451622-451618; Doan Left force at 452615-448609; Right force at 453606 - 453603.
061650	"	Fr Maj Bartlett, Div Arty: Thru 67th FA Bn, report Doan's lead elmts at 455607. (Given to Col Brown).
061645	"	Fr CCB (Capt Angel): Reports Lead elmts at 461625. Force at 462637 reports Arty firing on German tanks just ahead of them.
061700	"	From VII Corps - Col Henry called and Maj Fowler gave him latest situation.
061705	"	From C Comd "A" - Col Doan leading force just at edge of Cathedral. Meeting SA fire mostly. Maj Hidalgo said he was going to speak to 415th Inf direct about establishing a contact point and would call us back as soon as they decide on the location.
061743	"	Fr CCA (Maj Hidalgo): Want to establish contact with 415th Inf at 44056020 as soon as possible. Also reported their lead elmts on right at 454606 - nothing new on left.
061750	"	To 104th Div (Col Hoegh): Maj Palmer arranged for CCA to contact 415th at 44056020 at 1900. (To CCA-Maj Hidalgo).
061830	"	Fr Maj Bryan, Div Res: Reports 2 tanks from 83d Rcn returned & 3 returned from 4th Cav & 1 more is on the way - it had track trouble. (To C/S).
061820	Msg	Fr 99th Div: 99 Div CP closed 312760 - at 071400A.
061915	Phone	From CG: Gen Rose called Col Sweat and told him that as of 1845 TF"X" was along the river and bridge was pretty well demolished. This info relayed by Col Sweat to Col Dickey VII Corps.
062015	"	To C Comd "A" - Maj Palmer called Maj Hidalgo and asked if Kane was going down to river tonite. Was told yes. Contact with 415th is presumed to be o.k. as they have received no report to the contrary.
061915	Msg	From 32d A.R. - CC"A" at 415624.
061958	TWX	From Div Tns - All units except 45th Med Bn Hq closed in new area.
062045	Phone	From Div Arty - Col Brown called Col Sweat and was given info on demarcation points & some boundary changes which will be put out in the morning.
062140	"	From VII Corps - Col Troxel called Col Sweat and he said that 4th Cav would be taken away from us tomorrow and the 99th Div would take over their area plus a little more. A new boundary will be put out tonite which will go into effect some time tomorrow. They are waiting to find out just what the score in COLOGNE is before any further changes are put out.

G-3 JOURNAL

TIME & DATE	TYPE	MESSAGE AND ACTION TAKEN
062155 March	Phone	From 83d Rcn Bn: Negative report.
062200	"	From 104th Inf Div: - Capt Nicolas called and said due to civilian congest contact was not made with CC"A". They were told that CCA had a road block at 44066020. They will go out again and try to make contact.
062225	"	From VII Corps: Col Troxel called Col Sweat and it was agreed to have 99th Inf Div take over from 4th Cav effective 080800A. They will notify 99th Div and asked us to notify the Cav.
062238	"	From CCA - Maj Hidalgo told Maj Palmer that Kane's L Co was on river, in contact with Hogan. On the R they had stong patrols and are assured that it was clear all the way. They will not move the other Co until the morning. Have received a little MG fire but that is all.
062240	"	From VII Corps: Col Sweat called Col Troxel andtold him that he had checked with C/S on time that 99th Inf Div would relieve the 4th Cav Gp and 080800A was satisfactory.
062247	"	To 104th Inf Div: Maj Palmer called Capt Nicolas and asked if they were pushing on tonight. Was told - no. They will go again tomorrow the same as they did this morning. This info was given to Maj Hidalgo who told Maj Palmer that contact had been made with 415th Inf at designated point.
062322	"	From C Comd "B" - Hogan's front line - 452627 - 461628 - 464624 - 463636 - 466636, thence along the main road to the E. Has made contact with Kane. Has troops moving down into the dock area, in COLOGNE. Will push on down to the river tonight Report an understrength Company as having surrendered to them.
062352	"	From 83d Rcn Bn: Negative report.
062358	"	To C Comd "B": Maj Palmer called Capt Angel and asked if they had anything further on Hogan. Was told no change since last report.
062400	"	From 83d Rcn Bn: Negative report.
070100	"	From 83d Rcn Bn: Negative report
070200	"	From 83d Rcn Bn: Negative report.
070300	"	From 4th Cav Gp: Negative report.
070300	"	From 83d Rcn Bn: Negative report.
070317	"	From 104th Inf Div: Maj Lillianstern reports his sector as being fairly quiet. Some SA and some arty fire on front lines. He then asked for front line of Hogan. Maj Palmer gave info.
070400	"	From 83d Rcn Bn: Negative report.
070400	"	From 4th Cav GP: Negative report.
070500	"	From 83d Rcn Bn: Negative report.
070545	"	To CCB: Maj Palmer Called CCB and asked if they had any late news on TF"Hogan". Capt Angel replied that they had a report that Hogan had sent out a patrol but had not heard from them yet. Will notify us when they do. Rd Blocks of CCB report all quiet. One outfit reported hearing some AT fire during the night. Otherwise all was quiet.
070545	"	To CCA: Maj Palmer asked about night's activity. Maj Hidalgo reported all was quiet.

TIME & DATE	TYPE	MESSAGE AND ACTION TAKEN
070600 March	Phone	To 83d Armd Rcn Bn: Maj Palmer asked about their activity during the night. Was told that all was quiet.
070600	"	From Div Comdr: Div Comdr asked for report on activity during night. Maj Palmer gave information.
070610	"	From Div Arty: Lt Farrar reports that Div Arty had a very quiet night. Had no report of any enemy arty activity during the night.
070613	"	From 4th Cav Gp. Maj Palmer asked Capt Watson about activity during the night. Was told that at 2200A last night they heard some enemy vehicular movement across the river. They fired at them and apparently had good results; heard screams.
070615	"	To Div Res: Maj Palmer asked about activity during the night. Capt Russel reports that there was no activity during the night.
070640	"	From Corps: Col Paul asked about our activities during night. Maj Palmer gave info.
070704	"	To 4th Cav Gp: Col Sweat notified Maj Beebe, 4th Cav Gp that 4th Cav Gp area to be taken over by 99th Div effective 080800A.March.
070712	"	To 104th Div (Maj Lillienstern): Told Maj Taylor 415th jumped off at 0645 & believes their other people did also. E & G Cos, 415th are 400 Yds from Rhine & have sent patrols to river. He then went over the complete situation with Maj Taylor.
070725	"	To VII Corps (Col Paul): Maj Taylor got the following info on 8th Div: RONDORF is cleared by 3 Bn, 28th (- K Co) - K Co is in KONRADERHOF; 1st, 28th still attacking but not making much progress. FISCHENICH cleared by 2d Bn, 121st.
070730	"	To CCB (Gen Boudinot): Col Sweat checked with him on Hogan's left and his boundary with Welborn. Gen Boudinot said he believed this was covered and would double-check it right away.
070825	"	Fr Maj Hidalgo, CCA: Maj Taylor gave him 104th front line.
070830	"	To 104th Div (Maj Dobbs): Secured new locns on 104 2d Bn, 415th is along river to 585; 1st, 415th, is 500 Yds back from it and 3d Bn, 414th, is on the river again. Maj Taylor gave him our locations. (Maj Taylor then gave this information to CCA).
070900	"	Fr VII Corps, Maj Stark: Maj Fowler gave him our locations and plans for today.
070930	"	To CCB (Maj Lawrence): Has no info but will call as soon as he gets some.
070932	"	To CCA (Maj Hidalgo): Reported to Maj Fowler that their area is all buttoned up. Wants to establish contact with 104th at S bridge as soon as possible
070935	"	To 104th (Maj Dobbs): Arranged with Maj Fowler to contact CCA at NW corner at S bridge at 1100 and each 2 hrs during day; hourly at night. (Maj Fowler called Maj Hidalgo, told him contact point would be NW corner of bldg called Marble Halls). (O.K.) Maj Hidalgo said Kane & Hogan are in contact.
070955	"	To Col Rosa, VII Corps-Capt Menzies asked if we could remove our fluonescent panels from vehs, due to the ease with which enemy Arty FOs can spot it. Said we could take them off immediately.
071000	Oral	Effective 071200A Mar, TF "Lovelady" atchd to CC "Howze".
071010	Phone	Fr CCB (Maj Lawrence): Read the following msg from Col Albro on situation: TF Hogan now has area vic 464624, & are cleaning up that general area; from there will clean N and NE; have road blocks at 468639 & 465645. When the area N & NE of 464624 as far N as 462636 to 466636 is cleared, the whole area can be considered clear.

G - 3 JOURNAL

TIME & DATE	TYPE	MSG & ACTION TAKEN
071025 MARCH	Phone	To Div Res (Maj Bryan): Maj Fowler gave him our late info on CCB.
071040	"	To All Units: All vehicles west of the Rhine will remove their fluorescent panels.
071105	"	To All Units: Gave new boundary between 3d Armd Div & 99th Inf Div effective 080800A.
071117	"	From C/S - Told Col Sweat to recall Capt Goldfinch, Ln O to 8th Inf Div and have him report to Maj Kapes this afternoon.
071138	"	From Div Res - Col Howze called Col Sweat and verified boundary change effective 080800A.
070900		Maj Walker, Asst G-3 from 13th Armd Div left CP at 0900.
071230	"	Fr CCA (Col Barnwell): Reported to Maj Fowler that they have not made contact with 104th.
071231	"	To CCB (Maj Lawrence): Reported to Maj Fowler that Hogan is continuing to clear his area & it is all clear except for some PsW to turn in and a few snipers; no organized resistance. Patrol has reached bridge at 478633 & will establish a road block at that point. Have contact by patrol with force on right at 461636.
071235	"	Fr 4th Cav (Maj Beebe): All quiet at 1200 - nothing to report.
071305	"	From Maj Holton, VII Corps Traffic Control - Cleared movement of 4th Cav tomorrow starting at 0800 with Maj Palmer. Route - 4th Sqdn - HACKENBRUSCH - 3575 - SW to 3272 - South into STOMMELN, West toward ROMMESKIRCHEN.
071315	"	From Div Res - Maj Bryan called Maj Palmer and asked if he could arrange contact points between them and 99th Div at the following points - 355747; 282703. Maj Palmer said he would take this up after our move is completed and let him know.
071500	"	From CG, 3d A.D. to S-3 4th Cav - Plans for your relief in the North area by elements of the 99th Div have been suspended. You will stay under control of this Div. You will be responsible for the North area of Div zone, the area you now occupy.
071445	"	From Col Troxel, VII Corps - Told Col Sweat to suspend 4th Cav procedure until instructions are put out. 3d A.D. to have same zone as we have had. Info to CG.
071500	"	From Col Troxel - 13th Inf reverts to 8th Inf Div at 1500 today. He will see about transportation.
071505	"	Maj Palmer called 36th AIR and CC"A" about 13th Inf being detached from xx them.
071506	"	From 13th Inf - Said they cannot start moving before morning.
071507	"	To 8th Inf Div - Col Sweat discussed detachment of 13th Inf from us.
071525	"	Div CP closed at 1430. Div CP opened at new location at 1500. (400622).
071532	"	From Div Engr - 23d Engr Bn CP 400625.
071545	Msg	To All Units - Fwd CP located 400622.
071555	"	From 703d TD Bn - CP now located F - 401622; closed at 1500.
071610	Phone	To VII Corps - Col Sweat notified Col Dickey that our sector is cleaned up - Time as of 1600. Maj Palmer notified Col Dickey of our new CP location and opening.
071645	"	To CC"A" - Col Sweat called Maj Hidalgo and told him Gen Rose wants a defense overlay, showing their road blocks, patrol routes, etc. They have one made up and will send it up to us.
071715	Phone	From 4th Cav Gp: Major Beebe discussed billeting problem with Maj Taylor.

G-3 JOURNAL

TIME & DATE	TYPE	MESSAGE AND ACTION TAKEN
071810	Phone	From Gen Boudinot - Told Maj Palmer that he wouldn't have his defense overlay in before noon tomorrow. Will set up road blocks tonite & will send in an overlay of these.
071815	Ln O	From Lt Long - 83d Rcn Bn CP - WORRINGEN. A Team (-) - Rheinkassel; B Team (-) Langel; D Team (-). 1 Plat D Co plus 4.2 mortar plat plus 3 assault guns at Roggendorf. 1 Plat B Co plus 3 assault guns at CR north of Fuhlingen. 1 plat A Co plus 3 assault guns in Feldkassel.
071815	Phone	From Capt Adams - 9th Armd Div elements at 645200. 1 Co of Inf at 652205 - across the RHINE RIVER. They have a bridge.
071850	"	From Corps: Maj Stark asked for locations of Yeomans force. Maj Fowler gave locations.
071915	"	From CO, DANDELLION: Reports a crashed bomber at the following coordinates 338682. The last four numbers of the plane are K 769. There are bombs scattered throughout the area; there are 8 bodies. One body was identified as CLAIR T. BOYLE RCAF J-40730. This is in 3d Armd Div sector. Comdr of "DANDELLION" asked about furnishing a guard over the crashed bomber. Maj Palmer said we would look it over in the morning.
071930	"	To CCA: Maj Fowler asked about contact with 104th Div. Maj Hidalgo said that contact is being maintained with 104th Div and at the same place. (This is the element of 415th Inf Regt.
071935	"	From Div Res: Lovelady's force will be closing in during night.
072010	"	From 13th Inf: Maj Kerr states that 8th Div will furnish trucks to move tomorrow. They will be short 12 trucks for movement and would like to work out arrangements to get transportation from us. 4 from Lovelady; 4 from Richardson; 4 from Kane. Move ready at 0900A. Route to be sent to us later tonight. Trucks to be at respective Bn CP's.
072012	"	From 486th AAA Bn: Col Dunnington reports big batch of friendlies overhead.
072015	"	To Div Res: Maj Palmer notified Maj Curlee about the move of the 13th Inf (see Msg 733). Have trucks reports to Bn CP at 0830A prepared to move at 0900A. The Regt will handle the move. Trucks are reverted back to us upon reaching destination. (Same info given to Maj Adams (CCA). (Maj Palmer notified Maj Kerr, 13th Inf Regt).

G-3 JOURNAL

TIME & DATE	TYPE	MESSAGE AND ACTION TAKEN
072035 March	Phone	From VII Corps: Col Troxell calbd and said that 4th Cav Gp will leave you effective 090800A. There is an Opns Memo coming out tonight.
072035	"	From CCA: Maj Hidalgo asked that Hogan's force maintain contact with Doan's force at same place they met last night. Maj Fowler contacted Capt Angel of CCB and this was agreeable to them. (CCA notified).
072140	"	From 83d Rcn Bn: Negative report.
072200	"	From Corps: Col Paul gave the following info. RR Bridge at 6520 captured in good shape and can be convered into hwy bridge. 1½ Bn Inf other stuff pouring down now. Solid bridgehead before morning. (2030A hrs). At 2000A, 4th Armd Div, CC"B" no contact with enemy now occupying high ground 7900; lots of prisoners.
072230	"	From VII Corps: Col Troxell notified Col Sweat that 4th Cav Gp would leave our control at first light in the morning, effective 080700A, March. Col Troxell said that Col MacDonald was all set on this, too. (C/S notified).
072300	"	From 83d Armd Rcn Bn: Negative report.
072325	"	From Corps: Col Paul informed Maj Fowler that that 13th Inf Regt would remain with us for a period of not less than 24 hours. They would revert to their former status. - with the task forces. (Maj Fowler gave this information to C/S; Maj Fowler also notified CCA and Div Res and instructed that transportation arrangements of the earlier part of the evening be cancelled.
072357	"	From 4th Cav Gp duty O: Negative report.
072357	"	From Div Arty: CP locations: 54th Armd FA Bn - 38526550; 83d Armd FA Bn - 38186900; 391st Armd FA Bn - 400666714; 67th Armd FA Bn - 40026312; 183d Armd FA Bn - 35587008; 991st FA Bn - 35587008; Div Arty - 40266844.
080100	"	Fr 83d Rcn Bn: Negative report.
080200	"	Fr 4th Cav: All quiet.
080200	"	Fr 83d Rcn: Negative report.
080215	"	To Div Arty (Maj Bartlett): Maj Bartlett said counter-Btry was fairly active & asked about Arty in 83d Rcn sector. Maj Fowler told him they had reported quiet.
080240	"	Fr Div Arty: Reports 67th FA CP at 401631 and Div Arty at 402626.
080300	"	Fr 83d Rcn Bn: Negative report.
080315	"	To 4th Cav Gp (Capt Smith): Maj Fowler asked if they knew about the people on their left being relieved. Said they were aware of it - had nothing unusual to report - just a couple of rounds of Arty coming in.
080325	"	Fr Col Dickey, VII Corps - Asked MajFowler if we had any unusual reports on all the Arty action & Maj Fowler told him a few rounds came back now & then. We have had no reports of activity from the front. He said 8th Div was attacking & had already reached RODDENKIRCHEN.
080400	"	Fr 83d Rcn Bn: Negative report.
080500	"	Fr 83d Rcn Bn: " "
080630	"	Fr 83d Rcn Bn: First light report - negative.

G - 3 JOURNAL

TIME & DATE	TYPE	MSG & ACTION TAKEN
080710 Feb	Phone	To CC"A" - CC"B" - Reported nothing unusual during the nite. A little artillery reported by CC"B" in their rear area. To Div Res - Nothing unusual during nite. Had a little trouble at contact points at first but then everything went along o.k.
080715	"	From Col Kane - Called Maj Fowler and asked if he could find out just when the outfit attached to him will be relieved as he has had a report that they would be relieved as of 1200 today.
080720	"	To VII Corps - Maj Fowler reported a quiet nite except for sporadic artillery. Corps front was quiet. 6 Bns across river, one of which is a medium tank Bn. This is 9th Armd Div, plus some infantry.
080725	"	To 13th Inf S-3 - Maj Fowler called and inquired if they had heard anything relative to relief of their Bn by 1200. Said they had heard nothing about it but if they did, they would notify us. Maj Fowler then called Col Kane and told him there was no change in instructions he had received last nite.
080740	"	From Div Arty - Col Garner called and said incoming artillery was very light during night. Very sporadic
080742	"	From 13th Inf - Report of their Bn moving out at 1200 was in error. Everything is straightened out now.
080755	"	From Div Res - Col Russell called and checked if it would be o.k. to use trucks he had set aside for relief of Bn of 13th Inf, to evacuate some nationals. Would take about 4 or 5 hours. Col Sweat said he thought it would be o.k.
080815	"	To VII Corps - Col Sweat to Col Henry - Asked if there was any change in time 4th Cav was taken away from us. Was told they reverted to VII Corps 080700.
080837	"	From Capt Wheeler - Said he received instructions from C/S yesterday to go over to 99th Div. Due to change in plans he wanted to know if he should still go over there. Col Sweat said he would check and let him know. Col Sweat checked with Col Smith and he was told to recall Capt Wheeler from 4th Cav and return here and to replace him with Lt Carmichael who is at 99th Div at present. Capt Wheeler will take Capt Adams place at VII Corps in the event Capt Adams goes on leave.
080905	"	From 104th Inf Div - Col Hoegh called Col Sweat and said that they still had 1 Bn of Inf and 1 Bn of Arty in 3d Armd Div area and wanted to know if they could be left there. Col Sweat said he thought it could be worked out and would call him back as soon as we received new boundary from VII Corps.
080958	"	To CC"A" - Col Sweat to Maj Hidalgo - Gen Rose wants Bn of 13th Inf that is attached to you to be kept as mobile as possible. Don't tie them up in any defensive positions.
081003	"	From C/S - Arty observer reports 10 spans of pontoon bridge in vic HITDORF, extending into the river from Eastern shore toward the West. Not yet confirmed, being investigated. Given to CC"A" - CC"B". & VII Corps, 4th Cav. Also told CC"B" that 3d Bn 36th AIR goes to control of Col Howze today by 1800. Rearrange your defensive set-up. Arty has cut bridge loose and it's now floating down the river.
081045	"	To VII Corps - Col Sweat called Col Troxel and asked how long we would keep 13th Inf. Col Troxel said not to count on having them too long. Possibly they would revert in the morning. 1st Inf Div is attached to VII Corps effective 1100.

G-3 JOURNAL

TIME & DATE	TYPE	MESSAGE AND ACTION TAKEN
081100 Feb	Phone	From Capt Adams - 47th Inf Regt, C Comd "B" 9th Armd Div, 1 Bn 78th Inf Div across the river. 99th Inf Div on way to area of crossing now.
081235	"	From C Comd "B" - Closing CP; moving to new location Will open in about 1 hour.
081240	"	From Gen Boudinot - Inquired about 3d Bn 36th AIR and was it told it was to go back to Div Res by 1800 today.
081243	"	From Div Res - Col Howze inquired about status of Bn of 13th Inf. Was told to keep them mobile and that plans were still the same. They are not to be relieved as yet. CC"B" has been instructed to have 3d Bn 36th revert to Div Res control by 1800.
081246	"	From CC"A" - Maj Hidalgo called Col Sweat re new boundary and Col Sweat gave him desired info. Gen Hickey then asked if there were any odds and ends around Hq who could take care of a bit of their area They are spread pretty thin. Col Sweat said he would have Hq Comdt prepare an overlay of Div Hq area, defenses, posts, etc and have it sent to him as soon as possible, he didn't think there were any troops available as they were all pretty well parcelled out. Gen Hickey said he would work it out with units concerned.
081350	"	To Div Res - CG to Col Howze - Send reconnaissance immediately to BONN and contact elements of 1st Inf Div reference operating in that area. Your unit to be on two (2) hour alert effective immediately.
081325	"	From 104th Inf Div: Col Hoegh called and said that he was sending an overlay showing local security measures for Bn of Inf that is in our area.
081325	"	To Corps: Maj Palmer reported crashed bomber to Corps, (see Msg 730)
081400	"	To CCA, CCB, Div Arty, 83d Armd Rcn Bn: Col Sweat passed on to units the information contained in Msg 774.
081410	"	From CCB: CCB's CP - 410632.
081430	"	From Asst G-4: Maj Dernier called and informed us that ECP has ordered that on all our arty ammo we are limited to 2/3 of basic load for at least another 24 hrs.
081435	"	To Corps: Col Sweat asked Maj Dixon to find out if Bns of 13th Inf attached to C Comd "Howze" will go with him on this move or not. Maj Dixon will check with his C/S and call back.
081445	"	From CCB: Gen Boudinot reports that 3d Bn, 13th Inf are to leave attachement to CCB immediately.
081450	"	From Corps: Maj Dixon states Bn with Howze goes with him. This is in answer to Msg 781.

G-3 JOURNAL

TIME & DATE	TYPE	MESSAGE AND ACTION TAKEN
081505 Mar '45	Phone	To CCB - Col Sweat informed Col Albro that CC Howze is all set to move. Also informed him that the atchd inf (2d Bn 13th) comes back to CCB. He is to contact them from TF Lovelady. Told him to make change of inf right now. Col Sweat asked Col Albro to give us a list of what TF Lovelady has. With CC Howze on the move will leave his area open and the boundary will be generally along the West. Will send a corrected overlay to CCB.
081507	"	To 83d Rcn Bn - Col Sweat notified them that CC Howze is all set to move and this will leave area in back of them with no one in it. There will be a slight amount of area added to the 83d Rcn. We will send an overlay showing this addition.
081510	"	C/S to Col Sweat - Get word to Capt Adams to wait at VII Corps until Col Troxel returns from 1st Inf Div CP and have Capt Adams bring boundaries, objectives and complete picture of the situation to us by special trip. C/S also stated that Capt Wheeler is going to CC Howze to get the complete picture from him. We will turn over the 36th Ln O (Capt Daniels) over to CC Howze for them to use as Ln O with 1st Div. We can send Capt Wheeler on timely trips later to CC Howze to bring back information. Col Sweat was informed.
081512	"	To CCA - Col Sweat informed Maj Hidalgo that CC Howze is prepared to move to the 1st Inf Div and this will leave his area in the Div sector vacant. CCA will be given a portion of this area and we will send an overlay showing this.
081430	Msg	From Maint Bn: "A" Co now located 413654. No change in other units.
081500	Phone	From CCB: Capt Angel gave the composition of TF "Lovelady": 2nd Bn, 33d Armd Regt, 3d Plat, "B" Co, 703d TD Bn; 1st Plat "B" Co, 23d Armd Engr Bn. 2nd Plat, Rcn Co, 33d Armd Regt.
081530	"	To Div Res: Maj Palmer asked for composition of what C Comd "Howze" was moving. Maj Bryan gave the following.

TF LOVELADY	T F RICHARDSON
2nd Bn, 33d AR	3d Bn, 32d Armd Regt
3d Bn. 36th AIR	3d Bn, 13th Inf Regt
3d Plat, "B", 703d TD	1st Plat, "C", 23d Engrs
1st Plat "B", 23d Engrs	2nd Plat, "C", 703d TD Bn
2d Plat, Rcn Co, 33d AR	

54th Armd FA Bn

Effective 1435 CC Howze consisting of above was atchd to 1st Inf Div and immediately ~~initiated~~ initiated steps to move to BONN AREA.

TIME & DATE	TYPE	MESSAGE AND ACTION TAKEN
081545	"	From Div Arty: Maj Bartlett called and asked about situation. Maj Palmer gave information.
081610	"	From Capt Adams: CP of 1st Inf Div: 403382.
081640	Msg	From CCB: C Comd "B" -410631.
081625	Phone	From CCB: Col Albro states that Ln officers have gone over to Inf unit now. (See Msg 784).
081645	"	From Corps: Maj Stark reports no further info on the bridgehead. Maj Palmer reported that C Comd "Howze got off at 1610A. Their route: STOMMELN to OBER then straight S to QUADRATH thru MODRATH there they will be picked up by 1st Inf Div guide.
081650	"	To G-4: Maj Palmer asked about attachements that C Comd "Howze" took with him. Was told Detch "B", Co Maint Bn and Detch "C" Co, 45th Armd Med Bn were with them.

3/5/45

0030 To: Def 3 Fr: Switchboard
Blue is in with Blue forward.

0050 To: Def 3 (Lt McLaughlin) Fr: Blue 3 Cran, & All Units.
Item buttoned up.

0112 To: Def 3 Fr: Cran 6
Nice going up there. Talked to Jayhawk. 414 goes to L sometime tomorrow.
415 to M & N tomorrow night.
414 to O at same time. It will be Plastid time. All Units.

0205 Line to 36 is out.

0546 To: Def 3 Fr: Cran 2
D: Things were quiet last night. Received no arty here.
C: No lines to Devestate. Granite moving along without much resistance. Have 121 and 124, moving to 125.

0550 To: Blue 3 Fr: Def 3
B: Last word we had, everything was fine.
D: Do they hold the town now?
B: Yes. Have platoon of tanks and two platoons of Chico up there. No PWs that we know of.

0555 To: Def 3 Fr: Cran 3
C: Situation? (Given situation). Omaha jumped off on time. Devestate sent patrols out.

0630 To: Def 3 Fr: Red 6
I'm in Lovenich. Almost completed mopping up here; outlying buildings remain. Called Demon 6 last night for supplies and haven't received them yet. Call Lt Gracy about those supplies. (Given situation of other units.)

0653 To: Def 3 Fr: Red 6 Cran 2
Information given by Volksturm PW who was in charge of an air raid shelter. Route 55 which goes through Salem is mined with AT mines, no AP mines. Starts just W of 26. Road block at 27--mined and possibly booby trapped. Only way to get into Junkersdorf is to go through open area S of 26 - 27, or around lower end, below and between 40 and 44; also between 19 and 26. Mines all along main drag into center of town. Sports park below 36 will offer much difficulty. Large amounts of ammunition and troops there. Estimates 250,000 civilians in Cologne. Thinks Volksturm will not offer resistance. Only one bridge--RR bridge.

0715 To: Def 3 FR: Blue 3
Think it's all right for people to go in there. Think we have 10 PW's. Lot of doubtful civilians. Think we ought to have Maj Kelly up there.
Do you want vehicles up there?
Want restriction on it. As long as they infiltrate. Not more than 3 at a time.
To White.

0715 To: Def 3 FR: White 3
Is town clear enough (Item) for us to make recon there?
Will call you back.

0740 To: Lt Stevens FR: Blue 3
Given situation of Eager, TFX, and our front.

0744 To: White6 FR: Def 6
You will probably move about ~~Carey plus 4~~ 1700 and atk at ~~Carey minus~~ 0200 1.

0745 Rec'd fr Div by In O:
FO#21 104 w/overlays.
2 copies Intell Annex #1 to accompany FO #21.
1 copy - G-2 Periodic report. #116
11 copies G-2 Periodic Report # 129.

0755 To: Def 3 A set FR: Red 6
Get Dev to send contact patrol over across tracks at 470 and contact men of Co C in first row of Bldgs. All cleaned up as of 0700. Devestate 3

0800 To: Def 2 FR: Cranford 2
Given dope on I & J and our front.

0830 To: Def 2 FR: Lt Libby, Red 2
Have a civilian here and I think you could get a lot from him. He doesn't want to be mixed up with town people. Was in Army and got out in 1941. A Jewish doctor friend gave him ulcers. Mungersdorf he says will be heaviest defended - plotted 6 gun positions by Mungersdorf Sportspark. It's an Ammo dump. This side of Rhein was given up as lost last December and all food etc was withdrawn to other side of River. Estimates 2000 soldiers and 150,000 civilians in Cologne. Will send him to your IPW.

0830 To: IPW FR: Def 2
Want you to find out what's around Sportspark at Munsterbusch. Also Obj's M and N.

0845 To: Def 3 FR: Red 5
Dope? D: Rest. R: Just talked to Dagger Red 6 and he says that's all off.
D: It is. You get ready for end at Plaisted time. 414 will go for "Oboe" and our 2nd fr 117 will go with you.

0852 To: CO 415 FR: 414 In O
414 going for Obj L at 0900.

0900 To: Red 6 FR: Def 6
Can you see N of 19? R: No. D: If they call for fire we'll put some fire on it. If your OP's can see any fire coming fr there. You go for Nan and White for Mike.
R: Believe that Sportspard should be fired on. Rd along G-25, 26, 27 is all mined. Also mines in front of 34 and factory area.

0855 To: Blue 6 FR: Def 6
We go for M and N at ~~Carey minus 1 tonight.~~ 0200 Red 6

0915 To: Def 2 FR: IPW
Your man is here. D: Will come down here.

0915 To: CO 415 FR: Msg Cen
Battle Experiences #72 Secret Order for Col Cochran.
Opns Memo #65 w/ Overlay.

0945 Lines to A MG and 36 are out.

0954 To: Def 3 FR: Col Kelleher
Got about 15 Jerries from "L" and Airbursts about all opposition. L is taken.

0958 To; Def 3 FR: Red 3 Re: Supply routes.
Either point 470 or 24. Bridge has been bombed out - it's a fill. Will you get Engrs? yes.

1010 To: Def 3 FR: Cran 3
Have you been using reconnaissance?
D: Yes. Our biggest problem is to get across RR bridge. We have to get 470 or 24 bridges in.
C: Can you go about 1400 or 1500?
D: Will see. Think it's possible.

1017 TO: Blue 6 FR: Def 6
Kelleher has taken L. Div wants recon. - probably to start either 2 or 3 this after noon. Want to pass Deane thru you. Are you getting any fire up there now?
Sporadic.
If any of your groups draw fire pull them in. Want to push them thru M.

1025 To: Red 6 FR: Def 6
Omaha moving into G 5 and just N of it. Jerry in L with no opposition. Want to put you in north part of Jerry's sector and slip into N. Want some combat patrols thru there. Will call you back.
R: Can get foot troops thru there. Want bridge in at 470 and can at least get a weasel thru there. Foot troops OK. Did they get 55 cleared?
D6: Must have. He's got troops in there. Will call you back.
R6: One of our people found xxx 12 flak guns knocked out and one 76.

1027 To: Darnell 6 FR: Def 6
Bridges at 24 anf 470 down. Will need them for suppley routes xxx when troops move. Will get after them.

5 March

35 To: White 3 FR: White6
Have to move out of there by 1130. Alert Co's and have chow.

43 To: Red 3 Fr: Def 6
Will you arrange to send combat patrol thru.
Yes. Will take care of that.

50 To: Def 6 Fr: Cran 6
Jayhawk told me to recommend a regimental colonel for generalship and I recommended you. Want you on M and N by nightfall provided you can do it cheaply.
Sending out our patrol now.

55 To: Cran 3 Fr: Def 6
White to factory area, 484. Told him to get some platoons out to come in through 4. He is going to leave at 1145 and should make it by 1500. Needham can start earlier. Want to use a covered approach through Devestate L for M and N.

03 To: Devestate 3 and 6 Fr: Def 6
Want to use part of your sector (northern part) to go through M and N
OK, but we do not have all of L, just about 150 yards in
Heard you had it all.
34 up 200 yards E of 26. Lot of road blocks holding up our tanks.
Do you want to go from your place to 24, 25, 26?
Yes. Will let you know when you can move. Want to push on to 0 a little to get some room.

To: White 6 Fr: Def 6
D: Won't be able to push on until they clear L.
W: Recon out to 480, 473, 467 to see if we can get tanks out.
D: You start moving at 1200. Patrols look thru 3 and 4.
W: Wanted to check beyond 7 and 8. If nothing in town, will move right in.

17 To: Def 3 Sgt Fr: Def Cn
Displacing forward.

44 To: Def 6 Fr: OP 1
On road from Vogelsang, due S, a tank is 200 yards south of the town. It is an enemy tank firing towards us. It moves, stops, fires, moves. Moving north now. Is 200 yards south of the road junction. Now it is at the road junction, now out of sight, but can see its flash. (Crumpet fired one round before observer lost sight of the target.

32 To: White 6 Fr: Def 6
Would like north route. Check it with recon. Want M and N by 1900.

Blue rear has pulled out; have communication with Blue fwd.

58 To: Def 3 Fr: Cran 3
D: Using I and R plat with TF X. C: Are you coming through them?
D: May do it. C: Devastate at 27.

20 To: Def 2 Fr: IPW
I: Have O from AA outfit. Do you know the bridge situation?
D: Only one; can take foot troops.
I: Says Hohenzollern bridge is used for retreating foot troops. Houses heavily booby trapped--toilets, steps on stairway, closet doors. Says they are all through the city of Cologne. We can expect a lot of 88 fire from both sides of the river. PWs we have taken were just put into the line, without communications.

5 March

1245 To: Red 6 Fr: Def 6
How about field between you and M?
Doesn't seem to be anything out there.
Enemy has one tank and one SP outfit.
Take one hour from time I left to get from here to M.
Should be able to get there between 3 and 4.
Gen Collins worried we might bypass some stuff, but don't think so.

1255 To: Def 3 Fr: White
Deane on way up; Armor at RR. Devestate between 34 and 27, getting flak about 15 feet off the ground, but not much infantry.
You may pass thru Red after a while; now assemble; expect to have M and N.

~~1315 To: Def 3 Fr:~~
1308 Line to Devestate is in.

1310 Direct line to Red is out.

1315 To: Def 3 Fr: Cran 3
?Right column of TF Doane at 393642; left column is at 393650. Time 1130/

1315 All lines to Red are out. OK

1316 All lines to White are out.

1340 To: Jayhawk 3 Fr: Cran 3
3rd Bn 414 nearly thru L; 1st Bn halfway through, going south of L toward O, opposite lower half of "L". 415 will bring a Bn through "L" into "N" from the south. Expect to have 415 into "N" by darkness. Going into M from the north. Want to get "N" first.

1345 Line in to Def ~~fwd~~, which has line to Red.

1350 To: Def 5 Fr: Cran 3
TF Doane at 415630; other column at 408640.

1352 To: Red 5 Fr: Def 6
D: Can you start at 3 O'clock?
R: Yes. D: Then do it.

1400 Line in to Blue.

1430 To: Def 3 Fr: Def 6 Cran 3
6: Combat patrol of White down to 5 and 8.
3: Cran 6 was here. Said there is a heavy smoke haze over the city. Wants us to push using smoke as cover. Get M and N tonight and use the line to send active patrols out tonight. If nothing there, go to RR, F line.

1445 To: Def 3 Fr: Cn 6
D: Red patrols working through L into N. White has patrols at 5 and 8. Getting ready to push into N. Expect to have M and N by 1900.
G: We are right behind Lovenich

1448 To: Red 2 Fr: Def 3
When you get into N, send active patrols forward, and be prepared to go toward RR ring at center of town.

1450 To: White 6 Fr: Def 3
When you get to N, contact TF X on you left.

1455 To: Def 3 Fr: Dev 6
Dev: Have been to O; no signs of resistance there. Going to hold up on B line.

4-INF(415)-0.7 Daily Journal - 4

1500 To: Def 2 Fr: Capt Snyder
Red 6 said that Red jumped 10 minutes ahead of time.

1525 To: Def 3 Fr: Col DeGraff
C: Civilians giving you trouble? D: Yes.
C: Is Kally there?
3: Yes - we're moving all civilians to one part of town.

1537 Lines to Camel Redx and Cranford are in.

1643 TO: Def3 FR: Blue 5
Huge numbers of Civilians coming thru fields waving whiteflags.
Keep shoving them back here.

1603 To: Cran 3 FR: Def 6
D: Co C 300 yds east of 28 and B Co following them in.

1608 To: White 5 FR: Def 6
White just moving out of this town.

1615 To: Def 3 FR: Red 6
Red has reached N 300 yds E of G point 28. Scattered fire from Volkstsurm. Going fwd to B line and go thru to F line. Then go on from there in the morning.

1620 To: Def 3 FR: Blue 3
B: Can you contact Wagner and get patrol over here?
D: Already spoke to him and he'll have Ln with you - the platoon with him.
BL Ln hasn't checked in there yet.

1624 To: Def 2 FR: White 5
Easy on 5 - fox 500 yards E of 3. Cran 3

1627 To: White5 FR: Def 6
C Co at crossroads - S of G 20 and E of G19. Cran 3

1628 To: Def 6 FR: Red 6
B at G 36 alittle fire from rear. Cran 3

1642 To: Def 3 Clerk
Direct line to Devastate.

1654 To: White 5 FR: Def 3
Want to push on to B line. From there push patrols to C line within your Z/ Report what is found there. Be preparedto close on C line tonight.

1650 To: Red 1 FR: Def 3
Tell 6 to send fwd patrols fr B line to C line and be parepared to close on C line on order.

1658 To:Cran 2 FR: Def2
389605 - mines on N and S edges of rds.

1700 To: Red FR: Def 2
Red CP vis 36.

1714 To: Def 6 FR: White 5
F on M, G entering the town North of 10. Red 3 Cran 3

1720 To: Cran 3 FR: Def 6
B at 36, C S of 20, E of 19, road junction, Red CP displacing fwd. Will be moving up.
Red of Deb up against 45 and 49. Blue has patrols at 40 and just south of 36
TFX at 118 and 100 W of Grid line 42 to our bdry. Down to 200 yds W of 128 and extending N 800 yds.

5 March

1724 To: White 5 Fr: Def 6
G north of 16; E ordered to move from 5.

1724 Received Opus Memo #68 from 413.

1726 To: Def 2 Fr: Blue 2
B: Have two Dutch civilians from Cologne.
D: Send them back here.

1734 To: Def 6 Fr: Cran 3
C of Dev 200 yds W of 50. B following behind them. A running in from other side.
Blue still on the same line. Don'tthink they'll move up. You'll contact Red Bn.

1740 To: Def 2 Fr: Red 10
200 yds SE of 28. Location of Bn CP.

1807 To: Def 2 Fr: White Trans O
W: A man here who claims he owns the house has been very cooperative all day-
but one of the men found a picture of him in full dress uniform.
D: Send him over and we'll have the IPW screen him.

1825 To: Cran 3 Fr: Def 3
D: We are in B. Do you want us to go for A?
G: Yes. Button up and then send patrols to D, and then move troops to D.

[illegible]7 To: Red 3 Fr: Def 3
Button up on A line and send patrols to D line, then close on D line.

1830 To: White 5 Fr: Def 3
Devestate up to A on R. Close on the A line and send patrols to D lineaand prepare to move forward to D.

1834 Line to Blueis in.

1817 To: Red 3 Fr: Def 2
Completed O. O of Dev at 50, pushing for A .

1835 Received from Div: 1st Army Monitoring Report, Operations Memo #44 (2), Passwords, VII Corps G-2 Periodic Report #54, Intelligence Annex #1 to accompany FO #21 (22), Air Photos, Maps Cologne Sheet 5007 (50).

1902 To: White 6 Fr: Def 6
W: On B line. Met little howitzer fire. Have 6 or 7 deserters.
D: Go to A line, then to D line. Move at 0645 in the morning. Red on Blue line .
W: I am in the center of the objective-- in beer hall across street from school.
Route to go there: 3,4,5,8,9.

1854 To: Red 6 Fr: Def 6
R: C on B line. B Co coming up to it; one platoon there. A Co east of 19. Patrols out for D line.
D: Close on the A line and patrol to D line. Dev C on B line, going to A line.
Dev L on your right on B line.

1923 To: Def 3 Fr: Lt Shay
Cn 6 left on recon for position rear of N at 1700. Should have been back at 1800.

1924 Line to Camel Red and Dev are out.

1910 To: Def 3 Fr: Cran 3
Extension of 132 to NE for 1000 yards is line held by TF Doane.

5 March

1947 To: Def Fr: Blue 1   Blue line going out.

1956 To: Def 6 Fr: Red 6
R: B abd C have contact. Moving to A-A line. C still out of contact with D. Heard an AT firing way south of us. Going to place CP vic of 42, just E of 37. Now we're almost at 28, SE of it.
D: Deane on B-B
R: Road is clear to B-B line.
D: Go to A-A, patrol to Dog. At 0645 continue to advance.
R: Civilians say there is plenty of arty across river.

2000 Line to Red back inl

2019 To: Blue 3 Fr: Def 3
Both on B line and going to D line. Jump at natural minus 15 in morning toward river.

2027 To: Def 3 Fr: Cran 3
C: Do you want to use road that Omaha has?
D: For a while yes.
C: When?
D: Only a few vehi les so I think he can indiltrate those through.

2055 To: Def 2 and 6 Fr: Red 6
B's people got to D-D no resistance.
C went out and we lost contact. Sent patrol to check with them. Can't find them . Think they've gone too far and are working back.

2100 Line out to White.

2110 To: Def 2 Fr: Lt Nutting
Roads clear to B-B line.

2124 To: Def 2 Fr: IPW
Have 15 policemen, 5 Frenchmen, and 3 who don't know where they're from.

2347 To: Def 6 Fr: Red 3
C on G 106 and contacted G on their left.   Cran 3

2212 To: White   Fr: Def 3 Clk
Dispositions: F on left, G on right, E in reserve. Moving up to A now. E at 10. Sent patrol to Red to contact them at A.

2220 To: White 5 Fr: Def 6
D: Armor at road blocks at 128, 132, facing south. Send patrols through road blocks, particularly F Co. Armor goes through 128, 123. Is road 6 7 8 9 open?
W: Yes. Came over it.
D: Use it as your supply road. TF X will use road going through 5.

2227 To: Red 3 Fr: Def 3
Location of CP is 300 yards north and a little east of 27. A Co between 29 and 30, rear of C Co. Have contacted G Co on left.

2233 Line to Devestate is back in.

2250 To: Def 3 Fr: Cn 6
Don't have a line in. We're close to 19. Will lay wire back to our guns. Arty trying to hit the main supply route.

2256 To: Def 3 Fr: Red 3
Location: Point 36 - 300 yards north is a little triangle with dot in center of it. Take right turn on that and we are in that street.

2305 To: Def 3 Fr: Cn 6
Met Red. Don't want [illegible] party in with your line. Get me through FDC.

UNIT JOURNAL

6 March 1945

0006 To: Def 3 Clk Fr: Lt Shay
To contact us call Crumpet, ask for Crumpet Baker, and then for Cannon. Our location is 300 yards south of 19. We closed in at 2030.

0024 To: Def 3 Fr: White 5
F and G on Phase Line A. Sending patrols out to D. 2,000 civilians where we are. Have 10 PWs; Volksturm.

0116 TO: Def2 clk FR: Switchboard
Line to red is out.

0155 TO: Def 3 FR: Red CP
"B" Co reports TK's moving to right front.

0157 TO: Cran 3 FR: Def 3   Red
D: "B" reports tk's moving to right front.
C: Probably Dev , White plus some tks is moving south of pt 51 in Morbell
D: "A" at point 30, "B" at 10.

0208 TO: Def 2 clk FR: Def11
You can get red through Crumpet "B".

0302 TO: Def 2 clk FR: Def 11
Line to red is in.

0540 To: Def 2 Fr: Capt Nicholas
2nd Bn Dev is buttoned up on X. Their C Co is at G69.   Red

0553 To: Cran 2 FR: Def 2
Dev B SE of lake and to R rear of Charlie. Item just ahead of G-47.

0555 To: Def 2 FR: Lt Cram 2
Bothe Co's sent patrols to DD. Last patrol of C Co met scattered resistance - charted one gun emplacement. Went to DD line. What G-points are around Obj X?
Cran 2: 62, 63, and 57.

0609 To: Cran 3 Fr: Def 2
How about A Co of Devastate? A is in vicinity pt 52.

0610 To: Red 5 Fr: Def 2
Did B make contact with Devastate? No.
C did contact G.

0611 To: White 1 Fr: Def 2
Did F contact TFX last night?
I'll have to find out and call you back.

0620 To: Red 6 Fr: Def 6
All set? Everything OK.
R: C met a little resistance(probably scattered Volksturm) got patrol back allright. Thinks he has located a couple of AT gun positions.

0623 To: White 6 Fr: Def 6
Everything set? All ready.

0624 To: Blue 2 Fr: Def 6
Be prepared to displace forward promptly this morning. Go through here and down where B and C are. Get recon out early.

0640 Line to Devastate is out.

0644 To: Blue Fr: Def 6
Can you move by 0800?   I believe so.
Be prepared to move by then so if those other people continue to move I can get you right in.

4-INF(415)-0.7 Daily Journal - 4

6 March

0645 Rec'd fr Div by Ln
Town plans (Cologne)
Photos
104 Opns Memo #35
104 G-2 Periodic Report
104 Adm O #53
Overlay our positions.

0708 To: Def 2 FR: Dev 3
Dev: We'd like to arrange contact at Bdry. How about around pt 90? I'll contact our people as to when they can make it and let you know the time. I'd like to maintain the contact on thru.

0716 To: Def 2 FR: Def 6
Instruct Blue to move Via Sportsplattse G-28. Like to have them begin move 0800. Down behind Red.

0718 To: Def 3 Clk FR: White 3
White crossed the LD on time.

0720 To: Blue FR: Def 2
Re: Fwd movement. We've made arrangements for chow - and we'd like to feed our people before we move. I think we can move to 0830.

0721 To: Red Rear FR: Def 2
Send to B this msg: Contact Devastate at G - 90.

0728 To: Cran 3 FR: Lt Vanderbilt
Dev White : X was cleaned out and they're on way to A.

0737 To: Def 3 FR: Red 6
Red jumped off at proper time. C on DD line. Cran 3

0740 To: Def 3 FR: Def 6
Red CP vic 38. Want Blue to move to where Red was. All of Red on DD.
D3: Blue will move soon and will go vic 28.

0742 To: Def 2 FR: Red 3
New location vic 38 - 1st half block E of that.
B Co to contact Dev at 90.

0746 To: Blue 3 FR: Def 2
Time of Move? Blue: 0830 . Going out ot Vogelsang and then to Right and it takes us right where we want to go.

0749 To: Def 2 FR: Red 3
Can't find out how soon we can contact Dev at 90. Will tell them to get there as soonas possible.

0750 To; Def 2 FR: Red 3
Dope on White?
Will Check.

0756 To: Def 2 FR: Crumpet B 6
Red CP located at G-38.

0757 To: Def 3, Lt Vanderbilt FR: Red CP
Charlie Co at G-101
Baken 700 yds fr G-89 - dragging in woods.
B2: Contact Dev at 90.

0800 To: Def 2 FR: White
Disposition given.
E on DD, G in front of DD. Red Cran 3

0800 To: Def 3 Clk FR: Swbd
Line out to Crumpet. Moving.

0805 To: White Fr; Def 2
Where is Fox?
Going to follow Easy Co. Don't have definite positions yet.

[illegible]

0806 To: Def 3 FR: Red 3
Red 6 wants some Engrs - can't get in contact with them.
D3: Will see if I can get them for you.

0810 To: Cran 3 FR: Def 3
Want to get some Engrs working behind troops.

0815 To: White 3 FR: Def 3
D3: Have you moved your CP
Easy on PL Fox. G Co midway between the two Phase line.

[illegible]

0818 To: Red CP FR: Def 3
Where is Able Co?
Following C Co and About 3 blocks behind them.

0821 To: Red 3 FR: Def 3
Do you know about mine and Booby traps in area that starts at the Fox line?
Make sure they know that in going fwd. To: White 3 0823

0830 To: Cran 3 FR: Def 6
Just came back from Red. Moving right along. Blue to move at 0830.
C: Troops should be aware that civilians must be watched.
D: Civilians pretty docile.

0833 To: CIC FR: Def 3 Asst
Leaving in ½ hour to go fwd.

0833 To: AMG FR: Def 3 Asst
Leaving in ½ hour to go fwd.

0837 To: Def 2 FR: White 5
G and E at PL Charlie. Cran 2
F at 142

0840 To: Def 2 FR: Red 6
C Co approaching FF. Some enemy resistance at 109. B Co 200 yds beyond 90. 109 for C Co. Cran 2

0850 To: Def 3 FR: Lt Vanderbilt
TFD - 143 to 134 to 130
TFK - 124 - just E of a grid line - N - 2 Grids

0855 To: CO 415 FR: Def 3 Clerk
Maj Kelley (AMG) pulled out his phone.

0900 To: Def 2 FR: Red
Baker at 91. A following 2 blocks behind. Cran 2

0904 To: Def 2 FR: White 5
Dope on L?
Just fwd of RR on PL Charlie. (Also given dope on Red.)

0909 To: CO 415 FR: Swbd
Cranford Checked out.

0909 To: Def 2 FR: White 5
G 100 yds beyond PL Charlie. Getting some sniper fire

0918 To: White 5 FR: Def 3
TFD would like better contact.

0924 To: Def 3 FR: Dev 6
Having some trouble in Marshalling yds with AA. (Given dope on our Co's)

0928 Line to Red is out.

0944 To: Def 3 Fr: Lt Kaufman
K: No news coming in for papers.
D: I'll get them onit.
K: 413th has one man alone on it. That's why everythinghas been for the 413th in the papers. Maj Calhoun is going to stop in for some pictures this morning.

1000 Received VII Corps Periodic Report

1010 Line to Chico White has checked out.

1007 To: White 5 Fr: Def 3 Sgt
Both companies moving; unable to contact them

1008 To: Red 6 Fr: Def 3
Holding C at FF until B pulls abreast at 93 "B" between 92 and 93.

1013 To: Red 3 Fr: Def 3
Dev 6 says troops are getting some fire from the marshalling yards in south part of town. E and G moving up on your left. Even up with C Co and strike out again.

1038 To: Def 3 Fr: Red 6
Moved CP to 2 blocks east of 90. C Co at 109, held up by flak guns. Getting tanks up there.

1042 To: Def 2 Fr: IPW
PWs were labor troops at supply depot for half tracks. Were supposed to return to a town in backof Cologne. All over 40 and in bad physical condition. They don't know anything about mine fields.

1050 To: White 1 Fr: Def 3
G Co ran across a few snipers. Haven't reported flak fire. G one block in front of C. E still on C. F Co moving ahead now, not getting any flak fire.

1108 To: Def 3 Fr: Def 6
3: E on C line, G held up by snipers. One man in H killed by sniper. C one block behind G-contact. C getting flak around 109. B is w/C moving together. 414 receiving flak from Marshalling yards and S/A. And MG 2d Bn S/A and MG. Needham sent tanks forward. Def 6 is at 142 w/F. Can't use RR road. Blue found overpass blown and mines around road. Armor abreast of us. Cran

1114 To: Def 2 Fr: IPW
I: How about these civilians who have served in the army since 1933. We have quite a few of them.
D: Turn them over to G-5 and they'll be processed by CIC and MII.

1110 To: Def 3 Sgt Fr: Red 6
C still at 109, tanks are going up to thier assistance. Enemy have left three Flak guns positions and in dugouts resisting w/S/A. B moving forward from 93. A at 102.

1137 To: IPW Fr: Def 2
Things are pretty well established forward now so why don't you move on?
I: I have quite a few PWs here now. I'll take care of them before I move.

1147 To: Def 3 Fr: Red 6
Both C and B are held up by flak between f-f and C-6 lines. Have FO's working on these positions. Everythingshas been razed through there so it's pretty open. I think this is their last position.
To Cran: Given situation and Co dispositions.

1212 To: Def 3 Fr: Red 6
Both B and C held up by flak and one unconfirmed SP. Fo's working on these. Firing across Baker's L front. Have to eliminate them before we can move. Definitely on this side. We sent tanks up.

1241 To: Def 3 Fr: Def 1
All set here. 800 yds fwd of where Red was.

1245 To: Def 3 Fr: Lt Shay
On moving to new location, G-100. Will have line to new CP.

1250 To: Cran 2 Fr: Def 2
I just picked up a messenger from 3 Pz and a man w/info above our Z. I'm sending them down to your IPW for interrogation.

1255 Rec'd from Div by Ln
Photos and overlay showing dispositions.

1258 To: Def 2 Fr: IPW
PW says there is nothing in front of us. Lt who refused to talk says he will make a formal complaint for mistreatment.

1302 To: Def 3 Fr: Red 3
R: Any information on Devestate?
D: K Co on right of your B Co, about 93, 800 yards short of RR. I Co SW of them. Contact K Co at 83. A,B,and C forward of marshalling yards, 500 yards SW of 85.
R: C Co moving towards 111.

1318 To: Def 3 Fr: Capt Eastman
Given locations of new CP.

1330 TO: Def 6 FR: Cran 16
C: Want to congratulate you. Summers coming in on the S flank. Crowding the regts on a narrow sector. Want them all committed. We must continue pressure.
D6: Searching the building now for sniper. We should get as best set in there as possible. Have Blue in reserve now. Other Bns pushing.

1405 To: Def 3 Asst FR: Red
Charlie ahead of C line. Baken moving on after flak guns were taken care of - somewhat fwd of 93 andshortof C line.

1407 To: Def 3 Clerk. Fr: Swbd
Line in to Service and to Rear.

1405 To: Def 3 Fr; White 3
E on K. G advancing. People on L 200 yds ahead of C. Cran 3

1422 To: Def 6 FR: Red 6
R: 1 plt of B plus teakettles reducing resistance 500 yds E of G-93. 2 units of B on CC as of 1415. C Co on CC at 111 - being held by S/A fire.
(Given dope on White).

1455 To: Def 6 Fr: Cran 3 White 2
Omaha has a task force a block from the Cathedral. Shooting on a mission.

1457 To: White 2 Fr: Def 6
D: Location? W: Same. E on K. G unreported; some snipers. Using machine guns on tanks. Our TD officer was wounded and evacuated.

1500 In with Blue.

1517 Blue line is out.

1520 To: Def 6 Fr: White 6
R: Have contact with Red on our left. Snipers get out of Red zone and go in behind us. TF ½ block from Cathedral.
D: If left company of Red can move up you can move on.
W: I'm at 147 now--CP is here.

1536 To: Def 3 Fr: Red 6
R: Baker is a little right of our Regtl Bdy. Dev not up there so we're cleaning th out.
D: Dev fwd of 93 - Not using any Arty so you can go ahead and do it if you want to.
R: C not up with Whitebecause W by passed.

1537 To: Cran 2 FR: Def 2
Any sheets E of the Rhine? I need a couple - working from a German sheet.
Pz unit in a res pos E of Rhine - Town of Rath, to Fosbath 2000 meters - Along
tose roads are Ammo dumps. Hoffnicngsthal - Sulze 15 Pz Civ Supposed to be in biv
between those 2 towns. Heavily lline w/Arty ammo. 5 Bn of 159 AA Reg, 3 Bn 408 AA
Reg.

1540 Cannon line in.

1540 To: Dev 3 FR: Def 3
Red at PL Dog. Right Co 3d Bn - 84 and 94.
(Given our pos) - Our Red going into your area to mop up some snipers.

1555 To: Def 3 FR: White 3
Is Colonel coming here? We want to move fwd and we've been waiting for him. I'm at 147.
D: If you want to go forward with the troops go ahead.

1600 To: Def 2 Fr: Maj Gentry
Overpass at 434601 being prepared for demolition. Plan to blow it as soon
as they can get around to it.

1605 To: Def 2 Fr: Cran 3
Given our dispositions.

1623 To: Cran 3 Fr: Def 6
D: Have captured distilling with 18,000 bottles of cognac and wine. Think
it should be guarded.
C: Will get MPs to your CP.

1628 To: Def 3 Fr: Red 6
I'd like contact made between C and G at point 151. Devestate abreast of White
us at 94. Pretty much on line 151-113-94. I'd like to consolidate and button
up there.

1632 To: Red 6 Fr: Def 6, 3
D6: Keep close contact on flanks with Devastate and White.
D3: Devastate says it is OK for you to go through them.
R: Devestate has contact with Baker.

1710 To: Def 2 Fr: Def 1 Sgt
Cran 1 wants to know if we have run across any Allied prison camps. If we
do, notify G-1, giving number of prisoners, the food situation, medical attention
required, and allow no one to leave the place.

1807 To: Def White 6 FR: Def 3
Had a patrol at river at 1400.
E Co will have patrols at River shortly.

1816 To: Cran 3 FR: Def 3
154 - 155 - 104 Whitehas had patrols at the River. E ang G there since1400.
White wants to contact Atmor at 1900 at 94

1830 To: White 6 FR; Def 3
Right middle point 149 - 1900
W: Having my CP right there. 2 men from F Co went to river.

1837 To: Red FR: Def 3
Contact at 94 at 1900 with people on Right.

1750 To: Def 3 FR: White 6
Right flank ET ½ - 153 and 154 G. E 600 yds fwd of 145.qTaking them to 154 and 155
and button up, then send out patrols. 2nd Bn had patrols to Rhine River.
To Cran 3 . Also given dope on Red.

DECLASSIFIED
Authority NND 735017
By NARA Date 7-19-07

1832 To: Cran 3 FR: Def 3
Re Armor contact: 4405 - 6020 - on maps looks like pt 94. Is that correct?
1837 Should be 144.
Men who reached river this afternoon 1400: Pfc Chas E Cheatham Jr., Greenville, S, C.
Pfc Francis H. Wilbur, Holland, Michigan

1850 To: Def 3 Clerk FR: Swbd
Devastate, Red, Camel Red lines in.

1855 To: Cran 2 FR: defiance 2
D: Re Civilian policemen - they're clogging our IPW.
C: To be handled by G-5 screened and evacuated by MII. I'll get hold of G-5
and see if I can get someone down there to handle them.

1902 Crumpet line out.

1800 To: Cran 3 FR: Def 3
At 44056020 at Plaza people on left want con tact point.

1803 To: Red 5 FR: Def 3
B at 94. C 152 going to 144. A at 111 buttoning up 114 - 104.

1805 To: Cran 3 Fr: Def 3
Buttoning up on line 154, 155 to 104. Would like to contact Devastate at 1900 at
that point

1836 To: White 6 FR: Def 3
A and E on Obj - buttoned up and have patrols fwd.

1903 To: Def 3 FR: Red 6
C 155 - 114. Baken 114 - 104. Asked C to place people at 104 for contact.
Dev wants to contact you at 94. Co's to send Combat patrols to water. have 85
PW's.

1922 To: Def 2 Fr: Cran 2
Maj here who should take care of policemen. Treat them as civilians
unless they're sniping. Then send them back under special guard.
D: Sent back 50 today.
C: What does Maj Kelly think?
D: Thinks thry're PWs
C: Will call him.

1925 To: Cran 3 Fr: Def 3
Dev will have to have contavt at 94. Not up far enough for 104. Will contact by 2000

1930 To: AMB Fr: Def 2
D: Not to evacuate policemen through PW.
K: The only thing we can do is to orderthem into civilian clothes.
D: Put them in houses and keep them here.
K: I haven't anyone to guard them.
K: We'll take care of them tonorrow.

1935 To: Def 6 Fr: Red 5
Buttoned up for tonight. Putting platoon from A in between us and Dev.

1940 To: Red 6 Fr: Def 3
Contact with Devastate at triangle just N of pt 94 at 2030.

1940 To: Def 2 Fr: Blue 3
We're along street around 37.

1942 To: IPW Fr: Def 2
Policemen are old army men who are used to man defensive positions. Say the rest
of the units took off across the Rhine. Units of 270th Searchlight were put in Inf
One man fr 453rd Redgtttt.

DECLASSIFIED
Authority NND 735017
By NARA Date 7-19-07

6 March 1945

1947 Line to Crumpet back in.

1948 To: Cran 2 Fr: Def 2
Given summary of situation.

2010 To: Def 2 Fr: IPW
94 more PWs since 1800

2015 To: Cran 3 Fr: Def 3
D3: These policemenx have demanded guns.
C3: Everyman who looks capable of bearing arms will be screened including policemen. IPW

2140 To: Dev 3 Fr: Def 3
D3: Had some trouble making contact with your patrol. Would like to try it again at 2130/
Dev 3: This is the 3rd time our men have gone out there. Will send them out again.

2105 To: Dev 6 Fr: Def 3
D3: Major Deane had a lot of sniper trouble - police and women etc.
Got thru to Rhine.

2050 To: Def 2 Fr: IPW
Our truck hit a jeep driving on the wrong side of the road. Will have Hq Co to find another one. Will send MP to guide another from Serv Co.

2110 To: 31 Fr: Def 5
Lay a wire to Col Langdon's trailer.

2135 TO; Blue 6 Fr: Def 6
Check on tendency to let down - saluting, knit caps, uniform, sanitation, motor cycles.

2150 To: Def 2 Fr: Cran 3
C3: Omaha called to say your patrol had not made contact at 1900. Send patrol and establish contact at 44056020. Your time of movement tomorrow morning will be same as this morning.

2200 To: White 3 Fr: Def 2
d2: Omaha called about your patrol-had not made contact. W3: Went there myself. waited half hour. 2: Have to make contact at 44056020. W3: Fox at 149. Cran 3

2214 To: Red 3 Fr: Def 2
Tomorrow for phinishing phases we'll begin at same time as before.

2225 Blue line out

2203 To: Def 3 Fr: Cran 3
We have to supply a R Plat to the AMG Vic pt 34. They'll only be used for a shot time. Col Cawthorn will pick up the plat at Bn CP 0900 tomorrow.

1200 Blue line is back in.

UNIT JOURNAL

Date 7 March

0020 To: Def 3 Fr: White 2 Sgt
C Co patrol met small arms fire on G-115. Went down main road. Was gone 35 minutes. Can't estimate enemy strength. Don't think it is very much. Cran 3

0050 To: Def 3 Fr: Capt Burke Cran 3
C: Our patrol contacted our friends on our left. They are close to us, on same line we are.
D: C Co patrol met a little small arms fire.
C: Think they were on way to contact us.

0500 To: Def 3 Sgt Fr: Cran 3
Negative report.

0725 Line to Camel Red is in.

0740 1- copy G-3 Periodic Report #118
1- Overlay on dispositions
11-G2 Periodic Reports #131

0745 To: Red 3 Fr: Def 2
R3: Have not taken off yet.

0747 To: Def 2 Fr: Dev 3
Dispositions given to Dev.

0747 To: Def 2 Fr: Cran 3
Dev-Baker at 77, Able 100yds short 86, Item at 97, King 400 yds E 95
Dagger - King at 76 moving SE to 65, Love near 65, Item echeloned to rear of love.

0750 To: Red 5 Fr: Def 6
R5: Moving slowly. D6: Dev ahead of you. Dispositions on Dev given. Cran 3

0752 To: White 1 Fr: Def 6
W: Have started moving / Dispositions given on Dev.

0755 To: Cran 3 Fr: Def 2
C: TFD on river - both sides of 139. White - Red.

0808 To: Red 5 Fr: Def 6
R5: C moving along well vic 115 - others slightly behind. Rt rear. Cran 3

0810 To: White 5 Fr: Def 6
Cand E 600 yds from edge of river - just behind 116. Areas have been searched. Patrols have been to river - nothing there. Cran 3

0815 To: White 6 Fr: Def 2
Can you have a look at the bridge in your area. Check for condition, approached etc.

0828 To: Def 3 Fr: Cran 3
Dev King at 98 Item at 97.

0835 To: Def 3 Fr: Red 3
Displacing now, CP vic 151. C on river, Baker inbetween 115 and 105. White

4 - INF(415)-0.7 Daily Journal - 4

UNIT JOURNAL

7 March

0850 To: Def 2 Fr: Capt Beard
Would like Capt Isner to send a dozer to clear a road for me..
111 and 112 on RR - rd fr 112 cuts back to SW around shaded area. There is one way traffic there only.

0912 To: Def 3 Fr: Red 5
Red is on the river. CP moving to 114.
D: Bend policemen throught cage in they've been fighting. If you know definitely they haven't been send them to G-5.

0934 To: Def 2 FR: IPW
28 more Security Guard. 2d, 1st, 4th Co's. 3rd supposed to be near RR bridge. These policemen are used as soldiers. Young troops were pulled across Rhine 2 days ago.

0937 To: Def 3 Fr: Cran 3
CCA wants another contact pt. S bridge - (N edge your sector) building on NW side. (NW corner building) 1100. Continue each 2 hrs until 1900 - then hourly.

0947 Line to Blue is out.

0945 To: Def 3 FR: Red 3 Sgt
114 - 115 - New CP 1st Bn

1005 To: Def 3 FR: Capt Neal
Want representative of G-5 to take Policemen , 35 or so, back. They weren't resisting arrest.
D3: Will have Kelly come and get them AMG

1009 To: Def 3 Asst Fr: Red 3
Quite a few Jerry Ack Ack Guns here with Ammo there too. Want it taken care of.

1020 To: Def 3 Clerk FR: IPW
Does our sector go as far as the Autobahn bridge? Tell Lt Thomas that 3d Co ob Bn in Rhodenkerchen.

1034 To: Def 25 FR: Def 3
1st Bn called - have quite a few Ack Ack guns the'd like to have evacuated. Not manned. Can't trust civilians. I'll have a Ln O show you down this PM.

1040 To: Def 2 1040 Fr: White 2
Lot of equip in police station - Signal etc. Vic 400 yds E G-145.

1050 To: Cran 2 FR: Def 2
In old police station - 400 yds E of 145 - a very elaborate system of working German radio's. In 1st Bn section - several Flak guns - believe they're 88's with Ammo. Going to get ammo out of there right away - at G-115. Still getting 1079 security Bn PW's. Instructions to fight and then retreat across Hollengollern Bridge but 3d A rm'd got there too fast. Around G-115 - Signal Equipment.

1055 To: Def Red 3 Sgt FR: Def 2
What about 35 German Cops? Put one of your men on them and shoot them thru this enclosure.

1056 To: Def 2 FR: Dev 3
Everything clear to River.
Dev: Same here.
Def: People on L clear too.

1110 To: Def 1 FR: Red 3
G - 116 - Warehouse here with plenty of food and people are looting it. Send Maj Kelly to take care of it.

1115 To: Def 36 Sgt Fr: Def 2
Are your platoons still w/Bns? Yes.

1127 To: Red 3 Fr: Def 2
White hasn't quite extended their bdry - about 4 blocks between us.
D: The're keeping patrols in there to clear it out once in awhile. We'll call them.
1128- to White: Will keep patrol system going.

1136 To: Def 36 Fr: Def 3
Assemble your people now. Everything is detached. Effective now. I'll contact S-4 on rations.

1140 To: Def 4 Fr: Def 3
TD's and Tk's and AT are to assemble . Bns have no more attachments. OK for AT. TD's and Tk's will draw rations for the balance of today and tomorrow.

1147 To: Def 3 Fr: Def 4
Losing Tk's and TD's from Regt?
D: No, just from the Bns.

1203 To: Def 3 Fr: Def 4
The rations for the remainder of today are with the Bns they were attached to Rations they pick up today are for tomorrow.

1215 To: Def 3 Fr: Red 1
R: Want Kelly down here to stop loading of warehouses.
D: Will check Smith on it.
R: Where is Blue?
D: Back where they were. Omaha on river. 3rd Army captured a Corps staff a while ago.

1248 To: Def 6 Fr: Red 6 Cran 10
Located cellar full of German signal equipment near D Co CP.

1255 To: Def 3 Fr: White 3
Patrol to contact Armor was at river at 1100 and couldn't find them. Don't think it is worth while sending the patrol. E and G where they were last nigth.

1258 To: Red 6 Fr: Def 6
Outpost a river line to prevent passage of enemy across the river, and take measures to prevent sabotage. Tie in with Deane and unit on your right.

1300 To: White 6 Fr: Def 6
Outpost west bank of river in your zone to prevent passage of enemy across the river. Caution troops to prevent acts of sabotage. Tie in with 3rd Armored on your left and Red on your right.

1310 To: Def 2 Fr: Cn 6
C: Want to pull back liaison officers with battalions.
D: Think it is all right.

1255 Received Operations Memo #46 104 Div, VII Corps Periodic Report, News Bulletins.

1332 To: Def 2 Fr: Cran 3
Dagger is now on the Rhine.

1350 To: Def 2 Fr: White 6
Bridge at G-146: Had five spans, four piers. Two center piers have towers with cables strung from them. Cables from three center spans are in the river, draped over the piers. Tower on the enemy side is entirely demolished; tower on our side is leaning back at an angle towards us. Three center spans are blown. Engineer says it will take a lot of work to get it usable again. It is a two way highway bridge.

7 March

1353 To: Cran 2 Fr: Def 2
(Cran given description of bridge at G-146)
Bridge at G-98: Is a railroad bridge. Part of trussle on each side is sticking out: 50 yards on the enemy side, 10 to 12 yards on our side. Rest of the bridge dropped into the river. Debris sticking out on the water level at each bridge.

1413 To: Def 2 Fr: IPW
Identifications: Construction Engr Bn 677. All old men. 31st Chem Smoke Co. Had smoke generators. Were put in as KPs, etc. Three of them are here, rest back of the Rhine. 3rd Co, 1079 Security Bn was in reserve, and brought into Cologne. Have two of those. Rest in Rhodenkerchen. Have 176 PWs to date plus 98 policemen

1422 To: Capt Eastman Fr: Cran 3
No fixed line that we pull civ ilians back to, but we have authority to put them where we want to if security measures deem it necessary.

1500 Back in communications with Red.

1550 To: Def 3 Fr: Blue 5 Def 11
B: Contact Engrs for Bulldozer. D: All working now. Will get you on Eisner's list.

1555 Received three sets of maps and overlay.

1612 To: Def 6 Fr: Cran 5
C: Heard there is trouble at the warehouse; rioting there, and Germans trying to set something on fire.
D: Lot of civilians were looting, and Kelly went down there to stop them; fired a few shots over there heads. Under control.
C: Need a captain at TRTC. If you want an officer to have a rest, you can send him down.

1614 To: Red 3 Fr: Def 6
R: Major Kelly at warehouse getting civilians to put back what they took from it.
D: Is there any trouble there?
R: No report of any.
D: Find out, and let me know if you need any help.

1617 To: Def 3 Fr: Cn 6
C: Make recon, and have place 2000 yards from the front. Would like to move up there. D: OK.

1618 To: Engr Runner Fr: Def 3
Tell Capt Eisner 3rd Bn would like bulldozer too.

1642 To: Def 2 Fr: Red 3
Tell Col Cochran that I went to the warehouse and found nothing there. Maj Kelly has a guard on it.

1635 To: White 5 Fr: Def 3
E on L, G on R, F about two blocks from the river.

1637 To: Red 3 Sgt Fr: Def 3 Sgt
C between 115 and 116, B 500 yards south of C. A 200 yards SE of Bn

1710 To: Def 2 Fr: Red 2 Sgt
R: Do you want those maps of the rear areas?
D: Yes, division wants them back. The 8 series is coming down.

1722 To: Def 2 Fr: Col DeGraff
438604 - Liquor Whse on block square border between us & 3d Armd. Ive put guard on it - send up and see what the situation is. If more guards are necessary on any steps beyond what we've done - you do it.

UNIT JOURNAL

March 7

1834 To: Def 2 Fr: OP 1
90* az a jeep and trailer like ours - peoplehave been carrying boxes to a house at 46855830 all afternoon.

1900 To: IPW Fr: Def 3
todays bag; 152 PWs and approximately 94 policemen

1908 To: White 2 Fr: Def 2
Regt'l MPs will return to Regt tomorrow morning. Blue

1930 To: Def 2 Fr: White 2
WO Elkins with a platoon fr B Co 526 CIC is here to guard the police station where E Co is located. Don't know him and want him checked up on Cran 2

2000 TO: Def FR: S-1
Map question for Lt Dyer, TM 31-5 Landing opns on hostile shores.

2001 TO: Def 2 FR: Cran
Corps doesnt have any CIC CIC man by name you called in. Check man for CIC credentials.

2005 TO:"E" Co (Def 5) FR: Def 2
Phoned corps, they didnt know anyone by that name. Any CIC credentials? Any transportation. Couldnt trace him down.
Had AEO card and three papers marked secret. Four halftracks. Placeis honeycombed with passages. Should get someone down from division.

2239 To: Cran 2 Fr: Def 2
Summary of days activities: 127 Pws, some longe range arty came in, a weapons carrier seen on other side of the river, identified some elements of the 31st smoke Co, and 677 Construction Engrs, no mines or booby traps reported, no snipers reported.

2231 To: Def 6 Fr: Col DeGraff
Major kelly needs some help with guarding 3 whses and a displaced persons camp have referred him to you.

2235 To: Def 6 Fr: Major Kelly
Have 3 whses , a wine cellar, and some displaced persons to guard. Would like one company to be at Red Bn at 0830. Will use one platoon at a time. Co will be rationed and quartered at whse. Will release the platoon I now am using from Red Bn. Cauthorn is using a platoon from Blue at the displaced persons camp. Blue
D6: Will send them from Blue Bn.

2245 To: Def 3 Fr: Cran 3
C: There will be some heavy firing ahead of you tonight to destroy everything on other side of the river.
D6: Had a call from Chief of Staff to help Major Kelly out with a company of Inf to help guard some displaced persons and 3 whses and a wine cellar.

2306 To: Def 3 clerk Fr: OP;
At 95* az saw some car lights, about 1100 yds (otherside of R)

4-INF(415)-0.7 Daily Journal - 4

March 7

2310 To: Def 6 Fr: Red 3
Truck pulled up to bank and is blinking lights off and on - opposite B Co.

2315 To: Red, White and Blue Fr: Def 6
They are going to be tough on this looting. Names are being taken and it will be tough on the men and their officers. All Bn COs must get this info down to their Co Commanders. Baths are open tomorrow - 77 per Bn.

2323 To: Def 2 Fr: OP;
95* az about 11 or 1200 yds saw lights of moving car. Did not seem to be a signal. Time; 2306/

2359 To: Def 2 clerk Fr: Red 3
15 minutes ago OP saw same light and after close observation concludes that it is a flashlight - probably someone working. Not a signal.

UNIT JOURNAL

March 8

0025 To: Def 3 clerk fr: Capt Greenough
OP reports a large object, possibly some kind of boat moving across the river from enemy bank towrd our bank . On B Co left front in Whites sector. White
0030 - Object at 85* az about 300 yds off shore - appears ot be standing still.

0145 To: Def 3 Fr: OP 1
Negative report

0600 To: Def 3 Fr: OP #1
Negative report

0630 TO: Def 3 FR: Cran 3
Negative report, a little counter battery thats all.

0715 TO: Def 2 clk FR: Cn Lt Shay
Cn moving to point near 103. Will notify you what time we move in.

0730 Received via In
2 copies Opns Memo #47
1 copy G-3 Periodic #119
11 copies G-2 periodic #132

0812 Line to Red is out.

0914 To: Def 5 Fr: OP 1
Considerable movement of soldiers and civilians carrying huge boxes into a warehouse at 116 degree az, 400 yards from the river, on the first street. They are carrying bedding out.

1046 To: Def 3 Clk Fr: OP #1
Numerous Civ activities. 46655855. Traffic going in and out of factory and when they come out they take S road on bicycles, on foot and wagon. All carry large wooden boxes. Saw an American Jeep and trailer.

1108 To: Def 3 Clk Fr: OP #1
At 46655855 American Jeep came out of factory and headed S. Our MG fire stopped jeep 200 yds S of that coordinate. 4 men ran into a house, at 1047.

1130 To: Def 3 Clk Fr: OP #1
At 120^0 mag az, est range ~~3000~~ yds, columns of smoke - possibley train activity from N to S.

1132 To: Crumpet Fire Direction Fr: Crumpet 6 103 & 93
Cradle 6 was here and wanted you to pick position around ~~[illegible]~~ and move to there, as soon as possible.
Crumpet 6: Tell parties to report to CP at 1300.

1133 To: Red 5, White 6 Fr: Def 2
Want any coordinates of OPs set up.

1140 To: Def 2 Fr: OP #1
Saw 4 civilians at 46655855 and 1 soldier. Jeep still in same place.

1203 To: Def 3 Fr: Cran 3
Boundary in effect tonight. Can still keep boys back there. Other boys moving.

1225 To: Def 3 Clk Fr: OP 1
10 civilians and two soldiers carrying cases at 46655830 at 1215. Believe they are ammo cases.

March 8

Crumpet FD

1230 To: Def 2 Fr: OP 1
Civilians have been carrying cases for last half hour and we haven't had any artillery on them

1244 To: Def 2 Fr: Red 3
R: Does body change effect 1st Bn?
D: No change for you.

1340 Received VII Corps G-2 Periodic Report, and overlay from G-3.

1350 To: Def 2 Fr: Div Office of CofS
Commanders meeting tomorrow at Div CP at 0900. Will include regl and bn cmdrs, and S-3s if the cmdrs want to bring them

1352 To: Cran 3 Fr: Def 2
D: What is the position of the new location of the Div CP?
C: Halfway between George points 82 and 89.

1402 To: Def 3 Fr: White 3
W: Col Cochran is here. Are you changing battalion boundaries?
D: No.

1407 To: Cran 2 Fr: Def 2
D: Can men send home pictures of cathedral at Cologne?
C: Yes.

1412 To: Def 3 Fr: White 3
W: Is the road on the boundary ours or the 3rd Armd?
D: Ours.
W: E Co on other side of street.
D: You can leave them there if 3rd A rmd is not using the place.

1420 To: White 3, Blue 3, Red 3 Sgt Fr: Def 3 Clk
Bn CO's meeting at Div tomorrow. S-3s may attend if Bn CO's desire. Meet here at 0830.

1432 To: Def 2 Fr: OP 1
46785809 – 4 large tanks. Look like petroleum tanks. Covered by a huge camouflage net. FB at 46745803. These two installations very close together.

1557 To: Def 2 Fr: Dev 2
Our OP saw some civilians carrying boxes that were all of the same size. (468584) We threw some Arty on them and they stopped a while but as soon as the Arty lets up they start carrying the stuff again. 100 yds from there is an American jeep and trailer that we're going to hit with Arty.

1503 Red line out

1521 To: Def 2 Fr: Mr Ammons
I found a master for making blueprints of city of Cologne. Do you want it?
Yes.

1529 To: White 3 Fr: Def 4
D: There's a winery in your area.
W: Div put guards on it.

1544 To: Def 3 Fr: Def 6
We found a Hq in F Co sector that has a lot of Volksturm records. Hecht is collecting them. You send them on to G-2.

1620 To: Def 3 Fr: Mr Ammons
German Army telephone exchange in D Co area. Seems to be hooked up and working 1st Bn should put a guard on it and run the civilians out.

8 March

1645 To: Cran 2 Fr: Def 3
Sending some records found in Volkstrum Hq. Want them sent to CIC.

1655 To: Def 3 Fr: Blue 1
What is the deal on the platoon that is out with Kelly?
D: You have a Co and a Plat on duty with Cawthorn. Not to be relieved atthis time. It's not permanent. Have openings for men in Espionage Work to go to school in England and then wotk behind enemy lines.

1815 To: Cran 3 Fr: Def 6
Think civilians should be moved back from River. Bad situation exists down there. People are living in very dirty circumstances, and there is nothing to prevent them from signaling across the river.
C: Gen Collins said a line would be established – don't know when it will go into affect, but after it does happen – no one will be permitted to cross it and anyone doing so, will be subject to prosecution.
C: It is quite a problem because in that area is the only place that water can be had – should be handled right away.

1730 To: Def 3 Sgt Fr: OP #1
Truck hauling the jeep away that was knocked out – artillery firing on it.

1840 To: Def 2 Fr: OP #1
At 468581 about 30 minutes ago 1 german 2½ truck had people loading boxes, Arty fired on it and put it out of action.

1910 Received from S-1: TM 12-275 (20) and TM 21-7 (34)

1941 To: Def 5 Fr: White 3
Have some duds or something down here; still smoking. Were here when we came. Could the engineers or a bomb disposal men come down and tell us at least what they are?

1945 To: Def 6 Fr: Cranz 3
D: I think we should move the men back from the river, far enough so they would be out of vision.
C: You may move them as you deem necessary. We can't fix a line but you may do so. We have meeting at 0900 and may hear something then.
D: If we move the civilians out of forward areas, what they do for water etc?

1950 To: Def 2 Fr: OP 1
Green flare 45 degree az, 400 yards from other side of river.

2005 To: Def 2 Fr: OP 1
Two buzz bombd heading west at 2001. Hear air raid sirens to NE.

2014 To: Def 6 Fr: Major Kelly
K: Reported to G-5 and found that Corps will govern the city starting tomorrow. Corps MPs will relieve ours.
D: We can evacuate the civilians for our own military purposes. Will discuss it at a meeting tomorrow.

2017 To: Def 3 Clk Fr: OP 1
Hear sirens wailing to the NE, pretty far back.

2115 To: Def 3 Clk Fr: OP 1 Negative report.

2200 To: Def 3 Clk Fr: OP 1
Searchlight at 120 degree az, and very far back, went on for one minute and then went off.

2230 To: Def 3 Sgt Fr: OP #1
Just saw another spot light – 120° az, 1400 yds.

4-INF(415)-0.7 Daily Journal - 4

3/9/45

0004 To: Def 3 Fr: OP #1
Negative report

0030 To: Def 3 Sgt Fr: Def 16
Go A 87 Cml wants ambulance - had a wreck near their CP. Wasn't any of their people - some passersby.

0035 To: Def 2 Clk Fr: Def 11
Line from Red to OP #1 is out.

0300 Fr OP1 Negative report.

0426 To: Def3 Clerk Fr: OP #1
4 rockets from 114° and estmited range of 1600 yds. Flash Bnag 5 seconds.
Cran 2

0434 To: Def 3 Clerk FR: OP #1
Racing of Hvy motors at 80° - sounds like tanks. Abount 1800 yds out.
Cran 2

0538 To: Def 3 Clk Fr: OP 1
German artillery piece fired four rounds at 80 degree az, 2500 yards.

0620 To Def 3 From Cran 3. Anything happen last ~~xxxxx~~ night? Very quiet.

0630 To Def 3 From Red. Found a cable streched across road in the vic of CP. Cran 2
Was placed there during the night and was about the height of a mans head. All units.

0742 To: Def 3 Clk Fr: OP 1
Lot of movement on bridge at 47175838. Bicycles and small carts going SE and NW. Look to be civilians.

0755 Fr: OP #1 To: Def 3 clerk
Bomb shelter with men coming out - civilians, at 47035835, and 3 men workin g on roof top silhouetted against the sky at 47005836.

0850 To: Def 2 Fr: OP 1
One German soldier going into a factory at 46695684.

0914 To: Def 3 Clk Fr: OP 1
A t 0913, Two German soldiers walking into building at 47005815.

0953 To: Def 3 Clk Fr: OP 1
Two German civilians loading a civilian truck with plywood at 47075828.
Time 0953.

1013 To: Red 1 Fr: Def 2
D: What do you know about the wire found this morning.
R: Nothing. Will findout.

1028 Line to Cannon Co is out.

1030 Line to Red is in.

1046 To: Def 2 Fr: OP 1
Observed four Germans going into top of building at 46585855. Believe it is an OP. Arti lery to fire on it soon.

1100 To: Def 2 Fr: OP 1
200 yards north of 4851, observed five soldiers walking both ways since 1015.
There is a dugout or shelter at 481581. Enemy OP is being fired on with direct hit.

1101 To: Def 2 Fr: OP 1
Eight good hits on thatOP. Nobody has come out.

March 9

1117 To: Red Fr: Def 2
D: Re wires stretched across road ?
R: Guard found one stretched head height across street last night. Heard noise and went to investigate. Found the cable stretched there.

1122 To: Def 2 Fr: Lt Decker
All set up in new position.

1125 To: Def 2 Fr: Red 2 Sgt Cran 2
From 10 to 5 this morning, everything was OK. At 0620, guard ran into cable when he heard a noise. It was stretched across the road tied to wire fence. No casualties. Roving patrols every hour. Have 5 OPs: B Co, 2 and C Co 3.

1142 To: Def 2 Fr: White
Sending a woman down who speaks English. Wants to give some information.
On her way now.

1204 To: Def 5 Fr: Blue 6
L Co says engineers went down by the river blowing things up without warning anybody. During our relief, a man was hit by and has a compound fracture.

1206 To: Darnell 3 Fr: Def 5
Def: Re Engrs at river. We haven't been told about them being down there.
Dar: We have no one down there. Might be Corps Engrs. Will check.
Def: Be sure to give warning whenever you are going to do any work.

1300 To: Def 3 Fr: OP1
47885835 location of AA gun (en) A rty firing on it now.

1340 To: Def Fr: Lt Vanderbilt
News Bulletins
VII Corps Periodic Report for 8 Mar.

1350 To: Lt Stevens Fr: Blue
Blue given location of Red and White CPs by G points.

1430 To: Def 3 Fr: OP1
AA gun previously reportrd has been completely knocked out. Direct hit on their pit and ammo exploded. Barrell is completely blown off. Cran 2

1445 To: Def 3 Fr: Cran 3
D3: Think it would be OK to use lights during early morning and evening hours.
C3: Recon troop think they have spotted some profitable targets. How about some 81mm mortars. D3: Will see what I can do.

1505 TO: Def 3 FR:"B" 6 Mr Ammons
1st plt "B" located place with radio equipment in it. Seems like radar outfit. Generator & antennae ready to go. Some major from Div came down and didn't think much of it.

1515 To: Def 3 Fr: OP 1
47655853 Jerries walking N along road. Movement both ways on this raod all day.

1520 To: Def 3 Fr: Cn FD
6 missions, 37 rounds.

1735 To: Red 2 From Def 2; D: What do you know about the poison beer? Nothing.
D: What is going on down there? R: There is a lot of radio equipment in the area. We found a AA plotting station. We also sent a man down to you, did you get him? D: No, will check on it.

1740 To White 2, From Def2; D: Will you give me a periodic report each day? OK.

1806 To: Cran 2 Fr: Def 2
D: Do we get credit for Gestapo men as P Ws? Man we have wore civilian clothes and offered armed resistance.
C: No. Must be part of the Wermacht.

1810 Recieved 1st Army Monitoring Report, Passwords, 3 sets of maps 150 each set.

1826 To: Cran 1 Fr: Def 6
D: Is pfc the highest grade of the men in the colored platoon we are getting?
C: Don't know. Will find out.
D: We are still over NCOs, so we can't make any. These colored troops should have colored NCOs. It should call for more NCOs in the regiment. We have got to have the vacancies and the additional allotment.

1852 To: Cran 1 Fr: Def 6
D: Need all the officers we can get. We are understrength. Have three battlefield promotions that haven't been acted upon yet. Think it would be desirable to have the colored platoon all colored except the platoon leader. We don't want to mix the races. None of them is higher than pfc and we are over 63 NCOs in the regiment.
C: Poop sheet says the platoon sgt should be white.
D: That would be all right, but I think the squad leaders should be colored.

1850 To: Red, White Fr: Def 3 Clk
Send in overlay showing defensive positons on 1:12,500 map, by noon tomorrow.

1915 To: Def 2 Fr: IPW Cran 2
IP W: Have a Frenchman here who says he crossed the river last night at midnight in a row boat 500 meters north of the south bridge. He is a civilian and has no papers. Was taken by the 1st Bn. Speaks German and French.
D: Get as much information as you can and we will turn him over to Kelly. Then MII will get on him.

1928 To: Red 6 Fr: Def 6
Frenchman came across in you sector and no one saw him. Get your outposts working.

1930 To: OP 1 Fr: Def 2
D: Did any of you pick up any strange sounds by the river last night?
OP: No one heard anything.
D: Someone cross3d near you last night, so be on the alert for noises.

1950 To: Def 3 Sgt Fr: White 3 Sgt
White OP 3 saw gun flashes at 45 degrees, 1000 yards, 457596.

2000 To: Def 2 Fr: IPW
Re Frenchman who crossed river: Saw 8 arty guns in factory E of Mulheim in triangle based by Munsterer and Dunnwalder Streets. He came across to get away; 20 others hiding on the other side, but were afraid to cross. They were forced laborers. He wants to go back and get them over. Says there are only three guards at the quay, Volksturm troops. Saw people carrying boxes from the factory but does not know what is in the boxes. Two or three tanks under RR bridge where it goes over Deutz Volheimer. Some pioneer groups there doing nothing. AT gunx E Mulheim at letter "g" of Langinasse. No AA guns around there. Didn't see many troops at Mulheim. No RRs running. Sees no signs of mines. A road block at Rd 51. Says there is another man on the other side. Wants to go after him.

2008 To: Gran 2 Fr: Def 2
D: Re Frenchmen: Wants to go over again to get a buddy of his who may give us more info. Think we ought to send him over.
C: Would like him to contact the others and organize a ring to work back to Gladbach to run a shuttle service and get more info. Want identification of units and preparations being made. These men shouldn't see any Hq and positions.

2102 To: Def 3 Fr: Cran 3
Training won't start until 12. Training day will be about 5 hours. Tks and TD's will be with you.

2102 To: Def 2 Fr: OP 1
Negative report.

2115 To: Def 3 Fr: White 2
We have a map here and we can get a man who can interpret it. Knows a lot about installations on the other side of the river.
D: Send him up here and we'll take him to MII.

2135 To: Def 3 Fr: OP 1
German MG app 1 mile downstream. One steady burst of 25 - 30 rounds. Firing E to W

2155 To: Def 3 Fr: Cran 3
Going to lose TDs temporarily and Chem Bn. Nothing said about how long we will lose the Chem Bn.

2210 To: Def 5 Fr: White 3
Shell report: Flash at 86 degree az, 3700 yards, observed from the center of 2nd Bn area, where G Co has its left OP.

2300 To: Def 3 Clk Fr: OP 1
Negative report.

4-INF(415)-0.7 Daily Journal - 4

[redacted]

HEADQUARTERS 415TH INFANTRY
APO 104 U. S. ARMY

Eisleben, Germany
15 April 1945

SUBJECT: After Action Report, 415th Infantry,
From: 1 March 1945 to 31 March 1945, incl.

TO : The Adjutant General, The Pentagon,
Washington (25), D. C.

The commanding ground in the Regimental zone at this time was BRAUWEILER (3363) and the 3d Battalion was ordered to launch a night attack. If BRAUWEILER could be held by the enemy, the whole of the Division front would be dominated by an enemylocated on the commanding terrain. However PW interrogation, observation and patroling, it was determined that not only was BRAUWEILER not defended, but that all the entrenchments surrounding the town had been filled in some time previously. (The reason for this is unknown; it is possible that the enemy had done this in order to protect a large international hospital in the town; on the other hand investigation showed that no arrangements had been made with higher headquarters to declare BRAUWEILER an open city).

The attack was made by 3d Bn., Co. "L" from DANSWEILER and Co "I" from GLESSEN, at 040400 March 1945 in conjunction with an attack by the 414th Inf. seize KONIGSDORF which had commenced at 032400 March 1945. The attack was unopposed except for rocket and artillery fire eminating from COLOGNE. For the first time, high bursting flak was fired from what became known as the "Flak Ring" surrounding COLOGNE. The assault advanced rapidly through the town and elements of the two companies secured REIMERSDORF (3462) and the factory area (3463). The Battalion captured 7 prisoners and found that the hospital had been evacuated several days, aside from local patients.

The 2d Battalion maintained its positions along the woods until the seizure of KONIGSDORF by the 414th and then closed into DANSWEILER, Company "K", moving forward to BRAUWEILER. The 1st Battalion moved from OBERHAUSSEM to GLESSEN, closing in at 0340.

The Regiment sustained 1 Killed, and 7 wounded in action. The Regiment captured 137 prisoners.

March 4 - The 3d Armored Div. had advanced well on the left, having seized SINTHERN and GEYEN (3365), while the 414th Inf had been successful in its assault on KONIGSDORF. Thus, at dawn, the 415th Inf Regt was slightly in the lead of the 3dArmored Div., and the 104th Div. was now abreast and facing COLOGNE from the Northwest.

The Regiment (minus 2d Bn. assembled in DANSWEILER) moved from GLESSEN and OBERAUSSEM and closed in BRAUWEILER around 1000, and prepared to attack the flak positions surrounding COLOGNE, which promised to be much heavier action than had been experienced up to that time.

While it appeared desireable to relieve the 3d Bn which had been attacking continuously, and had covered about 10,000 yards in 36 hours, it was not feasible to do so because the 2d Bn had been exposed in the woods overnight and its personnel needed rest, warmth and dry clothing.

Therefore, at 1100, the 3d Bn attacked on the left against WIDDERSDORF (3663) and the 1st Bn, moving out of (341620) attack LOVENICH (3661.)

As was expected, both Battalions were met by stern opposition, flak guns, mortar and artillery. The 3d Bn, with Company "K" in the assault, was unsuccessful inadvancing from the factory area (3463) due to intense flak pattern which denied any movement over the open ground during daylight. The 1st Bn. moving with a battalion of the414th on its right, had better cover and maneuvered Co. "C" into LOVENICH from the southwest, while Co. "A" made a converging attack (which drew most of the enemy fire) from the northwest. The Company "C" advance was spearheaded by a reinforced platoon mounted on five tanks. The company received SP fire, directed at the tanks, throughout the advance but the tanks withheld their fire until they were within 800 yards of the town. Many air bursts, believed to be mortar or flak hitting the high tension line, occured enroute. Upon approaching the objective, the enemy laid down his defensive fires, consisting mostly of flak, but the assault continued to move and entered LOVENICH with surprisingly light casualties. Resistance in town consisted of VOLKSTRUM and men of the flak units operating as infantry in a house to house fight. Company "A" unable to cross the open ground during daylight, moved into town under the cover of darkness and assisted in clearing the town by 1900.

The 3d Bn, instead of launching a night attack from the factory area, on which the enemy had accurate fire data, moved to FREIMERSDORF and attacking at 2130, withCompany "I" on the right and "K" on the left. Company "K" upon entering town called for a shift of artillery to the eastern portion of its objective and after securingthe western portion, called for a "lift" and continued on the eastern section, attaining complete surprise.

The Regiment sustained 2 killed and 32 wounded in action. The Regiment captured 81 prisoners.

The Regiment was then ordered to "button up" on the line WIDDERSDORF- LOVENICH and prepare for the assault on COLOGNE during the day since the area from LOVENICH to the MUNGERSDORF suburb of COLOGNE (3960) was open terrain and under enemy observation, therefore best approached at night.

However, the 414th Inf in WEIDEN (3060) had a covered approach to JUNKERSDORF (3859), as did the 3d Armored Division on the left to the OSSENDORF suburb.

[redacted]

March 5 - Attacking at 050700 March 1945, the 414th Inf entered the outskirts of COLOGNE at 0953. They met such slight resistance that it was decided that the 415th Inf could advance through the Zone of the 414th Inf and seize MUNGERSDORF from the south in daylight. Accordingly, this move was initiated and troops of the 415th Inf were entering the city at 1500, patrols having jumped off at 1030. The 2d Bn then passed through the 3d Bn at 1500, moving into COLOGNE against no S/A fire and only moderate fire from mortars and flak guns located in the center of the city and acrossthe RHINE. This advance continued until darkness and the rubble filled condition of the streets, plus the need for mopping up, dictated that the troops should halt for the night along a line 5000 yards from the RHINE RIVER! The Regt sustained 5 Killed and 29 Wounded in Action. The Regt captured 128 prisoners.

March 6 - At 060645 March 1945, the assault was continued, On the perimeter of the medieval section of the city, sterner opposition was met in the form of direct fire flak and machine guns manned by VOLKSTURM, Army remnants, policemen, together with many snipers.

A two-man patrol from Co F reached the River at 1400. As a result, the 415th Inf is believed to be the first infantry unit in the Corps Zone to reach the RHINE. The whole of the 2d Bn closed in on the River at 1900, and the 1st Bn, meeting more Flak opposition in its sector, eventually reached the RHINE at 070800 March 1945, afterknocking out three 88mm guns near the railroad yards in the center of the city.

In the taking of COLOGNE by this Regiment, only one man was killed (by a sniper.) Three Officers and eight Enlisted Men were wounded by flak.

In this most successful operation, the greates difficulty experienced was in attempting to keep communications in. This was because of the rapid progress which was made. However, all units were continually in contact with each other by radio. Since the Regtl CP was kept well forward at all times, being at no time more than one jump behind the Bn CPs, when communication was temporarily disrupted, direct vehicular or foot communication was easy.

The I & R Platoon was used to maintain contact with the unit on the Regt's left. Therefore, the flank Bn was able at all times to advance aggressively, assured of the progress being made by the armor.

Civilians were a great impediment to the advance. Great numbers appeared as our troops entered the various towns, some severely wounded, others starving. Since they had to be taken care of immediately, they interfered with the advance of our men, particularly at night. It is also very difficult to differentiate between civilians and those soldiers who have adopted civilian clothing. The G-5 Section, consisting of one Officer and an assistant, did not represent sufficient personnel to cope with the situation. The Regiment was forced to provide them with nine additional men, while Division provided twelve more. Upon reaching COLOGNE, it was finally decided not to attempt to completely control the civilian population, but only enough to assure the maintenence of order and to prevent the civilians from obstructing forward progress.

[redacted]

It is suggested that adequate prior planning be instituted to determine the number of civilians to be expected in any given town and that sufficient personnel be provided ahead of time to take care of them. Empty ammunition trucks could be used to collect civilians and transport them to a point far enough in the rear of the front lines to prevent their interference with operations. Here, they would temporarily remain until the Regiment had evacuated the town. This should be attempted particularly where a town is to be used as base of operations. If deemed advisable, the civilians could be allowed to return later.

A captured enemy situation map revealed that the Germans knew the size of the forces opposing them and that they were able to accurately determine what our next immediate objectives were to be. For example, the flanking drive to VILLE RIDGE. But apparently the enemy was unable to muster sufficient troops to prevent its successful culmination. They were not able to discern the main objectives to these secondary attacks.

The Regiment sustained 4 Wounded in Action. 115 PWs captured.

March 7 - Patrols from the 1st and 2d Bns operated between their positions and the RHINE last night. At daybreak the remaining yardage to the RHINE was mopped up and by 0900 the Regimental Zone in COLOGNE was completely occupied by Old Faithful troops.

The Regiment sustained 1 Killed and 4 Wounded in Action. The Regiment captured 127 prisoners.

March 8 - 11 - During the period March 8 - 11 the Companies effected reorganization, established defenses of COLOGNE, and continued searches of buildings, Occasional mortar, machine gun, and artillery fire was received by troops near the RHINE RIVER. During this period troops received a much needed rest and passes were granted. During this period the Regiment sustained 1 Killed and 9 Wounded in Action. The Regiment captured 10 prisoners.

March 12 - 22 - During this period the Regiment continued the defense of its sector and reverted to Small Unit training. Assault boat training for river crossing was given. Nine men were lost as a result of an accident which occured during this training.

During this period the Regiment sustained 2 Killed, 11 Wounded, and 9 Missing in Action. The Regiment captured 2 prisoners.

March 23 - 24 - The Old Faithful Regiment extended the depth of the Remagen bridgehead some 3000 yards by seizing difficult terrain and capturing 135 of its stubborn defenders.

The 1st and 3d Bns jumped off at 232100A March 1945 under normal harassment fires of 929th F A and 415th Cn. Lt Col NEEDHAM 1st Bn made first contact at 2125 when Co "A" engaged in an exchange of S/S fire at 731319. The 3d Bn, Comd by Lt Col CLOUGH, met strong opposition at 2157 from the wooded heights of ST BREUDEN B and the slagpile (727333) EUDENBERG when Capt Thomas E. Danowski led the assault of Company "L" toward M/G positions emplaced on the crest of these heights. In the rapid advance pockets of resistance were by-passed as they executed difficult maneuvers up the steep slopes in attempting to outflank the positions.

[redacted]

SECTION I -- PREFACE

In late March, 1945, the 82d Airborne Division was engaged in training activities at its base camps at SISSONNE, SUIPPES and LAON, FRANCE. Reorganization under a new Table of Organization was under way and a schedule of intensive airborne training was being carried out. Experiments also were being conducted with new equipment, including the recoilless 57 mm gun. Several tentative airborne missions were in the planning stage at Division Headquarters at SISSONE.

Late in the afternoon of 30 March, the Division Commander, Major General James M. GAVIN was called to XVIII Corps (Airborne) headquarters at EPERNAY, FRANCE. Here he received instructions to the effect that the 82d and 101st Airborne Divisions were to concentrate Southwest of BONN, GERMANY. On 31 March the 82d Airborne Division was attached to the Fifteenth U. S. Army at 1400 and given the mission to patrol a section of the West bank of the RHINE River. This river was the Western boundary of a hugh "pocket" of GERMAN resistance in the RUHR area. Aside from patrols the Division probably would not cross the river. Movement of the Division to the new area would begin on or about 3 April.

SECTION II -- NARRATIVE

1. Action on The Rhine.

1 APRIL: The Division Commander, G-1, G-3 and a small group of staff officers and key enlisted men departed for the new Division area by plane during the day. General GAVIN reported first to the Commanding General, Fifteenth Army, and then to the Commanding General, XXII Corps. He also conferred with the Commanding General, 86th Infantry Division which the 82d Airborne Division was to relieve on the West bank of the RHINE River on or about the night of 4-5 April.

At base camps plans were completed for the movement of the Division which, it was learned during the day, would begin 2 April.

2 APRIL: Movement of the Division by rail and motor began at 0500. Eight trains left SISSONE, SUIPPES and LAON between 0701 and 0807. Most of the motor echelons closed into new areas by 2400. Division Headquarters was established at WEIDEN, GERMANY, a few miles from COLOGNE.

3 APRIL: The process of closing into the new areas was handicapped by the fact only one train at a time could be unloaded at the railhead at STOLBERG, GERMANY, there being only one siding. However, before 2400 a majority of the units had closed and relief of the 86th Infantry Division had begun. 82d Airborne Division Field Order No. 19 was published giving details of effecting relief of the 86th in the sector from WORRINGEN, inclusive, eight miles North of COLOGNE, to GRAU-RHEINDORG, inclusive, 13 miles South of COLOGNE, a total river front of about 32 miles.

2

SECRET

The 325th Glider Infantry began relieving 343d Infantry at 2000, with exception of 3d Battalion, 325th, which became Division reserve. The 504th Parachute Infantry began relieving the 342d Infantry at 2045, the 1st Battalion completing its relief at 2345 or less than 40 hours after it had entrained at LAON, FRANCE.

4 APRIL: The 82d Airborne Division officially relieved the 86th Infantry Division at 0829. The 325th Glider Infantry completed relief of 342d Infantry at 0159, the 504th Parachute Infantry completed relief of 343d Infantry at 0330, and 82d Airborne Division Artillery relieved 86th Infantry Division Artillery at 0400. The 341st Infantry, 86th Infantry Division, came under control of 82d Airborne Division from 0829 until 2330 when its relief by the 505th Parachute Infantry was completed.

The Division improved defensive positions. Artillery fired a total of 478 rounds of harassing and interdiction fire.

Field Artillery dispositions, made under provisions of Field Order No. 19, were as follows: 319th Glider Field Artillery Battalion in general support, 320th Glider Field Artillery Battalion in direct support of 325th Glider Infantry, 376th Parachute Field Artillery Battalion in direct support of 504th Parachute Infantry, 456th Parachute Field Artillery Battalion in direct support of 505th Parachute Infantry.

A XXII Corps letter, dated 1 April, 1945, had directed that patrolling along the Corps front would be "intensified beginning night 2-3 April to the extent of not less than one patrol per front line battalion per night." Operations Instructions No. 2, 82d Airborne Division, added that "Within the discretion of the Regimental Commander, up to one rifle company may be left on the far bank of the RHINE River to screen, observe, and report on enemy activity."

5 APRIL: The Division continued to improve its defensive sector. Two patrols of 325th Glider Infantry and four patrols of 504th Parachute Infantry crossed the RHINE River during the night of 4-5 April and made contact with enemy troops. One prisoner was taken. Artillery fired 104 missions, 2,215 rounds.

6 APRIL: The Division continued active patrolling and also improved its defensive sector. Three patrols, exclusive of a company-sized patrol of the 504th Parachute Infantry, captured two prisoners during the night of 5-6 April.

Company A, 504th Parachute Infantry, crossed the RHINE River during the night of 5-6 April and seized HITSDORF (4273) as a base for further patrol action. This company captured 60 prisoners during the day, repelled a counter-attack by 60 infantry and two tanks, but plans to withdraw the company were begun early in the night on XXII Corps order when it appeared the enemy was threatening the position with at least two battalions.

Artillery fired 111 missions, 1919 rounds.

7 APRIL: While the Division continued its active defense, withdrawal of Company A, 504th Parachute Infantry, was completed during the night of 6-7 April after the company destroyed a Mark IV tank and inflicted casualties when attacked at about 2400. Two

SECRET

3

SECRET

platoons of Company "I" assisted in covering the withdrawal. Casualties received by the company were: Six killed in action, 14 wounded or injured in action, 26 missing in action.

A patrol from 505th Parachute Infantry received 12 casualties when it became entangled in a minefield.

Artillery fired 128 missions, 2,357 rounds.

8 - 16 APRIL: No additional large patrols were sent across the RHINE River, due in part to strict rationing of artillery and mortar ammunition allotments, but the Division continued to improve its defenses and to send small patrols across the river until its positions were masked by the attack from the South by XVIII Corps (Airborne) on the East side of the RHINE River.

8 APRIL: Practice smoke screens were laid down along the river banks. Four successful patrols reconnoitered the East bank. Artillery fired 76 missions, 1,063 rounds.

9 APRIL: Despite adverse wind conditions, practice smoke screens were laid in sections of the Division area. Mortar and machine gun fire was placed on observed enemy positions. There were two patrols. The Division relieved the 761st Field Artillery Battalion of responsibility of guarding bridges on the ERFT Canal at 2300 hours. Artillery fired 57 missions, 704 rounds.

10 APRIL: The Division continued to maintain its defensive positions, sending one reconnaissance patrol to the East bank of the RHINE River. One practice smoke screen was laid. Artillery fired 91 missions, 1,543 rounds, part of the fire being at request of XVIII Corps (Airborne) Artillery on a reported location of the Command Post, German 3d Parachute Division.

11 APRIL: Aggressive defense of the West river bank was maintained, and four patrols crossed the river. Ten casualties resulted in a 325th Glider Infantry patrol when a hand grenade exploded in a boat. Artillery fired 88 missions, 1,053 rounds.

Operations Instructions No. 3 was issued in the nature of a warning order, listing areas in which units of the Division would carry out occupational duties. The Division Military Police and Reconnaissance Platoons were instructed to begin a thorough search of rear areas.

12 APRIL: Liaison was maintained with the 13th Armored Division which was advancing to the North on the East side of the RHINE River. Surrender propaganda was broadcast to German troops. Military government was enforced in the Division area. Artillery fired 34 missions, 913 rounds.

13 APRIL: Active defense of the West bank of the RHINE River was maintained, and, in addition, 505th Parachute Infantry obtained letters of surrender from mayors of LULSDORF (4984), LANGEL (4850), NIEDERKASSEL (4846), and ZUNDORF (5153) on the East bank. Two reconnaissance patrols were sent across the river. Artillery fired 38 missions, 849 rounds. Artillery organic to the Division did not fire and other fire was in support of XVIII Corps (Airborne) advance.

SECRET

Operations Instructions No. 4 (amended slightly on 16 April) was issued. It outlined occupational areas and plans for conducting thorough searches for caches of arms, ammunition, explosives and for enemy soldiers.

14 APRIL: The 325th Glider Infantry and 505th Parachute Infantry continued to outpost the river line but began assembling in Battalion areas. The 746th Field Artillery Battalion was relieved from the 417th Field Artillery Group, converted to Special Guards and attached to 82d Airborne Division. It assumed responsibility for guarding bridges over the ERFT Canal and Displaced Persons camps at 1800. Artillery fired 16 missions, 475 rounds.

15 APRIL: Patrol contact was established with the 97th Infantry Division on the East bank of the river. The 746th Field Artillery Battalion (Converted) relieved organic units of the Division of responsibility for security of utilities installations in the Division zone. Attached artillery fired 24 missions, 572 rounds.

16 APRIL: Friendly troops advancing along the East bank of the RHINE River masked the last of the 82d Airborne Division's positions during the day. The 504th Parachute Infantry was relieved of its mission of active defense of the West bank at 1800. The 417th Field Artillery Group fired six missions, 288 rounds, at request of the 13th Armored Division, before being relieved from attachment to the 82d Airborne Division at 1200 hours.

17 APRIL: Reallocation of troops within the Division area was made in order to secure and enforce military government in the sector. Preparations were made to carry out provisions of 82d Airborne Division Operations Instructions No. 4.

During the period 3-17 April the Division captured 166 prisoners and killed a known total of 378 Germans. Casualties within the Division and within Company "A", 504th Parachute Infantry were as follows:

	DIVISION TOTAL		COMPANY "A", 504	
	O	EM	O	EM
Killed in Action	2	11	1	5
Wounded or Injured in Action	5	102	1	13
Missing in Action	6	36	1	25

2. Military Government in COLOGNE, GERMANY Area

From 18 April until its relief 25 April, the 82d Airborne Division carried on occupational duties in the COLOGNE, GERMANY, area. A thorough search was made of the area by sectors to locate prisoners of war and caches of arms, ammunition and explosives. Guards and administrative personnel were provided for Displaced Persons Camps. Bridges and ammunition dumps were guarded and minefields were located and marked.

Operations Instructions No. 8 were published 18 April amplifying duties of organic and attached units. As amended under date of 23 April, these instructions provided that 80th Airborne Anti-Aircraft Battalion would first search its own area and then assist the 505th Parachute Infantry. The 319th and 320th Glider Field Artillery Battalions would search COLOGNE after completing work in their own area.

A temporary boundary was established for XXII and XXIII Corps pending the time XXIII Corps became operative. The 942d Field Artillery Battalion was assigned control of the area between the permanent and temporary corps' boundaries.

A total of 653 prisoners were taken during the search. Many of these had changed into civilian clothing.

The Division was alerted on 23 April for possible movement and later received orders to move by rail and motor to the ELBE River Northeast of HANOVER, GERMANY, where it was to operate under XVIII Corps (Airborne). The Corps was to be attached tactically to the British Second Army and administratively to the Ninth United States Army.

On 251200 April the 82d Airborne Division was relieved in the COLOGNE area by the 417th Field Artillery Group and began movement to the UELZEN area on 26 April.

3. Action on the ELBE River

26 - 28 April: Major elements of the Division were en route by rail and motor to the new area. The railhead was established at LEHRTE (X5222) and the truckhead at WEYHAUSEN. An overnight staging area for the truck movement was established at WIEDENBRUCK. The Division Command Post opened at HOHENZETHEN (Y0799) at 271200 April.

Operations Instructions No. 6, issued 28 April, provided that the 505th Parachute Infantry and 13th Infantry (8th U. S. Infantry Division), attached, would relieve elements of the Fifth British Division along the ELBE River. The 505th also would attack across the ELBE River and seize a limited bridgehead.

29 APRIL: The 505th Parachute Infantry closed at 1700, but elements of the Regiment effected relief of the 13th Brigade, 5th British Division, by 1315 hours. The 13th Infantry had relieved the 17th Brigade, 5th British Division, at 0200 hours.

Three patrols from the Division Reconnaissance Platoon, each patrol made up of one officer and eight enlisted men, and one patrol from the 13th Infantry crossed to the North bank of the ELBE River during the night of 28 - 29 April. Three patrols met little opposition, but one patrol from Division Reconnaissance Platoon encountered stiff resistance when it landed on the North bank. One officer and five enlisted men were missing.

The Division Command Post moved from HOHENZETHEN to BLECKEDE at 1000 hours.

30 APRIL: The 505th Parachute Infantry forced crossings of the ELBE River at four points and established a limited bridgehead along the general line 053253 - 058305 - 036322 - 005315. Resistance was moderate and this permitted construction of a class 36 bridge by Corps Engineers which was completed by 2000 hours at 004268. Crossings were made in "Buffaloes" of the British 4th Royals, by assault and storm boats, manned by the 307th Airborne Engineers.

The 504th Parachute Infantry had not closed completely, but the 2d Battalion was preparing to cross the ELBE as the day ended. The 13th Infantry, less 3d Battalion, was relieved from attachment to the Division. The 121st Infantry (8th Infantry Division) was attached at 1900 with other components of its combat team, and, with the 3d Battalion of the 13th, was in the process of relieving 2d Battalion, 505th, as the period and month closed.

9 Apr 45 1145 CO invites you to dinner this evening, 1800 at Limbach.
/s/ CO, CCB

1655 S-4 msgr came to CP with verbal msg to S-2. Pick up maps at Div Engrs. Told to Bn S-2.

2035 Meeting of all CO's at CP

10 Apr 45 0030 Bn recd march order via Lias O

0210 Co A left Griesenbach

0210 Co C moved from Asbach to assem area

0130 Dep Limbach via Limbach via motor convoy. Excess cargo stored. March made in blackout.

0645 Ar assem area. Artillery registering throughout march. Assem area So of Siegberg.

1530 Msg from S-2: Prisoners Brasehoss 6947, 761 and 784. Flak AAA Bns. Germans have been seen leaving Seigburg in in horsedrawn vehicles and changing into civilian clothing. Bridges are being prepared for demolition. 88 btrys at 6451-5304. Heavy arty 618-479, 622-480, 626-459, 650-464. 105 mm bn 658-473. Btry at Rosroth

1625 Depart assembly area

11 Apr 45 0100 Dep vicinity of Lohman and proceeded toward Ehrbach. Pockets of resistance met along route with some sniper activity. Also shelled by artillery

2200 Met stiff resistance at outskirts of Ehrbach. Enemy shelled town . Column went back to outskirts of town near airport to await dawn

12 Apr 45 0800 Left airport and started toward Vingst meeting sniper fire along the way

1020 Closed in Vingst, Germany and reorganized.

1030 Received information Sv Co pinned down at Ehrbach.

1045 Dep Vingst. Enemy arty shells town as we leave

1050 36 tanks reported in vicinity of Mulheim

1610 Ar Dunnwald amidst hvy arty and flak fire

1800 Town secured. Security posted and troops billeted

13 Apr 45 1445 Dep Dunnwald. Column shelled. Road block encountered

1730 SA fire at Kempen. Arty fired on town. Veh dispersed and security posted. Woods patrolled, temporary CP set up in cellar of home.

1830 Column reformed and moved to Katterbach. Def pos set up. CP in cellar of home-- aid station estb on main floor

2100 Short arty barrage. Several casualties treated at aid station

NOTE "A" Co M/R: Dep Dunnwald, Germany, 1400. Tactical march. Encluntered severe enemy resistance. Casualties of pers and veh heavy.

"C" Co M/R: Co enjoyed good nites sleep. Resumed attack 1400. Co was in rear of march unit. Encountered heavy arty fire. Brot forward and relieved Co "A" at 1800

14 Apr 45 1030 Dep Katterbach

1045 March halted and column dispersed

1130 Ar Schlebusch

1800 Billeted in Schlebusch. Security posted and CP set up

NOTE Hq Co M/R: Assault and mortar pls moved SE at 0300 to

RES

HEA

TIME DATED	INCIDENTS, MESSAGES, ORDERS
18ØØ	BN CO ATTENDED MEETING WITH CO CC"B" & RECD PLANS FOR ATTACK, 10 APR.
21ØØ	BN CO RETURNED FR HQ CC"B".
23ØØ	Co COMDRS ATTENDED MEETING w/BN CO & RECD PLANS FOR ATTACK TOMORROW, 10 APR. (END)

- -

FROM: ØØØ1 10 APR TO 24ØØ 10 APR 45 (PLACE: AS ABOVE)

TIME DATED	INCIDENTS, MESSAGES, ORDERS
Ø11Ø	BN CO RECD VERBAL FO FR LN OFF MOVING BN TO FWD ASSY AREA IN PREPARATION FOR ATTACK. BN STRIPPED TO BARE NECESSITIES & STORAGE DUMP WAS ESTABLISHED AT SCHONEBERG, GERMANY.
Ø345	BN CO RECD COMPLETE FO FR LN OFF MOVING BN OFF TO FWD ASSY AREA & PLANS FOR THE ATTACK.
Ø345	BN DEPARTED FOR FWD ASSY AREA. ORDER OF MARCH: HQ, D, B/59, B/24, C/24 (TRAINS WERE LEFT BEHIND AT SCHONEBERG. BN ARRIVED IN BIV VIC OF GLIEGEN, GERMANY.
17ØØ	BN RECD ORDER FR CO CC"B" TO MOVE OUT & CROSS SIEG RIVER IMMEDIATELY. BN MOVED OUT, ORDER OF MARCH: D/24 & TWO SQS AG, B/59, B/24, C/24, RCN PLAT TD PLAT B/59 (-), HQ & HQ Co, PLUS MAINT CREWS & TRNS * MORTAR PLAT ATCHD TO 59TH AIB UNTIL RIVER CROSSING THEN REVERTS BACK TO T/F YON.
18Ø5	1ST INDICATION THAT ELEMENTS OF T/F WERE ENGAGED WITH THE ENEMY.
2Ø56	BN CP MOVED ACROSS SIEGER, RIVER.
23ØØ	BN BIVOUACED IN OUTSKIRTS OF SIEGBERG, GERMANY.
	(END)

TIME DATED	INCIDENTS, MESSAGES, ORDERS
ØØ45	BN CO RETURNED FR FWD AREA.
Ø145	Co COMDRS MET WITH BN CO & RECD PLANS FOR THE ATTACK.
Ø3ØØ	BN MOVED UP TO FWD AREA.
Ø93Ø	D/24 CROSSED AGGER RIVER (623482).
1ØØ5	BN CP CROSSED AGGER RIVER.
1Ø15	MSG TO CC"B" FR S-2- ARTY POSITIONS REPORTED TO FRONT, BETWEEN OBSTACLES AND RD. ARTY POSITIONS UNDER OUR FIRE NOW. ONE ENEMY TANK ALSO RPTD. (Co D TAKING ACTION TO KNOCK OUT ENEMY TK).
1Ø2Ø	BN CO CALLED B/24 UP TO TAKE OFF ON MAIN RD.
1Ø23	B/24 MOVED OUT ON BN CO's ORDER.
1Ø27	ENEMY TK RPT OF 1Ø15 UNCONFIRMED.
1Ø43	BN ASSY AREA SUBJECTED TO ACK ACK FIRE. (1ST BN MAN SLIGHTLY WOUNDED).
1Ø54	FR BN CO TO EX O - HAVE CLEARED WOODS APPROX 3000 YDS W & 1500 S FR CHECK PT #2. LARGE GRASS & WOODS FIRES STARTED THROUGHOUT CAPTURED AREA.
11Ø2	S-3 CC"B" TO BN CO - THE CO CC"B" IS ON HIS WAY UP TO HD OF OUR CLM.
11Ø3	FR S-3 CC"B" TO BN CO - RPT PROGRESS ON THE HR, WHEN, WHERE ACTION ENCOUNTERED AS REQUIRED BY CORPS.
1112	BN CO's POSITION 1000 YDS W OF WHNERHEIDE.
1115	TNS RPTD TO BN CP.
1117	LN O TO EX O - SEND THE LOCATION OF YOUR UNIT EA HR TO EX O CC"B". DO NOT SEND IN CLEAR. MSG NOT AUTHENTICATED.
1125	FR CO CC"B" TO BN CO - ONE 88MM AT 588468, ONE 88MM AT 589468. SEVERAL 88's VIC OF ALTENRATH (6215)

(CONT'D)

TIME DATED	INCIDENTS, MESSAGES, ORDERS	A Au By
1132	CO CC"B" TO BN CO – MOVE BIG BOYS STRAIGHT ON DOWN THE RD. DO NOT LET ACTION ON YOUR FLANKS HOLD YOU UP.	
1136	BN CO MOVED Co B UP RD ON LEFT FLANK, TO ATTACK NW.	
12ØØ	D/24 RPTD MANY VEHS HEADING N ON AUTOBAHN. OPENING FIRE.	
12Ø6	FR CO CC"B" TO BN CO – 5 AA GUNS AT 5851, ONE 88 AT 587477, 7 AA AT SPICH (5648) 4 AA GUNS AT 571465.	PL
1237	B/24 RPTD A/T GUN, ONE TRK AND ONE MOTORCYCLIST TAKEN UNDER FIRE.	
13ØØ	YON TO HOLT – TRYING TO ASCERTAIN MY POSITION. HDG W. LOCATED 12 TO 18 PILLBOXES.	
132Ø	CO REQUESTED CUB PLANE FR 496TH.	
1322	CO CALLED FOR DOUGHS TO MOP UP AFTER TKS.	
1322	FR EX O TO B/59 – SEND ONE PLAT TO MOVE FWD TO CO's POSITION. IMMEDIATELY ROGERED.	
1328	B/24 CALLED CO & ASKED FOR MORE SPT ON HIS FLANKS, WAS UNDERGOING FIRE, TYPE NOT ASCERTAINED.	
133Ø	D/24 RPTD BIG SCRAP, REORGANIZING HIS Co. COMING DOWN RD TO JOIN CO.	
14Ø8	D/24 JD CO.	
1427	FR BN CO TO CO Co 6 – FOLLOW DEAN w/ALL YOUR OUTFIT, HE WILL COVER YOU.	
1433	DEAN OUT OF ACTION. MEDICAL AID CALLED TO BE SENT TO FRONT.	
1449	YON TO HOLT – HANSEN IN TROUBLE, DOESN'T KNOW HIS LOCATION.	
1459	HANSEN TO TURN W AND GET BEHIND CO.	

(CONT'D)

TIME DATED	INCIDENTS, MESSAGES, ORDERS
15ØØ	LT. McCARTHY ORDERED TO TAKE CHARGE OF D Co.
16ØØ	BN RALLIED AT 535Ø FOR REORGANIZATION & CHECKING OF PLANS.
162Ø	BN AGAIN MOVED OUT TO ATTACK N ON HWY 8.
17Ø1	BN EX O TO CO CC"B" – NOW AT CHECK PT #7. RECOMMEND THAT THE FORCE IN OUR REAR CLEAN IT OUT.
18Ø8	BN CO TO EX O – AT CO-ORDNATES (53577) RR UNDERPASS IS IN PRETTY BAD SHAPE. SEND TWO SQS UP TO CLEAN UP. (RELAYED TO B/59).
194Ø	ORDERS RECD FR CO CC"B" TO FIND A BIV FOR THE NIGHT. HAVE GONE FAR ENOUGH.
2ØØØ	BN REACHED CHECK PT #48 (SW OF DUNNWALD) IN INITIAL OBJ. PREPARED TO COIL FOR THE NIGHT.
FROM:	ØØØ1 12 APR 45 TO 24ØØ 12 APR 45
PLACE:	(SW OF DUNNWALD, GERMANY)
	BN REMAINED IN BIV AWAITING ARRIVAL OF REMAINING UNITS T/F YON.
1ØØØ	REMAINING ELMS T/F YON ARRIVED IN BIV.
1Ø45	T/F SUBJECTED TO HVY ARTY FIRE. LASTED FOUR MINS. MANY DISPLACED PERSONS ARRIVED IN BIV.
1Ø55	FR BN CO TO CO CC"B" – REQUEST ARTY SPT AS SOON AS POSSIBLE OR A CUB PLANE. WE ARE BEING SUBJECTED TO HVY ARTY FIRE.
1Ø34	RE Ø948, GIVE LOCATION OF SMALL TOWN YOUR VIC. LIST SMALL DETACHMENTS OF WHAT. (NO COPY OF MSG 0948 RECD).
1243	FR CO CC"B" TO BN CO – RECEIVED NO G-2 INFO FR YOU. DIV NEEDS URGENTLY FOR YOUR SECTOR FOR CG.

(CONT'D)

RES

TIME DATED	INCIDENTS, MESSAGES, ORDERS
1255	FR BN CO TO CO CC"B" – CIVILIAN RPTS NAZI BIG SHOTS IN DELLBRUK (603656) QUARTERED IN HOUSE CALLED SCHALLER.
13ØØ	ARTY FO EFFECTED COUNTER BTRY FIRE ON A WATER TOWER of 2750 YDS NE FR THE BIV AREA. NUMEROUS HITS WERE OBSERVED.
14ØØ	AFTER CONTINUOUS ARTY SHELLING, ARTY FO ORGANIZED COUNTER BTRY FIRE FR THREE ASSAULT GUNS DIRECTED TOWARDS PROBABLE ENEMY ARTY POSITIONS.
15Ø8 ~~15ØØ~~	BN CO WOUNDED BY MORTAR FIRE. MAJ PETERS ASSUMED TEMP COMMAND.
173Ø	AFTER BEING SUBJECTED TO CONTINUOUS ARTY & MORTAR FIRE FOR 24 HRS BN MOVED BACK FR BIV LOCATION TO POSITION 200 YDS SW.
19ØØ	UPON VERBAL ORDER CO CC"B" T/F YON MOVED INTO DUNNWALD, GERMANY (512672) AND COILED FOR THE NIGHT. ALL UNITS WERE BILLETED IN THE TOWN. (END)

FROM: ØØØ1 13 APR 45 TO 24ØØ 13 APR 45

PLACE: DUNNWALD, GERMANY (512672)

TIME DATED	INCIDENTS, MESSAGES, ORDERS
	FR ØØØ1 TO 12ØØ BN WAS ENGAGED IN NECESSARY RE-SUPPLY AND MAINT OF VEH.
1Ø16	FR CO CC"B" TO BN CO – MAJ PETERS IS APTD BN COMDR, COL YON HAVING BECOME A CASUALTY.
1Ø58	FR G-3 TO ALL UNITS – USE EVERY EFFORT TO CAPTURE ALL DAMS YOUR AREA INTACT. OVERLAY BY LN IF CAPTURED INTACT. SEARCH AREA IMMEDIATELY FOR TIME DELAY DEVICES.
Ø645	Co COMDRS MEETING w/BN CO AT CP FORMULATION & COORDINATION OF PLANS FOR CONTINUING THE ATTACK. ORDER OF MARCH – 1 PLAT B/93RD, B/24 & ONE SQ OF INF, 1 PLAT B/124, C/24TH w/ONE SQ OF IND ATCHD, HQ Co/24, HQ Co/CCB, PLAT B/630, BALANCE OF B/59, D/24 (-). HD OF CLM DEPARTED AT Ø74Ø FR DUNNWALD (512672).
Ø93Ø	CLM WAS HALTED BY CHANGE IN DESTINATION. OBJ CHANGED TO WIEHAGEN.
Ø94Ø	PER VOCO 13TH AD THIS CC IS NOW DETACHED FR 13TH AD & ATCHD TO DISCUS (78TH INF), CONTINUING ON OUR MISSION, MAINTAIN CONTACT w/GRANITE (8TH INF).
123Ø	REAR ELMS OF T/F PETERS HELD UP ON BOGGED DOWN RD NEAR VIC OF CHECK PT 227.
14ØØ	FWD ELMS HELD UP BY HVY ARTY FIRE AT 14ØØ. COUNTER BATTERY FIRE CALLED FOR & DELIVERED ON CHECK PTS 239 & 240. SPT 97TH INF WITH ARTY FIRE AS THEY CROSSED THE RIVER & OCCUPIED HIGH GROUND TO E. KUCHENBERG (561698) FURTHERMOST PT OF ADV S DUHNN RIVER.
133Ø	FR S-4 CC"B" TO BN CO – CL 1 DP NOW LOCATED AT DCP DELLBRUCK. CL III TRK HD NO 11 ASBACH. DAO NOW LOCATED AT DCP. WP AT DELLEBRUCK (F538644) OPEN 15ØØ.
1615	FR CO CC"B" TO ALL UNITS – CG DIRECTS THAT BN & SEP Cos IMMEDIATELY SEND GRO BACK OVER THEIR RESPECTIVE ZONES OF ADV STARTING AT SIEGBERG & EVACUATE ALL BODIES INCLUDING GERMAN TO DIV COLL PT AT DELLBRUCK (539643). RPT TO G-1 WHEN ACCOMPLISHED.
17ØØ	BN MOVED INTO BIV IN KALMUHTEN (554692) TO AWAIT FURTHER ORDERS. (CONT'D)

ICTED

TIME DATED	INCIDENTS, MESSAGES, ORDERS
12ØØ	WARNING ORDERS FOR THE CONTINUATION OF THE ADVANCE WERE RECD.
12Ø5	FR CO B/59 TO BN EX O - TIME FIRE HAS JUST BEEN LAID ON OUR POSITION WHERE TOP MAN WAS WITH 11 OF B.
1338	FR CO CC"B" TO CO 24TH - HAVE GUIDE START TOWARDS THIS CP IMMEDIATELY TO PICK UP TOXIC.
1345	CG VISITED BN CP & INSPECTED BILLETS & INSTALLATIONS
14ØØ	FR CO CC"B" TO BN CO - B/820 (-2 PLAT) ATCHD T/F PETERS EFFECTIVE 1355. B/93RD (-2 TEAMS) RCN AXIS OF CC ADV TO 2ND OBJ. NEGATIVE RPTS HOURLY.
14ØØ	WARNING ORDER WAS CONFIRMED, Co B/124TH LESS TWO PLATS AND Co B/820 TD BN WAS ATCHD TO THIS T/F. D/24 WAS ATCHD TO 59TH AIB.
163Ø	RCN PLAT LDR TO BN CO - INF HASN'T MOVED FOR 15 MIN. WILL LET YOU KNOW WHEN THEY MOVE.
1925	Co B/630 TD BN WAS ATCHD TO T/F AND B/820 TD BN WAS RELD FR ATCHMT.
193Ø	Cos K & L OF 303 INF, AND 97TH INF DIV ARRIVED IN THE CITY AND ESTABLISHED CONTACT WITH THIS T/F.
1931	T/F RECD ORDERS FR CO CC"B" TO COIL IN PRESENT LOCATION FOR THE NIGHT. (END)

- -

FROM: ØØØ1 14 APR 45 TO 24ØØ 14 APR 45 - PLACE: (AS ABOV

TIME DATED	INCIDENTS, MESSAGES, ORDERS
Ø22Ø	FR CO CC"B" TO BN XO - ENEMY ARMOR REP AT 620680.
Ø525	FR BN CO TO BN XO - ALERT STAFF WILL RETURN IN HALF HOUR.
Ø63Ø	BN RECD SUPPLEMENT #2 TO FO #9 HQ CC"B", MOVING T/F PETERS, CONSISTING OF 24TH TK BN (- Co A) ATCHD TO 59TH AIB AND - ONE PLAT D Co ATCHD TO T/F MALONE), 1 PLAT B/630 TD BN, 1 PLAT B/93RD CAV & 1 PLAT B/124TH ATCHD, MOVED FWD TO DIV FINAL OBJ.
195Ø	BN CO WAS ORDERED TO RPT TO HQ CC"B". BN WAS ORDERED TO MOVE BACK TO DUNNWALD IMMEDIATELY & TO INITIATE RCN w/LT TKS TO VIC OF OPLADEN (CHECK PT
2ØØØ	ORDER WAS GIVEN TO Co D/24 TO MOVE ONE PLAT FWD ON RCN TO VIC OF OPLADEN.
2Ø3Ø	PLAT OF D Co MOVED OUT ON RCN MISSION.
2Ø32	HD OF CLM MOVED OUT OF BIV VIC OF KALMUNTEN ON WAY BACK TO DUNNWALD, GERMANY. HD OF CLM ENTERED DUNNWALD, GERMANY AT Ø215 15 APR. CLM CLOSED IN AT Ø3ØØ. (END)

- -

FROM: ØØØ1 15 APR 45 TO 24ØØ 15 APR 45 * PLACE: (AS ABOVE

TIME DATED	INCIDENTS, MESSAGES, ORDERS
Ø3ØØ	BN CO ISSUED MARCH ORDER MOVING T/F FR DUNNWALD, N TO SANDS (5170). MISSION TO ESTABLISH BRIDGE & BRIDGEHEAD OVER DHUNN RIVER.
Ø445	Co B (-) 630 TD BN FIRED CONCENTRATION ON RD BLK LOCATED ON N END OF DUNNWALD TO ALLOW PASSAGE OF T/F. ORDER OF MARCH - C/24, B/24 w/B/59 (-) 124TH ARMD ENGR PLUS ONE PLAT D/24, Co B (-) 630 TD BN, D/24 (-), HQ & HQ Co PLUS ASSAULT GUN AND MORTAR PLAT 59TH AIB. HD OF CLM MOVED OUT OF DUNNWALD AT Ø53Ø. CLM ENCOUNTERED VERY LITTLE RESISTANCE ON ITS FWD MARCH. HD OF CLM ENTERED SANDS (5170) AT Ø7ØØ. CLM CLOSED IN AT Ø93Ø.
Ø92Ø	CO CC"B" VISITED BN CP & INFORMED BN THAT THERE ALREADY WAS A BRIDGE ACROSS RIVER.
1ØØØ	BN CO MADE PLANS w/Co COMDRS TO CONTINUE THE ADV OVER THE DHUNN RIVER.
1115	HD OF CLM LEFT VIC OF SANDS (5170). ORDER OF MARCH - D/24, B/24 PLUSE D/59, C/24 PLUS 124TH (CON

JUN 21 19

12584

CONFIDENTIAL
SECRET

C
O
P
Y

HEADQUARTERS
COMMUNICATIONS ZONE, ETOUSA
OFFICE OF THE CHIEF ORDNANCE OFFICER
APO 887

DOWNGRADED AT 3 YEAR INTERVALS
DECLASSIFIED AFTER 12 YEARS
DOD DIR 5200.10

Unclassified 6-6-62

6 March 1945

SUBJECT: Report of Heavy Tank Mission

TO : Major General L. H. Campbell, Jr.
Chief of Ordnance, Washington, D. C.

1. The undersigned, accompanied by Colonel Joseph M. Colby, Ordnance Dept, Colonel George Deane, Army Ground Forces, Captain Elmer Gray, Ordnance Dept, Captain Griffen, Ordnance Dept, Mr. W. A. Shaw, representing General Motors and Mr. L. R. Price, gunner from Aberdeen Proving Ground, left Washington, D. C. on 7 February and arrived in Paris, France on 9 February 1945.

2. The purpose of the mission was to introduce the new heavy tank T26E3 to the using services and to obtain as much information as possible concerning the performance of ordnance materiel in this theater.

3. After contacting General Saylor and his staff in Paris, a conference was held with General Holly and plans for the introduction of the T26E3 tanks, the 155-mm Gun Motor Carriage T83 and other materiel were discussed. Arrangements had been made prior to my arrival for holding a demonstration at a French proving Ground at Sissons, north of Paris, in order to give the various Army commanders an opportunity to see this new equipment. Since it appeared to the writer that it was very probable that few of the Army and Division commanders could leave the front to see the demonstration, it was thought preferable to take the equipment to the front and put it in action against the enemy. Contact was made with Major General Robert Crawford, G-4, SHAEF, and a visit was arranged to discuss the matter with General Eisenhower. General Eisenhower decided that the materiel should be assigned to the 12th Army Group and arrangements were therefore made to visit General Bradley and arrange to have the materiel forwarded to the organizations designated.

4. On 14 February I visited General Bradley's headquarters and discussed the matter with him. He assigned the equipment to the First Army and designated that the twenty (20) tanks should be assigned to the 3rd and 9th Armored Divisions, soon to see action.

5. I then proceeded to General Hodges' headquarters and contacted Lieut General Hodges and Colonel Medaris, Ordnance Officer First Army. Visits were then made to General Rose, Commanding General 3rd Armored Division, and

CONFIDENTIAL
SECRET

CONFIDENTIAL

SECRET

General Leonard, Commanding General 9th Armored Division. Our technical personnel were then assigned to assist the 3rd and 9th Armored Divisions in becoming acquainted with the tanks and to teach the gun crews concerning their operation.

6. On 2 February the 3rd Armored Division conducted a demonstration of the ten (10) T26's assigned to them. Lieut General Hodges, Commanding General First Army, Major General Collins, commanding the VI Corps, together with members of their staffs, attended this demonstration. The results of the firing were most gratifying to all. While our officers and men were engaged in instructing the 3rd and 9th Armored Divisions concerning the use of the tank, Colonel Colby and the writer successively visited Lieut General Simpson, Commanding General Ninth Army; Lieut General Gerow, Commanding General Fifteenth Army; Lieut General Devers, Commanding General 6th Army Group; Lieut General Patch, Commanding General Seventh Army; Major General Brooks, Commanding General VI Corps, Seventh Army; and Major General Harmon, Commanding General XXII Corps, Fifteenth Army. For more detailed statement of the visits to the various Armies and personnel with whom conferences were held see Tabs A and B.

7. <u>Introduction of New Materiel:</u> After brief training with the new heavy tanks T26E3, on 23 February the 3rd Armored Division took these tanks into action against the Germans and two days later the 9th Armored Division took their ten (10) tanks into the attack.

8. The following general discussion summarizes the information gained in conversations with the various Army Group and Army Commanders and members of their staff concerning the new types of materiel brought with the mission and opinions concerning the performance of equipment now in the hands of troops:

<u>a.</u> <u>Tanks:</u> All Army, Corps and Division Commanders and other officers with whom conversations were held, felt that it is essential that as large a number of the new T26E3 tanks as possible be sent to this theater at the earliest practicable date. These officers felt that the new tank, which weighs 46-tons, is far superior to any of the German tanks such as the Mark VI Tiger and the Royal type Tiger tanks, which are considered to be too heavy. The heavy gun on these German tanks, is, however admired. All the Commanders of Armored Divisions, with great experience in this war, such as Major General Harmon, Major General Rose and others, thought that the heavy tank T26E3 represented the ideal type of tank, in that its weight is not excessive and it possesses a powerful and accurate 90-mm gun - see attached letters of Major Generals Collins and Rose concerning the new heavy tank T26E3, Tabs C and D. All these officers are in favor of the new super velocity 90-mm T15, with which a portion of our T26E3 tanks are to be equipped. They would like to obtain as many of these powerful 90-mm guns as possible in order to have a gun superior in performance to any tank gun which the Germans now have on the battlefield.

CONFIDENTIAL SECRET

General Barnes' M

COPY

CONFIDENTIAL
SECRET

b. The M4 Tank with 76mm gun is very much liked. This gun with H.V.A.P. ammunition usually can stop the German Panther Mark V or the German Tiger Mark VI. The M4 tank with 105mm Howitzer is also well liked, except that the tank turret should have power traverse. One of the outstanding advantages of American tanks over German tanks lies in the power traverse which permits our gunners to get on the target before the Germans can train their guns.

c. The M4 tank with 75mm gun is not wanted. According to the present plan, a considerable number of these tanks will continue to be shipped to this theater. If possible, steps should be taken to equip as many of these tanks with the 76mm gun by putting the 76mm gun in the present turret, making the few modifications necessary. If this is not done in the U.S. it will be done as far as possible after the tanks arrive in this theater by Com Z, and if Com Z is not able to make these modifications in sufficient quantities, such modifications will be made within their resources by the Army Ordnance Officers. This causes considerable delay in the use of the 75mm tanks shipped to this theater. While the Armored Divisions visited had a full compliment of tanks on hand, dissatisfaction is felt if a large percentage of these guns, as at present, are 75mm guns.

d. The availability of one hundred and twenty-five (125) T23 tanks was discussed with Major General Crawford, G-4 (SHAEF). General Eisenhower brought up the advisability of using these tanks during my conference with him. All Commanding Generals with whom this matter was discussed stated they would be very glad to have these tanks with 76mm guns. Major General Collins, commanding the VII Corps, stated that he would be happy to have them.

e. Light Tanks: The new light tank M24 is now reaching the various organizations in some quantity and is very well liked. Just before leaving the U.S., I attended a conference in which there was apparently some thought by the Ground Forces of reducing the number of light tanks M24 being manufactured. I could find no support of such a proposition in any of the Armies here. All are clamoring for the light tanks and want their light tanks M5A1 replaced by the light tank M24 as rapidly as possible.

f. Armor, piercing ammunition for tanks: The new H.V.A.P. ammunition for the 76mm and the 3" guns is in great demand. This ammunition has proved itself on the battlefield and the only difficulty at the present time is the shortage of this ammunition. Every effort should be made to increase the quantity being manufactured and it would be advisable to send the ammunition over in lots of 1,000 rounds or even less, as soon as manufactured in order that it may be distributed directly to the troops on the battlefield, without passing through the usual supply channels. The same remarks apply to the

COPY

CONFIDENTIAL
SECRET

COPY

CONFIDENTIAL
SECRET

90-mm H.V.A.P. ammunition which has been recently used and found to be very effective. The 90-mm T33 armor piercing ammunition which will penetrate the front of the Panther tank at 1,100 yards is a very important round and should be sent over in increasing quantities at the earliest possible date.

g. New Tanks: Opportunity was taken through visits to the various organizations, to show photographs of the new tanks now being manufactured: namely, the T28, T29 and T30. Several Division Commanders thought that the T28 would be a good tank to hold in reverse until some strong points were encountered where they could be used in limited numbers. The weight of this tank, 90-tons, would prohibit its use except in exceptional circumstances.

h. The T29, mounting the 105 high velocity gun, was very well liked and this tank will be well received when available. Several Army and Division Commanders felt that the T30 Tank with 155-mm gun would be the more valuable than the 105-mm gun and recommended strongly that we proceed with their manufacture. The 155 Howitzers and guns have proven of the greatest value in reducing towns and pill-boxes. The T30 tank with 155-mm gun was thought to be ideal in the right direction. It is strongly recommended that the manufacture of at least five hundred (500) T30 tanks proceed without delay.

i. Self-propelled Artillery: All commanders had great praise for the 155-mm S.P. gun M12, which had made a great name for itself in the advance across France and through the Siegfried Line. It was stated that it is doubtful whether the fortified town of Aachen could have been taken as quickly and with as small a loss of life except for this weapon. The guns were brought to within a few hundred yards of the target buildings. The 155-mm projectiles were capable of penetrating through several walls and would burst inside the buildings with great destruction. These guns have also destroyed hundreds of German pill-boxes. General Palmer, Artillery Officer of the VII Corps, First Army, has used these guns since leaving France.

j. The 155-mm Gun Motor Carriage T83 and the 8" Howitzer Gun Motor Carriage T89 were assigned to the VII Corps. Upon request of the VII Corps, the 8" Howitzer was removed and replaced by the 155-mm gun. Both of these weapons went into action against the Germans on 23 Feb. and these were the first guns to fire on the city of Cologne. They are still in action. General Palmer has requested that the 8" Howitzer be mounted on the one unit in order to gain battle experience with this caliber. Organizations are very much pleased with the 155-mm Gun Motor Carriage T83 and it is important that these units be sent to this theater as rapidly as manufactured. Because of their great value over and above the M12, they will be promptly assigned to units which will use them against the enemy. See copy of letter by Brig General Palmer

COPY

CONFIDENTIAL
SECRET

S/Sgt Leon Rosenmann, 12082613
3rd Armored Div Hq Co
Phot
c/o

Mrs
16
Cli
New

March 10th & 11th

Hello, Darling:

This is the third start on my "Report on Cologne"- first a bum typewriter, then my hand-writing was so bad I was afraid you couldn't decipher it--so here is attempt #3, on a typewriter which works. It's been a two-day job-so I hope it answers any questions you might have had about the place, and everything that happened.

First of all, I guess you'd like to hear how the photographers and the 3rd Armored Div. took Cologne. It all began last Monday morning on the outskirts of the city.-about six miles from the Rhine. We--Jimmy Bates, Johnny Himes (both of whom you never heard) and I decided to stick with one of our Task Forces until they reached the Rhine, and it wouldn't have been wise to mix a lone jeep in with tanks, so we took off afoot. We hadn't gone a hundred yards when the shooting started, but it all seemed to be going out in the direction of any Jerries who decided they wanted to be heroes for Hitler. This all had the makings of fine pictures so we remained up there with 'em. Block by block the 3rd Armored and three silly cameramen traveled- and no one seemed to get hurt. Every street a few Germans surrendered without a fight. It kept getting better as we went further, and we kept visualizing downtown Cologne, with big camera stores filledwith Leicas, Rolliflexs and other fancy loot. For some unknown reason every photographer on the Continent has looked ahead to the day we'd enter Cologne- the town supposed to have plenty of cameras.

About two miles into town wehit the first road-block- a barricade of trolleys and other obstructions set across the road where it passed under a bridge. The Germans thought it would delay us, but it took only about ten minutes and a tank bull-dozer to clear it away. As soon asone trolley was pulledout the rest of the tanks and the infantry poured thru the hole and the Yanks were in the heart of the city. Then began the task of clearing and checking every house along each street. Any building which appeared at all suspicious got the rifle and hand-grenade treatment. Not much

opposition at all- so it continued at the usual "Spear-head pace.

What about the civilians? There weren't many left in town, and those who chose to hang aroundwere scared as hell. They made a mad dash for air raid shelter,or else lockedtheir doors. When I tried to photograph some of them watching American armor come up the street they hid their faces--afraid of nazi reprisals both to them and their relatives across the Rhine.

There was nothing but residential sections up to this point--which was already late in the afternoon and the light was going bad. And, too, we had the first pictures taken in Cologne proper, which meant a scoop if we got them back andon their way home in a hurry. Our movies had to go to London, but the still pictures were processed and radioed home before eleven PM the same nite. With the time differential of 6 or 7 hours the newspapers in America had pictures of Cologne at 5.00 PM New York time the same day. Good going, eh?

We didn't want to miss the secondphase of Cologne--reaching the river, so it meant getting up at 6.00 AM the next morning, and we were in Cologne again at 7.30. Then began the slow process of house-by-house all over again. Every once in a while a German vehicle would dash out of a side street trying to escape. Only one got away. The rest were victims of good machine gunning. They were damn fools not to have given up ~~like most of the~~ Jerries left behind in Cologne.

By 3.00 PM we were within a block of the famed Cathedral, and three of the Rhine. A Mark IV German tank on the next street was holding up the progress of our flank column. When one of the men from our street accidentally spotted the Jerry from a building window he got word back to the lead tank in our column, and the tank commander pulled one of the neatest stunts yet. He sneaked histank up to a spot where he could shoot at the German. Our gun was pointed in the direction ready to shoot, and the second our tank came into position he let go with three rounds--all scoring direct hits. It was a split second close call, tho, because the Jerry had heard our tank coming up and was just swinging

ARMY EXAMINER

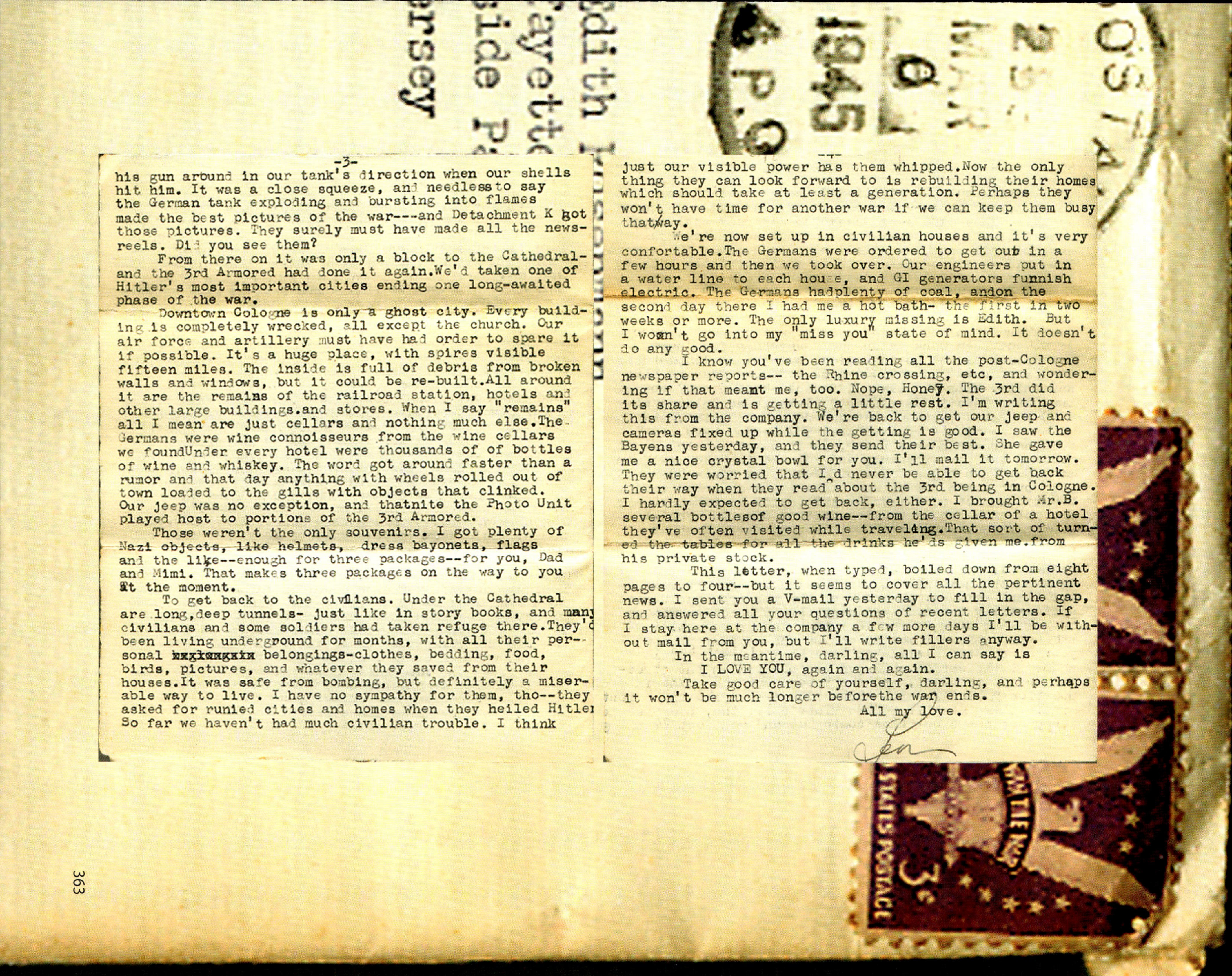

-3-

his gun around in our tank's direction when our shells hit him. It was a close squeeze, and needlessto say the German tank exploding and bursting into flames made the best pictures of the war---and Detachment K got those pictures. They surely must have made all the news-reels. Did you see them?

From there on it was only a block to the Cathedral-and the 3rd Armored had done it again.We'd taken one of Hitler's most important cities ending one long-awaited phase of the war.

Downtown Cologne is only a ghost city. Every building is completely wrecked, all except the church. Our air force and artillery must have had order to spare it if possible. It's a huge place, with spires visible fifteen miles. The inside is full of debris from broken walls and windows, but it could be re-built.All around it are the remains of the railroad station, hotels and other large buildings.and stores. When I say "remains" all I mean are just cellars and nothing much else.The Germans were wine connoisseurs from the wine cellars we foundUnder every hotel were thousands of of bottles of wine and whiskey. The word got around faster than a rumor and that day anything with wheels rolled out of town loaded to the gills with objects that clinked. Our jeep was no exception, and thatnite the Photo Unit played host to portions of the 3rd Armored.

Those weren't the only souvenirs. I got plenty of Nazi objects, like helmets, dress bayonets, flags and the like--enough for three packages--for you, Dad and Mimi. That makes three packages on the way to you at the moment.

To get back to the civilians. Under the Cathedral are long,deep tunnels- just like in story books, and many civilians and some soldiers had taken refuge there.They'd been living underground for months, with all their personal ~~xxxxxxxx~~ belongings-clothes, bedding, food, birds, pictures, and whatever they saved from their houses.It was safe from bombing, but definitely a miserable way to live. I have no sympathy for them, tho--they asked for runied cities and homes when they heiled Hitler So far we haven't had much civilian trouble. I think

-4-

just our visible power has them whipped.Now the only thing they can look forward to is rebuilding their homes which should take at least a generation. Perhaps they won't have time for another war if we can keep them busy thatway.

We're now set up in civilian houses and it's very confortable.The Germans were ordered to get out in a few hours and then we took over. Our engineers put in a water line to each house, and GI generators furnish electric. The Germans hadplenty of coal, andon the second day there I had me a hot bath- the first in two weeks or more. The only luxury missing is Edith. But I won't go into my "miss you" state of mind. It doesn't do any good.

I know you've been reading all the post-Cologne newspaper reports-- the Rhine crossing, etc, and wondering if that meant me, too. Nope, Honey. The 3rd did its share and is getting a little rest. I'm writing this from the company. We're back to get our jeep and cameras fixed up while the getting is good. I saw the Bayens yesterday, and they send their best. She gave me a nice crystal bowl for you. I'll mail it tomorrow. They were worried that I'd never be able to get back their way when they read about the 3rd being in Cologne. I hardly expected to get back, either. I brought Mr.B. several bottlesof good wine--from the cellar of a hotel they've often visited while traveling.That sort of turned the tables for all the drinks he'ds given me.from his private stock.

This letter, when typed, boiled down from eight pages to four--but it seems to cover all the pertinent news. I sent you a V-mail yesterday to fill in the gap, and answered all your questions of recent letters. If I stay here at the company a few more days I'll be without mail from you, but I'll write fillers anyway.

In the meantime, darling, all I can say is I LOVE YOU, again and again.

Take good care of yourself, darling, and perhaps it won't be much longer beforethe war ends.

All my love.

Len

Kampftruppe nach Osten den Rhein ueberschreiten duerfe.

Am Abend des 2.3. war das Gen.-Kdo. der Ueberzeugung, dass unter den oben angefuehrten Umstaenden und insbesondere bei den sehr schwachen Kampfgruppen (mit Ausnahme der 11.Pz.Div.) von einer organisierten Abwehr auf der gesamten Korpsfront nicht mehr gesprochen werden konnte, sondern dass lediglich eine leidliche Abwehr an den Hauptstrassen in Richtung Koeln und zum Rhein durchfuehrbar war und ueberall mit Ueberflügelung oder sogar ueberholender Verfolgung zu rechnen war.

Ueber die Staerke der Rheinverteidigung und die Verhaeltnisse ostwaerts des Rheins wurde nichts bekannt. Daher entsandte das Gen.-Kdo. den neuen Ia, Major i.G. B l u m e , auf das ostwaertige Rheinufer zwecks Treffen von Vorbereitungen fuer die trotz Befehls der Heeresgruppe (Verteidigung westlich des Rheins) zwangslaeufig kommende Verteidigung am ostwaertigen Rheinufer. Der Ia richtete in Leichlingen mit einem kleinen Stabe den kuenftigen Korpsgefechtsstand ein.

(3.3.)

(Skizze 10)

Der 3.3. gab den Ueberlegungen des Gen.-Kdos. nur allzu recht: Bereits am fruehen Morgen trat der Amerikaner mit starken Kraeften zum Angriff auf den Rhein an. Waehrend alle Divisionen bisher noch ohne Schwierigkeiten gefuehrt und auch der Lage entsprechend melden konnten, ergab bereits die Lage am spaeten Abend vorher (2.3.) kein klares Bild ueber die eigene (besonders die Anlehnung der einzelnen Divisionen war voellig unsicher) und noch viel weniger ueber die Feindlage bezueglich der Gruppierung und voraussichtlichen Stossrichtung der amerik. Divisionen.

Zweifellos hatte in Erkenntnis der sehr unguenstigen Lage des XII.-SS.-A.K. die 9.amerik. Armee ihre Divisionen noch mehr nach Nordosten angesetzt, waehrend seitens der 1.amerik. Armee mehr ein frontales Vorgehen in ostwaertiger Richtung auf Koeln angenommen wurde. Wie im Einzelnen diese Bewegungen auslaufen konnten, war dem Gen.-Kdo. unbekannt, zumal keine Aufklaerungsergebnisse der Truppe mehr eintrafen, oder infolge der allgemeinen Lage eine Aufklaerung ueberhaupt nicht mehr durchgefuehrt wurde.

Dem K.G. war es bereits am 3.3. infolge der rapiden Entwicklung der Lage nicht mehr moeglich, den Stab der 11.Pz.-Div. aufzusuchen. Fast in einem Zuge mit Schwerpunkt aus den Brueckenkoepfen Grevenbroich und Epprath antretend, drueckte der Amerikaner die 11.Pz.-Div. auf die Linie Kapellen - Barrenstein - Rommerskirchen (Ort fuer 9.Pz.-Div.) zurueck.

Noch tiefer war der Einbruch bei der 9.Pz.-Div. bis zur Linie Rommerskirchen - Fliesteden, von dem auch besonders der rechte Fluegel der 363.Div. mit betroffen wurde, obwohl die noerdliche Regimentsgruppe mit einer die Fuehrung ueberraschenden Tapferkeit mit und ohne Panzer hiergegen ankaempfte, ohne hierdurch allerdings auch nur im geringsten die Lage westlich des Rheins beeinflussen zu koennen. Am Suedfluegel der 363.Div. stiess der Amerikaner (104.(?)Div.) auf Koenigsdorf vor und trennte endgueltig den Anschluss zur Pz.-Gren.-Div. Hierbei wurde die in diesem Raum befindliche Korps-Artl. (Fest.-Artl.-Abtlg.1301) - da fast unbeweglich - ueberrollt.

(4.3.)

(Skizze 10)

Ohne irgendwo eine Verstaerkung der Front zufuehren zu koennen, ohne auf der immer noch ca. 35 km breiten Front bei den in sich aufgesplitterten Divisionen Schwerpunkte bilden zu koennen, trat die erwartete Katastrophe beim LXXXI.A.K. am 4.3. in vollem Umfange ein.

Wiederum auf der ganzen Front antretend, wurde die verst. 11.Pz.-Div. als die staerkste Division noch im Laufe des Tages durch den Amerikaner auf die Linie: Weckhoven - Rosellen - Gohr - Broich zurueckgedrueckt.

Die 9.Pz.-Div. wurde durch eine starke amerik. Kraeftegruppe (3.Pz.-Div.), aus dem Raum Rommerskirchen antretend, angegriffen und mit ihrem groesseren Teil auf Delhoven, mit Div.-Stab und kleinerem Teil auf Stommeln - Sinnersdorf, zurueckgeworfen. Damit war nicht nur die Korpsgruppe Bayerlein sondern auch das LXXXI.A.K. aufgespalten. Die suedlichen Teile der 9.Pz.-Div. unterstellte sich das Gen.-Kdo. unmittelbar. Die Korpsgruppe Bayerlein trat auf Befehl der 5.Pz.-Armee unmittelbar unter deren Befehl.

Auch bei der 363.Div. konnte nach dem amerik. Antreten am fruehen Morgen von einer zusammenhaengenden Kampffuehrung nicht mehr die Rede sein. Die Reste der zerschlagenen 3 Infanterie-Regimenter wurden zu einer Kampfgruppe zusammengefasst; sogar Teile von ausgefallenen Artilleriebedienungen wurden als infanteristische Kaempfer eingesetzt. Noch 4 Jagdpanzer waren bedingt einsatzfaehig; die Artillerie war noch zu 2/3 mit allerdings sehr geringem Munitionsbestand intakt. Im Laufe des 4.3. wurden die Reste der Division etwa auf die Linie Pulheim - Loevenich geworfen. Anschluss mit den noerdlichen Teilen der 9.Pz.-Div. bei Sinners-

dorf war nicht vorhanden, ebenso nicht mit der linken 3.Pz.-Gren.-Div.

Die Aufgabe des Gen.-Kdos., den Zusammenhang der Front wiederherzustellen, war unmoeglich, die Durchfuehrung einer auch nur irgendwie gearteten Verteidigung, die immer noch befohlen war, war gleichbedeutend mit dem Verlust der betreffenden Truppe. Der tatsaechlich bereits seit langem durchgefuehrte hinhaltende Widerstand war ein kaempfendes Zurueckgehen im Tempo des Angreifers, wobei naturgemaess die tempomaessige Ueberlegenheit der amerik. schnellen Verbaende erhebliche eigene Verluste bringen musste. Auch die von den politischen Leitern zum "fanatischen Widerstand" ihres Heimatdorfes aufgeputschte Bevoelkerung musste infolge ihrer Unfaehigkeit und in richtiger Erkenntnis der Lage versagen. Die zu Stuetzpunkten mit Panzersperren ausgebauten Ortschaften wurden ueberrannt. Eine normale Fuehrung war unter diesen Umstaenden undurchfuehrbar. Je nach der Aktivitaet der unteren Fuehrer wurde der Kampf mehr oder weniger zusammenhanglos in den unteren Verbaenden als Einzelaktion oertlich gefuehrt.

Ueber den Ausbau von Koeln war dem Gen.-Kdo. inzwischen bekannt geworden, dass die Verteidigungsanlagen dieser allerdings mindestens 3/5 zertruemmerten Grosstadt in monatelangen Arbeiten durch den Kommandanten von Koeln und dem fuer diese Stadt zustaendigen Wehrkreiskdo.VI (Muenster) ausgebaut und verstaerkt worden waren. Sicherlich hat in letzter Stunde auch der General der Pioniere bei der Heeresgruppe B (Gen.-Ltn. Wirtz) sich eingeschaltet. Die Anlagen bestanden aus einem aeusseren und inneren Ring. Ausserdem sollte starke, meist stationaere Flak-Artl. das Rueckgrat der Verteidigung bilden. Inwieweit politische

Verbaende (Volkssturm usw.) zur Verfuegung standen, war unbekannt, da auch mit dem Reichsverteidigungskommissar seit Wochen bzw. seit Monaten keine Verbindung mehr bestanden hatte.

So ging das Gen.-Kdo. in den 4.3. mit 2 voellig abgekaempften Divisionen, entschlossen, in einer Weise weiterzufuehren, wie sie der Schonung der Truppe und Bevoelkerung und ihrer Lebensbedingungen (Zerstoerungsbefehle) entsprach. In persoenlicher Ruecksprache mit den Divisionskommandeuren wurde dieses zum Ausdruck gebracht. Auch liess das Gen.-Kdo. die auf Grund des tiefen Einbruchs vom vorhergehenden Tage erfolgte Zurueckziehung von Kampfeinheiten, besonders Artillerie, auf das Ostufer des Rheins bestehen. Infolge der Unterstellung der Korpsgruppe Bayerlein unter die 5.Pz.-Armee und der immer schlechter werdenden Verbindungen erfuhr das Gen.-Kdo. verspaetet von dem weiteren Zurueckgehen der 11.Pz.- und 59.Div. auf und ueber den Rhein und von dem besonders gefaehrlichen amerik. Stoss, der aus dem am 2.3. gefallenen Neuss im Zuge der beiden grossen Strassen in Richtung Koeln erfolgte. Es ist das Verdienst der Korpsgruppe Bayerlein, diesen Stoss an der Erft bei Grimmlinghausen, Derikum und Norf abgefangen zu haben. Noch gefaehrlicher wirkte sich der tiefe Einbruch der 3.amerik. Pz.-Div. ueber Sinnersdorf auf Worringen aus, der das Korps voellig nach Norden abschloss und besonders die 9.Pz.-Div. in eine gefaehrlicher Lage brachte.

Am Abend des 4.3. standen die Reste der 9.Pz.-Div. in der Linie: Roggendorf - Esch; waehrend die 363.Div. mit einer einzigen schwachen Infanterie-Regimentsgruppe ostwaerts Pulheim - Widdersdorf - aeusserer Verteidigungsring hielt.

Noch am gleichen Abend gab das Gen.-Kdo. den Armee-Befehl zur Verteidigung an die unterstellten Divisionen ohne Zusatz weiter. In Anbetracht der hoffnungslosen Lage auf der gesamten Armeefront erschien dieser Befehl, der bei genauer Ausfuehrung den Verlust aller auf dem westlichen Rheinufer befindlichen Truppen usw. bedeutet haette, geradezu eine Vorschubforderung gegenueber dem vorwaertsstuermenden Amerikaner.

(5.3.)

(Skizze 11)

Ohne die Moeglichkeit einer Einwirkung auf die Gefechtsfuehrung, abgeschnitten und getrennt von der Armee hinsichtlich der Verbindungen und durch den Strom erwartete der engste Fuehrungsstab des LXXXI.A.K. am 5.3. auf seinem Gefechtsstand das Ende des Kampfes. Einen Gefechtsstandwechsel vorzunehmen, widersprach dem ausdruecklichen Befehl der Armee, von der nur durch Zufall bekannt wurde, dass sie in der Nacht vom 4./5.3. Uferwechsel durchgefuehrt hatte.

Ein Teil des Fuehrungsstabes mit dem Ia hatte sich in dem frueheren Gefechtsstand des A.O.K. in Merkenich eingerichtet und hatte Funkverbindung mit dem vorn gebliebenen Fuehrungsstab und Fernsprechverbindung mit der Armee; ebenso waren beide Divisionen durch Funk erreichbar.

Gegen 10,30 Uhr traten die amerik. Panzerspitzen (3.Pz.-Div.) aus dem Waldstueck suedlich Fuellingen im Zuge der grossen Strasse nach Köln mit ihrem linken Fluegel unmittelbar auf den vorgeschobenen Korps-Gefechtsstand an. Die dort befindlichen Teile der 9.Pz.-Div. vermochten selbst nur eine schwache Abwehr entgegenzusetzen und konnten nur mit Hilfe der zwischen Merkenich und dem See befindlichen Flak das amerik. Angriffstempo stellenweise verzoegern. Von seinem Gefechtsstand aus konnte der K.G. mit seinem Chef die einzelnen in aufgelockerter Form vorgehenden amerik. Panzer erkennen und auf 400 m auf sich zurollen sehen. Ploetzlich gegen 11,30 Uhr wurde in einem dringlichen Funkspruch der sofortige Stellungswechsel des Fuehrungsstabes nach Merkenich befohlen. Verfolgt und beschossen von den amerik. Panzern traf der Stab gegen 12,00 Uhr dort ein und fand im gleichen Brauereikeller den Stab der 9.Pz.-Div. mit Kommandeur vor, dessen sehr schwache Kampfteile sich entsprechend dem amerik. Vorgehen absetzten und gegen 13,00 Uhr etwa in der Linie suedlich Fuellingen - Longerich abwehrten.

Von der 363.Div. lagen keine Nachrichten vor, ebensowenig ueber die Vorgaenge in Koeln, mit dessen Verteidigung das Gen.-Kdo. bis zur Stunde nichts zu tun hatte. Soweit bekannt, war hierfuer ein besonderer Kampfkommandant verantwortlich. Etwa 14,00 Uhr erhielt der Fuehrungsstab von der Armee den Befehl, sofort den Gefechtsstand nach Koeln (Bunker 1 km noerdlich Hohenzollernbruecke) - bisheriger Gefechtsstand des Kommandeurs der Koelner Flak - zu verlegen und die Verteidigung Koelns zu uebernehmen.

Etwa 16,00 Uhr trafen K.G. mit Chef und Fuehrungsstab dort ein. Bereits auf der Fahrt dorthin liessen der unbesetzte aeussere und innere Ring, die unbesetzten Panzersperren mit herumliegenden Panzerfaeusten, einzelne, umherstreunende Soldaten ueber die Verteidigungsbereitschaft mit angesagtem Volkssturm und ueber den voellig ungenuegenden Verteidigungszustand keinen Zweifel zu.

Nach Erreichen des Bunkers traf ein scharfgefasster Befehl (von Ar-

mee oder Heeresgruppe) ein, in dem der K.G. des LXXXI.A.K. mit allen in Koeln befindlichen Truppen, Dienststellen usw. persoenlich fuer das Halten verantwortlich gemacht wurde.

Im gleichen Unterstand befand sich bereits der Fuehrer der 363.Div. mit seinem Stabe, der mir den Einbruch des Amerikaners durch den aeusseren Verteidigungsring im Zuge der grossen Strassen von Bergheim und Moedrath gegen die letzten Reste seiner Division sowie die Zuruecknahme dieser Teile auf den inneren Ring meldete. Seitens des Korps wurde eine neue Abschnittseinteilung derart befohlen, dass nunmehr

die rechte Grenze mit dem aeusseren Ring am Suedrand Niehl,

die Mittellinie im Zuge der Strasse Bergheim - Mitte Koeln Deutz (fuer 9.Pz.-Div. und

die linke Grenze zur 3.Pz.-Gren.-Div. (LVIII.Pz.-A.K.) am aeusseren Ring etwa in Linie Moedrath - Rodenkirchen befohlen wurde.

Diese neue Abschnittseinteilung wurde notwendig auf Grund der veraenderten Lage bei der 9.Pz.-Div., die von Norden und Westen bedraengt am aeusseren Ring besonders beiderseits Longerich mit unzulaenglichen Kraeften noch kaempfte und deren Kommandeur beim Gefechtsstandwechsel von Merkenich nach Riehl in den fruehen Abendstunden in Niehl von ueberraschend dort vorgestossenen Feindkraeften durch MP.-Feuer fiel.

Etwa 17,00 Uhr erschien der bisherige Kampfkommandant von Koeln (ein Oberst (?)), der ueber einige lokale Angelegenheiten Auskunft geben konnte, jedoch ueber Kraefte und Mittel fuer eine Verteidigung dieser Grosstadt (ausser einigen im inneren Ring eingesetzten Volkssturmleuten) nicht verfuegte.

Unmittelbar anschliessend erschien in hoher Aufregung der Reichsverteidigungskommissar (Gauleiter Grohe), der in scharfen Worten die unbedingte Verteidigung Koelns mit den nach seiner Ansicht zur Panzerabwehr besonders geeigneten Volkssturmverbaenden bis zum letzten forderte und sich besonders an den anwesenden Kommandeur der 363.Division bezueglich des absoluten Haltens der gefaehrdeten Suedostfront (innerer Ring und Bunker der Gauleitung) wandte und in ebenso scharfen Worten von demselben und von dem K.G. ueber die voellige Unzulaenglichkeit seiner sogenannten "politischen Eliteverbaende" mit konkreten Tatsachen aufgeklaert wurde.

Hierauf entfernte er sich, nicht ohne mich dringendst zu ersuchen, aus "bestimmten Gruenden" in seinen bedeutungsvollerweise "Tacitusbunker" benannten "Gefechtsstand" ueberzusiedeln. Diesem "Befehl" kam ich nicht nach.

Im weiteren Verlauf des Abends erschien der Arko mit dem Kommandeur der Nebelwerferbrigade 15, die in klarer Erkenntnis der Lage die Masse ihrer unterstellten Einheiten bereits auf dem ostwaertigen Ufer "bereitgestellt" hatte und auf unmittelbaren Befehl der Heeresgruppe B unverzueglich mit dem groessten Teil trotz der aussichtslosen Lage innerhalb des inneren Ringes, d.h. bei der fortschreitenden, unguenstigen Entwicklung innerhalb der alten Kernbefestigung, in voellig ungeklaerter und ungesicherter Lage, auf engstem Raum wiederum in Stellung gehen musste. Die Uebernahme aller auf dem Ostufer befindlichen starken Flakeinheiten durch den Arko konnte den Amerikaner zwar schaedigen, jedoch den sicheren Verlust der Stadt nicht aufhalten.

Voellig versagte und musste versagen der Volkssturm. Von den vom Reichsverteidigungskommissar angesagten zwei Bataillonen zu 600 Mann trafen im Laufe des Spaetabends nur etwa 60 Mann im Abschnitt der 363.Div. an der Kernbefestigung ein, ohne dem Endkampf irgendwie nuetzen zu koennen.

Auch die auf Befehl der Heeresgruppe von einer Sturmgeschuetzabteilung (209 (?)) am Abend des 5.3. vom Westufer in die Stadt fahrenden 8 - 10 Panzer, die zur Verfuegung des Korps zur Aufklaerung und unmittelbaren Sicherung um den Gefechtsstand gruppiert wurden, konnten auf den Kampf um und in der Stadt keinerlei Einfluss haben. Auch der vom O.K.W. entsandte Vertreter fuer den K.G., der seit Wochen unter schwerster Belastung auf Grund einer voellig unqualifizierten Anklage des Reichskriegsgerichts mit vermutlich politischen Hintergruenden stand, konnte nur im hoechsten Grade nachteilig wirken.

(6.3.)

(Skizze 11)

Nach unruhiger Nacht, die durch planlose Einzelaktionen um den Stadtkern und im Stadtinneren gekennzeichnet war, uebergab der K.G. am 6.3. gegen 06,30 Uhr die Fuehrung des LXXXI.A.K., verbittert und im Bewusstsein des tragischen Ausgangs dieser Rheinlandschlacht mit folgender Beurteilung:

"Der Gegner steht mit einer Infanterie (104.)- und einer Panzer-Division (3.Pz.-Div.) im Angriff auf die Truemmer der 9.Pz.- und der 363.Division, die in nicht genau festzulegender Linie mit je einer schwachen Kampfgruppe (Bataillonsstaerke mit einigen Panzern), etwa 1/3 ihrer

Artl., am Stadtkern noch Widerstand leisten.

Der vorliegende Befehl der Heeresgruppe B macht den K.G. unter vollster Ausschoepfung aller Mittel und Unterstellung aller in Koeln befindlichen wehrhaften Teile fuer das Halten von Koeln bis zum letzten verantwortlich. Die Unversehrtheit der Hohenzollernbruecke ist eine Frage von Stunden, ebenso wie das Halten von Koeln mit den verfuegbaren Kraeften und Mitteln.

Ausserdem rechnet das Gen.-Kdo. bestimmt mit einem baldigen Angriff ueber den voellig unzureichend verteidigten Rhein und mit einer moeglicherweise anschliessenden Zernierung Koelns von Osten.

Die eigene Gesamtlage laesst eine Verstaerkung und damit eine Erweiterung des Brueckenkopfes nicht zu. Bei der aussichtslosen Kampflage westlich des Rheins hat anstelle von Kampfbereitschaft - Resignieren und Apathie bei der Fuehrung und auch bei der voellig ausgepumpten Truppe Platz gegriffen; trotzdem ist die Truppe nach wie vor diszipliniert. — Die vom Reichsverteidigungskommissar zur Verfuegung gestellten Volkssturmeinheiten sind kaempferisch eine Chimaere.

Das rechte XII.SS-A.K. ist noch mehr wie das eigene mitgenommen; das linke LVIII.Pz.-Korps ebenfalls stark mitgenommen, haelt sich noch mit Splitterresten westlich des Rheins.

Ueber den Verbleib der Korpsgruppe Bayerlein und seiner unterstellten Einheiten ist nichts bekannt.

Seitens des Gen.-Kdos. ist ohne Wissen der Armee eine neue Verteidigung am Ostufer im Aufbau, die moeglicherweise unter Heranbringung des letzten ausgekaemmten Mannes und unter Einsatz des minderwertigen Volks-

sturms, der starken Flak, der Polizei, von Werkschutz usw. in 2 Tagen als schwache Sicherungslinie stehen kann und imstande ist, ein voellig ueberraschendes Uebersetzen des Amerikaners zu verhindern."

Der K.G. selbst begab sich alsdann ueber die zweite Fuehrungsstaffel unter dem Ia in Leichlingen auf die Fahrt zur Hauptverhandlung beim Reichskriegsgericht, von der sich "herumgesprochen" hatte, dass mit einer Wiederkehr zum Korps nicht zu rechnen waere.

Wie ich den Kriegsschluß erlebt habe: 17.4.4

„Die Stunde 0" in Köln 6.u.7.3.45

Höchste Alarmstufe

Der erste Sonntag im März 1945 läßt sich mit strahlendem Sonnenschein an, als wolle er den Schock aus dem Bombenangriff vom Freitag lindern. Nach einer ruhigen Nacht bleibt auch der Vormittag ohne Fliegerstörung, ohne Aufsicht des Ami.
Da platzt nachmittags Großalarm herein mit dem befremdenden Zusatz: „die Reviere werden sofort aufgelöst ... die Revierführer sammeln ihre Kräfte um 18 Uhr im Bunker Schnurgasse."

Luftschutzbunker Schnurgasse

Hier werden die Polizeireviere beim Antreten „der Größe nach" durcheinander gewürfelt, in Kompanien eingeteilt, ich werde Führer der 3. Kompanie. So schnell geht's militärisch , dabei wollte ich seit 1918 nichts mehr vom Soldatsein wissen. Im Bunker müssen wir uns erst einen Platz freizanken, denn hier haben sich ausgebombte Familien häuslich niedergelassen.
" Kompanien melden sofort Verpflegungsstärke " . Zwar kein unbequemer Befehl, doch irgend etwas würgt innerlich dagegen . Im Handumdrehen gilt es, sich auf den Kommißton umzustellen. " Kompanien stellen Verpflegungsempfänger !" Vor 3o Jahren schnarrte der UvD. „Kaffeeholer r-r-raustreten!" Ebenso wie damals bleibt auch heute zu raten, ob das Getränk Tee, Kaffee oder Kakao sein soll.
Jede Kompanie stellt Tische und Bänke zusammen, bald flackern "Hindenburgkerzen" und qualmen gegen die Betondecke. Die Tische sind nicht mehr glatt gehobelt sondern zeigen dunkle Krater oder kleine Hügel von vielen ausgebrannten Lichtern . Wer hat, breitet ein Zeitungsblatt vor sich aus und verdeckt so den Schmuddel auf den Brettern. Brot wird geschnitten, Wurstkonserven geöffnet, da klackert es von der Decke herab, fällt in den Kaffee, aufs Brot, aufs Papier, krabbelt schleunigst drüber hinweg, verschwindet in den Ritzen ; wo ein Krabbeltier erwischt wird, stinkt es noch scheußlicher als von unsern Lichtern. Schon klärt eine Stimme auf :" Achtung, Sondermeldung! Als Zugabe gibt es frische Flundern ohne Rationierung !" Guten Appetit !

Störfreie Nacht

Zur Nacht sucht sich jeder einen Platz auf dem Fußboden. Ich gehe auf den Hof, um den "Flundern" Zeit zu gönnen, sich bei den neuen Insassen einzunisten. Da flucht und schimpft es " verdammte Biester!" , dort hustets, schnarcht, niest, pustet oder brummt es im bunten Konzert .

Mief oder Ozon

Gegen Mitternacht will ich meinen Platz im Bunker einnehmen, kehre aber in der Tür wieder um . Da ruft mir jemand zu :"Warmer . Mief ist besser als kalter Ozon !". Er wird gekontert:" Ist schon mancher erfroren, aber noch niemand erstunken "! Ich bleibe jedoch lieber draußen.
Die Nacht ist ja mild, klar und ruhig, nur eine feindliche Batterie schickt in regelmäßigen Abständen eine Salve zum Rheinufer. Kleine Fische, die Amis haben uns ja in den Jahren an weit schwerere Kaliber gewöhnt.

Ausrüstung

Der nächste Tag beginnt mit dem Ausrüsten der Kompanien . " Jede Komp. stellt 6 Mann zum Bataillon." Dann fahren LKWs mit Gewehren, Munition, Handgranaten, Panzerfäusten, mit Uniformen, Gasmasken, Stahlhelmen, Brotbeuteln ua. in den Hof. Nanu! So ähnlich habe ich das schon am 2.8.1914 in der Festung Posen erlebt, nur waren damals die Empfänger junge, trainierte, waffenkundige Burschen in heller Begeisterung für für den Krieg. Dagegen heute ? Ich rechne mit meinem Alter, Mitte 50, noch zu den jungen Männern und diese, physisch bisher untauglich befunden, psychisch in langen Bombennächten zermürbt, fast apathisch.

Wunderwaffen

Als wir die Gewehre näher ansehen, erkennen wir fehlerhafte Beutewaffen aus den ersten Kriegsjahren, wozu die deutsche Munition nicht paßt. So etwas für waffenunkundige Männer ! Mit Handgranaten oder Panzerfäusten kann niemand umgehen. Wozu das alles ? Dazu sagt jemand : "Jetzt weiß ich auch, was Wunderwaffen sind, damit wir uns wundern sollen, was wir mit dem Zeug anfangen können !"

Wurfeinheit .

Gegen Abend : "Die Kompanien melden Stand der Aus-

Otto Greve, Z 28

rüstung, Bekleidung usw." Wie wir dem Btl., so meldet dies dem Regiment usw. bis der kommandierende General aus der Endmeldung schließt, die "Truppen" stehen, sind bewaffnet, also können sie so gegen den Feind geworfen werden. So sind die Polizisten von gestern zu einer Wurfeinheit geworden.

Stunde des Handelns

Nach dem Abendessen : " Komp.-Führer und Vertreter zum Btl." "Meine Herren, die Stunde des Handelns hat geschlagen, Einsatzbefehl !" Wir sehen uns alle verdutzt an. Also : Der Feind ist in die westliche Abwehrfront vor Köln eingedrungen und drückt unsere Kameraden auf die Stadtgrenze zurück . Um die Kameradem in die neue Abwehrlinie aufzunehmen, geht das Btl. in Stellung. Die 1.Komp. besetzt die Gleuelerstraße bis zu Dürener, die 3.Komp. anschließend die Fürst Pücklerstraße. Beide Komp.-Führer nehmen Verbindung nach rechts und links zum Nachbar-Btl. auf. Die 2. Komp. rückt als Reserve zur Befehlsstelle des Btls. aus. Wegen Fliegergefahr marschieren die Kompanien getrennt in ihre Räume, die Komp.-Führer melden ihre Anmarschstraßen und später ihre Befehlstellen. Meine Herren, ich verlasse mich auf Sie, guten Abend !" Uff! der große Winnetou hat gesprochen! Wie beim Planspielen . Ist denn der Befehlshaber so wirklichkeitsfremd , alte, waffenunkundige Männer wie kriegsfertige Soldaten gegen den Feind zu werfen ?

Ein Lied !

" Junge ! Wat werden sich unsre Kameraden wundern, wenn sie uns kommen sehen, und erst der Ami !" Also ran an den Feind!" „Singen ! 1.Kompanie ein Lied !" Damit hat jeder Marsch angefangen doch heute abend schleichen wir heimlich still an den Ruinen entlang, Durch die Zülpicherstraße zur Uni, Lindentalgürtel , Stadtwaldgürtel zur Fürst Pücklerstraße. Dort weiß der "Spieß" einen Doppelkeller. Gut, dort die Befehlsstelle einrichten, Doppelposten vor dem Tor, eine Doppelstreife zur Dürenerstr., eine andere nach rechts; Melder Hans erkundet Anschluß an den Nachbar dort. Ich gehe zum Anschluß der 1.Komp. Dürenerstr. Wir müssen doch eine Parole vereinbaren, damit wir in der Nacht einander erkennen. 2 Melder zu mir .

Nachtpatrouille

Wir gehen über den Stadtwaldgürtel. Es ist dunkel, nichts zu sehen, nichts zu hören, kein Schuß, keine Jabos. Unsre Sinne müssen scharf lauschen, falls unsre Kameraden aus der westlichen Abwehrfront auf uns stoßen sollten. Da hören wir Schritte auf der Straße, benagelte Schuhe. Wir ducken uns ~~uns~~ an einer Hausfront nieder, damit sich die Gestalt gegen den Himmel abhebt. Wir erkennen auch seinen Schatten, er trägt eine Tasche über der Schulter, überquert die Straße, geht auf ein Trümmergrundstück zu, klopft Morsezeichen gegen eine Tür, erhält keine Antwort, die Hände tasten an einer Wand entlang, dann geht der Mann zur Tür, schließt auf, sicher ein Eisenbahner, der abgelöst ist. Alles ist wieder still.

Wir gehen weiter zur Dürenerstr. Wieder hören wir Schritte, diesmal leise, auf der Mittelpromenade. Die Schritte halten an, der lauscht ebenso wie wir in die Nacht hinein. Vorsichtig schleichen wir weiter vor. Da ruft doch jemand flüsternd. Aber was ? Die Schritte kommen auf uns zu, halten, wieder die Flüsterstimme. Wir bleiben stehen, lassen näherkommen, da flüstert es etwas von „Melder."
Jetzt stehen wir uns fast gegenüber und verstehen "Melder an Hauptm. Gr. , Melder an Hptm.G." Ich gehe auf die Stimme zu :"Hier Hptm. G. was ist los ?" "Ha! Gott sei Dank" haucht er außer Atem , taumelt auf mich zu. Ich fange ihn auf, er ist völlig erschöpft und flüstert aufgeregt durcheinander :" gefangen, entwaffnet, nachhause geschickt."

Der Ami schickt nachhause

Wir geleiten den Melder in einen Hausflur, reden ihm beruhigend zu, setzen ihn auf einen Stein, „Mann, nimm doch die Knarre vom Ast!" , eine Zigarette nimmt er gern an, er wird äußerlich ruhiger. " Nun erzählen Sie mal, was los ist und was Sie melden wollen.
Wer ist gefangen ? " Oberltn. Winter ." Wer hat ihn entwaffnet ?" "Der Ami " ! Und der hat ihn auch nachhause geschickt ?" "Jawohl." Unglaublich, doch ganz unmöglich ! Phantasiert der Mann, hier soll bereits der Ami bestimmen ? " Nun rauchen Sie Ihre Zigarette auf und erzählen , was gewesen ist, in aller Ruhe bitte."
„Herr Oberltn W. geht mit mir die Dürenerstraße hinauf, um den Kameraden entgegen zu gehen, die vielleicht vor uns eine neue Stellung beziehen. Die Nacht ist ihm zu unheimlich still . Er will allein vorgehen, ich soll im Abstand einer Baumpflanzung folgen. Ich soll erst weitergehen, wenn ich sein Klopfen gegen einen Baum gehört habe.
So tasten wir uns schon ganz gut vorwärts, Ich bin immer früher

Die „Stunde 0" in Köln : 6/7.3.45

am Baum, warte, klopfe Antwort und gehe hinterher.

" Hands up !"

Ich stehe wieder am Baum, warte, muß lange warten, werde schon ungeduldig, lausche gespannt nach vorn. Plötzlich blitzt es vom Straßengraben kurz auf, der Oberltn, steht im Licht, schon höre ich :" hands up !" Also deshalb muß ich so lange warten, der Oberltn. ist auf die Kameraden gestoßen . Die machen aber den denkbar schlechtesten Scherz, ihn englisch anzurufen. Ich lausche mit allen Sinnen, höre flüstern, verstehe aber nichts, nur manchmal die tiefe Stimme des Oberltns. als leises Brummen. Dann " go one " - was ? Da die schweren Schritte des Oberltns. mitten auf der Straße. Vorher ist er unhörbar am Strassenrand vorausgeschlichen.

"Opa zrück!"

Ich ahne nichts gutes, laufe zum nächsten Baum zurück, klopfe, zum nächsten Baum, klopfe, die Schritte kommen nach. Da ruft es : "Opa zrück !" Die Schritte halten, sind wieder zu vernehmen, aber entfernen sich von mir. Ich schleiche wieder hinterher. Da blitzt wieder die Taschenlampe auf, sie sprechen mit einander, es klingt ganz freundlich, der Oberltn. verabschiedet sich dankend. Er kann sich seit seiner Marinezeit mit den Tommis verständigen. Jetzt kommen seine Tritte zurück . Ich nehme das Baumklopfen wieder auf bis vor der Gleuelerstraße . Hier erwarte ich die Schritte.

Mit Schokolade nachhause

Im Flüsterton erklärt der Obltn. den Vorfall, ich soll Ihnen sofort melden, daß keine deutschen Kameraden, sondern ein starker, amerikanischer Spähtrupp auf der Dürenerstr. vorrückt. Der hat ihn entwaffnet und weil er alter Polizeibeamter ist, nachhause geschickt. Den Schutz gegen Diebe und Plünderer übernehme jetzt der Ami. Als sie ihn zurückriefen, haben sie ihm für Frau und Kinder Schokolade gegeben, damit sie keine Angst haben, denn amerikanische Soldaten kämpften nur gegen die deutsche Wehrmacht. Wenn aber der Obltn. sich wieder blicken ließe, würde er als Spion behandelt.

" Mensch, ist das alles wahr ?" " So wahr ich vor ihnen sitze. Jetzt bin ich erleichtert, meine Meldung los zu sein."

" Sie haben Ihre Sache gut gemacht, ich danke Ihnen, bestellen Sie Obltn. W. einen schönen Gruß und Hals und Beinbruch !"

Im Zangengriff

Schöne Bescherung und verdammt heikel, in der linken Flanke den Feind zu wissen. Den Spähtrupp abschneiden? überlegen- wie! Zurück zur Kompanie. Da, hört euch das mal an, vom Bhf. Ehrenfeld rattert und rumort es von schweren Fahrzeugen, deutlich klingt das Eisengeklapper von Kettenfahrzeugen herüber, das muß eine starke Kolonne sein ; der Ami mit Panzern ? Aber was sonst! In der rechten Flanke also der Feind noch stärker. Als wir vom Stadtwaldgürtel abbiegen, rattert eine Salve aus einer Masch.-Pistole los, noch eine . Kommt doch von der Befehlsstelle! Kein Schuß von einem Gewehr dagegen, unsre Posten überrumpelt ? Zum Teufel nochmal, wenn der Spähtrupp den Kellereingang entdeckt ist die Kompanie mit einigen Handgranaten verloren. Los- hin ! Pistolen durchladen, entsichern, schußfertig vorpürschen .

" Hatt' einen Kameraden "

Wir schleichen äußerst vorsichtig an den Hecken der Vorgärten entlang, lauschen,- Toreingang frei, da stolpere ich über einen Mann, sein Mantel ist blutgetränkt, meine Hände sind kleber erledigter Posten, wer ist es ? Kellereingang nicht besetzt, wir horchen hinunter, nur deutsche Stimmen schimpfen unten. Dort wird der 2.Esten verpflastert, Streifschuß Hinterbacke, muß aber Tetanusspritze haben. Wer ist der Tote ? Hä ! Ausgerechnet ein alter Beamter des 7.Reviers, ein bewährter, guter Kamerad. Hat jemand die Adresse seiner Familie ? Gut.

Die Pendelposten melden lebhafte Bewegung im Stadtwald, nach den Kommandos keine deutschen Stimmen. Melder Hans ? Nicht zurück . Auch geschnappt. Somit stehen wir in der Front des Feindes, vom linken und rechten Flügel in die Zange genommen. Keine Bewegungs-

Wie ich den Kriegsschluß erlebt habe: 14.4.4

Otto Greve, Z 28

freiheit mehr.

Aus der Zange entwischt

Weitere Verluste kann ich nicht auf mich nehmen, die Kompanie so einfach dem Ami überlassen - auch nicht. Noch ist ja ein Weg zum Btl. frei. Also : Komp. im Garten antreten, Abrücken in geschlossener Formation, kein Wort darf gesprochen werden. Mein Vertreter zweifelt, "wenn das man gut geht ". Wir müssen die Chancen nutzen, die Dunkelheit, wo keine Uniform zu erkennen ist und die Möglichkeit, daß uns einzelne feindliche Spähtrupps für vorgehende, eigene Truppen halten. Ich übernehme die Spitze, Vertreter und Spieß den Schluß. Wir kommen auch unbehelligt auf demselben Weg wie vor einigen Stunden davon.

Unfreundlicher Empfang

.... Beim Bataillon werde ich unfreundlich empfangen, man hält mir vor ; Aufnahme des Kampfes verweigert, Kampflinie eigenmächtig verlassen, keine Meldungen zurückgesandt und keine Befehle abgewartet, der Rückmarsch über Stadtwald- und Lindentalgürtel sei nicht glaubhaft, weil diese Straßen von Pionieren vermint sind. Davon haben wir nichts gemerkt.

Kein Soldat mehr

Schwer bedrückt, spreche ich mit meinem Vertreter darüber. Bedenklich ernst, ganz soldatisch. Jetzt erinnern wir uns erst an den Führerbefehl, daß Truppenführer, die ohne schwere Verwundung ihre Stellung eigenmächtig verlassen, ihren Kopf verlieren. Und das Verminen hinter unserm Rücken ? Gottlob nicht gewesen !
Der deutsche Soldat stirbt doch da, wo er steht, so haben wir es ja gehört. Und die Verantwortung für Menschenleben ? Wir haben ja

Jahrelang in vielen Bombennächten Menschen gerettet, das war uns höchste Genugtung, schönster Lohn. Für die Polizei ja, aber soldatisch nebenbei, der Soldat kämpft, siegt oder stirbt. Tja, 1914 habe ich ja auch so gedacht , aber seit 1918 ? Dieses sinnlose "Verheizen" von Menschen will mir nicht in den Kopf . Stalingrad !

~~Panzer vertreiben~~

Ein Melder unterbricht unser Gespräch :" Hptm. Gr. sofort zum Btl.." Hier erhalte ich den Befehl, den Bhf. Ehrenfeld von feindlichen Panzern zu säubern. Die Kompanie wird durch 1 MG. verstärkt. Mein Bewährungseinsatz, Erfolgsmeldung rehabilitiert mich. Donnerkiel!
" Zu Befehl " und denke dabei, im 1.Weltkrieg durchgekommen, im Bombenkrieg auch, „denn man tau." Meine Bewährung wird ja die gesamte Kriegsmaschinerie des Westheeres in den Schatten stellen.

MG-Sperre

Mit einem Oberltn. und 2 Meldern gehe ich voraus, der Spieß führt die Kompanie nach. Die Venloerstraße liegt dunkel vor uns, die Panzer rumpeln und poltern am Westbhf. "Ziel erfaßt." Vorsichtig tasten wir uns an den Hauswänden vor, suchen nach einem geeigneten Kellereingang für die Befehlsstelle. Da bricht vor uns ein Stein aus einer Trümmerwand , kullert auf die Straße, erschrocken lauschen wir, was noch folgt. Schon blitzen Mündungsfeuer am Bahnhof vor der Überführung auf, es zischt, pfeift, prasselt auf der Straße. 2 MG. sperren also den Zugang rechts und links der Bahnüberführung. Schwein gehabt, dank der Klamotten. Durch die Venloerstr. gehts nicht voran.

Durch Kellerdurchbrüche

In einem geeigneten Keller teile ich die Züge ein: 1.Zug

Die „Stunde 0" in Köln 6/7.3.45

Wie ich den Kriegsschluß erlebt habe: 14.4.4

rechte Seite der Straße, 3.Zug linke, versuchen durch Luftschutzräume und Kellerdurchbrüche vorzuarbeiten . 3.Zug bleibt als Reserve zurück, MG. übernimmt Feuerschutz. Dem Melder fürs BTL. schreibe ich Stichworte auf einen Zettel. Der MG.Führer ist ein Wiener Oberltn. der Wehrmacht, der einzige, der mit modernen Waffen umgehen kann. Der Melder kommt schon wieder zurück, Artilleriefeuer auf dem Ring . Hoi! die Batterie steht aber nicht fern . Wir hören Abschuß und gleich darauf kracht es auf dem Ring. Die Salven nähern sich. Der Obltn. springt hinaus "MG.sichern!" Schon kracht es wieder, wir haben gar keinen Abschuß gehört. Bald darauf stolpert ein Melder vom MG. herein:" Volltreffer , vom Oberltn, und MG. nichts mehr zu finden. " Dä ! "Richtschütze verletzt." Wer ?

Neuer Befehl

Ein Melder wird hereingeleitet :Befehl an Hptm. Gr. Sofort Panzervormarsch auf der Aachenerstraße stoppen "- Gleich zurückmelden, ich setze mich mit dem Res.-Zug am Opernhaus an . Hier suchen wir eine günstige Abschußstelle für die Panzerfäuste, als ob jemand damit schießen könnte! Weil kein Fahrgeräusch zu vernehmen ist, gehe ich zurück.

Anderer Befehl

Am Hahnentor spiele ich noch Horchposten, als ich hinter mir meinen Namen rufen höre. "Befehl an Hptm.G. Sofort Vormarsch von feindlichen Panzern auf der Zülpicherstraße stoppen". Das kommt mir so lächerlich vor, daß mir einfallt "Womit aber sall ick't tostoppn, lieber Heinrich .. " Der Melder kommt mit zur Zülpicherstr. wir hören jedoch nichts. Aber --ist daa möglich, vom Opernhaus braust ein Auto heran. Wir klemmen uns an eine Hauswand, vielleicht ein vorprellender Ami ? Bei der Halbdämmerung

halten wir den PKW. für einen deutschen Privatwagen. Doll oder voll ? Wir gehen zum Hohenstaufenbad hinüber, da kommt der PKW. zurück, bremst neben uns, Wagentür schlägt auf, " Ah!Sie, Herr Hpt Wir brauchen dringend Hilfe, Panzer marschieren am Rhein vom Zoo aus vor ," Wer sind Sie denn "? "Vom Kommandeur der Volksfront "Tja, ich soll hier die Panzer stoppen." "Allein ?" „Nee-zu 2 Mar

Noch ein Befehl

Ein Melder tritt an den Wagen heran " Befehl an Hptm. Sofort zum Pol.Präsdium , Abwehrfront am Neumarkt errichten." Der PKW fährt winkend ab, ich gehe mit dem Melder zum Präsidium. Aus dem Südtor tritt mir der Adjutant schon entgegen, ringt die Hände:" Alles durcheinander,Marsch-marsch !" Schlimmer gehts nimme Die Einheitsführer unterwegs, die Einheiten verstreut in der Geografie auf sich gestellt. Der Major zum Rgt. gerufen, Sie sollen das Btl.übernehmen". " Was heißt: noch Btl.?" "Mit der 1.und 2. Kompanie keine Verbindung mehr, Sie waren als einziger erreichbar „Wie stark ist denn die Reserve des Btl.?? Der Adju blickt umher " 9 Mann mit Ihnen ". - Also ziehe ich die 3.Komp.hierher für die Abwehrfront zurück. " Kommen Sie mit, wir werden uns das bei St. Apostel ansehen."

Und noch ein Befehl

Bei den Trümmern des Hauses Cords holt uns ein Melder ein :" Befehl des Regiments für das Btl. Sofort mit allen Kräften zur Hohenzollernbrücke, Anmarsch über Alter Markt, Vorsicht vor einzelnen Panzerspähwagen." Es ist hell geworden. Das Btl. -9 Köpfe ! - marschiert über die Trümmer der Schildergasse, wo kein Fahrzeug durchkommen kann.

Die Brücke !

Am Gürzenich sehen wir hinter den Mauern eine dicke, schwarze Wolke hochsteigen, wir zittern in einer gewaltigen Explo-

Otto Greve, Z 28

Die „Stunde 0" in Köln: 6/7. 3. 45

sion, da flüstert einer „die Hohenzollernbrücke ist hochgegangen". Wir müssen uns schnell an die Wand des Gürzenichs drücken, es heult jault, pfeift, zischt von Sprengstücken, die nun hernieder prasseln. Am Heumarkt sehen wir den Deutzer Brückenbogen im Rhein liegen, wir fühlen uns verraten und verkauft. Da braust ein Wehrmachtwagen von der Brücke auf uns zu " Kampf um Brücke eingestellt," brüllt er uns zu, winkt ab und jagt dahin.

Melde gehorsamst

Nun bleibt uns nur der Weg zum Tacitusbunker, Befehlsstelle. Am Rheinauhafen kommt ein Wehrmachtwagen herangeprescht, ei Offizier erhebt sich, ein General. Oha ! " Was war das für eine Explosion ? " " Melde gehorsamst, die Hohenzollernbrücke in die Luft geflogen ." Jetzt springt er mir gleich ins Gesicht!„ Was sagen Sie da ? Unmöglich! Den Befehl habe ich mir vorbehalten ". " Die Deutzer Seite liegt im Wasser, einige Schritte vor, da ist es zu sehen !" Er mustert uns streng " Und wo wollen Sie jetzt hin ? " "Zum Tacitusbunker, neue Befehle holen ". "Vorwärts!" Kurz darauf überholt uns der Generalswagen und rast südwärts.

„Steiht dr Dom noch ?"

Hinter der Gr.Witschgasse kommen wir in das Wirkungsfeld des 1. Polizeireviers, das bis 1941 mein Arbeitsgebiet war. Ich kann manche bekannte Gesichter begrüßen . " Seggt ens, steiht dr Dom noch Un dr Bhf.?Wat woar dat denn för ne Knall ? " Brücke. " Han isch mir doch jleich jedach ". Der Mann ruft es in die Kellerlöcher hinein. „Wat is loss? De letzte Brück ? Ah!Ihr seid dat, uns all Kommissär! Joo,denn jlöven isch dat. " Pitter !" ruft eine Frau, kumm doch flöck ens erup un bedank Dich ok . Dat is de Mann, de uns ut de Trümmer erusjetrocken hätt!"

Ein 1o jähriger Junge macht "den Diener." wir reichen uns die Hände, "Na, Arm und Schulter wieder ganz ?" "Joo Härr,alls wedder janz ." Eine Einladung :„Nu seggt ens Härr, had Ihr denn hück schon jefröhstück!Kummt herin, hamm! alls do ".„Kann ich mir denken, alles aus Lindes Eisschrank,wat ?" Zustimmendes Grielächer.! – „ Dat weiß de Kommissär ok all wedder !" Eine andre Frau fleht mich an : "Blievt doch bi uns HärrK.,denn kütt ok wedder Ornung herin, jitz geiht alls krüz un quer. wir hamm ok jenug zu kümmele ".

Gastfreundschaft

Am Tor des Proviantamts hockt ein Oberltn. auf der Mauer, neben ihm ein Soldat, sie löffeln aus einer großen Konservendose. Wir sind noch 4 Männer. Der Oberltn. winkt uns zu :" Immer heran an die Fleischdosen,Kameraden ! Ihr seht aus, als könntet Ihr'nen warmen Löffelstiehl gebrauchen ! " " Der Vogel hat Humor".

Dankbar nehmen wir Platz und können wählen zwischen Wurst – oder Fleischdosen, heute alles ohne Quittung . Wir sind bei einer Verpflegungskolonne zugast, 1o-12 Pferdegespanne stehen auf ~~stehen auf~~ dem Hof, die letzten Wagen vor der Laderampe. Die Pferde prusten behaglich in die Futtersäcke. Um 8,3o Uhr muß die Kolonne an der Fähre bei Weiß sein. " Können wir bis zur Südbrücke mitfahren?" „Die Herren verteilen sich einzeln auf die Wagen, der Optik halber," blinzelt der Chef.

Artilleriefeuer

Der letzte Wagen ist beladen, Abfahrt mit Fliegerabstand; fast lautlos gleitet der Wagen auf den Straßenbahnschienen dahin. An der alten Uni hören wir das „pon-pong-pong" der Ferngeschütze, die schon öfter die Rheinuferstraße beschossen haben. Da rauscht es auch schon heran, zischt über uns in den Rhein, 3 hohe Fontänen steigen auf. Unsre Pferde stehen auf ihren Hinterbeinen, schlagen vorn wild um sich, werfen die Köpfe hin und her, dann springen sie voran und jagen auf die Südbrücke zu. Da rauscht wieder eine Salve in den Rhein. Nun rasen die Tiere los, daß die Funke auf dem Pflaster springen, die Köpfe vorgestreckt, die Mäuler aufgerissen, die Mähnen flattern. Der Fahrer versucht vergeblich, die Pfe de an den Zügel zu kriegen. In Rodenkirchen laufen die Menschen in die Häuser zurück, als sie unser durchgehendes Gespann erblicken . Hinter R. sind keine Einschläge mehr zu hören, die Sprünge werden kürzer, die Pferde ermatten. Allmählich gehen sie an den Zügel, der Fahrer hat sie in der Hand, nach und nach fallen die Tiere in den Tr in den Schritt, der Oberltn. weist auf eine Baumreihe, dort halten und die andern Wagen abwarten. Obgleich die Pferde noch sehr erregt mit den Beinen trappeln, bleiben sie doch stehen. Wir tätscheln die Köpfe, klopfen den Hals, quatschnaß. Der Schweiß rinnt an den Beinen herunter , der Fahrer reibt ihren Körper mit Heu ab, das beruhigt die Pferde sichtlich. Sie kauen auf dem Gebiß, schütteln die nassen Mähnen, stampfen nicht mehr mit den Hufen .

Plötzlich rücken ihre Köpfe wieder hoch , schauen wild rückwärts, doch wir stehen vor ihnen, da rollt der 2. Wagen heran. Die Pferde erkennen ihre Stallgenossen und beruhigen sich wieder. Mit dem letzten Wagen kommt auch der Spieß, er grollt "von wegen Fliegerabstand ! Aber alles an Bord behalten. " . " Doch unsre Gäste ! zurückfahren kann ich Sie nicht. Ich schlage vor, Sie kommen mit uns nach Porz, dort dürfte sich Gelegenheit nach Köln bieten. " Das leuchtet ein.

Die Frühnebel über dem Rhein kommen in Bewegung, da wird es Zeit, vor Fliegersicht drüben zu sein. Die Fähre steht bereit. Da schnurrt hinter der Flußbiegung eine "lahme Ente !" Dicht über der Nebelbank schleicht der Beobachter über dem Rhein daher, schnell in Deckung der Uferbüsche. Der hat uns noch gerade gefehlt, wird uns gleich die Artillerie oder Jabos auf den Hals hetzen. Langsam verschwindet das Flugzeug hinter der nächsten Flußschleife, Nun eiligst auf die Fähre, schnell sind alle Fahrzeuge drauf, der Motor tuckert hinüber, anlegen, die Pferde stampfen nervös, legen sich mächtig ins Geschirr, als sie die Uferböschung hinaufgaloppieren.

Auf der nahen Straße ordnet der Spieß

die Wagen wieder, da hören wir das bekannte „Pon-pon-pong" der Fernbatterie. Die Fahrer springen auf die Wagen , da rauscht die Salve schon heran, klatscht ins Wasser, der Obl erwischt noch einen Wagen, da saust die Kolonne ab. Von der wilden Fahrt vernehmen wir bald nur das Rollen der Fahrzeuge

Da stehn wir wie verlorene Küken in fremd Gelände, doch erst mal gerettet wider Willen.

Wie ich den Kriegsschluß erlebt habe: 14.4.4

Tagebuch-Notizen

Der Einnahme der Stadt Köln durch die Amerikaner, wie wir sie am Mittwoch, dem 7.März 1945 erlebten, waren viele öffentliche Luftwarnungen (meistens den ganzen Tag über), Großalarme und Bombenangriffe vorausgegangen. Mit Ach und Krach gelangte ich mit dem Fahrrad vom Oberländer Ufer (Marienburg) zur Weyerstraße, wo ich mit 23 Jahren bei Greven & Bechtold als Kontoristin tätig war. So war ich sehr froh, als im Februar 1945 für kurze Zeit wieder eine Straßenbahn fuhr, und zwar die Linie 14, die von der Schönhauserstraße am Rhein entlang bis zum Ubierring und dann weiter den Ring herauf fuhr. Die Rheinuferbahn fuhr aber nicht.

Samstag, 3o.Dezember 1944

Schwerer Angriff am Schluß des Jahres 1944, besonders auf Bayenthal - Marienburg - Rodenkirchen. Wir erlebten den Angriff im wankenden und bebenden Bunker. Es war abends und er dauerte 2o Minuten lang. Wir hatten nicht mehr an ein gutes Ende geglaubt. Als der Bombenhagel vorüber war, sahen wir ein Bild des Grauens. Fast jedes Haus brannte und der Himmel war glühend rot. Ein furchtbares Bild. Wir rannten erschüttert vom Bunker nach Hause über Brandbomben hinwegspringend, die zur Genüge auf dem Weg lagen. Bei uns auf dem Speicher lag auch eine Brandbombe. Da wir aber gleich zur Stelle waren, konnte der Brand mit Sand gelöscht werden. Dann hieß es, im Nebenhaus bei meinem Onkel Ludwig zu löschen, denn bei uns konnten die Scherben später weggefegt werden. Wir schöpften stundenlang Wasser aus dem Rhein, was in einer Kette durch Hilfe der ganzen Nachbarschaft weitergegeben,wurde, und dann ging es treppauf und treppab, immer mit zwei großen Eimern in der Hand durch Qualm hindurch, so daß man bald nicht mehr sprechen konnte und dauernd husten mußte. Dabei konnte man noch nicht mal richtig an den Brandherd heran. Wir haben es aber trotzdem geschafft und um 1 Uhr nachts waren wir fertig.

Mittwoch, lo.Januar 1945

Um 11.3o Uhr erlebte ich den Angriff in der Weyerstraße im Papierkeller. Am Oberländer Ufer zu Hause ist unser Dach dabei z.T. fortgeflogen und es schneite herein.

Sonntag, 14.Januar 1945

Fast den ganzen Tag Alarm. Um 14.3o Uhr war wieder ein großer Angriff, wonach wieder das Drahtglas an den Fenstern, wie üblich, hereingeklopft werden mußte. Jeder von uns hatte nun ein Zimmer, das nach Angriffen wieder in Ordnung gebracht werden mußte. An diesem Tag haben wir ca. 8 Stunden im Bunker verbracht.

Sonntag, 28.Januar 1945

Bei einem Angriff um 11 Uhr wurde die Rodenkirchener (früher Adolf-Hitler) Brücke ins Wasser geworfen. Aber auch die Innenstadt von Dom und Umgebung bekamen wieder einiges mit.

Donnerstag, 1.März 1945

Am Abend Marschbefehl der NSDAP erhalten, daß wir uns am 2.März um 5.3o Uhr morgens am Sammelplatz Parkstraße-Marienburger Straße mit Gepäck bis 3o kg pro Person einzufinden hätten und es im Treck dann nach Rath-Heumar ginge. Diesen Befehl haben wir nicht befolgt. Wir hatten gehört, daß die Amerikaner 12 km vor Köln stünden, auch hörten wir in der Ferne stärkeren Beschuß. Mein Vater mußte bereits am 27.Februar nachts zur Kaserne, um Köln zu verteidigen. Es war Alarmstufe II.

Freitag, 2.März 1945

Da wir uns ja eigentlich draußen garnicht sehen lassen durften, bin ich sehr früh am Morgen mit dem Fahrrad zur Metzerstraße gefahren, um bei einem bekannten Bäcker Brot zu holen, denn wir wußten ja nicht, wie lange wir auf uns allein gestellt aushalten mußten. Ich war somit ganz allein unterwegs und sah keinen Menschen. Auf dem Rückweg mit dem vielen Brot in Taschen an der Lenkstange hängend und am Gepäckständer geriet ich am Oberländer Ufer zwischen Schönhauser Straße und Bayenthalgürtel unter starken Beschuß. Links und rechts schlugen Granaten ein, abgefeuert von Jagdbombern (Jabos), die ich über dem Rhein sah. Ein Weiterfahren wäre lebensgefährlich geworden. So war ich froh ein Vordach seitlich von einem Haus zu finden, wo ich mich unterstellen konnte und nicht gesehen wurde. Als diese abgezogen waren, fuhr ich schnellstens nach Hause, denn es war schon Alarm gegeben worden. Ich warf das Fahrrad gegen das Garagentor mit allem Brot und rannte schon unter dem Getöse von Bombern zum Bunker in der Marienburger Straße, wo meine Familie schon war. Das war gegen lo Uhr. Kaum hatte ich die Tür des Bunkers erreicht, man wollte schon nicht mehr öffnen, wurde ich von einem Luftdruck erfaßt und man hörte Bomben sausen. So erlebten wir den schlimmsten Angriff auf Köln mit schrecklichen Stunden. Wie es später hieß, sollen 1.2oo Bomber über Köln gewesen sein. Wir hatten noch Glück, denn bei uns war wieder nur ein Teil des Daches weg und die weiteren üblichen Luftdruck-Schäden. Wir waren uns einig, daß das wohl der letzte Angriff gewesen sein könnte.

Samstag, 3.März 1945

Wir haben den ganzen Tag weiter aufgeräumt.

Sonntag, 4.März 1945

Wir haben den ganzen Tag über Vater beim Dachdecken geholfen. Dieser hatte Urlaub bekommen für einige Stunden. Wir sind aber durch das Regenwetter nicht fertig geworden, aber auch weil Vater wieder fort mußte, und zwar zur Schnurgasse (Bunker).

Montag, 5.März 1945

Mutter hat mich gebeten, zum Bunker in der Schnurgasse zu fahren, um Vater noch Verpflegung zu bringen. Das war mit dem Fahrrad eine Fahrt des Grauens mit schrecklichen Bildern meiner Heimatstadt. Überall lagen hohe Schuttberge von eingestürzten Häusern, so daß ich mit dem Fahrrad kaum durch kam, bzw. einige Straßen waren total zu. Die Severinstraße war ein hoher Trampelpfad über Steine, viele Umwege mit dem schiebendem Fahrrad, vorbei an einem toten Pferd und einem toten Menschen. Wieder war ich ganz allein mit Ari-Schießerei in der Ferne, dazu Rauch in der Luft. Es war unheimlich. Wenn ich nicht zu meinem Vater unterwegs gewesen wäre, wäre ich umgekehrt. Wie froh war ich drum, im Bunker, der völlig innen im Dunkeln lag, angelangt zu sein. So rief ich nach meinem Vater, doch vergebens. Ich bekam aber Hilfe von vielen Männern, die auf einen Einsatz warteten, und die mit starken Stimmen den Namen meines Vaters riefen. So war ich glücklich, ihm endlich draußen vor dem Bunker die Verpflegung übergeben zu können und ihn dabei zu sprechen. Dabei sagte er mir, daß schon Kämpfe in Köln wären, und daß ich Mutter sagen solle, daß er nach Hause käme sobald sich eine Gelegenheit geben würde.

Dienstag, 6.März 1945

Die deutschen Truppen verlassen Köln, ein jämmerlicher Haufen, der von Köln kommend in Richtung Rodenkirchen zieht. Viele sind betrunken und viele werfen die Panzerfäuste weg. Einen Teil versorgen wir bei uns mit Kaffee (Muckefuck), wovon wir nicht genug am Nachmittag kochen konnten. Vater traf dann auch bei uns ein und brachte einen Kameraden mit. Wir waren alle nervlich sehr angespannt.

Mittwoch, 7.März 1945

Mittags gegen 14 Uhr erschienen bei uns im Haus die ersten Amerikaner. Nun fühlten wir uns richtig frei. Die Unterhaltung fand in Englisch statt. Sie sahen sich bei uns im Haus um und fragten nach deutschen Soldaten. Am Abend, als wir alle zusammen im Keller saßen, kamen 4 amerikanische Offiziere zu uns ins Haus. Alle waren betrunken, wie wir nach kurzer Zeit feststellten. Sie hatten noch Weinflaschen dabei und forderten uns auf, mit ihnen zu trinken. Nach ca. einer halben Stunde sagte uns einer davon, der noch so ziemlich nüchtern war, wir müßten wegen Spionage das Haus räumen, denn die andere Rheinseite wäre ja noch nicht besetzt. Der Rhein bildete die Grenze. Es war 1o Uhr abends, als wir mit dem nötigen Gepäck versehen, unter deutschem Ariebeschuß 1/4 Stunde vom Hause entfernt in eine große Villa (früher NSV) in der Goethestraße geführt wurden. Hier sollten die Männer und die Frauen getrennt schlafen, was wir aber nicht wollten. So wurden wir, als wir uns zur Ruhe begeben wollten in einem Luftschutzkeller mit Betten übereinander, belästigt. Vater mußte immer wieder von neuem die Schuhe aus- und anziehen, aufstehen, setzen, legen usw. Wir Mädchen sollten mit ihnen gehen. Als wir nicht wollten, setzte man uns die Pistole vor die Brust. Schließlich ging meine Mutter, die sie zwar nicht mitnehmen wollten, mit uns herauf. Aus Tapetentüren kamen immer wieder andere Amerikaner mit Pistolen, die meine Mutter so gut es ging entschärfte. Als sie merkten, daß sie mit uns nichts anfangen konnten, schickte man uns wieder herunter. Nach einiger Zeit kamen sie wieder, um uns herauf zu holen. Während Mutter mit meinen Geschwistern mit ging, habe ich mich unter das Bett auf dem kalten Steinboden versteckt. Zuerst wurde ich vermißt. Da aber alle so betrunken waren, wußten sie nachher nicht mehr, ob wir zu drei oder vier Mädchen waren. So war ich nun mit Vater und zwei Onkels, die mit waren, allein unten, und die Männer wurden immer wieder von neuen amerikanischen Soldaten belästigt. Schließlich konnten es meine Onkels nicht mehr mitmachen und machten den Notausgang auf und machten sich davon. Mein Vater tat mir leid. Immer wieder fragten wir uns, was man mit den anderen wohl anstellen würde. Die Nacht auf dem Steinboden war sehr lang und verging so langsam. Plötzlich wurde ich durch ein lautes Geschrei aufgeschreckt. Schreiend kamen alle herunter und riefen nach dem Vater. Nach langem Hin und Her hörte ich, daß man ihnen oben gesagt habe, daß man Vater erschossen hätte. Das war gegen Morgen. Eine Aufregung jagdte die andere. Man wollte uns nicht heraus lassen. Aber schließlich trat Mutter sehr energisch auf und verlangte einen führenden Mann. Danach hat man uns freigelassen um 7 Uhr. Man atmete die Morgenluft wie ein entlassener Gefangener. Später haben wir erfahren, daß die beiden Onkels nach einem Schlaf im Freien gut zu Hause angekommen sind.

Donnerstag, 8.März 1945

Mein Vater veranlaßte, daß wir eine Schlafstelle im Kloster (früher Irmgardis-Gymnasium) in der Schillerstraße bekämen. So sind wir früh am Nachmittag zu den Schwestern gegangen. Wir schliefen dort im Keller auf Liegestühlen. Meine Eltern gingen zum Schlafen in die Novalisstraße in Bayenthal (Schwester meines Vaters). Das haben wir bis Samstag, 1o.März so gehandhabt.

Rodenkirchen

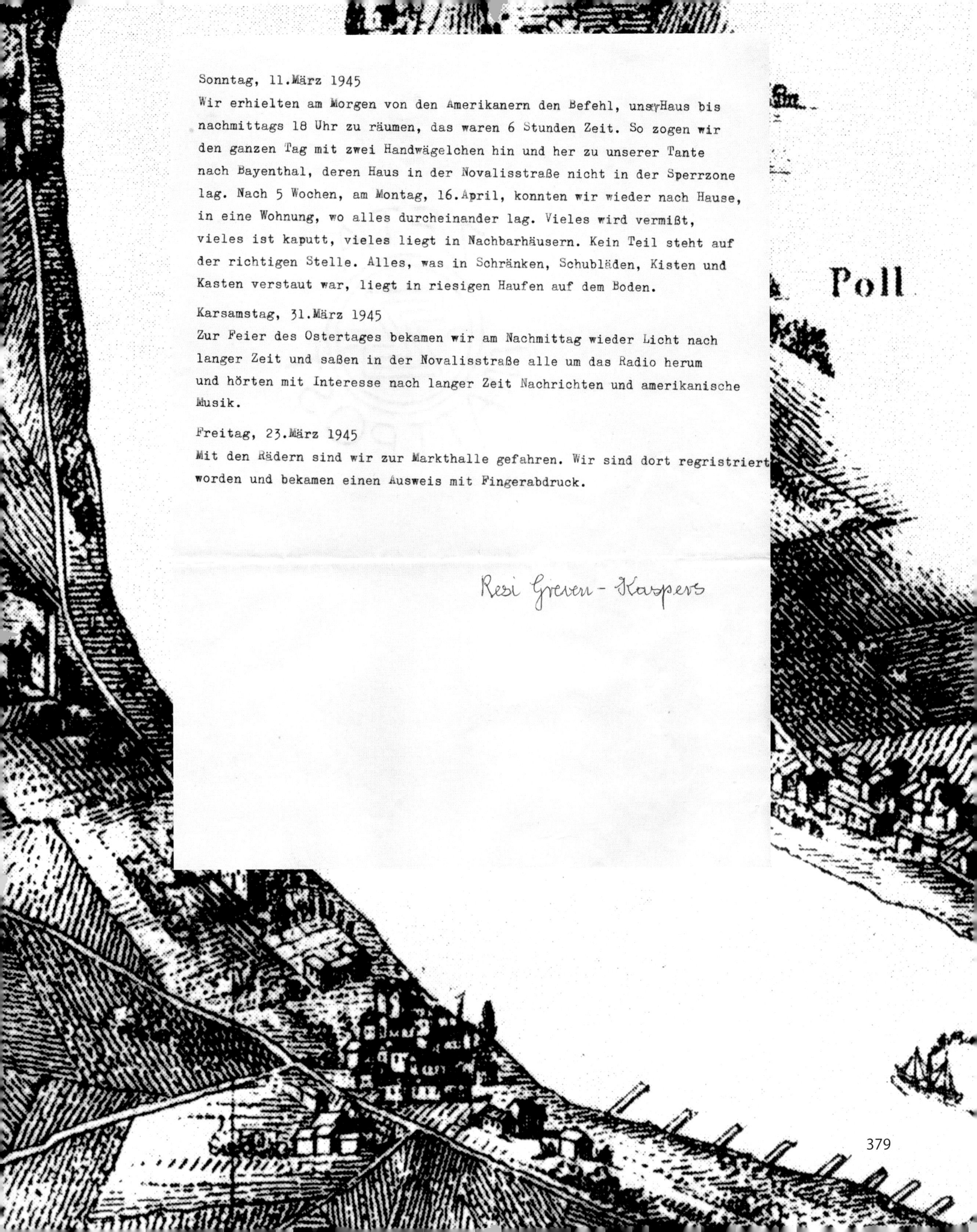

Sonntag, 11.März 1945

Wir erhielten am Morgen von den Amerikanern den Befehl, unser Haus bis nachmittags 18 Uhr zu räumen, das waren 6 Stunden Zeit. So zogen wir den ganzen Tag mit zwei Handwägelchen hin und her zu unserer Tante nach Bayenthal, deren Haus in der Novalisstraße nicht in der Sperrzone lag. Nach 5 Wochen, am Montag, 16.April, konnten wir wieder nach Hause, in eine Wohnung, wo alles durcheinander lag. Vieles wird vermißt, vieles ist kaputt, vieles liegt in Nachbarhäusern. Kein Teil steht auf der richtigen Stelle. Alles, was in Schränken, Schubläden, Kisten und Kasten verstaut war, liegt in riesigen Haufen auf dem Boden.

Karsamstag, 31.März 1945

Zur Feier des Ostertages bekamen wir am Nachmittag wieder Licht nach langer Zeit und saßen in der Novalisstraße alle um das Radio herum und hörten mit Interesse nach langer Zeit Nachrichten und amerikanische Musik.

Freitag, 23.März 1945

Mit den Rädern sind wir zur Markthalle gefahren. Wir sind dort regristriert worden und bekamen einen Ausweis mit Fingerabdruck.

Resi Greven-Kaspers

Erinnerungen von Josef Schultens

Hallo, die ihr an meiner Lebensgeschichte in Brück interessiert seid,

ich, Josef Schultens, wurde am 19. Februar 1931 in Brenig bei Bornheim geboren. Diese Dörfer liegen zwischen Köln und Bonn.

Wir hatten in der Küche einen stabilen beiderseitig ausziehbaren Tisch, der mit einer in einem Holzrahmen gefassten Linoleumplatte beschichtet war. Meine Mutter berichtete: »Auf diesem Tisch liegend habe ich meine sechs Kinder zur Welt gebracht, dies waren Kurt (Konrad), Adi (Adelheid), Tünn (Anton), Thea (Theresia), Jupp (Josef) und Karl.«

Mein Vater war Hauptlehrer der Volksschule in Brenig.

Auf Fotos sieht man ihn 1932 als Redner im Dortmunder Stadion auf dem Reichsjugendtreffen der DJK mit einigen zehntausend Teilnehmern. Er führte damals die DJK, die Deutsche Jugendkraft des Rheinlandes, einen mächtigen Sportverband der Katholiken. Daher hat man unsere Familie schikaniert, vor allem [waren es] die Nazis des Dorfes, die nachts mit Kochgeschirren Krach machten, Fensterscheiben einschmissen und schrien: »Der Schuft, der Lehrer Schultens, raus hier!«

Mein Vater, mit seinen sechs Kindern um seine Existenz bangend, ließ sich durch den damals noch existierenden Katholischen Lehrerverband im April 1933 an die Volksschule Köln-Brück versetzen. Nachdem er mit dem gesamten Lehrerkollegium und dem katholischen Pfarrer Mitglied der NSDAP (der Nationalsozialistischen Deutschen Arbeiterpartei) geworden war, wurde er Rektor der Schule.

Mit Beginn des Zweiten Weltkrieges wurde mein Vater als Offizier zu einem HKP, einem Heeres-Kraftfahrzeug-Park in Köln-Ehrenfeld eingezogen. Er machte dort den Führerschein, auch um mit seinem Dienstfahrzeug nach Brück zur Übernachtung zu fahren.

Die Größe eines HKPs entsprach der einer Kompanie und die hatte die zur Reparatur von defekten Kraftfahrzeugen erforderlichen Maschinen und Ausrüstungen. Die Soldaten waren bevorzugt Facharbeiter, Kraftfahrzeugschlosser, -elektriker und andere.

1942 war er (der Volksschulrektor!) als Hauptmann Leiter des HKPs in Smolensk in Russland. (Dies war der östlichste aller HKPs.)

Im September 1944, 51 Jahre alt, wurde er regulär wegen chronischer Krankheiten und Kriegsverletzungen von der Wehrmacht entlassen, auch, um in Brück den Volkssturm zu organisieren.

Am Sonntag, den 25. März 1945, starb er bei einer Übung in Brück auf der Mielenforster Wiese. Soldaten der Wehrmacht zeigten den Männern des Volkssturms, mit Panzerfäusten zu schießen.
Eine Panzerfaust funktionierte nicht.

Da die Panzerfäuste damals in Bergstollen von KZ-Häftlingen gebaut wurden, war der Verdacht auf Sabotage naheliegend. Der Bataillonskommandeur des Volkssturms, ein 36-jähriger Oberscharführer der Waffen-SS, wollte daher den Zünder der Panzerfaust ausbauen und begann, die Granate, die vorn auf dem Rohr steckte, abzuschrauben.

Die Panzerfaust explodierte in seinen Händen, zerfetzte ihn und tötete die Kompanieführer des Volkssturms von Merheim, Delbrück, Brück, Rath und zwei Soldaten der Wehrmacht.

Wir wohnten ab 1. Februar 1933 Olpener Str. 926.
Unser Haus lag vor der alten Volksschule.

1938 wurde der Flughafen der Luftwaffe gebaut. Der lag zwischen Merheim, Brück und Rath, dort wo heute Neubrück ist.

Mit Beginn des Krieges im September 1939 flogen von dort Heinkel He-111-Bomber und schmissen ihre Bomben in Holland und Belgien ab. Wir standen da und zählten, wie viele abflogen und wiederkamen. Häufig fehlten einige.

Mit den Jahren zunehmend heulten bei Luftangriffen die Sirenen. Die Gebäude der Stadt Köln wurden stark zerstört. In Kalk waren es mehr als 90 % der Häuser, die zertrümmert waren. In Brück waren es jedoch nur zwei Häuser, die zerstört waren, eins Im Langenbruch und eins In der Handschaft.

Gegen Ende des Krieges hatten wir fast ständig Fliegeralarm. Die Schulen mussten geschlossen werden wegen dieser ständigen Luftangriffe. Viele der Brücker Bürger flüchteten nach Thüringen und Sachsen. Ende des Krieges waren von den 4000 Brückern nur noch 600 im Ort.

Auch die Tagangriffe nahmen erheblich zu. Häufig waren es Bombenteppiche der amerikanischen Luftwaffe, die die Amis von der Erker Mühle im Bogen bis zur Merheimer Kirche warfen.

In den Feldern standen viele Flakgeschütze, die von Gymnasiasten als Flakhelfern wie auch von russischen Kriegsgefangenen bedient wurden.

Die Schule war Notquartier, verwaltet und organisiert durch meinen Vater und dies bis zu seinem Tod. In allen Klassenräumen standen Betten mit Strohsackmatratzen.

Gegen Ende des Krieges, die amerikanischen Truppen waren bereits in Aachen, kamen Zehntausende Flüchtlinge zum Teil mit Pferden, die vor Wagen gespannt waren, häufig auch mit Kühen. Die Deutzer Brücke, die einseitig zerbombt mit einer Straßenfahrbahn im Rheinhochwasser hing, wurde zerstört vor allem durch rüttelnde Panzerkolonnen. Die Kühe blieben häufig bei uns auf den Bachwiesen und wurden später von den wenigen Männern, die noch im Ort waren, geschlachtet. Wir alle holten uns Fleisch der geschlachteten Kühe.

Einschieben möchte ich hier »die Schweinemasterei im Gräfenhof«. Hier waren insgesamt 4000 Schweine und die in vier Ställen. Die Arbeit wurde von ukrainischen Fremdarbeitern ausgeführt. Direktor des Betriebes war ein beinamputierter SS-Führer, der sich auf Krücken stützte. Er hatte vor seinen eigenen Leuten Angst und kam daher immer mit einem Schäferhund an der Leine. Mit Elektro angetriebenen [sic] Fahrzeugen sammelte die NSV (Nationalistische Sozialistische Volksfürsorge [korrekt: Nationalsozialistische Volkswohlfahrt, Anm. d. A.]) in den Straßen von Köln »Äpelschalen für die dicke Sau«.

Hinter dem letzten Schweinestall war ein breites Feld und es folgte ein einziges Haus vorne in der »Herman-Neuhaus-Allee« mit riesigem Garten bis zum Bruch. Hier wohnte die Familie Nolde, die hatten im Garten ein Häuschen mit Schweinestall. Eines Tages kamen die Ukrainer, die Fremdarbeiter der Schweinemasterei und sagten dem Sohn der Noldes: »Du hast vier kleine Schweine. Heute Nacht kommen wir und tauschen die gegen vier große!« Wie gesagt, so getan. Einen Tag später stellte man fest, dass diese Schweine in die Ohren eingravierte Nummern hatten. Wenn der Deal auffiel, war das die Todesstrafe für uns! Was nun? Ist doch einfach: die Ohren abschneiden.

Eines Tages brach in den Ställen »die Schweinepest« aus, initiiert durch den Abwurf von entsprechendem verpestetem Material der amerikanischen Luftwaffe. Nun wurden an einem Tag die 4000 Schweine mit Bolzenschusspistolen getötet. Die Kadaver konnten nur noch zu Seife verarbeitet werden.

In die Ställe kamen nun Schafe. Wir spingsten in die Ställe und sahen die Schafe mit ihrem zotteligen Fell im Sägemehl voller Scheiße stehen.

Als für uns der Krieg zu Ende war, waren nur noch wenige Schafe in den Ställen. Die anderen sind schon vorher »verschwunden«. Im Ruhrkessel, der geschlossen war, nach Norden hinter Düsseldorf, im Osten im Sauerland, nach Süden bei Siegburg und nach Westen durch den Rhein, waren in Köln-Vingst viele Züge mit Lebensmitteln hängen geblieben.

Da meine Mutter mir nicht erlaubte, wie andere im Dunkeln zu fahren, fuhr ich mit dem Fahrrad am Tag und schaffte einen Doppelzentner Weizen nach Hause, den wir später mit der Kaffeemühle zu Mehl verarbeiteten.

Auf der Landzunge des Deutzer Hafens, einige Hundert Meter vom Bahndamm der Südbrücke entfernt, war ein Kühlhaus der Firma Linde, ein klotziger, mehrstöckiger Bau, vollgestopft mit Holzkisten, gefüllt mit jeweils 50 kg Butterschmalz. Viele fuhren damals im Schutz der Dunkelheit mit dem Fahrrad und holten Butterschmalz. Manch einer blieb dabei und wurde von den auf der gegenüberliegenden Rheinseite liegenden amerikanischen Truppen erschossen. Da ich des Nachts nicht fahren durfte, fuhr ich am hellen Tag.

Wir waren: ein mir unbekannter Herr aus dem Vinzenz-Haus, ein in der Nachbarschaft wohnender Siebzigjähriger, mein Bruder Karl und zwei damals 14-jährige Freunde. Als wir am Bahndamm entlang in Richtung Südbrücke radelten, hatte uns der amerikanische Artilleriebeobachter entdeckt. Es krachten rechts und links von uns Artilleriegeschosse. Wir flüchteten in eine Bahnunterführung. Es dauerte fast eine Stunde, bis der Beschuss eingestellt wurde. Mein Bruder Karl und ein Freund fuhren zurück nach Hause. Wir anderen schlichen weiter bis zur nächsten Bahnunterführung, wo wir die Fahrräder abstellten. Der Siebzigjährige blieb zurück. Wir anderen liefen über Schienen bis zum Kühlhaus und schleppten die für Vierzehnjährige recht schweren, kantigen Kisten. Nun eilte auch der Siebzigjährige in Richtung Kühlhaus, stolperte, schlug sich an einer Schiene die Stirn blutig und kehrte zurück. Für ihn bin ich ein zweites Mal gelaufen. Angekommen im Kühlhaus, stieß ich auf Wehrmachtssoldaten, die schimpften: »Wegen euch kriegen wir Beschuss! Wir lassen niemanden mehr herein.« Der Siebzigjährige hatte mir fürs Butterschmalz einen Beutel mitgegeben. Zwischen Toten habe ich von der Erde große Butterschmalzklumpen eingesammelt und den Beutel damit gefüllt.

Auf der Heimfahrt sahen wir frühzeitig in Höhenberg auf der Straße eine Volkssturmstreife stehen. Der Siebzigjährige, verletzt und psychisch kaputt, ist mit seinem Beutel voll Butterschmalz weitergefahren und unbeanstandet nach Hause gekommen. Wir mit unseren eckigen Kisten, die jeder kannte, wagten es nicht, sind Umwege über Hinterhöfe und Feldwege gefahren und haben uns dann in Brück getrennt.

Ich mit meiner Kiste bin bis hundert Meter vor unser Haus an der Olpener Straße gekommen, als plötzlich der damalige Bataillonskommandeur des Volkssturms, Hannemann, ein Oberscharführer der SS, mit der Maschinenpistole in der Hand vor mir stand. Er hat mich dann bei der Gestapo abgeliefert, die ihre Residenz an der Haltestelle Mauspfad hatte, in dem Haus, in dem heute ein italienisches Restaurant ist. Hier habe ich als Plünderer über eine Stunde mit dem Gesicht zur Wand gestanden. Meine Mutter wurde geholt und man hat ihr heftig vorgehalten, dass das Plünderung sei, worauf die Todesstrafe stände, und dass nicht ich als Jugendlicher, sondern sie, die die Aufsicht habe, erschossen würde. Weiteres würde ihr noch mitgeteilt und wir konnten gehen. Meine Eltern haben wirklich nichts von dem Vorhaben ihrer beiden Söhnen gewusst.

Von dem Siebzigjährigen, dem ich sein Butterschmalz unter lebensbedrohenden Umständen geholt habe, habe ich nicht ein Gramm Butterschmalz erhalten. Von den Nachbarn reichlich.

Von Ende Februar 1945 bis zum Einzug der Amerikaner waren auf dem Fliegerhorst noch etwa 40 Soldaten, deren Aufgabe es war, Militärgut zu vernichten. In Flugzeughallen wurden nicht reparable Flugzeuge, Werkzeuge, Einrichtungen usw. zusammengekarrt und meistens mit alliierten Fliegerbomben einschließlich Gebäude gesprengt. Anfang März waren die vorher angekündigten Sprengungen so heftig, dass auch in Brück Fensterscheiben zersprangen. Danach war das Fliegerhorstgelände für uns, die wir in der Nähe wohnten, »zum Plündern freigegeben«. Es hat viele Bürger im rechtrheinischen Köln gege-

so heftig, dass auch in Brück Fensterscheiben zersprangen. Danach war das Fliegerhorstgelände für uns, die wir in der Nähe wohnten, »zum Plündern freigegeben«. Es hat viele Bürger im rechtrheinischen Köln gegeben, die Gegenstände mit dem Luftwaffenadler gekennzeichnet hatten, wie Bestecke und Essgeschirre, Betten, Schränke, Tische und Schemel. Wir Pänz interessierten uns für Fußbälle, Boxhandschuhe, Fechtsäbel, Schlauchboote, Feldtelefone usw.

Bis Ende des Krieges, auch noch, als die Front bei Aachen stand, flogen abends zwei einmotorige Junkers Ju 87, »Stukas«, die im Wald an der Erker Mühle abgestellt waren, an die Front und warfen Bomben. Die »Stukas« haben den Krieg überlebt und standen nach dem Krieg abgestellt im Wald.

Im Sommer 1942 hatten französische Kriegsgefangene in der Hovenstraße in Brück eine Baracke für die NSDAP-Parteileitung gebaut, die im April 1945, in der Zeit, als wir im Ruhrkessel waren, wieder abgebrochen wurde. Warum, mit welcher Planung, ist uns nicht bekannt. In der Nähe war ein Löschteich.

Eines Tages haben wir Pänz Teile der Baracke auf das Wasser des Teiches geworfen, um hier Floß zu fahren.

So waren wir auch am 11. April 1945 nachmittags beim fröhlichen Floßfahren, als ein 16-jähriger Nachbar mit dem Fahrrad von Rath kommend uns zurief: »Die Amis sind in Rath!« Wir hatten schon vorher heftigen Geschützlärm von dort gehört, dies jedoch nicht beachtet, da solcher Lärm alltäglich war. Eilig nach Hause, den Steigeturm der Feuerwehr, der zwischen unserem Haus und der Schule lag, erstiegen, oben über die Brüstung gespingst, und wir sahen amerikanische Panzer – mit leuchtenden Planen, um von ihren eigenen Flugzeugen sicher erkannt zu werden, auf dem Rückteil – in schneller Fahrt auf der Rösrather Straße von Rath kommend in Richtung Deutz fahren und unter der Autobahnbrücke verschwinden.

Bis in die Dämmerung haben wir hier oben, später auch mit Nachbarn, dem Bauer Küpper und seinen Knechten und Mägden dieses für uns überraschende Ereignis beobachtet. Wir waren schließlich schon in der fünften Woche im Ruhrkessel.

Tage später entdeckten wir auf der Kreuzung Rösrather Straße/Rather Mauspfad ein ausgebranntes Flakgeschütz und erfuhren, dass an diesem Spätnachmittag des 11. Aprils 1945 überraschend amerikanische Panzereinheiten über Siegburg von Süden kamen und dann über die Rösrather Straße bis nach Deutz vordrangen und hier einen Brückenkopf bildeten.

Wir verbrachten eine unruhige Nacht, teils im Luftschutzkeller der Schule, teils die Ereignisse draußen beobachtend. Heftig wurde in der Nacht mit Leuchtspurmunition vom Fliegerhorstgelände in Richtung Rösrather Straße geschossen und zurück. Brück hatte den letzten Artilleriebeschuss, dabei wurde im Mauserhof ein Gebäude in Brand geschossen.

In dieser Nacht stiegen die Brücker Parteigenossen auf einen LKW und verschwanden ins Bergische Land.

Im Morgengrauen des 12. Aprils 1945 kamen amerikanische Panzereinheiten von der Rösrather Straße schießend über die Felder und dann über das Flugfeld in Richtung Hauptgebäude des Fliegerhorstes, dort wo heute an der Olpener Straße die Krankenanstalten sind. Gegenwehr war nicht festzustellen. Die Fliegerhorstbesatzung gab auf. Die Soldaten waren später auf der unteren Olpener Straße in Brück als Kriegsgefangene auf amerikanischen LKWs zu sehen.

Sonderbar war das Verhalten der Soldaten der vielen Flakstellungen in den Feldern. Die Soldaten und Offiziere waren im entscheidenden Moment bei ihren Freundinnen untergekrochen. Die Flakhelfer, die Schüler von Gymnasien, hoben die Hände und gingen in Gefangenschaft.

Früh, gegen 8:00 Uhr, wurde ich vor dem Schulgebäude von einem ukrainischen Fremdarbeiter angesprochen, den ich von den Strohsackaktionen des Schulnotquartiers kannte: »Du klein komm mit und hilf mir.« Wir gingen zum Zentrallebensmittellager der Nazibonzen im Geyer-Geschäft. Er, der Fremdarbeiter, hatte mit anderen schon vorher versucht, eine Straßentür zum Lager zu öffnen, vergeblich. Wir entfernten einen Gitterrost eines Kellerschachtes. Er ließ mich, mich an den Händen haltend, in den Keller. Drinnen habe ich dann durch die vergitterten Fenster den draußen stehenden und immer zahlreicher werdenden Nachbarn Stoffe, Kleidungsstücke, Lebensmittel, Zigaretten und sogar Zigarren herausgereicht, hin und wieder mit der Bitte, dies oder jenes für mich reserviert an die Seite zu legen. Als ich dann nach etwa einer Stunde wieder draußen war, was hatte man mir gelassen? Einen Ballen Schürzenstoff, ein Bündel Militärsocken, einen Karton mit Corned-Beef-Büchsen und ein Paket Zucker – das war alles!

Stunden später hatten clevere Handwerker die Stahltür aufgebrochen, und es begann ein Geraufe, teilweise regelrecht als Schlägerei ausartend, um die dort stehenden Säcke mit Getreide, Mehl, Zucker usw.

Die meisten Brücker Häuser waren mit weißen Laken beflaggt, um anzuzeigen, dass man nicht gewillt war, den amerikanischen Truppen Widerstand zu leisten. Man wollte überleben. Die Panzersperren waren alle offen. Die dort liegenden Panzerfäuste und Handgranaten waren ohne Zünder. Die Zünder, wie auch alle anderen Waffen des Volkssturmes, waren verschwunden, die Volksturmsoldaten waren wieder Zivilisten, Väter und Söhne. Die meisten der wenigen Wehrmachtssoldaten hatten sich in Zivilkleidung irgendwo verkrochen.

Gegen 10:00 Uhr an diesem 12. April 1945 stand meine Mutter mit ihren Kindern und den Nachbarn vor den Haustüren in Erwartung der entscheidenden Ereignisse.

Da war Panzerkettenrasseln von Merheim kommend auf der unteren Olpener Straße. Ein Unbekannter kam mit dem Fahrrad den Brücker Berg hinunter. Meine Mutter rief ihm zu: »Halten Sie an, Sie hören doch Panzer kommen!« Er antwortete: »Der Krieg ist vorbei, ich will nach Deutz, sehen, ob mein Haus noch steht«, und er fuhr weiter. Der erste Panzer war vor dem «Fuule Weet« zu sehen. Es krachte.

Die Panzerkanonen schossen in die umliegenden Häuser. Die Nachbarn und wir eilten in unsere Häuser. Was war geschehen? Zwei Fallschirmjägersoldaten in gefleckten Tarnuniformen waren von der Straßenbahnhaltestelle aus entlang des Flehbaches geschlichen, hatten sich mit einer Panzerfaust hinter die Begrenzungsmauer des Hauses, wo Werkers wohnten, gestellt und auf den ersten der vier Panzer geschossen. Das Haus, in dem heute die Apotheke ist, wie auch die beiden angrenzenden Häuser existierten noch nicht. Das Panzerfaustgeschoss traf jedoch nicht voll den Panzer, ging über ihn und explodierte an den oben aufgeschraubten Ersatzteilen. Da die Panzerbesatzungen nichts ahnend mit offenen Luken – einige draußen auf dem Panzer sitzend – in Brück einfuhren, hat es mehrere verwundete amerikanische Soldaten gegeben. Den beiden deutschen Soldaten gelang es, unverletzt zu entkommen.

Der einzige Tote war der unbekannte Radfahrer, der nach Deutz wollte. Er saß mit klaffender Stirnwunde und dem Taschentuch in der Hand auf den Treppenstufen des Hauses, in dem später der Friseur war, auf derselben Seite der Straße, von der die Panzerfaust abgefeuert wurde – und war tot.

Später ist der Führungspanzer in den Pohlstadtsweg eingebogen und wartete da, in der Nähe der Olpener Straße, auf weiteren Einsatzbefehl über seine Funksprechanlage. Die Panzer kehrten zurück über die Olpener Straße in Richtung Merheim, ließen ihre Schwerverwundeten zunächst in einem Haus hinter dem Waldschulhof an der Olpener Straße, später auf der linken Seite am Ortsende. Ein Jeep mit einem schwarzen Soldaten als Fahrer hielt Verbindung zu den Verwundeten.

Gegen Mittag fuhren unendlich lange Kolonnen Panzer und Schützenpanzer über den Rather Kirchweg, von Rath kommend in die Olpener Straße nach links, in Richtung Kalk einbiegend. Wir zitterten einen Nachmittag und eine Nacht, erwarteten Zerstörung durch Artilleriebeschuss und Luftangriffe – es geschah jedoch nichts diesbezüglich.

Anderntags, am 13. April 1945, in der Frühe bin ich mit Hans Bliersbach auf dem Speicher der Schule gewesen. Wir sahen Kolonnen amerikanischer Panzer und Schützenpanzer von Merheim kommend den Mielenforster Kirchweg hochfahren. Die im Felde stehenden Flakbatterien waren schnell erobert. Es brannten einige Unterkunftsbaracken. Aus dem Wäldchen am Gut Mielenforst kamen mehrere Hundert Personen mit erhobenen Händen. Deutsche Soldaten – unwahrscheinlich, so viele gab es nicht mehr in unserem Bereich. Volkssturm – unwahrscheinlich, der war weitgehend nicht mehr existent. Wahrscheinlich waren es Fremdarbeiter und russische Kriegsgefangene.

Auf den Lebensmittelkarten für die Zivilbevölkerung waren auch mit A, B oder C gekennzeichnete Sondermarken, auf die es nach schweren Luftangriffen und dergleichen nach Ankündigung Sonderverpflegung gab.

So war es auch an diesem 13. April 1945, an dem von der Parteileitung Sondermarken aufgerufen waren. Gegen 10:00 Uhr standen vor dem Lebensmittelgeschäft Krumpen an der Olpener Straße, zwei Häuser oberhalb der Stadtsparkasse, einige Leute, um diese Sonderverpflegung entgegenzunehmen, als die ersten amerikanischen Infanteristen – es waren etwa zehn Soldaten – von Rath durch den Wald neben dem Mauspfad kommend, in Brück einzogen. Die Soldaten stutzten wegen der Menschenansammlung und trieben mit dem Gewehrkolben die Leute auseinander: »Go home!« Eine halbe Stunde später standen die Leute wieder in der Schlange.

Auf hohen Gebäuden, wie Kirchtürmen, waren häufig Artilleriebeobachter oder auch Scharfschützen. Daher eilten zwei der amerikanischen Soldaten der ersten einrückenden Truppe zum Pastor Zöller und zwangen ihn, mit ihnen den Kirchturm zu besteigen. Oben angekommen, zwischen den Glocken und der Uhrenmaschinerie nach deutschen Soldaten suchend, erhielten die drei plötzlich von unten heftigen Gewehrbeschuss. Was war geschehen? Auf dem Mauspfad nachrückende amerikanische Soldaten hatten im Glockenstuhl des Kirchturms blinkende Helme gesehen und unmittelbar geschossen. Glücklicherweise waren es schlechte Schützen. Niemand wurde verletzt. Später fuhren unendlich lange Kolonnen Militärfahrzeuge über den Mauspfad, von Rath kommend auf die Olpener Straße abbiegend, in Richtung Refrath.

Am Abend dieses 13. Aprils 1945 bezog eine Kompanie amerikanischer Infanterie mit Fahrzeugen die Schule als Quartier wie auch den Kindergarten des Vinzenz-Hauses. Da unser Haus auf dem Schulgelände lag, wurden wir von amerikanischen Offizieren aufgefordert, innerhalb einer Stunde auszuziehen. Da wir, meine Mutter mit vier Kindern, nicht wussten, wohin, gingen zwei Soldaten mit uns und öffneten das Nachbarhaus. Hier wohnte der Anstreicher Willi Weiden, der vor zwei Nächten mit Familie und den anderen Parteigrößen Brück verlassen hatte. In der Wohnung deutete alles auf einen ungeplanten, plötzlichen Aufbruch hin. Die Wohnung war dekoriert mit Hitler-Bildern und Hakenkreuzfahnen. In den Schränken hingen Parteiuniformen. Da wir wussten, dass Amerikaner, die solches vorfanden, alles Übrige kurz und klein schlugen, beauftragte unsere Mutter uns, »braune« Bekleidungsstücke und Gegenstände zu entfernen. Hakenkreuzfahnen, Hitler-Bilder und Parteiuniformen verschwanden in der Malerwerkstatt in Kübeln mit Farbresten.

In Brück hingen Plakate: »Alle Waffen wie Gewehre und Pistolen sind in der Ortskommandantur, in dem Haus Olpener Straße 926 abzugeben.« Das war unser Haus.

Eines Abends zog die Truppe mit ihren Fahrzeugen weiter, ließ Teile ihres Gepäcks und sonstige Gegenstände wie die Küchenausrüstung zurück und zur Bewachung zehn Soldaten. Die machten sich ohne Offiziere einen schönen, feucht-fröhlichen Abend. Als sie dann in der Dunkelheit mit ihren Gewehren und Pistolen herumballerten, kam eine MP-Streife und nahm die Betrunkenen mit.

Morgens stellten wir Pänz, die immer überall waren, fest, dass Zivilisten in den amerikanischen Klamotten herumstöberten. Es roch nach Plünderung! Entsetzt riefen wir unsere Mutter, die, resolut wie sie war, die potentiellen Plünderer vertrieb. Da wir keine Schlüssel von den Türen der Schulklassen mehr hatten, konnten wir nicht abschließen. Wir Pänz wurden beauftragt, das »amerikanische Heeresgut« zu bewachen. Meine Mutter telefonierte mit dem zurückgelassenen Feldtelefon der Amerikaner. Es kamen zwei amerikanische LKWs und die Fahrer verluden das Gepäck und die Ausrüstungen.

In unserer Wohnung lagen Berge teurer Jagdflinten, kostbare Hirschfänger, Partei- und Wehrmachts-Ehrendolche. Die gefährlichen Waffen wie Gewehre und Pistolen der Soldaten hatten die Amerikaner mitgenommen.

Die zurückgelassenen Dolche und Flinten waren für uns auch gefährlich. Hätte man diese bei uns entdeckt, so wären wir hart bestraft worden. Es war ja noch Krieg. Also wiederum verschwinden lassen, diesmal in den Plumps-Klosetts der Schule.

Einige Tage später fand man im Wald oberhalb des Mauserhofs zwei Leichen von Fremdarbeitern. Es blieb ungeklärt, wer die Toten waren, wer sie erschossen hatte und warum. Mit den deutschen Truppen kamen auch Holländer und Belgier, die ihr Land verlassen mussten, da sie für ihre Landsleute zu freundlich zu den Deutschen gewesen waren.

Nach Brück kam mit Pferd und Wagen Anfang 1945 eine belgische Familie. Die stöberten, wie so viele andere, in den Gebäuden des Mehrheimer Militärflughafens und fanden einen Raum, der mit [einer] Stahltür verschlossen war.

Der Belgier besorgte sich ein Schweißgerät, öffnete die Stahltür und fand die vergoldeten Musikinstrumente der Militärkapelle des Flughafens im Wert von mehr als hunderttausend Mark.

Die reich gewordene Familie blieb in Brück und hat sich hier ein großes Haus gebaut.

Mein Bruder Tünn brauchte damals dringend eine Gitarre und hat ihn danach gefragt. Er erhielt eine Gitarre und musste sich schriftlich verpflichten, seine Raucherkarte 24 Monate lang an den Belgier weiterzugeben.

Zwischen unserem Haus und der alten Schule war ein Schuppen. Hier sammelte ich Elektroutensilien wie Feldtelefone, Elektromotoren, Trafos, Relais, Sicherungen, Klemmen u. a. Die Geräte stammten vom Flughafen, von den Scheinwerfern und Flakgeschützen in den Feldern und von mehr als 20 Horchgeräten, die im Königsforst standen und verrotteten. Seit die alliierte Luftwaffe Silberpapierstreifen abwarf, konnten diese Horchgeräte nicht mehr eingesetzt werden.

Mit dem Sammeln dieser elektrotechnischen Geräte und dem Nutzen von Feldtelefonen, Antrieben mit Kreissägen usw. nahm mein Interesse an der Elektrotechnik zu.

Nach der Schulzeit machte ich in einem kleinen Betrieb in Ehrenfeld eine Lehre, die ich mit dem Gesellenbrief als Elektromaschinenbauer abschloss. Das gelang mir nach 1½ Jahren Lehrzeit. Die reguläre Lehrzeit war 2½ Jahre.

Vom März 1953 bis Juli 1955 studierte ich an der Staatlichen Ingenieurschule am Ubierring in Köln und schloss mit dem Dipl.-Elektroingenieur ab. Viele Kriegsteilnehmer studierten in der Nachkriegszeit an Ingenieurschulen, dabei waren Familienväter und Kriegsversehrte. 60 Studenten haben mit mir das Studium begonnen und nur 35 mit mir mit dem Diplom abgeschlossen. Dabei waren 16, die wie ich kein Semester während der Studienzeit wiederholten.

Das war es.
Euer

Jupp Schultens
1. April 2014

Quellen- und Literaturverzeichnis

Quellenverzeichnis

Archive

Archiv Helmut Euler
Archiv der Kameradschaft der 9. PD
Archiv der katholischen Kirchengemeinde St. Gereon, Köln
Archiv kölnprogramm/Privatarchive
Archiv der Offizierskameradschaft der Kölner Pioniere
Archiv Dieter Runge
Archiv der Third Armored Division Association
Archiv des Traditionsverbandes der PzBrig. 106 FHH
Bundesarchiv Koblenz
Bundesarchiv Freiburg
Deutsche Dienststelle (WAST)
Historisches Archiv der Stadt Köln
Historisches Archiv des Erzbistums Köln
Hulton Archives London
Imperial War Museum London
National Archives Canada
National Archives Washington
National Personal Record Center, St. Louis
NS-Dokumentationszentrum der Stadt Köln
Pikes Peak Library Colorado Springs
Volksbund Deutsche Kriegsgräberfürsorge

Literaturverzeichnis

Albert, Marcel *et al.*: *Bei den Menschen bleiben.* St. Ottilien 2012

Archiv für Stadtteilgeschichte Köln-Nippes: *De Fahn erus. Köln-Nippes im Nationalsozialismus.* o. J.

Billstein, Reinhold; Illner, Eberhard: *You are now in Cologne, compliments.* Köln 1995

Breuer, William B.: *Storming Hitlers Rhine.* New York 1985

Deres, Thomas *et al.*: *Fotografieren verboten!* Köln 1995

Dieckhoff, Gerhard: *3. Inf.-Division, 3. Inf.-Division (mot.), 3. Pz.Gren.-Division.* Göttingen 1960

Dietmar, Carl: *Kölner Mythen oder wie Legenden entstehen.* Köln 1999

Dülffer, Jost (Hrsg.): *»Wir haben schwere Zeiten hinter uns.«* Vierow 1996

Dupuy, Ernest *et al.*: *Soldiers' Album.* New York 1946

Fischer, Josef: *Der Weg durch das Feuer.* Köln 1955

Frohn, Robert: *Köln 1945–1981 – Vom Trümmerhaufen zur Millionenstadt.* Köln 1982

Geschichts- und Heimatverein Rechtsrheinisches Köln e. V.: *Rechtsrheinisches Köln – Jahrbuch für Geschichte und Landeskunde*, Bd. 21. Köln 1995 u. Bd. 25. Köln 1999

Greve, Otto: *Wie ich den Kriegsschluss erlebt habe. Tagebuchaufzeichnungen.* NS.-Dok Z 28

Grosche, Robert: *Kölner Tagebuch 1944–46.* Köln 1969

Haggith, Toby: D-Day Filming. In: *Film History*, Vol. 14, New Jersey 2002

Henke, Klaus Dietmar: *Die amerikanische Besetzung Deutschlands.* München 1995

Historisches Archiv der Stadt Köln (Hrsg.): *März '45 Kriegsende in Köln.* Köln 1995

Hynes, Samuel *et al.*: *Reporting World War II.* New York 1995

Koszarski, Richard: Subway Commandos. In: *Film History*, Vol. 14, New Jersey 2002

Lemberg, Hans: Wer hat am 6. März 1945 die Kölner Hohenzollernbrücke verteidigt? In: *Jahrbuch Geschichte in Köln.* Nr. 66, 1995

Levin, Mikael: *Suche.* München 1996

Matzerath, Horst: Verwaltung in Trümmern: Die Kölner Stadtverwaltung bei Kriegsende und Neubeginn. In: Dülffer, Jost (Hrsg.): *»Wir haben schwere Zeiten hinter uns.«* Vierow 1996

Merheimer Geschichtskreis: *Merheim – Ein Dorf zwischen Heide und Bruch*, Band 2. Köln 2000

Meyer, Brün: *Dienstaltersliste der Waffen-SS – Stand vom 1. Juli 1944.* Osnabrück 1987

Mölich, Georg; Wunsch, Stefan (Hrsg.): *Köln nach dem Krieg.* Köln 1995

Plehwe, Friedrich-Karl von: *Reiter, Streiter und Rebell.* o. O. 1976

Rooney, Andy: *My War.* New York 1995

Stelzmann, Arnold; Frohn, Robert: *Illustrierte Geschichte der Stadt Köln.* Köln 1984

Taylor, Eric; Niessen, Willy: *Frontstadt Köln. Endkampf 1945 an Rhein und Ruhr.* Düsseldorf 1980

The Third Armored Division: *Spearhead in the West.* Frankfurt 1945

Wißkirchen, Josef: *Stadt Pulheim – Geschichte ihrer Orte von 1914 bis zur Gegenwart.* Köln 1992

Zeitungen/Zeitschriften

After the Battle. Ausgabe 104. London 1999
Kölner Stadt-Anzeiger. 2.–6. März 1955, März 1965, November 1980
Kölnische Rundschau. März 1947
Le Journal, Charleroi. 3. September 1994
Life Magazine, Chicago. 26. März 1945
New York Times. März 1945
The Daily Telegraph, London. März 1945
The Stars and Stripes. Edition Paris, London, Lüttich, Kairo, Marseille, März–April 1945
The Weekly News, Glasgow. 8., 22., 29. Dezember 1962
Völkischer Beobachter/Westdeutscher Beobachter. März–April 1945
Yank. The Army Weekly. Continental Edition 25. März 1945, International Edition 20. April 1945

Fotografen und Bildnachweis

Allan Jackson – privat/Koepro 162–164, 206–209
Barch 61, 62, 78, 101, 360–365
Clarence Voight Garrell – NARA/privat/Koepro 92–95, 149, 202, 204, 205, 240, 245, 282, 283, 288, 289, 297, 299–307
Fred Ramage – NARA/Hulton 164, 165
Gebhard Aders 69
George Silk – *Life* 167, 210, 211
Harald Yeglin 269
Harold Roberts – privat 52, 54, 55
HASTK 66–68
IWM 78, 154, 166, 167, 212
James Bates – NARA/PPL/privat/Koepro 46, 47, 174, 197, 198, 199
James E. Myers – NARA 72, 73
Koepro 40, 41, 49, 56–62, 67, 68, 71, 99, 100, 101, 114, 132, 134, 137, 143, 145, 155, 156, 165, 167, 171, 185–187, 190, 197, 202, 216, 217, 221, 223, 248, 249–251, 253–256, 264, 265, 267, 268, 273, 276, 280, 281, 285, 298, 308, 309, 314–316, 324, 325, Nachsatz
Larry Riordan – privat 91, 170, 208
Leon Rosenmann – NARA/privat/Koepro 43, 46, 104, 129, 140, 141, 143, 219, 224–239, 368–369
Manfred Esser 7
NARA/Koepro 9, 12–39, 44, 45, 48–50, 53, 56, 58, 60, 63, 66, 70–80, 82–90, 96–98, 100, 103–113, 115–121, 124–131, 133–136, 138, 139, 142, 144, 146, 148, 150–159, 168, 169, 172–175, 177–186, 190, 191, 195, 200, 201, 203, 208, 209, 211–215, 222, 223, 231, 250, 251, 257–259, 266, 268–271, 276–279, 286, 287, 290–294, 298, 311, 313, 316, 317, 320, 323, 326–359
NS-Dok 64, 65, 81, 143–145, 270, 274, 275, 370–378
Peter J. Kierzkowski 8
Privat 1, 6, 67, 68, 72, 83, 91, 155, 160, 161, 168–171, 216, 220, 258, 260–263, 269, 272, 295, 310, 312–377, 379
Privat/Koepro 42, 51, 83, 96, 101, 102, 114, 116, 132, 133, 135 (2x), 136, 143, 144, 146, 147, 150, 166–168, 175, 176, 185, 192, 193–196, 198, 199, 210, 212, 253, 318, 322
Rick Schwab 196, 298
Robert Ziller – IWM 162
Thomas S. Noble – privat/Koepro 46, 246–249
Walter Dick – Koepro 122, 123
Werner Schäfke 6

Abb. rechte Seite: *Im März 2013, fast 70 Jahre, nachdem sie sich in Köln im Kampf gegenüberstanden, treffen sich die beiden ehemaligen Panzerschützen Clarence Smoyer und Gustav Schäfer zum ersten Mal wieder.*

ARMY

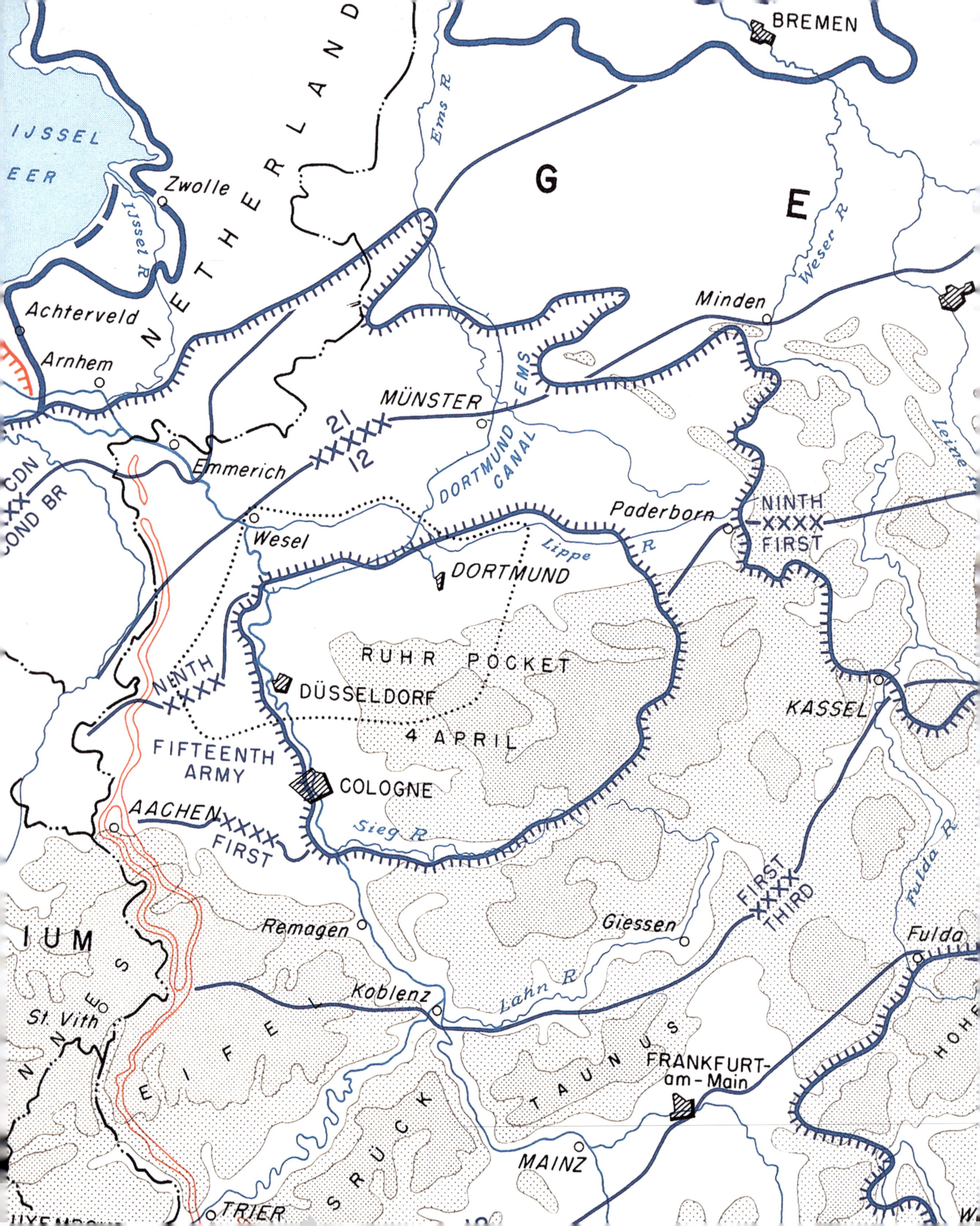
BREMEN
IJSSEL
EER
Zwolle
IJssel R
NETHERLAND
Ems R
G
E
Weser R
Minden
Achterveld
Arnhem
MÜNSTER
EMS
21
XXXXX
12
Emmerich
CDN
XX
COND BR
DORTMUND CANAL
Paderborn
NINTH
XXXX
FIRST
Wesel
Lippe R
DORTMUND
Leine R
RUHR POCKET
DÜSSELDORF
KASSEL
NINTH
XXXX
4 APRIL
FIFTEENTH
ARMY
COLOGNE
AACHEN
XXXX
FIRST
Sieg R
FIRST
XXXX
THIRD
Fulda R
IUM
Remagen
Giessen
Fulda
Koblenz
Lahn R
St. Vith
EIFEL
TAUNUS
FRANKFURT-am-Main
SRÜCK
MAINZ
TRIER